U0423954

雷　闻　著

郊庙之外

隋唐国家祭祀与宗教

增订版

Beyond Suburban Rites and Imperial Ancestral Temples

State Sacrifices and Religions in Sui-Tang China

(Expanded Edition)

生活·讀書·新知　三联书店

图书在版编目（CIP）数据

郊庙之外：隋唐国家祭祀与宗教 / 雷闻著 . 增订版 . -- 北京：生活·读书·新知三联书店，2024. 10. --（三联·哈佛燕京学术丛书：修订版）. -- ISBN 978-7-108-07892-6

Ⅰ. K892.29；B929.2

中国国家版本馆 CIP 数据核字第 2024CM7227 号

责任编辑　孙晓林　宋林鞠
装帧设计　蔡立国　薛　宇
责任校对　陈　明
责任印制　李思佳
出版发行　生活·讀書·新知　三联书店
（北京市东城区美术馆东街 22 号 100010）
网　　址　www.sdxjpc.com
经　　销　新华书店
印　　刷　北京中科印刷有限公司
版　　次　2024 年 10 月北京第 1 版
2024 年 10 月北京第 1 次印刷
开　　本　880 毫米 × 1230 毫米　1/32　印张 17
字　　数　404 千字　图 24 幅
印　　数　0,001－4,000 册
定　　价　96.00 元
（印装查询：01064002715；邮购查询：01084010542）

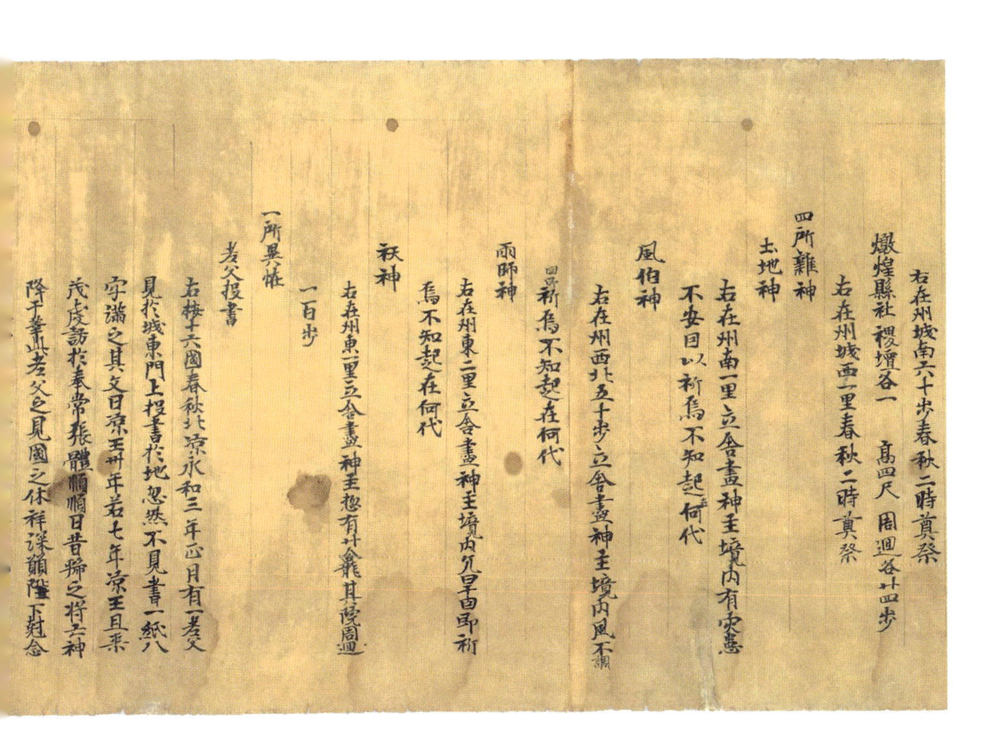
右在州城南六十步春秋二時奠祭
燉煌縣社稷壇各一　高四尺　周迴各廿四步
右在州城西一里春秋二時奠祭
四所雜神
土地神
右在州南一里立舍畫神主境內有灾患
不安因以祈焉不知起在何代
風伯神
右在州西北五十步立舍畫神主境內風不調
因即祈焉不知起在何代
雨師神
右在州東二里立舍畫神主境內亢旱因即祈
焉不知起在何代
祆神
右在州東一里立舍畫神主總有廿龕其院周迴
一百步
一所異怪
老父投書
右按十六國春秋北涼永和三年正月有一老父
見於城東門上投書於地忽然不見書一紙八
字滿之其文曰涼王卅年若七年涼王且渠
茂虔訪於奉常張體順曰昔虢之將亡神
降于莘此老父之見國之休祥深願陛下剋念

彩版 1　P. 2005《沙州都督府图经》残卷（局部）
采自 IDP 网站

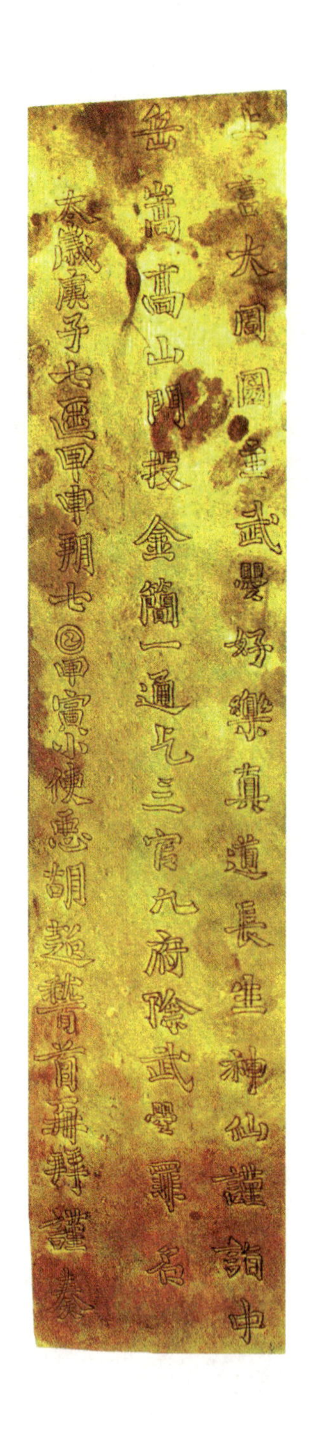

彩版 2　**武则天嵩山投龙金简**

采自洛阳市文物管理局编《古都洛阳》，北京：朝华出版社，1999 年，第 144 页

彩版 3 《岱岳观碑》

魏祝挺先生提供

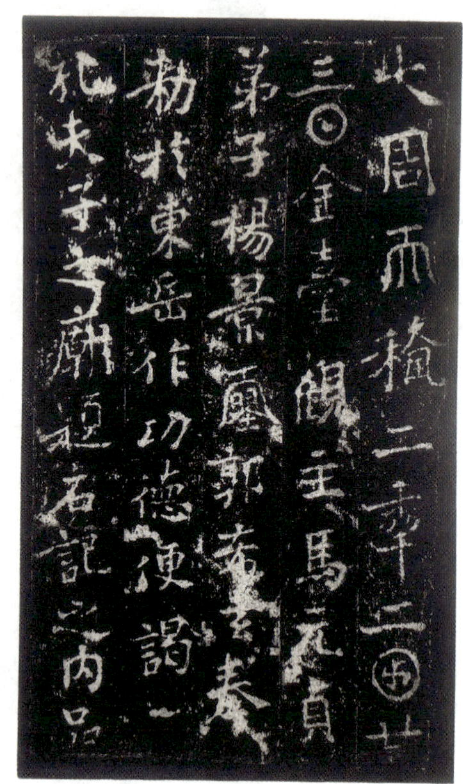

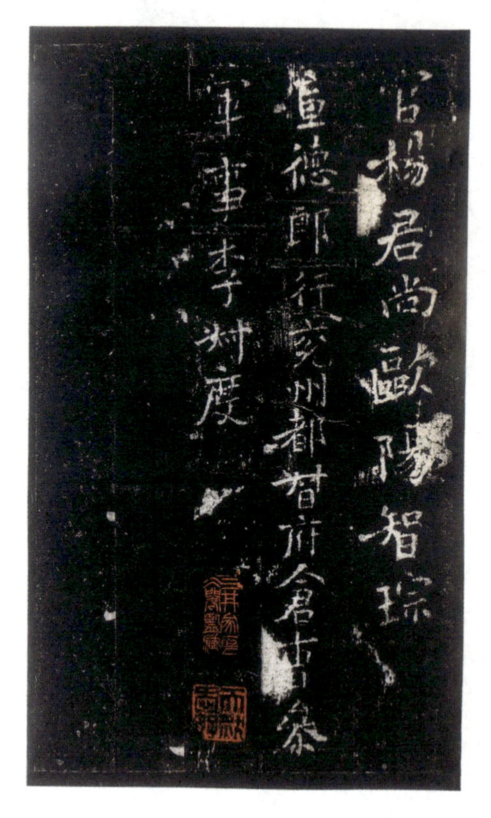

彩版 4　马元贞孔庙题记

采自《史晨碑》，北京：人民美术出版社，2016 年，第 69–70 页

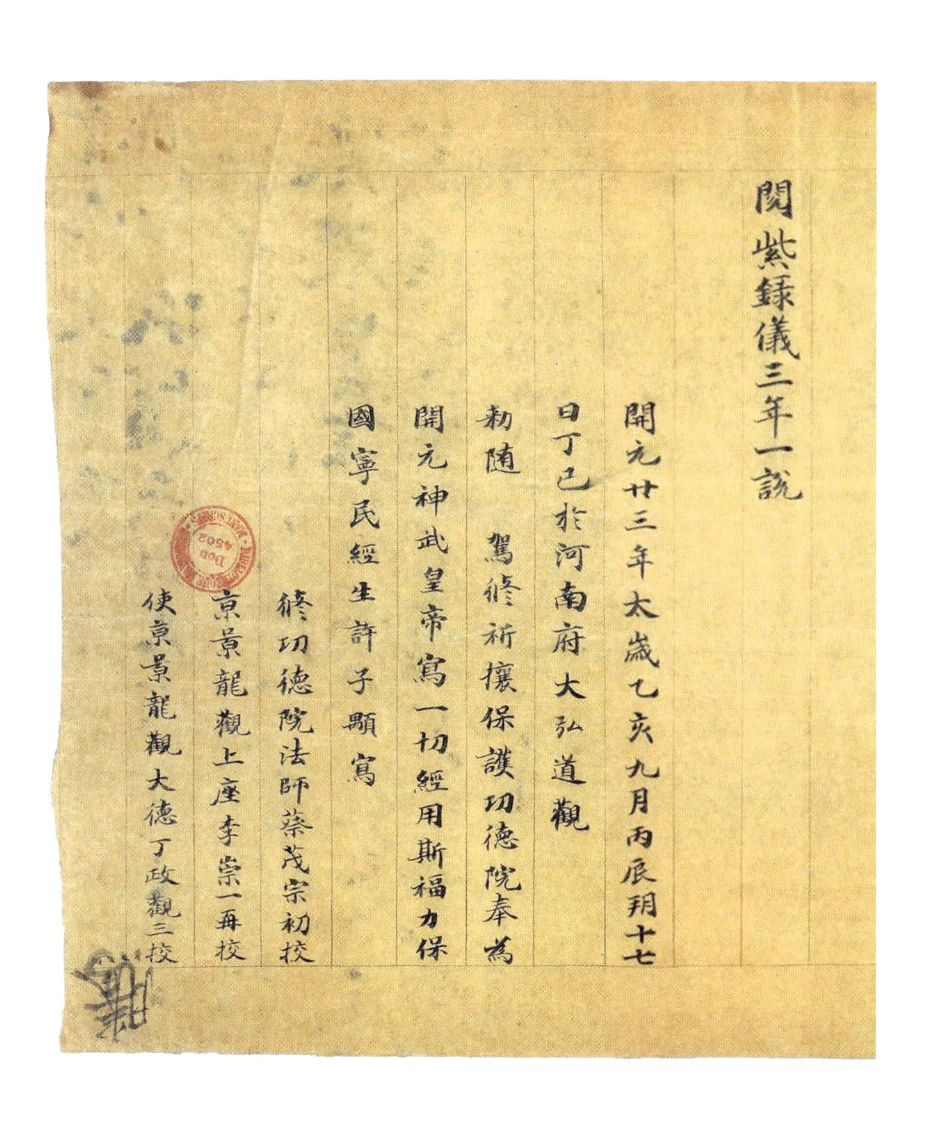

閱紫錄儀三年一說

開元廿三年太歲乙亥九月丙辰朔十七
日丁巳於河南府大弘道觀
敕隨　駕脩祈禳保護功德院奉為
開元神武皇帝寫一切經用斯福力保
國寧民經生許子顒寫
脩功德院法師蔡茂宗初校
京景龍觀上座李崇一再校
使京景龍觀大德丁政觀三校

彩版 5　P. 2457《阅紫录仪》卷尾题记
采自 IDP 网站

彩版6 《唐华岳真君碑》碑首
楼劲先生提供

彩版 7 《唐华岳真君碑》碑阴
楼劲先生提供

彩版8《唐华岳真君碑》拓片
吴敏霞女史提供

本丛书系人文与社会科学研究丛书，
面向海内外学界，
专诚征集中国中青年学人的
优秀学术专著（含海外留学生）。

·

本丛书意在推动中华人文科学与
社会科学的发展进步，
奖掖新进人才，鼓励刻苦治学，
倡导基础扎实而又适合国情的
学术创新精神，
以弘扬光大我民族知识传统，
迎接中华文明新的腾飞。

·

本丛书由哈佛大学哈佛－燕京学社
（Harvard-Yenching Institute）
和生活·读书·新知三联书店共同负担出版资金，
保障作者版权权益。

·

本丛书邀请国内资深教授和研究员
在北京组成丛书学术委员会，
并依照严格的专业标准
按年度评审遴选，
决出每辑书目，保证学术品质，
力求建立有益的学术规范与评奖制度。

目 录

Beyond Suburban Rites and Imperial Ancestral Temples: State Sacrifices and Religions in Sui-Tang China (Expanded Edition)

Contents

图表目录

一、图版

二、表格

导　言

第一章

第二章

第三章

第四章

附录二

三、地图

增订版前言

时光如梭，不经意间，这本书居然已是15年前的旧作了。书绝版已久，这些年间，不断有师友和学生向我打听修订的计划，也先后有不下七八家出版社跟我表达过想出修订版的意愿，其中包括几位很要好的出版界朋友。只是，因为早在2015年就已答应孙晓林老师，要在三联出修订版，所以只能婉拒了他们的好意。不过，这些年由于诸事缠身，除了照顾幼子需要耗费不少心力，也总有一些紧迫的任务无法拒绝，于是本书的修订工作就变得遥遥无期，这也使我一直觉得愧对孙老师。直到今年春节过后，孙老师打来电话，说"三联·哈佛燕京学术丛书"新一届学术委员会已将本书修订版列入30周年纪念的书目，退无可退的情况下，我决意放下手头的其他工作，全力进行本书的修订，最终在两个月之内基本完工。看来，天性懒散的人有时候真得这么逼一下。

自2009年5月初版以来，本书就颇得学界关注，在三年时间里，先后有七篇书评问世[1]，其中几篇甚至在万字以上，堪称书评论文。作

---

[1] 这七篇书评是：1. 吴丽娱书评，刊台北《汉学研究》第28卷第1期，2010年3月，第397—404页；2. 孙英刚书评，刊《中华文史论丛》2011年第1期，第373—382页；3. Lin Pei-Ying（林佩莹）书评，刊 *Frontiers of History in China*, vol. 6, no. 3, 2011, pp. 466-468；4. 许凯翔书评，刊《中国中古史研究：中国中古史青年学者联谊会会刊》第2卷，北京：中华书局，2011年9月，第294—307页；5. 朱溢书评，刊《中国学术》第9卷第2辑，北京：商务印书馆，2011年12月，第460—467页；（转下页）

者之中，除了吴丽娱老师属于前辈名宿，其余大多是中古礼制与宗教研究一线的中生代新锐学者，他们从各自的学术脉络与关怀出发，对本书做了平实而精彩的点评，在充分肯定其学术价值的同时，也对存在问题做了针对性的讨论，进而引申出许多值得进一步思考的话题，读后深感知音可觅，吾道不孤。这次修订，尽可能吸收了这些书评提出的合理意见，当然总有些问题限于材料或个人学识而无法处理，毕竟，真正的缺点都是深入骨髓、无可救药的。但无论如何，我要对这七位书评作者致以最衷心的感谢，他们可能比我更懂得这本书。除了这些正式的书评，我也从其他不同途径听到或看到一些对本书的评论，有批评的，但更多还是鼓励，记得妹尾达彦先生就曾在一篇文章里称本书是“唐朝王权礼仪史上的划时代性成果”❶，这自然使人在惶恐之余，感到一丝欣喜，毕竟妹尾先生是我非常尊敬的前辈，在礼仪空间、都城与地方等方面，他都曾给我许多启发。

本书也曾先后获得过几个奖项，如第四届“郭沫若中国历史学奖”提名奖（2012 年 11 月）、第六届“胡绳青年学术奖”（2012 年 11 月）、中国社会科学院历史研究所第八届优秀科研成果专著类一等奖（2012 年 12 月），以及第八届中国社会科学院优秀科研成果奖三等奖（2014 年 1 月）等。此外，本书的部分章节曾经被译成外文发表：2014 年，大谷大学的浅见直一郎教授就将第二章第一节关于皇帝图像与祭祀的部分译成日文发表❷。2022 年，在亚利桑那州

（接上页）6. 游自勇、邓庆平书评，刊《中国史研究》2012 年第 2 期，第 196—205 页；7. 王志跃书评，刊《中国史研究动态》2012 年第 5 期，第 87—89 页。

❶ 妹尾达彦《长安：礼仪之都——以圆仁〈入唐求法巡礼行记〉为素材》，荣新江主编《唐研究》第十五卷，北京大学出版社，2009 年，第 391—392 页。

❷ 雷闻《隋唐時代における道教・仏教と国家祭祀：皇帝の図像と宗教祭祀を中心に》，浅见直一郎译，大谷大学《真宗総合研究所研究紀要》第 31 号，2012 年，第 135—166 页。

立大学攻读博士的赵鹿影女史将第二章第二节关于五岳祭祀与道教的内容译成英文，发表在澳门大学贾晋华教授为 *Religions* 杂志组织的“中国传统国家岳镇海渎祭祀体系”专号上[1]。翻译过程中与译者的往复琢磨，实际上也深化了我对一些细节的认识。在此，要特别感谢浅见教授、贾晋华教授及鹿影的厚意与辛劳。

下面对本书的增订情况略作说明：

首先，是结构的调整。本书初版的第二章篇幅最长，却只分了两节，这次将其拆分为四节，使眉目更加清晰。全书的图版和表格，在初版时是各章独立编号，这次则改为统一编排。

其次，是内容的增补。除了增加一些图版，又新增《唐代潜山的信仰世界》一文作为附录。因为潜山九天司命真君庙的置立，可视作此前司马承祯奏置五岳真君祠的余响，而祠中左（慈）真人堂的建立，则提供了一个中晚唐佛、道教与地方祠祀合流的生动个案。此外还有一些小幅增补，举其要者，如第二章用新见《田偾墓志》补齐了中岳真君祠的相关材料，又补充了北周道教类书《无上秘要》关于“九亿万骑”神兵的记载，这比初版所引杜光庭的作品更接近文中讨论的隋代史事。第三章增补了新刊开元二十一年《唐故太子少詹事张之辅墓志》中关于生祠的材料，又据《续高僧传》补充了隋代杭州高僧真观与皋亭山神的故事，这也是佛寺与地方祠祀共生关系的佳例。第四章据孟献忠的《金刚波若经集验记》，补充了武周时期来自梓州慧义寺的清虚和尚在长安祈雨的记录，又据近刊《不空全集》，对密教祈雨的经典与仪式略作补充，这些都是初版遗漏的珍贵材料。

---

[1] Lei Wen & Zhao Luying, “Daoism and Sacrifices to the Five Sacred Peaks in Tang China (618–907),” *Religions* 2022, 13(5): 398. https://doi.org/10.3390/rel13050398

再次，是错误的更正。主要有三处：其一，是第二章第一节关于河东浮山县龙角山《庆唐观李寰谒真庙题记》的时间，初版误作德宗建中三年（782），后来我在对庆唐观进行系统考察时才发现，这则题记的时间应是穆宗长庆三年（823），因此，这部分的叙述就根据我的最新研究做了修改。其二，第四章第一节引《文苑英华》所载八篇玉晨观叹道文，除第一篇作者系白居易之外，随后三篇应为封敖所撰，但因《文苑英华》漏标作者之名，使我在初版中误以为均系白居易之作，今据《全唐文》正之。其三，初版在第四章第一节引用了《入唐求法巡礼行记》中开成三年“相公”李德裕帖七寺僧人祈晴的记载，实际上当时李德裕还在淮南节度使任上，故此事发生的地点不在长安，现将此条移至下节。

最后，是技术性的提升。这主要包括两方面：一是在本书初版之后的十多年间，许多重要古籍有了新的点校本，这次择其要者进行了版本更替，如中华书局的二十四史修订版、上海古籍出版社的“十三经注疏丛书”等。更重要的，则是《续高僧传》《集古今佛道论衡》《真灵位业图》《真诰》《杜光庭记传十种辑校》《广成集》等一大批重要的中古佛、道教文献相继整理出版，显示了这个领域基础性工作的进步。本次修订，将这些文献都替换为新版。二是在这些年里，本书初版参考的一些重要外文论著陆续被译成中文，如金子修一先生的两部著作，以及麦大维、杜德桥、巴瑞特、司徒安等西方汉学家的著作，对此，我在增订版中尽可能做了提示。

记得当初撰写博士论文时，选择以隋唐国家祭祀与宗教为主题，部分原因是受到李零先生对秦汉时期中国传统信仰与礼制研究的影响，就想接着往下考察，在佛、道盛行的隋唐时期，礼制与宗教有何关系？同时我一直在思考两个问题：一是对聚讼纷纭的儒家的宗教性问题，是否可以通过具体研究找到不同的切入点？二是国家是如何面对来源各异的地方祠祀的？后者源于我对当时民间信仰研究中那种单纯追根溯源式的文献学路径的不满，就想着是否可以尝试从国家权力与地方文化的博弈来进行思考。从结构上说，正文前三章分别对应着上述三个问题，最后一章则以祈雨为线索进行总体考察。在每一章，我都尝试用一些典型个案来切入，这有好处，也有缺点，好处是能在一些关键的点上讨论得比较深入，但缺点则是从个案上升到整体时，结果并不总是令人满意。此外，本书的写作，也建立在我对当时学界状况反思的基础上，特别是唐代礼制史与宗教史研究虽然都取得不少重要成果，但却是各自精彩，两个领域壁垒森严，而我则试图通过自己的研究，将二者贯通起来。记得在世纪之交张广达先生曾指出："现在研究佛教、道教的专著较多，但将这种研究纳入唐代社会的较少，佛、道信仰只是宗教史的组成部分，而不是唐史的组成部分。学术发展有它的路数，今后将会有人填补这些社会史的空白，扭转宗教史研究与社会史和思想史研究脱节的现象。"[1] 可以说，张先生当年的预言，如今已得以部分实现。至于我本人，虽然会习惯性地把新见材料或想法随手写在自留本的页边以便后续修订，但学术兴趣已更多转向了隋唐道教石刻的研究，这从增订版参考文献中所列我的新成果不难看出。

回首来时路，我真心感激吴宗国先生当年对我博士论文选题的宽容，毕竟同门师兄弟们做的大都是制度史方面的论文，只有我执意研究礼制与宗教。在二十多年前，这种选题不仅在吴先生门下独一无二，甚至在以制度史与政治史研究为主流的北大历史系，也多少显得有些异类。如今的情形已大不相同，博士论文选

[1] 张广达《关于唐史研究趋向的几点浅见——〈二十世纪唐研究〉序》，原刊于2002年，此据氏著《史家、史学与现代学术》，桂林：广西师范大学出版社，2008年，第236—237页。

题的多样性让人眼花缭乱，这自然是时代与学术潮流变迁的结果。2020年时，我曾受命对新中国成立70周年来的隋唐史研究发展做过一个非常概观性的鸟瞰。要以一万多字的篇幅讲述整个70年的发展，绝对是个不可能完成的任务，所以只能选取几个我认为最具代表性的点来介绍，其中之一，便是“礼制史与宗教史的崛起”[1]。相较于长期以来占据核心地位的政治史、制度史等传统课题而言，《天圣令》与唐代法制史研究，粟特人入华与丝绸之路的繁荣，以及礼制与宗教史的崛起，无疑都极大拓展了研究的范围，使整个隋唐史研究呈现出生机勃勃的繁荣景象。

以本书涉及的议题而言，后续也都出现了不少精彩成果，例如在唐宋礼制史方面，张文昌、朱溢、冯茜的著作都力图打通唐宋，揭示唐宋制度、思想与社会之变化。宗教史方面，吴羽继续考察唐宋道教与世俗礼仪的互动，汤勤福、吴杨等对唐代太清宫制度的考察，以及聂顺新对国忌行香的系列成果等，都体现了研究的深入。在地方祠祀方面，则有杨俊峰、夏炎等从不同角度进行的拓展。虽然限于体例，本书增订版可能无法与这些新成果进行充分对话，但在“导言”及相关注释中都会有所提示[2]。事实上，礼制史与宗教史的进路如今在整个中国古代史研究中也蔚为潮流，并不仅限于隋唐时期，比如田天的《秦汉国家祭祀史稿》、魏斌的《“山中”的六朝

---

[1] 卜宪群主编《新中国历史学研究70年》中国古代史编第三章《70年中国古代史研究的伟大成就（中）》第一节“隋唐五代史研究”，北京：中国社会科学出版社，2020年，第243—258页。本节主要由我执笔，因篇幅所限，当时做了不少删削。原稿以“新中国成立70年来的隋唐五代史研究”为题，收入拙著《永念群生：隋唐礼俗与信仰论集》，成都：四川人民出版社，2024年。

[2] 值得一提的是，关于道教的洞天福地理论，本书初版之后有Lucas Weiss对司马承祯《天地宫府图》的研究，也有葛思康（Lennert Gesterkamp）对杜光庭《洞天福地岳渎名山记》的研究，虽然都有扎实的推进，但均忽视了本书初版中的相关考察，这也进一步表明加强中西学术交流的必要性。

史》等，都是其中的佳构。在这些著作中，礼制与宗教已不仅是研究的对象，而是借以考察一个时代整体历史变动的路径或方法。它们展示出的画卷，既有我们熟知的场景，又揭示了新的面向；既提出了王朝地理、神圣空间、信仰景观等方面的新思考，又与国家、皇权等传统议题密不可分。这种努力，也是本书当年的初心所在。

本次增订工作，也得到了许多师友的帮助。魏祝挺先生提供了最新拍摄的《岱岳观碑》的照片，毛阳光兄提供了《张之辅墓志》的高清图版，李福（Gil Raz）教授帮我校订了英文目录，王博兄帮我找到最新的日文论著，学棣沈国光、汪馨如、李红扬、陈楠峰、叶清磊、王思则协助我覆核了全部引文，在此一并致谢。还要感谢责编宋林鞠女史，她的热情、完美主义与高效的执行力，使增订版面世的时间大为提前。当然，最应该感谢的还是孙晓林老师，是她的专业与坚持，才使这一切有了可能。

路漫漫其修远兮，吾将上下而求索。虽年过知命，探索仍在路上。

雷闻

2024年4月30日初稿

8月26日二稿于北京庆唐斋

序　一

吴宗国

国家祭祀反映了一个时代对于天、地、鬼神的观念，也反映了皇权在天、地、人中不同时期的不同定位，是各个时期信仰系统中重要的一环。隋唐国家祭祀这个课题曾有许多学者从不同的层面进行了探讨和研究，但主要成果还是集中在围绕皇帝所进行的郊庙祭祀活动，本书则在隋唐国家祭祀与宗教和社会这个课题上进行了新的探索。

作者在结论中说："在隋唐时期，国家祭祀并不等同于皇帝祭祀，国家祭祀也并不为儒家理论所局限，国家祭祀也不仅仅是与民众信仰无关的官方仪式。"这几句话，反映了隋唐国家祭祀的时代特点，也是本书的精华所在。

"国家祭祀并不等同于皇帝祭祀。"本书指出，"到了唐代，祭祀活动不再只是皇室宗教，而成为国家的事务，即使是地方政府举行的各种祭祀活动，包括祈雨，也都是一种公共行为"。这是和唐代政治体制的变化有密切的关系。国家不再是皇帝个人的私有财产，皇帝只是政府的最高领导人。"国家""朝廷"和"皇帝"的概念，从唐朝开始有严格的区分，"国家""朝廷"不再是"皇帝"概念的扩大和延伸。

"国家祭祀也并不为儒家理论所局限"，唐朝对各种学说、各种文化采取兼容并蓄、择善而从的方针。这是从唐朝初年就定下来的。对于儒家经典中的各种理论和制度，在唐朝初年已经进行最大限度的吸收和利用。随着唐朝经济社会的飞速发展和急剧变化，不少理论和制度都已经不适合时代的需要了。原来的国家礼典也需要吸收新的元素，进行新的创造。“唐人对于儒家经典关于祭祀的规定并不拘泥，甚至试图以当朝礼仪实践为本来改造儒经”，就是一种表现。唐初的律令体系从武则天时期开始逐步瓦解，开元二十五年（737）修订律令格式，对于律令基本上没有进行修改，只是删定格式和编订新格。安史之乱以后，只删定格和格后敕，而敕的地位又逐渐超过了格，成为在法律效力和适用范围上的最终依据。在这个过程中，许多关于国家祭祀的规定是通过制敕来颁行的。作者在结论中所指出的“隋唐国家礼典与实践的巨大差异”，其源盖在于此。本书强调国家祭祀的实践层面，特别指出“那些不在礼典的祭祀活动也属于国家祭祀的重要范畴，在某种意义上它们更凸显了唐代国家祭祀的实质与特色”。这是切合唐实际情况的结论。正是由于这样从历史实际出发，而没有囿于各种成说和理论，因而作者能不断提出新的问题，进行新的探索，完成一些前人没有深入研究或没有触及的问题，才得以把郊庙之外的隋唐国家祭祀与宗教和社会的情况比较深入系统地呈献给广大读者。

“国家祭祀也不仅仅是与民众信仰无关的官方仪式。”民众信仰，是一个大问题。特别是在一个社会转型时期，一个经济社会蓬勃发展的时期，民众信仰更有一个重新构建的问题。本书通过“隋唐国家祭祀的神祠色彩”“道教、佛教与隋唐国家祭祀”“祀典与淫祠之间”“从祈雨看隋唐的国家祭祀与社会”等实证性的以及个案的研究，说明唐代怎样通过国家祭祀礼仪的不断调整和充实，充分吸收各种宗教的、民间的信仰和仪式，建立起了一个以皇权为中心的国家祭祀礼仪系统，作为以皇帝为中心的信仰系统的重要组成部分。这不仅使本书具有很高的学术水平，也使本书具有了很高的理论意义和认识价值。

西方的社会科学理论对本书的写作无疑起了很大的启发作用。但我更看重的是作者的出发点，也就是贯串于全书的从实际出发，着眼于基层，着眼于发展变化。他没有把西方的社会科学理论当作教条，而是把它们看成是一个观察历史的新的角度。这是本书能够取得新的具有理论意义的成果的主要原因。我们要真正进入研究，必须从实际出发，必须具有发展变化的观念，这样才能够破除迷信和各种成见，把研究深入。历史研究虽然在各个不同时期有不同的价值要求，但是从本质上来说，历史学是要求全方位地了解一个时代，全面了解每一个国家、地区和整个人类发展的历史。事实上，各个时代的历史学都受到当时意识形态和认识水平以及材料的限制，因此重点各有不同，都只能揭示历史的一些方面。随着时代的前进，人们的认识水平有了很大的提高，视野也更加广阔，开始能够从更多的方面来了解当代社会和历史。现代社会科学的各个学科，事实上就是在历史和当代结合的基础上，对这个领域的研究和理论上的总结。它们的方法从根本上说也是历史的方法，这就是从实际出发，着眼于实际发生的现象，着眼于发展变化的过程，着眼于总体的发展。只有对这一点保持清醒认识，才不至于把各种新的理论作为教条而限制了我们的创造。

雷闻在考取了博士研究生以后，曾保留学籍，到国家机关做了几年公务员，然后再回到学校完成了博士学业。这样的经历对于扩大眼界、丰富阅历、了解社会、培养注重实际的观点都是很有帮助的。更加难得的是，取得博士学位后，他在按规定回到原单位工作了一段时间以后，毅然选择了学术研究的岗位，甘心去坐冷板凳。几年下来取得了不少研究成果，引起了学术界的重视。本书虽然是在他的博士论文的基础上修订而成的，但是比起当年的博士论文来，不仅篇幅和内容有了很大的增加，而且在观点和理论上也有了很大的提高。真是士别三日当刮目相看，可喜可贺！希望作者能够沿着走过来的道路，扩大研究领域，在学术上取得更多的成就。

2008 年 7 月 8 日

序　二

荣新江

一门学问要发展，一方面需要保持住已有的优良传统，另一方面则要不断更新，开拓新材料，发现新问题，提出新观点，创造新理论。目前中国史学的发展，正是处在这样一个发展和转变的阶段，既有保持传统的优秀著作，也有勇于创新的理论探索。在传统的积累更加丰厚的隋唐史学界，迄今为止的研究成果，传统的课题仍然是主流，而新的探索还需要加倍努力。可喜的是，现在有一批年轻的学者，既能够从前辈那里继承优良传统，又善于利用新的工具和手段，大力吸收人文与社会科学的理论和方法，渐渐结出一些新的硕果。这其中，雷闻的这部专著，就是我读到过的隋唐史新著中的佼佼者。

本书是雷闻在他的博士论文基础上修订、增补而成的。记得在答辩会上，我希望雷闻在这个问题上，能够以他精湛的史实分析为根基，来回应西方有关国家祭祀与民间宗教的理论问题，提出自己的看法。这些年来，雷闻有机会走访台湾、英伦、北美等地区，也注意与海内外学者的交流切磋，使他在这项研究的过程中，始终有着强烈的理论思考。在处理国家、社会不同阶层之间的关系，分析“仪式”“淫祀”等问题时，能利用人类学和社会学的一些理论来处理问题，从《导言》中就可以看到他对于欧美日本相关研究及观点的回应。他从国家祭祀的神祠色彩、佛教道教及民间信仰与国家祭祀的相互影响、地方祠祀的分层和运作、国家和地方的祈雨活动等方面，深入探讨了隋唐国家和地方社会处理国家祭祀和民间信仰活动的运作过程，其研究所描述的历史画面，远较我们看到的单独详细考述国家礼制和单独研究佛、道与民间宗教的论著要丰富多彩，因而更加接近历史的本来面貌。在全书的《结论》中，读者可以看到这些观点的结晶。

雷闻在北大读硕士、博士阶段，师从吴宗国先生，开始时的主攻方向是制度史。由于年龄的原因，雷闻和我的学术交往更加密切一些，他上过几乎所有我开设过的课程，并参加我主持的一些课题，协助我编辑《唐研究》等。记得有一年吴宗国先生给研究生开《唐六典》的课，我则讲授敦煌文书，所以我就按照每位学生分工所读《六典》的内容，交给他们相关的敦煌文书来做练习，我把在伦敦发现的《唐景云二年论事敕书》交给雷闻来研究，他不负所望，写出论文，并发表在《唐研究》第一卷上。大概因为做学问的风格与我相近，以至于身居海外的张广达先生看了这篇文章后以为是我化名所写。后来，雷闻逐渐从制度史转而关注国家祭祀与宗教信仰等问题，这或许受到我的学术取向的一些影响。今天读到他的这部著作，感到他走上了一条通衢大道，心里也感到几分安慰。

然而，学术的追求是没有终点的，雷闻只是走到了一个四通八达的交通枢纽，而不是一个终点站。我知道他对中国古代的山岳信仰，对道教的金石铭刻，等等问题，都有相当浓厚的兴趣，希望他以本书作为新的起点，跨越眼前的沟沟坎坎，确定新的目标，遥望大山，开拓进取，在不久的将来，结出更加丰盛的果实。

2008 年 11 月 3 日

导　言

第一节　研究对象与核心概念

《左传》有言："国之大事，在祀与戎。"[1]《礼记·祭统》亦云："凡治人之道，莫急于礼；礼有五经，莫重于祭。"[2]说的都是祭祀对于中国古代国家的重要性。在漫长的发展历程中，国家祭祀逐步形成一个内涵丰富的文化传统，它不仅仅是一套仪式与象征系统，而且其背后隐含着一整套观念与信仰系统。从两汉以来，国家祭祀经历了儒家礼制化的发展过程，同时也不断吸收着其他各种因素。自魏晋南北朝开始，儒家的五礼体系被用于国家制礼实践中[3]，祭礼则成为国家五礼制度中最重要的组成部分。20 世纪 70 年代以来，日本学者如金子修一等先生从皇帝制度入手对汉唐郊庙礼制作

---

❶ 杨伯峻编著《春秋左传注（修订本）》"成公十三年"，北京：中华书局，1990 年，第 861 页。

❷ 孙希旦《礼记集解》卷四七《祭统第二十五》，沈啸寰、王星贤点校，北京：中华书局，1989 年，第 1236 页。

❸ 甘怀真曾指出："晋武帝太康年间，中国第一次向全天下颁布礼典，是'五礼'（吉凶军宾嘉）第一次成为国家的成立礼典，且它的目的是要规范整个政治社会，不同于汉代的朝仪。"见氏著《唐代家庙礼制研究》第一章《导论》，台北：台湾商务印书馆，1991 年，第 5 页。更为具体的论述，参看梁满仓《论魏晋南北朝时期的五礼制度化》，《中国史研究》2001 年第 4 期，第 27—52 页。

了一系列精彩研究，揭示了国家礼制与政治的密切关系，也使我们对《新唐书·礼乐志》所云“由三代而上，治出于一，而礼乐达于天下；由三代而下，治出于二，而礼乐为虚名”[1]，有了不同的理解。80年代之后，中国隋唐史学界关于礼制的研究蔚为潮流，在国家祭祀方面也取得了一些优秀成果，但仍有不少重要课题的研究有待深化。

如所周知，秦和汉初的国家祭祀基本上是一种巫风浓厚的神祠宗教，国家努力的方向是整合先秦时期各个国家、各个地区的祭祀系统，以适应大一统帝国对于意识形态的统一要求[2]。到了西汉后期，儒学兴盛之后，国家祭祀体系逐步走向礼制化和儒家化，这个过程以元帝、成帝时期的改革为转折点，经过王莽改制的洗礼，到东汉光武帝时期最终完成[3]。这一转折影响深远，此后历代王朝的国

---

❶《新唐书》卷一一《礼乐志一》，北京：中华书局，1975年，第307页。

❷ 参看王青《从区域社团崇拜到统一帝国崇拜——论秦汉时期的宗教统一运动》，《世界宗教研究》1993年第3期，第72—80页；同氏《西汉国家宗教功能的演变》，《世界宗教研究》1996年第3期，第48—56页。李零《秦汉礼仪中的宗教》，氏著《中国方术续考》，北京：东方出版社，2000年，第131—186页。关于秦汉的神祠及其地理分布，参看周振鹤主著《中国历史文化区域研究》，上海：复旦大学出版社，1997年，第51—81页；李零《秦汉祠畤通考》，原刊《九州》第二辑，北京：商务印书馆，1999年，第10—20页，收入《中国方术续考》，第187—203页。

❸ 参看钟国发《汉帝国宗教的儒化改革》，《福建论坛》2001年第2期，第76—82页。以及甘怀真《中国古代郊祀礼的再思索：西汉成帝时的郊祀礼》，刘增贵主编《中研院第三届国际汉学会议论文集历史组·法制与礼俗》，台北：“中研院”史语所，2002年；此据作者的修订稿《西汉郊祀礼的成立》，收入氏著《皇权、礼仪与经典诠释：中国古代政治史研究》（台北：喜玛拉雅基金会，2003年），第33—77页。甘氏后有《秦汉的“天下”政体——以郊祀礼改革为中心》（《新史学》第16卷第4期，2005年，第13—56页），对这一课题进行了新的探讨。此外，关于西汉国家祭祀的儒家化改革，还可参看 Michael Puett, “Determining the Position of Heaven and Earth: Debates Over State Sacrifices in the Western Han Dynasty,” in *Confucian Spirituality* Vol. 1, ed. Tu Weiming and Mary Evelyn Tucker（New York: The Crossroad Publish Company, 2003）, pp. 318-334。鷲尾祐子《前漢郊祀制度研究序説——成帝時郊祀改革以前について》，立命馆东洋史学会中国古代史论丛编集委员会编《中国古代史論叢》，（转下页）

家祭祀基本是在儒家的原则基础上运行。

然而，国家祭祀毕竟不能完全等同于儒教，特别是在魏晋南北朝隋唐时期，佛、道二教极为盛行，它们不仅对民众的个人信仰产生了很大影响，而且与国家祭祀体系也有着互动的关系。唐代是中国古代封建社会的转折时期，在社会结构发生巨大变革的背景下，国家祭祀的观念、制度与实践活动都有一些引人注目的变化。具体说来，本书关心的主要是如下几个问题：

第一，以儒家原则为基础的国家祭祀，具有何种宗教性内涵？

第二，魏晋以后，佛、道二教盛行，这种有体系的宗教对于国家祭祀产生了何种影响？国家礼制又是如何面对与因应的？

第三，国家祭祀体系与为数众多、来源复杂的地方祠祀有何关系？我们又当如何认识这种关系背后所蕴含的国家权力与地方文化的博弈过程？

在展开论述之前，有必要对本书所使用的"国家祭祀"这一核心概念加以界定与说明。

首先，本书所指的"国家祭祀"，并不等同于"皇帝祭祀"，而是指由各级政府主持举行的一切祭祀活动。其中既包括由皇帝在京城举行的一系列国家级祭祀礼仪，也包括地方政府举行的祭祀活动，因为相对于民众而言，地方政府本身就代表着国家；就祭祀目的而言，这种活动不是为了追寻一己之福，而是政府行使其社会职能的方式，本身即具有"公"的性质。这种取向与中古时期"国家"的概念密切相关，正如甘怀真所云，中古时期的国家"是指皇帝制度之下的国家，官僚是国家权力的人格化，而他的合法权威与

（接上页）京都：立命馆东洋史学会，2004年，第1—32页。最近的系统研究，参看田天《秦汉国家祭祀史稿》，北京：生活·读书·新知三联书店，2015年（修订本，2023年）。

强制力，是来自于皇权的授与。国家的力量，则是指官僚组织的集体力量”[1]。与此同时，虽然郊祀与宗庙祭祀是皇帝祭祀的核心，但地方政府的祭祀活动本身却反映了国家意识形态的下限，即其对于基层社会的干预程度。因此，我们不仅将地方政府的祭祀活动纳入“国家祭祀”的范畴，而且给予特别关注。

其次，由于隋唐国家礼典与实践的巨大差异，本书特别强调国家祭祀的实践层面。梁满仓曾提示我们注意“礼仪实践”的重要性，他指出：“礼仪实践把礼制与礼俗连结成为一个整体，礼仪实践是介于礼制和礼俗之间的层次，它与礼制是相通的，这不仅表现在礼仪行为的一部分直接受着礼制的规范，而且表现在不直接受礼制规范的部分。”[2]具体到我们讨论的唐代国家祭祀，虽然已是一个高度成熟与制度化的体系，体现在国家礼典如《大唐开元礼》中，并为国家法律如《祠令》所规定，但在具体祭祀实践中，常常有礼典之外的内容。金子修一曾指出：“不能将开元礼的记述当成是当时礼的实际状态。”[3]的确，《大唐开元礼》是在玄宗制礼作乐、营造盛世的指导思想下完成的，在很大程度上体现了儒家传统观念的理想形态，而与实际情况有一定差距[4]。

在此，我们还需要注意两个问题。其一，唐前期的“律令体制”

---

[1] 甘怀真《中国中古士族与国家的关系》,《新史学》第2卷第3期，1991年，第99页。

[2] 梁满仓《论魏晋南北朝时期的五礼制度化》，第44页。

[3] 金子修一《唐代皇帝祭祀的特质——透过皇帝的郊庙亲祭来检讨》，张国刚主编《中国社会历史评论》第三卷，北京：中华书局，2001年，第471页。周一良也曾指出：“唐玄宗开元二十年（732）修成的《大唐开元礼》，应当是唐代社会礼俗的准绳，但它成书以后并未广泛宣传推行。”见氏著《敦煌写本书仪中所见的唐代婚丧礼俗》，收入周一良、赵和平《唐五代书仪研究》，北京：中国社会科学出版社，1995年，第285页。

[4] 关于《大唐开元礼》的撰作与性质，参看吴丽娱《营造盛世：〈大唐开元礼〉的撰作缘起》,《中国史研究》2005年第3期，第73—94页；刘安志《关于〈大唐开元礼〉的性质及行用问题》,《中国史研究》2005年第3期，第95—117页。

到中唐以后逐步瓦解，开元二十五年（737）之后，唐王朝不再删改律令，只是删定格和格后敕，而敕的地位又逐渐超过了格，成为在法律效力和适用范围上的最终依据[1]。在这个过程中，许多关于国家祭祀的规定是通过制敕来颁行的。到宪宗元和十三年（818）八月，“礼官王彦威集开元二十一年（733）已后至元和十三年五礼裁制敕格，为《曲台新礼》。上疏曰：‘臣闻礼之所始及损益之文，布于前书，不敢悉数。开元中，命礼官大臣改撰新礼，五礼之仪始备。又按自开元二十一年已后，迄于圣朝，垂九十余年矣。法通沿革，礼有废兴，或后敕已更裁成，或当寺别禀诏命，贵从权变，以就便宜。又国家每有礼仪大事，则命礼官博士约旧为之损益，修撰仪注，以合时变，然后宣行。即臣今所集开元以后至元和十三年奏定仪制，不惟与古礼有异，与开元仪礼已自不同矣。’”[2]可见《开元礼》之后的礼仪变革往往是通过敕、别禀诏命、修撰仪注等形式来完成的，而《曲台新礼》已将这些新的礼仪实践进行了总结并纳入其中，只可惜该书今已不存。其二，唐宋时期“祀典”“淫祀”的概念有很大变化，其突出的特点是从儒家经典中的抽象原则落实为具体的簿书，关于这点我们将于后文详述。按唐人所谓“祀典”有时系指儒家经典如《礼记》等[3]，有时指当朝国典如《大唐开元礼》等，但在中晚

---

[1] 例如穆宗长庆三年（823）十二月二十三日敕节文：“御史台奏，伏缘后敕，合破前格。自今以后，两司检详文法，一切取最向后敕为定。”《宋刑统》卷三〇《断罪引律令格式》，北京：中华书局，1984年，第486页。

[2]《唐会要》卷三七《五礼篇目》，上海古籍出版社，1991年，第783页。

[3] 唐人对于儒家经典关于祭祀的规定并不拘泥，甚至试图以当朝礼仪实践为本来改造儒经。例如开元十四年（726），“通事舍人王嵒上疏，请改撰《礼记》，削去旧文，而以今事编之。诏付集贤院学士详议”。(《旧唐书》卷二一《礼仪志一》，北京：中华书局，1975年，第818页）虽由于张说的反对而未果，但这种态度极为鲜明。直到晚唐，皮日休还试图对《礼记·祭法》进行补订，在《补大戴礼祭法文》一文中，他建议将咎繇、伯益、周公、仲尼四人的祭祀直接补入《礼记》原文，也就是（转下页）

唐时期，地方官在判断何为“淫祀”时，所根据的很大程度上是当地的《图经》，这在李德裕废止江南淫祠的例子中表露无遗。

基于以上认识，我们认为，那些不在礼典的祭祀活动也属于国家祭祀的重要范畴，在某种意义上它们更凸显了唐代国家祭祀的实质与特色，故本书一并论及。要言之，我们将不仅重视国家祭祀的制度层面，而且更强调其实践与操作层面。事实上，本书对郊祀与宗庙这两种儒家理论中皇帝祭祀的核心内容较少着墨，这一方面是因为前人的成果已相当丰富，另一方面也与本书试图解决的问题直接相关。我们不应把眼光仅仅局限在“皇帝祭祀”，而应该把“国家祭祀”作为一个整体，考察其宗教性内涵，分析其与佛、道教的复杂关系。只有这样，岳镇海渎、孔庙、先代帝王等祭祀在唐代社会的重要意义才能得以呈现，各种纷繁复杂的地方祠祀也才可能从礼制的视角被重新考察，而这也正是本书以“郊庙之外”为题的主要考虑。

最后需要指出的是，本书以隋唐时期为主要考察范围，然因隋代速亡，材料有限，故实际上是以唐代为主。当然，为究其流变，书中有些部分可能会上溯汉魏，下及宋元，读者诸君幸留意焉。

第二节　隋唐国家祭祀的基本结构

为了方便全书的展开，在本节我们将结合唐代礼典的规定与祭

（接上页）将唐代已经行用的祭祀实践补入儒经。这一点值得重视。见《皮子文薮》卷五，上海古籍出版社，1981年，第44页。案，唐人改动儒经还有数例，如：魏徵就曾改编《礼记》，开元时还有人建议将其立于学官；开元十四年诏改《尚书·洪范》“无颇”为“无陂”；天宝二年（743），将《月令》一篇移于《礼记》之首；五载正月，又诏改《礼记·月令》为《时令》等。参看《唐会要》卷七五《贡举上》，第1628页；以及卷七七《贡举下》，第1667—1668页。

祀实践，先对唐代国家祭祀的基本结构作一初步的剖析。

在《大唐开元礼》的“吉礼”部分，详细记载了各种国家祭祀活动的对象、时间、空间和仪式，而《唐会要》卷二三《缘祀裁制》条的记载则较为简明：“旧制，每岁大中小祀，凡七十九祭。皆剋定日辰，著于祀典，其与本文相当则祭，更不卜日。三十四祭准礼但言时月，不定日辰，太卜署至时择日。”其下按时间顺序列举了各种祭祀的具体内容，我们将其列表如下（表1）[1]：

表1　《唐会要》所载祭祀时间表

月份	次数	祭祀活动
正月	十二祭	上辛，祈谷，祀昊天上帝于圜丘。 祀前二日，祭高祖一室。 立春日，祀青帝于东郊。 亥日，享先农于东郊。 立春后丑日，祀风师于国城东北。 立春日，祭东岳天齐王、东镇东安公、东海广德王、东渎长源公。（以上，准《祠令》著定日。） 荐献太清宫。享太庙。祀九宫贵神于东郊。（以上，至时卜日。）
二月	十祭	上丁，释奠文宣王。 上戊，释奠武成王。 春分，祀朝日于东郊。 祀日祭太社、太稷。（以上，准礼令著定日。） 祭五龙坛。祭马祖。开冰井、祭司寒之神，祭东冰井、西冰井。 享文敬太子、惠昭太子庙，并同日。（以上，至时卜日。）

[1]《唐会要》卷二三《缘祀裁制》，第514—516页。关于本表所见制度的时间，《唐会要》将“旧制”以下内容置于贞元十五年（799）十二月一日太常卿齐抗奏文之后，但可做进一步推论。文中出现文敬、惠昭二太子庙，而二庙同时作为祭祀对象的年限只能在宪宗元和七年至敬宗宝历二年（812—826）；此外，九月祭明堂一条更注明配祀是“宪宗室”，根据中宗祭明堂以高宗配享，及《开元礼》（即玄宗朝）以睿宗配明堂的先例，可知表中所见制度当在宪宗以降的穆宗一朝，亦即元和十五年（820）正月至长庆四年（824）正月。

续表

月份	次数	祭祀活动
四月	十祭	立夏日，祀赤帝于南郊。 立夏后申日，祀雨师、雷师于国城西南。 立夏日，祀南岳司天王、南镇永兴公、南海广利王、南渎广利（源）公。（以上，著定日期。） 荐献太清宫。享太庙。雩祀昊天上帝于圜丘，祀前二日，告太宗一室。（以上，至时卜日。）
五月	四祭	夏至日，祭皇地祇于方丘。 祭前二日，祭太宗一室。（以上，著定日期。） 祭先收。享文敬太子、惠昭太子庙。（以上，至时卜日。）
六月	四祭	季夏土王日，祀黄帝于南郊。 同日，祭中霤、中岳中天王。（以上，著定日期。） 是日，复祭广德王。
七月	八祭	立秋日，祭白帝于西郊。 立秋后辰日，祀灵星于国城西南。 立秋日，祭西岳金天王、西镇成德公、西海广润王、西渎灵源公。（以上，著定日期。） 荐献太清宫。享太庙。（以上，至时卜日。）
八月	八祭	上丁，释奠文宣王。 上戊，释奠武成王。 秋分，祀夕月于西郊。 社日，祭太社、太稷。（以上，著定日期。） 祭马祖。享文敬太子、惠昭太子庙。（以上，至时卜日。）
九月	二祭	季秋，大享明堂。 享前二日，告宪宗一室。（以上，至时卜日。）
十月	十祭	立冬，祀黑帝于北郊。 立冬后亥日，祀司中、司命、司民、司禄于国城西北。 立冬日，祭北岳安天王、北镇广宁公、北海广泽王、北渎清源公。（以上，著定日期。） 荐献太清宫。享太庙。祭神州地祇于北郊。 祭前二日，告高祖一室。（以上，至时卜日。）

续表

月份	次数	祭祀活动
十一月	六祭	冬至日，祀昊天上帝于圜丘。 祀前二日，告太祖一室。（以上，著定日期。） 贡举人谒先师。祭马步。享文敬太子、惠昭太子庙。（以上，至时卜日。）
十二月	六祭	寅日，蜡祭百神于南郊。 卯日，祭太社、太稷。 辰日，腊享太庙，奏祥瑞。（以上，著定日期。） 季冬，太清宫奏祥瑞。 藏冰，祭司寒、东冰井、西冰井，并同日用。（以上，至时卜日。）

毫无疑问，上表并不能全面反映有唐一代国家祭祀的全貌和变化，而且一些礼典之外的祭祀实践并未体现在其中，不过，它对整体把握唐代祭礼还是有帮助的。

为了分析的方便，有必要对国家祭祀进行分类。分类的方式有多种，就祭祀对象的类别而言，依《周礼·春官·大宗伯》的记载，可分为天神、地祇和人鬼三大类，唐代则在此之外又添加一类“释奠于先圣先师”[1]，实际上也属于“人鬼”范畴，而先代帝王等毫无疑问亦属此类。

若从祭祀等级来划分，则可分为大祀、中祀、小祀三个等级。这种划分的起源很早，《周礼·春官·肆师》：“立大祀，用玉帛牲牷；立次祀，用牲币；立小祀，用牲。”郑玄注：“郑司农云：‘大祀，天地。次祀，日月星辰。小祀，司命已下。’玄谓大祀又有宗庙，次祀又有社稷、五祀、五岳，小祀又有司中、风师、雨师、山

[1] 《唐六典》卷四“祠部郎中员外郎”条，北京：中华书局，1992年，第120页。

川、百物。”[1]郑玄所据当为汉代祭祀的实况。隋唐时期的国家礼典也继承了这一分法，但不断有变化和调整，现将各个时期的情况列表如下（表2）[2]：

表2 汉唐祭祀等级变迁表

	大祀	中祀	小祀	材料出处
汉	天地、宗庙	日月星辰、社稷、五祀、五岳	司命、司中、风师、雨师、山川、百物	《周礼·春官·肆师》郑玄注
隋	昊天上帝、五方上帝、日月、皇地祇、神州、社稷、宗庙等	星辰、五祀、四望等	司中、司命、风师、雨师及诸星、诸山川等	《隋书》卷6《礼仪志一》，第117页
永徽	天地、宗庙、神州等	社稷、日月星辰、岳镇海渎、帝社等	司中、司命、风师、雨师、诸星、山林、川泽之属	《唐律疏议》卷9，第187—188页。（据荣新江、史睿考证，此条所引乃《永徽祠令》）

---

[1] 孙诒让《周礼正义》卷三七《春官·肆师》，北京：中华书局，1987年，第1465页。

[2] 另可参看金子修一《唐代の大祀·中祀·小祀について》，《高知大学学術研究報告》第25卷人文科学第2号，1976年，第13—19页；本文中译本成为氏著《中国古代皇帝祭祀研究》的《序章》，徐璐、张子如译，西安：西北大学出版社，2018年，第1—18页。妹尾达彦《帝国の宇宙論——中華帝国の祭天儀礼》，收入水林彪、金子修一、渡边节夫主编《王権のコスモロジー》，东京：弘文堂，1998年，第233—255页，文中的《王朝儀礼の種類とランクの変遷表》还提供了宋、明、清三代祭祀的等级划分，但无隋与唐初的情况。关于永徽、显庆时的情况，参看荣新江、史睿《俄藏敦煌写本〈唐令〉残卷（Дх.3558）考释》，《敦煌学辑刊》1999年第1期，第3—13页。按《册府元龟》卷三三《帝王部·崇祭祀二》载：天宝三载（744）三月戊寅，“社稷及日月、五星并升为大祀，仍以四时致祭，诸星升为中祀”。（北京：中华书局，1960年，第362页）但这一制度并未反映在《大唐郊祀录》中，看来只是一时之制，因此，到穆宗长庆三年（823），祠部员外郎充太常礼院修撰王彦威又奏请实施天宝三载之制，社稷用大祀之礼祭祀，始告确定（关于此点，可参看高明士《唐代敦煌官方的祭祀礼仪——以P. 2130号为中心》，收入敦煌研究院编《1994年敦煌学国际研讨会文集·宗教文史卷》上，兰州：甘肃民族出版社，2000年，第46页）。

续表

	大祀	中祀	小祀	材料出处
显庆	昊天上帝、五方上帝、皇地祇、神州、宗庙	社稷、日月星辰、先代帝王、岳镇海渎、先农、先蚕、释奠等	司中、司命、风师、雨师、诸星、山林、川泽之属	此为显庆年间修订之《永徽祠令》，由荣新江、史睿据俄藏新刊敦煌残卷复原
开元	昊天上帝、五方上帝、皇地祇、神州、宗庙	日月星辰、社稷、先代帝王、岳镇海渎、帝社、先蚕、孔宣父、齐太公、诸太子庙	司中、司命、风师、雨师、灵星、山林、川泽、五龙祠。州县社稷、释奠及诸神祠并同小祀	《大唐开元礼》卷1，第12页 《唐六典》卷4“祠部郎中员外郎”条略同
贞元	昊天上帝、九宫贵神、皇地祇、神州、太清宫、宗庙	日月、社稷、帝社（原注：今礼谓之先农）、先代帝王、岳镇海渎、先蚕、文宣王、武成王、诸太子庙、风师、雨师	司中、司命、司人、司禄、灵星、众星、山林、川泽、五龙祀	《大唐郊祀录》卷1，第728页

从上表我们大致可以看出隋唐国家礼典中祭祀等级的变迁。与《周礼》的记载相比，它们的规定要复杂得多，也具体得多。这种变迁也反映了隋唐礼典的一些特色，例如隋代的日月和社稷被列入大祀，但在《周礼》中却只是次祀，到了唐代又恢复为中祀，与礼经相合。至于唐代，引人注目的是从显庆时起，先代帝王、释奠等开始列入国家祀典中的中祀，到开元时，又有齐太公、诸太子庙、五龙祠的出现，而《大唐郊祀录》中还出现了从玄宗天宝年间开始的具有明显道教色彩的太清宫、九宫贵神等祭祀，这些都反映了唐朝的时代特色，值得关注。

若从祭祀的空间来看，我们则可将国家祭祀分为三类：

第一类，在京城举行者。其中包括了郊祀、社稷、宗庙、籍田与先蚕等，这都是中央一级的祭祀活动，从等级上看，属于大祀和中祀，一般由皇帝亲祀，或者由有司摄三公行礼[1]。

第二类，中央在诸州举行的祭祀，其中包括后土祠、岳镇海渎、先代帝王等。其祭祀等级属于中祀，常祀由当地所在州的长官举行，而非时的祈祷则往往由中央差官行礼。

第三类，州县政府的祭祀，主要包括春秋二社、州县释奠、风师雨师、地方山川，以及当地政府认可的一些祭祀对象等，如同《大唐开元礼》所规定，它们都属小祀，全部由地方长官行礼。从理论上说，州县政府的常祀只有春秋二社和释奠，至于风师、雨师的常祀要到天宝四载（745）七月升为中祀之后，才在各州普遍举行[2]。因此，对于地方政府而言，更经常的祭祀对象实际上是那些代表当地信仰传统的祠庙，即《开元礼》卷一所谓的“诸神祠”，而其祭祀形式则更多的是“祈祷”，即有特定目的的祭祀活动。

实际上，唐人已有类似的分法，如《唐六典》卷四云：“凡郊祀天地、日月、星辰、岳渎，享祭宗庙、百神，在京、都者，用牛、羊、豕，涤养之数，省阅之仪，皆载于廪牺之职焉。若诸州祭岳镇海渎、先代帝王，以太牢；州县释奠于孔宣父及祭社稷，以少牢。”[3] 正是将国家祭祀分为在京都者、中央祭祀在诸州者，以及州县本身的祭祀三种。由于三者祭祀等级的不同，祭品也有很大差

---

[1] 关于亲祭与有司摄事的区别，参看金子修一《唐代皇帝祭祀の親祭と有司攝事》，《東洋史研究》第47卷第2号，1988年，第56—85页。

[2] 《册府元龟》卷三三《帝王部·崇祭祀二》，第363页。《通典》卷四四《礼典四·沿革四》，北京：中华书局，1988年，第1242页。

[3] 《唐六典》卷四“膳部郎中员外郎”条，第128页。

异。与本书的研究目的相应，在一定程度上，我们将更为关注后两类祭祀活动。

第三节　研究史回顾

本书的出发点是将国家礼制与宗教信仰的研究结合起来，因此，虽然此前从这个角度切入的成果很少，各相关领域却都是成绩斐然，下面我们试从两个方面来清理这一课题的研究史。

一　国家礼制，特别是有关国家祭祀方面的成果

目前，在中国古代史的各个断代都出现了一些研究国家祭祀的论著，例如王柏中《神灵世界：秩序的构建与仪式的象征——两汉国家祭祀制度研究》[1]、田天《秦汉国家祭祀史稿》、康乐《从西郊到南郊——国家祭典与北魏政治》[2]、赵克生《明朝嘉靖时期国家祭礼改制》[3]等，就分别从不同角度对两汉、北魏及明代的国家祭祀进行了积极的探索。当然，也有一些成果试图从权力与仪式角度切入，对中国古代国家祭祀进行政治学考察[4]。

---

[1] 王柏中《神灵世界：秩序的构建与仪式的象征——两汉国家祭祀制度研究》，北京：民族出版社，2005年。

[2] 康乐《从西郊到南郊——国家祭典与北魏政治》，台北：稻乡出版社，1995年。

[3] 赵克生《明朝嘉靖时期国家祭礼改制》，北京：社会科学文献出版社，2006年。关于明代的国家祭祀，还可参看 Joseph S. C. Lam, *State Sacrifices and Music in Ming China: Orthodoxy, Creativity, and Expressiveness*, Albany: State University of New York Press, 1998。

[4] 如廖小东《政治仪式与权力秩序——古代中国"国家祭祀"的政治分析》，北京：中国社会科学出版社，2014年。

至于唐代的礼制研究，成果更为丰富[1]。为避免面面俱到的描述，在此我们只点出那些与本书的思路、材料或问题关系较为密切的论著。通论方面，首先是魏侯玮（Howard J. Wechsler）于1985年出版的《玉帛之奠》[2]，这是一部专门讨论唐代礼制的重要西文著作，其中对于郊祀、宗庙、陵寝、巡狩、封禅、明堂等多所论列。值得重视的是，该书使用人类学关于仪式研究和符号学的理论，将国家礼制中的仪式、象征性与唐王朝对正当性的追求联系起来考察，可谓别开生面。1996年，章群出版了《唐代祠祭论稿》一书，分《宗庙与家庙》《天地与诸神》两篇，探讨了唐代国家祭祀的各个方面，书中长达50余页的《唐代祠祭异动表》汇辑了有唐三百年的主要祭祀活动，虽尚有不少可加增补之处，但毕竟提供了一个继续研究的基础。此书并不是那种结构严整、论证绵密的长篇论著，倒更像是一部新见迭出的札记汇编，其精彩之处作者只是点到为止[3]。稍后出现的两部论著是陈戍国的《中国礼制史·隋唐五代

---

[1] 有两篇重要的综述值得参考，其一是甘怀真为胡戟等先生主编的《二十世纪唐研究》所撰写的《礼制》一章（北京：中国社会科学出版社，2002年，第178—192页），从礼制研究的问题意识和方法出发，分专题回顾了20世纪学界对于唐代礼制的研究，并对一些重要课题的研究前景进行了展望。其二是张文昌的《唐宋礼书及其研究的回顾与展望》（收入黄俊杰主编《东亚儒学研究的回顾与展望》，台北：台湾大学出版中心，2005年，第125—175页），按该文所谓的“礼书”指国家颁布的具有法律规范效力的“国家礼典”（如唐代的《大唐开元礼》，宋代的《太常因革礼》《政和五礼新仪》等），以及民间私撰但被普遍奉为士民行为准则，属于“私礼”性质的礼书（如敦煌发现的《吉凶书仪》、宋代的《温公书仪》《文公家礼》等），此文虽以“礼书”为叙述脉络，但比较全面地清理了唐宋礼制、礼俗等各个方面的成果。本节对于唐代国家祭祀研究的清理除了笔者自己收集的材料之外，个别部分还参考了这两篇文章，但角度和重点有所不同。

[2] Howard J. Wechsler, *Offerings of Jade and Silk: Ritual and Symbol in the Legitimation of the T'ang Dynasty*, New Haven: Yale University Press, 1985.

[3] 章群《唐代祠祭论稿》，台北：学海出版社，1996年。参看笔者的书评，荣新江主编《唐研究》第六卷，北京大学出版社，2000年，第447—450页。

卷》与任爽的《唐代礼制研究》[1]，其中都有相当的篇幅来介绍唐代国家祭祀的主要内容。由于作者学术背景的差异，这两部著作呈现出不同的风貌。陈著断代专史的色彩浓重，而任著专题研究的性质显明，虽然都有一些不足（如对前人成果的忽视），但二书（特别是后者）从不同方面对唐代礼制进行了积极的探索，也提出了一些值得思考的问题[2]。近年来，又有几部重要的唐宋礼制著作相继出版，如张文昌《制礼以教天下——唐宋礼书与国家社会》主要着眼于礼典的编订与功能，讨论从唐代的《大唐开元礼》《大唐郊祀录》《曲台新礼》到宋代的《开宝通礼》《太常因革礼》《政和五礼新仪》《中兴礼书》等国家礼典的变迁，更分析了以《朱子家礼》为代表的私礼的兴起与规范意义[3]。朱溢《事邦国之神祇——唐至北宋吉礼变迁研究》则主要考察了郊祀、宗庙、释奠等吉礼的变迁[4]。相比之下，冯茜《唐宋之际礼学思想的转型》则更是从思想史角度，对唐宋礼学的发展进行了细致梳理，但基本不涉及制度与实践层面[5]。这三部书的切入角度和根本关怀相当不同，但都力图打通唐宋，揭示唐宋思想与社会之变化。

在儒家理论中，郊祀与宗庙是皇帝祭祀的中心，因为它们象征着皇权的来源。在这个领域，成就最大者当数金子修一，从20世纪70年代中期以来，他陆续发表了大量的论著，其主旨是从皇帝

---

1. 陈戍国《中国礼制史·隋唐五代卷》，长沙：湖南教育出版社，1998年；任爽《唐代礼制研究》，长春：东北师范大学出版社，1999年。
2. 关于这两部著作，可参看笔者的书评，荣新江主编《唐研究》第七卷，北京大学出版社，2001年，第532—541页。
3. 张文昌《制礼以教天下——唐宋礼书与国家社会》，台北：台湾大学出版中心，2012年。
4. 朱溢《事邦国之神祇——唐至北宋吉礼变迁研究》，上海古籍出版社，2014年。
5. 冯茜《唐宋之际礼学思想的转型》，北京：生活·读书·新知三联书店，2020年。

制度入手来分析汉唐之间郊祀与宗庙祭祀的变化，他注意区分了皇帝的亲祭与有司摄事，并分析了唐代郊庙祭祀与政治的密切关系，其成果早为学界所注目[1]。妹尾达彦则从空间的角度，分析了唐代皇帝在长安城的祭祀场所，认为唐后期国家祭祀所反映的宇宙论色彩降低，而仪式本身的世俗性大为增强[2]。渡边信一郎则从天下秩序的角度分析了南郊祭天礼仪与中国古代皇权正统性的关系，其中也主要利用了唐代的材料[3]。

高明士是唐代礼制研究的另一位重要学者。一方面，他从立国政策的角度分析了隋唐帝国的制礼作乐[4]，另一方面，他又特别分析了汉唐之间皇帝制度下的庙制系统，认为皇权源自天命与祖灵，而郊庙礼制历经汉唐间数百年的发展，形成保证皇帝制度的重要工具，且地位尊崇，远远高于儒士所建构的“道统庙制”（如

---

[1] 金子先生将其相关论文汇集为《古代中国と皇帝祭祀》（东京：汲古书院，2001年）、《中国古代皇帝祭祀の研究》（东京：岩波书店，2006年）二书，目前都已有了中译本：肖圣中、吴思思、王曹杰译《古代中国与皇帝祭祀》，上海：复旦大学出版社，2017年；以及前引徐璐、张子如译《中国古代皇帝祭祀研究》。他还另有部分中文论文，如《略论则天武后在政治上对祭祀礼仪的利用》，收入赵文润、李玉明主编《武则天研究论文集》，太原：山西古籍出版社，1998年，第31—41页。

[2] 妹尾达彦《唐長安城の儀礼空間——皇帝儀礼の舞台を中心に》，《東洋文化》第72号，1992年，第1—35页。值得指出的是，简涛对唐宋时期迎春礼俗演变的研究与妹尾先生的这一结论颇有契合之处，他指出，官方庄严肃穆的立春迎气礼仪此时逐步向具有节日庆典性质的出土牛鞭春过渡。见简涛《略论唐宋时期迎春礼俗的演变》，荣新江主编《唐研究》第三卷，北京大学出版社，1997年，第185—213页。

[3] 渡边信一郎《中国古代の王権と天下秩序——日中比較史の視点から》第五章《古代中国の王権と郊祀——南郊祭天儀礼を中心に》，东京：校仓书房，2003年，第181—212页。中译本见徐冲译《中国古代的王权与天下秩序：从日中比较史的视角出发》，北京：中华书局，2008年，第127—150页。

[4] 高明士《隋代的制礼作乐——隋代立国政策研究之二》，收入黄约瑟、刘健明编《隋唐史论集》，香港大学亚洲研究中心，1993年，第15—35页；《论武德到贞观礼的成立——唐朝立国政策的研究之一》，收入中国唐代学会编辑委员会编《第二届国际唐代学术会议论文集》，台北：文津出版社，1993年，第1159—1214页。

孔庙）[1]。对于唐代的释奠礼制，即在学校中对先圣先师的祭祀制度，高先生也进行了相当精彩的研究，他将唐代释奠礼的变迁划分为武德贞观时期、永徽显庆时期及开元时期三个不同的发展阶段，并分析了释奠礼制与儒家道统成立之间的关系[2]。对于唐代新出现的武成王庙之祭祀，高氏亦有深入探讨[3]。

在皇帝的郊庙礼制之外，百官的家庙也是国家礼制秩序的重要组成部分。1991年，甘怀真出版了《唐代家庙礼制研究》一书，从法制史的角度入手，对唐代的百官家庙祭祀做了细致研究，其目的则是以此理解中古时期的身份制及其与皇帝代表的国家权力之间的关系。在前述章群的《唐代祠祭论稿》一书中，对此亦有专门的讨论。2009年，游自勇在甘氏研究的基础上，把讨论范围从"家庙"扩大到了唐代长安的"私家庙祀"，对立庙资格与庙名、立庙程序及祔庙之制都有更加深入的探讨[4]。

---

[1] 高明士《皇帝制度下的庙制系统——以秦汉至隋唐作为考察中心》,《台湾大学文史哲学报》第40卷（1993年），收入氏著《中国传统政治与教育》下篇（第二章），台北：文津出版社，2003年，第215—254页。另参同氏所著《治統廟制と道統廟制との消長——秦漢より隋唐までの考察を中心として》，收入《東アジア史の展開と日本：西嶋定生博士追悼論文集》，该书编集委员会编，东京：山川出版社，2000年，第349—368页。

[2] 高明士《隋唐庙学制度的成立与道统的关系》,《台湾大学历史学系学报》第9卷（1982年），收入中国唐代学会编《唐代研究论集》第一辑，台北：新文丰出版公司，1992年，第325—380页。《唐代的释奠礼制及其在教育上的意义》,《大陆杂志》第61卷第5期，1980年，第20—38页。

[3] 高明士《唐代的武举与武庙》，收入中国唐代学会编《第一届国际唐代学术会议论文集》，台北：台湾学生书局，1989年，第1016—1069页。关于唐代的武庙，还可参看David McMullen, "The Cult of Ch'i T'ai-kung and T'ang Attitudes to the Military," *T'ang Studies* 7（1989）: pp. 59-103；以及黄进兴《武庙的崛起与衰微（七至十四世纪）——一个政治文化的考察》，收入周质平、Willard J. Peterson 主编《国史浮海开新录：余英时教授荣退论文集》，台北：联经出版事业股份有限公司，2002年，第249—282页。

[4] 游自勇《礼展奉先之敬——唐代长安的私家庙祀》，荣新江主编《唐研究》第十五卷，北京大学出版社，2009年，第435—481页。

地方政府的祭祀问题反映了国家权力和意识形态与地方传统的相互作用，也与民众的信仰生活息息相关，然而，此前的研究十分薄弱，已有的成果大多集中在材料相对丰富的敦煌地区。例如，姜伯勤以敦煌文书中的材料与《开元礼》等礼典进行比较，探讨了沙州傩礼所反映的唐代礼制的世俗化问题[1]，他还通过沙州祆祠与祈雨的关系，揭示了外来宗教努力参与国家祭祀的事实[2]。在《唐敦煌城市的礼仪空间》一文中，他又对唐代沙州及归义军时期的祭祀实况做了富有启发性的探讨[3]。高明士的《唐代敦煌官方的祭祀礼仪》通过对相关敦煌文书的分析，讨论了敦煌地区的籍田、社稷、风伯、雨师、释奠等祭祀活动，认为敦煌官府的祭祀活动基本上与《大唐开元礼》的规范相合[4]。敦煌的情形可被视作整个唐代地方政府祭祀的一个缩影，因此姜、高两位先生的研究具有相当重要的意义。至于其他地区，管见所及，惟曾一民对隋唐时期广州南海神庙祭礼之研究值得重视[5]。显然，与唐代地方祠祀的重要性相比，目前的成果显得太少，整体性的研究更为缺乏。我们认为，州县祭祀的实施情

---

[1] 姜伯勤《沙州傩礼考》，收入氏著《敦煌艺术宗教与礼乐文明——敦煌心史散论》，北京：中国社会科学出版社，1996 年，第 459—476 页。

[2] 姜伯勤《高昌胡天祭祀与敦煌祆祀——兼论其与王朝祭礼的关系》，《敦煌艺术宗教与礼乐文明》，第 477—505 页。

[3] 姜伯勤《唐敦煌城市的礼仪空间》，《文史》2001 年第 2 辑，北京：中华书局，第 229—244 页。

[4] 高明士《唐代敦煌官方的祭祀礼仪——以 P.2130 号为中心》，收入敦煌研究院编《1994 年敦煌学国际研讨会文集·宗教文史卷》上，第 35—74 页。另参吴丽娱《再论 S.1725v 卷祭文与敦煌官方祭祀》，黄正建主编《隋唐辽宋金元史论丛》第 3 辑，上海古籍出版社，2013 年，第 7—19 页。

[5] 曾一民《隋唐广州南海神庙之探索》，收入中国唐代学会编辑委员会编《唐代文化研讨会论文集》，台北：文史哲出版社，1991 年，第 311—358 页。关于南海神庙的一般情况，亦可参看王元林《国家祭祀与海上丝路遗迹——广州南海神庙研究》，北京：中华书局，2006 年。

况虽然材料零散，收集不易，却有深入考察的必要。

总体而言，在礼制范围之内对于唐代国家祭祀的研究虽成果斐然，但大多关注于制度本身，以及它们与皇帝制度、国家政治（特别是与中央政治）的关系，对于祭祀与宗教信仰的关系显然重视不够。这种情形可能主要是学界长期以来过于强调国家祭祀的政治功能所致，过去习惯于将郊庙礼制仅视作皇帝制度的组成部分，把祭祀作为皇权的象征，却忽视了国家祭祀的宗教性内涵。对此，甘怀真此前在回顾唐代郊祀礼研究现状时，已敏锐地指出了这一点[1]。

事实上，在最近三十多年来，关于"儒学"（儒教）究竟是不是宗教的问题一直是中国学界聚讼纷纭的热点[2]，认为其是宗教的学者通常以国家的祭天、祭祖、祭孔等仪式作为证据。关于儒家的祭祀理论，王祥龄《儒家的祭祀礼仪理论》有深入的分析[3]，可惜此文过分强调儒家祭祀理性化的层面，对于其宗教性层面和功利性的祭

---

❶ 甘怀真前引文《礼制》，《二十世纪唐研究》，第 184 页。

❷ 这方面的论著不胜枚举，三十余篇比较有代表性的论文收入任继愈主编的《儒教问题争论集》（北京：宗教文化出版社，2000 年），随着李申《中国儒教史》（上海人民出版社，1999—2000 年）一书的出版，又引发了新一轮的讨论，参看郭齐勇、龚建平《儒家、儒教，宗教性、超越性——以李申〈中国儒教史〉为中心的评论》，刘东主编《中国学术》2002 年第 1 期，北京：商务印书馆，第 201—218 页。2002 年 2 月，在中国社科院哲学所还举办了一次"儒家与宗教"学术研讨会，部分情况可见《关于"儒家与宗教"的讨论》，《中国哲学史》2002 年第 2 期，第 63—75、88—94 页。另可参看邢东田《1978—2000 年中国的儒教研究：学术回顾与思考》，《学术界》2003 年第 2 期，第 248—266 页。值得一提的是，黄进兴从比较宗教学的角度讨论了这个问题，见《作为宗教的儒教：一个比较宗教的初步探讨》，（香港）《亚洲研究》第 23 期，1997 年，第 184—223 页；收入氏著《圣贤与圣徒：历史与宗教论文集》，台北：允晨文化实业股份有限公司，2001 年，第 49—87 页。他还专门比较了孔庙的从祀制与西方基督教的封圣制度，试图从异文化的比较中考察儒教的宗教性格，见氏著《"圣贤"与"圣徒"——儒教从祀制与基督教封圣制的比较》，《"中研院"史语所集刊》第 71 本第 3 分（2000 年），收入氏著《圣贤与圣徒：历史与宗教论文集》，第 89—179 页。

❸ 王祥龄《儒家的祭祀礼仪理论》，（香港）《九州学刊》第五卷第二期，1992 年，第 19—48 页。

祀目的重视不够。在日本，儒教问题更是长久以来争论的焦点，围绕着所谓“儒教国家”的概念，不少学者都讨论了汉代儒教的“国教化”进程，在其确立的时间上，则有汉武帝时期、汉元帝时期、王莽光武帝时期，以及东汉章帝时期等不同观点[1]。其实，许多分歧主要是因为对“宗教”等概念的理解不同造成的[2]。一般而言，儒学不是基督教、伊斯兰教之类的“宗教”，与佛教、道教的性质也不相同，但儒学具有非常强烈的宗教性，已是不少学者的共识[3]。祁泰履（Terry F. Kleeman）曾指出：中国宗教的中心在于祭祀，从这个意义上说，国教与民间宗教可以说是同一个宗教的两个部分，他称之为“血食界”[4]。应该说，这是一个富有启发意义的观点。具体到唐代国家祭祀的宗教性问题，甘怀真进行了积极的探索，他通过对《大唐开元礼》中的祭天诸仪式的分析，探讨自西汉中期郊祀礼改制运动以来儒教中的“天”“天神”观念的变迁，进而如何落实

---

[1] 参看渡边义浩《日本有关“儒教国教化”的研究回顾》，松金佑子译，《新史学》第14卷第2期，2003年，第179—214页。值得一提的是，一些中国学者也使用了“国教”的概念，如张荣明《中国的国教——从上古到东汉》，北京：中国社会科学出版社，2001年。他还提出过“政治宗教”的概念，见氏著《权力的谎言——中国传统的政治宗教》，杭州：浙江人民出版社，2000年。

[2] 关于“宗教”这一近代从日本输入的名词，陈熙远《“宗教”——一个中国近代文化史上的关键词》(《新史学》第13卷第4期，2002年，第37—66页）做了正本清源的考察，值得参考。

[3] 参看 Rodney L. Taylor, *The Religious Dimensions of Confucianism*, Albany: State University of New York Press, 1990。此书主要是从个人救赎与内在超越的角度来分析儒学的宗教性层面的，基本上不涉及国家制度的层面。另参小岛毅《儒教是不是宗教？——中国儒教史研究的新视野》，收入周博裕主编《传统儒学的现代诠释》，台北：文津出版社，1994年，第29—43页。黄俊杰《试论儒学的宗教性内涵》，《台大历史学报》第23期，1999年，第395—409页。

[4] 祁泰履（Terry F. Kleeman）《由祭祀看中国宗教的分类》，收入李丰楙、朱荣贵主编《仪式、庙会与社区：道教、民间信仰与民间文化》，台北：“中研院”中国文哲研究所筹备处，1996年，第547—555页。

为唐代礼典中的规范[1]，其目的是通过对这部唐代礼典中有关天神祭祀的文本分析，探讨儒教的宗教内涵。这显然是一个很有意义的课题，因为虽然儒教是否为宗教的问题至今依然争论不休，但从礼典本身所蕴含的祭祀观念入手进行探讨，无疑是具有建设性的途径之一。与此文的取向类似，本书也不欲过多介入概念之争，只是希望通过一系列实证研究，给这一问题带来新的理解，因为在很大程度上，儒学的宗教性正集中体现在国家礼制的运作之中。

二　唐代的宗教信仰

近几十年来，唐代宗教史的研究进展十分迅猛，无论是佛教、道教，还是景教、摩尼教、祆教等三夷教，优秀成果层出不穷，在此自然无法一一列举。不过，出版于美、日、中三国的三部主题相近的论集或可大致代表唐代宗教史研究的发展动向。首先是 1993 年由美国的伊沛霞（Patricia B. Ebrey）等人主编的《唐宋的宗教与社会》[2]，其中收录的 9 篇论文涉及禅宗、道教，但更多的是与民间信仰有关的文章，而在时间断限上，主要集中在宋代，与唐代相关的文章很少。2000 年，日本出版了由吉川忠夫主编的《唐代的宗教》一书[3]，这部论文集是吉川先生在京都大学人文科学研究所主持的同名研究班的成果报告，其中收录的 19 篇论文被分为佛教、佛

---

[1] 甘怀真《〈大唐开元礼〉中天神观》，《第五届唐代文化学术研讨会论文集》，嘉义：中正大学，2001 年，第 435—451 页。收入氏著《皇权、礼仪与经典诠释：中国古代政治史研究》，第 177—198 页。

[2] Patricia Ebrey and Peter N. Gregory (eds.), *Religion and Society in T'ang and Sung China*, Honolulu: University of Hawaii Press, 1993.

[3] 吉川忠夫编《唐代の宗教》，京都：朋友书店，2000 年。关于此书，参看葛兆光的书评《重新清理唐代宗教的历史》，收入氏著《域外中国学十论》，上海：复旦大学出版社，2002 年，第 97—107 页。

道交涉、道教、文献研究等四组，涉及范围包括三阶教、南宗禅、唐代道观等，也有关于《十王经》、中元节、宾头卢信仰等民间信仰的课题，其中最为厚重的依然是日本学者擅长的文献研究。2003年，荣新江主编的《唐代宗教信仰与社会》一书在上海出版[1]，这是北京大学“盛唐研究丛书”中的一种，收入了13篇研究论文，涵盖了道教、佛教、三夷教及民间信仰等领域，在内容上，包含对多阶层、多地域、多民族的宗教与信仰形式的探讨；在社会结构上，不仅注意到了皇帝和上层贵族社会与宗教的关系，同时也考察了底层民众的信仰；在地理空间上，也兼顾了地方与中央；在社会活动形式上，更是关涉国家制度、礼仪、法律，以及社会习俗等。在此书的导言中，荣氏对当前唐代宗教史研究有一个概观性的评述，揭示了这一领域的新问题和新的探索方向，值得认真研读[2]。

然而，在目前的宗教史研究中，虽然也有不少论著涉及宗教与国家、王权的关系，但大多停留在政治层面上，对于礼制与宗教的关系问题，研究并不深入。甘怀真在总结20世纪唐代郊祀礼的研究时，呼吁学界加强合作，来研究“以郊祀为代表的儒教的国家宗教如何对待民间宗教，包含势力强大的佛道教”的问题[3]。这的确值得我们认真思考。事实上，近些年来探索国家礼制与宗教，尤其是道教关系者，渐渐多了起来，如劳格文（John Lagerwey）曾揭示了道教的醮坛与汉代郊祀坛的渊源[4]；李福（Gil Raz）则试图将魏

---

[1] 荣新江主编《唐代宗教信仰与社会》，上海辞书出版社，2003年。

[2] 荣新江《导言：唐代宗教信仰与社会——新问题与新探索》，《唐代宗教信仰与社会》，第1—12页；收入氏著《中国中古史研究十论》，上海：复旦大学出版社，2005年，第195—211页。

[3] 甘怀真前引文《礼制》，《二十世纪唐研究》，第184页。

[4] John Lagerwey, “Taoist Ritual Space and Dynastic Legitimacy,” *Cahiers d’Extrême-Asie* 8 (1995): pp. 87-94.

晋道书中的“五帝”与汉代以来王朝祭礼中关于五方帝祭祀的论争联系起来[1]；而山内弘一等先生则以郊祀、景灵宫、玉皇等为中心，探讨了宋代道教与国家祭祀的密切关系[2]。

至于唐代，陈成国在《中国礼制史·隋唐五代卷》第四章曾提出所谓佛道之礼的问题，但可惜只停留在各自情形的简单描述上，未能将它们与国家礼仪进行比较，探讨其互动关系，不免令人遗憾。早在1987年，麦大维（David McMullen）就曾在研究《大唐开元礼》时指出，礼典所反映的儒家式国家礼仪并不能代表皇帝宗教或礼仪责任的全部，《开元礼》对同时存在和盛行的非儒家祭祀保持了沉默。不过，他同时认为，佛、道二教发挥作用与影响的领域并不在此，虽然儒家士大夫私下可以信仰佛教或道教，但官方的正式场合却不予考虑[3]。这种说法似乎过分强调了国家礼仪与佛、道

---

[1] Gil Raz, “Imperial Efficacy: Debates on Imperial Ritual in Early Medieval China and the Emergence of Daoist Ritual Schemata,” in *Purposes, Means and Convictions in Daoism: A Berlin Symposium*, ed. Florian C. Reiter（Wiesbaden: Harrassowitz Verlag, 2007）, pp. 83–109.

[2] 山内弘一《北宋の国家と玉皇——新禮恭謝天地を中心に》,《東方學》第62辑，1981年，第83—97页。《北宋時代の郊祀》,《史学雑誌》第92卷第1号，1983年，第40—66页。《北宋時代の神御殿と景霊宫》,《東方學》第70辑，1985年，第46—60页。《北宋時代の太廟》,《上智史学》第35辑，1990年，第91—119页。在一篇英文论文中，山内氏又对其之前的研究进行了总结：Yamauchi Kōichi, “State Sacrifices and Daoism during the Northern Song,” *Memoirs of the Research Department of the Toyo Bunko* 58（2000）: pp. 1–18。另参吾妻重二《宋代の景霊宫について——道教祭祀と儒教祭祀の交差》，收入小林正美编《道教の斎法儀礼の思想史的研究》，东京：知泉书馆，2006年，第283—333页。最新的讨论，参看谢一峰《常态、变态与回归——两宋常规祭祀体系中道教因素的变迁》,《中国社会历史评论》第24卷，天津古籍出版社，2020年，第28—60页。

[3] David McMullen, “Bureaucrats and Cosmology: the Ritual Code of T’ang China,” in *Rituals of Royalty: Power and Ceremonial in Traditional Societies*, ed. David Cannadine and Simon Price（Cambridge: Cambridge University Press, 1987）, pp. 181–236. 另参氏著 *State and Scholars in T’ang China*（Cambridge: Cambridge University Press, 1988）, pp. 113–158。此书已有中译本：麦大维《唐代中国的国家与学者》，张达志、蔡明琼译，北京：中国社会科学出版社，2019年。

二教的对立，而将士大夫的态度公私两分的处理方式也代表了许多西方学者的一般观念。事实上，宗教介入国家礼仪才是隋唐的特色之一，相比之下，罗柏松（James Robson）从国家祭祀与佛、道教在南岳的互动与共存出发，对南岳的信仰世界做了细致梳理，其描绘的场景显然更加符合唐朝的实际[1]。

国忌行香是唐代国家在先帝、先后的忌日于寺观举行的纪念活动，这一仪式体现了国家与佛、道二教的关系，且与皇权的扩张密切相关。1955年，那波利贞发表了《唐代に於ける國忌行香に就いて》一文[2]，为这一课题打下了坚实基础。此后，章群又梳理了相关的文献材料[3]，古濑奈津子则以日僧圆仁所见的唐代国忌行香活动为例，分析了其中所体现的唐代皇帝与日本天皇的权力差异[4]，严耀中从佛教向儒家礼制渗透的角度分析了行香的演变，并由此分析了文宗开成年间废除国忌行香的背景[5]，冯培红细致分析了敦煌文书中的几件《国忌行香文》[6]。最新成果，则是聂顺新利用敦煌文书、石刻史料及新发现的《续通典》佚文对唐代国忌行香进行的系列考察[7]。此外，富安敦（Antonino Forte）关于武则天时期明堂与佛教

---

[1] James Robson, *Power of Place: The Religious Landscape of the Southern Sacred Peak (Nanyue 南嶽) in Medieval China*, Cambridge: Harvard University Asia Center, 2009.

[2] 那波利贞《唐代に於ける國忌行香に就いて》，《史窓》第8号，1956年，第1—17页，此据氏著《唐代社會文化史研究》，东京：创文社，1974年，第33—48页。

[3] 章群《唐史札记》（二）《国忌与行香》，台北：学海出版社，1998年，第19—29页。

[4] 古濑奈津子《遣唐使の見た中國》，东京：吉川弘文馆，2003年。此据高泉益中译本《遣唐使眼中的中国》第二章（二）《中国的国忌行香与日本的国忌》，台北：台湾商务印书馆，2005年，第33—45页。

[5] 严耀中《从行香看礼制演变——兼析唐开成年间废行香风波》，同氏主编《论史传经》，上海古籍出版社，2004年，第149—163页。

[6] 冯培红《敦煌本〈国忌行香文〉及相关问题》，中国文物研究所编《出土文献研究》第七辑，上海古籍出版社，2005年，第287—308页。

[7] 聂顺新《河北正定广惠寺唐代玉石佛座铭文考释——兼议唐代国忌行香和（转下页）

关系的研究[1]，也揭示了佛教对于唐代礼制的影响。近年来，吕博更将作为神都核心政治景观的明堂建设与武则天的尊号变化联系起来，进而分析了武则天对佛教利用的阶段性策略[2]。

与佛教相比，道教与国家礼制的关系方面的成果要更多一些。福永光司研究了唐宋时期国家祭典中的最高神昊天上帝与道教最高神元始天尊、玉皇大帝的合流[3]。唐玄宗时期，道教对国家礼仪变革所发生的影响非常引人注目，如太清宫、九宫贵神等祭祀相继在此时出现，熊存瑞、松浦千春、吴丽娱等先生都对此有所探讨[4]。吴羽更在研究晚唐五代十神太一信仰的基础上，从长时段出发，推出了一部《唐宋道教与世俗礼仪互动研究》[5]，其中关于道教礼仪空间的讨论令人印象深刻。

此外，道教的投龙仪式更直接体现了国家礼制与道教的关系，

（接上页）佛教官寺制度》,《陕西师范大学学报》2015年第2期，第72—78页。同氏《元和元年长安国忌行香制度研究——以新发现的〈续通典〉佚文为中心》,《魏晋南北朝隋唐史资料》第32辑（2015年），第131—149页。同氏《张氏归义军时期敦煌与内地诸州府国忌行香制度的差异及其原因初探》,《敦煌研究》2015年第6期，第88—95页。

[1] Antonino Forte, *Mingtang and Buddhist Utopias in the History of the Astronomical Clock: the Tower, Statue and Armillary Sphere Constructed by Empress Wu*, Roma: Istituto Italiano per il Medio ed Estremo Oriente, 1988. 福安敦《武曌的明堂与天文钟》，收入赵文润、李玉明主编《武则天研究论文集》，太原：山西古籍出版社，1998年，第140—147页。

[2] 吕博《明堂建设与武周的皇帝像——从“圣母神皇”到“转轮王”》,《世界宗教研究》2015年第1期，第42—58页。

[3] 福永光司《昊天上帝と天皇大帝と元始天尊——儒教の最高神と道教の最高神》，收入氏著《道教思想史研究》，东京：岩波书店，1987年，第123—155页。李庆中译本《昊天上帝、天皇大帝和元始天尊：儒教的最高神和道教的最高神》，收入陈鼓应主编《道家文化研究》第五辑，上海古籍出版社，1994年，第353—382页。

[4] Victor Xiong（熊存瑞）, “Ritual Innovations and Taoism under Tang Xuanzong,” *T'oung Pao* 82（1996）: pp. 258-316. 松浦千春《玄宗朝の国家祭祀と“王権”のシンボリズム》,《古代文化》第49卷第1号，1997年，第47—58页。吴丽娱《论九宫祭祀与道教崇拜》，荣新江主编《唐研究》第九卷，北京大学出版社，2003年，第283—314页。

[5] 吴羽《唐宋道教与世俗礼仪互动研究》，北京：中国社会科学出版社，2013年。

沙畹（Édouard Chavannes）无疑是这一课题的奠基人[1]，近些年来，随着一些考古实物资料的出土和发现，投龙再度成为研究的热点。1999年，李零研究了两枚先秦时期有关祷病礼俗和山川祭祀的玉版，提示我们注意这类玉版与目前发现的唐宋封禅玉册及唐以来道教投龙简之间的相似性[2]，周西波则通过对敦煌文书P.2354的研究，揭示了唐代岳渎祭祀与道教投龙相结合的事实[3]。从这个角度考察南北朝到唐宋时期岳渎祭祀的道教化趋势及其与民间信仰的结合，还有较大的研究空间。总之，我们不应忽略宗教礼仪与国家礼制的互动问题，因为制度性宗教在使国家礼制与民众信仰相结合方面发挥了重要作用，值得深入探讨。

中国古代的民间信仰是近些年来国内外学界所关注的一个热点课题，但研究成果多集中在秦汉之前和宋代以后[4]。由于大多数民间信仰依托于特定的祠庙，且与地域社会有着千丝万缕的联系，因此本书称之为"地方祠祀"，这也是民间信仰研究的重心所在。围绕着唐宋地方祠祀与国家及地域社会的发展等问题，国内外

---

[1] Édouard Chavannes, "Le Jet des Dragons," *Mémoires Concernant l'Asie Orientale* 3（1919）: pp. 53–220.

[2] 李零《秦骃祷病玉版的研究》,《国学研究》第六卷，北京大学出版社，1999年，第525—548页；又参同氏《入山与出塞》,《文物》2000年第2期，第87—95页。

[3] 周西波《敦煌写卷P.2354与唐代道教投龙活动》,（台北）《敦煌学》第22辑，1999年，第91—109页。对于P.2354写卷，周西波据大渊忍尔《敦煌道经·目录编》拟名为《投金龙玉璧仪》，而王卡则拟名为《大唐开元立成投龙章醮威仪法则》，见氏著《敦煌道教文献研究：综述·目录·索引》，北京：中国社会科学出版社，2004年，第42页。关于唐代的投龙，还可参看神塚淑子《道教儀礼と龍——六朝·唐代の投龍簡をめぐって》,《日中文化研究》第3号，东京：勉诚出版，1992年，第126—134页。刘昭瑞《从考古材料看道教投龙仪——兼论投龙仪的起源》，收入陈鼓应、冯达文主编《道家与道教：第二届国际学术研讨会论文集（道教卷）》，广州：广东人民出版社，2001年，第475—501页。

[4] 例如蒲慕州《追寻一己之福——中国古代的信仰世界（修订版）》，台北：麦田出版，2004年。

学界提出了许多值得重视的思路和观点[1]，其中尤以松本浩一[2]、韩森（Valerie Hansen）[3]、金井德幸[4]、须江隆[5]、水越知[6]等先生对宋代“赐额”“赐号”制度的研究最为深入，也深具启发性。在这些文章中，惟有须江隆的那篇《唐宋期における祠廟の廟額・封号の下賜について》涉及唐代，他认为唐代赐额、赐号的范围局限在大祀、中祀、小祀的范围之内，并没有制度化和系统化，到晚唐五代时期开始赐予地方神灵，但为数不多。在随后的两篇文章中，他又从地方祠庙的赐额、赐号问题出发，试图对近年来重新展开热烈讨论的

---

[1] 参看上田信《宋—明代の民俗宗教》，社会经济史学会编《社会経済史学の課題と展望》，东京：有斐阁，1992年，第141—151页；松本浩一《中国村落における祠廟とその変遷——中国の祠廟に関する研究動向と問題点1》，《社会文化史学》第31号，1993年，第27—43页；蒋竹山《宋至清代的国家与祠神信仰研究的回顾与讨论》，《新史学》第8卷第2期，1997年，第187—220页。皮庆生《宋代神祠信仰研究的回顾与展望》，曹中建主编《中国宗教研究年鉴（1999—2000）》，北京：宗教文化出版社，2001年，第304—309页。王健《近年来民间信仰问题研究的回顾与思考：社会史角度的考察》，《史学月刊》2005年第1期，第123—128页。

[2] 松本浩一《宋代の賜額・賜号について——主として〈宋会要辑稿〉にみえる資料から》，野口铁郎编《中国史における中央政治と地方社会》（昭和60年度科學研究費補助金總和研究A：研究成果報告書），东京，1986年，第282—294页。

[3] Valerie Hansen, *Changing Gods in Medieval China, 1127-1276*, Princeton: Princeton University Press, 1990. 韩森《变迁之神：南宋时期的民间信仰》，包伟民译，杭州：浙江人民出版社，1999年。

[4] 金井德幸《宋代小祠廟の賜額について》，《汲古》第15号，1989年，第31—36页。《南宋の祠廟と賜額について——釈文珦と劉克莊の視点》，收入宋代史研究会编《宋代の知識人——思想・制度・地域社会》，东京：汲古书院，1993年，第257—286页。

[5] 须江隆《唐宋期における祠廟の廟額・封号の下賜について》，《中国—社会と文化》第9号，1994年，第96—119页；《宋代における祠廟の記録——“方臘の乱”に関する言説を中心に》，《歴史》第95辑，2000年，第1—30页；《熙寧七年の詔——北宋神宗朝期の賜額・賜号》，《東北大学東洋史論集》第8辑，2001年，第54—93页；《祠廟の記録が語る“地域”観》，宋代史研究会编《宋代人の認識——相互性と日常空間》，东京：汲古书院，2001年，第29—55页。

[6] 水越知《宋代社会と祠廟信仰の展開——地域核としての祠廟の出現》，《東洋史研究》第60卷第4号，2002年，第1—38页。

“唐宋变革论”进行修正[1]，其问题意识与独特的视角颇为引人注目。不过，他的研究仍然立足于宋代，对于唐代的讨论并不充分，而且赐额、赐号也非唐代地方祠祀政策的主要方面。皮庆生也将其研究宋代民众祠神信仰的论文汇集成书[2]，其中对“祈赛社会”“祭不越望”等问题的讨论很有新意，对《祠山事要指掌集》等新材料的发掘更极具价值。

与宋代相比，唐代民间信仰的研究虽冷清许多，但也颇有一些出色的成果面世。太史文（Stephen Teiser）《中国中世纪的鬼节》一书[3]，探讨了一个具有不同宗教源头的节日与唐代社会的密切关联。杜德桥（Glen Dudbridge）《神秘体验与唐代世俗社会》则主要取材于唐代的笔记小说，特别是戴孚的《广异记》，讨论了唐代的华山信仰、尉迟迥在安阳的祠庙等问题[4]。贾二强推出了两部通论性著作：《神界鬼域——唐代民间信仰透视》[5]《唐宋民间信仰》[6]，为我们大致勾勒出唐代民间信仰的方方面面。当然，更多的研究体

---

[1] Sue Takashi（须江隆）, “The Shock of the Year Hsüan-ho 2: The Abrupt Change in the Granting of Plaques and Titles during Hui-tsung's Reign,” *Acta Asiatica* 84（2003）: pp. 80–125. 须江隆《唐宋期における社会構造の変質過程——祠廟制の推移を中心として》，《東北大学東洋史論集》第9辑，2003年，第247—294页。这两篇文章可谓须江氏在这一领域的总结之作。

[2] 皮庆生《宋代民众祠神信仰研究》，上海古籍出版社，2008年。

[3] Stephen F. Teiser, *The Ghost Festival in Medieval China*, Princeton: Princeton University Press, 1988. 侯旭东中译本《幽灵的节日——中国中世纪的信仰与生活》，杭州：浙江人民出版社，1999年。

[4] Glen Dudbridge, *Religious Experience and Lay Society in T'ang China: A Reading of Tai Fu's* Kuang-i chi, Cambridge: Cambridge University Press, 1995. 此书最近有了中译本：《神秘体验与唐代世俗社会：戴孚〈广异记〉解读》，杨为刚、查屏球译，南京：江苏人民出版社，2022年。

[5] 贾二强《神界鬼域——唐代民间信仰透视》，西安：陕西人民教育出版社，2000年。

[6] 贾二强《唐宋民间信仰》，福州：福建人民出版社，2002年。关于此书，参看笔者的书评，荣新江主编《唐研究》第九卷，第523—529页。

现在许多单篇论文之中，其中既有对某种具体信仰的研究，如姜士彬（David Johnson）关于唐宋时期城隍神的研究[1]，以及贾二强对于华山信仰的讨论[2]；又有对一些重要事件的探究，如麦大维曾由分析狄仁杰的《檄告西楚霸王文》入手，讨论了他于垂拱四年（688）在江南废毁淫祠的事件，并对相关的基本史料有所提示[3]；黄永年对此事件也做过探讨[4]。系统探讨唐代祠庙问题的论文有章群的《唐代之祠庙与神庙》[5]。妹尾达彦则深入研究了一个祠庙的个案，即根据石刻材料，探讨河东盐池的池神庙与国家盐专卖制度的关系，且由此讨论了民间信仰与国家祭祀的关系，颇具启发性[6]。乐维（Jean Levi）探讨六朝隋唐时期地方官与神灵的斗争时，主要是从官员自身的宗教性质立论[7]，而王永平则将地方官废止淫祠与推行教化的活动结合起来考虑[8]。最近，杨俊峰又对唐宋地方祠祀做了一个长时段

---

[1] David Johnson, "The City-God Cults of T'ang and Sung China," *Harvard Journal of Asiatic Studies* 45:2（1985）: pp. 363–457.

[2] 贾二强《论唐代的华山信仰》,《中国史研究》2000 年第 2 期，第 90—99 页。

[3] David McMullen, "The Real Judge Dee: Ti Jen-chieh and the T'ang Restoration of 705," *Asia Major*, 3rd serial, 6:1（1993）: pp. 1–81.

[4] 黄永年《说狄仁杰的奏毁淫祠》,《唐史论丛》第六辑，西安：陕西人民出版社，1995 年，第 58—67 页。

[5] 章群《唐代之祠庙与神庙》,《严耕望先生纪念论文集》，台北：稻乡出版社，1998 年，第 119—150 页。此文又收入氏著《唐史札记》第九节，题为《祠庙与神庙》，台北：学海出版社，1998 年，第 111—148 页。

[6] 妹尾达彦《塩池の国家祭祀——唐代河東塩池・池神廟の誕生とその変遷》,《中国史学》第 2 卷，1992 年，第 175—209 页。同氏《河东盐池的池神庙与盐专卖制度》，收入中国唐代学会主编《第二届国际唐代学术会议论文集》，台北：文津出版社，1993 年，第 1273—1324 页。

[7] 乐维（Jean Levi）《官吏与神灵——六朝及唐代小说中官吏与神灵之争》，张立方译，《法国汉学》第三辑，北京：清华大学出版社，1998 年，第 32—59 页。

[8] 王永平《论唐代的民间淫祠与移风易俗》,《史学月刊》2000 年第 5 期，第 124－129 页。

的考察，其中对五代时期南方诸国“封神运动”的考察颇多新意[1]。江川式部通过对《唐姜嫄公刘庙碑》《狄梁公祠堂碑》考察了中晚唐藩镇与祠庙的关系[2]；谷口高志以白居易所撰祝文为中心，讨论了唐代文人与地方神灵的关系[3]；夏炎则更多是利用一些祠祀碑刻来讨论唐代的地方治理问题[4]。

此外，佛、道教与民间信仰的关系历来是学界关注的重要问题，索安（Anna Seidel）曾指出：“皇室支持的一个重要结果是道教宫观遍布唐帝国，使道教与地方崇拜有更多接触。”[5]施舟人（K. M. Schipper）就曾对唐代净明道与民间许逊崇拜的关系进行了探讨[6]。严耀中则揭示了在唐代作为全国性宗教的佛教收伏江南民间杂神淫祠的事实[7]。事实上，从中晚唐时期到宋代，中国的宗教经历了

---

[1] 杨俊峰《唐宋之间的国家与祠祀——以国家和南方祀神之风互动为焦点》，上海古籍出版社，2019年。

[2] 江川式部《唐代の藩鎮と祠廟》，《國學院雜誌》第122卷第2号，2021年，第1—18页。

[3] 谷口高志《唐代文人と辺地の神：白居易の祝文を中心に》，《佐賀大国語教育》第5号，2021年，第29—46页。

[4] 夏炎《唐代石刻水旱祈祷祝文的反传统表达及其在地方治理中的功用》，《史学月刊》2021年第5期，第60—72页；《唐代地方官府水旱祈祷与水利资源控制——以泉神祠庙石刻为中心》，《史学集刊》2021年第6期，第21—33页；《白居易祭龙祈雨与唐后期江南地方治理》，《山西大学学报》2023年第4期，第24—32页；《白居易皋亭庙祈雨与中古江南区域社会史的展开》，《社会科学战线》2023年第12期，第88—96页。

[5] Anna Seidel, “Chronicle of Taoist Studies in the West 1950-1990,” *Cahiers d'Extrême-Asie* 5（1989-1990）: pp. 223-347. 索安《西方道教研究编年史》，吕鹏志、陈平等译，北京：中华书局，2002年，第28页。

[6] Kristofer Schipper, “Taoist Ritual and Local Cults of the T'ang Dynasty,” in *Tantric and Taoist Studies in Honour of R. A. Stein*. Vol.3, ed. Michel Strickmann（Bruxelles: Institut Belge Des Hautes Études Chinoises, 1985）, pp. 812-834.

[7] 严耀中《唐代江南的淫祠与佛教》，荣新江主编《唐研究》第二卷，北京大学出版社，1996年，第51—62页。在所著《江南佛教史》（上海人民出版社，2000年，第311—318页）中，他对这一问题又略有申说，但观点和材料未出此文范围。

一个较为明显的世俗化与平民化的过程[1]，这使得佛、道教与民间信仰的关系进一步增强。

值得提及的是，韩国学者金相范的博士学位论文题目是《唐代礼制对于民间信仰观形成的制约与作用——以祠庙信仰为考察的中心》[2]，这是目前对唐代神祠比较全面的研究，其韩文版已于2005年正式出版，我们也期待着其中文版早日问世[3]。另外，余欣的《神道人心——唐宋之际敦煌民生宗教社会史研究》一书[4]，则充分利用了敦煌文书中关于民间信仰的资料，对与民众日常生活密切相关的宗教信仰活动进行了相当细致的探索，也是值得关注的重要成果。

前举这些论著都从不同角度对唐代民间信仰与祠庙问题进行了有益的探讨，但也存在一些不尽如人意之处：或者将国家祭祀与民间祠庙过分对立起来，或者将民间祠庙完全等同于"淫祀"，这对我们探讨隋唐时期国家祭祀与民众信仰的关系造成了一定困难。以章群的研究为例，他与本书的研究旨趣不尽相同，首先，就研究范围而言，章氏将天地及名山大川的祭祀排除在外："天地诸神皆有祭所，非皆庙宇，又且为天子之事，本篇不录。"[5]又以姜尚、孔子、老子等有特殊性而不予讨论。事实上，这里面的许多内容正体现了唐代国家祭祀的神祠色彩，它们与民间信仰并无不可逾越的鸿沟，因此，本书对诸如孔庙、生祠、岳渎祭祀等方面将予以重点讨

---

[1] 参看刘浦江《宋代宗教的世俗化与平民化》，《中国史研究》2003年第2期，第117—128页。

[2] 金相范《唐代礼制对于民间信仰观形成的制约与作用——以祠庙信仰为考察的中心》，台湾师范大学历史研究所博士论文，2001年。

[3] 其部分中文成果，参看金相范《唐代祠庙政策的变化——以赐号赐额的运用为中心》，收入姜锡东、李华瑞主编《宋史研究论丛》第7辑，保定：河北大学出版社，2006年，第1—20页。这是其博士论文的第五章。

[4] 余欣《神道人心——唐宋之际敦煌民生宗教社会史研究》，北京：中华书局，2006年。

[5] 章群《唐代之祠庙与神庙》，《严耕望先生纪念论文集》，第119页。

论。其次，章氏完全将佛道二教的内容置之不顾，而将祠庙孤立起来研究，这是不符合唐代的社会实况的，因为佛道在中古时期的影响早已无远弗届，唐代的国家祭祀与民间信仰都与它们发生了千丝万缕的联系，对此我们不能置之不理。再次，章氏云："至于祷祭，若亢阳求雨，淫雨祈晴，此农业社会古来皆然，并非唐代独有，不必特为之说。"[1] 我们认为，虽然祈雨为农业社会之常态，但唐代祈雨方式之演变及其所反映的礼俗、宗教等特性，却仍值得仔细探讨。此外，现有的成果大多仍以文献爬疏为主，讨论的主要是一些具体祠祀与相关事件，因此，无论是在分析的深度还是广度上都还有可以继续发掘之处。

第四节　本书的总体构想

总而言之，本书试图将隋唐国家祭祀与宗教信仰这两个领域的研究贯通起来，在已有成果的基础上作一番综合性的考察。我们的目的是通过一些具体的实证性研究，一方面考察隋唐国家祭祀体系本身具有的宗教性，另一方面考察其与道教、佛教及各种地方祠祀的互动关系，从而刷新我们对于国家礼制与宗教关系的认识。

第一章《隋唐国家祭祀的神祠色彩》是对国家祭祀体系本身宗教性的研究。第一节通过对以五岳四渎为代表的山川神、风伯雨师、后土等祭祀的考察，分析自然神的人格化，并对国家赐予山川神以人间官爵的现象给予特别关注。第二节是对释奠礼制和孔庙祭祀的考察，我们强调指出孔庙祭祀的偶像崇拜这一突出特点，并

[1] 章群《唐代之祠庙与神庙》,《严耕望先生纪念论文集》，第119页。

以民众在面临祈雨、求子等人生困境时向孔庙祈祷之事实，揭示其宗教性功能及其与民间祠祀的类同。第三节考察了隋唐国家对于先代帝王的祭祀，随着国家祭祀的儒家化，先代帝王的祭祀也从儒家经典的抽象原则逐步得到具体落实，并体现在国家的礼典与法典之中。在这个进程中，一个非常重要的变化是先代帝王祭祀的重心从“圣贤”向“帝王”的转变。在中晚唐时期，虽然中央级的祭祀色彩在淡化，但这些先代帝王庙背后所反映的地域文化传统更加鲜明，国家强调的是其代表的政权合法化问题，而百姓则将其视作地域社会中的普通祠祀，寄托着他们的愿望与要求。第四节，我们考察了唐代长安城中的一些皇家祠庙，如皇后别庙与诸太子庙等。这些拟宗庙性质的祠庙虽多是复杂的政治斗争的产物，但其散布于各个坊里，却使得皇家祭祀贴近了民间，而这种立庙祭祀的方式则是受到民间风俗影响的结果。通过本章的研究，我们试图证明，即使经历了汉代以来儒家化和礼制化的洗礼，隋唐国家祭祀体系仍有着浓厚的神祠色彩，这使其在某种程度上与民众信仰重新结合起来，使之有了更为广泛的社会基础。

第二章《道教、佛教与国家祭祀》，主要探讨国家祭祀与道教、佛教这些制度性宗教的互动关系。具体而言，我们在第一节考察了皇帝的图像（包括塑像与写真）在国家祭祀活动中的运用，以及佛寺、道观在其中发挥的重要作用。随后三节，重点考察了岳渎祭祀、道教与民间信仰之交汇，我们不仅讨论了隋唐国家对岳渎的管理制度，而且通过大量的石刻材料，揭示了高宗封禅活动中的道教因素、道教徒马元贞主持的岳渎投龙与武周革命政治宣传的关系，以及唐玄宗时期建立五岳真君祠的背景等。要言之，皇帝图像进入寺观、岳渎祭祀与道教的结合、相关民间故事的流传、国忌行香制度的建立，一方面使国家祭祀贴近民间而走向世俗化，另一方面却又在很大程度上强化了国家政权的神圣性，祭祀活动本身也因而具有强烈的象征色彩。

第三章《“祀典”与“淫祠”之间》，我们将从礼制的角度出发，重点考察国家祭祀与各种地方祠祀的互动关系。在国家祭祀与淫祠之间，存在着一些中间层面，而不完全是非此即彼那样的绝对和简单。对于“祀典”与“淫祠”的认定，实际上涉及中央与地方的权力分配格局，特别是中央控制地方文化资源的方式，也隐含着国家正统的儒家伦理和意识形态与地方性崇拜的对立与妥协。作为盛唐礼典的《大唐开元礼》实际上将地方祠祀的认定权力下放到州县，而从中晚唐以来，各地的《图经》逐步成为判定“淫祠”与否的依据，这显示了对地方性信仰传统的尊重。与此同时，在唐宋之际，“祀典”概念逐步从儒家经典的抽象原则走向具体化，同时也在不断扩大中。而佛、道二教也走向世俗化，并在功能上与民间神祠合流。在北宋时期的国家礼典里，佛寺、道观与神祠的地位逐步趋同，这标志着从唐代以来对神与人、神与神关系的调整初步完成，形成了一个由皇权支配的新的神明系统。

第四章《从祈雨看隋唐的国家祭祀与社会》基本上是一个个案研究。在常祀之外，不定期的祈祷也是国家祭祀的一个重要方面，特别是祈雨，更是沟通皇帝、官僚体制、各种宗教及地域社会的重要途径，介于礼与俗之间。通过对祈雨的研究，我们可以看出唐代国家礼制的世俗化倾向及其与宗教的结合，也可以看出佛、道教本身世俗化的趋向，从而对唐代国家祭祀的特点有更为具体的认识。

附录一，是对近年重新发现的《唐华岳真君碑》的详细研究，首先依据原拓重新校录了碑文，对一些重要词句略做注释，随后梳理了此碑已往的著录情况，分析了碑文中的平阙与避讳现象，并对撰人、书人及立碑主持者做了考证。该碑是开元十九至二十年（731—732）唐玄宗在五岳二山建立真君祠的重要见证，反映了国家祭祀与道教的互动关系，弥足珍贵，因此本书将其作为附录收入。

附录二，利用新发现的大历八年（773）《唐天柱山司命真君庙碑》、开成五年（840）《潜山真君庙左真人仙堂记》二碑，考察了唐代潜山的信仰世界。潜山九天司命真君庙的置立，可视作此前司马承祯奏置五岳真君祠的余响。与此同时，被道教视作“血食之神”的潜山神，以及左慈这样一位前代著名方士在当地信仰世界中的地位日益凸显。左真人堂在司命真君庙的建立，也是中晚唐佛、道教与地方祠祀合流的一个生动个案。

第五节　材料与方法

一　关于材料

（一）传世文献。其中大致可分为五组：其一，《隋书》、两《唐书》、新旧《五代史》《资治通鉴》等正史与编年体史书自然是史学论著的基本材料，对于本书而言，五部正史中的《礼仪志》部分尤需认真研读。其二，《唐六典》《大唐开元礼》《大唐郊祀录》[1]《通典》《唐会要》《册府元龟》等政书与礼典，这些包含着有唐一代国家礼制材料最为集中的典籍，无疑是本书最重要的核心材料。

[1] 关于《大唐郊祀录》的性质，目前学界还有争议，张文昌认为它是“具有当代性意义的礼典”，而冯茜则认为，它是“由王泾个人撰写，希冀藏诸东观以备参考的一部私撰礼书，既未经诏修或颁诸有司，亦不具实际的规范效力”。当然，在认定此书对于了解从《开元礼》至贞元年间的礼制变迁具有重要史料价值这一点上，二者则是一致的。参看张文昌《制礼以教天下——唐宋礼书与国家社会》，第59—92页；冯茜《唐宋之际礼学思想的转型》，第89—98页。

其三，《文苑英华》《全唐文》《全唐诗》及各种唐人文集中，保存了大量关于国家祭祀与宗教信仰的第一手资料。其四，是《元和郡县图志》《太平寰宇记》《舆地纪胜》《长安志》《庐山记》等地志类资料。历朝地方志中保存着大量关于祠庙的记录，不过，其中有关隋唐的记载多半出自后人的追述，使用时必须保持足够的警惕。因此，本书对敦煌地志文献有比较充分的使用，对宋元之后方志的使用则比较审慎。其五，以《太平广记》为代表的唐五代笔记小说集，如果有专门的整理本，则是我们首先选择的目标，如《冥报记》《广异记》《独异志》《宣室志》等。

（二）石刻史料。这是本书的核心资料。中国古代的金石学源远流长，千余年来的积累非常丰富，而近些年来地不爱宝，新出土的各种墓志、碑刻等资料更是层出不穷，成为继敦煌吐鲁番文书之后，推动隋唐史研究发展的又一大资料群。对于本书所涉及的课题而言，石刻史料具有无与伦比的重要性。在中国古代，有着立碑纪事的悠久传统，无论是朝廷举行的汾阴后土大典，还是地方官府代表中央举行的岳渎祭祀，或者是佛、道二教的宗教仪式，乃至于地方民众的建祠修庙、求雨祈晴等活动，往往都会在仪式结束之后立碑纪念。毫无疑问，这些都是研究隋唐国家祭祀与宗教信仰的绝佳资料，也是本书立论的坚实基础。

本书所使用的石刻史料大致有两个系统：民国以前传统的金石学资料，除了少量的整理本如《金石录校证》等之外，主要以台湾新文丰公司出版的《石刻史料新编》为中心[1]；至于近些年新发现的金石资料，除了某些必须核对图版的石刻之外，我们主要利

---

[1] 《石刻史料新编》全 4 编共 100 册，台北：新文丰出版公司，1977—2006 年。

用了陕西省古籍整理办公室编辑的《全唐文补遗》[1]，墓志资料则主要利用了周绍良、赵超等主编的《唐代墓志汇编》《唐代墓志汇编续集》[2]，以及杨作龙、赵水森等编著的《洛阳新出土墓志释录》等[3]。此外，一些按专题或地域编集的石刻资料集也是我们利用的重点，如陈垣编纂的《道家金石略》[4]、龙显昭等主编的《巴蜀道教碑文集成》[5]等。当然，其他散见于《文物》《考古》《考古与文物》等期刊上的石刻新资料也在采择之列。

（三）敦煌吐鲁番文书。与石刻材料一样，这些文书多是未经有意识整理的第一手材料，其中有一些涉及地方政府祭祀的材料，如已为姜伯勤、高明士等先生充分讨论的P.2005《沙州都督府图经》残卷等。事实上，敦煌吐鲁番文书中还保存着不少随葬衣物疏和各种发愿文，有杂入许多民间传说的佛教感通类故事集如《持颂金刚经灵验功德记》，以及各种类型的占卜文书和历日等，这些都是研究唐五代宋初地域社会中宗教信仰的宝贵资料。

由于本书并非敦煌学的专门著作，因此一般不进行文书学的整理工作，而主要利用了目前学界整理的一些资料集，如小田义久编《大谷文書集成》[6]、池田温编《中國古代寫本識語集録》[7]、唐耕耦

---

[1] 陕西省古籍整理办公室编《全唐文补遗》1—9辑，西安：三秦出版社，1994—2007年。《全唐文补遗·千唐志斋新藏专辑》，西安：三秦出版社，2006年。

[2] 周绍良主编、赵超副主编《唐代墓志汇编》，上海古籍出版社，1992年；周绍良、赵超主编《唐代墓志汇编续集》，上海古籍出版社，2001年。

[3] 杨作龙、赵水森等编著《洛阳新出土墓志释录》，北京图书馆出版社，2004年。

[4] 陈垣编纂，陈智超、曾庆瑛校补《道家金石略》，北京：文物出版社，1988年。

[5] 龙显昭、黄海德主编《巴蜀道教碑文集成》，成都：四川大学出版社，1997年。

[6] 龙谷大学佛教文化研究所编《大谷文書集成》第1—4卷，小田义久责任编集，京都：法藏馆，1984—2010年。

[7] 池田温编《中國古代寫本識語集録》，东京大学东洋文化研究所，1990年。

等编《敦煌社会经济文献真迹释录》[1]、郝春文主编《英藏敦煌社会历史文献释录》[2]等。一些分类整理的敦煌文献合集则为我们的研究提供了更大的便利，如赵和平《敦煌写本书仪研究》[3]、黄征与张涌泉《敦煌变文校注》[4]、黄征等《敦煌愿文集》[5]、郑炳林《敦煌地理文书汇辑校注》[6]、李正宇《古本敦煌乡土志八种笺证》[7]等。在使用这些敦煌吐鲁番文书时，除非特别需要，本书一般不保留文书的原来格式。

（四）佛、道教文献。由于本书涉及佛、道二教，因此《大正藏》《道藏》等宗教文献中保存的许多宝贵资料就是我们所必须利用的，如中古时期的一些重要道教典籍《陆先生道门科略》《真诰》《洞玄灵宝真灵位业图》，和《洞玄灵宝三洞奉道科戒营始》《传授三洞经戒法箓略说》等。至于李冲昭《南岳小录》、杜光庭《洞天福地岳渎名山记》等名山志之类的文献更是本书的重要资料。相对而言，除了僧传与类书之外，本书对佛教文献的使用还不够充分，需要在以后的研究中加以弥补。

二　关于方法

从根本上说，作为一部历史学著作，本书自然会遵循史学研究的一些基本方法。首先是文本分析与史料的辨正，对于史料的科学

---

[1] 唐耕耦、陆宏基编《敦煌社会经济文献真迹释录》第一辑，北京：书目文献出版社，1986年；第二至第五辑，北京：全国图书馆文献缩微复制中心，1990年。

[2] 郝春文编著《英藏敦煌社会历史文献释录》第一卷，北京：科学出版社，2001年；第二、三卷，北京：社会科学文献出版社，2003年。

[3] 赵和平《敦煌写本书仪研究》，台北：新文丰出版公司，1993年。

[4] 黄征、张涌泉校注《敦煌变文校注》，北京：中华书局，1997年。

[5] 黄征、吴伟编校《敦煌愿文集》，长沙：岳麓书社，1995年。

[6] 郑炳林《敦煌地理文书汇辑校注》，兰州：甘肃教育出版社，1989年。

[7] 李正宇《古本敦煌乡土志八种笺证》，台北：新文丰出版股份有限公司，1998年。

分析无疑是任何一部严肃的史学著作的基础，而本书则力图在论证过程中采取传世文献与出土文献如石刻、敦煌吐鲁番文书等的多重互证。

其次，本书也借鉴了一些人类学的理论和方法，特别是对“仪式”的重视。如所周知，仪式向来是人类学的核心概念之一，最初作为宗教研究的一部分，而后来则发展出许多不同的研究取向[1]。早期仪式研究的对象大多是非洲、大洋洲及南亚等地的土著居民，不过，如果从政治人类学的角度来看，仪式绝非仅对不发达社会的政治活动有作用，即使在当代西方发达国家，政治仪式也无处不在[2]。作为一个具有高度文明的传统社会，中国越来越受到人类学研究的关注[3]，例如，武雅士（Arthur P. Wolf）主编的《中国社会中的宗教与礼仪》试图从神灵祭祀、祖先祭祀与节日活动中揭示中国社会的特点[4]，华琛（James L. Watson）与罗友枝（Evelyn S. Rawski）则合编了一部关于中华帝国晚期与近代中国的丧礼的论文集[5]。近些年来，一些中国学者从国家与社会关系的角度切入，将仪式与中国当代社会的变迁相联系，也提出了许多很有价值的思路和问题[6]。那么，人类学的仪式研究对于中国古代的国家礼制研究究竟

---

[1] 参看 Catherine Bell, *Ritual Theory, Ritual Practice*, New York: Oxford University Press, 1992；Catherine Bell, *Ritual: Perspectives and Dimensions*, New York: Oxford University Press, 1997。

[2] David Kertzer, *Ritual, Politics, and Power*, New Haven: Yale University Press, 1988.

[3] 关于人类学在中国宗教研究中的理论和方法，参看王铭铭《中国民间宗教：国外人类学研究综述》，《世界宗教研究》1996 年第 2 期，第 125—134 页。此文又以《象征与仪式的文化理解》为题，收入氏著《社会人类学与中国研究》，北京：生活·读书·新知三联书店，1997 年，第 149—185 页。

[4] Arthur Wolf (ed.), *Religion and Ritual in Chinese Society*, Stanford: Stanford University Press, 1974.

[5] James L. Watson and Evelyn S. Rawski (ed.), *Death Ritual in Late Imperial and Modern China*, Berkeley: University of California Press, 1988.

[6] 参看郭于华主编《仪式与社会变迁》，北京：社会科学文献出版社，2000 年。

有何启示？

如前所述，魏侯玮在1985年出版的《玉帛之奠》可谓利用人类学理论来研究中国古代国家礼制的开创之作，他讨论了郊祀、封禅、明堂、宗庙等国家礼制对于建立唐王朝正统性的作用。1993年4月，在剑桥大学召开的“中国的国家与宫廷”讨论会突出反映了西方汉学与人类学进行合作的努力，参加会议的除了汉学家外，还有以中国为研究对象的人类学家如王斯福（Stephan Feuchtwang）等。这次会议的论文最终形成一部题为“中国的国家与宫廷礼仪”的论文集[1]，该书侧重具体的礼仪实践，主要围绕礼仪在政治中的作用、礼仪与语言的关系以及精英与大众对皇帝的理解三个问题展开，具体论题则涉及汉代的封禅与帝陵、唐代宗的葬礼、历代皇家的“五祀”与“七祀”、清代宫廷中的萨满仪式等，最后则是一篇以人类学理论来解读中国古代仪式的文章，集中讨论所谓的“仪式的权力”和“权力的礼仪化”等，对于历史学者颇有启发[2]。1997年，司徒安（Angela Zito）又从国家礼制的文本性与表演性两个方面深入探讨了清代乾隆朝的大祀，力图将“作为观念的礼仪”与“作为实践的礼仪”结合起来[3]。

隋唐的国家祭祀一方面由《大唐开元礼》《大唐郊祀录》一类礼典文本所规范，另一方面则是王朝具体实践的一系列仪式活动，

---

[1] Joseph P. McDermott (ed.), *State and Court Ritual in China*, Cambridge: Cambridge University Press, 1999.

[2] James Laidlaw, “On Theatre and Theory: Reflections on Ritual in Imperial Chinese Politics,” *State and Court Ritual in China*, pp. 399–416.

[3] Angela Zito, *Of Body and Brush: Grand Sacrifice as Text/Performance in Eighteenth-Century China*, Chicago: The University of Chicago Press, 1997. 此书已经有了中译本：司徒安《身体与笔：18世纪中国作为文本/表演的大祀》，李晋译，北京大学出版社，2014年。关于此书，亦可参看 Liu Xin, “Three Styles in the Study of (Chinese) Ritual,” *Journal of Ritual Studies* 14:2 (2000): pp. 58–64。

其背后存在着与宇宙论相关的一整套观念系统，同时，它也反映乃至塑造着现实政治与社会秩序。事实上，无论是国家祭祀还是宗教信仰，仪式都是其中最为核心的要素之一，因此本书将其作为分析的有效工具，虽然我们的使用未必符合其本来含义。在这样的视角之下，一些原本并不为人注意的现象，就可能呈现出相当重要的意义，比如宗教仪式（如道教的“投龙”）在国家祭祀活动中的运用就是一个显著的例子。又比如，根据儒家经典规定，对于天神、地祇及人鬼的祭祀都应当使用牌位（木主），然而在唐代的祭祀实践中，无论是山川神，还是祖先祭祀，甚至孔庙祭祀都采取了偶像崇拜的方式，在这些仪式中，祭品则在“血食”与果蔬香药之间一再摇摆，这些都是此前的研究所忽视的重要内容。此外，“国家权力”“正当性”，乃至所谓“大传统”与“小传统”等概念在中国古代史研究的引入，更使我们在文献考证之外获得了更为丰富的分析手段[1]。

再次，受到妹尾达彦等先生关于唐代长安研究的启发，本书对“空间”因素予以足够的重视。在一些具体的讨论中，我们将注意区分宫廷、京城与地域社会，探索各类祠庙所处的空间（如长安城中的坊里等）及其社会功能的关系。在祭祀仪式中，我们也注意其举行地点的重要性，如五岳四渎作为国家祭祀与地域社会的联结点的功能，以及某些神灵祭祀中坛祭与庙享的区分等。当然，重视空间或地域差异并不意味着对共性的忽视，尤其是对于那些为数众多的地方祠祀，我们不仅要考察其地域性的信仰传统，更需要在国家礼制与权力运作的视角之下，追寻其超越空间差异的共性。

---

[1] 关于大传统、小传统理论在中国史研究领域的应用，或可参看余英时《汉代循吏与文化传播》，收入氏著《中国思想传统的现代诠释》，台北：联经出版事业公司，1987年，第167—258页。

最后需要指出的是，本书的基本目标是以国家祭祀为切入点，考察中古国家礼制与宗教信仰的关系，分析礼制在国家与民众信仰之间运作的方式与功能，因此，在很大程度上采取了“自上而下”的视角。不过，如赵世瑜所言，“自下而上”才是当下社会史研究所强调的基本态度，是作为历史学研究新范式的社会史的必由之路[1]，这自然也是我们应当考虑的问题。本书一方面试图从国家的角度出发，来考察国家祭祀体系如何面对佛、道二教与各种地方祠祀；另一方面，也试图揭示国家祭祀的民间色彩、各种宗教仪式进入国家礼制系统的努力，以及地域社会经济文化的发展在地方祠祀“礼制化”进程中的作用。虽然我们对这两种路径都有所考虑，但必须承认，由于材料的限制，我们对后者的讨论并不充分。

虽然历史学首先是一门关于史料的科学，如胡适所言，“有一分材料就说一分话”，可是从另一方面来看，或许我们也可以说：有什么样的问题意识，就会有什么样的材料运用，也就会有什么样的研究方法。新的问题意识可能会使一些古老陈旧的材料焕发新的光彩，也会使研究的手段得到更新。我们相信，本书的材料运用和研究方法基本上是与我们的问题意识相适应的。

---

[1] 参看赵世瑜《狂欢与日常——明清以来的庙会与民间社会》一书的《序说》，北京：生活·读书·新知三联书店，2002 年，第 1—47 页。

第一章

隋唐国家祭祀的神祠色彩

自西汉中期以来，国家祭祀经历了儒家礼制化的过程，此后历代王朝的国家祭祀基本是在儒家的原则基础上运行。不过，汉唐之间社会变动剧烈，特别是在魏晋南北朝时期，世家大族对于皇权形成巨大挑战，玄学兴盛，佛、道流行，而北朝部落制的遗风也给国家体制蒙上一层比较原始的色彩，这一切都使儒家化的祭祀体系受到冲击。随着隋唐帝国的建立，国家祭祀体系得以重建。经过这段曲折的历史发展，它们又发生了哪些变化？特别是，这种建立在儒家理论基础上的国家祭祀与民众究竟还有无联系？

马克斯·韦伯（Max Weber）曾认为："中国官方的国家祭典，就像其他地方一样，只服务于公共的利益；而祭祖则是为了氏族的利益。二者都与个人的利益无关。自然的巨灵日益被非人格化，对它们的祭祀被简化为官方的仪式，而此种仪式逐渐地排空了所有的感情要素，最后变成了纯粹的社会习俗。这是有教养的知识分子阶层所完成的工作，他们完全漠视大众的典型的宗教需求。"[1] 韦伯此论实际上代表着学界长期以来对中国古代国家祭祀认识上的一个典型倾向，即将国家祭祀完全视作与民众个人宗教信仰相脱节的纯粹

[1] 马克斯·韦伯《儒教与道教》第七章，洪天富译，南京：江苏人民出版社，1997 年，第 199 页。

官方仪式。例如麦大维就认为，对于非官方人士的宗教生活而言，这种建立在宇宙论基础上、与官僚等级制相联系的国家祭祀的神明并无多大意义[1]。甘怀真也认为："以郊祀与天子宗庙为代表的儒教祭祀体系（可以再加上孔庙）却与人民没有关系"，"儒教的危机是这套以天子为首的祭祀体系与基层人民的祭祀之间失去了关联性，即人民所信仰、祭祀的神祠与儒教在地方上的神祠无关。"[2]我们认为，这些看法在一定程度上忽视了汉唐之间社会变迁对于国家祭祀所产生的重大影响。

隋唐时期，国家祭祀的一系列新现象促使我们重新思考其儒家化程度，以及它们和民众个人信仰的关系。事实上，中国古代民间信仰的一些基本特点，如偶像崇拜与自然神的人格化等[3]，经过汉代儒家礼制化的洗礼之后，在相当程度上依然存在于国家祭祀体系之中，本书称之为国家祭祀的"神祠色彩"。在本章，我们就从四个方面对此进行具体分析，从而体会国家祭祀儒家化的限度。

---

[1] David McMullen, *State and Scholars in T'ang China*, Cambridge: Cambridge University Press, 1988, chapter 4: "State Ritual," p. 116.

[2] 甘怀真《中国古代的罪的观念》，收入氏著《皇权、礼仪与经典诠释：中国古代政治史研究》，第364—365页。

[3] 当然，这种偶像崇拜与自然神的人格化在中古时期受到佛教的巨大影响，不过，这也只起到推动和强化的作用。林富士曾指出：偶像崇拜是传统巫觋信仰的一个非常重要的特质，见氏著《中国六朝时期的蒋子文信仰》，收入林富士、傅飞岚主编《遗迹崇拜与圣者崇拜》，台北：允晨文化实业股份有限公司，2000年，第196—198页。关于巫觋信仰与偶像崇拜，还可参看同氏《汉代的巫者》（台北：稻乡出版社，1999年修订版），以及《试论六朝时期的道巫之别》，收入周质平、Willard J. Peterson主编《国史浮海开新录：余英时教授荣退论文集》，第19—38页。

第一节　自然神的人格化

甘怀真认为："儒教的国家祭祀制度自西汉后期以来，主要是依循儒家礼经中的'气化宇宙观'中对于神祇的理解方式。或许我们可将儒教中的诸天神，如天、日、月、星辰等，称之为具有神格的自然神，或超自然的自然神，以区别于当时流行的佛道教中的人格神的观念。儒教的这类天神的形象就是自然，不具有人的样子，因此也不具'历史性'，没有神话传说。宇宙万物都禀赋气，诸神是气所集结而成的精华。天子祭祀的目的，不在于祈福或除秽，而在于促进天地间诸气的和谐运作。"[1]这些论述虽有一定道理，却并不全面。其实，《大唐开元礼》卷三《序例》下专门列有"祈祷"一节，主要以祈雨祈晴为主[2]，其目的正是为了祈福去灾。至于自然神的人格化，虽然历来是中国民间信仰的重要特色之一，但在隋唐时期，也成为国家祭祀的一个重要特点，而且，这种特点得到了国家的正式承认和宣扬。

一　以岳渎为代表的山川神

在农业社会中，山川与人类生活的关系非常密切，自古以来，人们认为它们为神明所居，可以兴云致雨，遂有膜拜之举[3]。在山川

---

[1] 甘怀真《〈大唐开元礼〉中的天神观》，收入《第五届唐代文化学术研讨会论文集》，嘉义：中正大学，2001年。此据《皇权、礼仪与经典诠释：中国古代政治史研究》，第197—198页。在该书第33—35页，作者对"儒教"的概念进行了界定，可以参看。

[2]《大唐开元礼》卷三《序例》下，东京：汲古书院，1972年，第32页。关于唐代的祈雨，详见本书第四章。

[3] 关于中国早期的山水崇拜，参看钱志熙《论上古至秦汉时代的山水崇拜山川祭祀及其文化内涵》，《文史》2000年第3辑，北京：中华书局，第237—258页。（转下页）

神中尤以岳镇海渎为代表，它们不仅是地理概念，自秦汉之后且又成为国土的象征，是封建王朝体国经野的象征符号，受到国家的高度重视[1]。在儒家礼经中，早有将其与国家官僚等级制度进行模拟的表述，即“五岳视三公，四渎视诸侯”。所谓“视”，“谓其礼物之数也”[2]。实际上是说其祭祀的等级与三公、诸侯相同，并非实指，其性质正是如甘怀真所称之“具有神格的自然神，或超自然的自然神”。然而，到了隋唐时期，这种模拟就变成了现实，使其真正具有人格化的特点，其最明显的表现就是偶像崇拜的祭祀方式，以及给它们加人间封爵。

好並隆司曾探讨了西汉中期以后，士大夫从儒家礼制的角度对国家祭祀中山川神人格化做出的批判[3]，但这种批判显然是有限度的。《初学记》卷五记载：“卢元明《嵩山记》曰：岳庙尽为神像，有玉人高五寸，五色甚光润，制作亦佳，莫知早晚所造。盖岳神之像，相传谓明公，山中人悉云屡常失之，或经旬乃见。”[4]可见南北朝时嵩山神正是偶像崇拜。在北魏太武帝太延年间（435—440）所

（接上页）通论性的著作，可参看何平立《崇山理念与中国文化》，济南：齐鲁书社，2001年。而游琪、刘锡诚主编的《山岳与象征》（北京：商务印书馆，2004年），则收入了三十余篇相关论文，可惜质量参差不齐。

[1] 参看顾颉刚《四岳与五岳》，收入氏著《史林杂识初编》，北京：中华书局，1963年，第34—45页。以及唐晓峰《五岳地理说》，《九州》第一辑，北京：中国环境科学出版社，1997年，第60—70页。同氏《体国经野——试述中国古代的王朝地理学》，（香港）《二十一世纪》2000年8月号，第82—91页。

[2] 此系颜师古注《汉书·郊祀志》上的说法，北京：中华书局，1962年，第1194页。清人孙希旦则曰：“愚谓‘视’，谓用其献数，及其俎、簋、笾、豆之数也。上公九献，侯伯七献。地祇不灌，而以瘗埋降神，则视上公者七献，视诸侯者五献，以其无二灌故也。”孙希旦《礼记集解》卷一三《王制第五之二》，第347页。

[3] 好並隆司《中国古代における山川神祭祀の変貌》，《岡山大学法文部学術紀要》第38号（史学篇），1977年，第21—40页。

[4]《初学记》卷五“嵩高山”条，北京：中华书局，1962年，第103页。

立《后魏中岳嵩高灵庙碑》的碑阴，有“台遣画匠、台遣石匠、台遣材匠”等语，并有“用铜铤二千□百斤”的记载[1]，则这次重修中岳祠时是由官方所派工匠来铸岳神铜像。

从隋代开始，这种祭祀方式受到国家的明令保护。以岳渎为例，隋文帝开皇十四年（594），“将祠泰山，令使者致石像神祠之所”[2]。然则文帝曾御赐泰山神之石像。史载：“〔隋文〕帝以年龄晚暮，尤崇尚佛道，又素信鬼神。〔开皇〕二十年（600）诏：‘沙门、道士坏佛像、天尊，百姓坏岳渎神像，皆以恶逆论。’”[3]在《隋书·高祖本纪》中记载较详：开皇二十年十二月又诏：“其五岳四镇，节宣云雨，江、河、淮、海，浸润区域，并生养万物，利益兆人，故建庙立祀，以时恭敬。敢有毁坏、偷盗佛及天尊像、岳镇海渎神形者，以不道论。”[4]岳渎的神像如同佛像、天尊像一样，为国家法律所保护。这种偶像崇拜的祭祀方式也为唐代所沿用，且有所发展，即连岳渎神的家属也塑有偶像，这更是人格化的表现[5]。需要指出的是，这种情形在唐德宗时期一度有过反复，贞元九年（793）

---

[1] 陈垣编纂，陈智超、曾庆瑛校补《道家金石略》，北京：文物出版社，1988年，第8—11页。

[2]《隋书》卷二二《五行志上》，点校本二十四史修订本，北京：中华书局，2019年，第691页。

[3]《隋书》卷二五《刑法志》，第792页。

[4]《隋书》卷二《高祖纪下》，第50页。

[5] 这种例子在唐代的笔记小说中多所反映，例如戴孚《广异记》“王勋”条载：“华州进士王勋尝与其徒赵望舒等入华岳庙，入第三女座，悦其倩巧而蛊之，即时便死。望舒惶惧，呼神巫，持酒馔于神前鼓舞，久之方生。”见方诗铭辑校本《冥报记·广异记》，北京：中华书局，1992年，第151页。甚至岳神夫人也有专门的院落，如同书“李湜”条曰：“赵郡李湜以开元中谒华岳庙，过三夫人院，忽见神女悉是生人。”第51页。另外，岳渎神及其家眷的塑像在石刻资料中也颇常见，例如，据王延昌《河渎神灵源公祠庙碑》记载，代宗时河中府特为河渎神修造内寝，因为此前在祭祀时，“奠于堂户之间，则神之昆弟具在；酹于屋漏之内，则神之伉俪攸居。文墨相望，男女无别”。《全唐文》卷四三五，北京：中华书局，1983年，第4438页。

编成的《大唐郊祀录》卷八云："镇皆为坛而祭之，海、渎则为坎而祭之（原注：其坎内亦为坛，高一丈，四面皆有陛也），神座皆设于坛上，近北，南向。案近代修庙宇、为素像，则就祭之。今准礼，但设一坛位，为图其形，余推之即可悉也。"[1] 所谓"素像"，实际上就是"塑像"[2]，可以看出，首先，德宗时以"近代以来"的偶像崇拜、甚至立庙祭祀都是非礼之举，故试图加以革除。其次，文中只字不提五岳的祠庙，是为默许[3]，而且在镇、海、渎的坛祭之礼中，依然要"图其形"，则只是将塑像换成了画像而已。显然，德宗这次改革并不彻底，根本无法改变山川神的人格化与偶像祭祀的事实。

给山川神加人爵更是唐代国家的独创。垂拱四年（688），武则天为了给自己改唐为周的事业制造舆论，遂利用唐同泰所伪造的瑞石，行拜洛受图之礼。这是武周革命的重要一步，则天因此加尊号为圣母神皇，并大赦天下。为了感谢洛水之神，遂"封其神为显圣侯，加特进，禁渔钓，祭享齐于四渎。……又以嵩山与洛水接近，因改嵩山为神岳，授太师、使持节、神岳大都督、天中王，禁断刍牧。其天中王及显圣侯，并为置庙"[4]。这应该是中国历史上首次给山川神加人间的爵位[5]，具体来说，"特进"系正二品文散官；

---

[1] 《大唐郊祀录》卷八《祭岳镇海渎》，《大唐开元礼》所附适园丛书本，第787—788页。

[2] 关于此点，或可参看林梅村《高昌火祆教遗迹考》的论述，《文物》2006年第7期，第60页。

[3] 贞元、元和时期曾重修中岳庙，特别是翻修了那些塑像，据韦行俭《新修嵩岳中天王庙记》云：此前"其土偶木偶，及东序西序南向北向图形象者，皆风落之，日暄之，雨濡之，尘败之"，经过整修，"自中天王洎夫人缨緌冕服，首饰步摇，间以金翠，彰用五色"，可见仍然是偶像崇拜。见《全唐文》卷四七六，第4859页。

[4] 《旧唐书》卷二四《礼仪志四》，北京：中华书局，1975年，第925页。

[5] 清人秦蕙田《五礼通考》卷四七《四望山川》亦云："山川之神加以人爵封号盖始于此，非礼之端，肇之者则天也。"味经窝初刻试印本，台北：圣环图书（转下页）

"太师"则是正一品的职事官——真正的"三公"之位；"显圣侯"与"天中王"则为爵。武则天给洛水与中岳神所加的封号中，既有职事官，又有散官，还有爵位，很显然，武则天正是将它们作为人格神来看待的，而且此举亦首次将儒家经典中"五岳视三公"的原则落实在制度上。特别值得注意的是，武则天还开始封岳神之妃："则天证圣元年（695），将有事于嵩山，先遣使致祭以祈福助，下制，号嵩山为神岳，尊嵩山神为天中王，夫人为灵妃。"❶然则嵩山神的人格化色彩是不言而喻的。它们的封号随着政治形势的发展而不断提高，甚至一度超越了"视三公"的礼制等级，如万岁登封元年（696）封禅嵩山之后，她又"尊神岳天中王为神岳天中皇帝，灵妃为天中皇后"❷。此后，许多名山大川也相继有了人爵。下面我们将史籍所见唐代国家为山川神所加人爵的情况列表如下（表3）：

表3 唐代山川神加封人爵表

时间	事件	材料出处
垂拱四年（688）	七月一日，封洛水神为显圣侯，加特进，享齐于四渎；封嵩山为神岳，授太师、使持节，神岳大都督、天中王。	《旧唐书》24/925 《唐会要》47/976

（接上页）有限公司，1994年，叶十一。关于这个问题，朱溢《论唐代的山川封爵现象——兼论唐代的官方山川崇拜》（《新史学》第18卷第4期，2007年，第71—124页）有进一步讨论，可以参看。

❶《旧唐书》卷二三《礼仪志三》，第891页。

❷《旧唐书》卷二三《礼仪志三》，第891页。按《新唐书》卷四《则天皇后本纪》作"神岳大中黄帝""天中黄后"（北京：中华书局，1975年，第96页），文字略异。秦蕙田对此批评道："案古者四望山川之祭祀，坛而不屋，易以庙号，非古也，况复封之为王、为帝，尊号频加频改，不益惑之甚乎？"见《五礼通考》卷四七《四望山川》，叶十一。

续表

时　间	事　件	材料出处
证圣元年（695）	号嵩山为神岳，尊嵩山神为天中王，夫人为灵妃。	《旧唐书》23/891
万岁通天元年（696）	四月一日，嵩山神可尊为神岳天中皇帝，灵妃为天中皇后。	《唐会要》47/976 《旧唐书》23/891
神龙元年（705）	二月，嵩山神复为天中王。	《唐会要》47/976
先天二年（713）	八月二十日，封华岳神为金天王。	《唐大诏令集》74/418
开元十三年（725）	封泰山为天齐王，礼秩加三公一等。	《通典》46/1283 《唐会要》47/977
天宝五载（746）	正月二十三日，封中岳神为中天王，南岳神为司天王，北岳神为安天王。	《唐会要》47/977
天宝六载（747）	正月十二日，封河渎为灵源公，济渎为清源公，江渎为广源公，淮渎为长源公。	《唐会要》47/977
天宝七载（748）	十二月九日，封昭应山（骊山）为玄德公。	《唐会要》47/977 《旧唐书》24/927
天宝八载（749）	闰六月五日，封太白山为神应公，其九州镇山，除入岳渎外，并宜封公。	《唐会要》47/977 《旧唐书》24/927
天宝十载（751）	正月二十三日，封东海为广德王，南海为广利王，西海为广润王，北海为广泽王。封沂山为东安公，会稽山为永兴公，吴岳山为成德公，霍山为应圣公，医巫闾山为广宁公。	《唐会要》47/977
至德二年（757）	十二月十五日，敕："吴山宜改为吴岳，祠享官属，并准五岳故事。"	《唐会要》47/977
大和九年（835）	六月，封鸡翁山为侯。	《册府元龟》34/370
开成二年（837）	八月，封终南山为广惠公。	《唐会要》47/978
光化元年（898）	十月一日，封少华山为佑顺侯。	《唐会要》47/978
天祐二年（905）	六月十六日，封洞庭湖君为利涉侯，青草湖君为安流侯。	《唐会要》47/978

唐代封崇山川的原则基本依儒经而行，不过也有变化。例如，按照儒家传统，四渎的祭祀等级要高于四海，即《礼记·学记》所云："三王之祭川也，皆先河而后海，或源也，或委也。此之谓务本。"[1]不过，与先秦乃至秦汉时期的情况相比，随着隋唐时期海上贸易的发展，海洋与人类生活的关系愈加密切[2]，于是从天宝十载起，四海封王而四渎仍然为公爵，从而打破了先河后海的原则[3]。

与山川神加人爵相应的是，国家祭祀的实践中，皇帝在祝版上的署名及再拜问题的浮现："旧仪，岳渎已下，祝版御署讫，北面再拜。证圣元年（695），有司上言曰：'伏以天子父天而母地，兄日而姊月，于礼应敬，故有再拜之仪。谨按五岳视三公，四渎视诸侯，天子无拜公侯之礼，臣愚以为失尊卑之序。其日月已下（当作"上"——引者注），请依旧仪。五岳已下，署而不拜。'制可。"[4]显然，唐人确已将岳渎之神视为人间公侯，因此天子无须再拜。到了玄宗开元九年（721）六月五日，太常上奏曰："伏准《唐礼》，祭五岳四渎皆称'嗣天子'，祝版皆进署。窃以祀典：五岳视三公，四渎视诸侯。则不合称'嗣天子'及亲署其祝文。伏请称'皇帝谨遣某官某敬致祭于岳渎之神'。"这个建议被玄宗所接受[5]。

据学者研究，皇帝在祭祀活动中的自称体现了其与天地、诸神的关系，也标示了皇权的来源，"天子"的称号用于祭祀天地鬼神

---

[1] 孙希旦《礼记集解》卷三六《学记第十八》，第973页。

[2] 参看曾一民《隋唐广州南海神庙之探索》，收入中国唐代学会编《唐代文化研讨会论文集》，台北：文史哲出版社，1991年，第311—358页。以及王元林《国家祭祀与海上丝路遗迹——广州南海神庙研究》，北京：中华书局，2006年。

[3] 最近的研究，参看鲁西奇《汉唐时期王朝国家的海神祭祀》，《厦门大学学报》2017年第6期，第65—75页。

[4] 《旧唐书》卷二四《礼仪志四》，第914页。参看《唐会要》卷二二《岳渎》，上海古籍出版社，1991年，第497页。二者文字略异。

[5] 《唐会要》卷二三《缘祀裁制》，第516页。

和处理外族事务，“皇帝”称号则用于祭祀宗庙和处理内部事务[1]。在此，岳渎祭祀的祝文由“嗣天子”改称“皇帝”，正是唐朝皇帝将岳渎视为自己臣下的逻辑延伸，其目的是要强化皇帝在国家礼制系统的中心地位[2]。不过，在稍后成书的《大唐开元礼》卷三五《吉礼·祭五岳四镇》、卷三六《祭四海四渎》中，岳渎祭祀的祝文则称“嗣天子开元神武皇帝某”，系同时使用“天子”“皇帝”的称号，与祭祀天地所称之“嗣天子臣某”及祀宗庙时所称之“孝孙开元神武皇帝臣某”等有所不同，显示了五岳四渎虽然属于诸神，但因其人间爵位而具有了双重身份，这也是岳渎神人格化的必然结果。

当然也有不同的声音。德宗贞元十二年（796）二月，太常博士裴堪就对此提出异议，上奏云：

> 议者以岳渎既比公侯，则礼如人臣矣，其于祭也，则人君不合有拜臣之仪。谨按《五经通义》云：“星辰、日月、五岳、四渎，皆天地之别神从官也。因郊而祭者，缘天地之意，亦欲及之也。”又《礼记》云：“非其臣则答拜。”郑玄注云：“不臣人之臣也。”则星辰岳渎，既是天地从官，恐人君不得如公侯之礼而臣下之也。何以言之？王者父天母地，兄日姊月，星辰视昆弟，岳渎视公侯。以此明之，星辰岳渎，是天地之臣也，秩视人臣也。陛下与天地为子，遣使申祭，恐不合令受天父地

---

[1] 这是尾形勇在《中国古代的“家”与国家》一书中首先揭示的，张鹤泉译，长春：吉林文史出版社，1993年，第123—128页。

[2] 关于皇帝在国家礼制系统中的地位，参看高明士《皇帝制度下的庙制系统——以秦汉至隋唐作为考察中心》，《台湾大学文史哲学报》第40卷，1993年，第55—96页。另可参看本书第三章第二节。

> 母从官之拜，宜有以答之。故《开元礼》祭岳渎祝文，皇帝称名，又云“谨遣”，于义有必拜之文，是国家著礼，以明神为敬，不以臣下为礼。以臣等所见，并请依证圣元年定制，有司行事，须申拜礼。[1]

裴堪此议是否被德宗接受不得而知，他请依证圣元年定制，但其实二者的精神实质却不相同，因为证圣制度强调的是皇帝对岳渎以下诸神“署而不拜”，正是要把岳渎神当作人臣对待。事实上，皇权对于神界的支配地位是明显的，因此，我们可以在皮日休《霍山赋》中看到，霍山神甚至曾试图借助皇权恢复其失去已久的南岳地位[2]。

北宋以后，山川神加人爵之风愈演愈烈，五岳神甚至被尊为“帝”，这种势头在专制主义皇权空前强化的明初受到了打击。明太祖洪武三年（1370）六月癸亥诏曰：“五岳五镇四海四渎之封，起自唐世，崇名美号，历代有加，在朕思之，则有不然。夫岳镇海渎皆高山广水，自天地开辟以至于今，英灵之气萃而为神，必皆受命于上帝，幽微莫测，岂国家封号之所可加？渎礼不经，莫此为甚。至如忠臣烈士虽可加以封号，亦惟当时为宜。夫礼之所以明神人，正名分，不可以僭差。今宜依古定制，凡岳镇海渎并去其前代所封名号，止以山水本名称其神。郡县城隍神号一体改正。历代忠臣烈士亦依当时初封以为实号，后世溢美之称皆与革去。庶几神人之际名正言顺，于礼为当，用称朕以礼事神之意。”明太祖认为唐以来给岳渎加人爵的做法是“渎礼不经”，对此，顾炎武称之为“卓绝

[1] 《唐会要》卷二二《岳渎》，第498—499页。

[2] 皮日休《霍山赋（并序）》，《皮子文薮》卷一，上海古籍出版社，1981年，第1—3页。

千古之见”[1]。这从另一个侧面证明了后世儒者眼中唐代岳渎祭祀的神祠性质。

由于具有浓厚的神祠色彩，隋唐时期的岳渎祭祀并未被国家垄断，正相反，它们也是民众个人宗教崇拜的对象，寄托着人们对于幸福的种种祈求，如祈子、祈求富贵、祈求长生等，因而香火极盛。以开元（713—741）时期的北岳庙为例，史载：“岳祠为远近祈赛，有钱数百万。”[2]目前学界对于华山信仰的研究成果更清楚地证明了这一点[3]，但必须指出，这些研究多将民间信仰中的岳神与国家祭祀体系中的岳神完全两分，因而忽视了这一信仰所反映的唐代国家祭祀的神祠特征。如贾二强就认为：“进入国家祀典的岳神，由帝王及臣下郑重其事地奉祭，其实与芸芸众生也并无多少关涉。在唐代，民间的华山信仰，与帝王所封享有王号的一方岳神，显然是另一副大不相同的面目。”[4]他的结论是：“唐代民间的华山神崇拜，与久已成为封建国家的岳神祀典，具有截然不同的性质。”[5]这是我们不能同意的。

---

[1]《日知录集释》卷三〇《古今神祠》，顾炎武著，黄汝成集释，长沙：岳麓书社，1994年，第1076页。此诏原文见于明·俞汝楫编《礼部志稿》卷八一《定神号》，顾氏录之于《古今神祠》条下，表明他认为岳渎祭祀的神祠性质。其实，早在元代已有人希望革除唐宋积弊，如吴澄《大都东岳仁圣宫碑》就希望朝廷“追复二帝三王之懿，尽革魏、唐、金、宋之驳。其于东岳也，礼以地祇而不人其像，尊比三公而不帝其号，兆之如四望而不屋其祠，庋县于其方岳而不遍祠于郡县”。对于岳神的人格化和偶像崇拜的质疑实开明初改革之先声。见《道家金石略》，第918页。

[2]《旧唐书》卷九九《张嘉贞传》，第3092页。

[3] Glen Dudbridge, *Religious Experience and Lay Society in T'ang China: A Reading of Tai Fu's Kuang-i Chi*, Cambridge: Cambridge University Press, 1995, chapter 4: “The Worshippers of Mount Hua,” pp. 86-116. 贾二强《论唐代的华山信仰》，《中国史研究》2000年第2期，第90—99页。

[4] 贾二强《论唐代的华山信仰》，第92页。

[5] 贾二强《论唐代的华山信仰》“内容提要”，第90页。

事实上，国家祭祀与民间崇拜的岳神并非两个完全相异的东西，而只是同一信仰的不同层面，其性质并无不同。唐人对此有非常清醒的认识，张嘉贞于开元十五年（727）任定州刺史时所撰《北岳恒山祠碑》曰："……圆珪方璧，每自天来。或事举必祈，福行宜赛，则有公卿而奉新命也；或四时荐熟，三献酌洗，则有侯牧而率旧章也。非夫昭信雅直，岂常享于明代哉！是以河朔人风，洁诚而祷蚕谷者众矣。春终、秋孟、冬首三之月尤剧，蘋藻自羞，若从官敛。"[1]就明确将北岳神的祭祀区分为中央、地方政府及民间三个相互联系的层次。因此，我们认为：

首先，唐代民间的岳神崇拜并不是突然凭空出现的，它与国家祭祀的岳神是一体两面，南北朝出现、并为隋唐王朝明令认可和保护的偶像崇拜与人格化特征，对民间的岳神崇拜发挥了巨大的推动作用。对于岳神的灵异传说，国家也往往采取鼓励和支持的态度，例如华岳庙中就立有天宝九载（750）由集贤学士内供奉卫包撰书的《修金天王庙灵异述》[2]，这无疑会对民间的岳神崇拜产生很大影响。

其次，国家举行的岳渎祈祭如祈雨等，正是农业社会的大事，也是国家履行其社会职能的表现，与民众绝非毫无关系，因此在这类祭岳仪式中，往往有当地百姓的参与。我们注意到，在韦虚心于开元九年（721）三月所撰《唐北岳府君碑》中，除了叙述刺史、县令、岳令等官员的功德外，还特意写一段赞扬当地乡望的文字："乡望等并海岳精灵，燕赵奇杰。宾从奕奕，选徒于拥彗之贤；气调凛凛，结友于负荆之将。"[3]这既表明了地域社会对于国家意识形

[1] 《金石萃编》卷七六，《石刻史料新编》第1辑第2册，台北：新文丰出版公司，1982年，第1307页。

[2] 《宝刻类编》卷三，《石刻史料新编》第1辑第24册，第18441页。

[3] 韦虚心《唐北岳府君碑》，《金石萃编》卷七三，第1243页。

态的认可和支持，同时也使民间信仰与国家祭祀联系起来。

第三，民间祈祷岳神之处，正是国家管理的岳庙，而岳庙中的庙祝则为民间信仰的积极推动者[1]。此外，巫觋在国家山川祭祀中所发挥的作用值得注意。《隋书·百官志下》记载开皇初之制："五岳各置令，又有吴山令，以供其洒扫。"又曰："五岳、四渎、吴山等令，……为视从八品。"[2]可见隋初岳渎、吴山各置令，将其管理纳入国家管理体系中。到开皇十四年（594）闰十月，"诏东镇沂山、南镇会稽山、北镇医无闾山、冀州镇霍山，并就山立祠。东海于会稽县界，南海于南海镇南，并近海立祠。及四渎、吴山，并取侧近巫一人，主知洒扫，并命多莳松柏。其霍山，雩祀日遣使就焉。十六年正月，又诏北镇于营州龙山立祠，东（中）镇晋州霍山镇，若修造，并准西镇吴山造神庙"[3]。显然，岳镇海渎神祠的祭祀活动皆有当地巫觋的参与，并得到国家的肯定，这应当是十六国以来的传统[4]。到了唐代，岳庙中巫者的活动更为积极，这在元稹的《华之

---

[1] 这一点在笔记小说中多所反映，例如《云溪友议》卷上"梦神姥"条曰："卢著作肇为华州纥干公臮防御判官，游仙掌诸峰，歇马于巨灵庙，忽寐，梦在数间空舍中，见一老妪于大釜中燃火。卢君询其所由，曰：'老人是华岳神母也。'……卢曰：'且儿为五岳神主，厌于祷祠，母食树子，岂无奉养之志乎？'母曰：'以神鬼之道，虽有君臣父子，祸福本不相及矣。祈祭之所，不呼名字者，不得飨焉。'卢梦毕，召岳庙祝，别置神母位，常馔出生一分，公宴则阙。"（《云溪友议校笺》卷上，范摅撰，唐雯校笺，北京：中华书局，2017年，第52页）可见地方官、国家设置的庙祝与民间信仰中华岳神母的关系。

[2]《隋书》卷二八《百官志下》，第875、881页。

[3]《隋书》卷七《礼仪志二》，第154页。按，汤勤福已指出这条材料中"东镇晋州霍山镇"有误，"东镇"当作"中镇"，见氏著《仪式背后的政治诉求：以中镇霍山镇岳化为例》，《南开学报》2023年第2期，第126页。更深入的辨析，见王素《〈隋书〉"五镇"祭祀记载再检讨——兼谈其中占卜文字的误释问题》，《晋学研究》总第3辑，北京：商务印书馆，2023年，第93—99页。

[4] 例如，《太平广记》卷二八三《女巫秦氏》条曰："义熙五年（409），宋武帝北讨鲜卑，大胜，进围广固。军中将佐乃遣使奉牲荐币，谒岱岳庙。有女巫秦氏，（转下页）

巫》一诗中有生动的描述[1]。

第四，民间信仰的岳神，其称号也随着国家给予岳神的封号而发生变化，因此，在中晚唐的笔记小说中，岳神往往被称为“金天王”“安天王”“天齐王”等，显示了民间信仰对于国家祭祀体系的认同。在民间传说中，甚至华山神之所以封王也与巫者的活动直接相关，如郑綮《开天传信记》就讲述了一则华山神迎玄宗，惟老巫阿马婆和玄宗能见之的故事，于是“上加敬礼，命阿马婆致意，而旋降诏先诣岳，封为金天王，仍上自书制碑文以宠异之”[2]。这则故事可谓先天二年（713）封华岳神为“金天王”及开元十二年（724）冬玄宗于华山立御制碑文两个事件的民间解读，从中亦可见唐代民间社会与国家祭祀之间并无不可逾越的鸿沟。

《白居易集》中有一则判文，判题是：“得甲至华岳庙，不祷而过。或非其违众。甲云：祷，非礼也。”[3]虽然白居易的判文也认为民众祷于岳庙是非礼之举，但“不祷”即是“违众”，则恰好从一个侧面显示了当时岳庙祭祀与民众的密切关系。在懿宗咸通六年

（接上页）奉高人，同县索氏之寡妻也，能降灵宣教，言无虚唱。”北京：中华书局，1961年，第2254页。本条出自祖冲之《述异记》，可见十六国末期东岳庙就有女巫主持，隋制或即本此。

[1]《华之巫》：“有一人兮神之侧，庙森森兮神默默。神默默兮可奈何？愿一见神兮何可得。女巫索我何所有？神之开闭予之手。我能进若神之前，神不自言寄予口。尔欲见神安尔身，买我神钱沽我酒。我家又有神之盘，尔进此盘神尔安。此盘不进行路难，陆有摧车舟有澜。我闻此语长太息，岂有神明欺正直。尔居大道谁南北，恣矫神言假神力。假神力兮神未悟，行道之人不得度。我欲见神诛尔巫，岂是因巫假神祐。尔巫，尔巫，尔独不闻乎？与其媚于奥，不若媚于灶。使我倾心事尔巫，吾宁驱车守吾道。尔巫尔巫且相保，吾心自有丘之祷。”见《元稹集》卷二五，北京：中华书局，1982年，第300页。这些巫者是否即国家设置的“祝史”和“斋郎”，虽不能确知，但也不排除这种可能。

[2] 郑綮《开天传信记》，收入《开元天宝遗事十种》，上海古籍出版社，1985年，第51页。

[3]《白居易集》卷六六《判》，北京：中华书局，1979年，第1382页。

（865）二月李方郁所撰之《修中岳庙记》中有云："环一山之上，道宫佛寺，高阁危楼，尽萃其中。我国家以神之灵，素神之形，俾神之明，福我苍生。峨峨其冠，整整其衣，兵仗骈列，羽卫参差，天子以时视三公礼而祠之。要神之德既厚矣，报神之功亦重矣。所宜威壮形容，华焕宫宇，奈何以危毁至是！俾尔民之进拜祷祝，将何瞻仰乎？"[1] 可以看出，《庙记》强调了岳庙的性质是与道观、佛寺并列的神祠，经过这次重修，将"使海内神庙，修洁崇盛，无逾于中岳"。同时它再次证明，"素神之形"这种偶像崇拜是国家行为，德宗时试图以祭坛代庙像的改革并未成功。从"俾尔民之进拜祷祝，将何瞻仰乎"之语可知，国家在为苍生祈福的同时，也特意考虑了民众个人之宗教需求，这显然是国家为了引导民众信仰的一种有意识的行为。

总之，隋唐时期山川祭祀最重要的特点之一就是总结了此前山川崇拜的发展结果，将山川神的人格化和偶像崇拜以国家制度的方式肯定下来，这也使得这种国家祭祀带有浓厚的神祠色彩，并与民众个人的信仰息息相关。

二　风师雨师

国家礼制中，风师、雨师的祭祀由来已久，高明士曾结合敦煌文书，对此进行了细致研究[2]，下面我们就以此为基础，试作进一步的分析。

风师雨师的祭祀起源于自然神崇拜。在古代有两种传说，一是将其与二十八宿联系起来，如《周礼·春官·大宗伯》曰："以

---

[1] 《八琼室金石补正》卷七六，北京：文物出版社，1985 年，第 527 页。

[2] 高明士《唐代敦煌官方的祭祀礼仪——以 P.2130 号为中心》，收入敦煌研究院编《1994 年敦煌学国际研讨会文集·宗教文史卷》上，兰州：甘肃民族出版社，2000 年，第 50—61 页。

槱燎祀司中、司命、风师、雨师。”郑众注：“风师，箕也；雨师，毕也。”另一说，风师为神禽“飞廉”，雨师为怪神“蓱翳”，学者以为此二说“或为不同地区之不同传说”[1]。后世似乎并不太关心他们的起源问题，如《隋书·礼仪志二》即曰：“旧礼祀司中、司命、风师、雨师之法，皆随其类而祭之。兆风师于西方者，就秋风之劲，而不从箕星之位。……兆雨师于北郊者，就水位，在北也。”历代风师、雨师祭祀之方位颇多不同，到了隋代，“国城东北七里通化门外为风师坛，祀以立春后丑。国城西南八里金光门外为雨师坛，祀以立夏后申。坛皆三尺，牲并以一少牢”[2]。

风师、雨师虽司风雨，但其祭祀并不被十分重视。如前所述，隋代风师、雨师之祭皆为小祀，而开皇三年（583）四月甲申，隋文帝曾因大旱，“亲祀雨师于国城之西南”[3]，应视为一种特例。直到唐代修《开元礼》时仍为小祀，到了天宝四载（745）七月二十七日，敕风伯、雨师并宜升入中祀[4]，地位才有所提高。相应的仪式也

---

[1] 参看钱玄《三礼通论》，南京师范大学出版社，1996年，第494—495页。国光红《楚国巫坛上的舞雩歌》认为后一种传说出自楚地，屈原笔下的山鬼则是楚国舞雩台上求雨的女巫，即所谓“雨师妾”，见氏著《九歌考释》上编，济南：齐鲁书社，1999年，第111—123页。丁山写于1939年的遗作《句芒、高禖、防风、飞廉考——风神篇》（《中华文史论丛》第60辑，1999年，第1—29页）详细梳理了先秦文献中有关风神的记载，勾画出风神名称变化的轨迹。风师、雨师后来还与神仙家之传说相联系，如《列仙传》谓赤松子为神农氏和高辛氏时的雨师，参看 Robert G. Henricks, “Fire and Rain: A Look at Shen Nung 神农（the Divine Farmer）and His Ties with Yen Ti 炎帝（the ‘Flaming Emperor’ or ‘Flaming God’）,” *Bulletin of the School of Oriental and African Studies* 61:1（1998）: pp. 102–124。

[2] 《隋书》卷七《礼仪志二》，第162页。关于历代风师、雨师祭祀方位之讨论，参看章群《唐代祠祭论稿》附录一《唐代天地诸神祭祀记事》，台北：学海出版社，1996年，第180—186页。

[3] 《隋书》卷一《高祖本纪上》，第19页。

[4] 《册府元龟》卷三三《帝王部·崇祭祀二》，北京：中华书局，1960年，第363页。又见孙逖《升风伯雨师为中祀敕》，《全唐文》卷三一〇，第3152页。及《唐会要》卷二二《祀风师雨师雷师及寿星等》，第495页。

有所变化，由于此前是小祀，故其祀版皇帝并不签署。“升位后，御署焉，有司差摄太尉行事”，祝文则称“惟某年岁次月朔日子嗣天子某”云云[1]。御署之后，皇帝并不北面再拜行礼。到贞元二年（786）四月，“虔修祀事”的德宗下诏曰：“风师雨师自升为中祀，有烈祖成命，况在风雨，事切苍生。礼虽无文，朕当屈己再拜，以申子育之意，仍永为恒式。”[2]每年常祀的时间则与隋代相同。

玄宗时，在正礼常祀外，也常遣官祭祀风伯、雨师以祈雨。在一道《遣官祭五岳四渎、风伯雨师诏》说：“……且润万物者，莫先乎雨，动万物者，莫先乎风。眷彼灵神，是称师伯，虽有常祀，今更陈祈。宜令光禄卿孟温祭风伯，左庶子吴兢祭雨师，各就坛壝，务加崇敬。”[3]天宝十四载（755）三月，又诏“光禄卿李憕祭风伯，国子祭酒李麟祭雨师”[4]。安史之乱使唐王朝的礼乐制度受到极大的冲击，肃宗上元元年（760）闰四月曾下令停中小祠享祭。到代宗永泰二年（766），“春夏累月亢旱，诏大臣裴冕等十余人，分祭川渎以祈雨。礼仪使右常侍于休烈请依旧祠风伯、雨师于国门旧坛，复为中祠，从之”[5]。长安之风师坛原设在通化门外道北二里，近苑墙，贞元三年闰五月二十一日，德宗“以宫城喧呼，又近章敬佛寺，恐神灵不安”，于是将其坛移到“通化门外十三里浐水东道南”[6]。洛阳之风师坛设在建春门外六里道北一里；雨师坛，长

---

[1]《大唐郊祀录》卷七《祀风师》，第 777 页。

[2]《大唐郊祀录》卷七《祀风师》，第 777 页。又见《册府元龟》卷三四《帝王部·崇祭祀三》，第 368 页。

[3]《全唐文》卷二九，332 页。据《册府元龟》卷一四四《帝王部·弭灾二》，此为开元十四年六月之事，第 1752 页。

[4]《遣官祭元（玄）冥风伯雨师诏》，《全唐文》卷三三，371 页。

[5]《旧唐书》卷二四《礼仪志四》，第 916 页。

[6]《大唐郊祀录》卷七《祀风师》，第 776 页。

安在金光门外一里半道南，洛阳则在丽景门内[1]。

至于地方上风伯雨师的祭祀，唐代的《祠令》和各时期的礼典中都未有明确规定。《后汉书·祭祀志下》记载："县邑常以乙未日祠先农于乙地，以丙戌日祠风伯于戌地，以己丑日祠雨师于丑地，用羊豕。"[2] 在梁代，"每以仲春仲秋，并令郡国县祠社稷、先农，县又兼祀灵星、风伯、雨师之属"[3]。这两条材料皆不云郡国祭祀风伯雨师之事，则当时似乎只有县级才祀，其时间则与春秋二社相同。唐前期，地方上似乎还不存在官方的正式祭礼。到了天宝四载七月升为中祀时，"仍令诸郡各置一坛，因春秋祭社之日，同申享祀。至九月，敕诸郡，风伯坛置在坛之东，雨师坛之西，各稍北三数十步，其坛卑小于社坛造。其祭官，准祭社例，取太守下充"[4]。可见，直到这一年，州郡一级才有了正式的风伯雨师之官方祭典，但祭坛的规格则要低于社稷坛。白居易曾在诗中描绘了一次地方政府祭祀风伯的场景："远郡虽褊陋，时祀奉朝经。夙兴祭风伯，天气晓冥冥。导骑与从吏，引我出东垌。水雾重如雨，山火高于星。"[5] 这表明，地方政府对于祭祀风伯雨师的规定是切实执行的。

敦煌文献为我们提供了许多珍贵的第一手材料，如同高明士指出的那样，即使在敦煌这样边远的地方，仍然依照国家的规定来祭祀风师雨师。不过，在此我们要特别强调的是祭祀的方式问题。

国家礼典所规定的祭祀方式是"坛"上设神主，《大唐开元礼》卷二八对仪式的准备工作和具体程序都有非常详细的规定，例如：

---

[1] 《大唐郊祀录》卷七《祀雨师雷神》，第777页。

[2] 《后汉书·祭祀志下》，北京：中华书局，1965年，第3204页。

[3] 《隋书》卷七《礼仪志二》，第156页。

[4] 《通典》卷四四《礼典四·沿革四》，北京：中华书局，1988年，第1242页。

[5] 白居易《早祭风伯，因怀李十一舍人》，《白居易集》卷一一，第213页。

"祀日未明二刻，太史令、郊社令升，设风师神座于坛上，近北，南向，席以莞。设神位于座首。"[1]然而，在地方上则往往采取偶像崇拜的方式，对此我们可以敦煌的情况来作对比。敦煌文书 P.2005 号是《沙州都督府图经》残卷（彩版 1），据池田温考证，它是永泰二年（766）后据武周时代编纂的《沙州图经》增补而成。《图经》所记沙州有"四所杂神"，即：土地神、风伯神、雨师神及祆神，它们各有祠堂。"风伯神，右在州西北五十步，立舍画神主，境内风不调，因即祈焉，不知起在何代。雨师神，右在州东二里，立舍画神主，境内亢旱，因即祈焉，不知起在何代"[2]。值得注意的是，沙州的风伯、雨师神的祭祀是"立舍画神主"，即立祠庙，并以画像的方式作为神主。高明士认为："理论上坛舍并立应无矛盾，此事有可能反映《沙州图经》时期先立舍，至归义军时期后筑坛，但也有可能归义军时期采用坛舍并立之制，此事一时不易断定。"[3]对于这种区别的意义他并不重视，其实这恰好反映了地方政府对于风伯雨师神性质的判定——这种立祠画像的方式显示了它们人格神的性质。

不过，虽然风伯雨师的官方祭祀已升为中祀，德宗又亲行再拜之礼，社会上却并不怎么尊敬他们，他们有时甚至成为被嘲弄的对象。贞元末，韩愈曾作《讼风伯》这样一篇有趣的文章，今不避繁冗，录全文于下：

---

[1] 《大唐开元礼》卷二八《立春后丑日祀风师》，第 163 页。

[2] 池田温《沙州圖經略考》，《榎博士還曆記念東洋史論叢》，东京：山川出版社，1975 年，第 70 页。另可参看李正宇《古本敦煌乡土志八种笺证》，台北：新文丰出版公司，1998 年，第 25—26 页。

[3] 高明士《唐代敦煌官方的祭祀礼仪——以 P.2130 号为中心》，第 54 页。

维兹之旱兮，其谁之由？我知其端兮，风伯是尤。山升云兮泽上气，雷鞭车兮电摇帜。雨寖寖兮将坠，风伯怒兮云不得止。旸乌之仁兮，念此下民；闷其光兮，不斗其神。嗟风伯兮，其独谓何！我于尔兮，岂有其他？求其时兮修祀事，羊甚肥兮酒甚旨，食足饱兮饮足醉，风伯之怒兮谁使？云屏屏兮吹使醨之，气将交兮吹使离之。铄之使气不得化，寒之使云不得施：嗟尔风伯兮，欲逃其罪又何辞！上天孔明兮，有纪有纲；我今上讼兮，其罪谁当？天诛加兮不可悔，风伯虽死兮人谁汝伤！[1]

文章明确将风伯作为致旱之根源，此文或有借题发挥、讥刺权臣之意[2]，但对风伯之蔑视和不敬则极为明显。穆宗长庆三年（823）正月，栎阳尉沈亚之所写的一篇祭文则又透露出另一种信仰。因天旱，他奉京兆尹之命祈雨于汉武帝之祠下。在褒美汉之德政、苦诉其时关中严重的旱况之后，祭文说：

雨师慢傲，尸违不宾。潜深骄高，枯此下人。风伯嚣戏，簸陶浓尘。溃为凝霾，坌若颓云。……彼风伯雨师，皆神所司，处位不职，荒役不祗。神假之权，使之用为。上帝如怒，其殃孰罹？神明胡不督其稽、察其欺？坏法者戮，后期者笞。然后泰阳蒸云，雨膏以时，发生有涯，农力有施。今官庶并诚，虔

[1]《韩昌黎文集校注》卷一，上海古籍出版社，1986年，第63—64页。

[2] 参见《韩昌黎文集校注》卷一该文解题旧注："德宗贞元十九年正月不雨，至七月甲戌。公时为四门博士，作此专以刺权臣裴延龄、李齐运、京兆尹李实之徒，壅蔽聪明，不顾旱饥，专于诛求，使人君恩泽不得下流，如风吹云而雨泽不得坠也。"马其昶补注则称："沈钦韩曰：延龄死久矣，与李齐运皆死于贞元十二年，旧注误。"第63页。

虔于祠。集于宫室，鼓舞弹吹。神其听之，无敢苟祈。[1]

这篇祭文是在一次由京兆尹下令举行、官方组织的祈雨仪式上宣读的，文中反映了这样一种观念，即风伯雨师是汉武帝的属下，久旱不雨乃是他们工作懈怠失职所致，故要求汉武帝惩罚他们，否则上帝追查下来，他也难辞其咎。这显然是一种地方性的民间信仰，它再次表明，唐代地方政府所祭祀的风伯雨师神已完全人格化，而与民间信仰融为一体了。

三 后土

汾阴后土之祀始自汉武帝，宣帝亦尝亲祠，到成帝继位之初，丞相匡衡等奏言："帝王之事莫大乎承天之序，承天之序莫重于郊祀，故圣王尽心极虑以建其制。祭天于南郊，就阳之义也；瘗地于北郊，即阴之象也。天之于天子也，因其所都而各享焉。往者孝武皇帝居甘泉宫，即于云阳立泰畤，祭于宫南。今行常幸长安，郊见皇天反北之泰阴，祠后土反东之少阳，事与古制殊。……甘泉泰畤、河东后土之祠宜可徙置长安，合于古帝王。"[2]于是后土之祠遂从河东徙于长安北郊。此后虽仍有些反复，但至迟到西汉末，北郊之礼已成定局，汾阴之祠遂告停废。匡衡所据乃是儒家礼学，特别是后仓礼学[3]。后土祭祀的变迁表明，儒家郊祀礼成立之后，力图摆脱神祠性质，并朝着中央化的方向发展。隋唐之制，夏至日祀皇地祇于北郊，立方丘坛，其坛在宫城之北十四里渭水之北。不过，唐玄宗

[1] 沈亚之《祈雨文祠汉武帝》，《沈下贤集校注》卷一二，肖占鹏、李勃洋校注，天津：南开大学出版社，2003年，第269—270页。

[2]《汉书》卷二五下《郊祀志下》，第1253—1254页。

[3] 参看甘怀真《西汉郊祀礼的成立》，第57页。

时，却又两次亲祠汾阴后土。

开元十年（722），玄宗将自东都北巡，幸太原，张说进言曰："太原是国家王业所起，陛下行幸，振威耀武，并建碑纪德，以申永思之意。若便入京，路由河东，有汉武脽上后土之祀，此礼久阙，历代莫能行之。愿陛下绍斯坠典，以为三农祈谷，此诚万姓之福也。"❶这个建议为玄宗所接受，于是在开元十一年二月举行了亲祠后土的大典❷。这在当时是一个非常重大的政治活动，亚献由邠王守礼充任，终献则由宁王宪担任。值得重视的是这次仪式中，儒家礼制与民间神祠的结合。《旧唐书·礼仪志四》载："先是，脽上有后土祠，尝为妇人塑像，则天时移河西梁山神塑像，就祠中配焉。至是，有司送梁山神像于祠外之别室，内出锦绣衣服，以上后土之神，乃更加装饰焉。又于祠堂院外设坛，如皇地祇之制。及所司起作，获宝鼎三枚以献。十一年二月，上亲祠于坛上，亦如方丘仪。"❸对此，《隋唐嘉话》有类似的记载："后土祠，隔河与梁山相望，旧立山神像以配，座如妃匹焉。至开元中年，始别建室而迁出之，或云张燕公之为也。"❹合而观之，我们可以看出以下几点：

第一，汾阴的后土祠一直存在，在玄宗亲祭之前，是地方性的神祠。

第二，后土祠中有后土神的塑像，作妇人形状，在武则天时，

---

❶《旧唐书》卷九七《张说传》，第3054页。

❷ 金子修一将这次亲祠后土视作玄宗向上天报告升平时代来临之一系列祭祀中的一环，但他并未对其具体过程和仪式特征进行探讨。见《唐代皇帝祭祀の二つの事例——太宗貞観一七年の場合と玄宗開元一一年の場合》，原刊栗原益男先生古稀纪念论集编集委员会编《中国古代の法と社会》，东京：汲古书院，1988年，此据氏著《古代中国と皇帝祭祀》第7章，第223—244页。

❸《旧唐书》卷二四《礼仪志四》，第928页。

❹《隋唐嘉话》卷下，北京：中华书局，1979年，第51页。

甚至为其找了配偶，即河对面的梁山之神，且移山神像于后土祠中，作为匹配。毫无疑问，这是典型的偶像崇拜，是将后土神与梁山神一样作为人格化的神来对待的。

第三，在玄宗举行大礼时，认为这种这种民间祭祀的方式不太严肃，但也只是依张说的意思作了局部调整，即将梁山神像迁出正殿，另建别室安置。对于后土神像本身，皇帝是承认的，而且从宫中“内出锦绣衣服”献上后土神，对塑像进行装饰美化。

第四，仪式本身，依照方丘之礼，乃是设坛而祭，地点正在神祠的院门之外。祭坛的形制也与祭祀皇地祇的一样，《大唐开元礼》卷二九《皇帝夏至祭方丘》标题之下的小注就明确说明：“后土礼同。”❶ 然则唐人基本上是将后土等同于皇地祇的。必须指出，玄宗祭祀汾阴后土的仪式，坛庙并举，使儒家祭祀与民间神祠紧密结合。一方面，国家祭礼得以民间信仰为基础，另一方面，民间信仰中的偶像崇拜与人格化的表现形式则得到了国家礼仪的认同。

开元二十年（732）十一月，唐王朝又举行了一次亲祠后土的大典，这次是出自中书令萧嵩的建议：“去十一年亲祠后土，为祈谷，自是神明昭格，累年丰登。有祈必报，礼之大者，且汉武亲祠脽上，前后数四，伏请准旧祀后土，行〔报〕赛之礼。”❷ 显然，这次亲祠是为了赛谢上次祭祀后土神所带来的好运。礼毕，玄宗还亲撰《后土神祠碑》，内云：

> 往者汉氏之祠也，牲以养牛，五岁玺粟，所以贵其诚；藉以采席，六重槁秸，所以尚其质。事与古及（一作反），义不

---

❶《大唐开元礼》卷二九《皇帝夏至祭方丘》，第165页。

❷《旧唐书》卷二四《礼仪志四》，第928—929页。

经见。朕因其地而不因其仪，取其得而不取其失。凡牲币法物之事、歌舞接神之类，咨故实于方泽，不遂过于元鼎。此皆公卿大夫、鸿生巨儒，献其方闻，匡于不逮，朕何有也。且王者事天明、事地察，示有（一作其）本，教以孝，奈何郊丘之礼，犹独以祈谷为名者耶？[1]

据此，玄宗自认为他亲祠后土并不仅仅是为了祈谷，而是“郊丘之礼”。很显然，玄宗着意赋予后土亲祠以儒家礼制的色彩，虽然这并不能完全掩盖其神祠性质。在这次亲祭后土之后，玄宗甚至专门在太常寺创设了一个新机构，专门负责汾阴后土神祠的祭祀与日常管理事务。《唐六典》载：“汾祠署：令一人，从七品下；丞一人，从八品上。（原注：并开元二十一年置。）汾祠令、丞掌神祀、享祭、洒扫之制。”[2] 其品阶要远高于同类性质的岳渎令（正九品上），显示了朝廷对这一祭祀的重视[3]。

后土神在唐代民间更多是以“后土夫人”闻名。其女性神格与地神的阴性属性密切相关，《初学记》卷五载：“《物理论》云：地者，其卦曰坤，其德曰母，其神曰祇，亦曰媪。大而名之曰黄地祇，小而名之曰神州，亦名后土。（原注：黄地祇，举八极之内地。神州，王畿方千里内地神也。后土，社也。社，地主也。所在皆得

[1] 《文苑英华》卷八七八，北京：中华书局，1966年，第4634页。据《金石录校证》卷六（上海书画出版社，1985年，第108页），立碑时间为开元二十一年八月。又，《宝刻丛编》卷一〇著录有《唐后土神祠碑阴》：“唐萧嵩正书，皇太子已下题。”《石刻史料新编》第1辑第24册，第18250页。

[2] 《唐六典》卷一四《太常寺》，北京：中华书局，1992年，第415页。

[3] 当时也出现了与亲祠后土有关的判文，见《文苑英华》卷五一六《祭后土判》：“仲冬有祀于后土，灵鼓不以节，法司按罪，诉云金镯之过。对：鼓以格神，金能制乐，各率尔职，斯谓守官。国家展礼汾阳，祈谷脽上，享祀不忒，威仪孔昭。…… 相彼鼓人，佑我祭典，理宜撤兹六变，以出地祇，何得舛此八音，坐罹天讨。”第2643页。

言之也。)”[1]这里的“媪”值得注意，它表明地神（包括后土）的女性属性。唐代社会中流传着许多关于后土夫人的民间传说，如《太平广记》中就有一则题为《韦安道》的故事，讲述武周时后土夫人因冥数而与洛阳士子韦安道结为夫妇，最后又黯然分手的经过。在这个故事中，后土夫人的法力无边，地位尊崇，即使是大罗天女转世的武则天也须向她下拜[2]。这不禁使我们想起了武周时梁山神像被置于后土庙作为匹配的事实，二者似有某种关联[3]。到了北宋，真宗皇帝曾于大中祥符四年（1011）正月在汾阴亲祠后土，然而此时的后土祠已经直接被称为“圣母庙”了。在天禧四年（1020）五月所立《河中府万泉县新建后土圣母庙记》中曰：“今当县圣母庙者，本脽上后土之祠，从其新号，今谓太宁。”[4]其神祠性质是非常明显的。

值得注意的是，国家礼典中的后土神也有某种民间土地神的色彩，在《大唐开元礼》所载三品以上官员的葬礼仪式中有“祭后土”的环节，其祝文曰：“维年月朔日子，某官姓名敢昭告于后土之神，某官封谥窆兹幽宅，神其保祐，俾无后艰。谨以牺齐粢盛庶品，明荐于后土之神，尚飨！”[5]按，因动土而向土神解谢原是一种汉代以来的古俗，如《论衡·解除》云：“世间缮治宅舍，凿地

---

[1]《初学记》卷五《总载地第一·叙事》，第88页。

[2]《太平广记》卷二九九《韦安道》，第2375—2379页，出自《异闻录》。按，此故事原名《后土夫人传》，关于其演变，参看李建国《唐五代志怪传奇叙录》，天津：南开大学出版社，1993年，第565—569页。

[3] 宋人陈师道《后山诗话》就曾指出：“宋玉为《高唐赋》，载巫山神遇楚襄王，盖有所讽也。而文士多效之者，又为传记以实之，而天地百神举无免者。余谓欲界诸天，当有配偶，其无偶者，则无欲者也。唐人记后土事，以讥武后尔。”《景印文渊阁四库全书》第1478册，第282页。

[4]《山右石刻丛编》卷一二，《石刻史料新编》第1辑第20册，第15205页。

[5]《大唐开元礼》卷一三九《凶礼·三品以上丧之二·祭后土》，第667页。贞元时的《大唐郊祀录》卷一〇《附见》所载略同，第808页。

掘土，功成作毕，解谢土神，名曰解土。”[1]但需要注意的是，在唐代礼典中解谢的对象是“后土”，显然，后土神在此不是作为郊祀礼中的“皇地祇”来对待的，而是作为一种无所不在的土地神而存在，这也显示了后土祭祀的世俗化特征。

此外，晚唐时期，扬州的后土庙也相当有名，在当地流传着不少关于后土夫人的灵验故事[2]，而在崔致远替淮南节度使高骈所写的《祭五方文》中，亦主要歌颂了后土夫人的功德：“惟夫人实统阴祇，广含坤德。身为万物之母，首冠五方之君。”[3]而在遥远的敦煌，后土夫人又成为众多蚕神中的一员。敦煌文书 S.5639+S.5640《亡文范本等》中有《蚕延（筵）愿文》：“伏惟栖心乡里，养性丘园，分地利以供输，育蚕丝而应奉。……今则并申丹恳，虔备清斋，倾心于牛王沙门，启（稽）首于马鸣菩萨。所希蚕农称意，丝茧遂心。……王母赐［养］蚕之术，麻姑呈补茧之方，……后土夫人食饲，九天玄女祇供，龙王洒四壁之尘，电母点长明之烛。蚕食如风如雨，成茧乃如岳如山。”[4]姜伯勤认为蚕神祭祀从国家的“先蚕”礼仪到民间的一系列蚕神，反映了礼的下移与世俗化[5]，实际上，其

---

[1] 黄晖《论衡校释》卷二五《解除篇》，北京：中华书局，1990 年，第 1044 页。

[2] 如《太平广记》卷二二〇《广陵木工》、卷二九〇《诸葛殷》等。在这两则故事中，似乎后土夫人与道教有了密切的关系。宋人许顗《彦周诗话》记：“王君玉内翰初登第，调扬州江都县令，题九曲池诗云……晏元献阅诗赏叹，荐为馆职。又尝乞梦于后土祠，夜得报。”（《景印文渊阁四库全书》第 1478 册，第 919 页）可见直到北宋，扬州的后土祠仍是当地的信仰中心。参看廖咸惠《唐宋时期南方后土信仰的演变：以扬州后土崇拜为例》，《汉学研究》第 14 卷第 2 期，1996 年，第 103—134 页。

[3] 见《唐文拾遗》卷四一，《全唐文》附，第 10836 页。

[4] 录文见黄征、吴伟《敦煌愿文集》，长沙：岳麓书社，1995 年，第 208 页。

[5] 姜伯勤《唐敦煌城市的礼仪空间》，第 239—240 页。关于蚕神信仰与祭祀的流变，参看游修龄《蚕神：嫘祖或马头娘？》，刊北京大学中国考古学研究中心、北京大学古代文明研究中心编《古代文明》第 1 卷，北京：文物出版社，2002 年，第 298—309 页。

中的后土神本身在唐代的人格化及后土夫人相关故事的流行同样反映了这种趋势。

第二节　释奠礼制与孔庙祭祀

《唐六典》卷四“祠部郎中员外郎”条曰：“凡祭祀之名有四，一曰祀天神，二曰祭地祇，三曰享人鬼，四曰释奠于先圣先师。”[1]与《周礼·春官·大宗伯》的记载相比，明显增加了“释奠”之礼。高明士将唐代释奠礼的变迁划分为三个阶段：一是武德贞观时期，主要是圣孔师颜制及先儒从祀制的建立；二是永徽显庆时期，主要是圣孔师颜制的改易与恢复；三是开元时期，释奠礼制的详备；最后他又分析了释奠礼制与儒家道统成立之间的关系[2]。关于孔庙祭祀的渊源及其在隋唐之后的发展变化，则有黄进兴的精彩研究，在《优入圣域：权力、信仰与正当性》一书中，他从权力与信仰互动的角度入手，细致研究了孔庙如何从私人性质的家庙演变成为官庙，且进一步遍布天下州县，最后变成国家常祀祭典的过程，并着重分析了明代孔庙祭祀制度的改革，揭示其中所反映的儒家道统与王朝治统的关系，让人耳目一新[3]。不过，上述研究过分强调了孔庙祭祀的国家礼制的一面，以及其在教育史上的意义，对孔庙与民间信仰的关系则注意不够。其实黄氏已经意识到这一点，他在

---

[1] 《唐六典》卷四“祠部郎中员外郎”条，第 120 页。

[2] 高明士《唐代的释奠礼制及其在教育上的意义》，《大陆杂志》第 61 卷第 5 期，1980 年，第 20—38 页。

[3] 黄进兴《优入圣域：权力、信仰与正当性》，台北：允晨文化实业股份有限公司，1994 年，特别是该书第二部分的五篇论文，第 87—325 页。

《优入圣域》的序言中就承认："我的研究之中却鲜少着墨的，那就是从比较宗教的观点，作为国家祀典的孔庙与民间宗教究分属截然有异的信仰系统？或者二者在形成过程中，后者仅是前者的残型？甚或颠倒过来，以性质而言，后者方是前者的基型？"[1] 在其后来的论著中，黄氏对此也进行了一些探索，特别是对孔庙从祀制度的宗教性有所分析[2]。唐代是孔庙祭祀史的转型时期，对释奠礼制与孔庙祭祀的探讨将有助于我们理解唐代国家祭祀的某些特质。我们认为，唐代的孔庙祭祀在实践上有着很强的神祠色彩，这反映在以下两个方面。

一　偶像崇拜与天下通祀

从唐高祖武德二年（619）诏"令有司于国子学立周公、孔子庙各一所，四时致祭"[3] 开始，国家举行的孔庙祭祀就与学校教育紧密结合；贞观四年（630），又诏州、县学皆作孔子庙，使得孔庙祭祀推行于全国，这在孔庙祭祀史上是划时代的一件大事。与上节所讨论的自然神的人格化与偶像崇拜相类似，孔庙祭祀在唐代同样是偶像崇拜，但这一点却并未体现在《大唐开元礼》所规定的仪式中。如果仅从这部礼典来看，则举行释奠礼时，仍应设立先圣先师的神主[4]，然而，这显然不是唐代的实际情形。

武德九年（626）十二月，太宗甫一即位，就下诏重修孔子庙

---

[1] 黄进兴《优入圣域：权力、信仰与正当性》，第 6 页。

[2] 参看黄进兴《圣贤与圣徒：历史与宗教论文集》，台北：允晨文化实业股份有限公司，2001 年。

[3]《旧唐书》卷一八九上《儒学传上》，第 4940 页。

[4] 参看《大唐开元礼》卷一《神位》《俎豆》相关条目。以及卷五三《皇太子释奠于孔宣父》、卷五四《国子释奠于孔宣父》、卷六九《诸州释奠于孔宣父》、卷七二《诸县释奠于孔宣父》等。

堂，并敕虞世南撰碑文并书，即保存于《金石萃编》中的《孔子庙堂之碑》，内云："□□写状，妙绝人功，象设已陈，肃焉如在。握文履度，复见仪形，凤跱龙蹲，犹临咫尺。"❶ 显然，长安孔庙即已有孔子的画像与塑像了。地方上的孔庙亦有图像之设，如高宗显庆中，韦机任檀州刺史，"边州素无学校，机敦劝生徒，创立孔子庙，图七十二子及自古贤达，皆为之赞述"❷。玄宗开元八年（720）三月诏曰："颜生等十哲宜为坐像从祀，曾参大孝，德冠同列，特为像坐于十哲之次，因画七十子及二十二贤于庙堂壁。以颜回亚圣，亲为制赞，以书于石，乃命当朝文士分为之赞，题其壁焉。"❸ 然则孔子本人、颜回等十哲及曾参都是塑像，其他从祀者则为壁画而已。到开元二十七年（739），诏册孔子为文宣王，并对天下孔庙的塑像方位进行了统一规范："自今以后，两京国子监及天下诸州，夫子南面坐，十哲等东西列侍。"❹ 至于地方上孔庙塑像的材料就更多了，且形制大体遵从了国家的规范，在此试举数例：

天宝十一载（752），陈留郡改建文宣王庙，"两楹之下，四科以班。兖公东序西向，费侯、郓侯、薛侯、徐侯、卫侯、黎侯、吴侯、魏侯，西序东向。其余未入室者，画衣冠于四墉配祭，所以辨等威也"❺。

大历元年（766），袁州刺史萧定"祗膺典礼，式展诚敬。入夫子之庭庑，美圣德之形容。……改造夫子及四科之像，兼画六十二

---

❶《金石萃编》卷四一，第 707 页。

❷《旧唐书》卷一八五上《良吏・韦机传》，第 4795 页。

❸《册府元龟》卷五〇《帝王部・崇儒术二》，第 560 页。关于众弟子图像在四壁的位置，详细记载于《大唐郊祀录》卷一〇，第 800—801 页。

❹《册府元龟》卷五〇《帝王部・崇儒术二》，第 560 页。当时还"内出王者衮冕之服以衣之"，见《旧唐书》卷二四《礼仪志四》，第 920 页。

❺ 陈兼《陈留郡文宣王庙堂碑》，《文苑英华》卷八四六，第 4472—4473 页。

子之容。……冀夫袁江之上，将弘洙泗之风；袁山之人，能传邹鲁之学。儒行充于比屋，中庸化而为俗矣”[1]。

大历中，福州都督府立新学，“先师寝庙、七十子之像在东序，讲堂、书室、函丈之席在西序”[2]。

元和中，道州刺史薛景晦立文宣王新庙，“乃立夫子像，配以颜氏”，又“坐祀十人以为哲”[3]。

开成时，许州刺史杜悰作文宣王新庙，“尧头禹身，华冠象佩之容，取之自邹鲁；及门睹奥，偶形画像之仪，取之自太学”[4]。是则许州孔庙的塑像与图绘是以长安太学所立为蓝本的。

处州刺史邺侯李繁“既新作孔子庙，又令工改为颜子至子夏十人像，其余六十子，及后大儒公羊高、左丘明、孟轲、荀况、伏生、毛公、韩生、董生、高堂生、扬雄、郑玄等数十人，皆图之壁”[5]。

沙州也有相关的记载，据 P.2005《沙州都督府图经》卷三：“州学：右在城内，在州西三百步，其学院内，东厢有先圣太师庙堂，堂内有素先圣及先师颜子之像，春秋二时奠祭。县学：右在州学西，连院，其院中东厢有先圣太师庙，堂内有素先圣及先师颜子之像，春秋二时奠祭。”[6]

可以看出，虽然《开元礼》中只字不提，但从中央到地方，孔庙中都供奉着孔子与其弟子们的塑像或者画像。据学者研究，孔子

---

[1] 萧定《袁州文宣王庙记》,《文苑英华》卷八一四，第 4300 页。

[2] 独孤及《福州都督府新学碑》,《文苑英华》卷八四七，第 4478 页。

[3] 柳宗元《道州文宣王庙碑》,《柳河东集》卷五，上海人民出版社，1974 年，第 76 页。

[4] 刘禹锡《许州文宣王新庙碑》,《刘禹锡集》卷三，北京：中华书局，1990 年，第 36 页。

[5] 韩愈《处州孔子庙碑》,《韩昌黎文集校注》卷七，第 491 页。

[6] 池田温《沙州图经略考》，第 69 页，个别处断句以己意修改。按，寿昌县亦复如是：“一所县学：右，在城内，在〔衙〕西南五十步，具（中缺约九字）堂，堂内有素先圣及先师〔颜子之像〕。”见 P.5034《沙州图经》卷五，池田温《沙州图经略考》，第 86 页。另可参看李正宇《古本敦煌乡土志八种笺证》，第 137—138 页。

图像最早当始于汉景帝末文翁在蜀立学馆之时[1]，东晋孝武帝太元十年（385），国学之西立有“夫子堂”，画有孔子与十弟子像[2]。至于塑像，从东魏兴和三年（541）十二月所立的《李仲璇修孔子庙碑》中“修建容像”之语观之，则有孔子塑像无疑[3]。麦大维曾认为这反映了具有丰富图像学内涵的宗教特别是佛教的间接影响[4]，而黄进兴亦认为：“所有文庙涉及释氏东来以前，已有孔子像设或图绘之说均需重加检讨。”[5]关于这一问题，我们在此先不予讨论[6]，只是想指出，直到唐代，孔子的塑像才得到官方的支持和推行。回顾开皇二十年隋文帝的诏书：“敢有毁坏偷盗佛及天尊像、岳镇海渎神形者，以不道论。”其中只字不提孔子像，这表明，即使在民间祭祀孔庙时有塑像的存在，却未必得到隋朝官方的承认。国家予以承认并通过政令推行于天下孔庙祭祀的实践中，似为唐代的创举。

不论这种偶像崇拜的方式是受了佛教的影响，还是对民间信仰方式的模仿，有一点是肯定的，即这种祭祀方式不是儒家传统[7]。从三礼的规定来看，对于人鬼的祭祀（如宗庙）当立木主，而非

---

1. 参看高明士《唐代东亚教育圈的形成——东亚世界形成史的一侧面》，台北：“国立”编译馆中华丛书编审委员会，1984年，第118页。
2. 许嵩《建康实录》卷九引顾野王《舆地志》所记，北京：中华书局，1986年，第277页。
3. 《金石萃编》卷三一，第541页。
4. David McMullen, *State and Scholars in T'ang China*, chapter 2: "The School System and the Cult of Confucius," p. 43.
5. 黄进兴《权力与信仰：孔庙祭祀制度的形成》，《优入圣域》，第178页，注释66。
6. 陈登原曾对孔子像有初步的讨论，他认为：“孔子造像，约与佛教来华相距不远，而其成为习惯，则见于魏晋六朝，隋唐到宋，相延不废。”见氏著《国史旧闻》卷一三《孔子造像》，北京：生活·读书·新知三联书店，1958年，第363—365页。至于普遍意义上的偶像崇拜，他则指出：“佛教未来之前，盖已有石像，有陶俑，有木偶，由此言之，偶像之拜，当与佛教来华无关。……佛教来华之后，偶像之事，自为更进一步。”同书卷一八《偶像》，第515—517页。
7. 关于此点，可参看小岛毅《儒教の偶像観——祭礼をめぐる言説》，东大中国学会编《中国—社会と文化》第7号，1992年，第69—82页。

神像[1]。宋人对唐代孔子祭祀中的偶像崇拜颇有微词，如大观元年（1107）《重刻吴道子画先圣小影》云："夫圣人盖有不可以见见而闻闻，又况以像求耶？然学者缘貌观其道，缘形观其人，亦或有所得云。"[2]虽然从功能性的实践角度进行了解释，但仍认为这种偶像崇拜是不合儒家礼制的。朱熹在白鹿洞书院就只作礼殿，依《大唐开元礼》临祭设席，不立像[3]，殊不知《开元礼》并未真实反映唐代孔庙祭祀的实况。到了明朝，改神像为木主遂成为孔庙祭祀改制的一项重要内容，但似未得到地方官的切实执行。顾炎武《日知录》曰："嘉靖九年（1530），诏革先师孔子封爵塑像，有司依违，多于殿内添砌一墙，置像于中，以塞明诏。甚矣，愚俗之难晓也。宋文恪（原注：讷）《国子监碑》言：'夫子而下，像不土绘，祀以神主，数百年陋习乃革。'是则太祖已先定此制，独未通行天下尔。"[4]然则作为大儒的顾炎武也认为孔庙祭祀当以木主为当。

唐代孔庙祭祀的另一个突出特点是将其向全国推广，各州县均有建立，并每年进行常祀。可是，并非所有的儒者都如韩愈《处州孔子庙碑》那样对此津津乐道并引以为荣，刘禹锡就颇不以为然，他质疑道：

---

[1] 关于木主的形制及其变化，参看吾妻重二《木主について——朱子学まで》，收入《アジア文化の思想と儀礼：福井文雅博士古稀記念論集》，东京：春秋社，2005年，第143—162页。

[2]《八琼室金石补正》卷一二八，第909页。

[3] 参看蒋义斌《朱熹对宗教礼俗的探讨——以塑像、画像为例》，收入第二届宋史学术研讨会秘书处编《第二届宋史学术研讨会论文集》，台北：中国文化大学史学研究所、史学系，1996年，第147—163页。

[4]《日知录集释》卷一四《像设》条，第529页。关于明代孔庙祭祀改革的背景与详细情况，参看黄进兴《道统与治统之间：从明嘉靖九年（1530）孔庙改制论皇权与祭祀礼仪》，氏著《优入圣域》，第125—163页。另参赵克生《明朝嘉靖时期国家祭礼改制》，第165—173页。

《礼》云：凡学官，春释奠于其先师。斯礼止于辟廱泮宫，非及天下也。今四海郡县咸以春秋上丁有事孔子庙，其礼不应于古，且非孔子意也。炎汉初定，群臣皆起屠贩为公卿，故孝惠、高后之间，置原庙于郡国。逮孝元时，韦玄成以硕儒为丞相，遂建议罢之。夫以子孙尚不敢违礼以飨其祖，况后学师先圣之道而首违之乎？《祭义》曰："祭不欲数。"《语》云："祭神如神在。"与其烦于旧飨，孰若行其教道？今夫子之教日颓靡，而以非礼之祀媚之，斯儒者所以愤悱也。

窃观历代无有是事。皇家武德二年诏于国学立周公、孔子庙，四时致祭。贞观十一年，又诏修宣尼庙于兖州。至二十年，许敬宗等奏，乃遣天下诸州县置三献官，其他如方社。敬宗非通儒，不能稽典礼。开元中，玄宗向学，与儒臣议，由是发德音，其罢郡县释奠牲牢，唯酒脯以荐。后数年定《令》，时王孙林甫为宰相，不涉学，委御史中丞王敬从刊之。敬从非文儒，遂以明衣、牲牢编在《学令》。是首失于敬宗，而终失于林甫，习以为常，罕有敢非之者。[1]

显然，刘禹锡认为天下通祀孔子其实是不合夫子本意的，是一种"非礼之祀"，这与韩愈的态度实在是大相径庭。需要注意的是，他以之与西汉初郡国所立的原庙相比较，如学者所指出的，虽然西汉的原庙本系皇家宗庙，但"景帝之后，这类皇帝庙已乏宗庙意义，毋宁视为神祠"[2]。以天下通祀孔子与之相模拟，表明这些孔庙在刘

[1] 刘禹锡《奏记丞相府论学事》，《刘禹锡集》卷二〇，第253页。

[2] 甘怀真《西汉郊祀礼的成立》，《皇权、礼仪与经典诠释：中国古代政治史研究》，第52页。

禹锡看来也不过是些不合礼制的神祠[1]。

二　释奠之外的孔庙

对国家而言，孔庙祭祀的目的当然是推行儒家教化，不过民众则是从自身的立场来理解它的，经过他们的观念转换，这种国家祭祀也变为与个人信仰相关的内在的东西。

《魏书·高祖本纪》上载：延兴二年（472）二月乙巳，诏曰："尼父禀达圣之姿，体生知之量，穷理尽性，道光四海。顷者淮徐未宾，庙隔非所，致令祀典寝顿，礼章殄灭，遂使女巫妖觋，淫进非礼，杀生鼓舞，倡优媟狎，岂所以尊明神、敬圣道者也？自今已后，有祭孔子庙，制用酒脯而已，不听妇女合杂，以祈非望之福。犯者以违制论。"[2]显然，北魏时期的孔庙祭祀带有很强的民间祠祀的特点，首先，仪式系由巫觋主持，其次是"杀生鼓舞"的血祭方式，第三，祭祀的目的是祈求"非望之福"。所有这些都反映了北朝孔子祭祀的特点，对此，北魏朝廷试图以国家的力量加以整顿，使之合乎儒家典制。不过，这种努力的成效颇值得怀疑，因为直到唐代，这种情况依旧存在。

据《封氏闻见记》卷一载："流俗，妇人多于孔庙祈子，殊为亵慢，有露形登夫子之榻者。后魏孝文帝诏：'孔子庙不听妇人合杂，祈非望之福。'然则聋俗所为，有自来矣。"[3]可见北魏孔庙祭

---

[1] 高宗时杨炯所撰《大唐益州大都督府新都县学先圣庙堂碑文》中就有"逍遥城郭，拜夫子之灵祠；仿佛风尘，见夫子之遗像"之语，以"灵祠"与"遗像"对举，颇堪瞩目。见《杨炯集》卷四，北京：中华书局，1980年，第54页。

[2]《魏书》卷七上《高祖本纪上》，点校本二十四史修订本，北京：中华书局，2017年，第162页。

[3]《封氏闻见记校注》卷一《儒教》，封演撰，赵贞信校注，北京：中华书局，2005年，第4页。所谓"聋俗"，据唐玄宗《通微道诀碑文》曰："向邪求道，（转下页）

祀的淫祀色彩在唐朝甚至愈加浓重。从文中“流俗妇人多于孔庙祈子”一语来看，所谓“非望之福”包括了祈子，也就是说，孔子成为民间信仰中祈子的对象，而且在中唐时期成为一种广为流传的风俗❶。在肃宗上元二年（761）杜甫所作《徐卿二子歌》中，有“君不见徐卿二子生绝奇，感应吉梦相追随。孔子释氏亲抱送，并是天上麒麟儿”之语❷，适可相互印证。别有意味的是，在唐人墓志铭中也发现了相关的记载。杜牧《唐故平卢军节度巡官陇西李府君墓志铭》交代志主的出生经过曰：“君讳戡，字定臣，七代祖渤海王奉慈；祖杠，衢州盈川令；父蓌，婺州浦阳尉。浦阳晚无子，夫人吴兴沈氏梦一人，状甚伟，捧一婴儿曰：‘予为孔丘，以是与尔。’及期而生君，因名曰天授。”❸可见《封氏闻见记》关于孔子作为民间送子者形象的记载绝非空穴来风。

此外，孔庙也是祈雨之所。早在北齐时，遇到水旱疾疫，国家要遣使到国学中的“孔、颜庙”祈祷❹。至于唐代，虽然孔庙没有出现在国家礼制内七日一变的祈雨程序中❺，但在实践上不乏例证。据《册府元龟》卷六九七载：“黎幹，代宗时为京兆尹，大历九年（774）七月，以旱故，祈雨于朱雀门街，造土龙，悉召城中巫觋，舞于龙所。幹与巫觋更舞，观者骇笑。弥月不雨，幹又请祷于文宣王庙，帝闻之曰：‘丘之祷久矣。’命毁土龙祈雨，减膳节用，以

（接上页）是谓聋俗。”见《全唐文》卷四一，第454页。

❶ 在传说中，孔子本人就是其父母祈祷而得，如敦煌本郑氏孝经序云：“其父叔梁纥，后娶颜氏之女，久而无子，故祈于尼山而生孔子。”这或许是民间以孔子为祈子对象的缘由。参看陈铁凡《敦煌本郑氏孝经序作者稽疑》，《敦煌学》第4辑，1979年，第1—9页。

❷《杜诗详注》卷十，杜甫著，仇兆鳌注，北京：中华书局，1979年，第843页。

❸ 杜牧《樊川文集》卷九，上海古籍出版社，1978年，第137页。

❹《隋书》卷七《礼仪志二》，第141—142页。

❺ 参看本书第四章。

听天命。俄而澍雨丰霈，朝野相贺。”[1] 虽然代宗不许于文宣王庙祷雨，可是在地方上，这种情况却不鲜见。中唐时乔琳《巴州化成县新移文宣王庙颂（并序）》有云：

> 化成县令范阳卢沔，纯深贞特，廉孝絜矩。夏大旱，偶有事于文宣，公焚香至诚，电出自庙，指观倏忽，霈然滂沱。自下车数月，有感辄应，无方之神，岂情于造物者乎？可由而不知也。以此顷因祠宇荒僻，垣墉颓圮（圮），憩聚樵牧，亵渎威灵。公以必葺而未言，频假寝以梦圣。隙地兼圣，此为新宫。曰衣冠礼乐，不下庶人，宣风布教，职先令长。出家财以资匠费，督门吏以勤役工。……不及旬而功已集。郡官毕贺，百姓未知，足见役不及人也。[2]

这是乔琳为巴州化成县令卢沔因祈雨于孔庙有应，出家财重立新庙之事所作。值得注意的是，这篇颂文只字不提庙学之事，而着重记述其祈雨的灵验，这也反映了在一些地方官员的眼里，孔庙也不过是一所灵庙而已。至于国家礼典规定的释奠礼仪，民众未必能理解其意义，《太平广记》就记载了一则趣事：“自广南祭海十数州，多不立文宣王庙，有刺史不知礼，将释奠，即署一胥吏为文宣王亚圣，鞠躬候于门外，或进止不如仪，即判云：‘文宣亚圣决若干下。’”[3] 可见在一些儒家文化的边陲地区，释奠礼制几同儿戏。另据晚唐尉迟枢的《南楚新闻》记载：“文德中，赵滔尹平陆，有人

[1] 《册府元龟》卷六九七《牧守部·邪佞》，第8323页。

[2] 《文苑英华》卷七七八，第4113页。

[3] 《太平广记》卷二六一《南海祭文宣王》，第2038页。本条出自中唐孟琯所撰的《岭南异物志》。

马逸，入孔子庙，触倒十哲塑像二座。镇将孙恽走报曰：'马入孔子庙，触倒衙官两个。'"[1] 这则故事发生在僖宗文德（888）年间，作为武官的孙恽显然并不清楚孔庙中配祀的十哲是何许人也，竟将其视作"衙官"，他当然也不会明白国家祭孔的目的。虽说武人不学是常态，但故事发生在两京之间的陕州，还是令人有些诧异，毕竟陕州绝非文化边陲的岭南可比。另据《旧唐书·文宗本纪》记载，在大和六年（832）的寒食节上，"上宴群臣于麟德殿。是日，杂戏人弄孔子，帝曰：'孔子，古今之师，安得侮渎！'亟命驱出"[2]。可见，虽然朝廷尽力维护孔子的庄严形象，但即使在宫廷里，孔子也已成为戏剧表演的角色，而且从文宗"侮渎"之语观之，其在剧中的形象显然很不严肃。

不过，正因如此，作为国家礼典的孔庙祭祀在某种程度上也成为民众个人的宗教信仰。除了《封氏闻见记》所载流俗妇人祈子的事实外，天宝六载（747）《唐故朝散大夫起居舍人冯府君（复）墓志铭》有云："君幼而神敏，长博通文。七步便读书，五行俱下。尝梦文宣王谓之曰：'孺子可教也。'发箧中黄散饮之，味如蒲黄。又授书一□，即《孝经》也。既而目所蹔睹，不忘于心。思之负来，有若成诵。实为神助，谁曰怪迂？"[3] 不难想象，对于冯复而言，文宣王已不再是高居庙堂的圣人，而是保佑自己文思如泉的神明。尉迟枢《南楚新闻》收录了另一则故事："黔南军校姓謇者，不记其初名，性鲠直，贫而乐，所居邻宣父庙，家每食，必先荐之，如是累

---

[1] 尉迟枢《南楚新闻》"孔子庙衙官"条，陈尚君整理本，收入金锋主编《中华野史·唐朝卷》，济南：泰山出版社，2000年，第762页。本条辑自《类说》卷四五、《绀珠集》卷二及《说郛》卷七三。

[2]《旧唐书》卷一七下《文宗本纪下》，第544页。

[3] 吴钢主编《全唐文补遗·千唐志斋新藏专辑》，西安：三秦出版社，2006年，第207页。

年。咸通二年，蛮寇侵境，廉使阅兵，择将未获。謇忽梦一人，冠服若王者，谓曰：'吾则仲尼也，愧君每倾心于吾，吾当助若，仍更名宗儒，自此富贵矣。'既觉，喜而请行，兼请易名。是时人尽难之，忽闻宗儒请行，遂遣之，一战而大破蛮寇，余孽皆遁。黔帅表上其功，授朗州刺史。"❶ 在这里，孔子被这位军校所虔信，而作为报答，他使其大立战功而富贵，这与国家祭祀孔子的目的已经相去万里了。然而，正是这种信仰以及这类神异故事的流行，使得孔子祭祀深入人心。甚至直到金代，孔庙祭祀仍然有着浓厚的巫风，据《大金国志》记载：世宗大定二十六年（1186）二月，诏曰："曩者边场多事，南方未宾，致令孔庙颓落，礼典凌迟，女巫杂[觋]，淫进非礼。自今有祭孔庙，制用酒脯而已，犯者以违制论。"❷ 显然，这种浓厚的巫风虽不合儒家士大夫的口味，但却使作为国家礼制的孔庙祭祀与民众信仰结合起来，从而获得广泛的社会基础。

出现这些现象并不奇怪，早在汉代，儒家经典就已被视作具有某些神秘力量的东西，如东汉的向栩就认为诵读《孝经》可退敌兵❸，《风俗通义》卷九记郅伯夷诵读《六甲》《孝经》《易本》以御鬼魅❹，而如陈登原等所云，大儒董仲舒的地位亦有如一个大巫者❺。经典、经师尚且如此，则造作经典的孔子本人被民间神化和崇拜也就不难理解了。

综上所述，我们认为唐代的孔庙祭祀具有浓厚的神祠色彩，不

---

❶ 尉迟枢《南楚新闻》"謇宗儒"条，761页。本条辑自《太平广记》卷三一二，第2467页。

❷《大金国志校证》卷一八，北京：中华书局，1986年，第250页。

❸《后汉书》卷八一《独行·向栩传》，北京：中华书局，1965年，第2694页。

❹ 王利器《风俗通义校注》卷九《怪神》，北京：中华书局，1981年，第428页。

❺ 陈登原《国史旧闻》卷一五《汉儒怪异》，第407—409页。蒲慕州《汉代知识分子与民间信仰》亦持此论，见氏著《追寻一己之福：中国古代的信仰世界》，第258—260页。

论是其偶像崇拜的方式，还是通祀天下的释奠礼制，其实都不尽符合儒家礼制的基本原则，而与民间信仰有着契合之处。在辽天祚帝乾统七年（1107）所立的《三河县重修文宣王庙记》中就指出，修庙“可以固士民祈福之所，莫不阐扬儒教，辅助国风”。[1] 显然，对于民众而言，孔庙祭祀不仅是国家礼仪，而且是民众个人的信仰，这也就是荀子所云：“君子以为文，而百姓以为神。”

第三节　对于先代帝王的祭祀

对于先代帝王的祭祀，是中国古代国家祭祀体系中一个重要的组成部分，其发展则经历了漫长的历史过程，清儒秦蕙田《五礼通考》曾对相关材料有所梳理，且作了一些精彩的按语[2]。然而，现代研究者对这一课题显然关注不足，管见所及，惟魏侯玮、高明士、吕敏（Marianne Bujard）、赵克生、张琏等先生曾对此有所涉及。魏侯玮将包括二王三恪在内的先代帝王视作唐王朝的政治祖先（political ancesters）[3]，但分析过于简略。高明士从皇帝制度研究的角度出发，将先代帝王庙视作“治统庙制”的一部分，考察了唐代对先代帝王的祭祀[4]。吕敏、赵克生则对于明清时期的历代帝王庙做了

---

[1] 王鉴《三河县重修文宣王庙记》，《全辽文》卷一〇，北京：中华书局，1982年，第293—295页。

[2] 秦蕙田《五礼通考》卷一一六《祀先代帝王》，叶一至三十二。

[3] Howard J. Wechsler, *Offerings of Jade and Silk: Ritual and Symbol in the Legitimation of the T'ang Dynasty*, pp. 135–141.

[4] 高明士《皇帝制度下的庙制系统——以秦汉至隋唐作为考察中心》，特别是第75—78页。另参同氏《从庙制看治统与道统的关系》，收入氏著《中国传统政治与教育》，台北：文津出版社，2003年，第215—254页，特别是第229—233页。

初步讨论[1]。张琏则由明代帝王庙祀入手，考察了秦至清各朝对先代帝王的祭祀措施[2]。最近，廖宜方、田成浩又从长时段出发，对中国古代的先代帝王祭祀做了进一步的通论性梳理[3]。

对于先代帝王的祭祀，涉及国家对于正当性的追求、儒家经典的规范等复杂因素，而隋唐则无疑是这一祭祀发展的关键阶段。本节拟在前人研究的基础上，试图从另一些角度来考察先代帝王祭祀的发展脉络、祭祀对象的选择及其背景、祭祀形式以及其与地域社会的关系，等等。通过这些讨论，希望能使我们对唐代的礼典与民俗、国家祭祀与民众信仰的关系等有新的认识。

一 儒家经典的祭祀原则及其法典化

对于先代帝王的祭祀，由来已久，而这种祭祀也得到儒家经典的强力支持，其中最明确者，莫过于《礼记·祭法》:

> 夫圣王之制祭祀也，法施于民则祀之，以死勤事则祀之，以劳定国则祀之，能御大菑则祀之，能捍大患则祀之。是故厉山氏之有天下也，其子曰农，能殖百谷。夏之衰也，周弃继之，故祀以为稷。共工氏之霸九州也，其子曰后土，能平九

---

[1] Marianne Bujard, “Le temple des Anciens Souverains 历代帝王庙 . Notes de recherché,” *Sanjiao Wenxian* 1 (1997): pp. 67–77. 赵克生《明朝嘉靖时期国家祭礼改制》，北京：社会科学文献出版社，2006 年，第 127—154 页。关于明清时期历代帝王庙的建筑形制，或可参看汤崇平《历代帝王庙大殿构造》,《古建园林技术》1992 年第 1 期，第 36—41 页；以及马炳坚《从历代帝王庙维修保护的实践看我国文物古建筑保护修缮的特殊规律》,《故宫博物院院刊》2005 年第 5 期，第 311—331 页。

[2] 张琏《历代帝王祭祀中的帝王意象与帝统意识——从明代帝王庙祀的祭祀思维谈起》,《东华人文学报》第 10 期，2007 年，第 319—366 页。

[3] 廖宜方《王权的祭典——传统中国的帝王崇拜》，台北：台湾大学出版中心，2020 年。田成浩《先代帝王祭祀研究》，武汉大学出版社，2023 年。

州，故祀以为社。帝喾能序星辰以著众，尧能赏均刑法以义终，舜勤众事而野死，鲧鄣鸿水而殛死，禹能修鲧之功，黄帝正名百物以明民共财，颛顼能修之，契为司徒而民成，冥勤其官而水死，汤以宽治民而除其虐，文王以文治，武王以武功去民之菑，此皆有功烈于民者也。及夫日、月、星辰，民所瞻仰也；山林、川谷、丘陵，民所取财用也。非此族也，不在祀典。❶

在此，《礼记·祭法》不仅明确提出了国家祭祀的根本原则，而且具体列举了一个名单，这其中大多是传说时代及三代的圣王。自汉代以来，皇帝不时举行对他们的祭祀活动，例如汉章帝元和春，“东巡狩，使使者奉一太牢，祠帝尧于济阴”❷。

随着汉代以来国家祭祀的儒家化，这一祭祀原则逐步被落实在国家的法典与礼典之中。北魏孝文帝太和十六年（492）二月的一道诏书值得我们特别关注：“夫崇圣祀德，远代之通典；秩□□□，中古之近规。……且法施于民，祀有明典，立功垂惠，祭有恒式。斯乃异代同途，奕世共轨。今远遵明令，宪章旧则，比于《祀令》，已为决之。其孟春应祀者，顷以事殷，遂及今日。可令仍以仲月而飨祀焉。凡在《祀令》者，其数有五。帝尧树则天之功，兴巍巍之治，可祀于平阳。虞舜播太平之风，致无为之化，可祀于广宁。夏禹御洪水之灾，建天下之利，可祀于安邑。周文公制礼作乐，垂范万叶，可祀于洛阳。……飨荐之礼，自文公已上，可令当界牧守，各随所近，摄行祀事，皆用清酌尹祭也。”❸从这道诏书我们可以看出，北魏王朝已将先代帝王的祭祀正式列入国家的《祀令》之中，

❶ 孙希旦《礼记集解》卷四五《祭法第二十三》，第1204—1205页。
❷《通典》卷五三《礼典十三·沿革·祀先代帝王》，第1476页。
❸《魏书》卷一〇八之一《礼志一》，第3002页。

其目的正是“远遵明令，宪章旧则”，其对象则包括帝尧、虞舜、夏禹、周公四位，对于祭祀地点亦有明确规定。虽然与《礼记·祭法》中的规定相比，其祭祀对象要少一些，但其意义不容忽视——这可能是《祭法》的原则第一次被明文纳入国家法典之中，一方面，这表明了孝文帝汉化改革的坚定性和彻底性[1]；另一方面，这无疑也是魏晋以来援礼入法潮流的继续和深入。

此外，对于这些圣王的祭祀，也日渐成为国家正当性的一个象征。例如，“北齐文宣帝天保元年既受魏禅，诏分遣使致祭于五岳四渎，其尧祠、舜庙，下及孔父、老君等，载于祀典者，咸秩罔遗”。[2] 不论是祭祀五岳四渎，还是尧祠舜庙，都是高氏将其改朝换代之举合法化的手段。

二 隋唐国家礼典与法典的规范

（一）隋代

到了隋初，情况就发生了变化，据《隋书》卷七记载：

> 高祖既受命，遣兼太保宇文善、兼太尉李询，奉策诣同州，告皇考桓王庙，兼用女巫，同家人之礼。……是时帝崇建社庙，改周制，左宗庙而右社稷。……三年一祫，以孟冬，迁主、未迁主合食于太祖之庙。五年一禘，以孟夏，其迁主各食于所迁之庙，未迁之主各于其庙。禘祫之月，则停时飨，而陈诸瑞物及伐国所获珍奇于庙庭，及以功臣配飨。并以其日，

[1] 关于孝文帝的礼制改革，参看康乐《从西郊到南郊：拓跋魏的“国家祭典”与孝文帝的“礼制改革”》，收入氏著《从西郊到南郊：国家祭典与北魏政治》，台北：稻乡出版社，1995年，第165—206页。

[2] 《册府元龟》卷一九三《闰位部·崇祀》，第2330页。

使祀先代王公：帝尧于平阳，以契配；帝舜于河东，咎繇配；夏禹于安邑，伯益配；殷汤于汾阴，伊尹配；文王、武王于沣渭之郊，周公、召公配；汉高帝于长陵，萧何配。各以一太牢而无乐。配者飨于庙庭。[1]

秦蕙田将这个制度作为先代帝王祀有常典的证据，而高明士则认为此制“当定于开皇三年（583）完成之《开皇礼》”[2]。我们认为，高先生的看法无疑是有道理的，所可论者尚有如下几点：首先，祭祀的对象沿袭了北魏的《祀令》，但又有所扩大，不仅包括了《礼记·祭法》规定的周文王和周武王，而且也首次包括了《祭法》无文的汉高祖；其次，被祭祀的先代帝王首次有了配享者，北魏《祀令》中被独立祭祀的周公到了隋代则降格为文王、武王的配享者；再次，祭祀的日期尤其值得注意，即对先代帝王的祭祀是在皇家宗庙的禘祫之日，杨坚的意图很明显，就是让这些圣王们享受着与杨氏祖先同样的待遇，这实际上是在宣布，隋王朝是这些先代帝王的直接继承者。至此，隋王朝建立“治统”的目的已是昭然若揭了。

隋炀帝时期，又曾推行了一些优待前代帝王的政策，如为其陵墓置墓户洒扫。大业二年（606）十二月诏曰：“前代帝王，因时创业，君民建国，礼尊南面，而历运推移，年世永久，丘垄残毁，樵牧相趋。茔兆堙芜，封树莫辨。兴言沦灭，有怆于怀。自古已来帝王陵墓，可给随近十户，蠲其杂役，以供守视。”[3] 所谓“自古已来帝王陵墓”具体所指不详，但从“因时创业”一语观之，其范围恐怕要超过前述《开皇礼》的规定，而指历代开国之君。

---

[1] 《隋书》卷七《礼仪志二》，第150—151页。
[2] 高明士《皇帝制度下的庙制系统——以秦汉至隋唐作为考察中心》，第24页。
[3] 《隋书》卷三《炀帝纪上》，第74—75页。

总之，隋朝虽然短祚，对于先代帝王的祭祀而言却是一个重要的转型时期。隋代以前主要是按照《祭法》的规定，将先代帝王如尧、舜、禹等作为建定法度、有功于民的“圣王”“圣人”“圣贤”来祭祀的，强调的是个“圣”字，而其作为“帝王”本身的色彩并不浓厚。从隋代开始情况发生变化，如隋文帝在禘祫之日致祭，而隋炀帝更是强调那些“创业”之君，使得先代帝王的祭祀从圣贤崇拜的性质向建立“帝王”治统的性质转变，这是一个非常值得重视的变化。

（二）唐代

到了唐代，对于先代帝王的祭祀更加规范化，礼典和法典对此都有明确的规定。

正如高明士所分析：“贞观十一年（637）所完成的《贞观礼》，无规定此事；高宗显庆二年（657）六月，经许敬宗等之议，始再规定于翌年（658）公布之《显庆礼》。”[1]不过，贞观时期，虽然礼典无文，但对于先代帝王的祭祀却依然存在，例如太宗在一道《致祭古圣贤陵墓诏》中要求对于包括先代帝王在内的先贤陵墓进行春秋二时的墓祭[2]。许敬宗的建议，最后是在显庆二年七月十七日由长孙无忌领衔上奏的，其全文保存在《文苑英华》中，题为《先代帝王及先圣先师议》：

> 议曰：谨按《礼记·祭法》云：“圣王之制祀也，法施于人则祀之，以死勤事则祀之，以劳定国则祀之，能御大灾则祀之，能捍大患则祀之。”又云：“尧、舜、禹、汤、文、武，皆

[1] 高明士《皇帝制度下的庙制系统——以秦汉至隋唐作为考察中心》，第24页。

[2] 唐太宗《致祭古圣贤陵墓诏》，《全唐文》卷五，第61页。

有勋烈于人，及日月星辰，人所瞻仰，非此族也，不在祀典。”准此，帝王合与日月同例，恒加祭飨，议在报功。爰及隋代，并遵斯典。其汉高祖，《祭法》无文，但以前代迄今，多行秦汉故事，始皇无道，所以弃之。汉祖典章，法垂于后。自隋已上，亦在祀例。伏惟大唐稽古垂化，网罗前典，唯此一议（一作礼），咸秩未申，今《新礼》及《令》无祭先代帝王之文，今请聿遵故实，修附《礼》《令》，依旧三年一祭。仍以仲春之月，祭唐尧于平阳，以契配；祭虞舜于河东，以咎繇配；祭夏禹于安邑，以伯益配；祭殷汤于偃师，以伊尹配；祭周文王于酆，以太公配；祭武王于镐，以周公、召公配；祭高祖于长陵，以萧何配。[1]

按《显庆礼》系显庆三年（658）奏上，然则此处所云“《新礼》及《令》”当指《贞观礼》与贞观《祠令》。另外，《唐律疏议》卷九疏议曰：“依《令》：‘大祀，谓天地、宗庙、神州等为大祀。’……中小祀者，谓社稷、日月、星辰、岳镇海渎、帝社等为中祀，司中、司命、风师、雨师、诸星、山林、川泽之属为小祀。”[2]荣新江等认为此条所引乃《永徽祠令》[3]，其中显然没有先代帝王祭祀的踪迹。因此，唐代真正在礼典中明文规定先代帝王祭祀者，当自《显庆礼》始。

与隋《开皇礼》相比，《显庆礼》关于先代帝王祭礼的变化主

---

1. 《文苑英华》卷七六四，第4012页。参见《唐会要》卷二二《前代帝王》，第499—500页。另见《旧唐书》卷二四《礼仪志四》，第915页。
2. 《唐律疏议》卷九，北京：中华书局，1983年，第187—188页。
3. 荣新江、史睿《俄藏敦煌写本〈唐令〉残卷（Дх.3558）考释》，《敦煌学辑刊》1999年第1期，第8页。

要体现三个方面：其一，祭祀时间与隋代不同。隋代对先代帝王的祭祀是在皇家宗庙的禘祫之日，三年一祫，以孟冬，五年一禘，以孟夏。而唐代则在仲春（二月），这显然不是太庙的夏禘冬祫之日。其二，在商汤的祭祀地点上有所变化，隋祭于汾阴，而唐祀于偃师。其三，将周文王与武王分开祭祀，故以太公配享文王，而以周公、召公配享武王。另外，值得提及的是，长孙无忌、许敬宗等人所奏加的汉高祖之祭祀，其实早在隋代的《开皇礼》中就已有了明文规定，在这一点上《显庆礼》直接继承了《开皇礼》，所以长孙无忌等人才会要求“今请聿遵故实，修附《礼》《令》”，所谓“故实”，当是开皇故事，而所谓“依旧”，自然也是依《开皇礼》之旧。

唐代礼典最完备者，莫过于开元二十年（732）修成的《大唐开元礼》。与《显庆礼》相比，《开元礼》中关于先代帝王之祭礼变化更小，该书卷一《神位》条记：“仲春享先代帝王。帝喾氏享于顿丘，帝尧氏享于平阳（稷、契配）、帝舜氏享于河东（皋陶配）、夏禹享于安邑（伯益配）、殷汤享于偃师（伊尹配）、周文王享于酆（太公配）、周武王享于镐（周公、召公配）、汉高祖享于长陵（萧何配）。右，新加帝喾氏，余准旧礼为定。”[1] 在这里的所谓《旧礼》，无疑是指《显庆礼》。显然，二者的差别只是在祭祀的对象上增加了帝喾之祭，并为帝尧的配享者增加了稷等。至于祭祀程序、主祭官员、祝文内容等，在《大唐开元礼》卷五〇《有司享先代帝王》中有非常详细的规定[2]，在此我们需要做一些具体分析。

第一，关于祭官。《开元礼》规定：“其祭官以当州长官充，

---

[1]《大唐开元礼》卷一《神位》，第16页。

[2]《大唐开元礼》卷五〇《有司享先代帝王》，第282—286页。

无，以次通取。”❶可见，虽然先代帝王的祭祀属于中央祭礼，其空间却散处各州，因此，祭官就由当州长官来担任。同所有的中祀一样，在祭祀之前，祭官需要“散斋三日，致斋二日”。至于行礼之前的准备工作，如各种陈设等，则是由所在的县令来负责安排的。

第二，关于祭祀方式。《开元礼》规定：“前享五日，诸享官各散斋三日于正寝，致斋二日于其庙所（原注：无庙者，祭于坛，其坛制准州社坛）。”可见，一般而言，先代帝王的祭祀空间是庙，但显然也有设坛而祭的情形❷，值得注意的是，如果没有庙而祭于坛，其坛制“准州社稷”，这似乎降低了其祭祀等级，因为州县社稷都只是小祀。不过，从祭品数量来看，作为中祀的先代帝王的等级还是要高于州县社稷的小祀之礼❸。另外，从《开元礼》的规定来看，在坛庙中举行仪式时，要“跪奠于神座”，即木主。但在实际上，这些先代帝王庙中，则往往供奉的是神像。这一点，类似于释奠礼制中的孔子祭祀方式，即虽然《开元礼》的规定是木主，实际上却都是偶像崇拜。

第三，关于祝文。虽然祭祀不同的先代帝王时祝文各异，但其基本格式则完全一致，在此我们仅举一例来观察：“帝尧祝文：维某年岁次月朔日子，开元神武皇帝某，谨遣具官姓名，敢昭告于帝陶唐氏：惟帝则天行化，光被四表，式遵祠典，敬以制币、牺齐、粢盛、庶品，祇荐于帝陶唐氏，尚飨！”❹显然，先代帝王虽由各州长官主祭，但都是以皇帝的名义来进行的，州官只是代表皇帝行

---

❶《大唐开元礼》卷五〇《有司享先代帝王》，第282页。

❷ 先代帝王若以坛而祭，则其规格是：“广二丈五尺，高三尺，四出陛者，古帝王之坛也。”见《新唐书》卷一二《礼乐志二》，第326页。

❸《新唐书》卷一二《礼乐志二》：“三年祭先代帝王及配坐，笾豆皆十、簋二、簠二、俎三。州县祭社稷、先圣，释奠于先师，笾豆皆八、簋二、簠二、俎三。”第331页。

❹《大唐开元礼》卷五〇《有司享先代帝王》，第284页。

礼而已。

除了礼典的规定之外，对于先代帝王祭祀的规定也体现在法典之中。仁井田陞《唐令拾遗·祠令第八》就收入了开元七年和开元二十五年的相关令文，内容与《大唐开元礼》卷一《神位》条略同[1]。《礼》《令》互为表里，正是唐代的特色。

另外，对于先代帝王的陵墓，国家也置有专门的墓户来洒扫。景龙三年（709）三月十六日，太常博士唐绍上疏云："谨按昊、顺二陵，恩敕特令依旧，因循前例，守户与昭陵数同。又先代帝王陵户，准《式》二十人。今虽外氏特恩，亦须附近常典。请准《式》量减，取足防闲，庶无逼上之嫌，不失尊崇之道。"[2]可见，关于先代帝王陵户的数量，国家有《式》来进行规范，而这里的《式》，很可能就是《祠部式》。

三　天宝新制

除了《大唐开元礼》规定的三年一祭的常祀外，对于先代帝王的临时性祭祀很多，特别是在南郊、籍田、即位、改元、上尊号等的赦文中，往往有命州县祭祀先代帝王的诏命[3]。在《开元礼》成立之后，先代帝王祭祀的范围还有扩大的趋势，例如开元二十二年（734）十一月六日，"云州置魏孝文帝祠堂，有司以时享祭（原注：州有魏故明堂遗址，乃于其上置庙焉）"[4]。当然，更多新制的

---

[1] 仁井田陞《唐令拾遗》，东京：东方文化学院东方研究所，1933年，第191—194页。

[2]《唐会要》卷二一《诸僭号陵》，第476页。参看唐绍《请量减武氏韦氏诸陵守户疏》，《全唐文》卷二七一，第2753页。

[3] 例如开元十八年（730）正月迎气东郊，祀青帝，大赦文曰："其海内五岳四渎，及诸镇名山大川及灵迹，并自古帝王、得道升仙、忠臣义士，先有祠庙者，各令郡县逐处设祭。"《册府元龟》卷八五《帝王部·赦宥四》，第1008页。

[4]《唐会要》卷二二《前代帝王》，第500页。

出台是在天宝时期。

天宝三载（744）五月二十二日，“置周文王庙，以同德十人，四时配享”[1]。所在坊里待考。

天宝六载（747）正月十一日敕：“三皇五帝，创物垂范，永言龟镜，宜有钦崇。三皇：伏羲，以勾芒配。神农，以祝融配。轩辕，以风后力牧配。五帝：少昊，以蓐收配。颛顼，以玄冥配。高辛，以稷契配。唐尧，以羲仲和叔配。虞舜，以夔龙配。其择日及置庙地，量事营立。其乐器请用宫悬，祭请用少牢，仍以春秋二时致享。共置令、丞，令太常寺检校。”[2]据《大唐郊祀录》载，三皇五帝庙在长安城西南的昭行坊[3]。三皇五帝庙直到唐末仍存，据宣宗大中十年（856）的《唐太常寺三皇五帝庙丞崔公夫人尹氏墓志》记载，志主之夫崔奭会昌元年（841）时在三皇五帝庙丞之任[4]。咸通十二年（871）《唐故银青光禄大夫检校太子宾客前杭州长史兼监察御史上柱国唐公墓志铭》载，志主唐思礼之“伯氏官至三皇五帝庙令”[5]。另据广明元年（880）的《唐故银青光禄大夫检校太子宾客使持节宁州诸军事守宁州刺史兼御史中丞充淮南军防御□□兵马使上柱国颍川郡陈府君墓志铭》记载，志主陈讽“释褐授洪州建昌尉，次授三皇五帝庙丞”[6]。可见，直到晚唐，三皇五帝庙依然在国家祭祀体系之中。

---

[1]《唐会要》卷二二《前代帝王》，第500页。

[2]《唐会要》卷二二《前代帝王》，第500—501页。参看《册府元龟》卷八六《帝王部·赦宥五》，第1020页。

[3]《大唐郊祀录》卷一〇《附见》，第807页，不过，“昭”误作“招”。

[4] 赵文成、赵君平编《秦晋豫新出墓志搜佚续编》第888号，北京：国家图书馆出版社，2015年，第1231页。

[5] 周绍良、赵超主编《唐代墓志汇编续集》咸通078号，上海古籍出版社，2001年，第1094页。

[6] 周绍良、赵超主编《唐代墓志汇编续集》广明001号，第1141页。

天宝七载（748）五月十五日《册尊号赦文》中规定："上古之君，存诸氏号，虽事先书契，而道著皇王，缅怀厥功，宁忘咸秩。其三皇以前帝王，宜于京城内共置一庙，仍与三皇五帝庙相近，以时致祭。天皇氏、地皇氏、人皇氏、有巢氏、燧人氏，其祭料及乐，请准三皇五帝庙，以春秋二时致祭。"[1] 其地点，既然赦文要求与三皇五帝庙相近，很可能也在昭行坊。

与此同时，玄宗进一步要求："自古受命之主，创业之君，皆经济艰难，戡定祸乱，虽道谢于往古，乃功施于生人，用率典章，亦从禋祀。其历代帝王肇迹之处，未有祠宇者，宜令所繇郡县量置一庙，以时享祭，仍取当时将相德业可称者三（二）人配祭，仍并图画立像。如先有祠宇沾享祭者，亦宜准此。"[2]"令郡县长官，春秋二时择日，粢盛蔬馔时果，配酒脯，洁诚致祭。…… 历代帝王庙，每所差侧近人不课户四人，有阙续填，仍关户部处分。"[3] 显然，这些先代帝王的祠庙虽然分布于各郡县，却仍然是中央级的祭祀对象，故其守庙者要报户部备案。在《唐会要》中还保留着这份完整的祭祀名单，现将其列表如下（表 4）：[4]

表 4　天宝七载先代帝王祭祀表

帝王	配享将相	祭祀地点（肇迹之处）
夏王禹	伯益、伯夷	安邑（夏县）
殷王汤	伊尹、仲虺	亳（谷熟县）
周文王	鬻熊、齐太公望	酆（咸阳县）

❶《唐会要》卷二二《前代帝王》，第 501 页。参看《册府元龟》卷八六《帝王部·赦宥五》，第 1022 页。

❷《册府元龟》卷八六《帝王部·赦宥五》，第 1022 页。

❸《唐会要》卷二二《前代帝王》，第 501—502 页。

❹《唐会要》卷二二《前代帝王》，第 501 页。

续表

帝王	配享将相	祭祀地点（肇迹之处）
周武王	周公、召公	镐（入文王庙同享）
秦始皇帝	李斯、王翦	咸阳
汉高祖	张良、萧何	沛（彭城县）
后汉光武皇帝	邓禹、耿弇	南阳
魏武皇帝	荀彧、钟繇	邺
晋武帝	张华、羊祜	洛阳
后魏道武帝	长孙嵩、崔玄伯	云中
周文帝	苏绰、于谨	冯翊
隋文帝	高颎、贺若弼	汉东（隋县）

对于天宝七载的新制，秦蕙田指出："案此历代帝王立庙之始。"[1] 稍后，天宝九载（750）十一月，"周武王、汉高祖于京城同置一庙，并置官吏"[2]。案此庙之立，与当时更改二王后的问题有关[3]，其具体所在坊里待考。

显然，天宝时期的新制主要有二：一方面，为某些先代帝王如三皇五帝等在京城置庙；另一方面，为历代开国之君在其肇基之处置庙。对于那些在长安新置的祠庙，国家在太常寺内成立了专门的机构进行管理，据《新唐书·百官志三》记载："三皇五帝以前帝王、三皇五帝、周文王、周武王、汉高祖、两京武成王庙。令一人，从六品下；丞一人，正八品下。掌开阖、洒扫、释奠之礼。

---

[1] 《五礼通考》卷一一六《祀先代帝王》，叶十二。

[2] 《册府元龟》卷一七四《帝王部·修废》，第2100页。

[3] 据《旧唐书》卷二四《礼仪志四》记载："九载九月，处士崔昌上《大唐五行应运历》，以王者五十代而一千年，请国家承周、汉，以周、隋为闰。十一月，敕：'唐承汉后，其周武王、汉高祖同置一庙并官吏。'十二载九月，以魏、周、隋依旧为二王后，封韩公、介、酅公等，依旧五（立）庙。"第916页。

（原注：有录事一人，府二人，史四人，庙干二人，掌固四人，门仆八人。……天宝三载，初置周文王庙署；六载，置三皇五帝庙署；七载，置三皇五帝以前帝王庙署；九载，置周武王汉高祖庙署。）”[1] 可见，这些祠庙都设有令、丞、录事、府、史、庙干、掌固、门仆等，人员配备颇为齐整。这些新置祠庙的庙令官品为从六品下，不仅远远高于五岳四渎庙令的正九品上，甚至比负责郊祀、明堂的两京郊社署令和管理后土祭祀的汾祠署令（均为从七品下）也要高出不少[2]，从品级的差别我们可以清楚看到唐玄宗对这些新置祠庙的重视。实际上，这些祠庙供奉的对象大多正是《开元礼》中原本规定享祭于地方的那些先代帝王。我们认为，京城置庙的方式与汉成帝以来郊庙礼制改革的方向——中央化和儒家化是一致的，而这又开明清在京师总置历代帝王庙之先声。

更值得注意的是天宝七载为历代开国之君在其肇基之处置庙的规定。首先，如同秦蕙田所云，此为“历代帝王立庙之始”。这不仅在事实上突破了《开元礼》中对先代帝王祭祀的范围，而且无疑是自隋代该祭祀从“圣贤”到“帝王”性质之转折的继续发展，从此以后，所谓的“先代帝王”就不仅是《祭法》规定的那几位圣王，而且包括了历代帝王，这应该是明代置历代帝王庙的另一个源头。

其次，虽然祭祀范围有所扩大，但绝非所有的先代帝王都有资

---

[1] 《新唐书》卷四八《百官志三》，第 1246—1247 页。

[2] 《旧唐书》卷四四《职官志三》，第 1874、1924 页。值得指出的是，有些新置祠庙存在的时间似乎很短，据《大唐故普安郡司马韦君（豫）墓志铭并序》云：“及秩满之后，颇婴风痹。不任剧职，愿就闲官。又历凉王府功曹、兴宁陵令、三皇五帝已前帝王庙令。俄以减省去官，优游闾里，凡经数载。”（见《全唐文补遗》第五卷，西安：三秦出版社，1998 年，第 398 页）按韦豫卒于天宝十三载八月九日，从其志文来看，“三皇五帝已前帝王庙令”乃是所谓的“闲官”，而且很快就被减省了。

格出现在这个祭祀名单中，事实上，只有每个朝代的开国之君才能够享受这个待遇。而且，从上表可以看到，东晋以至南朝的开国帝王并不包含在这个名单中，这表明唐玄宗仍以北朝作为唐王朝正统性的来源，这与唐朝关于二王三恪的认定是一致的[1]。

第三，从“如先有祠宇沾享祭者，亦宜准此”的规定来看，其中的一部分是显然对此前已有祠庙的官方承认。以“图画立像”之语观之，与后土、岳渎、风师、雨师等自然神以及孔庙祭祀一样，唐代这些先代帝王的祠庙实行的无疑也是偶像崇拜，而不是供奉木主。这一点正是唐代的独特之处，虽然与儒家传统的祭祀原则不合，却广泛流行[2]。

第四，无论是长安新置的祠庙，还是天宝七载规定祀于州县的祠庙，其祭祀周期都突破了隋与唐初礼典规定的三年一飨，更多是以春秋二时致祭。这样的规定可能更加符合唐代的普遍情况，特别是在以祷祀为目的的民间社会。

四 《大唐郊祀录》与中晚唐的祭祀实况

对于天宝七载的新制，《唐会要》卷二二紧接着又记载：“至十二载（753）七月二十八日，有敕停废。”我们应该如何理解这条材料呢？其实，所停废的只是制度性的常祀而已，并不会因此而否

---

[1] 关于唐代“二王三恪”的认定及中间的变化，参看谢元鲁《隋唐五代的特殊贵族——二王三恪》，《中国史研究》1994 年第 2 期，第 41—49 页；孙正军《二王三恪所见周唐革命》，《中国史研究》2012 年第 4 期，第 97—113 页；吕博《唐代德运之争与正统问题——以“二王三恪”为线索》，《中国史研究》2012 年第 4 期，第 115—141 页；夏婧《柳怀素墓志所见武周改立“二王三恪”史事考》，《中国史研究》2017 年第 1 期，第 73—89 页。

[2] 明太祖在京师总立历代帝王庙时，也是采取塑像的方式，像为坐像，高五尺九寸五分，象征着九五之尊。到嘉靖十一年（1532）兴建北京的历代帝王庙时，塑像全部改为木主了。参看赵克生《北京历代帝王庙》，第 113—114 页。

定它们的合法性。因此，在肃宗权停“中祀并杂祭祀”的《改元上元赦》中，仍有“自古明王圣帝、名山大川，并委州县长吏择日致祭”的规定[1]。先代帝王属于“中祀”，可见，赦文所停者为常祀，而临时的致祭则不在此限。

代宗广德二年（764）八月，昭应县令梁镇上表谏止道士李国祯在本县为三皇等立祠时指出：“其道君、三皇、五帝，则两京及所都之处，皆建宫观祠庙，时设斋醮飨祀。国有彝典，官有常礼，盖无阙失，何劳神役灵？……其三皇、道君、天皇、伏羲、女娲等，既先各有宫庙，望请并于本所依礼斋祭。”[2]可见时人仍视京师与地方所立之三皇五帝等祠庙为国家礼典。另外，代宗大历四年（769）四月，“鄜坊等州节度使臧希让上言：‘坊州有轩辕黄帝陵阙，请置庙，四时享祭，列于祀典。’从之”[3]。所谓“列于祀典”，在此只是表明国家承认其合法性，而不意味着将其像汉高祖祭祀一样明文列入《大唐开元礼》那样的国家礼典[4]。因此，我们在贞元九年（793）成书的《大唐郊祀录》所列先代帝王的祭祀名单中并没有看到轩辕黄帝庙。

据《大唐郊祀录》卷一〇记载：“三年一飨先代帝王。……自武王以上，历代咸尊祀之。至皇朝明（显）庆二年，礼部尚书许敬宗上疏，请依故实，兼以汉祖续之，上因诏有司，至今以为恒式。今并废而不祭矣。”[5]很明显，《郊祀录》所列的先代帝王祭祀，只

---

[1]《唐大诏令集》卷四，北京：商务印书馆，1959年，第23页。

[2]《旧唐书》卷一三〇《王玙传·附道士李国祯传》，第3619—3620页。

[3]《册府元龟》卷一七四《帝王部·修废》，第2101页。“轩辕黄帝”，“黄”原作“皇”，据《宋本册府元龟》卷一七四（北京：中华书局，1989年，第410页）改。

[4] 唐宋时期，“祀典”概念本身的含义在扩大，且有从儒家祭祀的基本原则向具体薄书转化的趋势，特别是在地方祠祀的层面。参看本书第三章。

[5]《大唐郊祀录》卷一〇《先代帝王》，第805—806页。

是沿袭了《开元礼》的规定，却又指出“今并废而不祭矣”，我们认为，这仍然只意味着中央级常祀的停废。只有这样，我们才能理解中晚唐众多赦文中关于致祭圣帝明王的要求，如与《大唐郊祀录》成书同年的《贞元九年冬至大礼大赦制》云：“自古圣帝明王、忠臣烈士，各令所在长吏以礼致祭。”[1]宪宗元和二年（807）正月南郊赦文亦要求：“天下名山大川及古圣帝明王、忠臣烈士，各令以礼致祭。”[2]武宗会昌二年（842）四月《加尊号赦文》：“五岳四渎，宜委本州长吏备礼致祭。名山大川、自古圣帝明王、忠臣烈士，各令所在以礼致祭。”[3]类似的例子不胜枚举。事实上，开元二十五年（737）之后，唐王朝不再删改律令，只是删定格和格后敕，而敕的地位又逐渐超过了格，成为在法律效力和适用范围上的最终依据。在这个过程中，许多关于国家祭祀的新规定主要是通过制敕来颁行的。

如前所述，天宝七载要求那些先代帝王“如先有祠宇沾享祭者，亦宜准此”，表明其中的一部分在此前已有祠庙，诏书只是给予其正式的官方认可。显然，许多先代帝王之祭祀实际上有着深厚的民间信仰的基础，事实证明，不仅其祭祀在很大程度上源自民间流传已久的神祠信仰，而且在其作为中央性祭祀的意味被逐渐淡化之时，它们仍是地方性的崇拜中心。

从隋代开始，先代帝王庙就已经成为国家祈雨的所在，《隋书·礼仪志二》记载：“京师孟夏后旱，则祈雨，…… 七日，乃祈岳镇海渎及诸山川能兴云雨者；又七日，乃祈社稷及古来百辟卿士有益于人者；又七日，乃祈宗庙及古帝王有神祠者；又七日，乃修

[1]《全唐文》卷四六一，第4711页。

[2]《册府元龟》卷三四《帝王部·崇祭祀三》，第369页。

[3]《全唐文》卷七八，第816页。

雩，祈神州；又七日，仍不雨，复从岳渎已下祈如初典。秋分已后不雩，但祷而已。”[1]唐代亦然，据《大唐开元礼》卷七〇《诸州祈诸神》记载：“其祝版燔于斋所。（原注：……若祈先代帝王，其瘗币如正祭之礼。）”[2]可见，先代帝王祠庙与宗庙一样，是隋唐国家祈雨的对象。在这个功能上，先代帝王庙与各种地方祠祀也并无二致。例如，大历二年（767）七月，滑州就曾因祈雨有应而大修尧祠[3]，而据咸通九年（868）的《禹庙创修什物记》，夏县令李构因祷雨有应，亦曾重修禹庙并立碑纪念，碑由“应书判拔萃前乡贡三传傅覃”撰写，显示了当地士人的支持态度[4]。长庆三年（823）正月，栎阳尉沈亚之“以岁旱，用干肉清醪，恭祀于汉武皇帝神之祠下，因巫人以达其祝语”[5]。汉武帝虽非开国之君，未能列入天宝七载的祭祀名单，但其祠庙显然是栎阳一带民间信仰的中心之一，因此成为京兆府祈雨的对象，而民间的巫者则在仪式中扮演着重要角色。

我们来看河东蒲津的舜祠。早在北齐时，舜祠就已是国家祭祀的对象。武德三年（620）春正月，唐高祖亦曾“幸蒲州，命祀舜庙”[6]。对于普通民众而言，舜祠与其他神祠一样，颇有灵验。晚唐李玫《纂异记》中有一则故事，曰：“进士张生，善鼓琴，好读孟轲书。下第游蒲关，入舜城。日将暮，乃排闼耸辔争进，因而马蹶。顷之马毙，生无所投足，遂诣庙吏，求止一夕。吏指檐庑

[1]《隋书》卷七《礼仪志二》，第142页。

[2]《大唐开元礼》卷七〇《诸州祈诸神》，第360页。

[3] 白敏中《滑州修尧祠记》，《文苑英华》卷八一四，第4298页。

[4]《山右石刻丛编》卷九，《石刻史料新编》第1辑第20册，第15123页。

[5] 沈亚之《祈雨文祠汉武帝》，《沈下贤集校注》卷一二，第269页。

[6]《旧唐书》卷一《高祖本纪》，第10页。

下曰：‘舍此无所诣矣。’遂止。”[1]看来直到晚唐，舜祠仍归官方管理，故有“庙吏”之设。在这则故事中，舜帝为张生详述自己的经历，并感叹后人特别是孟子对其事迹的误解。《太平广记》还收录了出自张读《宣室志》的一则故事：

> 蒲津有舜祠，又有娥皇女英祠，在舜祠之侧。土偶之容，颇尽巧丽。开成中，范阳卢嗣宗假职于蒲津。一日，与其友数辈同游舜庙，至娥皇女英祠，嗣宗戏曰：“吾愿为帝子之隶，可乎？”再拜而祝者久之。众皆谓曰：“何侮易之言，黩于神乎！”嗣宗笑益酣。自是往往独游娥皇祠，酒酣，多为亵黩语。俄被疾，肩舁以归，色悸而战，身汗如沥。其夕遂卒。家僮辈见十余人，捽拽嗣宗出门，望舜祠而去。及视嗣宗尸，其背有赤文甚多，若为所扑。蒲之人咸异其事。[2]

这则故事很有意味，在政府管理的舜祠之侧有娥皇女英祠，立有土偶，观其行事，却不异于一些淫祀。从“与其友数辈同游舜庙”到故事结尾“蒲之人咸异其事”，可以看出，舜庙原本就是当地的信仰中心，而这类故事的传播对于加强其神异色彩具有不可比拟的作用。

除了河东的舜祠之外，道州、桂州、永州等南方地区也都有舜帝祠庙，这在石刻材料中有充分反映，如张九龄在桂州刺史任上所作的《祭舜庙文》[3]、永泰二年（766）五月道州刺史元结的

---

[1] 李玫撰、李剑国辑证《纂异记辑证》“进士张生”条，北京：中华书局，2021年，第101页。

[2] 《太平广记》卷三一〇《卢嗣宗》，第2456页。

[3] 《全唐文》卷二九三，第2973页。

《舜庙置守户状》[1]、张谓的《虞帝庙碑铭》[2]、大历十一年（776）韩云卿的《虞帝庙碑铭》[3]，等等。这些祠庙多在舜巡狩所经之处，道州且为其陵墓所在，祠庙分布之广泛不难理解，而且，其祭祀往往以《开元礼》祀先代帝王之文作为其合法性的来源。例如，唐末昭宗乾宁五年（898）八月所立的《桂州新修尧舜祠祭器碑》就记载：

> 皇帝御宇，大顺壬子季冬十二月，故府司空颍川陈公自桂州观察使膺制命，建静江军号，仍降龙节。明年春二月，准敕有事于尧、舜二祠。礼毕，顾谓府长史朱韫曰："吾军旅之事，则尝闻之。俎豆之事，未之学也。子尝知书好古，试详此礼，得合于经乎？"韫惕然而对曰："韫尘走下僚，安敢辄议祀典。"公谕之曰："古有绵蕞定大礼者，皆草莽之士。尔今为上佐，佐于郡政，何谦而不言？"韫辞不获已而对曰："尝见《开元礼》有祠古帝王之制，今请求知礼者共为删定。"矧帝舜南巡，标乎古典，惟兹法物，岂可不周。由是命有司撰三献官冠衣剑佩三十有九，赞引礼生衣帻一十有六，笾豆簠簋洗罇爵幡鼓七十有七。仪品斯毕，具表以闻。帝曰俞哉，褒称纶言，不载于此。[4]

可见，虽然并非《大唐开元礼》所规定的祭祀尧、舜之处，但晚唐

---

[1] 《八琼室金石补正》卷六〇，第411页。参看元结《论舜庙状》，《全唐文》卷三八一，第3866—3867页；同氏《舜祠表》，《全唐文》卷三八三，第3899页。

[2] 《全唐文》卷三七五，第3808—3809页。

[3] 《全唐文》卷四四一，第4502—4503页。

[4] 《全唐文》卷八二八，第8721页。此碑又著录于《宝刻丛编》卷一九，题为《唐新修尧舜二祠祭器记》，第18370页。

桂州地方官在祭祀尧舜时，仍力图引《开元礼》为依据，且此礼亦被称为“祀典”，其仪式制度并获得皇帝的肯定。不过，值得注意的是，这些祠庙虽然由地方官主祭，但日常管理则多为巫者所主持，如前述韩云卿《虞帝庙碑铭》对于桂州的舜庙就有“牲牷既设，巫祝斯列”的叙述，这正是地方祠祀的特色所在。

至于禹庙，虽然国家礼典规定的祭地是在河东的安邑，然而更为著名的禹庙无疑是在越州。相传会稽为大禹之葬地，早在汉代这里就建有禹庙[1]，隋大业二年（606）五月也曾立碑[2]，它无疑是当地最具影响力的祠庙，在狄仁杰禁毁江南淫祠时特意留下的四所神祠中，为首的就是禹庙[3]。唐中宗景龙三年（709），越州长史宋之问又作《祭禹庙文》[4]。开元中孙逖《禹庙别韦士曹序》云：“世称命祠者，禹庙之谓矣。初少康以一旅之众，复禹之绩，祀夏配天，不失旧物，立祠制位，兹其始也。……故自班白，至于童幼，骏奔走，执笾豆，相望道路，岁无虚日。”[5]禹庙在当地信仰世界中的地位可见一斑。到代宗大历中，浙东观察使越州刺史薛苹初至镇，就易禹庙金紫服以冠冕，后又因祈雨有应而作《谒禹庙诗》[6]，显示了地方政府的重视程度。到了昭宗乾宁元年（894），割据一方的义胜军节度使董昌“建生祠于越州，制度悉如禹庙，命民间祷赛者，无得之禹庙，皆之生祠”[7]。董昌为了神化自己的统治，企图以自己的生祠

---

[1] 如东汉顺帝永建二年（127）的《禹庙窆石铭》，见《宝刻丛编》卷一三，第18280页。

[2]《隋禹庙残碑》，《金石录校证》卷二二，第413页。

[3]《资治通鉴》卷二〇四“则天后垂拱四年六月”条，北京：中华书局，1956年，第6448—6449页。

[4]《文苑英华》卷九九八，第5240页。

[5]《文苑英华》卷七三四，第3822页。

[6]《宝刻丛编》卷一三，第18283页。

[7]《资治通鉴》卷二五九“唐昭宗乾宁元年十二月”条，第8460页。

取代禹庙成为当地信仰世界的中心，这从另一侧面显示了禹庙在地域社会中的崇高地位。

我们再来看汉高祖庙。按照天宝七载的规定，汉高祖庙立于沛县。柳宗元认为它是由西汉时的原庙发展而来，其《沛国汉原庙铭》序曰："汉惠帝诏有司为高帝立原庙，至唐尚存，载在祀典。"铭文则有"绵越千祀，至今血食"之语[1]。围绕着沛县汉高祖庙也有不少民间传说，如李玫《纂异记》"三史王生"条记载，王生"尝游沛，因醉入高祖庙，顾其神座"，在言语之间，辱及高祖之母，"是夕才寐，而卒见十数骑，擒至庙庭，汉祖按剑大怒"[2]。甚至在大中九年（855）庞勋攻破徐州之后，也要"先谒汉高祖庙，便入牙城"[3]。可见汉高祖庙依然是当地的信仰中心，在徐州百姓心目中具有崇高的地位。

以上我们从几个方面探讨了汉唐之间先代帝王祭祀发展的历程，随着国家祭祀体系的儒家化，先代帝王之祭祀也从儒家经典的抽象原则逐步得到落实，并体现在国家的礼典与法典之中。唐代从《显庆礼》以来，在《大唐开元礼》《大唐郊祀录》等礼典中对此都有明确规定，而天宝新制更有着不同寻常的意义。在这个进程中，一个非常重要的变化是先代帝王祭祀的性质从"圣贤"向"帝王"的重心转变。《礼记·祭法》中规定祭祀的先代帝王是上古的圣王，这反映了道统与治统合一时的情形，即帝王与圣贤一体。随着二者的分化，先代帝王祭祀中"帝王"的一面逐渐得到强化，这个变化从隋代开始，到唐玄宗推行新制时达到顶峰。试比较天宝七载所置

---

[1]《柳河东集》卷二〇，第345—348页。

[2] 李玫撰、李剑国辑证《纂异记辑证》"三史王生"条，第96页。

[3]《旧唐书》卷一七七《崔慎由传》，第4582页。

历代帝王庙与《礼记·祭法》之规定，则这一变化的轨迹即可清晰呈现。另一方面，虽然在国家礼典中有先代帝王的位置，但各地的祠庙无论是在数量上还是在祠祀方式上都远远超出了礼典的规范。在中晚唐时期，虽然中央级的祭祀色彩在淡化，这些祠庙背后所反映的地域文化与信仰传统却更加鲜明。可以看出，国家强调的是其代表的政权合法化问题，而百姓则将其视作地域社会中的灵祠，寄托着他们的愿望与要求。

第四节　散布长安坊里的皇家祠庙

在儒家礼制中，皇家宗庙是宗法制国家的象征，它是确定皇帝昭穆秩序，并体现儒家孝道的祭祖之地，因此在国家的祭祀体系中占有非常重要的地位。对于唐代的宗庙问题，章群曾有探讨[1]，金子修一更从皇帝亲祭的角度进行了研究，这些成果都深化了我们对于唐代宗庙祭祀与政治的关系等问题的理解。不过，还有一个重要方面没有得到他们的重视，那就是在宗庙之外，长安城中不断出现且为国家礼典所肯定的一些皇家祠庙（如诸太子庙与皇后别庙等）的问题。张萍从历史地理的角度对此曾有所涉及，但在认识上还有可以深化之处[2]，下面我们就对此作一初步的探讨[3]。

早在隋炀帝大业元年（605），长安丰乐坊就曾出现了文帝的别

[1] 章群《唐代祠祭论稿》上篇《宗庙与家庙》，第1—36页。

[2] 张萍《唐长安官、私庙制及庙堂的地理分布》，《中国历史地理论丛》2001年第4辑，第28—37页。此文对于材料的钩稽颇为细致，但未能参考章群、甘怀真等先生的成果，在一些具体论述上也有可商之处。

[3] 在2000年荣新江老师主持的《两京新记》读书班上，史睿兄曾对长安诸太子庙的相关基本史料进行过初步介绍，虽与本文主旨不同，但仍有启发之功，特此志之。

庙（仙都宫）。次年，炀帝又计划在东都的固本坊建文帝别庙，未果[1]。到了唐初，长安城中还一度出现了高祖别庙与太宗别庙。贞观九年（635）太宗以丰乐坊原证果尼寺置高祖别庙（静安宫），实际上就是此前隋文帝的别庙所在[2]。到贞观二十三年（649）太宗去世后，高宗又于崇德坊原道德寺之地置太宗别庙，到仪凤二年（677）则皆废之[3]。玄宗开元四年（716），因睿宗驾崩后须祔太庙，于是在八月九日，"敕宣于太庙西少府监赐坊，别造中宗庙，隶入太庙署"[4]。这些所谓"别庙"都是在宗庙系统之外，为故去皇帝所建的。

此外，还有为追赠皇帝所建之庙，如开元二十九年（741）玄宗之兄宁王薨，被追谥为"让皇帝"，"立庙于京城启夏门内立政坊"[5]，但此庙建成则在天宝三载（744）[6]，废止于开成四年（839）三月[7]。另如为皇室远祖所建之庙：天宝二年（743）三月二十八日，"追尊皋陶为德明皇帝，凉武昭王为兴圣皇帝，各与立庙，每岁四季月享祭"[8]。据《长安志》卷一〇引《礼阁新仪》的记载，其庙址在朱雀街第三街西最北端的修德坊[9]。

---

❶ 参看高明士《隋代的制礼作乐——隋代立国政策研究之二》，收入黄约瑟、刘健明编《隋唐史论集》，香港大学亚洲研究中心，1993年，第29页。

❷ 参看杨鸿年《隋唐两京坊里谱》，上海古籍出版社，1999年，第448页。

❸ 杨鸿年《隋唐两京坊里谱》，第267页。

❹《唐会要》卷一二《庙制度》，第342页。

❺《唐会要》卷一九《让皇帝庙》，第439页。

❻《大唐郊祀录》卷九《德明皇帝兴圣皇帝让皇帝等庙》，第796页。

❼《唐会要》卷一九《让皇帝庙》，第439页。

❽《唐会要》卷二二《前代帝王》，第500页。

❾《长安志》卷一〇，见辛德勇、郎洁点校《长安志·长安志图》，西安：三秦出版社，2013年，第327页。按《大唐郊祀录》卷九曰："玄宗天宝三年制：追尊远祖皋陶为德明皇帝，一十一代祖凉武昭王为兴圣皇帝。至十一年，令有司修庙宇于京城西南隅安化门内道西。"（第796页）关于德明兴圣庙的时间、地点与其他文献所载有异。关于追赠时间，前引《唐会要》卷二二《前代帝王》及《旧唐书》卷九《玄宗本纪下》均系于天宝二年三月，《郊祀录》显误。至于立庙时间，《郊祀录》的记载（转下页）

当然，与皇帝别庙相比，长安城中更多的则是皇后别庙与诸太子庙。以仪坤庙为例，据《旧唐书·后妃传》记载：

> 长寿二年，（昭成皇后）为户婢团儿诬谮与肃明皇后厌蛊咒诅。正月二日，朝则天皇后于嘉豫殿，既退而同时遇害。梓宫秘密，莫知所在。睿宗即位，谥曰昭成皇后，招魂葬于都城之南，陵曰靖陵。又立庙于京师，号为仪坤庙。[1]

显然，因为昭成、肃明两位皇后被武则天处死，尸骨无觅，因此睿宗即位（710）后，只能对她们招魂安葬，并在京师立仪坤庙来祭祀，其地点正是睿宗在亲仁坊西南隅的藩邸旧宅[2]。至于仪坤庙落成，二后入祔，则要到唐玄宗即位后的先天元年（712）十月六日。开元四年（716）五月二十日睿宗驾崩，关于中宗、睿宗在太庙中的昭穆次第，以及昭成、肃明二后何人入祔睿宗庙的问题在朝中引发了激烈争论。最终，随着睿宗入祔太庙，玄宗下诏别造中宗庙。十一月十六日，昭成皇后神主正式入祔太庙，肃明皇后神主则独留仪坤庙，但亦“隶入太庙”。到开元二十一年（733）正月六日，肃明皇后也入祔太庙，仪坤庙遂被改为肃明道士观[3]。

值得注意的是，皇后别庙与诸太子庙在《贞观礼》和《显庆礼》

（接上页）颇有矛盾之处，后文述及让皇帝庙时曰：“天宝三年，创其庙于京城东南隅，如德明庙之制。”似乎当时德明庙已经存在了。关于庙址，若按照《郊祀录》的描述，似当在大安、大通诸坊，然并无确指，此处仍从《长安志》的记载。

[1] 《旧唐书》卷五一《后妃上·睿宗昭成顺圣皇后窦氏传》，第2176页。

[2] 徐松《唐两京城坊考》卷三，北京：中华书局，1985年，第60页。

[3] 《唐会要》卷一九《仪坤庙》，第440—441页。关于仪坤庙与肃明观，详见拙撰《盛唐长安肃明观考论》，黄正建主编《隋唐辽宋金元史论丛》第2辑，上海古籍出版社，2012年，第164—178页。

中，还没有相关的规定，它们在礼典中出现始自《大唐开元礼》。该书卷一《神位》条记：“肃明皇后庙、孝敬皇帝庙。右二庙，新修享仪，皆准太庙例。……隐太子庙、章怀太子庙、懿德太子庙、节愍太子庙、惠庄太子庙、惠文太子庙。右并新撰享礼，每年四享。”❶至于具体仪式，则保留在同书卷四三《肃明皇后庙时享有司摄事》、卷四四《孝敬皇帝庙时享有司摄事》、卷七四《诸太子庙时享》之中。需要指出的是，这种宗庙之外的皇家祠庙在《开元礼》之后还在陆续增加，为了对此有个大致了解，我们先列表如下（表5、表6）：

表5　皇后别庙表

庙名	庙主身份	始立庙年代	立庙地点	材料出处	备注
仪坤庙	睿宗肃明皇后刘氏、昭成皇后窦氏	先天元年（712）十月六日	亲仁坊西南隅	《唐会要》19/440	开元四年十一月，昭成皇后祔于太庙睿宗之室。肃明皇后于开元二十一年祔于太庙。
贞顺皇后庙	玄宗武惠妃	开元廿五年（737）十二月	安义坊	《唐会要》3/29	《大唐郊祀录》10/807：乾元之后，享祀仍停。
元献皇后庙	玄宗皇后杨氏	至德二年（757）六月	太庙之西	《唐会要》3/29	宝应二年四月，迁神主于太庙，祔玄宗室。
昭德皇后庙	德宗皇后王氏	贞元三年（787）正月	太庙之西	《唐会要》3/32	即元献皇后庙旧址。
孝明太后庙	宣宗母郑氏			《唐会要》14/368	“三后之崩，皆作神主，有故不入太庙。当时礼官建议：并置别庙。”
恭僖太后庙	敬宗母王氏		永阳坊		
贞献太后庙	文宗母韦氏		永阳坊		

❶《大唐开元礼》卷一《神位》，第16—17页。

表6　诸太子庙表

<table>
<tr><th>庙名</th><th>庙主身份</th><th>始立庙年代</th><th>立庙地点</th><th>材料出处</th><th>备注</th></tr>
<tr><td>孝敬皇帝庙</td><td>高宗第五子弘</td><td>景云元年（710）十二月</td><td>东都从善里</td><td>《唐会要》19/438</td><td>景云元年从姚崇之议，立“义宗庙”于东都，开元六年改称孝敬皇帝庙，七年十月祔神主于新庙。然“其庙自天宝后祠享久绝。”</td></tr>
<tr><td>让皇帝庙</td><td>睿宗长子宪</td><td>天宝三载（744）</td><td>立政坊</td><td>《唐会要》19/439；《郊祀录》9/796</td><td>天宝三载敕升为大祀；
开成四年停祀。</td></tr>
<tr><td>隐太子庙</td><td>高祖长子建成</td><td>贞观十六年（642）</td><td>永和坊东北隅</td><td>《长安志》10/343</td><td rowspan="8">《唐会要》19/444：天宝六载敕立“七太子庙”，即原懿德太子庙所在的永崇坊。

《长安志》8/284：“宝应二年停享，大历三年又加靖恭太子一室。”</td></tr>
<tr><td>章怀太子庙</td><td>高宗第六子贤</td><td>神龙中</td><td>常安坊东北隅</td><td>同上</td></tr>
<tr><td>懿德太子庙</td><td>中宗长子重润</td><td>神龙初</td><td>永崇坊东南隅</td><td>《唐会要》19/444</td></tr>
<tr><td>节愍太子庙</td><td>中宗第三子重俊</td><td>景云中</td><td>待贤坊东北隅</td><td>《郊祀录》10/807；《长安志》10/343</td></tr>
<tr><td>惠庄太子庙</td><td>睿宗第二子撝</td><td>开元十二年（724）</td><td>升平坊</td><td>《郊祀录》10/807</td></tr>
<tr><td>惠文太子庙</td><td>睿宗四子范</td><td></td><td>安义坊</td><td>《郊祀录》10/807</td></tr>
<tr><td>惠宣太子庙</td><td>睿宗五子业</td><td></td><td>?</td><td></td></tr>
</table>

续表

庙名	庙主身份	始立庙年代	立庙地点	材料出处	备注
靖德太子庙	玄宗长子琮	天宝十一载（752）	启夏门内置庙祔享	《旧唐》107/3258	
靖恭太子庙	玄宗六子琬	大历三年（768）五月	亦祔在七太子庙中	《唐会要》19/447	
恭懿太子庙	肃宗第十二子佋	上元元年（760）	?	《旧唐》26/1011	上元元年六月薨，十一月葬，立庙时间、地点不详。
文敬太子庙	德宗之子謜	贞元十五年（799）九月	常安坊 后徙通轨坊	《唐会要》19/444 《长安志》10/339	大和元年停祀，四年埋神主。 《长安志》10/339作“十七年”置。
惠昭太子庙	宪宗长子宁	元和七年（812）	怀真（贞）坊	《唐会要》19/445	《唐会要》19/447：大中六年十一月，依太常博士白宏儒奏，迁惠昭太子以下三庙，入庄恪太子庙。
悼怀太子庙	敬宗长子普	大和四年（830）		《唐会要》19/447	
怀懿太子庙	穆宗六子凑	开成三年（838）	怀贞坊（入惠昭庙）	同上	
庄恪太子庙	文宗长子永	开成三年（838）	?	同上	
靖怀太子庙	宣宗二子汉				大中六年追谥。

说明：

本书在图表中对一些常用文献使用略缩语，主要包括：

《通鉴》=《资治通鉴》；《旧唐》=《旧唐书》；《新唐》=《新唐书》；

《册府》=《册府元龟》；《英华》=《文苑英华》；《石刻》=《石刻史料新编》

《广记》=《太平广记》；《补遗》=《全唐文补遗》；《四库》=《景印文渊阁四库全书》。

除了皇后别庙与诸太子庙，唐代长安甚至还新出现了几座公主的祠庙（表7）。

表7　公主祠庙表

庙名	庙主身份	始立庙年代	立庙地点	材料出处	备注
永寿公主庙	中宗第五女		光福坊东南隅	《长安志》7/259	景云中废庙，赐姜皎为鞠场。
庄穆公主庙	德宗女	贞元十七年（801）三月	嘉会坊	《唐会要》19/448	
贞穆公主庙	德宗女	贞元十七年（801）十一月	靖安坊	《唐会要》19/448	

这些祠庙建立的原因多样，拿皇后别庙来说，有些是由于皇后先皇帝而死，只能等到皇帝死后才能入祔太庙；有些是因为追赠皇后不止一人，而依儒家礼制，入祔太庙者却只能有一位，于是只好立别庙祭祀。诸太子庙的情形也各不相同，有些是因为早殇，有些则是政治斗争的牺牲品[1]。至于这些祠庙的性质，应当属于国家宗庙系统的附属物，其管理多由太常寺来负责，而其祭祀乐章则以“郊庙歌辞”的形式在《乐府诗集》中保存下来[2]，更不用说肃明皇后庙、孝敬皇帝庙、隐太子庙、章怀太子庙、懿德太子庙、节愍太子庙、惠庄太子庙、惠文太子庙等祭祀，都已直接被纳入《大唐开元礼》中。然而，值得注意的是，这些皇家祠庙大多远离皇城里的太庙，而散布于长安城的不同坊里，形成一道独特的景观（地图1），在某种程度上，它们的存在也使皇家的祭祀礼仪贴近了民间社会。

---

[1] 关于某些祠庙的立庙因由，参看张萍《唐长安官、私庙制及庙堂的地理分布》。

[2] 在宋人郭茂倩所编的《乐府诗集》卷一一、卷一二《郊庙歌辞》中，收录有《唐德明兴圣庙乐章七首》《唐仪坤庙乐章十二首》《唐昭德皇后庙乐章九首》《唐让皇帝庙乐章六首》《唐享隐太子庙乐章五首》《唐享文敬太子庙乐章六首》等，显示了这些祠庙的性质。北京：中华书局，1979年，第158—171页。

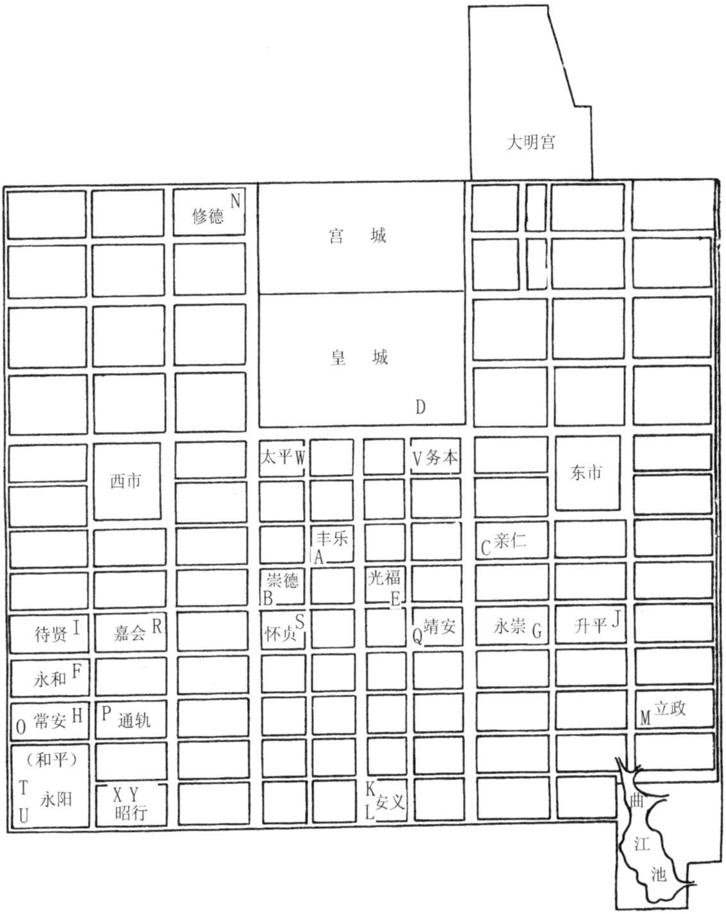

地图1　唐长安城官方祠庙分布示意图

A 高祖别庙（635—677）
B 太宗别庙（649—677）
C 仪坤庙（712—733）
D 中宗别庙（716—？）
E 永寿公主庙（？—景云中）
F 隐太子庙（？—747）
G 懿德太子庙（神龙初—747）、七太子庙（747— ）
H 章怀太子庙（神龙中—747）
I 节愍太子庙（景云中—747）
J 惠庄太子庙（724—747）
K 惠文太子庙（？—747）
L 贞顺皇后庙（737—759）
M 让皇帝庙（744—839）
N 德明兴圣庙（743— ）
O 文敬太子庙（799—？）
P 文敬太子庙（799—827）
Q 贞穆公主庙（801—？）
R 庄穆公主庙（801—？）
S 惠昭太子庙（812—852）
T 恭僖太后庙
U 贞献太后庙
V 孔子庙（619—739）
　文宣王庙（739— ）
W 齐太公庙（731—760）
　武成王庙（760— ）
X 三皇五帝庙（747— ）
Y 三皇五帝以前帝王庙（748— ）

说明：

本图只是示意图，因此将不同时代的祠庙纳入一幅图中；祠庙排列大致以年代为序，但将皇室以外的祠庙放在最后；有些祠庙在坊内的具体位置不明，因此标示未必准确；有些祠庙所在的坊里不明，如天宝三载所置的周文王庙，九载所置的周武王、汉高祖庙，以及一些太子庙与皇后别庙，因此本图未能反映。

更为重要的是，这种立庙祭祀的方式本身是受到民间风俗影响的结果，并因此受到一些儒家士人的反对。东汉王符《潜夫论》卷三认为："古者墓而不祟。仲尼丧母，冢高四尺，遇雨而堕，弟子请治之。夫子泣曰：'礼不修墓。'鲤死，有棺而无椁。文帝葬于芷阳，明帝葬于洛南，皆不藏珠宝，不造庙，不起山陵。陵墓虽卑而圣高。今京师贵戚，郡县豪家，生不极养，死乃崇丧。或至刻金镂玉，……多埋珍宝、偶人、车马，造起大冢，广种松柏，庐舍祠堂，崇侈上僭。"❶ 可见在东汉末，这种死后立祠堂的风习已经比较普遍，但不为儒家理论所认可。

对于唐德宗为自己的两个女儿立庙一事，《唐会要》评曰："庄穆、贞穆二主，德宗皇帝爱女，悼念甚深，特为立庙，权制也。"❷ 到元和七年（812）宪宗试图为永昌公主立祠时，就遭到山东士族出身的宰相李吉甫的反对，他说："窃以祠堂之设，礼典无文，盖德宗皇帝恩出一时，事因习俗，当时人间，不无窃议。昔汉章帝欲为光武原陵、明帝显节陵各起邑屋，东平王苍上疏言其不可。东平王即光武之爱子，明帝之爱弟，贤王之心，岂惜费于父兄哉！诚以非礼之事，人君所当慎也。今者，依义阳公主欲起祠堂，恐不如量置墓户，以充守奉。"❸ 显然，李吉甫认为祠堂之设只是一种民间习俗，属非礼之举。对此，宪宗表示："昨日所奏罢祠堂，深惬朕心。朕初疑其冗费，缘未知故实，是以量减，及览所奏，方知无据。"❹

可以看到，虽然这些皇后别庙、诸太子庙、公主祠堂等本身与

---

❶《潜夫论笺校正》卷三《浮侈第十二》，[汉]王符著，[汉]汪继培笺，彭铎校正，北京：中华书局，1985年，第137页。

❷《唐会要》卷一九《公主庙》，第448页。

❸《唐会要》卷六《公主杂录》，第83页。

❹《唐会要》卷六《公主杂录》，第83页。

普通百姓无太多的直接联系，但这种立庙祭祀的方式被纳入国家礼典，则体现了唐礼对民间祭祀形式的吸纳。事实上，唐代礼制一个非常重要的现象就是吸收民俗入礼典，对此，任爽曾略有涉及[1]，但他忽视了一个最为突出的事例，那就是在玄宗开元二十年（732）五月，寒食上墓被纳入国家的五礼体系之中[2]。在《大唐开元礼》中，寒食拜扫被附在卷七八《吉礼·王公以下拜扫》之下，显示了国家礼制对于民俗的让步和承认，而通过本节的讨论我们也深切地体会到这一点。

小　结

欧阳修在《新唐书·礼乐志》开篇有一段著名的论述："由三代而上，治出于一，而礼乐达于天下；由三代而下，治出于二，而礼乐为虚名。"[3]然而，礼制研究领域的成果已经使我们对此有了不同的理解。对于作为礼乐制度重要内容的国家祭祀而言，它们不仅不是"虚名"，而且是国家在意识形态领域进行社会整合的重要手段之一。

祭祀最能体现国家礼制的宗教性内涵，汉代国家祭祀的一个主要趋势是逐步清除充满巫风的神祠，使之走向礼制化和儒家化，而隋唐时的一系列新现象则促使我们重新思考国家祭祀的儒家化程

---

[1] 任爽《唐代礼制研究》，第246—254页。

[2]《旧唐书》卷八《玄宗本纪上》，第198页。参看吴丽娱《新制入礼：〈大唐开元礼〉的最后修订》，《燕京学报》新十九期，北京大学出版社，2005年，第54—55页。以及张文昌《制礼以教天下——唐宋礼书与国家社会》第五章第三节《礼典融入民俗因素：以寒食上墓为例》，台北：台湾大学出版中心，2012年，第332—340页。

[3]《新唐书》卷一一《礼乐志一》，第307页。

度，以及它们和民众个人信仰的关系。通过本章的讨论，我们不难看出，国家祭祀的礼制化是一个长期发展的历史过程，隋唐时期的国家祭祀依然有着相当浓厚的神祠色彩，而正是这种特征将国家礼制与民众联系起来：在国家礼典规定的祭祀对象上，吸取了一些原来的民间祠庙，如从汉代郊祀礼儒家化以来就不再受到重视的汾阴后土祠；在祭祀方式上，儒家一般强调祭祀对象的非人格化，隋唐时却有人格化与偶像化的特征，这在山川神、风伯雨师、先代帝王乃至本该最能反映儒家礼制原则的孔庙祭祀中都有突出表现。就祭祀目的而言，国家祭典所强调的天、地、人的和谐统一与民众个人祈福消灾的愿望并无根本冲突，我们可以从民间岳渎崇拜与国家岳渎祭祀相互影响的事实中非常清楚地看到这一点。这也表明，儒家理论并未完全束缚国家的祭祀实践，而唐代礼制的一个重要特色正是将一些抽象的儒家原则以世俗化的方式加以落实。对于百姓而言，国家祭祀的神祠色彩则可使他们从自身的立场加以理解。在这个意义上，国家祭祀不再只是一种遥不可及、高高在上的官方仪式，它们也可以寄托民众个人的感情和愿望，从而成为国家借以规范民众信仰的手段，其自身也因此获得更为广泛的民间基础。

第二章

道教、佛教与国家祭祀

汉唐之间的中国社会，一个重大的历史变化是宗教的勃兴。佛教、道教发展壮大，深刻影响了这一时期的历史发展，也给以儒家理论为基石的国家祭祀打上了自己的烙印。与此同时，国家祭祀与宗教的密切关系又为其沟通民众提供了可能，这一切在隋唐时期表现得尤为明显。虽然如麦大维所说，唐代国家礼仪的一个特色是实践性，唐人对其与佛、道二教及各种民间信仰的关系很少进行理论探讨[1]，但这种现象本身非常值得关注，本章即试图从几个具体方面来讨论这个问题。

第一节　皇帝图像与宗教祭祀

郊庙礼制是西汉末以来国家祭祀中儒家化较为彻底的部分[2]。在儒家理论中，宗庙祭祀的对象是木主，王充曾指出："礼，入宗庙，无所主意，斩尺二寸之木，名之曰主，主心事之，不为人像。……

[1] David McMullen, *State and Scholars in T'ang China*, Cambridge: Cambridge University Press, 1988, chapter 4: "State Ritual," p. 114.

[2] 关于汉代国家祭祀的儒家化进程，参看甘怀真《西汉郊祀礼的成立》、钟国发《汉帝国宗教的儒化改革》及田天《秦汉国家祭祀史稿》。

神，荒忽无形，出入无门，故谓之神。今作形像，与礼相违，失神之实，故知其非。”[1]在唐代的法典与礼典中，宗庙祭祀仍以儒家理论为出发点，如《唐律疏议》卷一“谋毁宗庙、山陵及宫阙”条疏议曰：“宗者，尊也。庙者，貌也。刻木为主，敬象尊容，置之宫室，以时祭享，故曰‘宗庙’。”[2]所谓“刻木为主，敬象尊容”，即是以木主来象征尊者之貌。显然，依据唐代法典，宗庙祭祀的对象仍是木主[3]。

然而，在隋唐时期的宗庙祭祀实践中，偶像崇拜的色彩非常浓厚，各种图像在其中扮演着重要角色[4]，这种情况到了宋代更为普遍，伊沛霞曾有专文研究宋代宗庙礼仪中的图像问题，给人许多启发。不过，她认为这是宋代新出现的现象，并说：“没有任何证据表明唐朝的皇帝曾在其祖先的图像前献祭。”[5]我们认为，这一结论

---

[1] 黄晖《论衡校释》卷二五《解除篇》，北京：中华书局，1990年，第1045页。关于儒家对偶像崇拜的态度，参看小岛毅《儒教の偶像観——祭礼をめぐる言説》，东大中国学会编《中国—社会と文化》第7号，1992年，第69—82页。

[2]《唐律疏议》卷一，北京：中华书局，1983年，第7页。

[3]《初学记》卷一三《宗庙》载：“《说文》曰：宗庙之木主名曰祏。《白虎通》曰：言神无所依据，孝子以主继心。《论语》曰：夏后氏以松，殷人以柏，周人以栗。《五经要义》曰：木主之状，四方，穿中央以达四方。天子长尺二寸，诸侯长尺，皆刻谥于背。”北京：中华书局，1962年，第322页。关于木主的形制及其变化，参看吾妻重二《木主について——朱子学まで》，收入《アジア文化の思想と儀礼：福井文雅博士古稀記念論集》，东京：春秋社，2005年，第143—162页。

[4] 其中既有金铜铸像，也有泥质塑像，还有画像，本书则统称为“图像”。

[5] Patricia Ebrey, “Portrait Sculptures in Imperial Ancestral Rites in Song China,” *T'oung Pao* 83:1-3 (1997): pp. 42-92, esp. p. 49. 山内弘一《北宋時代の神御殿と景霊宮》对此曾有专门研究，且据大村西崖《支那美术史雕塑篇》提及个别唐代材料，《東方學》第70辑，1985年，第46—60页。汪圣铎《宋朝礼与道教》一文则分析了宋朝的景灵宫、天庆观及其中的神御殿问题，但并不关心在神御殿中供奉的是神主还是塑像，刊北京大学古文献研究所、四川大学古籍整理研究所编《国际宋代文化研讨会论文集》，成都：四川大学出版社，1991年，第219—231页。另参氏著《宋代西南二京的帝后神御殿》，收入张其凡、陆勇强主编《宋代历史文化研究》，北京：人民出版社，2000年，第322—333页。此外，刘长东《宋代佛教政策论稿》附录一《宋代神御殿考》（转下页）

并不符合唐代实际。事实上，在祖先图像如写真、塑像前献祭是唐代流行的一种风气，皇家也不例外。更为重要的是，这些图像通常供奉于寺观之中，使这种祭祀方式与制度性宗教相结合，从长安到地方，成为官民祭祀膜拜的对象。对此，大村西崖《支那美术史雕塑篇》曾略有论及❶，薛爱华（Edward Schafer）也曾有一篇短文探讨唐代皇帝的图像，但对于其宗教性含义未加关注❷。那波利贞则在研究皇帝诞节及国忌日寺观行香等现象时，附带探讨了唐代皇帝铜像的建设，认为这些因素都反映了开天之际君主独裁的发展，不过其所举材料很少，且颇有误解之处❸。在一篇研究唐代道教艺术与皇家赞助的文章里，柳杨注意到皇帝图像置于道观的现象，认为这极大促进了唐代道教艺术的变革❹。因该文主旨所限，他对许多相关问题如佛寺供奉皇帝图像的现象等并不关心，在材料上亦颇有充实的余地。另外，肥田路美也探讨了唐代皇帝的雕像❺，但其主要着眼点在于讨论所谓“等身佛像”的制作意图，对真正的皇帝图像及其与宗庙祭祀的关系等问题却鲜少着墨，因此我们有必要对这一问题作

（接上页）（成都：巴蜀书社，2005 年，第 381—390 页）亦涉及这一问题，但未能参考此前学界的众多成果。另参吾妻重二《宋代の景霊宮について——道教祭祀と儒教祭祀の交差》，收入小林正美主编《道教の斎法儀礼の思想史的研究》，东京：知泉书馆，2006 年，第 283—333 页。

❶ 大村西崖《支那美术史雕塑篇》，东京：佛书刊行会，1915 年，第 612—613 页。

❷ Edward Schafer, “The T’ang Imperial Icon,” *Sinologica* 7:3（1963）: pp. 156–160.

❸ 那波利贞《君主の銅像建設に就きて》，收入氏著《唐代社會文化史研究》第一编第一章，东京：创文社，1974 年，第 49—53 页。松浦千春也将此视作唐代皇帝崇拜的可视化和公开化的表现之一，见氏著《玄宗朝の国家祭祀と‘王権’のシンボリズム》，《古代文化》第 49 卷第 1 号，1997 年，第 47—58 页。

❹ Liu Yang, “Images for the Temple: Imperial Patronage in the Development of Tang Daoist Art,” *Artibus Asiae* 61:2（2001）: pp. 189–261, esp. pp. 235–243.

❺ 肥田路美《唐代皇帝肖像雕刻的意义与制作意图的一个侧面——特别着眼于比拟佛像的皇帝像》，韩国中国史学会主编《中国史研究》第 35 号（中国美术史特辑），2005 年，第 175—195 页。

更为全面细致的分析。

一 图像与祭祀

虽然传统儒家对于“人鬼”的祭祀方式以神主为对象，但奉祀图像早就是一种沿袭已久的民间习俗，早在汉代就已有这样的先例，如《初学记》卷一七“陈纪画像 丁兰图形”条就记载：

> 《海内先贤传》曰：“陈寔子故大鸿胪纪，字元方，有至德绝俗，才达过人，烝烝色养，不离左右。豫州刺史嘉其至行，表上尚书，图像百城，以厉风俗焉。”孙盛《逸人传》曰：“丁兰者，河内人也。少丧考妣，不及供养，乃刻木为人，仿佛亲形，事之若生，朝夕定省。其后邻人张叔妻从兰妻有所借，兰妻跪报木人，木人不悦，不以借之。叔醉，疾来谇骂木人，以杖敲其头。兰还，见木人色不怿，乃问其妻，妻具以告之，即奋剑杀张叔，吏捕兰，兰辞木人去，木人见兰，为之垂泪。郡县嘉其至孝通于神明，图其形像于云台也。[1]

豫州刺史将陈纪的画像颁发各地是为了戒励风俗，而丁兰刻木为母亲之形则纯粹出自祭祀之目的。到了北朝，民众开始为一些遗爱在人的地方官建立塑像，例如北魏时，光州刺史崔挺有善政，及其卒，“光州故吏闻凶问，莫不悲感，共铸八尺铜像于城东广因寺，起八关斋，追奉冥福，其遗爱若此”[2]。又如刘道斌曾任恒农太守，“修立学馆，建孔子庙堂，图画形像。去郡之后，民故追思之，乃

---

[1] 《初学记》卷一七“孝”，第422页。

[2] 《魏书》卷五七《崔挺传》，点校本二十四史修订本，北京：中华书局，2017年，第1384页。

复画道斌形于孔子像之西而拜谒焉”[1]。值得注意的是，光州故吏为崔挺所铸铜像是立在佛寺之中，其目的是为其追福；而弘农百姓为刘道斌所画的图像则在孔庙之内，正是为了拜谒追思，因为刘道斌尚在人世。不难看出，在图像前祭祀先人、良吏已成为汉魏以来的一种风尚，而这种风尚甚至也影响到皇家的宗庙祭祀方式。

从目前所见到的材料来看，在太庙中设置先帝的图像，似乎最早见于刘宋前废帝刘子业时期。据《魏书·岛夷刘裕传》记载：“子业皆令庙别画其祖、父形像，曾入裕庙，指裕像曰：‘此渠大英雄，生擒数天子。’次入义隆庙，指义隆像曰：‘此渠亦不恶，但暮年中不免儿斫去头。’次入其父骏庙，指骏像曰：‘此渠大好色，不择尊卑。’顾谓左右曰：‘渠大齇鼻，如何不齇之？’即令画工齇骏像鼻。”[2]按刘骏即其父孝武帝，从刘子业令画工修改其父的图像来看，太庙中的画像显然要求能真实体现列位先帝的体貌特征[3]。另据《南史》记载，梁元帝“始居文宣太后忧，依丁兰作木母。及武帝崩，秘丧逾年，乃发凶问，方刻檀为像，置于百福殿内，事之甚谨。朝夕进蔬食，动静必启闻，迹其虚矫如此”[4]。梁元帝刻木为其父母之像供奉于宫中，则是在太庙的祭祀系统之外，开辟了一条纪念先朝帝后的新途径。

在北周的宗庙中，似乎也供奉着祖宗的图像。据《续高僧传》

---

[1] 《魏书》卷七九《刘道斌传》，第1896页。

[2] 《魏书》卷九七《岛夷刘裕传》，第2323页。《资治通鉴》卷一三〇系此事于永光元年（465），北京：中华书局，1956年，第4077页。

[3] 南北朝隋唐以来人物画有了巨大进步，到唐代前期出现了许多极负盛名的人物画家，如阎立本、吴道子、陈闳、钱国养等人，在宫廷中还专门设有“写真待诏”，或许这正是此风盛行的技术性基础。参看《历代名画记》卷九、卷十，俞剑华注释，上海人民美术出版社，1964年，第165—209页。

[4] 《南史》卷八《梁本纪下》，点校本二十四史修订本，北京：中华书局，2023年，第273页。

卷八《隋京师净影寺释慧远传》记载，北周武帝平齐后，招北齐境内的高僧大德晓谕废教之事，认为："且自真佛无像，则在太虚，遥敬表心，佛经广叹。而有图塔崇丽，造之致福，此实无情，何能恩惠？愚民向信，倾竭珍财，广兴寺塔，既虚引费，不足以留，凡是经像，尽皆废灭。"慧远反驳说："若以形像无情，事之无福，故须废者，国家七庙之像，岂是有情，而妄相尊事？"武帝颇为尴尬，竟答曰："七庙上代所立，朕亦不以为是，将同废之。"慧远又反驳说："又若以七庙为非，将欲废者，则是不尊祖考。祖考不尊则昭穆失序，昭穆失序则五经无用。前存儒教，其义安在？若尔，则三教同废，将何治国？"[1]这段问答非常有趣，慧远言辞机辩，而武帝则有些进退失据。本来，慧远只是拿国家宗庙供奉的"七庙之像"作为反证，来说明佛像存在的意义，不是要否定庙制本身，武帝口不择言，竟出废庙之语，又被慧远抓住把柄，痛加驳斥。显然，北周宗庙供奉着祖先之"像"，是武帝无法否认的事实。

如同我们在第一章指出的那样，在唐代，先圣孔子、先代帝王及众多的自然神如岳渎神、风伯、雨师等的祭祀都采取了偶像崇拜的方式，这使得图像与祭祀的关系更加紧密。据《旧唐书·恒山王承乾传》记载："有太常乐人年十余岁，美姿容，善歌舞，承乾特加宠幸，号曰称心。太宗知而大怒，收称心杀之，坐称心死者又数人。承乾意泰告讦其事，怨心逾甚。痛悼称心不已，于宫中构室，立其形像，列偶人车马于前，令宫人朝暮奠祭，承乾数至其处，徘徊流涕。"[2]承乾在东宫祭奠称心的方式是"立其形像"。玄宗时此风更盛，如天宝四载（745）三月，"陈留郡封丘人杨嵩珪母亡，负

---

[1] 道宣《续高僧传》卷八《隋京师净影寺释慧远传》，郭绍林点校，北京：中华书局，2014年，第281—282页。

[2]《旧唐书》卷七六《太宗诸子·恒山王承乾传》，北京：中华书局，1975年，第2648页。

土成坟，于所居别立灵几，画父母形貌，享祀十有余载”[1]。同年四月，“冀州人燕遗倩既孤，于堂中刻木为父母形象，施帷帐衣服如存，朝夕奠祭，乡闾甚敬异之”[2]。中晚唐也有类似情况，据贞元二年（786）的《陈守礼墓志》记载，左龙武大将军知军事陈守礼性情“慈而且孝，尝画太妣真容，出入朝拜，每事必闻”[3]。又据《旧唐书·段文昌传》记载，大和四年（830）段文昌出任荆南节度使，“又以先人坟墓在荆州，别营居第以置祖祢影堂，岁时伏腊，良辰美景享荐之。彻祭，即以音声歌舞继之，如事生者，搢绅非焉”[4]。上述这些例子的主人公既有文武要官，也有普通百姓，他们立像祭祀的对象大多是自己的父母，这显然是唐代比较流行的一种祭祀方式，但坚持儒家礼制原则的士大夫则对此不以为然。至于一些政绩卓著的官员，其图像也常被百姓供养祭祀。例如，“姚元崇为宰相，忧国如家，爱民如子，未尝私于喜怒，惟以忠孝为意。四方之民，皆画元崇之真神事焉，求之有福”[5]。在此，姚崇的图像已成为民众祭祀祈福的对象。中唐时剑南西川节度使韦皋死后，“蜀人德之，见其遗象必拜。凡刻石著皋名者，皆镵其文尊讳之”[6]，更是恭敬有加。

在唐代，太庙中是否有先帝图像史无明文。不过，史载开元八年（720）城门郎独孤晏奏曰：“伏见圣上于别殿安置太宗、高宗、睿宗圣容，每日侵早具服朝谒。昔者周公宗祀文王于明堂，以配上

---

[1]《册府元龟》卷一三九《帝王部·旌表三》，北京：中华书局，1960年，第1680页。

[2]《册府元龟》卷一三九《帝王部·旌表三》，第1681页。

[3] 胡戟、荣新江主编《大唐西市博物馆藏墓志》第308号，北京大学出版社，2012年，第666—669页。

[4]《旧唐书》卷一六七《段文昌传》，第4369页。

[5] 王仁裕《开元天宝遗事》卷上“四方神事”条，《开元天宝遗事十种》，上海古籍出版社，1985年，第81页。

[6]《新唐书》卷一五八《韦皋传》，北京：中华书局，1975年，第4937页。

帝，盖有国之常祀，圣上朝夕肃恭，是过周公远矣。”[1] 显然，开元时大明宫的别殿中供奉着几位先帝的圣容（很可能是写真），一方面，这是对梁元帝祭祀其父母的方式之继承，另一方面，我们又可将其视作宋代神御殿制度之所始，可惜这些材料都为伊沛霞教授所忽视。对这样的祭祀方式，唐人虽不以为非，却颇为后儒所讥，顾炎武就评论说：“此今日奉先殿之所自立也。宗庙之礼，人臣不敢轻议，然窃以为两庙二主，非严敬之义。盖《唐书》所谓王璵缘生事亡（《韦彤传》），而未察乎神人之道者乎？”[2]

在宫廷之外，一个更为显著的例子是“昭武庙”。在唐太宗大破窦建德的汜水虎牢关，立有高祖、太宗之塑像，武宗会昌五年（845）加以重建，号曰“昭武庙”。据《册府元龟》载：会昌五年十月，中书奏云：

> 汜水武牢关是太宗擒王世充、窦建德之地，关城东峰有二圣塑像，在一堂之内。伏以山河如旧，城垒犹存，威灵皆畏于轩台，风云凝还于丰沛，诚宜百代严奉，万邦所瞻。西汉故事，祖宗尝所行幸，皆令郡国立庙，今缘定觉寺例合毁拆，望取寺中大殿材木，于东峰改造一殿，四面兼置宫监。伏望号为昭武庙，以昭圣祖武功之盛。望委孟怀节度使差干事判官一人勾当修建。然圣像颇已故暗，望令李石于东都拣绝好画手就加严饰。初兴功日，望令东都差分司郎官一人荐告，毕日别差官展敬。[3]

---

[1] 《册府元龟》卷三七《帝王部·颂德》，第413页。

[2] 《日知录集释》卷一四“御容”条，长沙：岳麓书社，1994年，第517页。

[3] 《册府元龟》卷三一《帝王部·奉先四》，第333页。按此文出自李德裕之手，见傅璇琮、周建国《李德裕文集校笺》卷十，石家庄：河北教育出版社，2000年，（转下页）

看来，武宗修建昭武庙是以西汉郡国庙为蓝本的，且所立之庙以高祖、太宗的塑像为奉祀对象，亦与儒家礼制不合，而带有浓厚的神祠色彩[1]。

更重要的是，对于隋唐皇帝而言，这种祭祀方式又与宗教因素紧密联系在一起：首先，由于唐代皇室以老子为其远祖，因此国家的宗庙祭祀与道教紧密结合，玄宗朝表现得最为突出，除了在两京设立太清宫和太微宫，还在一些特定地点的道观中供奉列朝皇帝的图像，使之具有奉祀寝庙的意味；其次，当朝皇帝本人的肖像开始具有神圣的宗教意义，从隋文帝开始，佛教寺院就开始建立皇帝造像，其后，这种圣像逐步增多，并在范围上扩大至道观甚至景教寺院，在唐玄宗时甚至成为国家制度而遍布全国。借助宗教的影响，皇帝崇拜更加深入人心，这与唐代礼制调整人神关系，使皇帝的神圣性增强的背景是一致的。

二　道教与地方寝庙

贞观九年（635），唐太宗打算在太原龙兴之地为高祖设立寝庙，但因儒臣的反对而作罢。颜师古议曰：

> 伏奉诏旨："欲太原立高祖寝庙，博达卿士详悉以议闻。"

（接上页）第182—183页，惟文字略异。直到宋朝，昭武庙中二立像仍存，见宋敏求《春明退朝录》卷中，收入《东斋记事 春明退朝录》，北京：中华书局，1980年，第31页。以及程大昌《程氏考古编》卷七"昭武庙立像"条，沈阳：辽宁教育出版社，2000年，第50页。

[1] 甘怀真《西汉郊祀礼的成立》就认为，虽然西汉的原庙本系皇家宗庙，但"景帝之后，这类皇帝庙已乏宗庙意义，毋宁视为神祠"。见氏著《皇权、礼仪与经典诠释：中国古代政治史研究》，第52页。关于秦汉郡国庙的最新讨论，参看田天《在县道与郡国——论秦及西汉宗庙制度的演进》，《史学月刊》2022年第10期，第27—44页。

伏惟圣情感切，永怀缠慕，思广蒸尝，事深追远。但究观祭典，考验礼经，宗庙皆在京师，不欲下土别置。至若周之丰镐，并为迁都，乃是因事更营，非云一时俱立。其郡国造庙，爰起汉初，率意而行，事不稽古，源流渐广，大违典制。是以贡禹、韦玄成、匡衡等招聚儒学，博谋廷议，据此陈奏，遂从废毁。自斯以后，弥历年代，辍而弗为，迄今永久。按《礼记》曰："祭不欲渎，渎则不敬。"《书》云："礼烦则乱，事神则难。"斯并睿哲之格言，皇王之通训。况复导扬素志，实招（昭）懿则。俾遵俭约，无取丰殷。今若增立寝庙，别安主佑，有乖先古（旨），靡率旧章。垂稽后昆，理谓不可。诚以天衷不遗，至性罔极，固宜勉割深衷，俯从大礼。则刑于四海，式光万代，列采缙绅，佥曰惟允。谨议。❶

太宗"许其奏，即日而停"❷。显然，汉代韦玄成等改革宗庙祭祀的故事成为后世儒者以违礼之名反对在地方立皇帝寝庙的有力依据，皇帝一般很难反驳❸。然而，太宗在唐初未能实现的愿望后来通过另一种方式，即与宗教特别是道教相结合而得以部分实现，且所立寝庙不止太原一地，所祀者亦非仅高祖一人。

关于道教与国家宗庙祭祀相结合的问题，已有学者加以关注。

---

❶ 颜师古《太原寝庙议》，《文苑英华》卷七六三，北京：中华书局，1982年，第4004页。颜师古此论也成为晚唐礼官反对东都立太庙的依据之一，详见《册府元龟》卷五九二《掌礼部·奏议二〇》，第7085页。

❷《唐会要》卷一六《庙议下》，上海古籍出版社，1991年，第398页。

❸《新唐书》卷三九《地理志三》"蒲州龙门县"条曰："武德二年徙泰州来治，五年析置万春县。贞观十七年州废，省万春入龙门，隶绛州。元和初来属。有龙门关。有高祖庙，贞观中置。"（第1000页）然则太宗最终还是为高祖在河东立庙，不过地点在龙门，而非太原。

例如巴瑞特（T. H. Barrett）考察了显庆元年（656）高宗为太宗追福而在长安所立的昊天观，认为“昊天”一词不是道教术语，而是国家祭祀的最高神昊天上帝之名，昊天观之设立，表明高宗在其统治之初便将道观、国家祭祀以及皇家帝系象征性地联系起来[1]。当然，更多的研究集中在太清宫制度上，因为它是这一结合最集中的反映。太清宫的前身是玄元皇帝庙，玄宗开元二十九年（741）春正月，制两京及诸州各置玄元皇帝庙一所[2]。天宝元年（742）正月，陈王府参军田同秀上言见玄元皇帝告以其所藏灵符在尹喜故宅，玄宗遣人求得之，于是新建玄元皇帝庙于大宁坊西南角，“二月，辛卯，上享玄元皇帝于新庙”[3]。二年三月，将西京的玄元庙正式定名为太清宫[4]。它的建立是玄宗朝崇道的一项重要举措，历来备受瞩目，1979—1980年丁煌发表的《唐代道教太清宫制度考（上、下）》，对太清宫具体制度的各个方面都有论列，奠定了这一课题的基础[5]。1987年，彭友仁（Charles Benn）在一篇论文中提出，玄宗的崇道运动，包括太清宫制度在内，都有其政治和意识形态的目的[6]。熊存瑞则更强调太清宫之设立与玄宗追求长生的愿望有关[7]。

---

[1] T. H. Barrett, *Taoism under the T'ang: Religion & Empire during the Golden Age of Chinese History*, London: Wellsweep Press, 1996, pp. 29–30.

[2]《旧唐书》卷九《玄宗本纪下》，第213页。

[3]《资治通鉴》卷二一五“天宝元年二月”条，第6852页。

[4]《唐会要》卷五〇《尊崇道教》，第1015页。

[5] 文分载《成功大学历史系历史学报》第6号，1979年，第275—314页；同刊第7号，1980年，第177—220页。两篇合并收入氏著《汉唐道教论集》，北京：中华书局，2009年，第73—156页。

[6] Charles Benn, “Religious Aspects of Emperor Hsuan-tsung's Taoist Ideology,” in *Buddhist and Taoist Practice in Medieval Chinese Society: Buddhist and Taoist Studies II*, ed. David W. Chappell, Honolulu: University of Hawaii Press, 1987, pp. 127–145.

[7] Victor Xiong, “Ritual Innovations and Taoism under Tang Xuanzong,” *T'oung Pao* 82 (1996): pp. 258–316.

值得注意的是，在太清宫中，老君像的两侧供奉着玄宗和肃宗的石像：“大圣祖真容，当扆南面坐，衣以王者衮冕之服，以缯彩珠玉为之，玄宗、肃宗真容侍立于左右，皆衣以通天冠、绛纱袍。案太清宫初成，诏令工人于太白采白石为真像，后又图列肃宗真容于右，若事生之礼焉。”[1] 无论如何，太清宫制度被列入了国家礼典，成为大祀，且位在宗庙之前，其性质兼有道教宫观与皇家宗庙的双重性质[2]，因此与太庙一样，“每至禘祫，并于太清宫圣祖前设位序昭穆”，其祭祀则被称为“朝献”（皇帝亲祭）或“荐献”（有司行事）[3]。

除了太清宫之外，在其他一些特定地点也有皇帝的写真或塑像存在，且有“五圣”“六圣”“七圣”之多。举其要者如下：

（1）洛阳北邙山老君庙有吴道子画的五圣真容图像。据《剧谈录》记载：“东都北邙山有玄元观，南有老君庙，台殿高敞，下瞰伊洛，神仙泥塑之像，皆开元中杨惠之所制，奇巧精严，见者增敬。壁有吴道玄画五圣真容及老子化胡经事，丹青绝妙，古今无比。”[4] 杜甫曾在朝谒时亲见，并有诗赞美：“画手看前辈，吴生远擅场。森罗移地轴，妙绝动宫墙。五圣联龙衮，千官列雁行。冕

---

[1] 《大唐郊祀录》卷九《荐献太清宫》，《大唐开元礼》附，东京：汲古书院，1972 年，第 788 页。

[2] 最近，汤勤福、吴杨等先生又对太清宫制度做了进一步讨论，汤氏认为从玄元皇帝庙到太清宫的转变意味着从儒家的先圣祭祀到道教宫观的转折，而吴氏则从太清宫的仪式（特别是为国祈福的金箓斋）出发，强调了太清宫祭祀的道教背景。参见汤勤福《唐代玄元皇帝庙、太清宫的礼仪属性问题》，《史林》2019 年第 6 期，第 49—57 页；吴杨《唐代长安太清宫的儒道仪式》，叶炜主编《唐研究》第二十七卷，北京大学出版社，2022 年，第 207—243 页。

[3] 《旧唐书》卷二四《礼仪志四》，第 927—928 页。

[4] 《剧谈录》卷下“老君庙画”条，《唐五代笔记小说大观》，上海古籍出版社，2000 年，第 1488 页。

旒俱秀发，旌旆尽飞扬。”[1]按吴道子所作的五圣真容当指高祖、太宗、高宗、中宗、睿宗[2]。

（2）忻州有“七圣庙”，到代宗大历七年（772）五月，还将庙内的七圣真容迁往太原紫极宫供养[3]。当时宰相常衮所作《中书门下贺太原紫云见表》曰：“臣等言：伏见太原尹北都留守检校工部尚书薛兼训奏：忻州七圣庙内尊容，奉敕移太原府紫微（极）宫安置，昨正月二十九日启告，其时有紫云见，兼闻金奏之声者。臣闻庙貌严奉，所以追孝，天地明察，则必垂祥。伏惟皇帝陛下全圣人之至德，合神道之设教，受天之命，严龚奉先。明发有怀，载感于文武；菲食致美，必诚于宗庙。序五位而周顺，刑四海而化光。兹以圣灵在天，缅暮（慕）增惕，是有象设，不忘哀矜。永念兴王之地，如闻乐沛之言。远自方州，迁于京邑，克配上帝，高居紫微。……用彰莫大之孝，以嗣无疆之历。”[4]代宗时的“七圣”当指高祖、太宗、高宗、中宗、睿宗、玄宗、肃宗等七人。从贺表可知，时人将供奉七圣真容的紫极宫也视作寝庙，太宗在太原为高祖立庙的愿望至此通过与道教的结合，以图像的形式而实现了。

（3）在河东晋州浮山县龙角山的庆唐观，有唐朝六代皇帝的寝

---

[1] 杜甫《冬日洛城北谒玄元皇帝庙》，《全唐诗》卷二二四，北京：中华书局，1960年，第2387页。

[2] 参看王逊《永乐宫三清殿壁画题材试探》，《文物》1963年第8期，第35页。按五代宋初的吴派画家武宗元作有《朝元仙仗图卷》，今藏故宫，表现道教神仙朝拜老君的题材。徐悲鸿藏有一幅摹本（今藏徐悲鸿博物馆），略残，称《八十七神仙图》，画面中确有五位皇帝身着龙袍，立于百官之中，布局与杜甫诗中所记吴生所画之《五圣图》相一致，宿白教授认为此二者应该有着密切关联，武宗元或者正是根据吴道子的白描小样绘制而成。此系2001年12月7日听宿先生在其所开《历代名画记》课上所讲。

[3]《册府元龟》卷三〇《帝王部·奉先三》，第328页；又见《旧唐书》卷一一《代宗本纪》，第299页。

[4]《文苑英华》卷五六二，第2880页。

庙。由于一系列太上老君在大唐创业开国之初于此地现身的神话，晋州浮山县的羊角山被塑造为一个具有浓厚“革命圣地”色彩的宗教圣地，并与大唐立国的正当性乃至国运兴衰紧密相关。浮山县后被改为神山县，羊角山被改称为龙角山，国初所立的老君庙在玄宗时期也被改称为“庆唐观”（遗址在今浮山县东张乡贯里村）[1]。唐玄宗对此观非常重视，开元十七年（729）九月，他亲撰《大唐龙角山庆唐观纪圣之铭》，宣扬王朝肇建与道教的关系[2]。天宝二年（743）十月十五日，庆唐观又立了一通《大唐平阳郡龙角山庆唐观大圣祖玄元皇帝宫金箓斋颂》[3]，记载开元二十五年举行金箓斋为国祈福的盛事。其碑阴，则是穆宗长庆三年（823）晋慈等州观察使李寰等人的题记：

> 皇上御宇之三祀，春三月旬有八日，晋慈等州都团练观察处置等使检校左散骑常侍兼御史大夫赐紫金鱼袋李寰，斋沐虔洁，祠于神山庆唐观圣祖玄元皇帝。礼成，谒于高祖、太宗、高宗、中宗、睿宗、玄宗之真庙。灵感昭发，休光动天。然后登龙角，升华池，陟林岭，瞻翠微。见瑞柏之奇状，审修葛之

---

[1] 关于庆唐观的系统研究，参看拙撰《龙角仙都：一个唐代宗教圣地的塑造与转型》，《复旦学报》2014年第6期，第88—98页。全文本收入陈金华、孙英刚主编《神圣空间：中古宗教中的空间因素》，上海：复旦大学出版社，2014年，第333—366页。

[2]《龙角山庆唐观纪圣铭》，《八琼室金石补正》卷五三，北京：文物出版社，1985年，第366—367页。此碑至今仍矗立在庆唐观原址上。碑阳记述唐初老君数次化现的神迹及开元时期观内出现的多宗祥瑞，碑阴上有太子、诸王及宰相等诸多朝廷显贵之名。《全唐文》卷四一收录了这块碑（北京：中华书局，1983年，第451—453页），却未收录碑阴。1997年，山西省考古所在《山西碑碣》（太原：山西人民出版社，1997年，第90—95页）中首次刊布了此碑的拓本，近年出版的《三晋石刻大全·临汾市浮山县卷》（太原：三晋出版社，2012年，第18—23页）也有此碑的拓本与录文。

[3] 碑文收录在《文苑英华》卷七七九，北京：中华书局，1982年，第4109页。此碑原石已毁，但有拓片存世，原石残块亦有留存。

延蔓，龙凤交贯，垂于庙庭，次生新枝，有以表圣祚于百万年矣。上元之意，必将使茂耸贞固，树之无疆。当大历十四年三月，曾生一枝，已备图牒。当今年三月，又生一枝。故知历数昌期，邈不可算，帝王符契，自合元经。寰忝列宗枝，谬当廉察，闻斯灵迹，心不遑安。乃首择吉日，礼祈尊像，遂与监军使朝议郎行内侍省内府局丞员外置同正员上柱国赐绯鱼袋吴再和、左神策军监铁冶使朝议郎行内侍省内府局丞张令绾等，同检验所植柏树高下、葛蔓尺寸，仍令工者图画其形状，具表上闻。乃刻碑阴，用传不朽。[1]

可见，李寰将庆唐观先后出现的两次祥瑞（瑞柏）视为李唐国祚绵长的象征，于是会同监军使吴再和、左神策军监铁冶使张令绾一起前往庆唐观祠祭玄元皇帝，又命令画工图其形状奏于穆宗，并在《金箓斋颂》的碑阴刻下了这则题记。

不难看出，在庆唐观中除供奉玄元皇帝外，还立有从高祖到玄宗六位皇帝的寝庙，并成为地方政府的祭祀对象。题记中所谓“真庙”，当如忻州七圣庙一样供奉着先帝的塑像，故文中有“首择吉日，礼祈尊像”之语[2]。在题记之下，是当时随同拜谒庆唐观的观察判官、支使、押衙等各方人员的列名，但观察使李寰与两位宦官的题名却不在《金箓斋颂》的碑阴，而刻于玄宗御制《纪圣之铭》碑阴最上一截“皇太子鸿”之侧（图 1），实有僭越之嫌。值得注意的是，在同谒人员的题名中还有几位地方势力的代表，即“乡贡进

[1] 《庆唐观李寰谒真庙题记》，《八琼室金石补正》卷六五，第 452 页。《全唐文》七一六收录此文，题为《纪瑞》（第 7362 页），可惜删去了文末从祀官员的列名。

[2] 杜光庭《历代崇道记》亦云：庆唐观“今观内有明皇御制书碑，及列圣真容并在”。收入罗争鸣《杜光庭记传十种辑校》，北京：中华书局，2013 年，第 362 页。

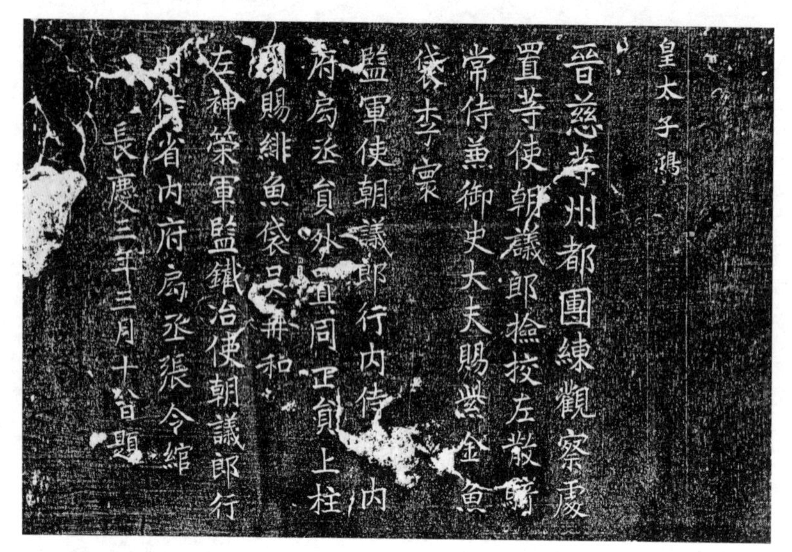

图 1　李寰等庆唐观题名

刻于《大唐龙角山庆唐观纪圣之铭》碑阴，雷闻藏拓

士方郢、前乡贡明经方回、前乡贡明经方参”等，他们当来自同一个家族——方氏，且都有科举的功名，属于吴宗国先生所谓之“举人层”，是当地大族的代表[1]。他们和地方官一起拜谒庆唐观宗庙之举表明，通过道教的媒介，皇家宗庙祭祀与地域社会结合起来。

（4）杜光庭《道教灵验记》记载：“亳州真源县太清宫，圣祖老君降生之宅也。历殷周至唐，而九井三桧，宛然常在。武德中，古桧再生。天宝年，再置宫宇。其古迹自汉宣、汉桓重修营葺，魏太武、隋文帝别授规模，边韶、薛道衡为碑以纪其事。唐高祖、太宗、高宗、中宗、睿宗、明皇六圣御容，列侍于老君左右。”[2] 亳州

[1] 关于“举人层”，参看吴宗国《唐代科举制度研究》，沈阳：辽宁大学出版社，1992 年，第 291—297 页。

[2] 杜光庭《道教灵验记》卷一“亳州太清宫验”条，收入罗争鸣《杜光庭记传十种辑校》，第 164 页。

乃老子故里，在唐代全国道教网络中具有特殊意义。唐玄宗时期，亳州太清宫的地位空前提高，与龙角山庆唐观一样，这里也供奉着从高祖到玄宗六位皇帝的塑像，兼具宗庙与道教宫观的性质。

（5）王仁裕《入洛记》载："华清宫温泉有七圣堂，当堂塑元（玄）元皇帝，以太宗、高、中、睿、玄、肃及窦太后，两面行列侍立，具冠剑衮冕，洒扫甚严。"❶仁裕所记乃五代之事，则华清宫的七圣堂至此仍存，这七尊塑像罗列于老君像的两侧。到了宋代，唐代的皇帝都成了先代帝王，而华清宫的七圣堂则是其祭祀之处，据北宋《礼阁新编》记载："大中祥符六年（1013）五月日，兵部郎中龙图阁制判礼院孙奭等奏：'准敕，据内臣朱允中奏状：奉宣，命于永兴军上唐七圣帝殿，朔日，乞依例降香。仍委令佐一员，躬亲烧爇，并乞依永兴军古圣帝陵庙例，春秋二时用中祠礼料差官致祭，敕依者。……又勘会七圣者，自高祖至明皇六帝，并太穆皇后窦氏，是谓七圣。今若一例春秋二时致祭，实乖礼典。……其朱允中所乞唐七圣帝委令佐一员躬亲烧香，望依前敕施行。所乞春秋二时用中祠礼料差官致祭，伏乞不行，庶合礼意。'敕下，依孙奭所奏。"❷可见，北宋时七圣堂的祭仪还曾引起争议，最终采纳了孙奭的意见，对于七圣堂的祭仪不采取陵庙之中祀礼料，而只是派人烧香供养。

从以上的例子我们不难看出，唐朝皇室因为强调其与老子的关系，从而赋予道观以特殊的地位。在一些具有特别意义的宫观（如龙角山庆唐观与亳州太清宫），更立有各代皇帝的图像（写真或塑像）。由于这些图像本身的特殊性，它们自然不能由民间画师或匠

❶ 见程大昌《程氏考古编》卷七"昭武庙立像"条，第50页。

❷ 欧阳修等编《太常因革礼》卷八〇，丛书集成初编本，上海：商务印书馆，1936年，第387页。

人随意制作，而应由官方主持建立。在两京者如洛阳的玄元观，当然可以直接由吴道子这样的宫廷画家主笔，至于其他地点，则至少也应根据宫廷所出的粉本而作，因为地方画师一般不会有见到皇帝的机会，又决不能凭自己想象而作。就性质而言，因这些圣像的存在，这些宫观都多少带有一些皇家宗庙的色彩[1]，但随着时间的推移，这种色彩日益淡化，它们成为地方政府和百姓祭祀之所，在某种程度上，甚至有些神祠的意味，皇帝个人及其世系也因此被神圣化了，这是我们在研究唐代国家祭祀时不能忽视的现象。

除道观之外，唐代其他宗教的寺院中也有供奉皇帝图像的现象。例如佛教，开元时，在赵州象城县的光业寺，就供奉着景皇帝的石像："然寺有阿育王素像一铺、景皇帝玉石真容一铺，铭勒如在，故总章敕云：'为像为陵置寺焉。'……是以育王申愿，果见分躯；景帝归依，湛然常乐。"[2]而《新唐书》卷一八一欧阳修赞曰："初，宰相王缙以缘业事佐代宗，于是始作内道场，昼夜梵呗，冀禳寇戎，大作盂兰，肖祖宗像，分供塔庙，为贼臣嘻笑。"[3]则代宗时曾将先帝的图像分供于京师佛寺之中。另外，宣宗也曾将宪宗的御像供奉于报圣寺的介福堂中[4]。值得注意的是，天宝初年，玄宗甚至还曾将五圣真容安置于长安义宁坊景教的大秦寺中，据景净《大秦景教流行中国碑并序》记载："天宝初，令大将军高力士送五圣写真，寺内

---

[1] 直到晚唐中和元年（881）四月，僖宗逃难到成都，欲祭祀祖宗，礼官还"议立行庙，以玄宗幸蜀时道宫玄元殿之前架屋幕为十一室，又无神主，题神版位而行事"。可见道教与唐室宗庙的密切关系。见《册府元龟》卷五九三《掌礼部·奏议二一》，第7093—7094页。

[2] 杨晋《大唐开元十三年岁次乙丑六月癸丑朔二日甲寅赵州象城县光业寺碑》，陈尚君辑校《全唐文补编》卷三〇，北京：中华书局，2005年，第358—359页。

[3]《新唐书》卷一八一《陈夷行等传赞》，第5355页。

[4]《唐语林校证》卷一《德行》，［宋］王谠撰，周勋初校证，北京：中华书局，1987年，第18页。

安置，赐绢百匹，奉庆睿图。龙髯虽远，弓剑可攀，日角舒光，天颜咫尺。”[1] 不过，与前述那些道观相比，虽然部分佛教、景教寺院中曾供奉过皇帝图像，但在李唐皇室追尊老子为“大圣祖”“太上玄元皇帝”的背景下，它们基本上不具备皇家寝庙祭祀的意味。

三　当朝皇帝的图像与寺观

除了上述带有皇家宗庙色彩的宫观供奉皇帝肖像外，隋唐时期有些皇帝甚至在生前就将自己的肖像赐给寺观进行供养和祭祀。从目前所见的资料来看，这种现象或始于隋文帝时[2]。《宝刻丛编》卷六收录了《隋恒岳寺舍利塔碑》，跋曰：“隶书，不著书撰人名氏。隋文帝仁寿元年（601），建舍利塔于恒岳寺，诏吏民皆行道七日，人施十钱，又自写帝形像于寺中。大业元年，长史张果等立碑。”[3] 大村西崖已经注意到这条史料，但未深论[4]。关于仁寿年间天下广立

---

[1] 录文据朱谦之《中国景教》附录一，北京：东方出版社，1993 年，第 224 页。

[2] 值得指出的是，赵翼《廿二史札记》认为：“《北史·魏后妃传序》云：魏故事，将立皇后，必令手铸金人，以成者为吉，否则不得立也。道武帝妃慕容氏有宠，帝令后铸金人，成，乃立为后。后薨，又宠刘氏，以铸金不成，不登后位。明元帝妃姚氏，铸金人不成，未升尊位，然帝礼之如后，薨，遂赠为后，加谥焉。然非特立后用此法也，尔朱荣以明帝崩，将有所立，乃以铜铸孝文及咸阳王禧等五王之子孙像，成者当立为主。惟庄帝独就，乃迎立之。及河阴之役，荣欲僭位，铸金为己像，数四不成，乃止。齐高洋欲僭位，群臣皆意以为不可，铸像卜之，一写而成，遂决意僭号。盖当时国俗然也（《魏书》、《北齐书》及《北史》）。按《晋书》载记，冉闵遣常炜使于慕容俊，俊使封裕问之曰：‘闻闵铸金为己像，坏而不成，何得言有天命？’炜言此事非实。此又在元魏之前，则不始于魏矣。盖本北俗故事，至拓跋而益尚之也。”王树民《廿二史札记校证》卷一四《后魏以像卜休咎》，北京：中华书局，1984 年，第 301 页。如赵翼所言，铸金为帝后之像，乃至以此为验证天命的证据，乃是北方草原游牧民族的古老传统，这不仅表明铸像对于北魏皇权的特殊象征意义，而且图像本身所具有的神秘功能也表露无遗。不过，这与当朝皇帝为自己铸造并供奉于寺观的图像还是有所区别的。

[3] 《宝刻丛编》卷六，《石刻史料新编》第 1 辑第 24 册，第 18175 页。

[4] 大村西崖《支那美術史雕塑篇》，第 383 页。

舍利塔之事，学界已有深入研究[1]，我们所关注的是，恒岳寺中早在文帝生前就供养着他的写真这一事实，而且很可能是文帝亲命“自写”者。

四年之后，文帝的铜像甚至在全国范围内的佛寺广泛建立起来。据《大隋河东郡首山栖岩道场舍利塔之碑》记载：

> 洎（文帝）将升鼎湖，言违震旦，垂拱紫极，遗爱苍生，乃召匠人铸等身像，并图仙尼，置于帝侧。是用绍隆三宝，颁诸四方。欲令率土之上，皆瞻日角；普天之下，咸识龙颜。以仁寿四年岁在甲子，发自镐京，降临河曲，风伯前驱，雨师清道，绀马逐日，王（玉）女焚香。若升忉利之宫，如上须弥之座。寻而洮颒大渐，厌世登遐。故知圣智见机，冥兆先觉。昔者法王将逝，化佛遍于花台；金棺既掩，见影留于石室。以兹方古，异世同符。[2]

这段碑文值得重视，它包含着一个非常重要的历史信息，即仁寿四

---

[1] 参看山崎宏《支那中世仏教の展開》第一部第六章《隋の高祖文帝の佛教治國策》，东京：清水书店，1942 年，第 331—346 页。Arthur Wright, “The Formation of Sui Ideology,” in *Chinese Thought and Institutions 581–604*, ed. J. K. Fairbank, Chicago: The University of Chicago Press, 1957, pp. 101–104. 另可参看气贺泽保规《隋仁寿元年（601）の学校削減と舍利供養》，《駿台史學》第 111 号，2001 年，第 17—35 页。Chen Jinhua, *Monks and Monarchs, Kinship and Kingship: Tanqian in Sui Buddhism and Politics*, Kyoto: Italian School of East Asian Studies, 2002, Chapter 2: “Tanqian and the Relic-distribution Campaigns during the Renshou Era (601–4),” pp. 51–107.

[2] 《八琼室金石补正》卷二六，第 172 页。又见《金石续编》卷三，《石刻史料新编》第 1 辑第 4 册，第 3058 页。关于此碑的背景及其反映的相关问题，参看陈祚龙《看了有关杨隋河东首山的栖岩寺舍利塔、殿碑、记之后》，收入氏著《中华佛教文化史散策五集》，台北：新文丰出版公司，1987 年，第 297—359 页。据陈氏考证，此碑的立石年代很可能是大业六年左右。

年（604）文帝去世之前，曾令工匠铸自己的等身铜像，自中央颁行全国佛寺，其目的是"欲令率土之上，皆瞻日角；普天之下，咸识龙颜"[1]。而且在文帝塑像之侧，还画有神尼智仙的写真。另据《续高僧传》卷一〇《隋西京真寂道场释法彦传》记载："仁寿造塔，复召送舍利于汝州。四年，又敕送于沂州善应寺。掘基深丈，乃得金沙，涛汰成纯，凡二升许，光耀夺目。又感黄牛自至塔前，屈膝前足，两拜而止，回身又礼文帝比景象一拜。"[2] 所谓"比景"，即合身、等身之意，"比景象"即指等身像[3]。据此，则隋时沂州善应寺供养着文帝的等身像，适可与《大隋河东郡首山栖岩道场舍利塔之碑》的记载相互印证。此外，《宝刻类编》卷一也著录了梓州的一块碑，即大业六年正月十七日上石的《福会道场造隋文皇帝像碑》，由元武令柳无边撰并书[4]，这表明，文帝造像的确曾广泛存在于全国各地的佛寺之中。此举实开中唐之后所谓"影堂"之先河[5]，而其反映的祭祀观念更值得重视。

---

[1]《魏书》卷一一四《释老志》记载，北魏文成帝兴安元年（452），"诏有司为石像，令如帝身。既成，颜上足下，各有黑石，冥同帝体上下黑子，论者以为纯诚所感"（第3298—3299页）。按此所谓等身佛像，只是与皇帝身高相同的佛像，至于像身黑子与文成帝相同，只是巧合，而非刻意为之，故史称"冥同"。不过，隋文帝此次所铸绝非佛像，而是他本人之铜像，这从"欲令率土之上，皆瞻日角；普天之下，咸识龙颜"以及仙尼写真置于"帝侧"之语可知，显然，这与北魏文成帝之例有本质不同。按隋文帝"状貌异人"，曾使陈后主见其画像而大骇，事见《资治通鉴》卷一七五"陈长城公至德元年十一月"条，第5467页。

[2]《续高僧传》卷十《隋西京真寂道场释法彦传》，第354页。

[3] 此点承陈志远先生提示，谨致谢忱。按苏小华《续高僧传校注》卷十此句作"回身又礼文帝北景象一拜"（上海古籍出版社，2021年，第280页），改"比"为"北"，实无依据。

[4]《宝刻类编》卷一，《石刻史料新编》第1辑第24册，第18416页。

[5] 关于中晚唐时期的"影堂"及相关的邈真赞等问题，参看姜伯勤《敦煌的写真邈真与肖像艺术》，氏著《敦煌艺术宗教与礼乐文明》，北京：中国社会科学出版社，1996年，第77—92页，惜未及此。

依照中国传统，人死之后方得祭祀，故文帝此举实反映了一个重大观念变化，而这种变化应是受佛教造像的影响所致。道世《法苑珠林》卷三三曾引《观佛三昧经》，讲述了一个释迦牟尼在世时，优填王“恋慕世尊，铸金为像”，后释迦与金像相互致礼，并嘱以灭度后事的故事；又引《外国记》，讲述了波斯匿王“刻牛头栴檀作如来像”，佛陀归来后，对雕像进行付嘱的类似故事[1]。这两则造像故事都发生在佛陀灭度之前，而平生笃信佛教的隋文帝对此自然不会陌生，他在临终之前颁赐自己的铜像于全国佛寺，或许正是对此的模仿。

到了唐初，皇帝肖像的颁发范围扩大到了道教，阎立本尝奉诏写太宗御容，“后有佳手传写于玄都观东殿前间，以镇九岗之气，犹可仰神武之英威也”[2]。按玄都观是隋与唐前期长安城里规模最大、最有影响力的道观之一[3]，位于朱雀门街街西自北向南之第五坊——崇业坊，其地理位置比较特殊，据《唐会要》载：“初，宇文恺置都，以朱雀门街南北尽郭有六条高坡，象乾卦，故于九二置宫阙，以当帝之居。九三立百司，以应君子之数。九五贵位，不欲常人居之，故置玄都观、兴善寺以镇之。”[4]而在时人眼里，将太宗的图像摹写于玄都观，也起到了“镇九岗之气”的作用。甚至景教寺院也获颁太宗的真容，据《大秦景教流行中国碑》载：“贞观十有二年秋七月，诏曰：……所司即于京义宁坊造大秦寺一所，度僧

---

[1] 周叔迦、苏晋仁《法苑珠林校注》卷三三《兴福篇》“修造部”，北京：中华书局，2003年，第1042页。

[2] ［唐］朱景玄《唐朝名画录》“神品下”，收入于安澜编《画品丛书》，上海人民美术出版社，1982年，第77页。

[3] 关于玄都观的详细考察，参看拙撰《长安道教的底色——隋大兴城道观及其唐代命运（上）》，《世界宗教研究》2022年第12期，第53—64页，特别是第55—63页。

[4] 《唐会要》卷五〇《观》，第1026页。

二十一人。宗周德丧，青驾西升；巨唐道光，景风东扇。旋令有司将帝写真，转摸寺壁。天资泛彩，英朗景门，圣迹腾祥，永辉法界。”[1] 新建的景教寺院（时称波斯胡寺，天宝四载改名为大秦寺）获颁御赐太宗写真，是其得到国家承认的象征，而其壁画中的太宗写真是从官本“转摸”而成，与玄都观东殿所传写者或为同一底本，即阎立本之作品。

高宗生前于寺观安置圣容的材料目前未见，但其去世后所立者则有之。王象之《舆地纪胜》卷三〇记天授年间狄仁杰被贬为彭泽令一事时，引《生祠记》云：“武氏革唐为周，公至邑，塑高宗圣像修真观，朔望朝拜。”[2] 可见，在地方官员祭祀先朝皇帝时，亦采取在道观中塑像的方式进行。另据苏颋《高安长公主神道碑》载：“公主顷岁奉尝睹高宗画像，虽光灵在天，而见似目瞿，感咽于地，遂成心疾，至使名医萃止，御药相望，孝焉而终。”[3] 高安公主见高宗的画像而感念成病，可见画像必然十分逼真，只是不知其供奉的确切地点[4]。

武则天：据《历代名画记》卷三记载，洛阳敬爱寺佛殿上有武静藏所画的武则天写真[5]，按此寺乃中宗为追念父母所立，供奉武则

---

[1] 录文据朱谦之《中国景教》附录一，第 224 页。

[2] 王象之《舆地纪胜》卷三〇《江南西路·江州·官吏》，北京：中华书局，1992 年，第 1326 页。修真观中立有咸通五年（864）皮日休所撰《唐狄梁公碑》，见《宝刻丛编》卷一五，第 18341 页。

[3] 苏颋《高安长公主神道碑》，《全唐文》卷二五七，第 2608 页。

[4] 高安长公主的宅第在长安永平坊东南隅（参看徐松《唐两京城坊考》卷四，北京：中华书局，1985 年，第 121 页），高宗的画像或在其家。另外，龙朔二年（662），高宗曾为高安公主在靖安坊西南隅立崇敬尼寺（《唐两京城坊考》卷二，第 46 页），其画像更可能供奉于此。

[5] 《历代名画记》卷三《记两京外州寺观画壁》，张彦远撰，俞剑华注释，上海人民美术出版社，1964 年，第 73 页。关于敬爱寺，参看王惠民《唐东都敬爱寺考》，荣新江主编《唐研究》第十二卷，北京大学出版社，2006 年，第 357—377 页。

天画像自在情理之中。在四川广元（唐利州）皇泽寺中有武则天的塑像，不过其具体情况在各种史料记载中多有出入，李之勤曾据后蜀广政二十二年（959）《大蜀利州都督府皇泽寺唐则天皇后武氏新庙记》残碑对此有所辨析，然仍未有定论[1]。据此碑云，这次修建的新庙有“殿四间，对廊四间，并四廊及别塑神像”，此前所立为画像还是塑像则不清楚，但无论如何，五代时新庙所立为雕塑无疑。而且，从此碑可清楚看到，五代时期的武则天庙已成为当地官民信仰与祭祀的中心。在利州还另有武则天与唐高宗的真容，据《舆地纪胜》记载：“天后梳洗楼，在州城西北渡江二里告成寺外，有唐高宗、则天真容，倚岩为楼，俗传阿婆梳洗楼。”[2]

此外，《广清凉传》卷上记载：“长安二年（702），……仍敕左庶子侯知一、御史大夫魏元忠，命工琢玉御容，入五台山礼拜菩萨。至长安三载，送向清凉山安置。于是倾国僧尼奏乞送之，帝不许。以雁门地连猃狁，但留御容于太原崇福寺大殿中间供养，于五台山造塔建碑，设斋供养。是知真境菩萨所居，帝王日万机之务，犹造玉身，来礼大圣。矧余凡庶，岂不从风？一游净域，累劫殃消，暂陟灵峰，多生障灭者矣。”[3]据此，武则天曾准备将自己的玉石雕像送往五台山礼拜文殊菩萨，不过这座雕像最终被留在太原崇福寺供养。

值得提及的是，在河南省滑县牛屯乡白马寺，至今还有“武后殿”，据《中国文物地图集·河南分册》介绍：“建于唐光宅元年

---

[1] 李之勤《后蜀〈利州都督府皇泽寺唐则天皇后武氏新庙记〉碑和广元县皇泽寺的武则天像辨析》，《考古与文物》1988年第3期，第80—83页。参看梁咏涛《试述“武后真容石刻像”对皇泽寺佛教的供养作用》，胡素馨主编《佛教物质文化：寺院财富与世俗供养国际学术研讨会论文集》，上海书画出版社，2003年，第213—219页。

[2] 《舆地纪胜》卷一八四《利州路·利州·古迹》，第4740页。

[3] 《广清凉传》卷上“释五台诸寺方所七”清凉寺条，《大正藏》第51卷，第1107页。

（684），明、清重修。原名圣寿院，现存大殿一座，面阔五间，进身三间，硬山灰瓦顶。殿内有武后金身像，其余建筑多已改观。院内有清代重修碑记 4 通。”❶不过，这尊武则天的金身像恐非唐时故物。

中宗：除了上节所举道观中所立的“五圣”“六圣”“七圣”等真容中有中宗之像外，目前尚未见其个人塑像或写真单独供奉于寺观中的记载。

睿宗：据段成式《寺塔记》下记载：长安崇义坊招福寺，“本曰正觉，国初毁之，以其地立第赐诸王，睿宗在藩居之。……景龙二年，又赐真容坐像，诏寺中别建圣容院，是玄（睿）宗在春宫真容也。先天二年，敕出内库钱二千万，巧匠一千人，重修之。睿宗圣容院，门外鬼神数壁，自内移来，画迹甚异”❷。这段记载在时间上颇有错乱之处，但此寺有睿宗的圣容院则是毫无疑问的。

玄宗：如前所述，在天宝元年建成的长安太清宫中，就有玄宗的石像立于玄元皇帝像之前，在晋州庆唐观、亳州太清宫中，玄宗塑像亦在“六圣”御容之列。此后，他的图像更广泛分布在全国的许多寺观之中，我们先将相关材料列表如下（表 8）：

表 8　玄宗图像分布表

地点	内容	出处	形式
长安咸宜观	亲仁坊咸宜观“殿外东头东西二神，西头东西壁，吴生并杨廷光画。窗间写真及明皇帝、上佛公主等图，陈闳画”。	《历代名画记》卷 3	画像

---

❶ 国家文物局主编《中国文物地图集·河南分册》，北京：中国地图出版社，1991 年，第 298 页。

❷ 段成式《酉阳杂俎》续集卷六，方南生点校，北京：中华书局，1981 年，第 259—260 页。改字部分系据《长安志》卷七所引，辛德勇、郎洁点校《长安志·长安志图》，西安：三秦出版社，2013 年，第 261—262 页。

续表

地点	内容	出处	形式
长安兴唐寺	大宁坊东南隅，“神龙元年，太平公主为武太后立为罔极寺，……开元二十年，改为兴唐寺，明皇御容在焉”。	《唐两京城坊考》卷3[1]	?
盩厔修真观	“玄宗皇帝御容，夹纻作，本在盩厔修真观中。忽有僧如狂，负之置于武功龙潜宫，宫即神尧故第也，今为佛寺。御容唯衣绛纱衣幅巾而已。”	《太平广记》卷374《玄宗圣容》	塑像
西岳金天王庙	《云台观三方功德颂》，“据碑：天宝中诏书功德于华山云台宫，并安御容重饰金天王庙前，御制碑而作此颂”。	《集古录目》卷7	?
潞州启圣宫	天宝八载十二月，“启圣宫琢玉造圣祖大道玄元皇帝及帝真容”[2]。	《册府》卷54	玉像
恒州	“初，天宝中，天下州郡皆铸铜为玄宗真容，拟佛之制。及安、史之乱，贼之所部，悉镕毁之，而恒州独存，由是实封百户。”	《旧唐书》卷142	铜像
沙州开元寺	“尚书授（受）敕已讫，即引天使入开元寺，亲拜我玄宗圣容。天使睹往年御座，俨若生前。叹念敦煌虽百年阻汉，没落西戎，尚敬本朝，余留帝像。其于（余）四郡，悉莫能存。”	P.3451《张淮深变文》，黄征、张涌泉《敦煌变文校注》卷1	铜像

❶ 徐松《唐两京城坊考》卷三，第71页。《全唐文》卷四五四有李子卿《兴唐寺圣容瑞光赋》（第4636页），可以参看。

❷ 上党郡（潞州）启圣宫系玄宗在藩旧宅，故其中立老君和玄宗的雕像，王维《贺玄元皇帝见真容表》云：“伏见中书门下奏：上党郡奏启圣祖大道玄元皇帝玉石真容、主上圣容，今月十五日，三元齐（斋）开光明。”《王右丞集笺注》卷一六，上海古籍出版社，1998年，第288页。天宝十二载（753）正月，玄宗还亲自撰并书了《唐上党启圣宫颂》，见《金石录校证》卷七，上海书画出版社，1985年，第133页。

续表

地点	内容	出处	形式
苏州开元寺	“开元中，诏天下置开元寺，遂改名开元，金书额以赐之。寺中有金铜玄宗圣容。当天下升平，富商大贾远以财施，日或有数千缗。”	《吴郡图经续记》卷中，第32页	铜像
衢州	“光启三年，……衢州知州元泰迎于郊，（陈）儒诘之曰：‘元（玄）宗御容安在？’泰泣曰：‘使君不见容矣。’时信安有元（玄）宗铜容，泰毁之，故以是为责，遂斩之而自据焉。”	《吴越备史》卷1，第6192页	铜像
汀洲开元宫	“至道宫。《九域志》云：本名开元宫，开元二十四年置，内有明皇真容。皇朝改今额。”	《舆地纪胜》卷132《福建路·汀洲·景物下》	铜像
歙州开元寺	“穆宗以元和十五年正月即位，……七月，歙州奏：当州有玄宗皇帝真容，在开元寺，去城十里，今请移于郭内龙兴寺，仍交换寺额。制可之。”	《册府》卷30	铜像
池州铜陵县	“有庙在铜陵县东。旧经云：开元末，有黑云出其上，中有道士并仙童二人。诏令置庙，而庙像有明皇、太真妃云。”	《舆地纪胜》卷22《池州·仙释》	塑像
洪州开元寺	“明皇铜像，在城东开元寺。”	《舆地纪胜》卷26《江南西路·隆兴府·古迹》	铜像
庐山法华寺	“法华资圣院牌，僧齐己书。又有明皇铜像、李通玄长者写真，皆前世故物。”	《庐山记》卷2，《四库》第585册，第24页	铜像
江州开元观	“在子城东二里，本晋昭隐观。内有玄宗金铜御容。”	《舆地纪胜》卷30《江南西路·江州·景物下》	铜像
江州紫极宫	“去州二里，今天庆观乃其旧宫。唐塑老君像及玄宗金铜御容在焉。”	同上	铜像

续表

地点	内容	出处	形式
永州紫极观	“在州南五里，与开元观相并开元置。有明皇金铜御容。父老云，当时刺史朔望皆先朝御容，乃见僚属。”	《舆地纪胜》卷56《荆湖南路·永州·景物下》	铜像
万州开元观	“寿宁观唐明皇像。在西南三里。开宝六年，移开元观唐太宗、明皇御容铜像，奉安于此。”	《舆地纪胜》卷177《夔州路·万州·古迹》	铜像
利州浮云观	“浮云观唐明皇铜像。在葭萌县一百六十步，有唐明皇御容在焉。”	《舆地纪胜》卷184《利州路·利州·古迹》	铜像
利州天庆观	“又天庆观亦有明皇御容铜像。”	同上	铜像
蓬州紫极宫	“在城南泮宫之侧东岩中，峰巍然峙，其后殿上有金铸明皇像。”	《舆地纪胜》卷188《利州路·蓬州·景物下》	铜像
阆州太霄观	“唐明皇像。在本州者二，一在太霄观，一在开元寺也。”	《舆地纪胜》卷185《利东路·阆州·古迹》	铜像?
阆州开元寺	同上	同上	铜像?
益州	“玄宗幸蜀时旧宫，置为道士观，内有玄宗铸金真容及乘舆侍卫图画。先是，节度使每至，皆先拜而后视事。英乂以观地形胜，乃入居之，其真容图画，悉遭毁坏。”	《旧唐书》117/3397	铜像
益州兴圣观	“王氏永平，废兴圣观为军营，其观有五金铸天尊形明皇御容一躯，移在大圣慈寺御容院供养。”	《益州名画录》卷下“陈若愚”条，第33页。	铜像
青城山储福观	“今储福观有铜铸明皇、（玉真）公主二像。”	《舆地纪胜》卷151《成都府路·永康军·仙释》	铜像

续表

地点	内容	出处	形式
青城山	“誓鬼台。在丈人峰下，旧有龙穴出水，暴害禾稼，天师立石台于其上以镇之。开元中，刺史杨励本刻一面为玄宗真容，一面为佛，一面为天师像。”	《舆地纪胜》卷151《成都府路·永康军·古迹》	石像
青城山	“六时水。青城山宗玄观南二里已来，有峭壁面对观中，……下涧底有石龛，玄宗皇帝御真。每日六时，从岸上自然有水出，至今不绝。”❶	杜光庭《录异记》卷7《异水》	石像
简州天庆观	“天庆观唐明皇像。”	《舆地纪胜》卷145《成都府路·简州·古迹》	铜像?
戎州开元寺	武宗元年，戎州水涨，浮木塞江，刺史赵士宗召水军接木，修官署，并修开元寺。次年大水，“惟开元寺玄宗真容阁去本处十余步，卓立沙上，其它铁石像，无一存者”。	《酉阳杂俎》续集卷3	铜像
遂州集虚观	“集虚观。在小溪县东八里之广山。山极孤峭，斗入江心。涪江、郪水会其下，下有龙潭山，常动摇。有铜铸明皇像。”	《舆地纪胜》卷155《潼川府路·遂宁府·景物下》	铜像
遂州护国寺	“护国寺。去小溪县西一里。寺有五百罗汉及唐明皇画像。”	同上	画像
业州天庆观	“唐明皇御像。在峨山。天宝中范铜为镕，黄金为饰。旧传逐州观冬赐一躯，此则当时奖州者。熙宁七年自峨山载至州，今在天庆观。”❷	《舆地纪胜》卷71《荆湖北路·沅州·古迹》	铜像

❶ 据《舆地纪胜》卷一五一《永康军·景物下》云：“六时水。在天仓东南一峰，当延庆观之南。……天宝中，道士蔡守冲刻石以为明皇、玉真碑，立于岩下。”（第4072页）然则所立仅为石碑，与杜光庭所记不同，待考。

❷ 按，奖州本舞州，长安四年始置，开元十三年更名为鹤州，二十年更名为业州，大历五年始名为奖州。见《新唐书》卷四一《地理志五》，第1074页。

续表

地点	内容	出处	形式
巫州普明寺	“黔阳县普明寺，亦有唐赐叙州唐明皇铜像。”[1]	同上	铜像
辰州天庆观	“唐明皇像，在天庆观。”	《舆地纪胜》卷75《荆湖北路·辰州·古迹》	铜像
潘州	“玄宗圣容：按《郡志》，故右卫大将军高力士旧乡，郡有骠骑馆，相传皆因力士之名。开元中诏天下铸圣像，郡皆一而潘独二，力士以其本乡，故自铸其一也。”	《太平寰宇记》卷161，第3092页（北京：中华书局，2007年）	铜像
□州龙兴观	咸通二年七月，“……昨到郡莅事三日，谒先师庙，朝紫微宫，回车抵观，荒凉拥秽，不可以前。……我国家老氏之枝叶，况又玄宗皇帝金真居于殿内，凡曰臣下，得不展敬”？	崔雄《新修龙兴观记》，《文苑英华》卷822	铜像

上表所列材料有半数以上出自南宋王象之的《舆地纪胜》，虽其时间距离唐代稍远，但作者撰述的态度相当严谨，不少记载都经过了自己的考辨，而不是轻易相信当地传说。例如，该书曾记载了剑南道合州的一尊唐玄宗铜像，但又同时指出：“在天庆观有铸铜人，相传为玄宗像。旧经云：观乃长兴二年（931）置。乃后唐明宗年号，则又恐非玄宗像也。”[2]据此，我们有理由认为该书的记载基本上是可信的。

《旧唐书·李宝臣传》曾记载：“初，天宝中，天下州郡皆铸铜为玄宗真容，拟佛之制。及安史之乱，贼之所部，悉镕毁之，而恒

---

[1] 按，叙州本巫州，贞观八年置，天授二年曰沅州，开元十三年复为巫州，大历五年更名为叙州。见《新唐书》卷四一《地理志五》，第1074页。

[2] 《舆地纪胜》卷一五九《潼川府路·合州·古迹》，第4325页。

州独存，由是实封百户。”[1]是将玄宗铸像之举视作受佛教影响的结果，不过从目前掌握的材料来看，玄宗图像与道教的关系似乎更为密切。在上表的 37 例中，确知玄宗图像置于佛寺者 10 例，其中置于开元寺者有 6 例；确知置于道观者 21 例，其中开元观与紫极宫各有 3 例。显然，置于道观的数量要远远超过供奉于佛寺者，如果算上长安太清宫、洛阳太微宫的玄宗玉石雕像，则这一比例还要更大，显然，这与玄宗朝的崇道政策是完全一致的。另一方面，那些置于寺院中的铜像也表明，玄宗崇道的同时并不抑佛。我们可以看到，在山南西道的阆州和剑南道的遂州，都分别有两尊玄宗铜像，而佛、道各居其一。

从地域分布来看，有玄宗图像记载者就有 11 个道的 25 个州，即：关内道的雍州、华州；河东道的潞州；河北道的恒州；陇右道的沙州；江南东道的苏州、衢州、汀洲；江南西道的歙州、池州、洪州、江州、永州；山南东道的万州；山南西道的利州、蓬州、阆州；剑南道的益州、简州、戎州、遂州；黔中道的业州、巫州、辰州；岭南道的潘州等，这表明，玄宗图像的确曾广泛分布于全国各地。

---

[1]《旧唐书》卷一四二《李宝臣传》，第 3866 页。需要辨明的是，肥田路美认为此处所谓“天宝中，天下州郡皆铸铜为玄宗真容”一事系指《唐会要》卷五〇《杂记》所载天宝三载三月，“两京及天下诸郡，于开元观、开元寺以金铜铸玄宗等身天尊及佛各一躯”。见氏著《唐代皇帝肖像雕刻的意义与制作意图的一个侧面——特别着眼于比拟佛像的皇帝像》，第 178 页。按此说值得商榷，因为虽如肥田氏所云，这些等身像具有比拟佛像和天尊像的功能，但它们毕竟还是佛与天尊的形制，而非皇帝本人的铜像，这二者是有本质区别的。我们在前文论及隋文帝的铜像时已经指出，建造皇帝本人铜像的目的是“欲令率土之上，皆瞻日角；普天之下，咸识龙颜”，即让天下百姓都认识皇帝的面容。另据前引《大唐郊祀录》卷九所载，唐代太清宫中玄宗、肃宗的雕像“皆衣以通天冠、绛纱袍”，显然，这些铜像均服天子之衮冕，而非佛道之法服。因此，我们绝不能将“等身像”与皇帝本人的雕像混为一谈。

肃宗：天宝年间，他的石像和玄宗一道被立在太清宫和太微宫中玄元皇帝身旁，到了乾元元年（758）四月丁未，又“内出皇帝写真图，自光顺门送太清宫，诸观道士、都人皆以棚车、幡花、鼓乐迎送”[1]。这是他新赐给太清宫的自己的写真图，很可能出自陈闳的手笔[2]。在剑南道资州的应真观中，也有肃宗的御容。据《舆地纪胜》卷一五七《潼川府路·资州·景物下》记载：“崇寿观。唐为应真观，祥符赐今额。……唐玄宗御书观额、铁老君像、唐肃宗御容在焉。”[3] 另据同书同卷《古迹》门记载：“唐肃宗御容。在崇寿圣观老君殿之右，盖唐至德初降到。”[4] 然则肃宗的这尊御容也是从中央颁下的。此外，据五代宋初徐铉《洪州西山重建应圣宫碑铭》记载：“唐乾元初，山人申太芝上言其地有异气，诏于此立应圣之宫，抗玄元正殿于其前，塑肃宗圣容于其上。缭垣观阙，仰法于紫宫；路门纳阶，取规于丹禁。光灵焕烂，荐献精严。上士勤行，守臣莅职，秩祀之盛，莫之与京。广明已还，三灾在运，望拜之地，阙而莫修。”[5] 洪州西山是唐代道教重镇，也是后世净明道的发源地[6]，在安史之乱的危急时刻，肃宗急需一些能够对其皇权合法性提供支持的神异事件，因为其在灵武即位之初并未得到玄宗的授权，而著名道士申泰芝（即引文中的“申太芝”）的上言正好满足了肃

[1] 《册府元龟》卷五四《帝王部·尚黄老二》，第605页。

[2] 《太平广记》卷二一二《陈闳》条记：“又太清宫肃宗真容，匪唯龙头凤姿，日角月宇之状，而笔力遒润，风彩英逸，合符应瑞，天假其能也。”北京：中华书局，1961年，第1625页。

[3] 《舆地纪胜》卷一五七《潼川府路·资州·景物下》，第4263页。

[4] 《舆地纪胜》卷一五七《潼川府路·资州·古迹》，第4266页。

[5] 徐铉《洪州西山重建应圣宫碑铭》，见李振中《徐铉集校注》卷二六，北京：中华书局，2016年，第749页。

[6] 参看李刚《唐代江西道教考略》，《世界宗教研究》1992年第1期，第52—59页。

宗这一迫切需要[1]。于是肃宗在此建应圣宫，并将自己的塑像立于“玄元正殿”，使之成为道俗共同的祭祀之处，其目的，当然是要彰显自己的天命。

代宗：据杜光庭《道教灵验记》记载，代宗曾梦随老君游历十洲三岛，“既觉，命画工图之，宣示京师，求访其像。于光天观所验部仗人物，一与所梦同焉。敕塑御容乘五色云立从于老君之后，选高德道士七人焚修住持”[2]。按光天观在长安街东的务本坊，原为房玄龄宅，景龙三年（709），韦庶人立为翊圣女冠观，景云元年（710）改为景云观，天宝八载（749）改为龙兴道士观，至德三载（758）始改名为光天观。然则代宗也曾将自己的塑像供奉于长安的道观之中。

中唐之后，此风渐歇，虽武宗、僖宗仍有将写真和塑像供奉于寺观之举，但已渐成余响。据《旧唐书·武宗本纪》载，会昌六年（846）正月，“东都太微宫修成玄元皇帝、玄宗、肃宗三圣容，遣右散骑常侍裴章往东都荐献”[3]。可见晚唐时期，洛阳太微宫的这些先帝塑像曾得以重修。至于武宗本人的真容，据李德裕《仁圣文武至神大孝皇帝真容赞》曰：“于是图轻素，写良金，拟鉴形于止水，若凝视于清镜。五彩既彰，穆穆皇皇，居列仙之馆，近玄祖之光。盖以昭燕翼之谋，显丕承之德矣。”[4]似乎既有写真，又有铸像，并

---

[1] 参看拙撰《从“妖人”到仙翁——正史与地方史志中的盛唐道士申泰芝》，《中国史研究》2018年第2期，第135—156页。

[2]《道教灵验记》卷六“京光天观黑髭老君验”，收入罗争鸣《杜光庭记传十种辑校》，第207—208页。值得一提的是，杜光庭《历代崇道记》则系此事于肃宗乾元二年（《杜光庭记传十种辑校》，第367页），二者有所不同。按，《历代崇道记》成书于中和四年（884），而《道教灵验记》成书的下限是哀帝天祐元年（905），比《历代崇道记》晚出二十年，显然，杜光庭最终还是将此事系于代宗。

[3]《旧唐书》卷一八上《武宗本纪》，第609页。

[4]《李德裕文集校笺》卷一，第8页。

置于道观之中。据《长安志》卷一〇记载："武宗会昌中，建御容殿于金仙观，宰相李德裕为赞。"[1]然则武宗的真容是立在辅兴坊中金仙观的御容殿内。另据日僧圆仁记载，会昌四年三月，"向后驾车左街兴唐观，是道士观。又赐千疋，特令修造铜铸圣容，作圣容当庄校，奇绝"[2]。可见，武宗在世时，至少在金仙观和兴唐观中都供奉着他的铜像。

需要指出的是，圣容所在的寺观并不必然是在国忌日行香的寺观。国忌日行香是唐代国家祖先崇拜与佛、道二教结合的产物，那波利贞曾有深入的研究。他将国忌行香分为广义和狭义两类，狭义者系指皇家自身的行香之举，广义者则指天下上州普遍进行的行香活动。他认为这是以佛、道二教的形式举行的宗庙祭祀活动，反映了君主权力的增强[3]。同、华等八十一州国忌日行香，载诸令式，开元二十七年（739）五月之前，在龙兴寺、观举行，此后改在开元寺、观[4]。不过，行香寺观与真容所在者并非完全对应，因此，到武宗灭佛的会昌五年（845）七月，中书门下奏："据令式，诸上州国忌日官吏行香于寺，其上州望各留寺一所，有列圣尊容，便令移于寺内；其下州寺并废。其上都、东都两街请留十寺，寺僧十人。"敕曰："上州合留寺，工作精妙者留之；如破落，亦宜废毁。其合行香日，官吏宜于道观。"[5]显然，此前有列圣尊容的寺院未必就是须行香者。

---

[1] 宋敏求《长安志》卷一〇，收入辛德勇、郎洁点校《长安志·长安志图》，第328页。

[2]《入唐求法巡礼行记校注》卷四，小野胜年原注，白化文等修订校注，石家庄：花山文艺出版社，1992年，第440页。

[3] 那波利贞《唐代社會文化史研究》，第33—48页。

[4]《唐会要》卷五〇《杂记》，第1030页。

[5]《旧唐书》卷一八上《武宗本纪》，第604—605页。

四　余　论

偶像崇拜在唐代皇室的宗庙祭祀实践中占有相当重要的地位，并且它构成了佛、道二教与国家祭祀结合的契机，这首先与唐朝祭祀中“事死如生”“缘生事亡”的观念有关。唐人在祭祀中，实际上是将祖先当作生人来对待的，故有朔望献食之礼[1]。太清宫祭祀所用“青词”也同样反映了“事生”之意，如“开元二十九年初置太清宫，有司草仪，用祝策以行事。天宝四载四月甲辰，诏以非事生之礼，遂停用祝版，而改青词于青纸上，因名之。自此以来为恒式矣”[2]。其次，这与佛、道二教同国家祭祀结合密切的背景相关联。在唐代，宗教不仅是个人信仰，而且在某种程度上也渗透进国家的祭祀体系。通过皇帝图像在各地寺观中的供奉，以及国忌日寺观行香制度的推行，皇家宗庙祭祀大大贴近民间。于是在唐初“家国一体”的政治体制解体之后，皇家祭祀又通过宗教的形式而被赋予“公”的性质。

唐代以后，当朝皇帝的图像供奉于寺观之事似乎不再出现，但先帝的图像则更加普遍地应用于祖先祭祀活动之中。五代后汉时，卢琼《请建高祖别庙奏》云：“恭以高祖皇帝驱除戎虏，救解倒悬，德被生民，功高邃古。请依西汉祖宗故事，于三京、陕府、许、宋等州旧邸，立别庙塑像，以时禋祀，以表遗爱。”[3]这显然是要以西汉原庙制度为蓝本，在先帝的一些龙潜旧邸立庙塑像来祭祀。南唐的情况更为明显，据陈致雍《四亲及义祖神主合出太庙》记载：

---

[1] 参看吴丽娱《唐宋之际的礼仪新秩序——以唐代的公卿巡陵和陵庙荐食为中心》，荣新江主编《唐研究》第十一卷，北京大学出版社，2005年，第233—268页。

[2]《大唐郊祀录》卷九《荐献太清宫》，第789页。

[3] 卢琼《请建高祖别庙奏》，《全唐文》卷八五六，第8979页。

伏见保大初给事中朱巩、著作郎徐铉奏引秦汉故事，请定宗孝静皇帝、成宗孝平王、惠宗孝安王、庆宗孝德皇帝，宜准例于潜龙故地别创新祠，以四时而祭，既协尊祖之义，别为祭祢之宗。其太庙昭穆，请自昭宗已上未祧迁神主祔，并及请迁义祖神主于祠堂，就饰庙庭，别建嘉号，如德明、兴圣二庙之比者。准其年十二月敕文：我国家务存孝敬，理在不祧。群官但据典经，故礼当迭毁。…… 咨尔宗亲，当体朕意，宜委所司于祠堂别建后殿，安置塑像。其前殿奉迁祖主以居。其寝庭制度、祭享之礼，一如旧仪，永为不祧之庙者，所为因时适变，以公灭私。载考圣谋，实符命议。虽义祖之庙，已正于典礼，而四亲之主，合同于汉晋。是为师古，人何间言？其四亲庙，臣请依朱巩等原奏施行，或以潜龙故地稍远，恐亏严敬，只依京都建祀，于礼无愆。其义祖祠建，请准元敕处分。[1]

显然，这是要为已迁庙之祖宗建立别庙，且前殿供奉木主，后殿安置塑像，这两种方式的并存非常引人注目。此外，据皮光业《吴越国武肃王庙碑铭》云："我王因兹显赫，益动孝思。无以答先后之恩，无以报昊天之德。且曰：'武肃王有大功及天下，大名振寰中。庇生民而百万有馀，筑城垒近五十来处。岂可不建庙貌，不像真容，为星纪之福宫，作地户之神主？'爰命兴武中直都虞候姚敬思于马臻湖畔，勾践城中，选阛阁形势之中区，得显敞高平之胜址。……即以丙申岁秋八月十有七日，我王备卤簿鼓吹，车辂旂常，北司侍臣，南班旧列，奉迎真像，而入祠宫。白檀雕出圣容，黄金缕成宝座。仪形酷类，神彩如生。凤目龙章，颜犹不改。垂旒被

[1] 陈致雍《四亲及义祖神主合出太庙》,《全唐文》卷八七四，第 9142—9143 页。

衮，人见兴悲。”[1] 可见类似的情形同样出现在吴越国，即先帝祠庙供奉着白檀木所雕的栩栩如生的“真像”。

到了宋代，神御殿制度逐步发展起来，其核心则是景灵宫，经过宋神宗元丰五年（1082）的整顿，景灵宫十一殿供奉着自圣祖、宣祖、太祖以下所有帝后的神御（塑像），且被官方视为“原庙”，成为事实上的第二太庙，在宋代的礼法制度中具有非常重要的地位[2]。除景灵宫外，在不少寺观中也建立了帝后的神御殿，如京师玉清昭应宫的真宗安圣殿、万寿观的真宗延圣殿、兴国寺、启圣禅院，西京会圣宫的诸帝后神御殿、应天禅院，凤翔府上清太平宫的太宗、真宗神御殿等，其中尤以北宋西京会圣宫和南宋行都万寿观供奉着宋代全部先朝帝后的神御，这点类似于景灵宫[3]。毫无疑问，在以图像奉祀及与佛、道教相结合这两个最根本的特点上，宋代的神御殿正是对唐代于寺观奉祀皇帝图像的制度化发展。到了蒙元时期，先朝帝、后的御容则很少有金石塑像，而主要是平面的绘画和缂丝制品，且大多供奉在大都城内各藏传佛教寺院中的神御殿中，这同元代皇室的宗教信仰是一致的[4]。

西汉儒臣韦玄成在反对原庙制度时曾指出：“《春秋》之义，父不祭于支庶之宅，君不祭于臣仆之家，王不祭于下土诸侯。”[5] 也就是说，按照儒家的传统礼制原则，皇帝祭祀本不应该在京师之外举行，然而在中古时期，佛寺、道观并不属于私家，而具有某种公共空间的意味，因此，寺观就成为皇帝祭祀进入地方社会的中介。在

---

[1] 皮光业《吴越国武肃王庙碑铭》，《全唐文》卷八九八，第 9376 页。

[2] 关于景灵宫的内部结构，参看贾鸿源《道儒之间——北宋景灵宫布局理念新解》，姜锡东主编《宋史研究论丛》第 29 辑，北京：科学出版社，2021 年，第 199—218 页。

[3] 参看山内弘一、Patricia Ebrey、汪圣铎等前引文。

[4] 参看尚刚《蒙、元御容》，《故宫博物院院刊》2004 年第 3 期，第 31—59 页。

[5] 《汉书》卷七三《韦贤传附韦玄成传》，北京：中华书局，1962 年，第 3117 页。

传统中国社会，国家往往通过强化其神圣性来凸显自身的合法性，皇帝图像进入寺观，在很大程度上强化了国家政权的神圣性，祭祀活动本身也因而具有强烈的象征色彩。佐藤智水曾根据北朝佛教造像题记中普遍为皇帝祈福的事实，指出了它们体现了民众的皇帝崇拜，以及佛教教团在教化民众中的作用[1]。不过，对于大多数北朝的村民而言，皇帝对于他们或许只是一种抽象的存在观念[2]，然而从隋代开始，随着当朝皇帝乃至列位先帝的尊像在寺观之中的广泛建立，使得“率土之上，皆瞻日角；普天之下，咸识龙颜”，民众对于皇帝、皇家和国家的认识无疑更加直观，更加具体。虽然就形式而言，皇帝的图像借助寺观而神化，成为社会各阶层祭祀的对象，然而就本质而言，皇帝的形象反而因此走出深宫而更加贴近于民众。

第二节　唐代前期的岳渎祭祀与道教

五岳四渎祭祀是中国古代国家祭祀体系中的重要组成部分，在《大唐开元礼》中列为中祀，虽为国家级祭祀，但地点在州县，是国家观念与地域社会的重要结合部，因此一方面反映了国家的价值观，另一方面又体现了民众的某种理解乃至理想。我们在第一章讨论了唐代岳渎祭祀中的偶像崇拜及人格化问题，并指出其神祠性使得作为国家祭祀的岳渎神也成为民间信仰的重要对象，接下来，我们将继续探讨隋唐岳渎祭祀的另一个特点，即其与道教仪式的紧密

---

❶ 佐藤智水《北朝造像铭考》，中译本见《日本中青年学者论中国史·六朝隋唐卷》，上海古籍出版社，1995年，第56—115页，特别是第三章《北朝佛教诸问题》。

❷ 参看侯旭东《造像记所见国家观念与国家认同》，收入氏著《北朝村民的生活世界——朝廷、州县与村里》，北京：商务印书馆，2005年，第265—296页。

结合，并试图揭示这种结合在沟通国家祭祀与民间信仰方面发挥的重要作用。

一 唐以前的岳渎祭祀与道教

五岳祭祀渊源于上古时期的山川崇拜，《山海经》就是先民山岳崇拜与祭祀的记录，有浓厚的巫觋色彩。在奴隶制国家形成之后，山川祭祀成为一种国家行为，兼具宗教与政治双重功能，反映在文献中如《周礼·春官·大宗伯》云："国有大故，则旅上帝及四望。"郑玄注："玄谓四望，五岳、四镇、四渎。"贾公彦疏曰："又山川称'望'，故《尚书》云'望秩于山川'，是也。……言四望者，不可一往就祭，当四向望而为坛遥祭之，故云四望也。"[1]到了大一统的秦汉帝国时代，山川祭祀体系更加完备，五岳从先秦时期的概念成为事实，岳渎的常祀之制到汉宣帝时最终完成，而且已有岳庙等宗教性建筑出现。从此，五岳四渎就不仅是一个地理概念，而且构成一个超越了本身自然属性的礼法地理大坐标，一套象征王朝正统性的体国经野的文化符号[2]。

魏晋之后的分裂时期，各割据政权也对境内所在的岳渎进行祭祀[3]。例如，曹魏黄初二年（221）六月庚子，"初祀五岳四渎"[4]。

---

[1]《周礼注疏》卷二〇《春官宗伯第三》，郑玄注，贾公彦疏，彭林整理，上海古籍出版社，2010年，第696页。

[2] 参看顾颉刚《四岳与五岳》；唐晓峰《五岳地理说》《体国经野——试述中国古代的王朝地理学》；以及田天《秦汉国家祭祀史稿》第4章第三节《五岳四渎的成立》，第297—327页。

[3] 参看吉川忠夫《五岳と祭祀》3《分裂国家における五岳の祭祀と淫祀》，刊《ゼロ・ビットの世界》，东京：岩波书店，1991年，第238—245页。关于魏晋时期山川祭祀的一般情形，参看多田狷介《魏晋政権と山川の祭祀》，《日本女子大学紀要（文学部）》第22号，1972年，第41—62页。

[4]《三国志》卷二《魏书·文帝纪》，北京：中华书局，1959年，第78页。

东晋穆帝升平中（357—361），何琦论修五岳祠曰："……自永嘉之乱，神州倾覆，兹事替矣。唯潜之天柱，在王略之内，旧台选百石吏卒，以奉其职。中兴之际，未有官守，庐江郡常遣大吏兼假，四时祷赛，春释寒而冬请冰。咸和迄今，已复堕替。"[1] 然则晋朝旧制，五岳应有百石的官员掌管祭祀之事，但东晋时可祭者仅余南岳。梁制："其郡国有五岳者，置宰祝三人，及有四渎若海应祠者，皆以孟春仲冬祠之。"[2] 事实上，当时五岳在其封域之内者亦不过南岳（时为天柱山）而已。北朝的岳渎祭祀比较特殊，北魏明元帝泰常三年（418），"立五岳四渎庙于桑乾水之阴，春秋遣有司祭，有牲及币。四渎唯以牲牢，准古望秩云"[3]。承认岳渎之重要性，正是北魏汉化的重要一步。至于北齐的祭祀系统，史载："又祈祷者有九焉：一曰雩，二曰南郊，三曰尧庙，四曰孔、颜庙，五曰社稷，六曰五岳，七曰四渎，八曰滏口，九曰豹祠。水旱厉疫，皆有事焉。"[4] 显然，五岳四渎在北齐祭祀体系中的地位颇高，国家甚至专门设立了一个机构——崇虚局来掌管其祭祀活动[5]。

隋王朝对于岳渎祭祀进行了进一步的规范，主要包括：第一，开始将五岳纳入国家官僚体制内。开皇之制，"五岳各置令，又有吴山令，以供其洒扫"[6]，其品阶为视从八品[7]。第二，开始了镇山之

---

[1] 《宋书》卷一七《礼志四》，点校本二十四史修订本，北京：中华书局，2019年，第525页。

[2] 《隋书》卷七《礼仪志二》，点校本二十四史修订本，北京：中华书局，2019年，第156页。

[3] 《魏书》卷一〇八之一《礼志一》，第2989页。

[4] 《隋书》卷七《礼仪志二》，第141页。

[5] 《唐六典》卷一四《太常寺》两京郊社署条注曰："北齐太庙令、丞兼领郊祠、崇虚二局丞，郊祠掌五郊群神，崇虚掌五岳、四渎神祠。"第400页。

[6] 《隋书》卷二八《百官志下》，第875页。

[7] 《隋书》卷二八《百官志下》，第881页。

祭。开皇十四年（594）闰十月，“诏东镇沂山、南镇会稽山、北镇医无闾山、冀州镇霍山，并就山立祠。东海于会稽县界，南海于南海镇南，并近海立祠。及四渎、吴山，并取侧近巫一人，主知洒扫，并命多莳松柏。其霍山，雩祀日遣使就焉。十六年正月，又诏北镇于营州龙山立祠。东（中）镇晋州霍山镇，若修造，并准西镇吴山造神庙”❶。第三，岳渎祭祀以五郊迎气日。如《大唐郊祀录》卷八所云：“臣泾案：隋礼各依迎气日致祭，皇朝因之。”❷第四，如前文所述，至迟到隋代，五岳四渎神的偶像化与人格化已经定型，且岳渎庙中的神像得到朝廷诏令的保护。

需要指出的是，南北朝以来，道教对于参与国家祭典更显示了浓厚的兴趣和积极的关怀，这在北朝、特别是在北魏体现得尤为明显，寇谦之建立的新天师道的许多仪式与国家的祭典曾紧密地结合在一起。《魏书·释老志》载，始光（424—427）初，由于崔浩的推荐，太武帝开始尊礼寇谦之，“乃使谒者奉玉帛牲牢，祭嵩岳，……遂起天师道场于京城之东南，重坛五层，遵其新经之制。给道士百二十人衣食，斋肃祈请，六时礼拜，月设厨会数千人。……迁洛移邺，踵如故事。其道坛在南郊，方二百步，以正月七日、七月七日、十月十五日，坛主、道士、哥人一百六人，以行拜祠之礼。诸道士罕能精至，又无才术可高。武定六年（548），有司执奏罢之”❸。《隋书·经籍志》所载略同：“后魏之世，嵩山道士寇谦之，……太武始光之初，奉其书而献之。帝使谒者，奉玉帛

---

❶《隋书》卷七《礼仪志二》，第154页。按，“东镇晋州霍山镇”中的“东镇”当作“中镇”，参看汤勤福《仪式背后的政治诉求：以中镇霍山镇岳化为例》；王素《〈隋书〉“五镇”祭祀记载再检讨——兼谈其中占卜文字的误释问题》。

❷《大唐郊祀录》卷八《祭岳镇海渎》，第786页。

❸《魏书》卷一一四《释老志》，第3315—3318页。

牲牢，祀嵩岳，迎致其余弟子，于代都东南起坛宇，给道士百二十余人，显扬其法，宣布天下。太武亲备法驾，而受符箓焉。自是道业大行，每帝即位，必受符箓，以为故事，刻天尊及诸仙之象，而供养焉。迁洛已后，置道场于南郊之傍，方二百步。正月、十月之十五日，并有道士哥人百六人，拜而祠焉。后齐武帝迁邺，遂罢之。”[1] 显然，太武帝之后，北魏皇帝即位要受符箓已成为惯例，而道坛设立于南郊之侧，似乎意味着道教仪式与南郊大典的结合，这是极为引人注目的。

就五岳祭祀而言，它本是国家祭典中的重要组成部分，到北魏时，五岳祭祀也蒙上了明显的道教色彩。太武帝太延年间（435—439）所立的《后魏中岳嵩高灵庙碑》中，记载了北魏王朝为表彰寇谦之辅佐真君成太平之化，故遣道士为之修造中岳庙之事。该碑残损极为严重，所幸有善拓存世。1962年，邵茗生刊布了现存最早的陈叔通旧藏明前拓本（现归故宫博物院），并取略约同时且文字大致相同的《大代华岳庙碑》对个别字句进行推补，使得今日存字不足三分之一的古碑几为完璧。现将碑文相关部分转录如下（方括号内文字系邵氏据《大代华岳庙碑》文补，姑从之）：

> 有继天师寇君名谦[之，字]辅真，高[尚]素志，隐处中岳卅余年。岳镇主人集仙宫主[表奏]寇君行合[自然]，才[任轨范]，□是上神降临，授以九州真师，理治人鬼之政。佐国符命，辅导真君，成太平之化。俾宪章[古]典，诡复岳[祠]，可以晖赞功美。[天子□明神武，德合]窴真，遂案循科条，安立坛治，造天宫之静轮，俟真神之降仪。及国家征

[1] 《隋书》卷三五《经籍志四》，第1240页。

［讨不］庭，所向克捷，虽［云］人谋，［抑有神］祇之［助矣。于是］圣［朝思］惟古烈，虞夏之隆，殷周之盛，福祚［如］彼；近鉴叔世，秦汉之替，刘石之劣，［祸败］若此。又以天师□□［受对扬之决，乃□服食］□士，修诸岳祠。奉玉帛之礼，春秋祈报，有大事告焉。以旧祠毁坏，奏遣道士杨龙子更造新庙。太延□［年］□□□□□□□□□，□［时缙］绅之儒，好古之士，莫不欣遭大明之世，［复睹盛］德之事，慨然相与议曰："运极反真，乱穷则治，是以周［易贵变通，春］秋大［复古，泰平之基］，将［在］于斯。宜刊载金石，垂之来世。"❶

由此残碑，我们至少可以看出：第一，寇谦之奏请修岳祠，实际上不仅是嵩岳，而是"诸岳祠"；第二，负责修建新庙者为道士；第三，祭祀之礼为"奉玉帛之礼，春秋祈报"，则似乎仪式仍为传统儒家之礼。这些情况与同时所立的《大代华岳庙碑》可谓如出一辙❷。

---

❶ 邵茗生《记明前拓北魏中岳嵩高灵庙碑》，《文物》1962年第11期，第17—28页。后来邵氏又得见蒯氏旧藏明前拓半截本（现存南京博物院），经过对比，将某些原推补之字落实，见氏著《明前拓北魏中岳嵩高灵庙碑补记》，《文物》1965年第6期，第46—47页，今据以改定。《书法》杂志也曾于1988年第2期影印刊布了陈叔通藏明拓，第38—57页，跋文见王壮弘《北魏中岳嵩高灵庙碑及明初拓本》，第58页。又可参看王卡、尹岚宁《唐以前嵩山道教的发展及其遗迹——中岳嵩高灵庙之碑》，《中国道教》1989年第1期，第19—23页，他们重作录文，并由此探讨了唐以前嵩山地区的道教情况，但似未见邵氏后文。按，《八琼室金石补正》卷一二、《道家金石略》虽皆收录此碑，然俱未见善拓，故录文一依原石，余字无多。

❷《大代华岳庙碑》原石久佚，［宋］欧阳棐《集古录目》卷三有著录，跋曰："不著撰人名氏，后魏镇西将军略阳公侍郎刘元明书，太延中改立新庙，以道士奉祠，春祈秋报，有大事则告。碑以太延五年（439）五月立。"此为缪荃孙校辑本，见《石刻史料新编》第1辑第24册，第17959页。按赵明诚《金石录》也著录此碑，见《金石录校证》卷二，第320条，第31页，跋尾见同书卷二一，第386页。据邵茗生云，此碑"仅福山王氏藏有孤本，后归刘铁云，有正书局曾影印行世"，惜未得见。

而其反映的历史事实应该就是《魏书》所载："太延元年，立庙于恒岳、华岳、嵩岳上，各置侍祀九十人，岁时祈祷水旱。其春秋泮涸，遣官率刺史祭以牲牢，有玉币。"[1]

北魏道教仪式与南郊典礼的结合在北齐时被废除了，但五岳祭祀的道教色彩在某种程度上为隋王朝所继承。据《隋书》载："开皇十四年（594），将祠泰山，令使者致石像神祠之所。"[2]十五年正月"庚午，上以岁旱，祠太山，以谢愆咎，大赦天下"[3]。文帝祠泰山的仪式今天已不得而知，但从炀帝大业四年（608）八月祠祭北岳恒山的仪式来看，则也有明显的道教因素。史载："大业中，炀帝因幸晋阳，遂祭恒岳。其礼颇采高祖拜岱宗仪，增置二坛，命道士女官数十人，于壝中设醮。十年，幸东都，过祀华岳，筑场于庙侧。"[4]显而易见，文帝祠泰山，炀帝祠恒山、华山都有道士参与典礼，且仪式已采取道教自身的斋醮科仪[5]。对此，撰作《隋书》的初唐史官站在儒家传统的立场上批评道："事乃不经，盖非有司之定礼也。"但实际上，唐朝自身岳渎祭祀的道教化趋势更加明显。

---

[1]《魏书》卷一〇八之一《礼志一》，第2990页。

[2]《隋书》卷二二《五行志上》，第691页。据《册府元龟》卷一四三《帝王部·弭灾》一记："（开皇）十四年正月，以岁旱祀泰山，以谢愆咎，大赦天下。"（第1745页）然则此次祭祀泰山是为了祈雨。

[3]《隋书》卷二《高祖纪下》，第44页。

[4]《隋书》卷七《礼仪志七》，第155页。具体时间据同书卷三《炀帝纪上》，第80页。关于大业十年炀帝"过祀华岳，筑场于庙侧"一事，柳存仁《唐代以前拜火教摩尼教在中国之遗痕》曾疑其为摩尼教、火祆教相混之一民间崇拜的行事（氏著《和风堂文集》，上海古籍出版社，1991年，第521—522页），不过，结合上下文及隋文帝、炀帝祭祀泰山、恒山的方式，则似仍以理解为道教仪式为宜。

[5] 另据晚唐敦煌文书S.5448《敦煌录》记载："石膏山，在州北二百五十六里乌山峰，山石间出其膏。开皇十九年，乌山变白，中验不虚，遣道士皇甫德琮等七人祭醮。自后望如雪峰。"然则隋文帝时期祭祀边州之山，也要遣道士醮祭，这表明道教参与五岳祭祀绝非孤立的现象。李正宇论证了这条材料的真实性，见氏著《古本敦煌乡土志八种笺证》，台北：新文丰出版公司，1998年，第299—325页。

二 唐高宗封禅大礼中的道教因素

唐代的五岳祭祀体系出现一些新的特点。如前所述，从唐代开始，五岳四渎之神相继被朝廷授予人间爵位，这使其一方面保留着诸神的身分，另一方面则开始被视作人间的公侯。按唐代礼制，岳镇海渎与帝社、先蚕、释奠等一样列为中祀。据《新唐书·礼乐志五》的记载："其五岳、四镇，岁一祭，各以五郊迎气日祭之。东岳岱山于兖州，东镇沂山于沂州，南岳衡山于衡州，南镇会稽于越州，中岳嵩高于河南，西岳华山于华州，西镇吴山于陇州，北岳常山于定州，北镇医无闾于营州，东海于莱州，淮于唐州，南海于广州，江于益州，西海及河于同州，北海及济于河南。"[1] 参照《新唐书·地理志》的记载，可知这些岳镇海渎的具体祭祀地点是（地图2）：

> 五岳：泰山（兖州乾封县）、衡山（衡州衡山县）、华山（华州华阴县）、恒山（定州曲阳县）、嵩山（洛州登封县）；
>
> 四镇：沂山（沂州沂水县）、会稽山（越州会稽县）、吴山（陇州吴山县）、医无闾山（营州柳城县）；
>
> 四海：东海（莱州掖县）、南海（广州南海县）、西海（同州朝邑县）、北海（洛州济源县）；
>
> 四渎：江渎（益州成都县）、河渎（同州朝邑县）、淮渎（唐州桐柏县）、济渎（洛州济源县）。

此为礼典规定的常祀，从目前所见五岳祭祀的碑铭来看，这种常祀

---

[1] 《新唐书》卷一五《礼乐志五》，第380页。

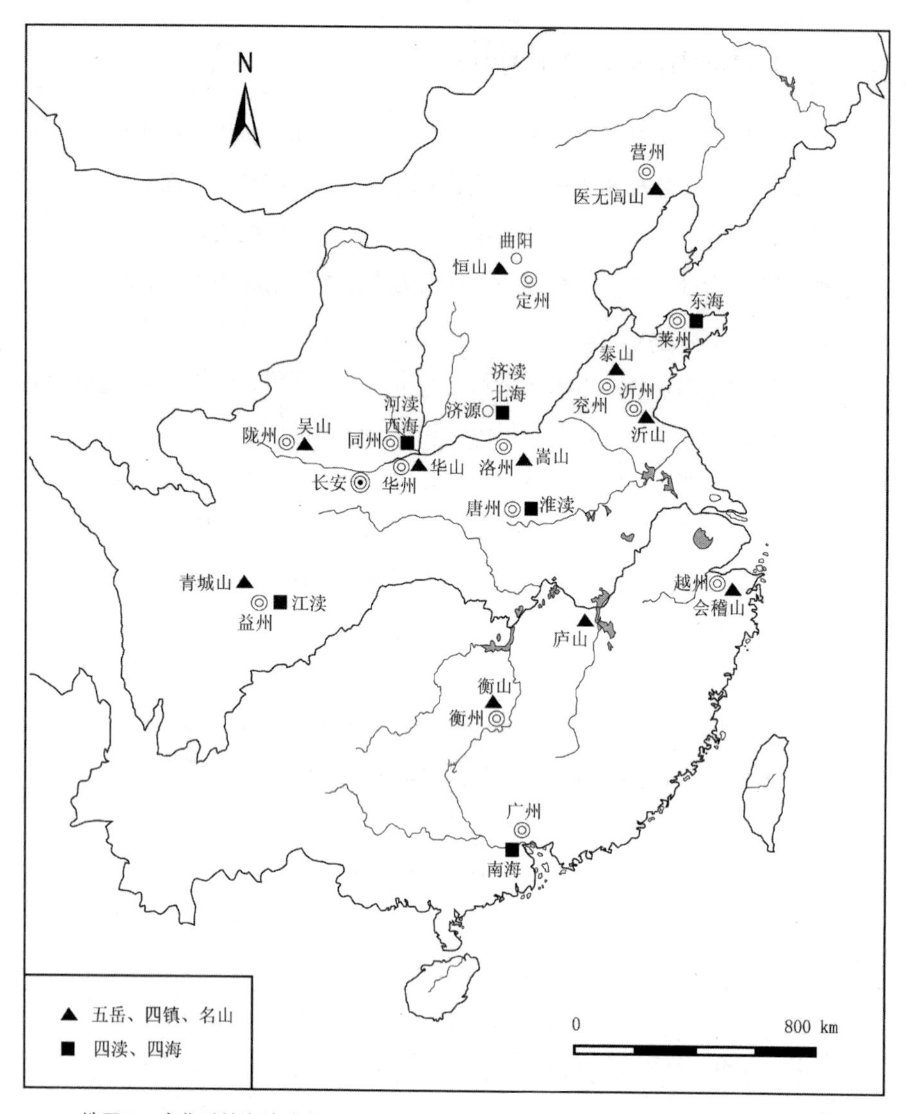

地图 2　唐代岳镇海渎分布图

被严格执行。同时，唐代又常常因水旱灾害、外族入侵、郊祀大典、新帝登基等大事而遣使致祭[1]。

与前代相比，唐代国家对于岳庙的管理明显增强了。首先，岳庙令的品级从隋代的视品官转为正员官，即从隋代的视从八品转为唐代的正九品上。其次，增加了庙令之下的管理祭祀人员。《旧唐书》载："五岳四渎庙，令各一人，正九品上。斋郎三十人，祝史三人。"[2]"庙令掌祭祀及判祠事。祝史掌陈设、读祝、行署文案。斋郎掌执俎豆及洒扫之事"[3]。在近刊天一阁藏北宋《天圣令》所附唐开元《杂令》"唐1"条中，对斋郎的人选有明确规定："其司仪署及岳渎斋郎，取年十六以上中男充，二十放还。"[4]同卷"唐8"条则规定：岳渎祝史、斋郎"并品子任杂掌，皆分为三番"[5]。按照唐《赋役令》的规定，这些岳渎斋郎"并免杂徭"[6]。按，隋代岳渎庙虽置令，但日常祭祀是由民间的"侧近巫一人主知洒扫"，唐朝时则被国家祭祀系统内的祝史与斋郎所取代了。而且，岳渎庙是作为掌管祭祀的国家行政机构而存在的，故享有官僚体系的一切特权。例如，按《唐六典》的规定，岳渎可各占有公廨田一顷，而作为九品官的庙令则与镇、戍、关、津的官员一样，可享有一顷五十亩的职分田[7]。

---

❶ 基本情况，参看章群《唐代祠祭论稿》下篇附表一《唐代祠祭异动表》，台北：学海出版社，1996年，第101—158页。

❷《旧唐书》卷四四《职官志三》，第1924页。

❸《唐六典》卷三〇"镇戍岳渎关津官吏"条，第756页。

❹《天一阁藏明抄本天圣令校证：附唐令复原研究》，天一阁博物馆、中国社会科学院历史研究所天圣令整理课题组校证，北京：中华书局，2006年，第432页。

❺《天一阁藏明抄本天圣令校证：附唐令复原研究》，第432页。

❻《天一阁藏明抄本天圣令校证：附唐令复原研究》，《赋役令》卷二二"唐18"条，第393页。

❼《唐六典》卷三"户部郎中员外郎"条，第75—76页。

更重要的是，北朝与隋代以来岳渎祭祀的道教化趋势还在继续，甚至在封禅这样最高等级的国家礼仪中也有所体现。如所周知，封禅是中国古代封建王朝举行的最为神圣的礼仪活动，是宗教性与政治性的结合，它主要起源于上古对山川的自然崇拜，在秦汉统一帝国进行文化整合的过程中，融进了各地区、各学派的理论，并逐步归结在儒家的框架之中。对于封禅的起源和性质，前辈学者已经作过许多细致的研究[1]，就实践而言，虽然有着种种传说，但历史上首位真正举行封禅大典的帝王当是秦始皇。后来汉武帝、东汉光武帝、唐代的高宗、武则天、玄宗以及宋真宗也曾举行了封禅之礼。有趣的是，唐宋时期，封禅这样的国家大典呈现出明显的道教因素，下面就以唐高宗的封禅活动为个案，来观察唐代道教与国家礼仪关系之一侧面。

东汉光武帝之后第一位封禅的皇帝是唐高宗，在武后的支持下，他于乾封元年（666）完成了封禅泰山的大典，这距光武封禅已有六百余年了。麟德二年（665）十月，高宗车驾从东都出发，开始了封禅之旅，第二年春正月抵达泰山脚下，直到四月才回到长安。在此之前，朝廷里的礼官学士对封禅礼仪中大到仪式的次序排列、祀坛建筑，小到玉册形制、皇帝服饰等问题进行了热烈的讨论，这些内容都还保存在《唐会要》等文献中，可以看出时人是如

[1] 参看福永光司《封禅説の形成——封禅の祭祀と神仙思想》，《東方宗教》第6、7号，1954—1955年，此据氏著《道教思想史研究》，东京：岩波书店，1987年，第207—264页。串谷美智子《封禅にみられる二つの性格——宗教性と政治性》，《史窓》第14号，1959年，第59—68页。詹鄞鑫《巡守与封禅——论封禅的性质及其起源》，《华东师大学报》1990年第3期，第29—33页。丁光勋《简论秦汉时期的封禅》，《上海师范大学学报》1992年第3期，第84—89页。关于汉武帝的封禅，还可参看陆威仪的研究：Mark Edward Lewis, "The *Feng* and *Shan* Sacrifices of Emperor Wu of the Han," in *State and Court Ritual in China*, ed. Joseph P. McDermott, Cambridge: Cambridge University Press, 1999, pp. 50-80，此文对于秦汉封禅与文化整合的论述颇多新意。

何重视这次大典。虽然这些材料显示出他们立论的基础仍为各种儒家经典，但在活动具体的展开过程中，这次封禅似乎笼罩着一层淡淡的道教色彩，这一点，并未引起曾专门讨论唐代封禅礼仪的魏侯玮的注意[1]。

一个饶有兴味的事实是：在举行封禅之前，高宗曾先令嵩山道士刘道合上泰山举行祈福仪式。据《旧唐书》云："道士刘道合者，陈州宛丘人。初与潘师正同隐于嵩山。高宗闻其名，令于隐所置太一观以居之。召入宫中，深尊礼之。及将封太山，属久雨，帝令道合于仪鸾殿作止雨之术，俄而霁朗，帝大悦。又令道合驰传先上太山，以祈福祐。"[2] 按刘道合又见于开元六年（718）十月所立的《大唐大弘道观主故三洞法师侯尊［师］（敬忠）志文》（图2），内云：侯敬忠于"龙朔二载（662），睿宗帝降诞日，□出家焉，便居郑崇灵观。既名列道枢，而愿进真位，遂诣中岳太一观刘合尊师□（处）受《真文》《上清》，便于嵩阳观黄尊师处听读《庄》、《老》"[3]。志文中的"中岳太一观刘合尊师"，无疑就是《旧唐书》中的刘道合，而"嵩阳观黄尊师"则为黄元颐（或省称为黄颐）[4]，此二人同于嵩山修道，又经常在一起为高宗举行斋醮仪式。据北宋

[1] Howard J. Wechsler, *Offerings of Jade and Silk: Ritual and Symbol in the Legitimation of the T'ang Dynasty*, New Haven: Yale University Press, 1985, Chapter 9: "The *Feng* and *Shan* Sacrifices," pp. 170–194.

[2]《旧唐书》卷一九二《隐逸·刘道合传》，第5127页。

[3] 吴钢主编《全唐文补遗》第二辑，西安：三秦出版社，1995年，第434页。又见周绍良主编《唐代墓志汇编》开元076号，第1207—1208页。拓片图版见北京图书馆金石组编《北京图书馆藏中国历代石刻拓本汇编》第21册，郑州：中州古籍出版社，1989年，第95页。

[4] 关于黄颐，《旧唐书》卷一九二《隐逸·王希夷传》载："王希夷，徐州滕县人也。孤贫好道，父母终，为人牧羊，收佣以供葬。葬毕，隐于嵩山，师道士黄颐，向四十年，尽能传其闭气导养之术。"第5121页。

图 2 《大唐大弘道观主故三洞法师侯尊师（敬忠）志文》

采自北京图书馆金石组编《北京图书馆藏中国历代石刻拓本汇编》第 21 册，第 95 页

贾善翔《犹龙传》卷五《大唐圣祖》记载："高宗龙朔二年二月在洛阳宫，忽然有感，问侧近有何古迹。老臣奏曰：'皇城之北山有老子祠，每祈请，立有灵感。'乃敕洛州长史谯国公许力士特建清庙。……立殿毕，敕内侍监宫闱令权大方监道士郭行真、黄元颐、刘道合等，以其年二月二十七日夜建道场，庆赞设醮。"[1] 显然，与

[1] 贾善翔《犹龙传》卷五《大唐圣祖》，《道藏》第 18 册，第 29 页。

潘师正一样，刘道合是高宗时著名的高道[1]，所以封禅大典之前在泰山举行道教仪式以祈福的重任就落在了他的肩上。

就在封禅大典顺利完成之后，离开泰山之前，高宗下诏："兖州置寺观各三所，观以紫云、仙鹤、万岁为称，寺以封峦、非烟、重轮为名。"[2] 同时天下诸州也各置观、寺一所[3]。按兖州所置三座道观之得名来自封禅时的祥瑞——当时封禅的三坛也因之而改名：山下的封祀坛改为鹤舞台，岱顶的封祀坛（亦称介丘坛）改为万岁台，社首山上的降禅坛则改为景云台[4]。显然观名与坛名同源。这既是对于天下的普遍恩泽，同时似乎也可视作对于刘道合祈祷而得岳神福佑的一种回报。至于天下诸州各置观、寺一所，对于道教尤其意义非常，正如巴瑞特（T. H. Barrett）所说，这是道教首次在全国范围内有了国家支持的道观网络，而这种网络对于佛教而言，早在隋代就已具备了[5]。

封禅大典刚刚结束，高宗便下令在泰山举行了一次道教的投龙仪式。投龙致祭乃是道教科仪，它源于道教的天、地、水三官信仰，刘宋时已初步形成仪式，其一般方式是将写有愿望的文简和玉璧、金龙、金钮用青丝捆扎，举行醮仪后，投入名山大川、岳渎水府，作为升度之信，以奏告三元。之所以要使用金龙玉简，可能是

---

[1] 刘道合在嵩山太一观所传为上清别派，晚唐敬宗皇帝之师刘从政即出自这一系。参看拙撰《传法紫宸——敬宗之师升玄先生刘从政考》，《中华文史论丛》2017年第1期，第59—88页。

[2]《册府元龟》卷三六《帝王部・封禅二》，第394页。

[3]《旧唐书》卷五《高宗本纪下》，第90页。

[4]《旧唐书》卷二三《礼仪志三》，第888页。

[5] T. H. Barrett, *Taoism under the T'ang: Religion & Empire during the Golden Age of Chinese History*, p. 31.

要以金玉表示盟誓之坚[1]。目前已发现一些唐以来的“投龙简”实物，如1982年在嵩山发现的武则天久视元年（700）中岳投龙金简（彩版2）[2]，又如清道光年间出土的玄宗开元二十六年（738）南岳投龙铜简（图3）[3]，以及五代吴越国王钱镠、宋徽宗等的投龙玉简等。王育成对包括这些投龙简在内的道教简牍实物进行了综合研究[4]，可以参看。

封禅之后的投龙仪式在传世文献中并未记载，但在石刻材料中有所反映，即泰山顶上的《王知慎等题名》。沙畹很早就揭示了这条材料，他认为这是已知最早的投龙记录，并注意到其举行恰在封禅大典之后[5]。前辈学者敏锐的学术眼光令人钦佩，不过，由于此件石刻残损得非常严重，而他当时所依据的是唐仲冕的《岱览》，只语及一两句文字，在对其中的王知慎进行简单考释之外，并未进行

---

[1] 关于道教的投龙仪，沙畹的研究是奠基性的，见Édouard Chavannes, “Le Jet des Dragons,” *Mémoires Concernant l’Asie Orientale* 3（1919）: pp. 53–220。近些年的新成果颇多，参看神塚淑子《道教儀礼と龍——六朝・唐代の投龍簡をめぐって》，《日中文化研究》第3号，东京：勉诚社，1992年，第126—134页。张泽洪《道教斋醮科仪研究》第三章第三节《投龙简仪》，成都：巴蜀书社，1999年，第189—199页。周西波《敦煌写卷P. 2354与唐代道教投龙活动》，《敦煌学》第22辑，1999年，第91—109页。刘昭瑞《从考古材料看道教投龙仪——兼论投龙仪的起源》，收入陈鼓应、冯达文主编《道家与道教：第二届国际学术研讨会论文集（道教卷）》，广州：广东人民出版社，2001年，第475—501页。葛兆光《唐宋时期道教的投龙》，收入氏著《屈服史及其他：六朝隋唐道教的思想史研究》，北京：生活・读书・新知三联书店，2003年，第219—226页。

[2] 见陈垣编纂，陈智超、曾庆瑛校补《道家金石略》，北京：文物出版社，1988年，93页。图版见洛阳市文物管理局编《古都洛阳》，北京：朝华出版社，1999年，第144页。

[3] 录文见《道家金石略》，第122页。图版见Liu Yang, “Images for the Temple: Imperial Patronage in the Development of Tang Daoist Art,” *Artibus Asiae* 61:2（2001）: pp. 216, Fig. 13–14。

[4] 王育成《考古所见道教简牍考述》，《考古学报》2003年第4期，第483—510页。

[5] Edouard Chavannes, “Le Jet des Dragons,” p. 91. 按，叶昌炽亦以此刻为唐代投龙最古者：“隋以前未闻，唐乾封间，仰天洞王知慎投龙纪为最古。”见叶昌炽著、柯昌泗评《语石・语石异同评》卷五，北京：中华书局，1994年，第363页。

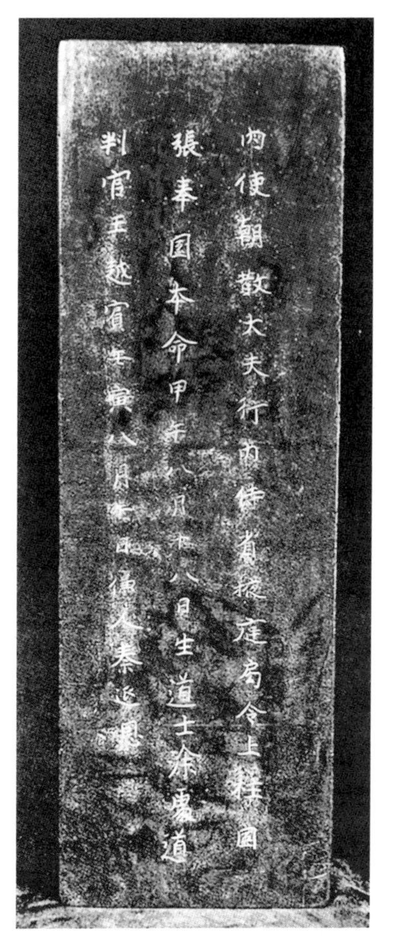

图3 唐玄宗南岳投龙简（正、背面）：开元二十六年（738）

采自 Liu Yang, "Images for the Temple: Imperial Patronage in the Development of Tang Daoist Art," Fig. 13–14

录文。事实上，在乾隆六十年（1795）由毕沅、阮元所辑的《山左金石志》中对此就有比较详细的录文，或因其名太过普通，所以很少有人注意。据载，此题名"正书，崖高三尺八寸，广二尺六寸，在泰安县岱顶仰天洞西"。虽然此题名为明人加刻之字所掩，残缺颇甚，但颇可说明一些问题，故在此录文如下：

（第一行模糊不能识）

判官兼□□羽仪作官府寺丞王知慎

城作坊检校造封禅□御作布政府□□□千信□宣德郎行宫门整备大（下阙）

行内府监主簿王知敬　兵（下阙）道　内府监录事左君植

左（下阙）□中尚监作吕铁拴（下阙）

（上阙）皇甫瞻　主簿敬孝友　□□司户许行真　高陵县主（下阙）

判官郊社令薛□□　行□官署令上□□□贞

掌□事李（下阙）纪□张统师

乾封元年二月一日记

（上阙）西台主书□都尉王行直、冯承素、孙表□

（上阙）□乾封元年□月十五日从　祭至此故记

（上阙）乾封元年二月十□日奉　敕投龙璧于介丘记

（上阙）少监□□智（下阙）

（上阙）令崔元泰（下阙）

岱岳令牛成[1]

---

[1] 毕沅、阮元《山左金石志》卷一一，《石刻史料新编》第1辑第19册，第14502页。按，此石刻在萧儒林《泰安金石志》（乾隆年间重修《泰安县志》卷一三）中有著录，题为“奉敕投龙璧题名”，有简单跋文，内中所引与《山左金石志》所录略异，惜无较全录文可资对照，见《石刻史料新编》第3辑第25册，台北：新文丰出版公司，1986年，第582—583页。另，嘉庆二年（1797）二月黄易曾于岱顶“稍东石壁拓得乾封元年设醮题名”，应即此刻，见氏著《岱岩访古日记》，《石刻史料新编》第3辑第28册，第86页。缪荃孙《艺风堂金石文字目》卷四著录此石为“仰天洞题刻四段”，《石刻史料新编》第1辑第26册，第19585页，而北京大学图书馆则藏有一通缪荃孙艺风堂旧藏的拓本，编号为：艺20238，惜漫漶过甚，可补《山左金石志》者极为有限。此外著录该题刻者，尚有孙星衍《寰宇访碑录》卷三（《石刻史料新编》第1辑第26册，第19882页），及法伟堂《山左访碑录》卷三（《石刻史料新编》第2辑第12册，第9071页），惜均无录文可资参考。

因为这通题刻残缺过甚，对其进行详细解说并不太容易。比较稳妥的做法，似乎还是将其分为三部分：（1）王知慎等题名。这款题名者当中既有专掌祭祀的郊社令，还有专管封禅羽仪的内府监（即少府监，龙朔二年改称）官员，他们无疑都是高宗封禅大典的参加者和服务者。按高宗此次封禅，正月十二日登封，十三日禅祭，十四日朝觐。上述这些人在二月一日留下了题记。至于王知慎其人，乃是唐初的名画家，张彦远《历代名画记》将其画作列为中品下，并说他“终少府监，工书画，与兄知敬齐名。僧悰云：‘师于阎，写貌及之，笔力爽利，风采不凡。’在张孝师下”❶。有趣的是，这兄弟二人的名字同时出现在这则题刻上。（2）王行直等题名。他们于同年□月十五日从祭至此，留下另一通题记。从其所在的位置来看，阙字似当为“二”，即二月十五日。（3）少监□□智、□□令崔元泰、岱岳令牛成等题名，这才是奉敕进行道教投龙仪式的官员。看来，这次投龙仪式至少有从四品下的少府少监或将作少监参与❷。至于崔元泰，疑即当地的地方官——乾封县令，因为从《岱岳观碑》来看，投龙仪式上往往有当县官员参加❸。第（2）（3）部分的题名之间有没有联系，即西台主书王行直等人所谓“从祭至此”，是否就是二月十□日的投龙仪式？虽然不敢断言，但这种可能是相当大的。无论如何，就在封禅大礼的第二月，泰山之上便又举行了一场投龙仪式，而地点正在泰山之巅的封禅之所——介丘。按《初学记》卷五云泰山“山顶西岩为仙人石闾，东岩为介邱，东南岩名日

❶《历代名画记》卷九，第173页。

❷ 按，龙朔二年改官府名称，有少监之称者，唯少府少监改称的“内府少监”及将作少匠改称的“缮工少监”。

❸ 例如：景龙二年（708）八月举行的一次投龙仪式上，就有乾封县令张怀贞的参与。《金石萃编》卷五三，《石刻史料新编》第1辑第2册，第891页。因为封禅大礼，泰山所在的原博城县更名为乾封县，见《新唐书》卷三八《地理志二》，第995页。

观”[1]。史载乾封元年正月“己巳，帝登于泰山，封玉牒于介丘”[2]。当时“介丘”甚至被用作封禅的代称，如高宗时的一道《停封禅及幸东都诏》曰：“……海东二蕃，久愆职贡，近者命帅薄伐，……介丘大礼，及幸东都，并宜且停。”[3]在这方题名中我们虽然没有看到道士的痕迹，然而投龙仪式没有他们的参与是不可想象的。

让我们再来看看时人对这次封禅活动的看法。五年之后，即咸亨二年（671），初唐四杰之一的卢照邻为益州至真观主黎君所撰碑文中有这样一段话：

> 皇家纂戎牝谷，乘大道而驱除；盘根濑乡，拥真人之阀阅。高祖以汾阳如雪，当金阙之上仙；太宗以崆山顺风，属瑶京之下视。我皇帝凝旒紫阁，悬镜丹台，运璇极而正乾坤，坐阊阳而调风雨。……银书纪岱，登日观以论功；玉牒封梁，下云丘而校美。千龄胎化，申以驾羽之期；万岁岩音，献以华封之寿。畊田凿井者不知自然，鼓腹击壤者不知帝力。呜呼！岂非道风幽赞之效与！乃回舆诏跸，亲幸谯苦，奉策老君为太上皇帝，仍令天下诸州各置观一所。于是碧楼三袭，上接虹蜺；绛阙九成，下交星雨。乘云御气，日夕于关山；荐璧投金，岁时于岳渎。[4]

---

[1]《初学记》卷五《泰山第三》，第94—95页。

[2]《册府元龟》卷三六《帝王部·封禅二》，第393页。

[3]《全唐文》卷一二，第149页。

[4] 卢照邻《益州至真观主黎君碑》，《卢照邻集笺注》卷七，祝尚书笺注，上海古籍出版社，1994年，第415—416页。撰文年代据《卢照邻集编年笺注》卷七，哈尔滨：黑龙江人民出版社，1989年，第454—455页；又参傅璇琮主编《唐五代文学编年史·初盛唐卷》，沈阳：辽海出版社，1998年，第213页。此碑今又收入龙显昭、黄海德主编《巴蜀道教碑文集成》，成都：四川大学出版社，1997年，第13—20页，惜录文未参考《卢照邻集》的各家笺注本，错误颇多。

按卢照邻曾与初唐道教重玄学的重要人物如李荣等过从甚密，而此“黎君”全名为黎元兴，即《海空经》的作者黎兴，也是重玄学的一座重镇[1]。不难看出，碑文一方面对李唐皇室与老子的关系大加宣传，所谓“拥真人之阀阅”，另一方面，特别将高宗封禅泰山的盛典及其带来的太平归功于“道风幽赞之效”，并将登封后行幸亳州，尊老子为太上玄元皇帝、诸州置观等活动视为对此之报答。这一点颇值得注意，因为此碑虽系为道士所作，或有刻意将封禅与道教相联系之嫌，但无论如何，它反映了当时人们的一种看法，至少反映了道教方面的某种愿望。

正因为高宗封禅活动中有颇为明显的道教因素，在民间遂流传着高宗令宰相刘仁轨入华山，向道士李播询问是否可以封禅的故事。戴孚的《广异记》载：

> 高宗将封东岳，而天久霖雨。帝疑之，使问华山道士李播，为奏玉京天帝。播，淳风之父也。因遣仆射刘仁轨至华山，问播封禅事。播云：“待问泰山府君。”遂令呼之。良久，府君至，拜谒庭下，礼甚恭。播云：“唐皇帝欲封禅，如何？”府君对曰：“合封，后六十年，又合一封。”播揖之而去。时仁轨在播侧立，见府君屡顾之，播又呼回曰：“此是唐宰相，不识府君，无宜见怪。”既出，谓仁轨曰：“府君薄怪相公不拜，令左右录此人名，恐累盛德，所以呼回处分耳。”仁轨惶汗久之。播曰：“处分了，

[1] 关于卢照邻与道教的关系，参看兴膳宏《初唐の詩人と宗教——盧照鄰の場合》，吉川忠夫编《中國古道教史研究》（京都：同朋舍，1992年），此据曹虹等中译本《初唐的诗人与宗教——从卢照邻来考察》，《中国典籍与文化论丛》第二辑，北京：中华书局，1994年，第329—368页。关于黎元兴其人，参看卢国龙《中国重玄学》，北京：人民中国出版社，1993年，第286—287页。

当无苦也。”其后帝遂封禅。[1]

李播在历史上实有其人，系李淳风之父。按《旧唐书·李淳风传》："父播，隋高唐尉，以秩卑不得志，弃官而为道士，颇有文学，自号黄冠子。注《老子》，撰《方志图》，文集十卷，并行于代。"[2]则李播无疑是位名重于时的高道。从泰山府君所云"后六十年，又合一封"之语来看，这个传说的定型无疑在玄宗开元十三年（725）封禅之后。事件本身的真实与否可以不论，但它真切反映了唐人对封禅大典与道教关系的认识：人间帝王的封禅与否，系由道教之"玉京天帝"决定，高道通过传唤泰山神可以提前探知消息。显然，这个故事也是在为高宗封禅的合法性进行宗教论证。在《太平广记》中，另有一则题为《李清》的故事也反映了道教徒对于封禅活动的热心：李清是一个求仙学道者，隋开皇四年入青州城南的云门山，后遇仙人传授，到永徽元年（650）出山，"齐鲁人从而学道术者凡百千辈，至五年，乃谢门徒云，吾往泰山观封禅。自此莫知所往"[3]。这则故事出自《集异记》，据《新唐书·艺文志》载，该书作者薛用弱在穆宗长庆中曾任光州刺史[4]，然则李清的故事当流传于中唐之前[5]，它也从一个侧面暗示了唐人眼中封禅与道教的关系。

那么，为什么高宗的封禅活动会出现这样的道教因素呢？其

[1] 此据《太平广记》卷二九八"李播"条，第2371页。方诗铭辑本见《冥报记 广异记》，北京：中华书局，1992年，第45—46页。

[2]《旧唐书》卷七九《李淳风传》，第2717页。

[3]《太平广记》卷三六"李清"条，第232页。

[4]《新唐书》卷五九《艺文志三》，第1541页。

[5] 按云门山也是唐代国家投龙之处，现存有天宝十一载（752）北海郡太守赵居贞的《云门山投龙诗》，见《道家金石略》，第145页。在后世民间文学中，李清与云门山的故事被附会了更丰富的传说，参看吴真《孤本说唱词话〈云门传〉研究》，北京：中华书局，2020年。

实，这并不是一个孤立的、突然的事件，而是长期以来道教参与国家祭典的努力及五岳祭祀道教化之必然结果，当然，这也与高宗一朝的崇道倾向密切相关。

如所周知，秦汉时的封禅活动与齐鲁方士所盛称的神仙之说关系密切相关[1]，而后者正是道教的来源之一，这也就意味着作为国家礼仪的封禅与道教之间本无不可逾越的鸿沟。事实上，道教虽然有自己独特的创世说与神仙谱系，但它与王朝正统的祭祀有着非常密切的关系。对于儒家经典所规定的祭祀，道教是承认的。例如在《陆先生道门科略》中，陆修静指出："唯天子祭天，三公祭五岳，诸侯祭山川，民人五腊吉日祠先人，二月八月祭社灶，自此以外，不得有所祭，若非五腊吉日而祠先人、非春秋社日而祭社灶，皆犯淫祠。"[2] 显然，陆修静对于国家祭典中的祭天与五岳山川祭祀表示了尊敬。李零在研究两枚先秦时期有关祷病礼俗和山川祭祀的玉版时，曾提示我们注意这类玉版与目前发现的唐宋封禅玉册及唐以来道教投龙简之间的相似性[3]。这种相似性从一个侧面表明，无论

---

[1] 参看前引福永光司《封禅説の形成——封禅の祭祀と神仙思想》。

[2]《道藏》第24册，第779页。

[3] 李零《秦骃祷病玉版的研究》,《国学研究》第六卷，北京大学出版社，1999年，第525—548页；又参同氏《入山与出塞》,《文物》2000年第2期，第87—95页。据李零介绍，1931年山东泰安蒿里山曾出土唐玄宗、宋真宗禅地玉册，今藏台北故宫博物院，"前者15枚（分为三版），每简长29.2—29.8、宽3、厚1厘米，刻字填金一行书，为白色大理石（汉白玉）。后者16枚，每简长29.5—29.8、宽2、厚0.7—0.75厘米，刻字填金一行书，为白色闪玉。两者都是唐宋时期的一尺简（唐一尺约合30.3厘米，北宋一尺约合31.6厘米）"。不过，唐高宗乾封元年的封禅玉册的形制似与玄宗之制略有不同，原物今虽尚未发现，但据《旧唐书·礼仪志三》，乾封玉简的形制为"每简长一尺二寸，广一寸二分，厚三分"（第885页）。然则并非一尺简。有趣的是，这与道经所载之投龙简的形制却非常接近。据陆修静《太上洞玄灵宝授度仪》所载投龙之仪："凡简长一尺二寸、阔二寸四分、厚三分。"(《道藏》第9册，第857页）二者相较，长、厚完全相同，宽则有一半之差。

是国家封禅典礼所用的玉册，还是道教的投龙玉简，都源于中国古老的以玉来祭祀山川的传统[1]。进而，经过北朝以来道教对国家岳渎祭祀的长期渗透，到唐高宗封禅时出现明显的道教因素，自然不足为奇。

高宗一朝是唐代宗教政策定型的重要时期，如窪德忠教授所云，高祖设想的宗教统一管理政策，到高宗时代才得以实现，乾封元年封禅泰山之后在全国设立寺观便是反映[2]。的确，封禅泰山是一个划时代的事件，就在封禅之后的次月，高宗车驾"次亳州，幸老君庙，追号曰太上玄元皇帝，创造祠堂，其庙置令、丞各一员。改谷阳县为真源县，县内宗姓特给复一年"[3]。这是唐代追尊老子为玄元皇帝的开始，道教从此获得比较特殊的地位。巴瑞特也认为高宗朝是李唐对道教政策的转变点，从此走向充分发展神权政治之路[4]。其实早在显庆六年（661），也就是封禅大典举行之前五年，高宗就曾派道士郭行真带领弟子在泰山举行了一场道教的斋醮仪式，并有造像等活动。这也是著名的《岱岳观碑》上所刻的第一条材料："显庆六年二月廿二日，敕使东岳先生郭行真、弟子陈兰茂、杜知古、马知止奉为皇帝皇后七日行道，并造素像一躯，二真人夹侍。"[5] 另据《续高僧传》卷二二载："麟德元年（664），今上造老子像，敕送芒（邙）山，仍令洛下文物备列。时长史韩孝威妄托天

---

[1] 关于汉宋之间国家祭祀礼仪中玉器的使用，参看詹德隆《汉魏至唐宋时期的玉礼器初探》，《文博》1997年第4期，第33—42、50页；《汉魏至唐宋时期的玉礼器初探（续）》，《文博》1997年第5期，第38—49页。

[2] 窪德忠《道教史》，萧坤华译，上海译文出版社，1987年，第164—165页。

[3]《旧唐书》卷五《高宗本纪下》，第90页。

[4] T. H. Barrett, *Taoism under the T'ang: Religion & Empire during the Golden Age of Chinese History*, pp. 29–30.

[5]《金石萃编》卷五三，第888—889页。

威，黄巾扇惑，私嘱僧尼普令同送。”[1] 毋庸置疑，高宗这些崇道活动都为之后封禅活动中所呈现的道教因素埋下了伏笔。在封禅大典之后，建立明堂又提到朝廷的议事日程，而在总章二年（669）三月关于置立明堂的诏书中，除了征引儒家经典外，又数次征引《道德经》《庄子》《文子》等道家经典来讨论明堂规制[2]，这亦是引人注目的现象。另外，上元元年（674）十二月武则天在建言十二疏中，更请“王公百僚皆习《老子》，每岁明经一准《孝经》《论语》例试于有司”[3]。她真实的想法可置而不论，但迎合高宗信仰之态度则是明显的。

要言之，道教与作为国家祭典的封禅活动本有天然的契合之处，从北魏以来，道教力图使自己的仪式与王朝礼仪结合起来，这在南郊和五岳祭祀上都有所体现，而 6 个多世纪以来首次举行的唐高宗封禅大典中出现了某些道教的因素，正是这一倾向的继续[4]。

三 道教徒马元贞与武周革命的政治宣传

早在 1935 年，陈寅恪撰就《武曌与佛教》一文，探讨了武后先世杨隋皇室的佛教信仰及对武后的影响，并分析了她对佛教图谶的利用[5]。1962 年，汤用彤在一篇短文中则根据英藏敦煌文书 S.6502 及 S.2658《大云经疏》中征引的道士寇谦之铭指出：“是则

---

[1]《续高僧传》卷二三《唐洛州天宫寺释明导传》，第 882 页。

[2]《旧唐书》卷二二《礼仪志二》，第 856—862 页。

[3]《旧唐书》卷五《高宗本纪下》，第 99 页。

[4] 在唐代之后还有一次封禅，即北宋真宗时的“天书封禅”运动，历来研究颇多。最新的讨论，参看张维玲《从天书时代到古文运动：北宋前期的政治过程》第一章《渴望封禅——宋太祖、太宗朝对统治正当性的追求》，上海古籍出版社，2023 年，第 19—77 页。

[5] 陈寅恪《武曌与佛教》，原刊《中研院史语所集刊》第 5 本第 2 分（1935 年），此据氏著《金明馆丛稿二编》，北京：生活·读书·新知三联书店，2001 年，第 153—174 页。

其登极所用之符谶，固非专依佛教，并有道教。”[1] 1974年，饶宗颐发表了《从石刻论武后之宗教信仰》，主要利用石刻碑铭材料对这一课题进行了进一步的探讨，认为武后的宗教信仰前后有重大转变，在其与薛怀义接近时期，出于利用的目的而崇佛。及至晚年常游幸嵩山，求长生，故兴趣转移于道教[2]。1976年，富安敦出版了《七世纪末中国的政治宣传与意识形态》一书，通过对S.6502残卷的深入分析，揭示了佛教徒对武周革命的支持，他认为这件文书就是法明等十位僧人于载初元年（690）七月所上的《大云经神皇授记义疏》，乃是武周革命时重要的政治宣传品[3]。之后李斌城、王永平等先生又进而探讨了武则天与道教的关系以及武周时期道教的发展等相关问题[4]。神塚淑子则由1982年嵩山出土的金简入手分析了武则天的个人信仰，从投龙与封禅探讨了国家祭祀与道教关系，最后通过对王玄览《玄珠录》中“心”的概念的分析，考察了这一时期道教理论的发展[5]。以上研究使我们对武则天与宗教关系的认识渐趋深化，但还有一些具体问题有待研究，本节即以长安金台观主马

---

[1] 汤用彤《从〈一切道经〉说到武则天》，原刊《光明日报》1962年11月21日《史学》版，此据《汤用彤全集》第七卷，石家庄：河北人民出版社，2000年，第42—47页。

[2] 饶宗颐《从石刻论武后之宗教信仰》，原刊《“中研院”史语所集刊》第45本第3分（1974年），此据《饶宗颐史学论著选》，上海古籍出版社，1993年，第504—531页。

[3] Antonino Forte, *Political Propaganda and Ideology in China at the End of the Seventh Century. Inquiry into the Nature, Authors and Function of the Tunhuang Document S.6502, Followed by an Annotated Translation*, Napoli: Istituto Universitario Orientale, 1976. 此据修订版：Second Edition, Kyoto: Scuola Italiana di Studi sull'Asia Orientale, 2005。

[4] 李斌城《武则天与道教》，武则天研究会、文水武则天纪念馆编《武则天与文水》，太原：山西人民出版社，1989年，第198—212页。王永平《论武周朝政治与道教的继续发展》，收入赵文润、李玉明编《武则天研究论文集》，太原：山西古籍出版社，1998年，第246—259页。

[5] 神塚淑子《則天武后期の道教》，收入吉川忠夫编《唐代の宗教》，京都：朋友书店，2000年，第247—268页。

元贞在武周革命前后的活动为个案，对道教与此期政治宣传的关系作进一步探讨，并由此分析岳渎祭祀沟通国家礼制与民众信仰的重要功能。

在《从石刻论武后之宗教信仰》一文中，饶宗颐曾提示我们注意泰山《岱岳观碑》上武周时期的道教造像建醮题记[1]。此碑当年立于泰山东南麓王母池之岱岳观，由两块石碑上施石盖，合而束之而成，故又称双束碑，民间又俗称为鸳鸯碑（彩版3、图4），现藏于岱庙之中，历代著录此碑的金石学著作极多[2]。此碑镌刻着从高宗乾封元年（666）到代宗大历八年（773）的二十余则奉敕建醮造像的题记，对研究唐代国家祭祀与道教的关系具有非常重要的作用。在此，值得我们特别重视的是天授二年（691）初的那则题记，先录文如下（武周新字皆回改通用字，下引武周时期碑文同）：

> 大周天授二年岁次辛卯二月癸卯朔十日壬子，金台观主中岳先生马元贞，将弟子杨景初、郭希玄，内品官杨君尚、欧阳智琮奉圣神皇帝敕，缘大周革命，令元贞往五岳四渎投龙作功德。元贞于此东岳行道，章醮投龙，作功德一十二日夜。又奉敕敬造石元始天尊像一铺，并二真人夹侍，永此岱岳观中供养。祇承官宣德郎行兖州都督府仓曹参军事李叔度。[3]

按武则天改唐为周是在天授元年（690）九月九日。很显然，革命之后仍有进一步巩固政权的需要，因此武则天敕马元贞等到五岳四

[1] 饶宗颐《从石刻论武后之宗教信仰》，第516—517页。

[2] 参看杨殿珣《石刻题跋索引》，北京：商务印书馆，1990年，第296页。又参米运昌《泰山唐代双束碑与武则天》，《故宫博物院院刊》1986年第3期，第93—96页。

[3]《道家金石略》，第79页。

图 4 《岱岳观碑》碑侧
雷闻拍摄

渎投龙作功德，其目的当然是向上天和百姓宣扬“大周革命”之正当性。最近，在泰山绝顶玉皇庙山门前的无字碑（传为秦始皇所立封禅志石）上又发现了马元贞的一则题记，有 3 行，每行 20 字，虽残毁过甚，但尚有余字依稀可辨：第 1 行存“卯朔”二字，第 2 行存“马元贞奉”四字，第 3 行存“帝”“投龙”三字[1]。不难看出，这则题记与上述《岱岳观碑》的题记一样，都是马元贞在泰山为武则天投龙作功德的历史见证。

---

[1] 周郢《泰山无字碑新见题刻考——兼述其与敦煌遗书〈大云经疏〉之联系》，《世界宗教研究》2023 年第 12 期，第 65—70 页。

马元贞的这种题记，我们在其他碑刻材料中还发现五条[1]：

（1）大周天授二年二月廿三日，金台观主马元贞、弟子杨景初、郭希玄奉敕于东岳作功德，便谒孔夫子之庙，题石记之。内品官杨君尚、欧阳智琮、宣德郎行兖州都督府仓曹参军事李叔度。[2]（在曲阜孔庙《鲁相史晨飨孔子庙碑》左上方，见图5；册页本图版，见彩版4）

（2）天授二年岁次辛卯四月壬寅朔一日壬寅，金台观主马元贞奉敕，大周革命，为圣神皇帝五岳四渎投龙作功德。于此淮渎，为国章醮，遂日抱重轮，祥云显彩，五鹤坛上，萦绕徘徊，天花舞空，若素雪而飘扬。时官人道俗八十九人同见。

弟子杨景初、郭希元（玄），内品官杨君尚、欧阳智琮，承议郎行桐柏县令薛□，唐州录事参军安智满，承议郎行桐柏县主簿韩元嗣，将仕郎守淮漕令□礼征，桐柏县录事赵德本，里正樊客安、陈智兴、赵文昌，佐史□怀素、向思荣、张宏节，祝史樊恩通、樊文绰、田元幹，老人何惠湛、樊武弁、樊九征、樊贡。镌匠董修祖。[3]（在河南唐县淮渎庙）

（3）天授三年岁次壬辰正月戊辰朔廿四日辛卯，大周圣神皇帝缘大周革命，奉敕：遣金台观主马元贞往五岳四渎投龙

---

[1] 神塚淑子《道教儀礼と龍——六朝・唐代の投龍簡をめぐって》也注意到马元贞的投龙活动，但她只提及济渎与泰山的两条题记，也未细究马元贞其人及其活动的意义所在。

[2]《道家金石略》，第79页。拓本图版见徐玉立主编《汉碑全集》第四册《史晨后碑》，郑州：河南美术出版社，2006年，第1252页。马元贞题记部分最清楚的拓本，见“中国最具代表性碑帖临摹范本丛书”中的《史晨碑》，系据日本二井文库所藏清乾嘉年间的拓本影印，北京：人民美术出版社，2016年，第69—70页。

[3]《八琼室金石补正》卷四〇，第273页。又见《道家金石略》，第79—80页。

图 5　马元贞孔庙题记

在《史晨后碑》左上方，采自徐玉立主编《汉碑全集》第四册，第 1252 页

［作］功德。十六日至奉仙观，沐浴□斋，行道忏悔。廿一日于济渎庙中行道，上神衣。辰时在路，日抱戴，庙中行道，日又重晖，宣读御词，云垂五色，□□□，至廿四日章醮讫，投龙，日开五色，又更重晖，官寮（中缺）同见。

弟子杨景□、弟子□□□，五（内）品官杨君尚、欧阳智琮，同见官人朝散大夫行济源县丞薛同士，同见官人宣义郎行主簿王智纯，同见官人承奉郎行尉薛元杲，同见官人登仕郎行济渎令孟意诞，同见人上骑都尉（下缺），同见人□□尉行（下缺）。[1]（在河南济源县《奉仙观老君石像碑》侧）

（4）□□三□岁次壬辰□月丁丑□五日辛丑，大周圣神皇帝遣金台观主马元贞作功德，□□□于中岳。[2]（在嵩山《中岳嵩高灵庙之碑》侧）

（5）使□毕中孚，副主簿王智□，维大周天授三年岁次壬辰，圣神皇帝之革命三载也。德泽□岁，光灵灼铄，神祇品物，咸与维新。乃敕道士马元贞，肃将明命，钦若大道，投龙醮于济渎。醮讫，仍以□綵造石元始天尊并夹侍二仙。元贞以正月戊辰朔廿一日戊子陈法座，宣御词，俄有仙鹤回翔，庆云萦拂。于时济源县丞薛同志等道俗数百人，咸睹灵应，以为非常之□。洎醮讫，遂遵睿旨，式范尊容，琢雕为朴，于兹

---

[1] 《金石续编》卷六，《石刻史料新编》第1辑第4册，第3115页。又见《道家金石略》，第80页，但标点断句间有不妥之处。

[2] 此据黄叔璥《中州金石考》卷七《中岳嵩高灵庙碑》，他的跋文认为“壬辰乃天授二年”，《石刻史料新编》第1辑第18册，第13722页。其实，壬辰当为天授三年（692），根据平冈武夫编《唐代の暦》推断，此段应为“天授三年岁次壬辰腊月丁酉朔五日”。（京都大学人文科学研究所，1954年，第92页）对此题记，康熙年间景日昣《说嵩》卷一四则记其语曰：“大周圣命，……遣金台观主马元贞往五岳四渎□□作功德。”（转引自饶宗颐前揭文，第525页）《八琼室金石补正》卷 二则曰：“马元贞题记今未之见，或即在此碑（指《中岳嵩高灵庙碑》）之侧。”（第67页）

克讫。仍□位于奉仙之观，庶以妙功，永资昌历，天长地久，服永无斁。如意元年七月十五日。[1]（在济源县济渎庙）

叶昌炽《语石》在谈“道流之书”时曾指出：“马元贞题名有四通，一在登封，一在济源，一在曲阜史晨碑后。余惟济源一刻未得见，其余两刻，与〔其〕岱岳斋醮记笔法同，是其能书为可信。”[2]这是从书法角度来讲。我们则据此注意到，在武周革命之初，马元贞奉命带领弟子杨景初、郭希玄，在两名中使杨君尚、欧阳智琮的陪同下进行的一系列宗教宣传活动。其行程是：

天授二年二月十日，在泰山岱岳观章醮投龙，作功德十二日夜，并造像。

天授二年二月二十三日，拜谒曲阜孔庙；

天授二年四月一日，在唐县淮渎庙章醮投龙，作功德；

天授三年正月十六日至二十四日，在济源县济渎庙章醮投龙，作功德；

天授三年腊月五日，在嵩山中岳庙行道；

如意元年七月十五日，在济渎庙造像完工。

依题记所言，当时武则天是命他去五岳四渎投龙作功德，目前所见即有东岳、中岳、淮渎、济渎四处。如前所述，自秦汉帝国整理山川祭祀体系，逐步确立以岳镇海渎为中心的祭祀系统以来，岳渎就已成为一套象征王朝正统性的体国经野的文化符号，国家有大

[1] 《道家金石略》，第80页。案文中的“薛同志”当即第（3）条题记中的济源县丞“薛同士”，二者必有一误。因未见拓片，姑且存疑。

[2] 叶昌炽著、柯昌泗评《语石·语石异同评》卷八，第492页。

事一般须告祭五岳，而改朝换代时的祭祀，更具有非常的意义：一方面是报谢上天的眷顾，另一方面则是要借此向百姓宣扬新政权天命斯在的正当性。例如，北齐文宣帝天保元年（550）夺取东魏政权时，“诏分遣使人致祭于五岳四渎，其尧祠、舜庙，下及孔父、老君等，载于祀典者，咸秩罔遗”[1]。因王朝更代而告祭于岳渎，与武周代唐如出一辙，只不过后者所派的使者换成了道士，举行的仪式也变成了道教的投龙[2]。至于武则天本人，她对岳渎祭祀非常重视，而且更多是从道教的角度来认识其性质的。以东岳为例，仅在《岱岳观碑》上就留下了7条武周时期奉敕行道的题记，先列表如下（表9）[3]：

表9 《岱岳观碑》武周时期行道题记表

时间	主事道士	行道内容
天授二年（691）二月	长安金台观主马元贞	“奉圣神皇帝敕，缘大周革命，令元贞往五岳四渎投龙作功德。元贞于此东岳行道，章醮投龙，作功德一十二日夜。又奉敕敬造石元始天尊像一铺，并二真人夹侍，永此岱岳观中供养。”
万岁通天二年（697）	长安东明观道士孙文儁	“奉天金轮圣神皇帝四月五日敕，将侍者姚钦元，诣此岳观，祈请行道。事毕，敬造石天尊像一躯，并二真人夹侍，庶兹景福，永封圣躬。”
圣历元年（698）腊月	神都大弘道观主桓道彦	“奉敕于此东岳设金箓宝斋、河图大醮，七日行道，两度投龙，遂感庆云三见。用斋醮物，奉为天册金轮圣神皇帝敬造等身老君像一躯，并二真人夹侍。”

---

[1] 《册府元龟》卷一九三《闰位部·崇祀》，第2330页。

[2] 德宗时，有李广弘者“落发为僧，自云见五岳四渎神，己当为人主。……广弘言岳渎神言，可以十月十日举事，必捷”，遂计划于贞元三年发动叛乱（见《旧唐书》卷一四四《韩游瓌传》，第3920页）。由此事，我们亦可体会唐代的社会观念中，岳渎与天命之间的密切关系。

[3] 材料来源均据《道家金石略》。

续表

时间	主事道士	行道内容
久视二年（701）	神都青元观主麻慈力	“亲奉圣旨，内赍龙璧、御词、缯帛及香等物，诣此观中斋醮。”
长安元年（701）十二月	金台观主赵敬同	“奉十一月七日敕，于此太山岱岳观灵坛，修金箓三日三夜，又□观侧灵场之所，设五岳一百廿十槃醮，礼金龙玉璧，并投山讫。又用镇綵纹缯敬造东方玉宝皇上天尊一铺，并二真人、仙童玉女等夹侍，永此观中供养。”
长安四年（704）九月	内供奉襄州神武县云表观主周玄度	“奉三月二十九日敕，令自于名山大川投龙璧，修无上高元金玄玉清九转金房度命斋，三日三夜行道。”
长安四年十一月	大弘道观威仪师邢虚应、阮孝波	“奉敕于东岳岱岳观中建金箓大斋，卌九日行道，设醮奏表，投龙荐璧，以本命镇綵物，奉为皇帝敬造玉石宝皇上天尊一铺十事，敬写本际经一部，度人经十卷。”

如果再考虑到《大唐大弘道观主故三洞法师侯尊师（敬忠）志文》所记：“通天年（696—697），契丹叛逆，有敕祈五岳，恩请神兵冥助。尊师衔命衡霍，遂致昭感。”❶以及在嵩山发现的久视元年（700）的投龙金简，我们不难看出，武则天对于五岳行道的兴趣是持久性的，其目的既有祈求长生者，也有祈求战争胜利者，不一而足。《唐会要》在谈及岳渎祭祀时说：“旧礼皆因郊祀望而祭之，天宝中，始有遣使祈福之祀。”❷显然不确，因为遣使岳渎以道教仪式祈福，早在高宗、武则天时期就已非常流行了。也正由于此，在稍后武则天封禅中岳时还专门度人入道。如侯敬忠本人曾于永昌年间被薛怀义强迫为僧，到了“登封年，遂抗表愿复其道，人愿天从，

❶《全唐文补遗》第二辑，西安：三秦出版社，1995年，第434页。
❷《唐会要》卷二二《岳渎》，第498页。

还居仙境”。此外，在开元十五年（727）二月所立的《大唐大弘道观故常法师（存）墓志铭》中说，常存“属则天升中，度为道士，住弘道观”[1]。这次度人的规模今天已无从考论，但肯定不止他们二人。

与《岱岳观碑》上大多数以替皇帝个人或国家祈福为主要目的的道教仪式不同，马元贞在天授初举行的这一系列宗教活动具有非常明确的政治宣传目的，即宣扬武周革命的正当性。每次活动的规模都很大，例如在淮渎庙举行的仪式上，共有官人道俗 89 人参加，在济渎庙的仪式上，人数更达数百人之多。这些人中，通常包括了道士、中使、地方官及当地的老人等，拿淮渎庙的仪式为例，就有唐州、桐柏县两级政府的官吏、管理淮河漕运的官员（淮漕令）、3 位里正、淮渎庙的 3 位祝史，还有 4 位老人。这里引人注目的一个现象是，除了州县官员外，樊姓之人在里正、祝史、老人中占有相当大的比例，显然，樊氏应当是当地的豪族，他们的参与象征着基层土豪势力对于武周政权的支持。在这样的仪式上，照例会有各种祥瑞出现，以昭示上天的意旨，于是天意人心都显示了对武周革命的支持，马元贞的政治宣传目的就算实现了。接下来一般要进行造像活动，如在岱岳观“奉敕造石元始天尊像一铺，并二真人夹侍”，在济渎庙“造石元始天尊并夹侍二仙”。这些造像与题记相配合，展示于五岳四渎这样一些国家祭祀与地域社会重叠的重要地点，就其本质而言，它们不仅仅是一种宗教性功德，更是以政治宣传为目的的公共艺术。

马元贞主持的金台观与武则天的关系也值得关注。此观位于长安西部的崇化坊，本名西华观，贞观五年（631）太子承乾有疾，敕

[1] 吴钢主编《全唐文补遗》第六辑，西安：三秦出版社，1999 年，第 409 页。

道士秦英祈祷获愈，遂立此观[1]。如上节所述，早在显庆末，来自西华观的道士郭行真就率领弟子在泰山为高宗和武则天举行过法事，龙朔二年（662）他又曾与高道黄元颐、刘道合一起主持了洛阳老子庙落成的庆赞醮仪。此人在当时很有影响，由于他“上托天威，惑乱百姓，广取财物，奸谋极甚。并共京城道士杂糅佛经，偷安道法”，且“交结选曹，周旋法吏”，于是在龙朔三年被高宗配流爱州[2]。不过，他很快重新出现在长安的政治舞台，并一度入宫为则天施行厌胜之术[3]，显然属于武则天的私人势力。垂拱三年（687），因犯武则天祖讳，西华观改称金台观。从前述马元贞奉敕为武周革命积极奔走宣传的事实来看，武则天与此观道士一直保持着密切的关系。直到长安元年十二月，还可看到金台观的新任观主赵敬同率领弟子奉敕于东岳设斋行道的记载。细审从郭行真到马元贞，再到赵敬同等人的形迹，我们似乎有理由认为，与大弘道观在洛阳的地位相仿，金台观（西华观）是长安道教界中支持武周政权的中心之一[4]。

我们再来看富安敦细致研究过的《大云经神皇授记义疏》（以下简称《义疏》）。其中征引道教谶纬共达5处之多，分别是《卫元嵩谶》《中岳马先生谶》《紫微夫人玉策天成纬》《嵩岳道士寇谦之铭》和西岳道士所得《仙人石记》。每段谶文下，《义疏》都进行了有利于武周革命的解释。富安敦翻译了这些道教谶文并作了比较

---

[1] 关于此观，参看杨鸿年《隋唐两京坊里谱》崇化坊条，上海古籍出版社，1999年，第257页。按秦英“颇学医方，薄闲咒禁”，后“以狂狷被诛”，事见《续高僧传》卷二五《唐终南山龙田寺释法琳传》，第958—959页。

[2]《法苑珠林校注》卷五五《破邪篇》“感应缘·妖惑乱众第四”条，第1665—1666页。

[3]《资治通鉴》卷二〇一，6342页。《大唐新语》卷二所记略同，北京：中华书局，1984年，第24页。

[4] 金台观在神龙政变之后，被改为中兴观，神龙三年二月之后，又改称“龙兴观”。参看拙撰《唐两京龙兴观略考》，《隋唐辽宋金元史论丛》第6辑，上海古籍出版社，2016年，第138—159页。

详尽的注释，对其产生时间和背景进行了初步考证或推测，为进一步的研究奠定了基础。遗憾的是，他的解读也偶有失误，如《义疏》中所谓的“西岳道士于仙掌得仙人石记”，富安敦认为“于仙掌”是西岳道士的名字[1]，其实“仙掌”是与莲花峰齐名的西岳主峰之一,一个充满着道教色彩的圣地。《云笈七签》卷八五“尸解·王延”条记这位周隋之际的高道隐居华山时，“每登仙掌、莲峰，摄衣前行，如履平地，常有猛兽驯卫所止。其三洞玄奥、真经玉书，皆焦君所留，俾后传于世”[2]。显然,《义疏》本段系指西岳某道士在仙掌峰得到《仙人石记》之意。另据《新唐书·地理志一》载，华阴县于垂拱元年（685）改名为“仙掌县”[3]。其原因虽可能与避讳有关[4]，但我们若结合《义疏》中“西岳道士于仙掌得仙人石记”的记载，则此两事似也有着某种联系，因所谓祥瑞的发现而更改地名之事在武则天统治时期并不鲜见[5]。

---

[1] Forte 前揭书，p. 233。

[2]《云笈七签》卷八五，李永晟点校，北京：中华书局，2003 年，第 1922 页。

[3]《新唐书》卷三七《地理志一》，第 964 页。《旧唐书》卷三八《地理志一》记改名时间为垂拱二年（第 1399 页），但《元和郡县图志》卷二则与《新志》所载相同，作垂拱元年（北京：中华书局，1983 年，第 34—35 页），故依此年为定。

[4] 杨炯《鄌国公墓志铭》：“永昌元年（689）春二月甲申朔，鄌国公薨。公讳柔，字怀顺，弘农人也。县犯太原王庙讳，改为仙掌焉。”《杨炯集》卷九，北京：中华书局，1980 年，第 137 页。

[5] 例如,《资治通鉴》卷二〇三载，垂拱二年九月“己巳，雍州言新丰县东南有山踊出，改新丰为庆山县”（第 6442 页）。按富安敦曾推测这件所谓的《仙人石记》可能撰作于垂拱四年（688）八月决定封禅中岳之后（Forte 前揭书，p. 233，note 258），此年虽有封中岳为“神岳，授太师、使持节、神岳大都督、天中王”之举（《旧唐书》卷二四《礼仪志四》，第 925 页），但并未确定封禅一事，而封禅中岳则在高宗时已屡次提起，且与武则天的支持密切相关,《旧唐书》卷五《高宗本纪下》载：“时天后自封岱之后，劝上封中岳。”（第 111 页）时人对此一定非常清楚，故此这位西岳道士很可能在武则天临朝称制之初，编造出所谓的《仙人石记》，将封禅中岳与武则天直接联系起来。而此举得到了武则天的嘉许，于是在垂拱元年改华阴县为仙掌县，以示记念。

《义疏》中说：

> 中岳马先生谶曰："牵三来，就水台，更徽号，二九共和明，止戈合天道，圣妇佐明夫，率土怀恩造。"又谶曰："东海跃六传鱼书，西山飞一能言鸟。鱼鸟相依同一家，鼓鳞奋翼膺天号。"又谶曰："戴冠鹦鹉子，真成不得欺。""二九一百八十年，天下太平高枕眠。"又谶云："陇头一丛李，枝叶欲凋踈。风吹几欲倒，赖逢鹦鹉扶。"[1]

这里的"马先生"，富安敦推测为法藏敦煌残卷 P.2255《老子道德经》卷尾题记中出现的"三洞先生中岳先生马□□"，他进一步推测可能就是"马遊定"[2]。不过，这种推测似乎不太可能，因为这条题记明确记载是天宝十载（751）正月二十六日的，此距武周革命已有 60 年之久，且这位马先生远处偏僻的敦煌，很难想象，他就是六十多年前为武周革命制造舆论的《大云经神皇授记义疏》中出现的"中岳马先生"。事实上，在武周革命的积极支持者中的确有一位非常活跃的"中岳马先生"，那就是本节讨论的长安金台观的观主马元贞，他为武周代唐进行的舆论宣传可谓不遗余力，因此我

---

[1] 此据 Forte 前揭书后所附图版（S.6502：248—272 行）。

[2] Forte 前揭书，p. 222。关于 P.2255 文书，清晰的图版见《法藏敦煌西域文献》第 10 册，上海古籍出版社，1999 年，第 130—136 页。其实，敦煌道经中还保存着同年同月同日的另外两条题记，一是 P.2417《老子道德经男生索栖岳题记盟文》，录文见池田温编《中國古代寫本識語集録》，第 300 页；二是 S.6454《十戒经男生张玄辩题记盟文》，同书第 300—301 页，这两件文书题记特别是前者与 P.2255 的文字如出一辙，都是敦煌当地神泉观和开元观的清信弟子师从马先生受经的题记，不过，池田先生将文书中的中岳马先生录为"马遊岩"。关于"中岳先生"称号的意义，可参看姜伯勤《道释相激：道教在敦煌》，氏著《敦煌艺术宗教与礼乐文明》，第 300 页。最近的讨论，见姜望来《唐前五岳先生考论》，《宗教学研究》2023 年第 5 期，第 39—45 页。

们推测，《义疏》中的“中岳马先生”很可能就是马元贞。

此外，富安敦曾推测此谶作于上元元年（674）八月高宗与武后分称“天皇”“天后”的前后[1]，恐不尽然，因为在谶文中还有“陇头一丛李，枝叶欲凋疎。风吹几欲倒，赖逢鹦鹉扶”之语，很难想象早在高宗去世十年之前的上元年间就有人敢于编造出这样的谶文，它们只可能出现在高宗去世、武后代唐之势已成的历史条件下[2]。其实，所谓的《中岳马先生谶》未必成于一时，马元贞长期追随武则天，为其在不同时期造作不同的谶言，是完全可能的。正因如此，在武周革命之初，奉敕往五岳四渎投龙作功德，继续进行舆论宣传的重任就落在了他的肩上[3]。

还应注意到，马元贞的大多数岳渎投龙活动是在天授二年四月“令释教在道法之上，僧尼处道士女冠之前”的诏令发布之后进行的，这也促使我们重新考虑这个诏令对于当时道教界的打击是否如以前想象的那么沉重。因为此时虽有薛怀义强迫道士为僧的事件发生，但仍有一批道士在积极地为武周政权作舆论宣传，而且这种活动也并非个别现象。除马元贞外，西岳道团的动向也值得重视，他们在垂拱元年就已造作出所谓的“仙人石记”，为武周革命进行舆

---

[1] Forte 前揭书，p. 222，note 210。

[2] 林世田对《大云经神皇授记义疏》有系列研究，可以参看：《武则天称帝与图谶祥瑞——以 S.6502〈大云经疏〉为中心》，《敦煌学辑刊》2002 年第 2 期，第 64—72 页；《〈大云经疏〉初步研究》，《文献》2002 年第 4 期，第 47—59 页；《敦煌所出〈普贤菩萨说证明经〉及〈大云经疏〉考略——附〈普贤菩萨说证明经〉校録》，国家图书馆善本特藏部编《文津学志》第一辑，北京图书馆出版社，2003 年，第 165—190 页；《〈大云经疏〉结构分析》，收入郑炳林、花平宁主编《麦积山石窟艺术文化论文集（下）》，兰州大学出版社，2004 年，第 179—201 页。另参孙英刚、朱小巧《“离猫为你守四方”——〈大云经神皇授记义疏〉中的武则天》，《社会科学战线》2022 年第 2 期，第 76—84 页。

[3] 富安敦先生在 *Political Propaganda and Ideology in China at the End of the Seventh Century* 一书的修订版（2005 年）中，已接受了笔者的意见，p. 300，note 210；p. 313，note 264。

论准备。到武则天统治的中期，华山云台观的道士们又制造了“天尊瑞石”的祥瑞，当时有一份贺表曰：“臣等一昨伏见四（西）岳云台观道士奏称：御像瑞石大妙至极天尊一铺，创造圣容，未施五色，宿昔之顷，画缋自然，不加之分，宛同神化。”[1] 这也同样表明了华山道团对武周政权的支持态度。

要之，我们认为武周代唐时期最重要的政治宣传品《大云经神皇授记义疏》中的“中岳马先生”很可能就是长安金台观的观主马元贞。他是武周政权的热心支持者，作为长安道教界的代表，他不仅造作谶言，而且主持了革命之初五岳四渎的投龙设醮仪式，为武周代唐进行合法性的论证。从马元贞的一系列的政治宣传中，我们不仅深切体会到五岳四渎对于国家的政治与宗教意义，更对道教在沟通国家与民众方面的重要作用有了更清楚的认识。

第三节　五岳真君祠与盛唐国家祭祀

岳渎祭祀与道教的密切关系在唐玄宗时期达到顶峰，其标志是五岳真君祠的建立。《旧唐书》卷一九二《隐逸·司马承祯传》载：

> 开元九年（721），玄宗又遣使迎入京，亲受法箓，前后赏赐甚厚。十年，驾还西都，承祯又请还天台山，玄宗赋诗以遣之。十五年，又召至都。玄宗令承祯于王屋山自选形胜，置坛室以居焉。承祯因上言：“今五岳神祠，皆是山林之神，非正

[1] 《贺天尊瑞石及雨表》，《文苑英华》卷五六四，第2892页。关于此表的年代，由文中提及武则天“天册金轮圣神皇帝”的尊号，可知在天册万岁元年到久视元年（695—700）之间。

真之神也。五岳皆有洞府，各有上清真人降任其职，山川风雨，阴阳气序，是所理焉。冠冕章服，佐从神仙，皆有名数。请别立斋祠之所。”玄宗从其言，因敕五岳各置真君祠一所，其形象制度，皆令承祯推按道经，创意为之。❶

关于玄宗时置五岳真君祠一事，相关史料大都语焉不详，以致宋人对此已不甚了了，如欧阳棐《集古录目》卷六跋《华岳真君碑》云：“华阴丞陶翰撰，韦腾书。玄宗开元十九年（731）加五岳神号真君，初建祠宇，立此碑。”❷清人秦蕙田《五礼通考》在评论此事时，亦云：“蕙田案，以五岳之神为真君始此，方士之谬也。”❸其实，他们所谓“加五岳神号真君”，或“以五岳之神为真君”的议论完全是对此事的误解。直到今天，道教史的研究者们虽对此有所关注，但大都仅仅将其作为司马承祯的事迹之一略加陈述而已，如陈国符《道藏源流考》和今枝二郎的《关于司马承祯》等论著❹。吉川忠夫在其《五岳与祭祀》一文中，曾以此为中心论述国家五岳祭祀与道教的关系，使人颇受启发❺，但他所根据的材料大多不出《旧传》内容。因此，对这一事件的前因后果、真君祠与国家岳庙祭祀

❶《旧唐书》卷一九二《隐逸·司马承祯传》，第5128页。按《全唐文》卷九二四所收司马承祯《请五岳别立斋祠所疏》，与《旧传》文字几乎完全一致，当系抄自前者，而题目则为自拟（第9625页）。《旧唐书·司马承祯传》的主要材料来源可能出自贞元末李渤所撰《真系》中的《王屋山贞一司马先生》，见《云笈七签》卷五，第82—83页。

❷ 欧阳棐《集古录目》卷六，《石刻史料新编》第1辑第24册，第17976页。

❸ 秦蕙田《五礼通考》卷四七《四望山川》，叶十六。

❹ 陈国符《道藏源流考》，北京：中华书局，1963年，第56页；今枝二郎《司馬承禎について》，秋月观暎编《道教と宗教文化》，东京：平河出版社，1987年，第175页。

❺ 吉川忠夫《五岳と祭祀》7《五岳の祭祀と道教》，第274—278页。

的关系以及其反映的深层背景，学界至今尚无全面细致的研究[1]。事实上，与五岳真君祠的建立同时，还有青城山丈人祠和庐山九天使者庙的建立，这是一个整体事件，反映了道教的代表人物改造国家祭祀系统的努力，而这种尝试及其最终结果，对于我们理解唐代礼制与宗教的复杂关系有着非常重要的意义。本节即试钩稽零散的材料，对此作一初步解说。

一　相关石刻材料概说

记载这一事件的材料非常零散，除《旧唐书·司马承祯传》之外，还有《旧唐书》卷八《玄宗本纪》开元十九年五月条、《资治通鉴》卷二一三、《册府元龟》卷五三、《唐会要》卷五〇、《玉海》卷一〇二、《云笈七签》等，文字虽有些出入，但应该出自同一史源，这使我们能够使用的材料非常有限。所幸另外发现的一些石刻材料，为我们的研究提供了不少新的信息，因此，有必要对它们先作一番检视。

（一）岱岳观碑

上节我们已经提及立于泰山东南麓王母池之《岱岳观碑》，在此，值得特别重视的是第十六条题记（图6）：

> 开元十九年十一月，都大弘道观主张游雾、京景龙观大德杨琬，建立真君，于此修斋三日三夜。专当官朝散郎曲阜主簿

[1] 野口铁郎、石田宪司所编《道教年表》将五岳真君祠的建立置于开元十四年，将青城山丈人祠、庐山使者庙的建立置于开元二十年，显然是将其误分为二事。见福井康顺等监修《道教》第3卷，东京：平河出版社，1983年，第341页。而常志静（Florian Reiter）在研究庐山九天使者庙时，也未能将其与五岳真君祠的建立进行整体考虑，见氏著“The ‘Investigation Commissioner of the Nine Heavens’ and the Beginning of His Cult in Northern Chiang-hsi in 731 A. D,” *Oriens* 31（1988）: pp. 266-289。

> 上官宾，登仕郎乾封县尉王去非。[1]

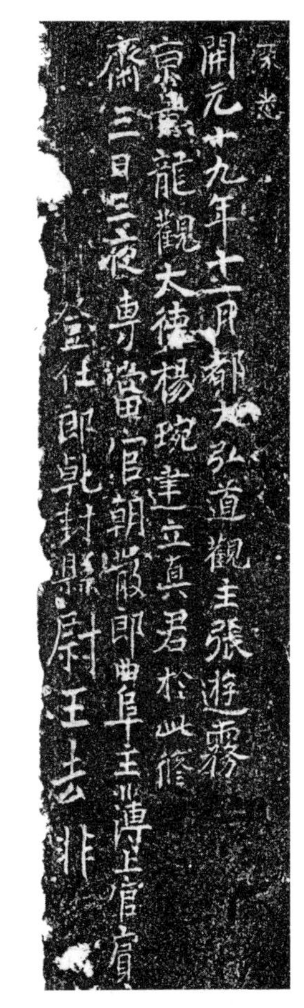

图 6 《岱岳观碑》开元十九年（731）题记
魏祝挺先生提供

毫无疑问，这是当时朝廷派往东岳泰山建立真君祠的两京道士的题记。大弘道观在洛阳修文坊，是东都最重要的官方道观之一，原为章怀太子李贤为雍王时的府第，他被立为太子后，遂置为大弘道观[2]。此观道士向来积极参与政治活动，与朝廷关系密切，例如在武周时期，其观主杜乂为迎合武则天的政治需要，遂出家为僧，并著《甄正论》来攻击道教。同时，观中的许多道士都曾奉敕到东岳举行斋醮仪式，为武则天祈福，这在《岱岳观碑》武周时期的题记上有清楚的记载（参见表 9）。至于景龙观，则是长安地位最显赫的官方道观之一，位于皇城之东的崇仁坊，原为高士廉宅，后为长宁公主第，唐元政变后，公主随夫外任，遂奏立为景龙观，天宝十三载，

---

[1] 陈垣《道家金石略》，第 114 页。录文又见毕沅、阮元《山左金石志》卷一一，第 14500 页；孙星衍《泰山石刻记》，《石刻史料新编》第 3 辑第 26 册，第 5 页。图版见《北京图书馆藏中国历代石刻拓本汇编》第 23 册，第 62 页。

[2] 关于大弘道观，参看拙撰《唐洛阳大弘道观考》，中国人民大学国学院主编《国学的传承与创新——冯其庸先生从事教学与科研六十周年庆贺学术文集》，上海古籍出版社，2013 年，第 1234—1248 页；《新见〈中都大弘道观主上清大洞刘尊师玄台铭〉跋》，雷闻、康鹏、张国旺主编《隋唐辽宋金元史论丛》第 10 辑，上海古籍出版社，2020 年，第 53—61 页。

改为玄真观。据笔者考证，景龙观创立于中宗景龙元年（707）九月至四年（710）六月之间，稍后睿宗皇帝曾亲自为其新铸之钟撰铭[1]。玄宗初年，道教大师叶法善、司马承祯先后入主此观，这些都是其在长安道门特殊地位的表征[2]。

在写于开元二十三年（735）的法藏敦煌文书 P.2457《阅紫录仪》的题记上，我们可以看出大弘道观与景龙观道士在官写道经活动中的核心作用（彩版 5）[1]：

> 阅紫录仪三年一说
>
> 开元廿三年太岁乙亥九月丙辰朔十七
>
> 日丁巳，于河南府大弘道观，
>
> 敕随　驾修祈禳保护。功德院奉为
>
> 开元神武皇帝写一切经。用斯福力，保
>
> 国宁民。经生许子颙写。
>
> 修功德院法师蔡茂宗　初校
>
> 京景龙观上座李崇一　再校
>
> 使京景龙观大德丁政观三校

显然，玄宗时期的大弘道观与景龙观一直是两京官方色彩最为浓厚的道观，其道士正是朝廷意志的忠实执行者。由此我们不难理解，此次为配合朝廷推行建立五岳真君祠的政策，其观主、大德要亲自

---

[1] 参看拙撰《贵妃之师：新出〈景龙观威仪田僓墓志〉所见盛唐道教》，《中华文史论丛》2019 年第 1 期，第 325—348 页。王翰章《景云钟的铸造技术及其铭文考释》，《文博》1986 年第 4 期，第 40—42、39 页。

[2] 关于景龙观，还可参看土屋昌明《道教の新羅東傳と長安の道觀——〈皇甫奉謜墓誌〉を中心に》，《東方宗教》第 122 号，2013 年，第 1—23 页。

[1] 池田温编《中國古代寫本識語集録》第 843 条，第 295 页。

来到泰山，主持东岳真君祠的建立。

来自两京的高道主要负责指导工作，具体建观事宜则由当地官员负责，从题记可知，这次活动的专当官是曲阜县主簿上官宾和乾封县尉王去非。按照唐代惯例，此类活动通常还应有宦官的参与，但在这条题记上没有出现，颇疑《岱岳观碑》上的另一条题记与此相关：

> 开元二十年二月□日，敕使内侍省谒者监胡寂，判官谒庭局监作宁君爱，□上骑都尉王元湛，专知官登仕郎行乾封县尉王去非。[1]

从时间来看，这条题记晚于前一条不过两月，其中的敕使胡寂、判官宁君爱很可能就是参与建立真君祠活动的中使，只不过他们的题记或许是在工程完成之后才题在碑上的。

（二）唐北岳真君碑

此碑今佚，赵明诚《金石录》卷六著录曰："房凤文，八分书。开元二十年正月。"[2]《宝刻丛编》卷六也收录此碑，出自《复斋碑录》[3]。可惜的是，这块碑在后世的金石著作中也未见著录，使得我们无法知道更多的信息，就连房凤其人，也不知其生平事迹，姑且置此，以俟后考。

（三）唐华岳真君碑

如前所述，此碑在欧阳棐《集古录目》卷六有著录和跋文，之后又被著录在陈思《宝刻丛编》卷十，以及南宋朱长文《墨池编》

---

❶《泰山石刻记》，第5页。又见《道家金石略》，第116页，然所录略异。

❷《金石录校证》卷六，第1054条，第107页。

❸《宝刻丛编》卷六，《石刻史料新编》第1辑第24册，第18177页。

卷六[1]。此后这块碑似乎从历代金石学家的视线中消失了，非常幸运的是，在张江涛所编《华山碑石》一书中，我们意外地看到了这块碑的图版和录文[2]。据该书介绍，此碑今存华山玉泉院，“高 100 厘米，宽 65 厘米，正书 20 行，行 39 字，字径 2 厘米。字多漫漶，石尚完整”[3]。碑阴为北宋大中祥符三年（1010）所刻之祈雨醮告文。因镌刻年月不清，而张先生又不清楚此碑已往的著录情况及立碑的背景，于是仅判断它为唐碑，并拟名为《真君祠碑》，这固然不错，但我们无疑可以做进一步的考证。按此碑名称，或者应依《宝刻丛编》所录，拟名为《唐华岳真君碑》（彩版 6、7），这与其他几块真君祠碑之命名体例也更为一致。我们曾根据原拓（彩版 8）对该碑进行了详细考释（见本书附录一），在此只对相关材料略加提示。

此碑撰人华阴县丞陶翰，润州人，开元十八年进士及第，次年又与郑昉一起中博学宏词科[4]。陈尚君据洛阳出土《唐故朝请大夫上柱国检校尚书屯田郎中（下缺）》的署名证知陶翰于开元二十年二月曾任“□州□县主簿”，而陶敏则据其诗文证明同年冬他在华州任上[5]。由此可见，陶翰在中博学宏词科后并非直接授从八品下的华阴县丞，而是先任某县主簿，因此，《唐华岳真君碑》最早也当作于开元二十年二月之后。陶翰在开元文坛声名颇盛，《河岳英灵集》称赞他说：“历代词人，诗笔双美者鲜矣。今陶生实谓兼之，既多

---

[1]《墨池编汇校》卷一八《碑刻二·道家》曰：“西岳真君观碑，韦圣书。”朱长文纂次，陈志平汇校，上海古籍出版社，2023 年，第 892 页。按，“韦圣”当作“韦腾”。

[2] 张江涛《华山碑石》，西安：三秦出版社，1995 年，录文见第 258—259 页，图版 29。

[3]《华山碑石》，第 30 页。

[4]《唐会要》卷七六《制科举》，第 1643 页。参看傅璇琮主编《唐才子传校笺》卷二“陶翰”条，北京：中华书局，1987 年，第 279—284 页。

[5]《唐才子传校笺》第五册，北京：中华书局，1995 年，第 54—56 页。

兴象，复备风骨，三百年以前，方可论其体裁也。”[1]清人王士祯甚至称其五言诗可与王维相颉颃[2]。从此碑文来看，气势雄浑，用语精工，文采飞扬，确为佳构。不难想象，当时刚刚连中高第、文名籍甚的陶翰在华阴确是撰作此碑的不二人选。

至于书人“京兆韦腾”，在《元和姓纂》卷二韦氏大雍州房有“曾孙（韦）腾，同州刺史”[3]。他与天宝四载（745）九月在李齐古《进御注孝经表》中列名的“朝议郎行丞、上柱国赐绯鱼袋臣韦腾”[4]应是同一人。就本碑的书法而言，楷法精严而略有隶意，气韵生动，神采焕然，实为盛唐书法之佳构。唐代以书判取士，故能书者众，然许多书道高手却未必以此名世，本碑书人韦腾无疑就是其中之一。

从碑文中我们得知，负责建立华岳真君祠活动的是华阴县令韦衍。《华山碑石》将其误录作“韦行”，其实韦衍其人在《新唐书·宰相世系表》中就有记载，不过对其世系排列有误。会昌元年（841）的《唐故朝议郎使持节明州诸军事守明州刺史上柱国赐绯鱼袋韦（埙）府君墓志铭》云：“曾祖衍，皇太中大夫、太子右赞善大夫。”[5]据《八琼室金石补正》的考证，韦衍不仅是韦埙的曾祖，其实也是文宗时宰相韦处厚的曾祖，这一观点也为赵超所接受[6]。从时间上看，这位韦衍应该与本碑中的韦衍是同一人，他在开元二十年任从六品上的华阴县令，最后的官职则可能是从四品下的太子右

[1] 李珍华、傅璇琮《河岳英灵集研究》，北京：中华书局，1992年，第166页。

[2] 王士祯《居易录》卷二一，《景印文渊阁四库全书》第869册，第564页。

[3] 《元和姓纂（附四校记）》，北京：中华书局，1994年，第157页。

[4] 见朱彝尊《经义考》卷二二四，《景印文渊阁四库全书》第680册，第3页。《全唐文》卷三七七收录了《进御注孝经表》，可惜却删去文后之列名，第3831—3832页。

[5] 周绍良主编《唐代墓志汇编》会昌008号，第2216页。

[6] 赵超《新唐书宰相世系表集校》卷四，北京：中华书局，1998年，第633—636页。

赞善大夫。

可能是由于碑文重视文采更甚于事实叙述，因此文中未列主持此事的道士与中使之名，但我们认为，与东岳一样，西岳真君祠的建立必然有中央派来的道士和中使参与主持，因为所立神像的图形都是由司马承祯制定后，自宫中发出，也就是此碑文所说的“□□备于灵图，真容降于宸极”。值得特别注意的是，碑文突出了建立真君祠的理论基础是上清派的教义：“皇帝秉至精，登大宝，三微幽赞而天下睹，万物无为而海内服。储精出乎象数，建福本乎神机。澄大洞之逸文，验上清之旧志。惟十九年八月立真君之祠于群岳。”这与前引《旧传》关于司马承祯推按道经的记载，若合符节。

（四）唐南岳真君碑

《金石录》卷六著录此碑曰：“赵颐真撰，萧诚正书。开元二十年十月。”[1]同书卷二六又跋曰：“右《唐南岳真君碑》，有‘别驾、赏紫金鱼袋光大晊’，欧阳公云：‘赏紫，盖今借紫之比。’余案唐制，自有借紫、借绯，而又有赏紫、赏绯，盖以军功被赏耳。”[2]这段跋文对我们认识这块碑作用不大，不过，内中提及“别驾、赏紫金鱼袋光大晊”，据《金石录校证》的考证，此人名元晊，字光大，以字行，为太府少卿元知让之子[3]。看来他当时担任衡州别驾，也参与了南岳真君祠的建设。

撰人赵颐真于史无考，书人萧诚，则是开天时著名的书法家之一，尤长于碑版。洪迈《容斋随笔》卷八“赏鱼袋”条记：“衡山有唐开元二十年所建《南岳真君碑》，衡州司马赵颐真撰，荆府兵曹萧诚书。末云‘别驾赏鱼袋上柱国光大晊’。‘赏鱼袋’之名不可

---

[1]《金石录校证》卷六，第1059条，第107页。

[2]《金石录校证》卷二六，第478页。

[3]《金石录校证》卷二六，注释31，第484页。

晓，它处未之见也。”[1]然则在立碑之时，赵颐真任衡州司马，而萧诚虽非当地官员，但仍被请书碑，可见其书名之盛。此碑书法颇为后世所称，宋人米芾就曾赞之曰：“南岳真君观碑，极有钟、王趣。”[2]可惜今已无缘得见。

（五）田僓墓志

关于中岳真君祠的建立，在传世文献及历代金石著作里没有找到任何线索。不过，新出墓志为解决这一问题提供了宝贵的新材料。2017年秋，笔者有缘获得一套天宝六载（747）的《唐景龙观威仪检校修功德使田尊师墓志铭》拓片（图7），据称原石出土于西安。志主田僓除了系为杨贵妃授箓的度师这一引人瞩目的身份之外，还深度参与了盛唐时期诸多重要的崇道活动，其中就包括了中岳真君祠的建立。据《田僓墓志》记载：

> 上以《五岳真君图》西母受（授）汉，世未之闻焉，期作庙图形，创兴大典，发中岳之旨，受于尊师，俾尚书郎韦陟为之介。既还报命，蒙束帛之锡，申命令，奉龙璧，东醮于岱。

志文所称之《五岳真君图》，很可能是《五岳真形图》之误，而“西母”当指西王母。从志文“发中岳之旨，受于尊师”一语可知，当时奉敕前往嵩山主持置立中岳真君祠的高道，正是时任景龙观大德的田僓，此前他曾担任过此观的监斋，地位显赫。显然，景龙观道士至少主持了东岳、中岳两座真君祠的建立，这可能也与此观系

---

[1] 洪迈《容斋随笔》卷八，北京：中华书局，2005年，第105页。

[2] 米芾《海岳名言》，《景印文渊阁四库全书》第813册，第64页。关于萧诚的书法与作品，参看叶昌炽著，柯昌泗评《语石·语石异同评》卷七，第439—440页。另参朱关田《唐代书法家年谱》，南昌：江苏教育出版社，2001年，第643—645页。

图7 《唐景龙观威仪检校修功德使田尊师（僓）墓志铭》
雷闻藏拓

司马承祯在长安的本观有一定关系。

据《田僓墓志》记载，与他一同前往嵩山置庙的是尚书郎韦陟，按照惯例，还会有中使同行，只是志文没有提及。按韦陟乃武周名相韦安石之子，史称其“风格方整，善文辞，书有楷法，一时名士皆与游”❶，他在开元中曾先后担任过吏部郎中、礼部侍郎等尚书省要职，志文称其为“尚书郎”，可能当时正在吏部郎中任上。

---

❶《新唐书》卷一二二《韦安石传附韦陟传》，第4351页。

《田僓墓志》没有记载他们置立中岳真君祠的具体时间，但其后记载了他在开元二十四年担任另一场仪式的高功法师，然则中岳真君祠的置立必然在此之前。墓志也未提及他们是否在完工之后立碑，但考虑到其他诸山在置祠、斋醮之后均有立碑之举，则中岳似不应例外，如果当时要立一通《唐中岳真君祠碑》，那么以文辞、书法名世的韦陟正是撰、书的最佳人选，不过这只是我们的推测。另据志文记载，在圆满完成置立中岳真君祠的任务之后，田僓回到长安复命，受到玄宗的嘉奖，随后又奉敕携龙璧前往泰山投龙作功德，只是这次活动并未在《岱岳观碑》上留下相关题记[1]。

（六）唐青城山丈人祠庙碑

五岳真君祠的建立并非孤立的事件，与之同时还有青城山丈人祠和庐山九天使者庙的建立。这在石刻材料中有充分的反映，其碑文记事的详细程度甚至超过了真君祠碑，为我们整体理解这一事件提供了宝贵的材料。

先来看《唐青城山丈人祠庙碑》。此碑也著录于《金石录》卷六，曰："徐大亨撰，甘遗荣八分书。开元二十年正月。"[2]此碑全文则收入《全唐文》卷三五一，徐大亨又作"徐太亨"[3]，此人事迹无考，不过书人甘遗荣却值得重视，他是当时蜀中的道门领袖，青

---

[1] 关于《田僓墓志》的详细解读，参看拙撰《贵妃之师：新出〈景龙观威仪田僓墓志〉所见盛唐道教》；以及牛敬飞《从近出高道田僓墓志看唐玄宗的崇道活动》，《文献》2019年第2期，第54—62页。白照杰对这方墓志的真实性有所怀疑，见氏著《泡影集：新见唐代道士墓志疑义举例》第六章《贵妃之师〈田僓墓志〉献疑》，上海社会科学院出版社，2021年，第153—173页。不过，在没有摩挲原石甚至未见拓片的情况下，仅从内容进行辨伪并无太大说服力，事实上，其质疑的许多内容在唐代道士墓志中并不罕见。

[2]《金石录校证》卷六，第1055条，第107页。

[3] 徐太亨《丈人祠庙碑》，《全唐文》卷三五一，第3560—3561页。此文又收入《巴蜀道教碑文集成》，成都：四川大学出版社，1997年，第25—27页。

城山最重要的道观——常道观的观主。常道观曾一度被佛家飞赴寺侵占，开元十二年在玄宗的亲自过问下，道徒们夺回了常道观，并将玄宗的敕书勒碑纪念，这就是著名的《青城山常道观敕并表》，其立碑工作正是由甘遗荣主持完成的，因此该碑题额曰："大唐开元神武皇帝书，常道观主甘遗荣勒字及题。"碑阴剑南节度使张敬忠的上表亦为甘氏所书[1]。毫无疑问，甘遗荣对于国家在青城山举行的道教活动必然会积极支持，建立青城山丈人祠这一重大事件，自然也少不了他的参与。

碑文中说："又奉今年八月二十一日敕，青城丈人山宜令所管州县拣本山幽静处与立祠庙。其图分付道士，将往建立。"显然，祠庙及其内部神像的粉本都是朝廷制定的，由中央派道士到青城山来监督建造。我们认为，其图像应与五岳真君祠一样，也是由司马承祯"推按道经，创意为之"的。从碑文中我们还可得知，这次立祠活动是由蜀州刺史杨励本和青城县令薛椅具体负责的，所谓"奉遵宸旨，恭惟灵庙。亲画规模，改兴版筑。亟勤冰节，采构云林，计日而成，工徒不扰"。

---

[1] 此碑录文收入《八琼室金石补正》卷五三，第360—361页。《道家金石略》，第110—111页。碑阳拓本见《北京图书馆藏中国历代石刻拓本汇编》第22册第70页；碑阴拓本见同书第73页。参看台静农《唐明皇青城山敕与南岳告文》，氏著《静农论文集》，台北：联经出版事业公司，1991年，第317—324页。按，张勋燎、白彬《三件唐代道教石刻和唐代佛道之争》(收入氏著《中国道教考古》，北京：线装书局，2006年，第1835—1874页)认为"甘遗荣"当作"甘道荣"，然细审北图藏拓本照片，《道家金石略》所录不误，即碑阳题为"甘遗荣"，碑阴则一作"甘荣"，一作"甘道荣"。事实上，从宋代众多金石学著作如《金石录》等的著录来看，此人的名字作"甘遗荣"的可能性更大。而据南宋的《宝刻类编》卷八记载，他所书之碑除《青城山常道观敕并表》《唐青城山丈人祠庙碑》之外，还有开元十三年(725)二月立于成都的《李公元始天尊颂》、开元二十五年(737)立于怀安的《金昌县昌利观杨尊师功德碑》，见《石刻史料新编》第1辑第24册，第18513页。然则张勋燎等所谓"无论如何，释甘遗荣肯定是不对的"的结论恐怕尚须斟酌。

此外，据王象之《舆地碑记目》卷四载，在丈人观中有四块碑：“修丈人殿祝文碣（进士任磻文，在丈人观殿上）；置丈人观碑（徐大亨文，在丈人观三门下）；纪符瑞碣（甘遗荣八分书，在丈人观三门之右）；修诸观功德记（郑敷书，在丈人观大殿之右）。”[1]所谓“置丈人观碑”，无疑即《唐青城山丈人祠庙碑》，值得注意的是由甘遗荣所书的另一块碑“纪符瑞碣”，虽然置立年代不详，但当相去不远，它同样反映了甘遗荣对丈人祠事务的热心。

（七）九天使者庙碑

此碑立于庐山，在南宋人所编的《宝刻类编》卷三中有著录，题曰“奉敕置使者灵庙碑”，下注曰：“李泚撰，开元二十年正月二十五日立，庐。”其书人则为“周嘉宾”[2]。该碑全文收入元代编成的《庐山太平兴国宫采访真君事实》卷六，今存于《道藏》中[3]。《全唐文》卷三七三也收录此文，拟题为《太平宫九天使者庙碑》[4]，这显然不确，因为九天使者庙改名为“太平兴国观”是宋太宗太平兴国二年（977）之事，改为“太平兴国宫”更是宋徽宗宣和六年（1124）的事，《全唐文》篇目拟题之随意可见一斑。《道家金石略》则据《采访真君事实》加以收录[5]。

此碑撰人，《庐山太平兴国宫采访真君事实》及《全唐文》皆作“李玭”，然前引南宋《宝刻类编》卷三作“李泚”，更早的北宋陈舜俞的《庐山记》卷二亦载：“始置庙记，李泚撰，自称蕲州黄

---

[1] 王象之《舆地碑记目》卷四，《石刻史料新编》第1辑第24册，第18564页。

[2]《宝刻类编》卷三，《石刻史料新编》第1辑第24册，第18441页。

[3]《庐山太平兴国宫采访真君事实》卷六，《道藏》第32册，第682—684页。参看任继愈主编《道藏提要》第1274条，北京：中国社会科学出版社，1995年，第1016—1017页。

[4]《全唐文》卷三七三，第3792—3794页。

[5]《道家金石略》，第114—116页。

门县东山衡门之下草茅臣。”[1] 据《采访真君事实》所载碑文前的解题曰：“按江州德安县抚州太守王阮录寄事实云：唐李玭有学不仕，至开元中，明皇梦神人称庐山使者，求立庙，诏刺史独孤正营建。下诸州令所在学士制使者碑文，凡作者六百八十一人，独玭文入用。诏召，不赴本官。”[2] 所谓“作者六百八十一人”未必属实，但当时对撰文者的选择相当慎重，应该不假。从碑文来看，文采不输于陶翰的《华岳真君碑》，而叙事之翔实流畅则有过之，对于立庙具体情况的记载比前者要详尽得多，提供的历史信息也更为珍贵。

从碑文中我们可以知道，与五岳真君祠、青城山丈人祠一样，庐山九天使者庙的建立也是由中央与地方共同完成的。在这次活动中，由朝廷派来“置庙使内供奉将使者真图，建立祠庙”，以及“设斋使大宏（弘）道观法师张平公”来主持章醮行道。在这里，我们又一次看到了东都大弘道观法师的身影。另据《庐山太平兴国宫采访真君事实》卷一，置庙使为张奉国[3]，此人又见于著名的玄宗《南岳投龙告文》铜简之阴，作“内使朝散大夫行内侍省掖庭局令上柱国张奉国”[4]（见图 3 右）。至于地方官，则有江州刺史独孤祯、长史杨楚玉、司马皇甫楚玉、浔阳县令魏昌等人列名其中，比起《华岳真君碑》仅有县令列名似乎要隆重许多。

在此碑立后不到两个月，庐山使者庙中又树起一块碑来，即《唐使者征祥记》，据《金石录》卷六载：“潘翙撰并正书，开元二十年三月。”[5] 此碑全文收入《全唐文》卷三九七，题曰《使者征

---

[1]《庐山记》卷二，《景印文渊阁四库全书》第 585 册，第 19 页。

[2]《庐山太平兴国宫采访真君事实》卷六，第 682 页。

[3]《庐山太平兴国宫采访真君事实》卷一《见祥》，第 662 页。

[4]《八琼室金石补正》卷五六，386 页。又见《道家金石略》，第 122 页。

[5]《金石录校证》卷六，第 1056 条，第 107 页。

祥记》[1]，但作者作“潘观”，《庐山记》亦然，且保存着它的主体部分，文曰：“又有《使者祥验记》，开元二十年壬申三月八日辛亥，宣义郎行彭泽县尉潘观撰。述祥验之事五，略曰：……其碑岁久讹缺，治平三年（1066）重立。”[2]因《庐山记》早出，我们或当以之为据，即撰人当为“潘观”。如碑题所示，《九天使者庙碑》主要叙述立庙经过，而《使者征祥记》则以记载其灵验故事为主。合而观之，可使我们全面了解庐山九天使者庙初置时的状况。晚唐五代的杜光庭在其《录异记》中记载了一则关于庐山九天使者的故事，似乎正是将这两块碑的内容糅合而成[3]。

下面，我们将上述相关的石刻材料列表如下（表10）：

表10　五岳真君祠相关碑志表

名称	立碑时间	中央使者	地方官	撰、书者	备注
岱岳观碑（题记）	开元十九年十一月 二十年二月	都大弘道观主张游雾、京景龙观大德杨琬 敕使内侍省内谒者监胡寂、判官谒庭局监作宁君爱	专当官：朝散郎曲阜主簿上官宾。登仕郎乾封县尉王去非		仅有题记，未发现专碑 二十年的敕使，疑为同一事。《道家金石略》第114、116页

[1] 潘观《使者征祥记》，《全唐文》卷三九七，第4050页。

[2]《庐山记》卷二，第20页。《舆地纪胜》卷三〇《江南西路·江州·碑记》则题为《使者灵验记》，第1333页。

[3] 杜光庭《录异记》卷一“九天使者”条，罗争鸣《杜光庭记传十种辑校》，第17—18页。

续表

名称	立碑时间	中央使者	地方官	撰、书者	备注
唐北岳真君碑	开元二十年正月			房凤文；八分书	《金石录校证》6/107
唐华岳真君碑	开元二十年二月后		华阴令韦衍	华阴县丞陶翰文，京兆韦腾书	《集古录目》6/17976 录文见本书附录一
唐南岳真君碑	开元二十年十月		衡州别驾元晊（字光大）	赵颐真撰，萧诚正书	《金石录校证》6/107，跋文见26/478
田僓墓志	天宝六载（747）	长安景龙观大德田僓；尚书郎韦陟			田僓、韦陟系朝廷派往嵩山置立中岳真君祠的使者。是否立碑，史无明文。
唐青城山丈人祠庙碑	开元二十年正月		蜀州刺史杨励本、青城县令薛椅	徐太亨撰，甘遗荣八分书	《全唐文》351/3560—61 《金石录校证》6/107
丈人祠纪符瑞碣	?			甘遗荣八分书	《舆地碑记目》4/《石刻》1-24-18564
九天使者庙碑	开元二十年正月二十五日	置庙使内供奉张奉国；设斋使大弘道观法师张平公	江州刺史独孤祯、长史杨楚玉、司马皇甫楚玉、浔阳县令魏昌	李泚（一作玼）撰，周嘉宾书	《道家金石略》114—116 《全唐文》373/3792—94
唐使者征祥记	开元二十年三月八日			潘观（一作翙）撰并正书	《全唐文》397/4050；《金石录校证》6/107

至此，我们大致可以了解在开元十九年末到二十年初，五岳、青城山及庐山置立祠庙时所留下的主要石刻材料。遗憾的是，只有西岳华山与青城山、庐山相关碑刻的全文留存至今，而北岳、南岳及东岳则仅存碑目或题记。此外，通过新发现的《田僓墓志》，可知当时朝廷派往嵩山建立中岳真君祠的使者，是长安景龙观大德田僓与时任“尚书郎”的著名文士韦陟，但当时是否如其他诸山一样立碑纪念，则无法确知。即便如此，已知的这些石刻材料对于我们完整理解这一事件，仍有着非常重要的作用。

二　相关史实考证

（一）时间

关于五岳真君祠的置立时间，原本不成问题，因为从上述石刻材料来看，毫无疑问是在开元十九年（731）到二十年（732）之间。但由于相关文献记载的出入，特别是《旧唐书·司马承祯传》对时间的模糊记载，今天的许多道教研究著作仍沿袭了错误的说法，以为真君祠的建立是在开元十五年。陈国符《道藏源流考》即取此说，其根据除了《旧传》外，还有晚唐道士李冲昭的《南岳小录》[1]。野口铁郎、石田宪司二人编写的《道教年表》，则将五岳真君祠的建立置于开元十四年，而将青城山丈人祠、庐山使者庙的建立置于开元二十年[2]。这显然是将原本一个整体事件割裂为两半。直到 1996 年，巴瑞特所著《唐代道教》一书仍袭陈氏之说，并认为即使作为执行时间，开元十九年似乎也仍显得太晚，他像陈氏一样

[1] 陈国符《道藏源流考》，第 56 页。

[2] 野口铁郎、石田宪司编《道教年表》，第 341 页。

引《南岳小录》的记载为据[1]。看来，对这一问题仍有考辨的必要。

我们先将有关此事的各种文献记载列举如下：

《旧唐书》卷八《玄宗本纪上》："(开元十九年)五月壬戌(十五日)，五岳各置老君庙。"[2]

《资治通鉴》卷二一三"玄宗开元十九年"条："五月，壬戌，初立五岳真君祠。"[3]

《册府元龟》卷五三："(开元)十九年正月壬戌，置五岳真君祠，各于岳下选德行道士数人，焚香洒扫焉。初司马承祯隐于天台，征至京师，承祯因上言(下略)。"[4]

《唐会要》卷五〇："开元九年十二月，天台山道士司马承祯上言，(中略)上奇其说，因敕五岳各置真君祠一所。"[5]

《南岳小录》："开元中，司马天师上言：五岳洞天各有上真所治，不可以血食之神同其雩祀。既协圣旨，爰创清庙是岳也。启夏之际，洁斋致醮，兼度道士五人，长备焚修洒扫，即开元十五年五月十五日明制也。"[6]

《玉海》卷一〇二载："(开元)十九年五月壬戌，初立五岳真君祠。"[7]

要言之，关于司马承祯建议设立真君祠而为玄宗采纳的时间

---

[1] T. H. Barrett, *Taoism under the T'ang: Religion & Empire during the Golden Age of Chinese History*, pp. 54–55, esp. note 89.

[2] 《旧唐书》卷八《玄宗本纪上》，第197页。必须指出，此云"老君庙"是完全错误的。真君祠与老君庙虽然都是道教宫观，但二者绝不能混为一谈。

[3] 《资治通鉴》卷二一三，第6796页。

[4] 《册府元龟》卷五三《帝王部·尚黄老一》，第590页。

[5] 《唐会要》卷五〇《杂记》，第1029页。

[6] 李冲昭《南岳小录》，《道藏》第6册，第862页。

[7] 《玉海》卷一〇二"唐祭五岳四渎、亲祠华岳"条，《景印文渊阁四库全书》第945册，第708页。

有开元九年、十五年、十九年等三种不同的记载。《旧纪》《通鉴》《玉海》所载完全相同，即开元十九年五月十五日壬戌正式下诏建立五岳真君祠，至于《册府元龟》所载，年代与干支纪日都完全符合，只是“五月”作“正月”，我们推测这是因为“五”和“正”两字形近而在传刻中造成的讹误。至于陈国符与巴瑞特引以为据的《南岳小录》，其所载时间的月份和日期（五月十五日）与《通鉴》和《旧纪》也完全相合，惟年份作“十五年”，我们认为，产生这个差异的原因仍是翻刻过程中的讹误，“九”和“五”也是很容易混淆的。至于《唐会要》所记的“开元九年十二月”，颇疑为“开元十九年二月”之误，即司马承祯立议之时间，因为结合前述石刻材料不难看出，玄宗下诏建立五岳真君祠的时间是开元十九年五月十五日，很难想象司马承祯的建议是在十年之前作出的。下面我们将真君祠、丈人祠及使者庙的建立列一个简单的时间表：

A. 开元十九年二月，司马承祯立议；

B. 开元十九年五月十五日壬戌，玄宗下诏建立五岳真君祠；

C. 开元十九年八月二十一日敕：置青城山丈人祠及庐山九天使者庙；[1]

D. 开元十九年八月二十五日敕：青城山丈人祠及庐山九天使者庙，准五岳真君庙例，抽德行道士五人焚香供养；

E. 开元十九年十一月，东岳真君祠完工，修斋三日三夜；

F. 开元二十年正月，北岳真君祠、青城山丈人祠完工，立碑纪念；

G. 开元二十年正月二十五日，庐山九天使者庙完工，设斋行道并立碑纪念；

---

[1] 徐太亨《青城山丈人祠庙碑》,《全唐文》卷三五一，第 3561 页。

H. 开元二十年二月之后，西岳真君祠完工，立碑纪念；

I. 开元二十年三月，更于使者庙立《征祥记》；

J. 开元二十年四月乙酉，敕："五岳先制真君祠庙，朕为苍生祈福，宜令祭岳使选精诚道士，以时设醮。及庐山使者、青城丈人庙，并准此祭醮。"[1]

K. 开元二十年十月，南岳真君祠完工，立碑纪念。

应该承认，这份时间表并不完备。首先，司马承祯立议的时间在某种程度上还只是一种推测，其次，中岳真君祠的完工时间，也无从查考，此外，南岳真君祠的建造工期较长，原因不明。所有这些问题，都还有待进一步的研究。

（二）关于青城丈人祠与庐山使者庙

在《旧唐书·司马承祯传》中，虽然没有提及青城丈人祠和庐山使者庙的建立，但很显然，它们同样是根据司马承祯的建议而置立的。杜光庭《录异记》卷一"九天使者"条载：

> 开元中，皇帝梦神仙羽卫，千乘万骑，集于空中。有一人朱衣金冠，乘车而下，谒帝曰："我九天采访，巡纠人间，欲于庐山西北置一下宫，自有木石基址，但须工力而已。"……初玄宗梦神人日，因召天台炼师司马承祯以访其事。承祯奏曰："今名山岳渎，血食之神以主祭祠，太上虑其妄有威福，以害蒸黎，分命上真，监莅川岳，有五岳真君焉。又青城丈人为五岳之长，潜山九天司命主九天生籍，庐山九天使者执三天之录，弹纠万神，皆为五岳上司。盖各置庙，以斋食为飨。"

[1] 《册府元龟》卷五三《帝王部·尚黄老一》，第590页。

是岁，五岳三山，各置庙焉。❶

据此，则丈人祠与使者庙之建立出自司马承祯对于玄宗的一个神异之梦的解释❷。如前所述，杜光庭这则故事的依据当是开元二十年正月立于庐山的《九天使者庙碑》和三月所立的《唐使者征祥记》，基本应属可信。不过，所谓“五岳三山，各置庙焉”，却未能完全得到证实。因为无论石刻史料还是传世文献，都没有开元中置立潜山九天司命之庙的记载。特别是《九天使者庙碑》中在叙述青城与庐山二祠的建立与真君祠的关系时说：“圣绪无为，斯其有作。乃眷群岳，真君道府。光启祠室，幽赞神宗。青城、庐岳二山者，佐命群峰之望也。丈人仙箓，秘谛真君；使者灵司，孔昭冥察。……”显然，这里仅将青城与庐山对举，只字不提潜山司命真君之事。目前所知最早的一通潜山真君庙碑是代宗大历八年（773）十二月所立的《唐司命真君庙碑》，据《金石录》卷八载：“杨琡撰并行书，徐浩八分书题额。”❸此碑久佚，其全文收录于清顺治十一年（1654）郑遹玄修、陈衷赤等纂《安庆府潜山县志》及其后的方志文献中❹。从此碑记载的内容来看，潜山始置司命真君庙是在天宝九

❶ 杜光庭《录异记》卷一“九天使者”条，罗争鸣《杜光庭记传十种辑校》，第17—18页。

❷《庐山太平兴国宫采访真君事实》卷一《见祥》给玄宗此梦一个准确的时间：开元十九年二月十五日夜，第662页。值得注意的是，这也正是我们前文推测司马承祯奏立五岳真君祠的月份。关于玄宗之梦，参看J. J. L. Duyvendak, “The Dreams of the Emperor Hsuan-tsung,” *India Antiqua*, Leyden: Brill, 1947, pp. 102-108。

❸《金石录校证》卷八，第1489条，第152页。该碑又著录于《宝刻类编》卷三，题曰《天柱山司命真君庙碑》，《石刻史料新编》第1辑第24册，第18437页。

❹ 顺治《安庆府潜山县志》卷九《艺文志》上，辽宁省图书馆善本部藏刻本，十三至十四叶。康熙《安庆府潜山县志》卷一一《艺文志》，《中国方志丛书·华中地方》第707号，台北：成文出版社有限公司，1985年，第971—973页。乾隆《潜山县志》卷二三《寺观》，《中国方志丛书·华中地方》第708号，第1520—1521页。（转下页）

载（750）三月，距五岳、青城、庐山置庙之时相去已近20年了[1]。

很显然，司马承祯非常希望以道教理论来改造甚至取代国家的岳渎祭祀系统（关于此点，我们将于下文讨论），于是不仅促成了五岳真君祠的建立，而且利用为玄宗解梦之机，又促成了青城丈人祠与庐山使者庙的创立。玄宗对此事兴致很高，若据《庐山太平兴国宫采访真君事实》卷一的记载，当时“乃诏吴道子肖貌，敕内供奉张奉国及法师张平公等，赍像诣江州，命刺史独孤正（祯）、县令魏昌建祠于庐山之阴”[2]。宋徽宗重和元年（1118）立于庐山的《奉安玉册记》碑亦云：“命吴道子写之，遣内供奉持使者真图建立祠庙于山之阴。明皇帝亲书缪篆殿额以赐之，其文曰‘九天使者之殿’，而无‘采访’之称，其榜固在也。”[3]若然，则庐山使者的画像为吴道子所作，而大殿之额更为玄宗亲书，对其重视不言而喻。关于庐山使者崇拜的产生和流传，常志静已经有比较细致的研究[4]，此不详述。

（三）七座祠庙的基本情况与主要职能

通过前文对相关石刻材料的概说，我们已经大致了解了五岳与二山置立祠庙的基本过程：首先，由司马承祯根据上清派的经典，制定出祠庙的图纸与神像的粉本（庐山使者像的粉本或为吴道子所作），然后，由中使担任置庙使，两京高道担任设斋使，分赴各山指导立庙事宜，具体选址、施工等工作则由地方政府负责。在完工

（接上页）按此碑又收入乌以风编著《天柱山志》卷一〇（合肥：安徽教育出版社，1984年，第326—327页），以及陈尚君辑校《全唐文又再补》卷四（《全唐文补编》，第2285页），然录文颇有疏误。根据这些方志文献，此碑作者当为“阳璹”。

[1] 关于此碑的详细研究，见本书附录二《唐代潜山的信仰世界——以石刻材料为中心》。

[2]《庐山太平兴国宫采访真君事实》卷一《见祥》，第662页。

[3]《庐山太平兴国宫采访真君事实》卷六《奉安玉册记》，第687页。

[4] 参看Florian Reiter前揭文。

之后，要设斋行道，投龙致祭，如同我们在《岱岳观碑》及《九天使者庙碑》上所看见的那样。最后，则通常要立碑纪念。

我们来看这几座祠庙的地理位置。五岳真君祠在各岳的具体地点，史未详载。沈汾《续仙传》“司马承祯”条所云“诏五岳于山顶别置仙官庙”❶，恐无根据。根据目前所能见到的材料来看，有的地点距离岳庙不远，如《南岳小录》所载衡山宫观最前面的三个是：司天霍王庙（即衡岳庙）、真君庙及衡岳观，它们都在华盖峰下，司天霍王庙在岳观前，去观百余步，而真君庙则在岳观之东五十余步，三者距离非常近❷。也有距岳庙较远者，如《元和郡县图志》卷一八记载：“恒岳观，在县南百余步。真君庙，在县东北十里嘉禾山下。恒岳下庙，在县西四十步。”❸可见北岳真君祠与北岳庙、恒岳观都颇有距离。不过，嘉禾山下的真君庙并非初置时的原址，据晚唐僖宗乾符四年（877）七月十五日所立《北岳真君叙圣兼再修庙记》记载：

> 自尔真君树庙土宇，方碽园楹，岂图倾朽。真圣一座，敕建于大茂之幽谷足下西北五十里，仰视兰台，西维紫府。至天宝十一载，复禀□山纶旨，迁此嘉禾山前，椒兆土选胜造院四所，旅仕一营，以御奸寇。至乾符一百二十三祀，其所存旧贯，廊庑四之唯一，其奈乎星纪寝远，桑田尚如，世使凌替，仍管基趾四十亩，榱棒一百余间，住地也。❹

---

❶ 见《云笈七签》卷一一三下，第2507页。

❷《南岳小录》，第862页。

❸《元和郡县图志》卷一八“定州恒阳县”条，第514—515页。

❹《北岳真君叙圣兼再修庙记》，录文见《道家金石略》，第185—186页。陈尚君《全唐文补编》卷八三据《道家金石略》收录此文，第1028页。

可见，开元二十年（732）最初置立的北岳真君祠在大茂山脚下，二十年后的天宝十一载（752），庙址已奉敕迁往嘉禾山之下[1]，且驻有军兵守卫。至于迁址原因，如今已无从考辨了。

青城丈人祠，位于丈人山之东，鬼城山下。宋代赐号为“建福宫”，考古工作者曾对其遗址已经进行了一些发掘[2]。不过此祠似乎是从青城更深处的天国山旧址迁来，据杜光庭《道教灵验记》云：“青城山丈人观真君像，冠盖天之冠，著朱光之袍，佩三亭之印，以主五岳，威制万神。开元中，明皇感梦，乃夹纻制像，送于山中。自天国祠宇，移观于今所。盖取春秋祭山，去县稍近，以天国太深故也。”[3]若此言不虚，则我们至少可以看出：第一，到晚唐五代时，丈人祠已被称为丈人观了；第二，丈人祠此前就已存在，旧址原在天国山，开元中始迁到今址，这或许正是《青城山丈人祠庙碑》中所云蜀州刺史杨励本要“奉遵宸旨，恭惟灵庙，亲画规模，改兴版筑”的原因；第三，不仅祠庙的图纸由长安送来，甚至连真君像也是如此，这也印证了碑中“神姿丽美，远降于九天；丽像昭辉，长存于三蜀”的记载；第四，移观原因，是为了方便青城县每年春秋两次祭山，据《唐六典》载：“蜀州青城丈人山，每岁春、秋二时享以蔬馔，委县令行（原注：侧近以三两人洒扫）。”[4]值得注意的是，祭山之所正是在丈人祠。再来看庐山使者庙。据前引杜

---

[1] 北岳真君祠迁址一事，又见唐末高讽撰书的《大唐太师令公太原公重修真君庙之碑》：“今真君是上清之官，为北方之帝。镇兹水德，列居坎宫。…… 其庙即北建深溪，在太玄之南麓；后选胜地，迁嘉禾之前椒。”陈尚君《全唐文补编》卷九四据《光绪重修曲阳县志》卷一一收录此碑，第1156—1157页。

[2]《四川都江堰市青城山宋代建福宫遗址试掘》，《考古》1993年第10期，第916—924、9页。

[3] 杜光庭《道教灵验记》卷四“青城丈人真君验”条，收入罗争鸣《杜光庭记传十种辑校》，第194页。

[4]《唐六典》卷四“祠部郎中员外郎”条，第123页。

光庭《录异记》的记载，其址在庐山的西北。《舆地纪胜》卷三〇记曰："使者庙。在州南三十里，即太平兴国宫也。"[1] 更为具体的地点，尚需进一步考实。

这七座祠庙全都是道教宫观，自无疑义，因此，就需要道士住庙供养。从目前的材料看来，虽然这几座祠庙为国家敕建的宫观，建筑规模虽不会小，但道士人数却不多，每观仅 5 名而已。如《青城山丈人祠庙碑》内云："又奉〔开元十九年〕八月二十五日敕，青城丈人庙准五岳真君庙例，抽德行道士五人，焚香供养。"《九天使者庙碑》亦云："开元十九年八月二十一日降明旨曰：青城山丈人庙、庐山使者庙，宜准五岳真君庙例，抽德行道士五人，焚修供养。仍委所管拣择灼然道行者安置，具年名申所由。"又据《册府元龟》卷五三载：开元二十年四月己酉，敕曰："五岳先制真君祠庙，朕为苍生祈福，宜令祭岳使选精诚道士，以时设醮，及庐山使者、青城丈人庙，并准此祭醮。"[2] 显然，住庙道士的选择是由地方官与中央派去的祭岳使一起慎重选拔的，而且还要"具年名申所由"，也就是要报中央备案。在《九天使者庙碑》最后提到"玄门道士章冲寂等"，应即被选出的使者庙的供奉道士。至于其中心职能，当如敕书所云，要"以时设醮"，即在特定的日子要以道教的斋醮科仪来为皇帝、国家和百姓祈福。某些祠庙如青城山丈人祠甚至直接成为政府春秋二时祭祀名山的场所。从置庙经过到其主要职能，无不显示了它们强烈的官方色彩。

不难想象，五岳二山的祠庙在当地的宗教界必然有着特殊的地位。以北岳为例，在天宝七载（748）五月廿五日所立的《大

---

[1] 《舆地纪胜》卷三〇《江南西路・江州・景物下》，第 1313 页。

[2] 《册府元龟》卷五三《帝王部・尚黄老一》，第 590 页。

唐博陵郡北岳恒山封安天王之铭》中[1]，记载了一次官方祭祀北岳的典礼，并在碑阴详细列举了与祭者的名单。引人注目的是，其中除了恒州与恒山县的各级官员及恒岳令、监庙之外，还有一位“前供奉合炼百花浆北岳真君庙三洞道士刘处一”，真君庙的道士要参与国家祭典，凸显了此庙在当地宗教界的地位及其浓厚官方色彩。直到晚唐，北岳真君庙还不断得到官方的赞助，如在前引乾符四年（877）的《北岳真君叙圣兼再修庙记》中，就记载了咸通十五年、乾符二年两次重修的情况，而且第二次更是“复遣敕命，切须崇饰”[2]。

直到宋代，五岳真君祠（时已称观）仍有着比较重要的地位。按宋制，在三元日及皇帝本命日，预先一月降青词于各地最主要的官方道观，其中就有五岳真君观。另据江少虞《宋朝事实类苑》卷三三载：“自大中祥符，每立春、立秋醮真君观，惟有东、西、北、中四岳，而南岳真君独阙其礼。〔钱〕惟演天禧二年（1018）再入翰林，当草七月词，见阙此岳，乃入札子奏乞检会，事下礼仪院。所司以从初漏阙，惧罪，久而不奏。及立春将近，惟演再上言，以南岳阙醮，盖有司之误，然屡经大宥，乞免有司之罪，但依例添入。御笔批依奏，遂谘报中书门下行下，自此五岳皆备矣。”[3]此为常祀，如遇到水旱灾害等突发事件时，也会在真君祠开祈福道场，且往往与岳庙同时举行。例如，在唐开元九年三月韦虚心撰

---

[1]《金石萃编》卷八八，第1486页。碑阳，李荃撰，戴千龄书；碑阴，康杰撰，戴千龄八分书。关于此碑，参看唐长孺《跋唐天宝七载封北岳恒山安天王铭》，氏著《山居存稿》，北京：中华书局，1989年，第273—292页。

[2]《道家金石略》，第185—186页。关于晚唐北岳真君庙的重修情况，亦可参看前引高讽《大唐太师令公太原公重修真君庙之碑》。

[3] 江少虞《宋朝事实类苑》卷三三《典故沿革·降青词》，上海古籍出版社，1981年，第417页。

《北岳府君碑》之碑侧记载着宋真宗大中祥符二年（1009）的一条题记：

> 维大宋大中祥符二载岁次己酉四月丙戌朔，入内内侍省内侍高品朱允宗，奉命驰骑于北岳安天王并真君观，开启祈雨道场，各三昼夜，罢散日致祭设醮，至二十五日回镌记。
>
> 亚献官右班殿直知曲阳县兼兵马监押沿边诸山口寨巡检、勾管庙观牛修己。[1]

值得重视的是亚献官牛修己的头衔，他不仅是曲阳县的知县，还同时兼管着北岳安天王庙和北岳真君观，这是宋代岳庙管理体制的新变化，在某种程度上也显示了真君观和岳庙的并驾齐驱的特殊地位。西岳的情况更为明显，在北宋皇室于华山举行的道教斋醮活动中，往往在西岳庙和真君观同时开道场，目的有祈福、消灾、祈雨、祷病等，都显示了国家眼里二者宗教地位上的某种平等，这在石刻材料中有非常清楚的反映[2]。

三　司马承祯与真君祠建立的理论依据

置立五岳真君祠与青城、庐山二庙的核心人物是司马承祯，那么，他的根据究竟是什么？在本节中，我们就来探讨这些问题。

---

[1] 《金石萃编》卷七三，第1246页。

[2] 例如，大中祥符三年（1010）四月的《华岳醮告碑》云："诏中禁近臣全克隆赍御署青词，祷于灵岳洎真君之观。时请黄冠二七人，开建道场五昼夜，罢散日各设醮一座，总三百六十分。"见《华山碑石》，第259页。又如，乾兴元年（1022）二月十五日的《段微明设醮记》记载，因真宗不豫，"奉宣……赴西岳庙并真君观各开启道场三昼夜，各设清醮一座"。《金石萃编》卷一二八，第2380页。类似石刻在《华山碑石》及《金石萃编》卷一二七、一二八两卷中还有不少，可以参看。

（一）上清经

如所周知，司马承祯是继陶弘景、王远知、潘师正之后上清派的一代宗师，在盛唐的宗教与政治舞台上，他都扮演着非常重要的角色。关于他的生平，陈国符在《道藏源流考》中有较为详细的考证[1]，后来，柯睿（Paul Kroll）和今枝二郎等又有专文论述[2]。这些成果使我们对于这位道教大师有了比较深入的认识。

司马承祯给玄宗的奏文中曰："五岳皆有洞府，各有上清真人降任其职，山川风雨，阴阳气序，是所理焉。"前引《唐华岳真君碑》更明确指出："储精出乎象数，建福本乎神机。澄大洞之逸文，验上清之旧志。"显然，司马承祯所据正是上清派的理论。值得注意的是，这七座祠庙所供奉的仙真都可在陶弘景的《洞玄灵宝真灵位业图》中找到。例如，书中第四位左位有"中岳真人高丘子"和宁封（即青城丈人），右位则列有"中岳真人孟子卓、西岳真人冯延寿、南岳真人傅先生、青城真人洪崖先生、……中岳真人王仲甫"以及"九天使者、九天真王使者"等，王家葵对这些真人的来历与事迹有详细考证[3]，他们应该就是司马承祯所谓"上清真人"的最初来源。

不过，在《真灵位业图》的神谱中，五岳与青城、庐山并不是一个有机的整体，将它们整合为一个体系的则是五岳真形图系统的文献。

---

[1] 陈国符《道藏源流考》，第 52—59 页。

[2] Paul W. Kroll, "Szu-ma Ch'eng-chen in T'ang Verse," *Bulletin of the Society for the Study of Chinese Religions* 6 (1978): pp. 16–30；今枝二郎前揭文。关于司马承祯的思想，参看 Livia Kohn, *Seven Steps to the Tao: Sima Chengzhen's* Zuowanglun, Nettetal: Steyler Verlag-Wort und Werk, 1987；卢国龙、陈明《司马承祯的自然人性论》，《东南文化》1994 年第 2 期，第 251—257 页。

[3]《真灵位业图校理》，陶弘景纂，闾丘方远校订，王家葵校理，北京：中华书局，2013 年，第 150—184、192—193 页。

（二）五岳真形图

北宋徽宗重和元年（1118）立于庐山的《奉安玉册记》曰：“开元中，天台司马子微谓五岳皆有上清真人降任其职，因敕五岳各立真君祠，其说盖出于〔五岳〕真形图。”[1]我们认为，这种说法有一定的根据，五岳与青城、庐山的组合的确出自五岳真形图。事实上，前述天宝六载的《田僓墓志》在记载玄宗诏立中岳真君祠时，也明确提及《五岳真形图》(志文误作《五岳真君图》)。

关于此图及其信仰，施舟人、山田利明等先后有深入研究[2]；而曹婉如等则指出，《道藏》所见古本五岳真形图，就其表现形式与内容来看，应是从具体山岳的平面示意图，也即主要是为道士们入五岳名山采药访道提供的一种导游性质的实用地图演变而来[3]；张勋燎则将文献研究与具体的道教文物如“五岳真形镜”及“上清含像镜”等结合起来，使人耳目一新[4]。

根据张勋燎的研究，五岳真形图和最早记载此图的《汉武帝内传》一样，出自葛洪的托名造作，或者是葛洪“师徒、翁婿、夫妇共同搞出来的作品”，其原因是：“第一，最早记载五岳真形图材料的文献都是出自葛洪之手，而且有的是有意假托前人的名字杜撰而成。第二，五岳真形图的传授谱系，除了一些纯属虚构的人物和查

---

[1]《庐山太平兴国宫采访真君事实》卷六，第687页。

[2] K. M. Schipper《五岳真形図の信仰》，《道教研究》第2卷，东京，1967，第114—162页。山田利明《二つの神符——“五岳真形図”と“霊寳五符”》，《東洋学論叢》第12号，1987年，第147—165页。

[3] 曹婉如、郑锡煌《试论道教的五岳真形图》，《自然科学史研究》第6卷第1期，1987年，第52—57页。

[4] 张勋燎《道教五岳真形图和有关两种古代铜镜材料的研究》，《南方民族考古》第3辑，成都：四川科学出版社，1991年，第91—112页。参看张勋燎、白彬《江苏明墓出土和传世古器物所见的道教五岳真形符与五岳真形图》，收入《中国道教考古》，第1751—1833页。

无实据的材料外，最后都是经过葛洪师徒一线单传下来逐渐得到推广的。”[1]在《道藏》中今存两种五岳真形图的材料。其一是洞玄部灵图类所收的《洞玄灵宝五岳古本真形图（并序）》，其时代可能比较晚[2]。其二是正乙部笙字号所收的《五岳真形序论》，施舟人认为其时代当在六朝末[3]。《五岳真形序论》由四种文本构成：第一部分是关于西王母授《五岳真形图》于汉武帝的故事；第二部分是两篇《授图祭文》，第三部分是《鲍氏佩施用》，第四部分则是托名东方朔的《五岳图序》。我们来看《五岳图序》对五岳神的描写：

> 东岳泰山君，领群神五千九百人，主治死生，百鬼之主帅也，血食庙祀所宗者也。……泰山君服青袍，戴苍碧七称之冠，佩通阳太朔之印。
>
> 南岳衡山君，领仙七万七百人，……南岳君服朱光之袍，九丹日精之冠，佩夜光天真之印。
>
> 中岳嵩高君，领仙官玉女三万人，……中岳君服黄素之袍，戴黄玉太乙之冠，佩神宗阳和之印。
>
> 西岳华山君，领仙人玉女四千一百人，……华山君服白素之袍，戴太初九流（旒）之冠，佩开天通真之印。
>
> 北岳恒山君，领仙人玉女七千人，……北岳君服玄流之袍，戴太真冥灵之冠，佩长津悟真之印。
>
> 青城丈人，黄帝所命也，主地仙人，是五岳之上司，以总

---

[1]《中国道教考古》，第1756页。

[2]《道藏》第6册，第735—743页。施舟人先生推测其文本可能晚至明代，见 Kristofer Schipper & Fransiscus Verellen (ed.), *The Taoist Canon: A Historical Companion to the Daozang*, Chicago: The University of Chicago Press, 2005, pp. 1236–1237。

[3]《道藏》第32册，第628—636页。参看 Kristofer Schipper & Fransiscus Verellen (ed.), *The Taoist Canon: A Historical Companion to the Daozang*, pp. 265–266。

群官也。丈人领仙官万人，道士入山者，丈人服朱光之袍，戴盖天之冠，佩三庭之印，乘科车，从众灵而来迎子。

庐山使者，黄帝所命，秩比御史，主总仙官之位，盖五岳之监司。道士入其山者，使者服朱绯之袍，戴平华之冠，佩三天真形之印而来迎子，亦乘科车，从以众灵。

霍山南岳储君，黄帝所命，衡岳之副主也，领群灵三万人。上调和气，下拯黎民，关校众仙，制命水神，是峻验之府，而为诸灵之所顺也。道士入其境，储君服青锦之袍，戴启明之冠，佩道君之玉策而来迎子。

潜山储君，黄帝所命，为衡岳储贰，时参政事，今职似辅佐者也。入其山，潜君服紫光绣衣，戴参灵之冠，佩朱官之印，乘赤虬之车而来迎子。❶

可见，除了五岳之外，五岳真形图还包括了另外四座山，即青城山、庐山、霍山、潜山❷。其与五岳发生联系的原因在于："〔黄帝〕察四岳并有佐命之山，而南岳独孤峙而无辅，乃章祠三天太上道君，命霍山、潜山为储君。奏可。帝乃自造山，躬写形像，连五图之后。又命拜青城为丈人，署庐山为使者，形皆以次相续，此适始于黄帝耳。"❸

需要注意的是，五岳真形图记载了所领的"群神""仙官""玉女"的数目，并详细描绘五岳君、青城丈人、庐山使者、霍潜储君的袍、冠及所佩之印，这似乎正是司马承祯奏文所说五岳各有上清

❶《五岳真形序论》，《道藏》第32册，第636页。

❷ 按，霍山、潜山实为一山，又称"天柱山"，但在古文献中往往分为二山。参看乌以风《衡霍今辨》，氏著《天柱山志》，第108—129页。

❸《五岳真形序论》，《道藏》第32册，第635—636页。

真人“冠冕章服，佐从神仙，皆有名数”之所本。以《青城山丈人祠庙碑》对青城丈人的描写为例，内曰：“黄帝拜为五岳丈人，因以为称。服朱光之袍，戴盖天之冠，佩三庭之印，乘科车，主五岳。”这与《五岳古本真形图》的文字几乎完全相同。不过，在司马承祯于开元中以道教理论来改造国家岳渎祭祀的计划中，并无霍、潜二山，可能是因为青城、庐山是五岳的上司，而霍、潜只是南岳的储贰，二者原本不在一个等级上。直到天宝九载（750）三月，潜山才置立了司命真君庙，补齐了这一缺环（详见本书附录二）。

我们来看看五岳真形图在唐代的流传情况。常志静在研究庐山九天使者崇拜时曾提示我们，一些较为古老的传统如五岳真形图在唐代有一个新的流行[1]。这的确是个值得重视的问题。在贞观十三年（639）裴孝源所著《贞观公私画史》中，就著录有《五岳真形图》一卷，并称此画“甚精奇，隋朝以来，私家搜访所得”[2]。我们今天已经很难判断其基本内容与后世所传者是否相同[3]。在成书于初唐、托名金明七真所著的《洞玄灵宝三洞奉道科戒营始》卷四的《灵宝中盟经目》中，同时列有《五岳真形图》《五岳供养图》《五岳真形图序》三种书目，作为“洞真法师”所必须掌握的法箓[4]。而盛唐著

[1] Florian Reiter, “The ‘Investigation Commissioner of the Nine Heavens’ and the Beginning of His Cult in Northern Chiang-hsi in 731 A. D,” p. 275, note 46.

[2] 裴孝源《贞观公私画史》，收入于安澜编《画品丛书》，第 41 页。

[3] 初唐画家何长寿曾作有一幅《五岳真官像》，不过与《五岳真形图》恐无多大关系。见《宣和画谱》卷一，收入于安澜编《画史丛书》第二册，上海人民美术出版社，1963 年，第 11 页。

[4]《洞玄灵宝三洞奉道科戒营始》卷四，《道藏》第 24 册，第 758 页。按此书深受学界重视，但其成书时间颇多争议，现在一般认为它成书于初唐时期。参看 Livia Kohn, “The Date and Compilation of the *Fengdao kejie*, The First Handbook of Monastic Daoism,” *East Asian History* 13-14（1997）: pp. 91-118。此文的修订版收入氏著 *The Daoist*（转下页）

名的道教科仪大师张万福（大致与司马承祯同时）的《传授三洞经戒法箓略说》，也将五岳真形图列为道士所授法箓之一，并加按语说："夫五岳真形图，上圣高真神仙所宝，道士佩之游行山泽，千山百川之神皆出迎之。家有此图，仙灵侍卫，万厉潜伏，仕官高迁，财产丰积，子孙昌盛，门户兴隆。修行佩奉，自有法矣。"❶

张勋燎曾细致研究了唐代以来印谱著录及近代考古发现的几种五岳真形铜镜，认为："尽管五岳真形图材料本身在道教灵图中有悠久的历史和重要地位，但后来主要是属于灵宝派系统的内容。"❷此说恐不尽然。事实上，五岳真形图与上清派亦有很深的因缘，在敦煌道书保存着南朝上清派宗师陶弘景所撰的《陶公传授仪》，专门规范包括五岳真形图在内的五种道经符箓的传授仪式❸。其中，在受五岳真形图时请神祝词曰：

> 梁天监某年太岁某月日子上建，天师某治祭酒州郡县乡里，男女生姓名年如干岁，谨依道明科，传弟子姓名五岳真形图文，告斋修祭。即日请五岳君、霍潜储君、佐命八山神君、青

（接上页）*Monastic Manual: A Translation of the Fengdao Kejie*（New York: Oxford University Press, 2004）的导言中。另可参看 Florian C. Reiter, *The Aspiration and Standards of Taoist Priests in the Early T'ang Period*, Wiesbaden: Harrassowitz, 1998。

❶ 张万福《传授三洞经戒法箓略说》卷上，《道藏》第32册，第190页。关于此书，参看 Charles D. Benn, *The Cavern-Mystery Transmission: A Taoist Ordination Rite of A.D. 711*, Honolulu: University of Hawaii Press, 1991。

❷ 张勋燎《道教五岳真形图和有关两种古代铜镜材料的研究》，第111页。

❸ 大渊忍尔《敦煌道经·目录编》首次简出英藏S.3750和法藏P.2559两件文书并作了正确定名。在此基础上，王卡又发现中国国家图书馆藏BD11252文书残片可与二者缀合，并对《陶公传授仪》做了进一步探讨。见氏著《敦煌残抄本陶公传授仪校读记》，《敦煌学辑刊》2002年第1期，第89—97页。

城丈人、庐山使者，愿并垂临降。

奉请东岳泰山君，罗浮括仓佐命；

奉请南岳衡山君，霍山潜山储君；

奉请中岳嵩高山君，少室武当佐命；

奉请西岳华山君，地肺女几佐命；

奉请北岳恒山君，河逢抱犊佐命；

奉请青城丈人；

奉请庐山使者；

奉请此某山真官神君（下略）。[1]

按文书所见的传授五岳真形图的仪式与《五岳真形图法并序》所载“郑君所出”的仪式有相同之处，但也有不少差别，这当系经过陶弘景改造过的带有上清派色彩的授图仪式[2]。更为重要的是，前引《洞玄灵宝三洞奉道科戒营始》卷四直接将五岳真形图列在“洞真法师”必须掌握的法箓中，也就是说，将它作为修习上清经法的入门之书，而“洞真法师”是道阶仅低于“上清玄都大洞三景弟子无上三洞法师”的位次[3]。作为一位总括三洞、饱览诸派经书的大师，司马承祯对于五岳真形图，无疑是非常熟悉的。

（三）司马承祯的创新

探讨司马承祯建立五岳真君祠的基本理论来源既竟，我们再来

---

[1] P. 2559《陶公传授仪》，图版见《法藏敦煌西域文献》第15册，上海古籍出版社，2001年，第364—365页。

[2] 关于《五岳真形图》，还可参看孙齐《〈五岳真形图〉的成立——以南岳为中心的考察》，《燕园史学》总第20期，北京大学历史学系，2011年，第80—90页。

[3] 关于道士的位阶制，参看施舟人《敦煌文書に見える道士の法位階梯について》，福井文雅译，《講座敦煌》4《敦煌と中国道教》，东京：大东出版社，1983年，第325—345页。

看看他的创新之处。从目前的材料来看，司马承祯对于五岳崇拜情有独钟，还曾著有《洞玄灵宝五岳名山朝仪经》一卷[1]，此书今佚，但从书名推测，这似是一部专门讲述五岳名山祭祀的经书。

此外，司马承祯也是道教史上第一位系统研究总结洞天福地学说的学者[2]，他所著的《上清天地宫府图经》二卷就是一部集大成的著作，其主体部分保存在《云笈七签》卷二七，题作《天地宫府图并序》。在这部书中，他具体谈到了降居五岳洞天的仙真之名姓。例如，在“十大洞天”中，“第五青城山洞，周回二千里，名曰宝仙九室之洞天，在蜀州青城县，属青城丈人治之”。五岳洞天则列入“三十六小洞天”中：

> 第二东岳太山洞。周回一千里，名曰蓬玄洞天，在兖州乾封县，属山图公子治之。
>
> 第三南岳衡山洞。周回七百里，名曰朱陵洞天，在衡州衡山县，仙人石长生治之。
>
> 第四西岳华山洞。周回三百里，名曰总仙洞天，在华州华阴县，真人惠车子主之。
>
> 第五北岳常山洞。周回三千里，名曰总玄洞天，在恒州常山曲阳县，真人郑子真治之。

---

[1] 《新唐书》卷五九《艺文志三》“子录神仙类”，第1522页。此书又著录于《通志·艺文略第五》，此据《通志二十略》，北京：中华书局，1995年，第1622页。看来此书在元代已经失传，故被编入至元十二年（1275）成书的《道藏阙经目录》卷上，《道藏》第34册，第504页。关于司马承祯的著述，参看陈国符《道藏源流考》，第58页。

[2] 关于司马承祯与道教神圣地理学的整合问题，参看 Lucas Weiss, “Rectifying the Deep Structures of the Earth: Sima Chengzhen and the Standardization of Daoist Sacred Geography in the Tang,” *Journal of Daoist Studies* 5（2012）: pp. 31–60。作者提出司马承祯对上清宇宙论传统的继承，并强调了王屋山在其中的地位，但对五岳真君祠基本上一笔带过，且未注意到笔者先前的相关研究。

第六中岳嵩山洞。周回三千里，名曰司马洞天，在东都登封县，仙人邓云山治之。[1]

据《新唐书·地理志五》载：衡山县“本隶潭州，神龙三年（707）来属〔衡州〕”[2]。然则司马承祯此书之作当在其后。

可以想见，承祯所谓“五岳皆有洞府，各有上清真人降任其职，山川风雨，阴阳气序，是所理焉”之语，可能主要是以自己的著作为出发点的，也就是说，山图公子、石长生、惠车子、郑子真及邓云山等五位仙真或即司马承祯心目中降任五岳的“上清真人”。他们同样早就出现在陶弘景的著作中，如《真灵位业图》在第六右位的“地仙散位”中列有这五位的名字：“山图公子（原注：周哀王时大夫，张禁保之师）、……惠车子（原注：淳于典柄之师）、石长生（原注：周明晨之师）、……郑子真（原注：阳翟山）、邓云山。”[3]在《真诰》中，则记载了他们相关事迹，如卷一二记载了山图公子授张激子道法、石长生授周爰支（保命府明晨侍郎）化遁之术等事[4]。不过，需要注意的是，在陶弘景的理论体系中，这五位仙真并未与五岳发生关系，也无他们下治五岳洞天之说[5]。将他们与五

[1]《云笈七签》卷二七，第610—612页。按，《天地宫府图》亦列入《道藏阙经目录》卷上，第502页。

[2]《新唐书》卷四一《地理志五》，第1071页。

[3] 王家葵《真灵位业图校理》，第269—271页。

[4]《真诰》卷一二《稽神枢第二》，陶弘景撰，赵益点校，北京：中华书局，2011年，第217—218页。

[5] 唯一可能有些关系的是石长生与南岳的关系，《真诰》卷一二《稽神枢第二》在记周爰支受石长生的指导而成仙时说：“今爰支从南宫受化得仙，今在洞中。”（第218页）若“南宫”系指南岳洞天，则石长生与南岳倒是有些渊源。此外，《列仙传》中有一则题为《山图》的故事，曰：“山图者，陇西人也。少好乘马，马踢之折脚，山中道人教令服地黄当归羌活独活苦参散，服之一岁，而不嗜食，病愈身轻。追道士问之，自言：‘五岳使，之名山采药，能随客（吾），使汝不死。’山图追随之六十（转下页）

岳联系起来或为司马承祯的独创，且与一般传说颇有不合之处。例如，惠车子的故事多与南岳相关，明代董斯张所撰《广博物志》卷二一记："惠车子与严君平雅相善，数游三湘，久棲南岳。"[1]《湖广通志》卷一一也曰："(衡山)赤帝峰，在岳庙后，古名炼玉峰，上有惠车子尸解处。"又曰："䒷芀峰，在衡山，后世传惠车子修行处。"[2]司马承祯则以惠车子主西岳华山洞，未知所据。

再来看"治"北岳的真人郑子真。在晋代皇甫谧《高士传》中载："郑朴，字子真，谷口人也。修道静默，世服其清高。成帝时，元舅大将军王凤以礼聘之，遂不屈。杨雄盛称其德，曰：'谷口郑子真，耕于岩石之下，名振京师。'冯翊人刻石祠之，至今不绝。"[3]《华阳国志》卷十下则曰："郑子真，褒中人也，……家谷口，世号谷口子真，亡，汉中与立祠。"[4]二说虽异，但其主要事迹都在陕西境内，司马承祯以之主北岳恒山洞，亦不知何据[5]。值得注意的是，从前引乾符四年所立《北岳真君叙圣兼再修庙记》的记

(接上页)余年，一旦归来，行母服于家间，朞年复去，莫知所之。"(王叔岷《列仙传校笺》卷下，北京：中华书局，2007年，第127页)按，这位山图与《真灵位业图》中的"山图公子"似非一人，却与五岳神有些关联，司马承祯以"山图公子"主东岳洞天，不知是否与此有关。

[1]《景印文渊阁四库全书》第980册，第434页。

[2]《景印文渊阁四库全书》第531册，第335页。

[3] 皇甫谧《高士传》卷中"郑朴"条，收入刘晓东校点《列女传 高士传》，沈阳：辽宁教育出版社，1998年，第27—28页。

[4]《华阳国志校注》卷十下，常璩撰，刘琳校注，成都：巴蜀书社，1984年，第791页。

[5] "郑子真"其人，在陶弘景的著作中有异说，《真诰》卷一〇《协昌期第二》记："郑子真，则康成之孙也，今在阳濯山。昔初学时，正患两脚不授积年。其晚用针灸，兼行曲折祝法，百日都除。"接着，陶氏考辨曰："郑玄唯有一儿，为贼所害，有遗腹子名卜(小)同耳，既不入山，又复不病脚，此子真又非谷口者。进退乖异，莫辩质据。"(第178页)然则陶弘景认为这位郑子真既非郑玄之孙，也非那位"谷口子真"，究竟是何来历，他也不能确知。"阳濯山"在《洞玄灵宝真灵位业图》中作"阳翟山"，今按阳翟县，唐属许州，即汉代的颍川郡，即使《天地宫府图》中郑子真系指此人，也与地望不合，他与北岳恒山亦无干系。

载来看，似乎北岳真君为太极真人徐来勒，其神“顶太冥之冠，衣玄服，佩长津昭真之印”[1]，这与前文所引《洞玄灵宝五岳古本真形图》对“北岳恒山君”的冠服印（服玄流之袍，戴太真冥灵之冠，佩长津悟真之印）的描述基本一致。据此可知，至少晚唐北岳真君庙所认定的真君是徐来勒，而非司马承祯《上清天地宫府图经》中的“真人郑子真”。不过，初置真君祠时是否就是如此，颇难遽断，毕竟如前所述，北岳真君庙曾在天宝十一载（752）经历过一次迁址重建，即从大茂山下奉敕迁往嘉禾山下。重建之后的真君祠是否在形象、制度上一遵开元之旧，不无疑问，毕竟唐末这方《北岳真君叙圣兼再修庙记》已完全不提当初置立真君祠的核心人物司马承祯了。虽说当初在推动五岳真君祠建立时，司马承祯可能会考虑接纳某些地方传统[2]，但至少太极真人徐来勒目前未见与北岳有所关联[3]，

---

[1] 《北岳真君叙圣兼再修庙记》，录文见《道家金石略》，第185—186页。按，《道家金石略》误将徐来勒的名字点破，陈尚君《全唐文补编》卷八三亦袭此误，第1028页。

[2] 根据晚唐道士李冲昭《南岳小录》记载：“真君庙，在岳观之东五十余步。本与司天王同庙各殿。开元中，司马天师上言：‘五岳洞天各有上真所治，不可以血食之神同其雩祀。’既协圣旨，爰创清庙是岳也。……《上真记》云：太虚真人领南岳司命，即炎老君也。”《道藏》第6册，第862页。然则在唐玄宗诏置五岳真君祠之前，衡山即有真君信仰，且与南岳庙“同庙各殿”，这位南岳真君或即《真灵位业图》第二左位的“左圣南极南岳真人左仙公太虚真人赤松子”，见王家葵《真灵位业图校理》，第31页。关于衡山诸庙的相对位置与前后承袭关系，参看魏斌《山岳记述的形成——以“南岳”衡山的早期文献为例》，收入氏著《“山中”的六朝史》，北京：生活·读书·新知三联书店，2019年，第344—379页。

[3] 陶弘景《真灵位业图》第三右位有“太极法师徐来勒”，在道经中，他系葛玄之师，主要活动范围在江南诸名山，如《元始上真众仙记》云：“徐来勒为太极真人，治括苍山，小宫在天台山。”参看王家葵《真灵位业图校理》，第129页。此外，法藏P.2403古灵宝经《灵宝威仪经诀上》载：“太极真人称徐来勒，以己卯年正月一日日中时，于会稽上虞山传太极左仙公葛玄（下略）”（王卡录文见张继禹主编《中华道藏》第4册，北京：华夏出版社，2004年，第100页），而《隋书》卷七七《隐逸·徐则传》也记载了他在缙云山感遇“太极真人徐君”的故事（第1975页）。可见，徐来勒的主要事迹见于括苍、天台、缙云、上虞诸山中，似与北岳无关。

算不上恒山地区的道教传统。因此，我们倾向于认为，由于司马承祯曾对道教的洞天福地学说进行过系统总结，在指导建立五岳真君祠时，他恐怕可能更多还是会以自己的学说作为理据。

司马承祯不仅在理论上为五岳二山置立祠庙作论证，而且对祠庙形制与神像的建设进行了具体指导，这也就是前引《旧唐书·司马承祯传》所谓的“其形象制度，皆令承祯推按道经，创意为之”。之所以能够做到这一点，首先是由于他对道教文献和各种制度的谙熟。经过长时间的发展和积累，到了唐代，道教的宫观建设等已经积累了丰富的经验，在初唐成书的《三洞奉道科戒营始》一书中，就对置观和造像等都有详细介绍[1]。司马承祯的“创意”绝非凭空想象，他必然会参照前人的经验和成果。因为材料的限制，我们对于五岳二山七座祠庙的建筑规划并不清楚，但是，从《九天使者庙碑》的描写来看，此庙至少有精思院、净戒院、经楼、大厨等，其设计与《三洞奉道科戒营始》关于置观的规定非常接近，或许这正是唐代前期典型的道观设计模式，司马承祯对此必然非常清楚[2]。

其次，这也与他深厚的艺术修养分不开。承祯曾与陈子昂、卢藏用、宋之问、王适、毕构、李白、孟浩然、王维、贺知章等文士交游，号称“仙宗十友”。从某种意义上说，他像王维一样，诗文、音乐、绘画、书法，无一不精。以音乐为例，史载：“帝（玄宗）方浸喜神仙之事，诏道士司马承祯制《玄真道曲》，茅山道士李会元制《大罗天曲》，工部侍郎贺知章制《紫清上圣道

---

[1] 《洞玄灵宝三洞奉道科戒营始》卷一《置观品》及卷二《造像品》，《道藏》第24册，第744—749页。

[2] 关于中国中古时期的道观规划，可参看Livia Kohn, “A Home for the Immortals: The Layout and Development of Medieval Daoist Monasteries,” *Acta Orientalia Academiae Scientiarum Hungaricae* 53: 1–2(2000): pp. 79–106。

曲》。”[1] 显然，这使得他与妙通音律、曾亲作步虚乐章的玄宗有更多的相契之处。就书画而言，史称司马承祯“博学能文，攻篆迴为一体，号曰‘金剪刀书’”[2]。《历代名画记》卷九亦载：“开元中自天台征至，天子师之。十五年至王屋山，敕造阳台观居之，尝画于屋壁。又工篆隶，词采众艺，皆类于隐居（陶弘景）焉。”[3] 可见，他在王屋山阳台观的壁画，都是自己亲自创作。此外，他还著有《上清侍帝晨桐柏真人真图赞》一卷，今存于《道藏》中[4]。此书图文并茂，图画虽非承祯原作，但此书原本有图，自无疑问。值得注意的是，他还曾作《上清含象剑鉴图》一卷，并亲自为玄宗铸造“上清含象镜”，五岳正是其设计中非常重要的内容，特别是他将原本为仿照五岳平面地形的真形图简约为一种艺术符号，置于“上清含象镜”的中心位置，这对后来的真形图材料产生了重大影响[5]。显然，司马承祯不仅对道典精熟，而且具有很高的艺术修养，有巧思，并有兴趣进行一些宗教艺术的创造，这样我们就不难理解对于真君祠的制度形象，他要亲自“推按道经，创意为之”了。

总而言之，我们认为司马承祯置立五岳二山祠庙的基本思想应该源于上清派的传统观念，结合了五岳真形图的重要理论，并且根据自己对洞天福地学说的研究进行了创造性的发挥。这一方面得力于他对道经的熟悉，另一方面也与他深厚的艺术修养密不可分。

---

[1] 《新唐书》卷二二《礼乐志一二》，第 476 页。陈国符怀疑“李会元”为“李含光”之误，见氏著《道藏源流考》附录三《道乐考略稿》，第 298 页。

[2] 沈汾《续仙传》，见《云笈七签》卷一一三下，第 2505 页。

[3] 张彦远《历代名画记》卷九，第 186 页。

[4] 《道藏》第 11 册，第 157—163 页。此文收入《全唐文》卷九二四，第 9634—9637 页。

[5] 关于上清含象镜，参看张勋燎《道教五岳真形图和有关两种古代铜镜材料的研究》。另参王育成《司马承祯与唐代道教镜说证》，《中国历史博物馆馆刊》2000 年第 1 期，第 30—40 页；以及同氏《唐代道教镜实物研究》，荣新江主编《唐研究》第六卷，北京大学出版社，2000 年，第 27—56 页。

第四节 国家祭祀、道教信仰与民间崇拜

从高宗封禅中的道教因素、马元贞的政治宣传、五岳二山置立真君祠庙等事例，我们不难看出道教参与、改造唐代国家礼制特别是岳渎祭祀的一种努力。事实上，二者的紧密关系还表现在许多方面，例如，早在贞观年间，道士冯善英就曾至益州为国祭祀江渎，时称“敕使”[1]。而在先天二年（713）八月唐玄宗封华山神为金天王时，亦是由“景龙观道士、鸿胪卿员外置越国公叶法善，备礼告祭”[2]。另一方面，在道士们奉旨投龙的仪式中，则往往也有儒家礼官的参与，例如开元十八年（730）六月七日，“金紫光禄大夫行太常少卿专知礼仪集贤院修撰上柱国沛郡开国公韦縚，中大夫行内给事上柱国张奉及等，并亲奉圣旨，令检校内供奉精勤道士东明观主王仙卿，就此青城丈人灵山修斋设醮，并奉龙璧”[3]。按韦縚系玄宗朝最知名的礼官之一，早在开元十年，他就由国子司业出任了唐代首位“礼仪使”，并“专掌五礼”[4]。显然，对于道教与国家祭祀的密切关系，即使是当时的儒家礼官也并不认为有何不妥，那么，这种现象出现的背景如何？对于唐代的民间信仰又有何影响？

一 道教对于国家祭祀的态度：对于血祭的反对

《周礼·春官·大宗伯》曰：“以吉礼事邦国之鬼神示：以禋祀

[1]《续高僧传》卷一三《唐蜀都宝园寺释玄续传》，第468页。

[2]《封华岳神为金天王制》，《唐大诏令集》卷七四，第418页。

[3] 见《青城山常道观碑》右侧，《道家金石略》，第111页。

[4]《旧唐书》卷二一《礼仪志一》，第818页。

祀昊天上帝，以实柴祀日月星辰，以槱燎祀司中、司命、风师、雨师。以血祭祭社稷、五祀、五岳，以狸沉祭山林川泽，以副辜祭四方百物。”显然，按照儒家的传统礼仪，作为国家祭典的社稷、五祀、五岳祭祀应是“血祭”。求其本源，据清人金鹗《求古录礼说》卷一四《燔柴瘗埋考》解释说：“血祭，盖以血滴于地，如鬱鬯之灌地也。气为阳，血为阴，故以烟气上升而祀天，以牲血下降而祭地，阴阳各从其类也。然血为气之凝，血气下达渊泉，亦见周人尚臭之意也。”[1]这一传统向为历代王朝所尊奉，唐代的五岳祭祀自不例外。依《唐六典》的规定，常祀的祭品是太牢，而祈雨、祈晴则用特牛[2]。在《大唐开元礼》中，甚至对于祭祀岳镇所用牲牢的种类和身体部位都有非常详细的规定[3]。

儒家经典有“淫祀”的概念，《礼记·曲礼下》曰：“凡祭，有其废之，莫敢举也；有其举之，莫敢废也。非其所祭而祭之，名曰淫祀。淫祀无福。”[4]而唐人则认为：“虽岳海镇渎、名山大川、帝王先贤，不当所立之处，不在典籍，则淫祀也。昔之为人，生无功德可称，死无节行可奖，则淫祀也。”[5]可见唐人的观念里，所谓淫祀，仍是“非其所祭而祭之”的祭祀。无功德与节行的普通人不能享受祭祀，而即使是帝王先贤、名山大川等值得祭祀者，如果不在典籍，或立于不适当之处，则也是淫祀。淫祀的最大特点是不列于祀典，未经国家认可（详见本书第三章），但实际上它们与国家祭

---

[1] 金鹗《求古录礼说》卷一四《燔柴瘗埋考》，收入《续修四库全书·经部》第110册，上海古籍出版社，1995年，第426页。

[2]《唐六典》卷四“膳部郎中员外郎”条，第128页。

[3]《大唐开元礼》卷三五《祭五岳四镇》，第199页。

[4] 孙希旦《礼记集解》卷六《曲礼下第二之二》，第152—153页。

[5] 赵璘《因话录》卷五《徵部》，收入《唐国史补 因话录》，上海古籍出版社，1979年，第109页。

典的界限比较模糊，二者在仪式上有一个最大的共同点，即它们都实行血祭，因之祁泰履甚至认为国教跟民间宗教可以说是同一个宗教的两个部分，并将它们合称为“血食界”[1]。

那么其他宗教对于这种血祭作何态度？如同祁泰履所云，佛、道二教都否定国教和民间宗教所提倡的人界与神界的互相影响互相交流的方式，特别是佛教出于轮回和报应的观念，坚决反对杀生和血食，故对于接受血食的俗神，要尽量予以改造。严耀中就曾具体揭示了唐代佛教高僧收伏江南民间杂神淫祀（如山神）的事实，并指出其结果是使得佛教大大贴近了民间，淫祀成为佛教与民众联系的纽带之一[2]。

至于道教，对于血祭也持比较严厉的批判态度，认为接受血食的神是所谓的“六天故气”，道教的神仙则是居于六天之上的三清天，是由纯粹的道气所形成的正神。《老子想尔注》有云：“行道者生，失道者死，天之正法，不在祭餟祷祠也。道故禁祭餟祷祠，与之重罚。祭餟与耶（邪）同，故有余食器物，道人终不欲食用之也。”接着又说：“有道者不处祭餟祷祠之间也。”[3]反对祭祀祷祠的态度是非常明确的。南朝刘宋时成书的《三天内解经》卷上记张道陵与汉帝朝臣、三官、太岁等共约：“永用三天正法，不得禁固天民。民不妄淫祀他鬼神，使鬼不饮食，师不受钱，不得淫盗、治病疗疾，不得饮酒食肉。民人唯听五腊吉日祠家亲宗祖父母，二月、八月祠祀社灶，自非三天正法、诸天真道，皆为故气。”[4]《道典论》卷三引《太上太真科经》亦云：“太上道君曰：魔王邪丑，皆被废

---

[1] 祁泰履《由祭祀看中国宗教的分类》，第551页。

[2] 严耀中《唐代江南的淫祠与佛教》，荣新江主编《唐研究》第二卷，北京大学出版社，1996年，第51—62页。

[3] 饶宗颐《老子想尔注校证》，上海古籍出版社，1991年，第31—32页。

[4]《三天内解经》卷上，《道藏》第28册，第414页。参看《道藏提要》第1195条，第950—951页。

黜，虽得重行，悉名故气。故气为灾，妨害亿兆，亿兆不悟，与之为群，杀生鼓舞，祠祀歌吟，更相恐悚，贪嗜血腥，赃货狼籍，罪积日深。”[1] 显然，对杀生血祭，道教持严厉批判的态度。

对于同为杀生血食的国家祭祀，道教的态度虽要含蓄得多，但仍认为自己的仪式要高于国家祭祀，如《三天内解经》卷下认为：“夫欲启灵告冥，建立斋直者，宜先散斋。……自天台公家祠祀灵庙，犹尚先加散斋，而况真道求灵降者乎？”[2] 所谓“天台公家祠祀灵庙”无疑系指国家祭祀宗庙之举。在《陆先生道门科略》中，陆修静痛斥民间所奉的各种淫祀，表示道教要“诛符伐庙，杀鬼生人，荡涤宇宙，明正三五，周天匝地，不得复有淫邪之鬼。罢诸禁心，清约治民，神不饮食，师不受钱，使民内修慈孝，外行敬让，佐时理化，助国扶命。唯天子祭天，三公祭五岳，诸侯祭山川，民人五腊吉日祠先人，二月八月祭社灶，自此以外，不得有所祭，若非五腊吉日而祠先人，非春秋社日而祭社灶，皆犯淫祠”[3]。可见陆修静对国家祭典中的祭天和五岳名山祭祀表示了某种程度的尊敬和宽容。

王宗昱曾通过对六朝时期道教“六天”说的研究，探讨了儒、道在祭祀问题上的不同观念。他认为，所谓“六天”本是个标识儒家祭祀制度的词汇，系指从郑玄理论出发的官方祭礼，是否用牺牲血食祭祀是道教与“六天”的根本分歧，而道教对六天的批判正是要反对周代以来以牺牲、玉帛、钟鼓为形式的儒家礼乐制度[4]。这一研究对于我们重新考虑道教与国家祭典在祭祀方面的不同立场有

[1] 《道典论》卷三“淫祀”条所引，《道藏》第24册，第850页。按，《道典论》为唐人编集，参看《道藏提要》第1121条，第879—880页。

[2] 《三天内解经》卷下，第416页。

[3] 《道藏》第24册，第779页。

[4] 王宗昱《道教的“六天”说》，陈鼓应主编《道家文化研究》第16辑，北京：生活·读书·新知三联书店，1999年，第22—49页。

着重要的启发意义。对于国家祭祀，道教一直试图加以改造，然天地、宗庙之祭祀直接涉及王朝的正统性，难度太大，从岳渎祭祀开始改造或许要容易些，因此，从南北朝以来，道教开始积极参与国家的五岳祭祀活动，使之染上浓厚的道教色彩，而司马承祯在开元中的活动正是这种努力的继续。在《旧传》的记载中，他说“今五岳神祠，皆是山林之神，非正真之神也”。而在前引《录异记》卷一“九天使者”条的记载中，他更明确指出：“今名山岳渎血食之神，以主祭祠，太上虑其妄有威福，以害蒸黎，分命上真，监莅川岳。”直接表示了对“血食之神”的厌恶，其将国家祭祀的五岳神当作道教的对立面，标榜道教仙真要高于血祭的五岳神，同时也昭示了自己改造国家祭典的意图。

二　唐代国家的岳渎投龙

司马承祯的奏言直截了当，实可谓对国家祭典的正面挑战，但玄宗居然采纳了他的建议，从而有五岳二山祠庙之设置。我们认为，除了唐玄宗对道教的尊崇这一原因之外，其中更深层的原因应当是前文所述从南北朝以来五岳祭祀的道教化倾向，而唐初以来的岳渎投龙活动使得这一倾向更加明显，到五岳真君祠的设立时，条件已是水到渠成了。

叶昌炽在谈及“投龙纪”时曾指出：“隋以前未闻，唐乾封间，仰天洞王知慎投龙纪为最古。”[1]不过，从目前我们能见到的材料来看，最早的投龙活动似属贞观九年王远知奉敕于茅山举行的投龙仪式：“贞观九年四月至山，敕文遣太史令薛颐、校书郎张道本、太子左内率长史桓法嗣等，送香油、镇彩、金龙、玉璧于观所，为国

---

[1]《语石·语石异同评》卷五，第363页。

祈恩。"[1]此后，这种岳渎投龙活动似乎已成为惯例而经常举行。咸亨二年（671），卢照邻为益州至真观主黎元兴所撰碑文中有"乘云御气，日夕于关山；荐璧投金，岁时于岳渎"之语[2]。显然，这种活动已经常态化了。

到了玄宗时，崇道活动达到一个高潮，史载："玄宗御极多年，尚长生轻举之术，于大同殿立真仙之像，每中夜夙兴，焚香顶礼。天下名山，令道士、中官合炼醮祭，相继于路，投龙奠玉，造精舍，采药饵，真诀仙踪，滋于岁月。"[3]朝廷甚至专门颁发了投龙仪轨，法藏敦煌文书 P.2354 就是这样的一件文本。值得注意的是，投龙仪式本身也受到国家祭祀的影响，即传统作为国家祭祀岳渎所用"玉璧"被加入了投龙的器物之中，而六朝以来的投龙仪式中，本只有金龙、玉简、青丝、金钮等，这些都显示了道教仪式与国家礼制的结合[4]。

在周西波《敦煌写卷 P.2354 与唐代道教投龙活动》一文中，曾列了一份唐代帝王投龙活动的简表，虽不完备，且间有误读之处[5]，但仍是我们进一步探讨的基础。下面结合读书所见，将有关五岳四渎行道及投龙的石刻材料列表如下（表 11）：

---

[1]《太平观主王远知碑》，贞观十六年（642）二月立，著录于《集古录目》卷五、《宝刻丛编》卷一五。全文见《茅山志》卷二二，题为《唐国师升真先生王法主真人立观碑》，此据《道家金石略》，第 51—54 页。另，碑中的太史令薛颐见《旧唐书》卷一四一《方伎传》（第 5089 页），他本身也是一位道士，卒于贞观二十年，其墓志《大唐故中大夫紫府观道士薛先生墓志铭》现存昭陵博物馆，然"颐"作"赜"。参看樊光春《陕西新发现的道教金石》（《世界宗教研究》1993 年第 2 期，第 96—97 页），录文又见《全唐文补遗》第 2 辑，西安：三秦出版社，1995 年，第 90—91 页；图版见《隋唐五代墓志汇编》陕西卷第 1 册，天津古籍出版社，1991 年，第 17 页。

[2]《益州至真观主黎君碑》，祝尚书《卢照邻集笺注》卷七，第 416 页。

[3]《旧唐书》卷二四《礼仪志四》，第 934 页。

[4] 参看周西波《敦煌写卷 P.2354 与唐代道教投龙活动》。

[5] 例如该表第一条，受叶昌炽误导，以为王知慎为主事道士，其实，该题记明确记载他是"判官兼□□羽仪作官府寺丞"，且与这次投龙活动未必直接相关；作者亦未能指出，这次投龙的仰天洞是在泰山之巅。

表 11 唐代岳渎投龙表

时间	地点	主事道士	中官	地方官员	事迹	出处	备注
显庆六年（661）二月廿日	泰山	长安西华观道士郭行真等			奉为皇帝皇后七日行道，并造素像一躯，二真人夹侍	岱岳观碑	《道家金石略》，第 56—58 页
乾封元年（666）二月十□日	泰山顶仰天洞			□□少监□□智；□□令崔元泰；岱岳令牛成	奉敕投龙于介丘	王知慎等题名；《山左金石志》卷 11	《石刻》1 — 19 — 14502
仪凤三年（678）三月三日	泰山	大洞三景法师叶法善等		行兖州都督府参军事摄功曹房希圣等	修斋，设河图大醮，造壁画元始天尊、万福天尊两铺	岱岳观碑	《道家金石略》，第 67 页
天授二年（691）二月十日	泰山	长安金台观主马元贞等	杨君尚、欧阳智琮	行兖州都督府仓曹参军事李叔度	章醮投龙，作功德一十二日夜。又奉敕敬造石元始天尊像一铺，并二真人夹侍	岱岳观碑	同上，第 79 页
天授二年四月一日	淮渎庙（唐县）	马元贞等	杨君尚、欧阳智琮	行桐柏县令薛□，唐州录事参军安智满等	奉敕，大周革命，为圣神皇帝五岳四渎投龙作功德	周马元贞淮渎投龙记	《八琼室金石补正》卷 40，第 273 页
天授三年（692）正月廿四日	济渎庙（济源县）	马元贞等	杨君尚、欧阳智琮	行济源县丞薛同士等	章醮，投龙	《金石续编》卷 6	《石刻》1 — 4 — 3115

续表

时间	地点	主事道士	中官	地方官员	事迹	出处	备注
天授三年腊月五日	嵩山中岳庙	马元贞等			作功德，□□□于中岳	马元贞中岳投龙记，见黄叔璥《中州金石考》卷7	《石刻》1—18—13722。黄氏以“壬辰乃天授二年”，当为三年（692）
万岁通天二年（697）	泰山	长安东明观三洞道士孙文儁等		博城县主簿关玄博等	祈请行道，事毕，敬造石天尊像一躯，并二真人夹侍	岱岳观碑	《道家金石略》，第81页
圣历元年（698）腊月二日	泰山	洛阳大弘道观主桓道彦等		兖州团练使都虞候高晃等	设金箓宝斋、河图大醮，七日行道，两度投龙，并造像等	岱岳观碑	同上，第83页
久视元年（700）七月	嵩山	胡超（胡慧超）[1]			诣中岳嵩高山门投金简一通，乞三官九府除武曌罪名	中岳投金简文	同上，第93页，然将使臣录作“胡昭”，误
久视二年（701）正月二日	泰山	神都青元观主麻慈力等		兖州都督府参军房希望等	赍龙璧、御词、缯帛及香等物斋醮	岱岳观碑	同上，第93页

[1] 据神塚淑子研究，此简中的“小使臣胡超”即胡惠超，系来自洪州西山的著名道士。见氏著《則天武后期の道教》，第248—253页。

续表

时间	地点	主事道士	中官	地方官员	事迹	出处	备注
长安元年（701）十二月廿三日	泰山	长安金台观主赵敬同等		兖州大都督府户曹参军王果等	修金箓宝斋三日三夜，又设五岳一百廿槃醮礼，并投龙璧，造像等	岱岳观碑	同上，第94页
长安四年（704）九月八日	泰山	内供奉襄州神武县云表观主周玄度等		参军张浚、博城县主簿韩仁忠等	投龙璧，修无上高元金玄玉清九转金房度命斋	岱岳观碑	同上，第94页
长安四年十一月十五日	泰山	洛阳大弘道观威仪师邢虚应等	宫闱丞刘怀哲、邵□□	兖州都督府参军金处廉等	建金箓大斋，设醮奏表，投龙荐璧，造像，写经	岱岳观碑	同上，第95页
神龙元年（705）三月廿八日	泰山	大弘道观法师阮孝波等	品官杨嘉福、李立本		于岱岳观建金箓宝斋，设醮投龙，造像	岱岳观碑	同上，第95页
景龙二年（708）二月十二日	泰山	大龙兴观□□□[1]		兖州参军王幹、乾封县令张怀贞、乾封县主簿韩仁忠等	章醮、荐龙璧，造像	岱岳观碑	同上，第99页

[1] 题记中的“大龙兴观”，未注明所在州县，据我们考证，当指长安崇化坊的那座龙兴观，其前身正是西华观与金台观。参看前引拙撰《唐两京

续表

时间	地点	主事道士	中官	地方官员	事迹	出处	备注
景龙三年（709）三月十九日	泰山	虢州龙兴观主杜太素等		户曹卢延□、县令张怀贞、主簿韩仁忠等	建金箓大斋，转经行道，设河图大醮，造像	岱岳观碑	同上，第 99 页
景云二年（711）六月二十三日	泰山	长安太清观道士杨太希			烧香供养	岱岳观碑	同上，第 100 页
景云二年六月	济源县奉仙观	长安太清观道士杨太希			烧香供养	奉仙观祭告文	《金石续编》卷6,《石刻》1－4－3126
景云二年八月十四日	泰山	蒲州丹崖观上座吕皓仙等		仓曹参军陆大鹈、兵曹参军高岌等	行道设斋醮，并投龙	岱岳观碑	《道家金石略》，第 101 页
先天二年（713）十一月三十日	济渎庙	杨太希		主簿闾龄之等	奉敕于济渎斋醮毕，造像	杨太希造元始天尊像记	同上，第 102 页
开元八年（720）七月廿日	泰山	任无名	梁思陀	乾封主簿赵吞等	投龙合炼	岱岳观碑	同上，第 108 页

龙兴观略考》，第 144 页。

续表

时间	地点	主事道士	中官	地方官员	事迹	出处	备注
开元廿三年（735）七月一日	泰山	莫州泛龙观道士董灵宝			为国投龙设醮	董灵宝题名	同上，第120页；《泰山石刻记》，《石刻》3-26-6
开元二十年（732）至二十四年（736）之间	泰山	长安景龙观大德田僓			“蒙束帛之锡，申命令，奉龙璧，东醮于岱”	田僓墓志	
开元二十六年（738）六月廿七日	衡山	长安肃明观道士孙智凉等[1]	掖庭局令张奉国等	判官王越宾等	替玄宗投龙	南岳投龙告文	同上，第122页
大历七年（772）正月廿三日	泰山	使内供奉道士申升玄、翰林供奉道士王端静等	修功德中使内侍魏承信等	兖州参军王楚典、乾封县尉郭璆等	奉敕于岱岳观修金箓斋醮，于瑶池投告	岱岳观碑	同上，第156页
大历八年（773）九月廿八日	泰山	翰林供奉道士王端静等	修功德中使内侍魏承信等	兖州瑕丘县尉□□、乾封县尉金□□等	修金箓行道投龙，造像	岱岳观碑	同上，第159页

[1] 除衡山之外，孙智凉还曾奉敕赴抚州的华盖山、吉州的玉笥山投龙作功德，详见拙撰《盛唐长安肃明观考论》，黄正建主编《隋唐辽宋金元史论丛》第2辑，上海古籍出版社，2012年，第174—176页。

上表简单统计，东岳行道投龙活动最多，达20次，嵩山2次，衡山1次，济渎3次，淮渎1次。这当然不是唐代帝王在五岳四渎行道投龙活动的全部，例如前文所述马元贞在天授初年奉武则天之命，为宣扬武周革命的正当性而往五岳四渎投龙作功德，但目前在石刻材料上并未能全面显示。无论如何，此表反映了一个事实，那就是从高宗以来，在五岳四渎举行的投龙行道活动非常频繁，使得道教仪式与国家礼制融合的倾向进一步加强。无论玄宗本人还是普通民众，对此早已习以为常，在这样的背景下，玄宗才会欣然接受司马承祯的建议，从而有了五岳真君祠及青城、庐山二祠庙的建立。

三　礼制、道教与民间崇拜的互动

五岳真君祠与青城丈人祠、庐山使者庙的建立，有着很强的象征意义，即国家在某种程度上接受了道教五岳祭祀的理论。但是，这是否意味着国家传统的五岳祭祀系统已被道教系统所取代？回答显然是否定的。虽然五岳二山祠庙的建立标志着道教理论家改造国家祭祀系统的最大努力，但其成果毕竟有限，它们并未能全部取代国家的五岳祭祀系统，而只是在一定程度上与之并存。

五岳各有自己的管理机构和人员，即使在真君祠置立以后，它们的职能也从未受到任何根本性挑战，而且，玄宗时五岳神相继封王，并不受真君祠的影响。就祭祀仪式而言，五岳祭祀仍在国家原有的系统内进行，即在占据五岳最佳位置的岳庙内举行，其血祭的性质也未发生任何变化，在与真君祠的置立几乎同时编成的国家礼典——《大唐开元礼》中，仍详细规定了祭祀所用牲牢的种类。显然，真君祠的建立虽出于司马承祯改造国家祭祀的血祭性质之初衷，但玄宗未必作如是观。从本质上看，它们仍与其他国家支持的道观一样，以为国家、皇帝及百姓建醮祈福为主要职能，《旧唐书·礼仪志三》所云“又于〔西〕岳上置道士观，修功德”[1]，即为明证。

特别值得注意的是，从司马承祯到晚唐五代的杜光庭，洞天福地学说的发展反而受到国家权威的深刻影响。杜光庭是继司马承祯之后总结道教洞天福地学说的又一位大师，其名著《洞天福地岳渎名山记》在对五岳的书写方面，与司马承祯的《天地宫府图》相比已经有了非常明显的变化。在《天地宫府图》中，司马承祯首列十大洞天，而将五岳置于三十六小洞天中叙述，且强调其由上清真人主之的性质，摆出道教仙真高于国家血祀之神的姿态。但在杜光庭《洞天福地岳渎名山记》中，则在神话传说诸山之外，首列“中国五岳”，其叙述方式是：

> 东岳泰山，岳神天齐王，领仙官玉女九万人。山周回二千里，在兖州奉符县。罗浮山、括苍山为佐命，蒙山、东山为佐理。
>
> 南岳衡山，岳神司天王，领仙官玉女三万人。山周回二千里，以霍山、潜山为储副，天台山、句曲山为佐理。
>
> （后略）[2]

在后面叙述三十六小洞天中的五岳洞天时，则非常简略，如“太山

[1] 《旧唐书》卷二三《礼仪志三》，第904页。

[2] 杜光庭《洞天福地岳渎名山记》，收入罗争鸣《杜光庭记传十种辑校》，第386—387页。关于此书的最新研究，参看Lennert Gesterkamp, “The Synthesis of Daoist Sacred Geography: A Textual Study of Du Guangting's *Dongtian fudi yuedu mingshan ji* (901),” *Daoism: Religion, History and Society* 9 (2017): pp. 1–40。

蓬玄洞天，一千里，在兖州乾封县。衡山朱陵洞天，七百里，在衡州衡山县。华山总真洞天，三百里，在西岳。……”已经只字不提主领五岳的上清真人之名讳了。虽然道教的洞天福地说来源复杂，有其内在的发展逻辑，然而在对五岳神的定性上，杜光庭显然已经接受了国家对五岳的封号，即玄宗时陆续加封的王爵，而且更是让这些所谓的“血食之神”来统领一众仙官玉女。不言而喻，杜光庭的洞天福地说已深深打上了国家观念的烙印。在某种意义上，他已基本放弃了以道教理论改造国家祭祀系统的努力，这与司马承祯在开元时期的努力相比，旨趣实是大相径庭[1]。遗憾的是，这一重大区别并未为此前研究洞天福地说的学者们重视[2]。

不过，司马承祯所倡导的道教仙真地位高于国家祭祀之岳神的观念却深刻影响了唐代的民间信仰，这在许多故事中都有反映。如杜光庭《仙传拾遗》记载：“成真人者，不知其名，亦不知所自。唐开元末，有中使自岭外回，谒金天庙。奠祝既毕，戏问巫曰：‘大王在否？’对曰：‘不在。’中使讶其所答，乃诘之曰：‘大王何往而云不在？’巫曰：‘关外三十里迎成真人耳。’中使遽令人于

---

[1] 或许，这也可被视为葛兆光所谓道教对国家“屈服”的表现之一，参看氏著《屈服史及其他：六朝隋唐道教的思想史研究》。

[2] 关于洞天福地说的研究，参看三浦国雄《洞天福地小論》，《東方宗教》第 61 号，1983 年，第 1—23 页；宫川尚志《天地水三官と洞天》，《東方宗教》第 78 号，1991 年，第 1—22 页。Franciscus Verellen（傅飞岚），“The Beyond Within: Grotto-Heavens（dongtian 洞天）in Taoist Ritual and Cosmology,” *Cahiers d'Extrême-Asie* 8（1995）: pp. 265-290.（程薇中译本《超越的内在性：道教仪式与宇宙论中的洞天》，见《法国汉学》第二辑，北京：清华大学出版社，1997 年，第 50—75 页）郑以馨《道教洞天福地的形成》，成功大学历史系道教研究室编《道教学探索》第 10 号，1997 年，第 68—83 页；同氏《洞天的分布及其意义》，同书第 84—112 页；李丰楙《〈十洲记〉与洞天福地说》，氏著《六朝隋唐仙道类小说研究》，台北：台湾学生书局，1997 年，第 153—163 页。张广保《唐以前洞天福地思想研究——从生态学视角》，收入郭武主编《道教教义与现代社会国际学术研讨会论文集》，上海古籍出版社，2003 年，第 285—321 页。

关候之。有一道士，弊衣负布囊，自关外来，问之姓成。”[1] 又如：“扬州东陵圣母庙主女道士康紫霞，自言少时梦中被人录于一处，言天符令摄将军巡南岳，遂擐以金锁甲，令骑，道从千余人马，蹀虚南去。须臾至，岳神拜迎马前，梦中如有处分。岳中峰岭溪谷，无不历也。恍惚而返，鸡鸣惊觉，自是生须数十根。”[2] 可见，民间也认为国家祭祀的岳神地位低于道教的真人，甚至一位普通的女道士就能让南岳神拜迎马前。

敦煌文书 S.6836《叶净能诗》中的一则故事同样真切地反映了这种观念：

> 开元十三年，天下亢旱，帝乃诏百僚。皇帝〔曰〕：“关外亢旱，关内无雨，卿等如何？”有宰相璟、宗（崇）奏曰：“陛下何不问叶净能求雨？”皇帝闻，便诏净能对，奉诏直至殿前，皇帝曰：“天下亢旱，天师如何与朕求雨，以救万姓？”净能奏曰：“与陛下追五岳神问之。”皇帝曰：“便与问。”净能对皇帝前，便作结坛场，书符五道，先追五岳直官要雨。五岳曰：“皆犹（由）天曹。”净能便追天曹，具言：“切缘百姓抛其面米饼，在其三年亢旱。”净能曰：“缘皇帝要雨，何处有余雨，速令降下！”天曹曰：“随天有雨。”叶尊师便令计会五岳四渎：“速须相将下雨！”前后三日雨，三日雨足，五谷丰熟，万姓歌谣。[3]

[1] 杜光庭《仙传拾遗》卷二“成真人”条，收入罗争鸣《杜光庭记传十种辑校》，第 811 页。本条辑自《太平广记》卷二五，第 221 页。

[2]《酉阳杂俎》前集卷八《梦》，第 83—84 页。

[3] 黄征、张涌泉《敦煌变文校注》卷二，第 337 页。

正如金荣华所云："这则求雨故事中的求雨方式很特别，不是一般求雨故事中的'祈求'，而是'要求'，并且是命令式的要求。"[1]这种命令式的要求背后，显然隐藏着道教天师高于岳渎神的观念，故此叶净能可将五岳神呼来唤去。在晚唐一则题为《刘元迥》的故事中，一个江湖术士为骗取平卢节度使李师古的钱财，劝说他以黄金改易泰山神天齐王的头像时，更是直接说："天齐虽曰贵神，乃鬼类耳！"[2]这与司马承祯所谓"血食之神"之语可谓一脉相承，显然，道教的这一观念在民间也被广泛接受。

在唐代的众多民间传说中，甚至形成了一个基本的故事模式：岳神之子（有时是岳神自身）抢夺了民间的美女，却被仙师或高道飞符救回[3]。这些故事都很生动，为了节省篇幅，我们不拟过多征引，而只将其基本结构列表如下（表12）：

表12　岳神与高道斗争故事表

故事时间	岳神及其家属	过恶	作法道士	材料出处
高宗时	泰山三郎	夺赵州卢参军妻	正谏大夫明崇俨	《广异记·赵州参军妻》，第47—48页
景云中	华山府君	夺河东南县尉李某妻王氏		《广异记·河东县尉妻》，第49页
开元中	华岳三夫人	每年七月摄李湜之魂欢会	术者	《广异记·李湜》，第51—52页
	华岳神	取邓州崔司法妻	太乙神	《广异记·仇嘉福》，第57—59页

[1] 金荣华《读〈叶净能诗〉札记》，《敦煌学》第8辑，1984年，第37页。

[2]《太平广记》卷三〇八"刘元迥"条，第2440页。本条出自薛用弱《集异记》。

[3] 参看贾二强《论唐代的华山信仰》，《中国史研究》2000年第2期，第90—99页。

续表

故事时间	岳神及其家属	过恶	作法道士	材料出处
	华岳第三女	与士人某成婚	术士	《广异记·华岳神女》，第 60—61 页
	华岳第三女	取华州进士王勋	神巫	《广异记·王勋》，第 151—152 页
	华岳三郎	取桃林县令韩光祚妾	巫，又铸观音像等	《广记》303/2399《韩光祚》
	金天王	取李主簿妻	叶仙师	《广记》378/3012《李主簿妻》
朱梁时	天齐王三郎	取葛周子妇		《广记》312/2479《葛氏妇》

不难看出，华山神及其家属在上表中占了很大比例，其原因贾二强已经有仔细分析，此不赘述。我们想要强调的是，这些故事恰可作为司马承祯所云“今名山岳渎血食之神，以主祭祠，太上虑其妄作威福，以害蒸黎”的注脚。另外，在这些故事中，除了道士之外，最终作法从岳神手中救回被抢民妇的还有“巫者”或“术士”等，这些人在民间信仰的传布中无疑扮演着更为重要的角色。随着此类故事的流传，岳渎之神不再只是遥不可及、高高在上的国家祭祀的对象，而且也进入了许多人（包括士大夫）的个人生活与信仰世界，虽然他们之间的关系并不总是令人愉悦的。在这种关系中，道教也成为国家祭祀与民间信仰互动的一个重要中介。

就道教自身而言，原本就与民间信仰有着不解之缘，在唐代，其表现是多方面的。如《北梦琐言》卷一二曾记载：“又南岳道士秦保言威仪，勤于焚修者，曾白真君云：‘上仙何以须纸钱？有所未喻。’夜梦真人曰：‘纸钱即冥吏所籍，我又何须！’由是岳中亦信之。”[1] 然则此前南岳真君祠的祭祀中，曾广泛使用纸钱这种唐代民间流行的方式。有趣的是，在玄宗朝的国家祭祀中，也开始使用纸钱。据《资治通鉴》卷二一四“玄宗开元二十五年”条载：“太常博士王璵上疏请立青帝坛以迎春，从之。冬十月，辛丑，制自今立春亲迎春于东郊。时上颇好祀鬼神，故璵专习祠祭之礼以干时。上悦之，以为侍御史，领祠祭使。璵祈祷或焚纸钱，类巫觋，习礼者羞之。”[2] 显然，在使用纸钱的问题上，国家祭祀、道教与民间信仰也有着相通之处。

此外，五岳神兵观念的流行也反映出国家祭祀、道教与民间信仰三个层面的互动关系。它本是道教信仰的内容，但隋唐时期也与民间信仰结合起来，并因此而成为国家祷祭的内容。先来看《隋书》所载蜀王杨秀一案，时“太子（杨广）阴作偶人，书上及汉王姓字，缚手钉心，令人埋之华山下，令杨素发之”。事发，文帝下诏责蜀王曰：“汝……鸠集左道，符书厌镇。汉王于汝，亲则弟也，乃画其形像，书其姓名，缚手钉心，枷锁杻械。仍云请西岳华山慈父圣母神兵九亿万骑，收杨谅魂神，闭在华山下，勿令散荡。我之于汝，亲则父也，复云请西岳华山慈父圣母，赐为开化杨坚夫妻，回心欢喜。又画我形像，缚手撮头，仍云请西岳神兵收杨坚魂神。”[3] 柳存仁曾怀疑其中反映的华山信仰为摩尼教、火祆教相混之一民间崇拜的行事[4]，恐有未安。

---

[1] 《北梦琐言》卷一二“王潜司徒烧纸钱（秦威仪附）”条，贾二强点校，北京：中华书局，2002年，第261页。

[2] 《资治通鉴》卷二一四，第6830—6831页。关于纸钱，参看黄清连《享鬼与祀神——纸钱和唐人的信仰》，收入蒲慕州主编《鬼魅神魔——中国通俗文化侧写》，台北：麦田出版，2005年，第175—220页。

[3] 《隋书》卷四五《文四子·杨秀传》，第1401—1402页。

[4] 柳存仁《唐代以前拜火教摩尼教在中国之遗痕》，第521—522页。

按隋朝益州地区道教开窟造像之风极盛，这对镇蜀多年的杨秀不能没有影响。开皇十二年（592）六月，其府掾辛德源曾撰《至真观记》一文，就盛称其在蜀兴道的功德[1]。当蜀王妃患病时，又有“绵州昌隆白崖山道士文普善者，能升刀禁火，鹄鸣山有二道士能呼策鬼神，符印章醮，入水不溺，并来同治”[2]。更重要的是，唐初释彦琮的《唐护法沙门法琳别传》卷下记载：“又开皇十八年（598），益州道士韩朗、绵州道士黄儒林，扇惑蜀王，令兴恶逆，云欲建大事，须藉胜缘。遂教蜀王倾仓竭库，造千尺道像，设千日大斋，画先帝形，反缚头手，咒而压之。河北公赵仲卿检察得实，送身京省，被问伏罪，在市被刑。”[3]从杨秀与道教之密切关系来看，这些事恐未必全为杨广的诬陷。事实上，所谓“请西岳华山慈父圣母神兵九亿万骑”有着非常明显的道教背景。在杜光庭所集《太上宣慈助化章》卷一所收录的《救急解计章》中，就有道士“伏地拜奏口章一通，上闻天曹，伏愿无极太上老君、太上丈人、三师君、慈父圣母，丐无极之恩，原除某年生已来所犯万死之罪”的文字[4]，同书卷二所收《道士天地水三官手书箓状章》中亦有“如蒙省察，慈父圣母哀怜元元，自今以后络绎自改”之语[5]，可见“慈父圣母”是道士上章所请之神。至于“九亿万骑”，更是道教理论中包括五岳在内诸神所率神兵的常用数目，例如北周《无上秘要》所载涂炭斋仪曰：

---

[1] 《巴蜀道教碑文集成》，第7—11页。

[2] 《续高僧传》卷一八《隋益州响应山道场释法进传》，第678页。

[3] 彦琮《唐护法沙门法琳别传》卷下，《大正藏》第50卷，第208页。又见道宣《广弘明集》卷一二《决对傅奕废佛法僧事》，《大正藏》第52卷，第171页。

[4] 杜光庭《太上宣慈助化章》卷一，《道藏》第11册，第310页。

[5] 《太上宣慈助化章》卷二，第319页。

三日三夜，各六时行道，忏谢某家亿曾万祖、父母伯叔兄弟、先亡后死无鞅数劫亿宗以来，逮及某身所行罪负、存亡咎衅，披露丹赤，至心稽颡，愿上请天仙兵马九亿万骑、地仙兵马九亿万骑、飞仙兵马九亿万骑、神仙兵马九亿万骑、星宿兵马九亿万骑、九宫兵马九亿万骑、五岳兵马九亿万骑、三河四海兵马各九亿万骑、三十二天监斋直事三十二人、侍香金童三十二人、散华玉女三十二人、五帝直符各三十二人、传言奏事、飞龙骑吏等一合来下，监临斋堂。[1]

直到晚唐五代杜光庭所撰《太上灵宝玉匮明真大斋言功仪》中，所请诸神率领的兵马依然是"各九亿万骑"[2]，可见这是一个非常悠久的道教传统。因此，杨秀一案其实反映了道教与民间信仰的结合，与摩尼教或袄教无涉。

五岳神兵的观念到唐代更为流行，并为国家所接受。如武则天万岁通天年间，因契丹犯塞，"有敕祈五岳，恩请神兵冥助"，当时道士侯敬忠曾"衔命衡霍，遂致昭感"[3]。可见武则天非常明白五岳神兵的道教色彩。在民间传说中，岳神甚至还出现了"中岳南部将军"这样的部属："是嵩君别部所治，若古之四镇将军也。"[4]在开元九年（721）三月所立的《大唐北岳府君之碑》中，也记载了这样一则故事：

❶《无上秘要》卷五〇《涂炭斋品》，周作明点校，北京：中华书局，2016年，第806页。
❷ 杜光庭《太上灵宝玉匮明真大斋言功仪》，《道藏》第9册，第812页。
❸《大唐大弘道观主故三洞法师侯尊师（敬忠）志文》，《全唐文补遗》第二辑，第434页。
❹《广异记》"汝阴人"条，第55页。本条录自《太平广记》卷三〇一，第2387—2388页。

> 先天二年，有瀛州清苑县人魏名确，爰因行李，至岳庙之前。乃见二人，一者白衣，一者紫服，侍从甚肃，进止不凡。自云："我是五岳大使，发兵马六十万众，为国讨贼。五岳大神九月三日俱来此山，大为欢会。"名确迁延未去，诸神遂乃作怒，牵至庙中，用申责罚。祝史杨仙童亲见其事，乃驰告官司。州将骇之，随以闻奏。敕遣上官及内谒者赍神衣、礼物以赴会期，凡厥僚寀，共陪享祭。❶

按先天二年七月三日，玄宗镇压了太平公主的势力，最终完全掌握政权，碑中所谓"为国讨贼"正指此事，这则故事显然是要为此提供合法性的论证。在这里，道教五岳神兵的观念为国家所接受，并成为祭祀的理由。碑文歌颂了参与立碑的定州刺史高豫、恒阳县令刘元宗、县丞王晏、主簿姚绘之、县尉阎宏、恒岳令司徒乾超及当地乡望等的功德，不难看出，这种祭祀活动是地方官府与民众共同参与的，对于道教五岳神兵观念的强化和传播有着重要的作用。

小　结

祭祀问题从本质上说是一个信仰问题，信仰本身既可以是一种简单朴素的观念，也可以是一种复杂的理论体系。站在国家的立场上，总是力图建立一个以皇帝为中心的信仰系统，先秦时期的天道观、董仲舒的天人感应说都是围绕着这一主题。从实践上说，面对魏晋隋唐时期盛行的佛、道二教，国家亦试图将其加以消化和整

❶《金石萃编》卷七三，第1243页。

合。从隋文帝以来，皇帝的肖像被供奉于佛寺之中，成为民众祭祀的对象，而唐代在一些特定地点，道教与宗庙祭祀又结合起来。随着皇帝图像（写真与铸像）供奉于寺观的流行，国家宗庙与皇帝本人的祭祀也与民众发生了更为密切的关系。

在佛、道二教中，道教与国家祭祀的关系更值得重视。出于对于血祭的反对，道教力图改造国家祭祀，从南北朝到隋唐，道教投龙仪与国家岳渎祭祀的结合是非常明显的，其中唐高宗的封禅、武周代唐的政治宣传都是其间的重要事件。这种趋势到唐玄宗时达到顶峰，在司马承祯的建议下，有了五岳真君祠、青城山丈人祠及庐山九天使者庙的建立。然而，五岳真君祠并未取代国家的五岳祭祀系统，它们更多是作为替国家、皇帝和百姓祈福的道观而存在。而且，从司马承祯到晚唐的杜光庭，其洞天福地说中关于五岳的叙述方式发生了很大变化，这表明国家观念也深深影响了道教理论的书写。与此同时，道教仙真地位高于岳神的观念成为唐代许多民间传说的主题，而岳神形象的破坏却使得这些国家祭祀的对象贴近了民众的生活和信仰世界。到五代宋初时，真君祠常与岳庙同时举行祭祀仪式，特别是岳庙也往往举行道教仪式，这一切都使得五岳的道教性质逐步定型。

总之，那种将宗教与国家礼仪完全对立起来的看法是错误的，在唐代，宗教并不仅仅是民众（包括士大夫）的个人信仰，而且也进入了“公”的领域，并成为国家礼仪与民众之间的联系纽带。从本质来说，国家的政治表象有两个方面，一是合法性，一是神圣性，在传统中国社会，特别是中古时期，二者密不可分。国家往往通过强化其神圣性来凸显自身的合法性，皇帝图像进入寺观、岳渎祭祀与道教的结合、相关民间故事的流传，都在很大程度上强化了国家政权的神圣性，祭祀活动本身也因而具有强烈的象征色彩。

第三章

“祀典”与“淫祠”之间

地方祠祀是国家礼制与民间信仰的重要结合点之一，它们既代表着国家意识形态的下限，又是地域社会文化与信仰传统的反映。对于这种佛、道之外的民间信仰，学者有不同界定，有称之为“神祠宗教”者，有称之为“祠神信仰”或“神祠信仰”者，也有直接称为“民间祠祀”者，不同的概念界定体现了不同的认识角度[1]。本书采用“地方祠祀”的概念，因为一方面它们多与地域社会紧密相关，另一方面，其表现形态多依托于特定的祠庙。此外，这个概念可同时涵盖官方与民间两方面的内容，更加符合唐宋时期的实际情况。

毫无疑问，地方祠祀的研究是近三十多年来成为国内外学界的热点之一，虽然其主要成果集中在宋代以后，但对唐代的研究也颇有一些扎实的成果面世。其中，既有对某些具体信仰的讨论[2]，也有

[1] 参看程民生《论宋代神祠宗教》,《世界宗教研究》1992年第2期，第59—71页；沈宗宪《宋代民间祠祀与政府政策》,《大陆杂志》第91卷第6期，1995年，第23—41页；蒋竹山《宋至清代的国家与祠神信仰研究的回顾与讨论》,《新史学》第8卷第2期，1997年，第187—220页。皮庆生《宋代神祠信仰研究的回顾与展望》，曹中建主编《中国宗教研究年鉴（1999—2000)》，北京：宗教文化出版社，2001年，第304—309页。

[2] 如姜士彬关于唐宋城隍神的研究：David Johnson, “The City-God Cults of T'ang and Sung China,” *Harvard Journal of Asiatic Studies* 45:2（1985）: pp. 363-457。以及（转下页）

对一些重要事件的探究[1]。在《导论》中我们已梳理了目前的研究状况，此不赘述。虽然这些成果都从不同角度对唐代地方祠祀进行了有益的探讨，但也存在着两种需要注意的倾向，一种是将民间信仰与国家祭祀截然两分，似乎二者是完全对立的两个东西；另一种是将民间信仰完全等同于“淫祀”，将其祠庙视为“淫祠”，似乎国家祭典之外，为民间所信仰者皆为淫祠，没有任何中间形态。这些都对我们探讨唐代国家祭祀与民众信仰的关系造成了一定困难。

出现这两种情况，一个原因可能是受到史籍所载唐代江南地区两次大规模清除淫祠运动（狄仁杰、李德裕）之影响，从而将这些局部事件当作有唐一代的普遍形态。另一个原因可能是对“祀典”和“淫祠”本身的理解不同。我们认为，对于它们的认定，实际上涉及中央与地方的权力分配，也隐含了国家正统的儒家伦理、意识形态与地方性崇拜的对立与妥协。随着地域经济与文化的发展，这种关系也发生着相应的变化。在唐代国家祭祀与“淫祠”之间，还存在着一些中间层面，即为数众多的为地方政府承认的祠祀，而不完全是非此即彼那样的绝对和简单。

（接上页）杜德桥、贾二强等先生对于华山信仰的讨论：Glen Dudbridge, *Religious Experience and Lay Society in T'ang China: A Reading of Tai Fu's* Kuang-i chi, Cambridge: Cambridge University Press, 1995, pp. 86–116；贾二强《论唐代的华山信仰》，《中国史研究》2000 年第 2 期，第 90—99 页。

[1] 如麦大维、黄永年等先生对垂拱四年（688）狄仁杰在江南废毁淫祠一事的探讨：David McMullen, "The Real Judge Dee: Ti Jen-chieh and the T'ang Restoration of 705," *Asia Major*, 3rd serial, 6:1（1993）: pp. 1–81；黄永年《说狄仁杰的奏毁淫祠》，史念海主编《唐史论丛》第 6 辑，西安：陕西人民出版社，1995 年，第 58—67 页。

第一节　唐代地方祠祀的分层与运作

虽然郊庙祭祀是国家祭祀体系的核心，但地方政府的祭祀活动本身反映了国家意识形态的下限，即其对基层社会的干预程度。因此，中国古代地方政府的祭祀活动近些年来也日益成为一个热烈讨论的课题，但具体成果仍以后期为多，如池内功对元朝郡县祭祀的考察[1]，以及戴乐（Romeyn Taylor）对明清时期县级坛庙的研究等[2]。至于唐朝，由于材料零散，研究成果很少，最重要者当数高明士、姜伯勤等先生对唐代敦煌官方的祭祀礼仪的出色研究[3]。不过，他们所关注的只是社稷、籍田、风伯、雨师、释奠等明文载入祀典的祭祀活动，对于其他一些重要的地方祠祀未加涉及，而且敦煌文书在时间、地域等方面都有一定的限制，因此尚须进一步的探讨。

一　唐代地方祠祀的分层

戴乐曾对明清地方祠祀有个大致的分类，他认为如果从地方角度来看，"官方"概念本身具有一定的模糊性，因此他着重提出了"半官方"或"准官方"（quasi-official）祠祀的概念，主要指关帝

---

[1] 池内功《元朝の郡県祭祀について》，《中国史における教と国家——筑波大学創立二十周年記念東洋史論集》，东京：雄山阁，1994年，第155—179页。

[2] Romeyn Taylor, "Official Altars, Temples and Shrines Mandated for All Counties in Ming and Qing," *T'oung Pao* 83:1-3 (1997): pp. 93-125.

[3] 高明士《唐代敦煌官方的祭祀礼仪——以P.2130号为中心》，敦煌研究院编《1994年敦煌学国际研讨会文集·宗教文史卷》上，兰州：甘肃民族出版社，2000年，第35—74页；姜伯勤《唐敦煌城市的礼仪空间》，《文史》2001年第2辑，第229—244页。

庙、东岳庙及其他地方官利用自己权威而添入祀典者[1]。明清地方祭祀的内容与隋唐相比已经有了巨大变化，但他提出的这个概念本身颇有启发性。我们认为，唐代国家礼典所规定的大祀、中祀、小祀的分层是从中央礼制的角度出发的，对于更为复杂的地方祠祀，则需要采取不同的分析角度。在此，我们试将唐代的地方祠祀分为如下三个层次：

第一，为国家礼典明文规定且通祀全国者。以《大唐开元礼》中的规定为例，主要包括：卷六八"诸州祭社稷"、卷六九"诸州释奠于孔宣父"、卷七〇"诸州祈社稷、诸州祈诸神、诸州禜城门"、卷七一"诸县祭社稷、诸里祭社稷"、卷七二"诸县释奠于孔宣父"、卷七三"诸县祈社稷、诸县祈诸神、诸县禜城门"等。除此之外，由州县长官主祭者还有岳镇海渎以及风伯雨师等。

第二，礼无明文，但得到地方官府的承认和支持，甚至直接创建者。我们认为，这类祠祀也就是《开元礼》小祀中之"诸神"。案《大唐开元礼》卷一规定："司中、司命、风师、雨师、灵星、山林、川泽、五龙祠等并为小祀。州县社稷、释奠及诸神祠并同小祀。"[2]我们理解，这实际包含着两方面的含义：首先，州县的各类祭祀活动也被纳入国家祭祀的范畴，为国家礼典所规范。其次，这里的"诸神祠"一语非常关键，因为没有指实，所以具有极大的灵活性，它在事实上将对祠祀合法性的判定权下放到地方政府，这就使地方信仰与国家礼制的结合成为可能。以城隍神和生祠为例，这两种祠庙从未明文载入国家礼典，却是地方政府真实的祭祀存在，它们不仅为民间所崇奉，也为国家行政体系所认定。对此，我们将

---

[1] Romeyn Taylor 前揭文，pp. 96–97。

[2]《大唐开元礼》卷一《叙例上・择日》，东京：汲古书院，1972 年，第 12 页。

在下文详述。可以说，《大唐开元礼》的这种模糊而又巧妙的规定使得州县的祭祀活动也具备了国家祀典的支持，使得一些礼典之外的祠祀有了合法依据。

王斯福（Stephan Feuchtwang）曾指出：官方宗教与民间宗教的区别之一在于前者强调其行政层级，而后者强调神的灵验[1]。通过《大唐开元礼》这条将州县“诸神祠”列入小祀的规定，我们则看到了二者结合的可能性，即唐代国家将地方祠祀纳入国家祭祀体系的努力。一般而言，这类祠祀是当地流传已久的信仰，如地方性山川、先朝名臣等，在面临水旱灾害时，它们往往成为地方政府祈祷的对象，故此也具有官方的背景，其合法性来源于地方政府的认可。此外，还包括一些由地方民众发起建立，但经过申报、得到国家正式批准的祠祀。

我们先来看一个具体的例子：开元二十三年（735）春旱，恒州刺史韦济率领属县官吏、乡老耆旧等到白鹿泉祈雨有应，遂立祠祀之，并亲撰《唐白鹿泉神君祠碑》，内曰：

> 开元□（乙）亥，岁在东井，自春不雨，至于是月，济肃承嘉命，有事名山。斋宿泉源，静恭旁祷，神必响答。灵液□□，嘉苗来苏。……非夫圣祚旁通，坎灵潜发，曷能迈种于德，左右黎人若兹者乎？宜蒙法食，昭著祠典。而荒凉苔石，埋秽榛芜，历代弥年，莫之旌赏。碑板无纪，堂象缺然，非所谓无德不酬，有功必祀。乃命县属率彻俸钱，扫除林麓，修创庭庙。吏人欣愿，不日而成。……于是游闲乡族，仁智名儒，

[1] Stephan Feuchtwang, "School-Temple and City God," in *The City in Late Imperial China*, ed. G. W. Skinner, Stanford: Stanford University Press, 1977, pp. 581–608. 徐自立中译本《学宫与城隍》，见施坚雅主编《中华帝国晚期的城市》，北京：中华书局，2000 年，第 708 页。

> 毂击肩摩，郁挠淫裔，感灵泉之旧哉，忻厥命之惟新。或笃言乎令节，或祈谷乎农辰。吟咏嗟叹，弹弦鼓儛。去者思还，来者忘归。此里仁之为美，寔神君之所相也。[1]

白鹿泉是当地的信仰中心，故成为官方祈雨的对象。由于祈雨有应，地方长官遂决定为其建立神祠，并“昭著祀典”，这显然是一种政府行为，而这块刺史亲撰的石碑，尤其是刻有别驾二人、长史二人、司马二人、真定县令、鹿泉县令、井陉县令、□城县令、石邑县令、九门县令、灵寿县令、房山县令、恒阳军总管等官员题名的碑阴，更强化了其官方色彩。显然，白鹿泉神君祠的性质应该就是《大唐开元礼》“小祀”中所谓的“诸神祠”，而官府的支持又反过来提高了它在当地民间信仰中的地位，从“或笃言乎令节，或祈谷乎农辰。吟咏嗟叹，弹弦鼓舞”之语，我们不难看出这一点。

一个更为突出的例子是河东道汾州的妒神祠。妒神，民间传为介之推妹，其祠庙由来已久，唐时更为官民共祀之对象。高宗时幸汾阳宫，“并州长史李冲玄以道出妬女祠，俗言盛服过者，致风雷之变，更发卒数万改驰道”[2]。此事虽被知顿使狄仁杰制止，但也显示了此祠在河东地区民间信仰中所占的地位[3]。大历十一年（776）五月所立的《妒神颂》碑，更生动地描述了其祷祀实况。此碑系河东节度副大使兼太原尹北京留守薛兼训命“承天军使节度副使前

---

[1] 《八琼室金石补正》卷五五，北京：文物出版社，1985 年，第 378 页。据碑阴记载，此碑以开元二十四年立。

[2] 《新唐书》卷一一五《狄仁杰传》，北京：中华书局，1975 年，第 4208 页。

[3] 关于妒神祠，还可参看《朝野佥载》（北京：中华书局，1979 年，第 135 页）卷六的相关记载：“并州石艾、寿阳二界有妬女泉，有神庙，泉水沉洁澈千丈，祭者投钱及羊骨，皎然皆见。俗传妬女者，介之推妹，与兄竞，去泉百里，寒食不许举火，至今犹然。女锦衣红鲜，装束盛服，及有人取山丹、百合经过者，必雷风电雹以震之。”

永平军节度右厢兵马使银青光禄大夫试鸿胪卿同山南东道节度经略副使”党昇主持建立，判官李諲撰文，内云：“自古及今，非军则县，未尝不揆月撰日，备其享礼，春祈秋赛，庶乎年登。巫觋进而神之听之，官僚拜而或俯或仰。……公之德也如此，神之应也如彼。且河北数州，山西一道，或衣以锦绣，或奠以珍羞，无昼夜而息焉，岂翰墨之能谕？咸以商者求之而获利，仕者祷之而累迁，蚕者请之而广收，农者祈之而多稔。不然，则奚能远迩奔凑，奉其如在？”[1]可见，其祭祀与社稷类似，要春祈秋报，即属于当地政府的常祀，因此也具有官方性质。当然，它也为民间士农工商各个阶层之人所崇奉，而主持此祠日常管理的则是巫觋。

第三，没有得到官方批准和认可，完全是民间的祭祀行为，且往往被官方禁止者。这既包括一些不符合儒家伦理规范的古代人鬼，也包括一些物怪之祠，如动物、植物成精者，这也就是《太平广记》所直指的“淫祀”一类。

对于第一个层次，高明士、姜伯勤等结合敦煌文书已有颇为细致的研究，此不赘述。我们更关心的是第二个层次，即在国家礼典明文和所谓“淫祀”之间，由州县政府赋予官方色彩的那些地方祠祀。这类祠祀的数量相当巨大，且各地域之间因风俗与文化传统的不同而各有差异。一般来说，地方政府对这类祠祀通常采取比较灵活甚至是鼓励的态度。例如，在敦煌县东有张芝墨池遗迹，开元初就曾因政府的鼓励而立庙祭祀。据敦煌文书 P.2005《沙州都督府图经》卷三载：开元二年（714）刺史杜楚臣就曾探访此池，但未有举措，到开元四年六月，“敦煌县令赵智本到任，……其年九月，

---

[1] 胡聘之《山右石刻丛编》卷七，《石刻史料新编》第1辑第20册，台北：新文丰出版公司，1982年第2版，第15078页。

拓上件池中得一石砚，长二尺，阔一尺五寸，乃劝诸张族一十八代孙上柱国张仁会、上柱国张履暹、上柱国张怀钦、上柱国张仁会、上柱国张楚珪、上柱国张嗣业、文举人昭武校尉甘州三水镇将上柱国张大爽、[州]学博士上柱国张大忠、……昭武校尉前西州岸头府左果毅都尉摄本府折冲充墨离军子将张履古等，令修葺墨池，中立庙及张芝容”[1]。可以看出，作为敦煌望族，张氏族人中担任地方文武官员者很多，然而在为当地文化英雄张芝立庙塑像一事上，起主导作用的却是县令赵智本，正是由于他的鼓励和支持，张芝庙才得以建立。通过这个事件，我们不仅可以看出地方官对当地古老文化传统的尊敬态度，更可以感受到他们对当地政治势力与文化资源进行整合的某种努力。

下面就以两种分布较广的祠祀，生祠和城隍神为中心，对唐代地方祠祀的运作实况进行一番较为具体的探讨。

二　生祠

生祠是中国古代为纪念官员功德而在其生前所立的祠庙，其起源甚早，顾炎武《日知录》曰：“《汉书·万石君传》：石庆为齐相，齐人为立石相祠。《于定国传》：父于公为县狱吏，郡中为之立生祠，号曰于公祠。《汉纪》：栾布为燕相，有治迹，民为之立生祠。此后世生祠之始。”[2]赵翼则曰：“其有立生祠者，《庄子》：庚桑子所居，人皆尸祝之。盖已开其端。《史记》：栾布为燕相，燕齐之间皆

[1] 录文据李正宇《古本敦煌乡土志八种笺证》（台北：新文丰出版公司，1998年），第30页，然将县令“赵智本”误录为“赵志本”。另外，原卷中“上柱国张仁会”凡两见，李正宇怀疑第二个当录为“张仁□”，有一定道理。按，此事在P.3721《瓜沙两郡史事编年并序》中也有记载，参看郑炳林《敦煌地理文书汇辑校注》，兰州：甘肃教育出版社，1989年，第83—84页。

[2]《日知录集释》卷二二“生祠”条，长沙：岳麓书社，1994年，第792—793页。

为立社，号曰栾公社。石庆为齐相，齐人为立石相祠，此生祠之始也。”[1] 然则二公所言略同[2]。虽然生祠起源于汉代，在南北朝时亦时有所见，但真正大量出现在史籍中，还是要到唐代以后[3]。因此，唐时生祠其实处于一个发展的转折点，而目前学界对其认识却颇有误解之处，如王永平就说：“在唐代民间淫祠祭祀中，数量最多的是各地设立的各种名目繁多的‘生祠’、祭庙。……像这类因祠主生前有功德可称而由百姓自发建立的祠庙，按唐人的说法，本不应该属于‘淫祠’，但因这类祠庙遍及全国各地，时间长了也成为人民的负担，加之其‘不在典籍’，即没有取得国家政府的认可，属于在‘不当所立之处’而立的，因而也归于‘淫祠’。”[4] 这种观点显示了他对“淫祠”概念认识的模糊，以及对生祠建立程序的漠视。我们不能因为其数量多就将其归于淫祠，更何况生祠之立，一般皆经过严格的申报程序，甚至需要中央政府的批准。此外，刘馨珺从考课和法制史的角度对唐代地方官立碑、建生祠的活动进行了考察，材料收集颇丰，可惜她对二者不加区分，且重点是考察德政碑，对于生祠的宗教性功能更未加措意，在材料考辨方面也还有不少提升空间[5]。

---

[1] 赵翼《陔余丛考》卷三二“生祠”条，北京：中华书局，1963年，第690—691页。

[2] 早期成果，参看长部和雄《支那生祠小考》，《東洋史研究》第9卷第4号，1944年，第35—49页。

[3] 关于唐代之后的生祠，参看刘蓝蔚《宋代的生祠研究——以四川为中心》，《都市文化研究》第23卷，大阪市立大学大学院文学研究科：都市文化研究中心，2021年，第15—28页；施珊珊（Sarah Schneewind）《小天命：生祠与明代政治》，邵长财译，广州：广东人民出版社，2022年。

[4] 王永平《论唐代的民间淫祠与移风易俗》，《史学月刊》2000年第5期，第125页。

[5] 刘馨珺《从生祠立碑谈唐代地方官的考课》，高明士主编《东亚传统教育与法制研究（二）：唐律诸问题》，台北：台湾大学出版中心，2005年，第241—284页。此文因未见拙撰《唐代地方祠祀的分层与运作——以生祠与城隍神为中心》（《历史研究》2004年第2期），亦未能参考郁贤皓《唐刺史考全编》（合肥：安徽大学出版社，2000年），因此在立碑祠事件的系年上出现了一些错误，如据郁贤皓考辨，徐申任（转下页）

下面我们就对唐代生祠，特别是其立祠程序、祭祀方式与社会功能等做一具体的考察。

（一）唐代生祠的概况

从目前所见材料来看，唐代生祠的设立有一个逐步增多的过程。在唐初，由于中央政府对地方官立碑建祠的严格控制，生祠为数不多，安史之乱后，随着中央权威的下降和地方独立性的增强，为官员立生祠的案例逐步增多。我们还是先将史料所见生祠的情况列表如下（表13）[1]。

表13　唐代生祠简表

人物	立祠时间	职务	立祠地点	材料出处	备注
王湛	约永徽显庆间（650—660）	冀州刺史	冀州	杨炯《泸州都督王湛神道碑》	《杨炯集》8/118
张知古	垂拱元年（685）	汉州雒县令	汉州雒县	陈子昂《汉州雒县令张君吏人颂德碑》	《全唐文》215/2176

（接上页）韶州刺史在德宗兴元元年（784）至贞元四年（788）之间，而此文系在代宗广德元年（763）；此文又将广州刺史卢钧立碑祠事系在德宗贞元时，但据郁先生考证，此事发生在文宗开成三年（838）。此外，其第21例，即所谓岑仲休立德政碑之事更是作者对史料的误读。她所据为《全唐文》卷七四〇所载张元素的《仙坛山铭》，实际上此铭作于武则天圣历三年，其中所载岑氏之事是在圣历二年（699），而非宝历二年（826），《全唐文》误。更重要的是，此铭是纯粹的道教内容，因为岑氏乃是琢石为天尊像，而非立德政碑，陈垣《道家金石略》据《江苏金石志》卷四所录者为全本（第92—93页），包括了被《全唐文》删去的前后题名部分，记此事甚详，可以参看。关于中古时期的德政碑，近年来研究成果颇多，何亦凡《德政类碑刻研究的新视角》对此有细致梳理，包伟民、刘后滨主编《唐宋历史评论》第11辑，北京：社会科学文献出版社，2023年，第239—266页。

[1] 按，表中相关刺史之系年参考了郁贤皓《唐刺史考全编》。表末附列了后梁初期的三例，以略见其延续性。

续表

人物	立祠时间	职务	立祠地点	材料出处	备注
狄仁杰	长寿元年至万岁通天元年（692—696）	彭泽令	江州彭泽县	《新唐》115/4210	贬彭泽令的时间据《通鉴》205/6480
狄仁杰	万岁通天元年至神功元年（696—697）	魏州刺史	魏州	《新唐》115/4210 《旧唐》89/2895	参看冯宿《魏府狄梁公祠堂碑》,《英华》877/4627
郭元振	大足元年至神龙二年（701—706）	凉州都督	河西、陇右十余处	《新唐》122/4362	参看张说《兵部尚书国公赠少保郭公行状》,《英华》972/5112
张之辅	开元初	赵州刺史	“九县建碑，仍立生祠”	《张之辅墓志》[1]	立碑、祠是在其升迁为将作少匠之后；铭文有“千里表石，九城立祠”之语
张之辅	开元中	檀州刺史	檀州	《张之辅墓志》	立生祠系在他迁任沧州刺史之后
苗晋卿	天宝七载（748）	魏郡太守兼河北采访使	魏郡	王维《魏郡太守河北采访处置使上党苗公德政碑》,《王右丞集笺注》22/403—419	又参看《新唐》140/4643； 他任职于天宝三载至六载，立碑时间据《宝刻丛编》6,《石刻》1-24-18165

[1] 《唐故太子少詹事张公（之辅）墓志铭》2000年出土于洛阳，拓片收入齐运通编《洛阳新获七朝墓志》第205号，北京：中华书局，2012年，第205页；赵君平、赵文成编《河洛墓刻拾零》第215号，北京图书馆出版社，2007年，第277页。录文、拓片并见毛阳光主编《洛阳流散唐代墓志汇编三集》第124号，北京：国家图书馆出版社，2023年，第248—249页。

续表

人物	立祠时间	职务	立祠地点	材料出处	备注
李遵	天宝六载至十四载（747—755）	太守	淄川 济南 汝南	独孤及《唐故特进太子少保郑国李公墓志铭》	《全唐文》391/3974；然不知究竟立于何郡，或者三郡皆立？
杜敏	肃宗乾元二年（759）五月	蕲州刺史	蕲州	《唐蕲州刺史杜敏生祠颂》（金石录校证 7/137，作“乾元三年”）	乾元三年闰四月改元为上元元年，故似当从《舆地碑记目》卷2作“二年”，《石刻》1-24-18543
吕諲	肃宗上元二年（761）	荆州节度使	江陵	《册府》683/8154 《旧唐》185下/4825	参看《唐吕公祠庙碑》，《金石录校证》7/137、27/497
李鼎	宝应初（762）	凤翔尹	岐州	《册府》821/9759	奏请以百姓为己所立生祠改置佛寺，许之
周智光	永泰二年（766）	同华州节度使	华州	《旧唐》114/3369	参看《新唐》224上/6373
元结	大历三年（768）	道州刺史	道州	颜真卿《唐故容州都督兼御史中丞本管经略使元君表墓碑铭》	《全唐文》344/3495；元结于广德元年至大历三年（763—768）任道州刺史
徐申	德宗兴元元年至贞元四年（784—788）	韶州刺史	韶州	《新唐》143/4694 他本人“固让”而止	参看李翱《检校礼部尚书东海公徐申行状》，《英华》976/5136
田承嗣	德宗兴元元年至贞元十二年（784—796）	魏博节度使	魏州	裴抗《魏博节度使田公神道碑》，见《全唐文》444/4532	生前管内吏民请立生祠，未果，至其子田绪主政时始立。田绪于贞元十二年卒，当在此前

续表

人物	立祠时间	职务	立祠地点	材料出处	备注
吴少诚	贞元二年至元和四年（786—809）	彰义军节度使	蔡州	《刘宾客嘉话录》，《唐五代笔记小说大观》第799页	淮西平，裴度毁之为紫极宫
袁滋	元和元年至七年（806—812）	义成军节度使	滑州	《旧唐》185下/4831	“百姓立生祠祷之”
李正卿	元和中	汜水县令	河南府汜水县	《唐故绵州刺史江夏李公墓志铭》	《补遗》1/333。按其子李潜墓志亦提及“绵州公尝遗爱汜水，有生祠堂”❶
杜悰	文宗大和九年至开成二年（835—837）	忠武军节度使	许州	《唐故岐阳公主墓志铭》（《樊川文集》8/124—127）	此系他第二次任忠武节度使
卢钧	开成三年（838）	岭南节度使	广州	《旧唐》177/4592	“三年将代，华蛮数千人诣阙请立生祠，铭功颂德”
李范	武宗会昌末至宣宗大中初	温州刺史	温州	李胤之《唐故陕州大都督府右司马李公墓志铭》	《洛阳新出土墓志释录》，第316页
高骈	僖宗中和二年（882）后	镇海节度使	扬州	罗隐《广陵妖乱志》，《广记》290/2308引	又见《全唐文》897/9359
朱温	中和四年（884）	宣武军节度使	陈州	《旧五代史》1/5；《册府》796/9462	忠武军节度使赵犨为朱温立生祠于陈州，朝夕拜谒

❶ 毛阳光主编《洛阳流散唐代墓志汇编》第305号《唐故西川观察推官监察御史里行江夏李君（潜）墓志铭》，北京：国家图书馆出版社，2013年，第612—613页。

续表

人物	立祠时间	职务	立祠地点	材料出处	备注
王重盈	昭宗景福元年（892）正月	河中节度使	蒲州	司空图《太尉瑯琊王公河中生祠碑》	《司空表圣文集》5/243
董昌	景福元年（892）十二月	义胜军节度使	越州	《新唐》225下/6467；《通鉴》259/8460	时间据《唐敕建董昌生祠题记》,《两浙金石志》3,《石刻》1-14-10258
韩建	乾宁元年（894）	华州节度使	华州	司空图《华帅许国公德政碑》	《司空表圣文集》6/254
王建	天复二年（902）	西川节度使	益州	《西平王王公建生祠堂记》	《宝刻类编》6,《石刻》1-24-18492
马殷	后梁开平四年（910）	武安节度使	潭州	《册府》820/9747	太祖令翰林学士封舜卿撰碑文
韩逊	开平四年到五年之间	朔方节度使	灵州	《册府》820/9747	太祖诏礼部侍郎薛廷珪撰碑文以赐之[1]
钱镠	开平五年（911）四月	吴越王	杭州	《册府》820/9747；碑文见《全唐文》847/8902	太祖诏刑部侍郎李光嗣为宣慰立祠堂使，翰林学士李琪制碑文赐之

表中所举共31例，从时间上分析，开天之前，史料所见立生祠者不过王湛、张知古、狄仁杰、郭元振、张之辅、苗晋卿、李遵7人9例，而安史之乱后则迅速增多，肃宗时就有3例，代宗时有2例，德宗时2例，宪宗时3例，文宗时2例，宣宗之后则有7例，在后梁又有3例。显然，其数量呈明显的上升趋势。

[1] 参看吴其昱《薛廷珪朔方节度使韩逊生祠堂碑敦煌残卷考》,《庆祝潘石禅先生九秩华诞敦煌学特刊》，台北：文津出版社，1996年，第63—73页。

就地域分布而言，京畿道的华州、岐州；关内道的灵州；都畿道的河南府（洛州）；河北道的魏州、赵州、檀州；河南道的陈州、许州、滑州、蔡州；河东道的蒲州；剑南道的益州、汉州、泸州；淮南道的扬州、蕲州；江南东道的杭州、越州、温州；江南西道的江州、道州、潭州；岭南道的广州、韶州；山南东道的荆州；以及陇右道的十余州，都有生祠的分布。可见，这是一种遍及全国的祠祀方式。

从被立生祠者的身份而言，除了3例为县令之外，前期主要是都督和刺史，而后期则绝大多数都是节度使，这种情况到晚唐藩镇割据时愈加明显。显然，生祠之立也与唐代政治格局的演变密切相关。

（二）立祠程序

我们之所以反对将生祠视为“淫祀”，一个重要的理由是，生祠的建立要经过严格的申报和审批手续，而非民间随意设立者。在唐朝前期，中央对于地方上的立碑、建庙活动控制较严，如武则天圣历二年（699）八月制：“州县长吏，非奉有敕旨，毋得擅立碑。”[1]这里当包含了官员的德政碑及为地方祠祀所立之碑。《封氏闻见记》卷五亦云：“在官有异政，考秩已终，吏人立碑颂德者，皆须审详事实，州司以状闻奏，恩敕听许，然后得建之。”[2]对于那些实无政绩或自遣人申请立碑者，唐律中有明确的处罚规定[3]。《唐

[1]《资治通鉴》卷二〇六“则天后圣历二年八月”条，第6540页。

[2]《封氏闻见记校注》卷五《颂德》，第40页。

[3]《唐律疏议》卷一一“长吏辄立碑”条，北京：中华书局，1983年，第217页。此条虽不言生祠，但内容当同样适用，直到南宋的《庆元条法事类》卷八〇《杂门·杂犯》仍对此有明文规定：“诸在任官虽有政迹，……建祠立碑者，罪亦如之（原注：并坐为首之人，碑、祠仍毁）。本官知情与同罪，若自遣人建祠，论如《辄立碑》律。”戴建国点校，见杨一凡、田涛主编《中国珍稀法律典籍续编》第一册，哈尔滨：黑龙江人民出版社，2002年，第925页。亦可参看刘馨珺前揭文，第243—246页。

图 8 《唐故太子少詹事张公（之辅）墓志铭》
毛阳光先生提供

六典》卷四更明文规定："凡德政碑及生祠，皆取政绩可称，州为申省，省司勘覆定，奏闻，乃立焉。"[1] 原则上，无论是德政碑还是生祠，都只能在官员离任之后建立，这也是德政碑也被称为"去思碑"的由来。开元二十一年（733）三月五日由李邕撰、徐峤之书的《唐故太子少詹事张公（之辅）墓志铭》（图 8）记载："属河朔

[1]《唐六典》卷四"礼部郎中员外郎"条，第 120 页。

艰食，蓟门备胡，拜赵州刺史。公未始莅人，久怀理化，道叶于古，权酌于今，视之如伤，抚之若旧。无细不矫其枉，无大不竞其奸。养其幼孤，赒其穷老。流离者宿业，浮惰者就功。恶子迁于吉人，博徒变于乡校。及升将作少匠，百姓思德，九县建碑，仍立生祠，以存想似。”其后，他“迁右金吾将军，以擒妖后时，失守从坐，贬檀州刺史，公远而不陋，小而无忽，明斥谨谍，便人利边。比迁沧州也，咸怀惠爱，复立碑祠。”[1]然则赵州九县为张之辅所立碑、祠，是在他归朝任将作少匠之后建立的，而后来檀州为其所立生祠，也是在其迁沧州刺史之后所立。这与《封氏闻见记》所云“考秩已终”才可请立碑的记载是一致的，其目的自然是要杜绝在任官员逼迫、诱导下属为自己歌功颂德的恶习。

《唐六典》规定的“州为申省，省司勘覆定，奏闻，乃立焉”的立祠程序在实践中被切实执行，中晚唐时可能还需经过“道”一级的审批环节。试举数例以见之：

据《新唐书》卷一四三载，德宗贞元时，韶州刺史徐申因为政绩尤异，“州民诣观察使，以其有功于人，请为生祠。申固让，观察使以状闻，迁合州刺史”[2]。李翱《检校礼部尚书东海公徐申行状》所记更详：“曲江县五百人以状诣观察使，请作碑、立生祠。公自陈所为不足述，假令如百姓言，乃刺史职宜如此，何足多者？不愿以小事市名。观察使嘉其让，密以状闻。迁合州刺史。”[3]这个事件中，先是韶州管内曲江县的百姓五百多人向观察使提出申请。同样的事情亦发生在温州刺史李范身上，据李胤之撰于宣宗大中十年（856）正月的《唐故陕州大都督府右司马李公墓志铭》云：“温

[1] 毛阳光主编《洛阳流散唐代墓志汇编二集》第124号，第249页。

[2]《新唐书》卷一四三《徐申传》，第4694页。

[3]《文苑英华》卷九七六，北京：中华书局，1966年，第5137页。

人颂德，日有千数，请立生祠，永报殊绩。廉使上闻，特赐殊考以旌之。”[1] 可见在中晚唐时，“廉使”即道一级的节度使或观察使在地方上建立生祠程序中的重要性。

颜真卿《唐故容州都督兼御史中丞本管经略使元君表墓碑铭》记载了道州百姓请为元结立生祠的经过：“岁余，上以君居贫，起家为道州刺史。州为西原贼所陷，人十无一，户才满千。君下车，行古人之政，二年间，归者万余家，贼亦怀畏，不敢来犯。既受代，百姓诣阙，请立生祠，仍乞再留。观察使奏课第一。”[2] 在这个例子中，道州百姓甚至直接到京城向皇帝提出立祠申请，似非常例。

当然，在建立生祠时，朝廷的批准环节才是至关重要的。郭子仪有大功于唐，代宗时，同华节度使周智光及奉天县令程暹都曾向朝廷申请为其立碑和生祠，子仪连上四表辞让，第一表云：“臣子仪言：臣得同华节度使刺华州刺史周智光牒，称得耆寿薛远等，将以华州是臣所生之地，奏请与臣立纪功颂德碑，天慈曲临，已蒙听许。又得奉天县令程暹状，得百姓仇廷珍及僧山海等状，亦请与臣立碑及生祠者，……乞回成命，一切勒停。”[3] 连野心勃勃的周智光为郭子仪立颂德碑尚不得自专，而须向朝廷申请，则遑论其他。同样，倔强难制的魏博节度使田承嗣在世时，管内“缁黄耋耆，诣阙陈乞，请颂德褒政，列于金石。帝曰俞，以命先臣，门下侍郎王缙撰纪功烈，锡魏人以碑之。其明年，请立生祠而尸祝之，公执谦

[1] 李胤之《唐故陕州大都督府右司马李公（范）墓志铭》，杨作龙、赵水森等编著《洛阳新出土墓志释录》，北京图书馆出版社，2004 年，第 316 页。原书作大中九年五月，系将卒年误作葬年了。

[2] 《全唐文》卷三四四，第 3495 页。

[3] 邵说《为郭子仪让华州及奉天县请立生祠堂及碑表》，《文苑英华》卷五七八，第 2985 页。

冲，抑而勿许”[1]。可见虽然其立德政碑很顺利，但立生祠却未能如愿。事实上，无论是德政碑还是生祠，按唐制，原则上都应立于离任之后，在河朔藩镇跋扈的背景下，这样的原则显然无法完全落实，遂有德政碑之立。至于生祠，直到田承嗣于大历十三年（778）卒后，其子田绪“复以生祠故事，具表上闻。天子彰善崇德，乃许追造，爰命词臣礼部侍郎吕渭徵撰休烈，厥茂功焉”[2]，然则去世也算是另外一种离任[3]，只不过已失去“生祠”之“生”的意义了。到唐末的天复二年（902），西川节度使王建立生祠，也需经过朝廷特别批准[4]。甚至在五代之初，割据一方的钱镠、马殷、韩逊等为自己在本道建立生祠，也仍然要向朱温申请，这虽然只是个形式，却以此表明了奉事中央的立场，其背后则隐含着某种历史的惯性[5]，而离任才得立碑、祠的原则，却早已无人提起了。

在地方提出申请之后，朝廷要进行认真的审查。以立德政碑为

---

[1] 裴抗《魏博节度使田公神道碑》，《全唐文》卷四四四，第4532页。

[2] 裴抗《魏博节度使田公神道碑》，《全唐文》卷四四四，第4533页。

[3] 虽然中晚唐有些跋扈藩镇（如周智光）在任期间就给自己立了生祠，但大多数时候，还是遵守了离任立祠的原则，如表13文宗时忠武军节度使杜悰、岭南节度使卢钧等例子。

[4] 黄休复《益州名画录》卷上“赵德齐”条载：“光化年，王蜀先主受昭宗敕置生祠。”收入于安澜编《画史丛书》第四册，上海人民美术出版社，1982年，第5页。不过，据《宝刻类编》卷六所载《西平王王公建生祠堂记》，立祠时间当在天复二年（902）。《石刻史料新编》第1辑第24册，第18492页。此外，张亚平曾推测现存于王建墓中的石雕像可能就是从生祠中移来，因为与永陵巨大的墓室相比，王建石像显得体型过小而不匹配，见氏著《“前蜀后妃墓”应为前蜀周皇后墓》，《四川文物》2003年第1期，第37页。不过，张勋燎则认为，王建永陵中的石像“应是墓主逝前营建生墓时放入以代死求长生之‘石真’”，见氏著《前蜀王建永陵发掘材料中的道教遗迹》，收入张勋燎、白彬《中国道教考古》，北京：线装书局，2006年，第1033—1041页。

[5] 关于韩逊立生祠的经过，参看吴其昱《薛廷珪朔方节度使韩逊生祠堂碑敦煌残卷考》，不过，吴先生认为：“至于生祠问题，唐末五代地方割据之藩镇，僭妄逾分，讽人为立生祠，此五代黑暗时期之陋俗也。”（第70页）他没有将生祠问题置于唐以来的发展轨迹中观察，故看法似有未周之处。

例，据刘禹锡《高陵县令刘君遗爱碑》载："大和四年（830），高陵人李士清等六十三人思前令刘君之德，诣县请金石刻。县令以状申府，府以状考于明法吏，吏上言：谨按宝应诏书，凡以政绩将立碑者，其具所纪之文上尚书考功，有司考其词宜有纪者乃奏。明年八月庚午，诏曰可。"[1]可见立碑的程序是：百姓—县—州府—考功—皇帝，立碑如此，按前引《唐六典》的规定，建立更为重要的生祠自当经过同样的程序。在中央，考功司的职能并非空言，据《旧唐书》记：宪宗时，郑余庆之子郑澣"改考功员外郎，刺史有驱迫人吏上言政绩，请刊石纪政者，澣探得其情，条责廉使，巧迹遂露，人服其敏识"[2]。可见，如果政绩不实，考功司的官员要追究观察使的责任。这种逐级报批的程序与宋代对地方祠祀的赐额、赐号的程序非常接近，因此，我们决不能将生祠这种具有浓厚官方色彩的祠祀等同于"淫祠"。

（三）生祠的祭祀方式和社会功能

生祠之设，有"报功"和"祷祀"的双重目的。一方面，老百姓以此表达对造福当地的官员之感激，另一方面，也可能是更重要的目的，则是要为未来祷祀求福。因此，在祭祀的方式上采取了民间习惯的偶像崇拜。例如武周时陈子昂《汉州雒县令张君吏人颂德碑》云："自金水之山，得玉玫之石。农夫田妇，担扛力运，皆惧公往，遗像莫瞻，共琢之磨之，议之谋之。子昂时因归宁，采药岐岭，父老乃载酒邀诸途，论府君之深仁，访生祠之故事。"[3]可见张知古的生祠中，供奉着百姓用石雕成的"遗像"。下面，我们就以最负盛名的狄仁杰魏州生祠为个案，对其祭祀方式

[1] 《刘禹锡集》卷二，第26页。

[2] 《旧唐书》卷一五八《郑余庆传》，北京：中华书局，1975年，第4167页。

[3] 陈子昂《汉州雒县令张君吏人颂德碑》，《全唐文》卷二一五，第2176页。

与社会功能进行具体分析。

狄仁杰于万岁通天元年（696）十月至神功元年（697）任魏州刺史[1]，在州不过一年而已，然其仁政为民所怀，遂立生祠。其具体位置在贵乡县东南四里[2]，祠中有狄仁杰的塑像，后来，因狄仁杰之子景晖“为魏州司功参军，贪暴为人所恶，由是遽毁其神像焉”[3]。到开元十年（722）十一月，此庙得以重修，李邕亲撰《唐狄梁公生祠记》，由张廷珪八分书[4]。开元中，高适曾前往探访，并有诗记其事[5]。安史之乱使得此祠遭到彻底破坏，但民间仍对其充满感情。到元和七年（812），田弘正归顺朝廷，又重建此祠，并立碑纪念。碑文乃虞部员外郎冯宿所撰，略云：

> 初梁公出牧于魏，实宜斯人。罔遂乞留，则深遗爱；阖境同力，生祠其神。畏威怀仁，如在乎上。祈恩徼福，亦若有答。洎胡起幽陵，毒痛中邦，腥羶遗余，渐渍甿俗，六十年于兹矣。……（弘正）辩正封疆，咨谋耋老，得是旧址，作为新祠。鸠材僝功，藏事颁役，上下有度，东西惟序。披图以立仪像，据品以昭命数。……由是六州之人士知狄公之崇德可享，而田公斯言可复也。[6]

---

[1] 参看《唐刺史考全编》卷九八，第1370—1371页。

[2] 《元和郡县图志》卷一六“魏州贵乡县”条，北京：中华书局，1995年，第448页。

[3] 《册府元龟》卷九四〇《总录部·不嗣》，北京：中华书局，1960年，第11068页。按，《旧唐书·狄仁杰传》则曰“乃毁仁杰之祠”。

[4] 《金石录校证》卷五，第94页。

[5] 高适《三君咏并序》：“开元中，适游于魏，郡北有故太师郑公旧馆，里中有故尚书郭公遗业，邑外又有故太守狄公生祠焉，睹物增怀，遂为《三君咏》。”见刘开扬《高适诗集编年笺注》，北京：中华书局，1981年，第14—15页。

[6] 冯宿《魏府狄梁公祠堂碑》，《文苑英华》卷八七七，第4627页。此碑由胡证正书并篆额，见《八琼室金石补正》卷七〇，第485—486页。

田弘正重建狄公生祠有着强烈的政治意味，是向朝廷和百姓表示奉事中央的决心[1]。碑文所云“披图以立仪像”，似是要根据狄公的写真来塑像。至于其功能，则碑文也强调了百姓“祈恩徼福”的目的。

到了晚唐五代时期，狄仁杰的生祠开始有了地方保护神的色彩。《太平广记》录有一则故事：“魏州南郭狄仁杰庙，即生祠堂也。天后朝，仁杰为魏州刺史，有善政，吏民为之立生祠。及入朝，魏之士女每至月首，皆诣祠奠醊。仁杰方朝，是日亦有醉色。天后素知仁杰初不饮酒，诘之，具以事对。天后使验问，乃信。庄宗观霸河朔，尝有人醉宿庙廊之下，夜分即醒。见有人于堂陛下，罄折咨事。堂中有人问之，对曰：‘奉符于魏州索万人。’堂中语曰：‘此州虚耗，灾祸频仍，移于他处。’此人曰：‘诺，请往白之。’遂去，少顷复至，则曰：‘已移命于镇州矣。’语竟不见。是岁，庄宗分兵讨镇州，至于攻下，两军所杀甚众焉。”[2]这则故事宣扬了狄公神祠的灵验，以及地方民众对他的信仰情况。耐人寻味的是，狄公将原拟降于魏州的灾祸移至他州，丝毫不顾他州百姓的伤亡，其魏州地方保护神的身份已是呼之欲出了。在这一点上，颇类于城隍神。

从狄仁杰的例子我们可以看出，百姓为地方官立生祠的目的不仅是纪念他们过去的功德，更现实的愿望是祈求未来的幸福，或减

---

[1] 仇鹿鸣从中央与藩镇之间政治默契形成的角度，对田氏为狄仁杰建祠立碑等活动做了细致考察，参看氏著《长安与河北之间：中晚唐的政治与文化》第五章《政治的表达与实践：田氏魏博的个案研究》，北京师范大学出版社，2018年，第174—218页。江川式部《唐代の藩鎮と祠廟》也涉及这一问题，但似未注意到仇氏的研究，《國學院雑誌》第122卷第2号，2021年，第1—18页。

[2]《太平广记》卷三一三《狄仁杰祠》，北京：中华书局，1961年，第2478—2479页，出自《玉堂闲话》。

少未知灾难带来的恐慌。例如，“吕諲，肃宗上元中为荆州节度，理江陵三年，号为良牧。初立生祠祈祷，殁后岁余，将士等又率钱十万，于府西爽塏地移祠宇立之”[1]。“袁滋，元和中为义成军节度，百姓立生祠祷祀之”[2]。对于这种现象，国家采取了默认的态度，我们来看一则判文：

> 甲有惠政，被立生祠，百姓祈祷，因而获福。或告有妖术，诉云非所能致。（李宣）对：考龚黄之迹，穷卓鲁之化，不孤良吏，可谓能贤。甲惠训聿修，仁政斯举，丕变旧染，化居恒风。叹歌邵之徒勤，想借寇之无及。冀全遗爱，遂建生祠。殁无愧于张苍，存不谢于王涣。因心所感，纵获福而何伤？唯道是从，岂为术之能致！告之诚谬，诉乃有孚。[3]

从李宣的判文我们不难看出，对于这些生祠所具有的相当浓厚的宗教性质，国家与士人都具有相当程度的认同。于是，一些有野心的地方官遂企图通过置立生祠来神化自己。例如，代宗时，同华节度使周智光就“于州郭置生祠，俾将吏、百姓祈祷”[4]。昭宗时，义胜军节度使董昌“建生祠于越州，制度悉如禹庙，命民间祷赛者，无得之禹庙，皆之生祠”[5]。其本传所载更为详细：

---

[1]《册府元龟》卷六八三《牧守部·遗爱二》，第 8154 页。在晚唐的民间传说中，吕諲已成为一个颇有权势的冥官，见《宣室志》卷七，《独异志·宣室志》，北京：中华书局，1983 年，第 91—93 页。

[2]《册府元龟》卷八二〇《总录部·立祠》，第 9746 页。

[3]《文苑英华》卷五三五，第 2733 页。陈尚君认为，判文作者李宣当作“李晅”，见《全唐文补编》卷一二〇，北京：中华书局，2005 年，第 1492 页。

[4]《旧唐书》卷一一四《周智光传》，第 3370 页。

[5]《资治通鉴》卷二五九“唐昭宗乾宁元年十二月”条，第 8460 页。

始立生祠，刳香木为躯，内金玉纨素为肺府，冕而坐，妻媵侍别帐，百倡鼓吹于前，属兵列护门戺。属州为土马献祠下，列牲牢祈请，或绐言土马若嘶且汗，皆受赏。昌自言："有飨者，我必醉。"蝗集祠旁，使人捕沈镜湖，告曰："不为灾。"客有言："尝游吴隐之祠，止一偶人。"昌闻，怒曰："我非吴隐之比！"支解客祠前。[1]

显然，董昌之生祠中，有他的香木雕像，以及属州贡献的土马，"又有王守真者，俗谓之王百艺，极机巧，初立生祠，雕刻形像，塑续官属，及设兵卫，状若鬼神，皆百艺所为也"[2]。然则祠中还有其官属、兵卫之雕像。生祠所用祭物为"牲牢"，显然是血祭，而且生祠由专门的巫者来主持，王抟所撰《命钱镠讨董昌诏》就指责他"因冯（凭）生祠，辄有狂谋，假陈妖异，惑乱邪巫"[3]。可以说，董昌在越州为自己立生祠，目的是要取代越州地区最具影响力的禹庙，成为当地信仰祷祀的中心，其强化地方认同、构建自身统治合法性的野心昭然若揭。

当然，如周智光、董昌这样的所谓"逆臣"毕竟是个别现象。对于朝廷而言，允许给地方良吏建立生祠，其实也是树立一些榜样，使其他官员能够见贤思齐。在这种观念下，立碑建祠之语屡屡出现在中晚唐人的诗作中，成为对友人赴任的寄语，例如，张籍在送裴度赴镇太原的赠诗中就有云："明年塞北清蕃落，应建生祠请立碑。"[4]

---

[1]《新唐书》卷二二五下《逆臣·董昌传》，第 6467 页。

[2]《太平广记》卷二九〇《董昌》，第 2310 页，出《会稽录》。

[3]《全唐文》卷八二一，第 8657 页。

[4] 张籍《送裴相公赴镇太原》，《全唐诗》卷三八五，北京：中华书局，1960 年，第 4331 页。

类似诗句如“想得化行风土变，州人应为立生祠”[1]、“却笑郡人留不得，感恩唯拟立生祠”[2]，等等，不胜枚举。另一方面，给这些本朝良吏的祠庙足够的发展空间，对于国家统一思想，特别是对控制地方文化资源而言，是十分有利的，因为他们本来就是国家权威在地方上的代表和象征。

司空图《太尉瑯琊王公（重盈）河中生祠碑》云：“景福元年（892）正月，上自将佐，下逮缁黄，五郡联属，四封耆艾，共忻弘庇，请建生祠。……上亦俯从人愿，有命微臣。伏以祀典阙文，朝恩特允，虽或征于近史，亦宜本于众情。丞相仁杰之抚疲羸，仆射元振之安夷夏，皆留威躅，孰继美谈？……所以别创祠堂，严陈象设者，盖皆蒙美利，并荷丰功，愿伸报德之诚，别置标虔之所。”[3]可见，司空图认为为活人所立的生祠本身是不合儒家礼制原则的，故“祀典阙文”，只是根据“近史”，即较近的传统或习俗，又“本于众情”，才得到国家的特别准许。唐代礼制中有一个重要的原则，即“缘情制礼”，在生祠问题上，这一原则也得到充分体现。

三　城隍神

城隍神是地方祠祀儒家化和国家化的代表，向来深受学界关注，不过成果主要集中在明清时期，特别是明太祖洪武初年的改革[4]。

---

[1] 朱庆余《送邵州林使君》，《全唐诗》卷五一五，第5884页。

[2] 卢延让《逢友人赴阙》，《全唐诗》卷七一五，第8213页。

[3]《司空表圣文集》卷五，《司空表圣诗文集笺校》，祖保泉、陶礼天笺校，合肥：安徽大学出版社，2002年，第243页。

[4] 参看滨岛敦俊《明初城隍考》，《榎博士頌寿記念東洋史論叢》，东京：汲古书院，1988年，第347—368页；《明清江南城隍考》，唐代史研究会报告第VI集《中国都市の歴史的研究》，东京：刀水书房，1988年，第218—231页；《明清江南城隍考·補考》，唐代史研究会编《中国の都市と農村》，东京：汲古书院，1992年，第499—527页。

关于唐代城隍神的研究，值得重视的仍是姜士彬 1985 年发表的那篇长文《唐宋时期的城隍信仰》[1]，但其重点是在宋朝，其主旨是说明宋代城隍信仰的发展与城市工商业阶层兴起的关系，对于唐代城隍神着墨不多，特别是将其孤立研究，而未将它置于唐代地方的国家祭祀体系中来整体考虑。2006 年，赖亮郡发表《唐五代的城隍信仰》一文，则聚焦于唐五代时期[2]。在此，我们试在材料梳理的基础上，重点探讨其在地方祭祀体系中的地位和性质。先将相关材料列表如下（表 14）[3]：

表 14　唐代城隍神简表

时间	地点	基本情况	材料出处	备注
开元五年（717）四月二十日	荆州 山南东道	荆州大都督府长史张说告祭于城隍之神	《英华》995/5229：张说《祭城隍文》	这应该是张说上任之后的谒庙之文
开元十五年（727）六月	洪州 江南西道	刺史张九龄祈晴	《英华》996/5232：《祭洪州城隍神祈晴文》	《广记》124/873“王简易”条显示，洪州城隍神有冥司性质
开元十七年（729）三月三日	溧阳县 宣州 江南西道		《宝刻丛编》15《唐溧阳县城隍庙记》，《石刻》1-24-18328	

[1] David Johnson, “The City-God Cults of T’ang and Sung China,” *Harvard Journal of Asiatic Studies* 45:2（1985）: pp. 363–457.

[2] 赖亮郡《唐五代的城隍信仰》，《兴大历史学报》第 17 期，2006 年，第 293—348 页。

[3] 本表中相关刺史之系年亦参考了郁贤皓《唐刺史考全编》。表中相关文献的版本如下：《唐诗纪事》，上海古籍出版社，1987 年新 1 版；《李太白全集》，北京：中华书局，1977 年；《韩昌黎文集校注》，上海古籍出版社，1986 年；《白居易集》，北京：中华书局，1979 年；《樊南文集》，上海古籍出版社，1988 年；《樊川文集》，上海古籍出版社，2009 年；《宋高僧传》，北京：中华书局，1987 年。

续表

时间	地点	基本情况	材料出处	备注
开元中	滑州 河南道	滑州城隍与黄河神斗，刺史韦秀（季）庄助之而胜	《广异记》“韦秀庄”条，《太平广记》302/2396	据《唐刺史考全编》57/788，韦秀庄当作“韦季庄”
开元末	宣州 江南西道	“吴俗畏鬼，每州县必有城隍神”；宣州城隍神乃东晋宣城内史桓彝	牛肃《纪闻》“宣州司户”条，《太平广记》303/2400	参看羊士谔《城隍庙赛雨二首》，《全唐诗》332/3071
天宝十载（751）	苏州 江南东道	“吴郡有春申君故宫，后人因以为庙，俗讹谓之城隍神”	《宝刻丛编》14《唐春申君庙碑》，《石刻》1-24-18301	“居贞广其制度，更易塑像，以朱英配飨，改名曰黄相庙”
至德二载（757）	睢阳（宋州） 河南道	许远有《祭城隍》之文，以鼓舞士气	《唐语林校证》5/483	《唐诗纪事》25/379作“张巡”之文
至德二载至乾元二年（757—759）	鄂州 江南西道	刺史韦良宰祈晴有应	李白《天长节使鄂州刺史韦公德政碑》	《李太白全集》29/1361
乾元二年（759）八月	缙云县 括州（处州） 江南东道	县令李阳冰祈雨有应	《缙云县城隍庙记》	《金石萃编》91，《石刻》1-2-1534
建中四年（783）	鄂州 江南西道	鄂州刺史李兼祷于城隍神，因大破李希烈之将	《册府》398/4737	贞元四年李兼已任江西都团练使，请以此事宣付史馆，从之
贞元中（785—804）	广州 岭南道	崔炜入南越王墓，有奇遇，后有事于城隍庙，见神像有类使者，是知羊城即广州城	《传奇》“崔炜”条，《广记》34/216引	广州城隍神号称羊城使者

续表

时间	地点	基本情况	材料出处	备注
元和十四年（819）	潮州岭南道	刺史韩愈六月向城隍神祈晴有应，遂报之	《潮州祭神文》	《韩昌黎文集校注》5/318
元和十五年（820）夏	袁州江南西道	袁州刺史韩愈向城隍神祈雨	《袁州祭神文》	《韩昌黎文集校注》5/321
长庆三年（823）	杭州江南东道	白居易向城隍神祈雨	《祈皋亭神文》	《白居易集》40/901
文宗太和中	成都剑南道	段全纬重修城隍庙	段全纬《城隍庙记》，《全唐文》721/7423	
大和八年（834）	兖州河南道	李商隐为刺史崔戎到任谒庙所作	《为安平公兖州祭城隍神文》，《樊南文集》5/279	可见晚唐时，城隍神信仰已经扩大到北方
开成二年至会昌三年（837—843）	怀州都畿道	河阳三城怀州节度使李执方因城隍神护城有功而祭祀	李商隐《为怀州李使君祭城隍神文》	《樊南文集》5/283
开成五年（840）六月一日	睦州江南东道	刺史吕述移庙而立碑	吕述《移城隍庙记》	《唐文拾遗》29/10694
开成五年（840）之前	商州山南东道	卢载曾作《任商州刺史日告城隍神碑文》	《卢载墓志》	《全唐文补遗·千唐志斋新藏专辑》，第377页
会昌二年至四年（842—844）	黄州淮南道	刺史杜牧祈雨	杜牧《祭城隍神祈雨文》	《樊川文集》14/202
大中元年（847）六月	桂州岭南道	桂管观察使郑亚祈晴有应	李商隐《为中丞荥阳公桂州赛城隍神文》	《樊南文集》5/283

续表

时间	地点	基本情况	材料出处	备注
大中元年至二年（847—848）	永福县 灵川县 荔浦县 理定县 皆属桂州	祈雨有应而作	李商隐《赛永福县城隍神文》；《赛灵川县城隍神文》；《赛荔浦县城隍神文》；《为中丞荥阳公赛理定县城隍神文》	四县各有城隍神《樊南文集》5/302—304；《樊南文集》补编 11/886—887
咸通三年（862）	袁州 江南西道	刺史颜遐福创新庙而立碑	刘骧《袁州城隍庙记》，《全唐文》802/8427	城隍神为灌婴
咸通中	信州 江南西道	宋玄白从州人祷雨之请，遽作术飞钉城隍神双目，雨遂降	《续仙传》“宋玄白”条，《云笈七签》113 下/2493	《广记》47/294“宋玄白”条作“抚州”，《唐刺史考全编》已辨其误，第 3466 页
咸通中	湖南城隍神	上帝以白马神祠有德于三峡民，迁为湖南城隍神	《广记》312/2469《尔朱氏》	
光化二年（899）四月	华州 京畿道	华州城隍神保护昭宗免除韩建的谋害	李巨川《唐济安侯庙记》，《宝刻丛编》10，《石刻》1-24-18270	参看金大定二十四年的《华州城隍神济安侯新庙记》，《金石萃编》156，《石刻》1-4-2887
后梁开平二年（908）	越州 江南东道	吴越王钱镠奏请封越州城隍神庞玉为侯	钱镠《镇东军墙隍神庙记》，《全唐文》130/1305	《金石萃编》119，《石刻》1-3-2170

续表

时间	地点	基本情况	材料出处	备注
前蜀乾德初（919）	岐州 京畿道	有小军使陈公破戒，述冥间之事。初被黑衣使者追摄入岐府城隍庙	《宋高僧传》11/246《自在传》	自在和尚为吴兴人，看来他将家乡的城隍信仰传入关中
十国吴	吉州安福县 江南西道	朱拯赴选至扬州，梦入官署，……补安福令，既至，谒城隍神，庙宇神像皆如梦中	《广记》281/2241《朱拯》	

上表虽然不是有唐一代所有城隍神的材料，但也基本上能反映出城隍信仰在初期的分布和发展状况。从地域上看，南方占了绝大多数：江南西道的洪州、宣州、鄂州、袁州、信州、吉州；江南东道的苏州、括州、睦州、越州、杭州；山南东道的荆州、商州；岭南道的潮州、桂州、广州；淮南道的黄州；而北方地区则只有河南道的滑州、宋州、兖州；都畿道的怀州；以及京畿道的华州等，且多出现在晚唐。从城市的等级来看，以州城为主，有些还是节度使或观察使所在之州，如洪州、鄂州等，但是还有一些县级城隍神，如宣州的溧阳县、括州的缙云县，以及桂州的永福县、灵川县、荔浦县、理定县等。

至于姜士彬所谓城隍神的发展与城市新兴的工商业阶层的推动有关之论断，至少在其早期发展的唐代不是那么明显，因为城隍信仰最为流行的地区未必就是工商业发达的地方，如袁州、括州、潮州、桂州等地。诚如小岛毅所云，城隍神的信众为工商业者的说法只是其诸多面向中的一种而已[1]。相比之下，我们更关心的是其在国

---

[1] 小岛毅《城隍廟制度の確立》，《思想》第792号，1990年，第200页。

家祭祀体系中的位置。从唐代的材料可以看出，城隍神的性质判定正是由地方官灵活掌握的。

肃宗初年，鄂州刺史韦良宰的举措代表了一部分地方官的态度。据李白《天长节使鄂州刺史韦公德政碑》记载：

> 大水灭郭，洪霖注川。人见忧于鱼鳖，岸不辨于牛马。公乃抗辞正色，言于城隍曰："若三日雨不歇，吾当伐乔木，焚清祠。"精心感动，其应如响。无何，中使衔命遍祈名山，广征牲牢，骤欲致祭，公又盱衡而称曰："今主上明圣，怀于百灵，此淫昏之鬼，不载祀典，若烦国礼，是荒巫风。"其秉心达识，皆此类也。[1]

面对淫雨带来的灾害，韦良宰不得不向城隍神祈晴，而其态度却声色俱厉，大有威胁之意。更值得重视的是，稍后当中使奉敕到各地祈祷名山神祠，准备向鄂州城隍庙献牲牢致祭时，却又被他制止，并认为城隍神是与国家礼制相对立、带有浓厚巫风的"淫昏之鬼"，他也无意于将其列入地方祀典。

的确，正如乾元二年（759）八月李阳冰在《缙云县城隍神记》中所云："城隍神，祀典无之，吴越有之，风俗水旱疾疫必祷焉。"[2]它首先是南方一种古老的民俗信仰，在唐代礼典中，没有祭祀城隍神的明文规定，而且城隍庙的建立似乎也未经过生祠那样严格的申报程序。不过，从目前所见的材料来看，在唐代对城隍神持

---

[1]《李太白全集》卷二九，第1361页。

[2]《金石萃编》卷九一，《石刻史料新编》第1辑第2册，第1534页。关于此碑，参看罗争鸣《李阳冰〈城隍庙碑〉的文本过录、重刻过程与拓片流传考》，丁小明主编《中国古典文献研究》第二辑，桂林：广西师范大学出版社，2023年，第52—60页。

严厉打击态度的例子并不常见，更多的地方官对其采取了较为宽容的态度，而事实上，这种态度也是以国家礼制为依据的。开元五年（717）四月二十日，荆州大都督府长史张说到任后不久，即对本地城隍进行了一次祭祀活动，其祝文曰：

> 维大唐开元五年岁次丁巳四月庚午朔二十日（己）丑，荆州大都督府长史上柱国燕国公张说，谨以清酌之奠，敢昭告于城隍之神。山泽以通气为灵，城隍以积阴为德，致和产物，助天育人。人之仰恩，是关礼（集作“祀”）典。说恭承朝命，纲纪南邦，式崇荐礼，以展勤敬。庶降福四甿，式登（集作“登我”）百谷，猛兽不搏，毒蛊不噬。精诚或通，昭鉴非远。尚飨！[1]

按其谢上表云：“伏奉二月一十五日制书，除臣荆州大都督府长史，……以今月十七日到州上讫。”[2]然则他在到任后很快就去祭祀城隍神，显然将它作为当地神灵的代表。而祝文所谓“人之仰恩，是关礼典”之语，实际上标示了它的官方性质。与之相类似的是张九龄在洪州都督任上的祭文：“九龄忝牧兹郡，敢忘在公？道虽隔于幽明，事或同于表里。今水潦所降，亦惟其时，而淫雨不止，恐害嘉谷。谷者，人之所以为命；人者，神之所以有（一作“为”）祀。祀不可以为利，义不可以不福。”[3]在这里，作为地方官，张九龄显示了他与以城隍神为代表的地方信仰传统的合作态度。

可以看出，如何处理城隍神，是一个由地方政府灵活处理的问题。韦良宰视之为淫祀，而张说、张九龄，乃至后来的韩愈、杜牧

---

[1] 张说《祭城隍文》，《文苑英华》卷九九五，第5229页。

[2] 张说《荆南（集作“州”）谢上表》，《文苑英华》卷五八五，第3027页。

[3] 张九龄《祭洪州城隍神祈晴文》，《文苑英华》卷九九六，第5232页。

等人则以地方长官的身份正式拜祭，其祝词完全遵守了《大唐开元礼》中“诸州祈诸神”条规定的统一格式[1]。它们显然是被视为国家允许的“诸神”范畴，因而具有相当程度的合法性。在这里，我们又一次感受到《开元礼》将地方祠祀的认定权下放到地方的结果，包括城隍神在内的各种地方祠祀，究竟哪些适用于《开元礼》的规定，是由地方官员灵活掌握的，虽然这种判定也常常受到各种因素，尤其是各种地方势力等的影响[2]。

四　到任谒庙惯例的形成

如前所述，唐代的地方祠祀可以分为三个层次，首先是由国家礼典明文规定并全国通祀者，如州县社稷、州县释奠孔子庙等。其次是由地方政府所赋予合法地位的祠祀，这其中既有经过逐级审批程序而由中央特许建立的生祠，也包括虽未经过审批但久已存在的民间祠祀，如城隍庙；由于地方政府原则上采取了支持态度，并参与主持各种祈祷仪式，因此在实际上也具有了官方的性质。第三个层次则是由地方官府判定为淫祠者，主要是一些物鬼精怪。当然，第二与第三个层次之间的界限也不是那么绝对的，因为对它们合法性的判定，既是基于儒家礼典的祭祀原则，也是由地方政府灵活掌握的一种权力。

在这三个层次中，等级最高者当然是第一类，它们是国家意识形态在地方的象征，带有强烈的政治性。然而对于地方政府而言，

---

[1] 参看《大唐开元礼》卷七〇《诸州祈诸神》，第360页。

[2] 余欣曾利用相关敦煌文书分析了曹氏归义军时期前瓜州刺史慕容归盈之城隍神身份的确立过程，以及其背后所隐藏的复杂的政治斗争。见《唐宋敦煌民生宗教与政治行为关系研究》，《中国史研究》2005年第3期，第67—71页。另参氏著《神道人心——唐宋之际敦煌民生宗教社会史研究》，北京：中华书局，2006年，第146—152页。

或许第二类祠祀更为重要，因为它们代表着地域社会古老的文化传统，对其态度直接影响着地方官的治理。因此，在唐代逐步发展出官员到任后，拜祭本地一些有代表性的祠庙的惯例来。下面略举数例以见之。

先天二年（713）三月孙处元所撰《重修顺祐王庙碑》云："润州城内荆王神庙者，汉高帝之从父兄也。……遗灵宅此，历代攸钦。自昔二千石临郡，未尝不先致飨而后莅职。前刺史东平毕构，亲为祭文；今刺史京兆韦铣，手荐醽醘。……慨祠堂之褫落，悲厥迹之堙讹，乃命众工，精求班匠，旋加刻削，广事雕锼。"[1]显然，此荆王神庙是润州有代表性的神祠，地方官到任后，要立即前去拜谒，即所谓"先致飨而后莅职"，而这个传统似乎在当地由来已久[2]。

前文所举张说就任荆州大都督府长史后，立即前往城隍庙拜祭，亦是一个很好的例子，到晚唐五代的笔记小说中，对此事的记载更加生动。《开元天宝遗事》卷下《郡神迎路》条云："张开为荆州刺史，至郡界，风雨瞑晦，不辨面目，唯闻空中有殿喝之声相次，云中有衣紫披甲胄者十数人，开问其故，对曰：'某荆州内外所主之神，久仰使君令名，故相率迎引。'到任谒庙后，各致祭谢及建饰庙貌。自此政誉尤善也。"[3]按开天时期任荆州长吏者无张开其人，当为张说之误。从这则故事来看，到任谒庙似已成为地方官的一种惯例。

元和十四年（819）夏，韩愈被贬潮州刺史，始入官，即祭祀于"大湖神"，其祭文曰："维年月日，潮州刺史韩愈谨差摄潮阳县

---

❶ 孙处元《重修顺祐王庙碑》，《全唐文》卷二六六，第2697页。

❷ 关于此庙，还可参看撰于同时的阙名《重修顺祐王庙记》，《全唐文》卷九八七，第10212页。

❸《开元天宝遗事十种》，上海古籍出版社，1985年，第87页。

尉史虚己以特羊庶羞之奠，告于大湖神之灵。愈承朝命，为此州长，今月二十五日至治下。凡大神降依庇贶斯人者，皆愈所当率徒属奔走致诚，亲执祀事于庙庭下。今以始至，方上奏天子，思虑不能专一，冠衣不净洁，与人吏未相识知，牲糈酒食器皿觕弊，不能严清，又未卜日时，不敢自荐见。使摄潮阳县尉史虚己以告，神其降监，尚飨！”[1] 显然，按照惯例，韩愈作为刺史应在到任后立即去拜祭当地神灵，如不能亲至，则须派属官前往。而大和八年（834）兖州刺史崔戎到任后，也立即去祭祀城隍神，祭文曰“某方宣朝旨，来总藩条”云云[2]。同样，开成五年（838）之前卢载曾撰写过《任商州刺史日告城隍神碑文》[3]，显然正是他到任谒庙的记录。这种习惯也反映了唐代地方官与地方文化的密切合作的关系。

据崔龟从《宣州昭亭山梓华君神祠记》记载：“前年四月，自户部侍郎出为宣州，去前梦二十年矣。五月至郡，吏告曰：‘昭亭神实州人所严奉，每岁无贵贱，必一祠焉。其他祈祷报谢无虚日。以故廉使至，辄备礼祠谒。’余时方痔病，疡发于尻，不便于跪起。至秋疾愈，因祇谒庙下。既易公服，盥手执笏而进。”[4] 按昭亭神系宣州城北的山神，其庙又称为“敬亭庙”，是当地最重要的信仰中心[5]，崔龟从出任宣歙观察使兼宣州刺史是在文宗开成四年

---

[1] 韩愈《潮州祭神文》其一，《韩昌黎文集校注》卷五，第 318 页。

[2] 李商隐《为安平公兖州祭城隍神文》，《樊南文集》卷五，第 280 页。

[3] 见卢载自撰《唐朝议郎守太子宾客分司东都上柱国赐紫金鱼袋卢载墓志铭》，收入吴钢主编《全唐文补遗·千唐志斋新藏专辑》，西安：三秦出版社，2006 年，第 377 页。

[4] 崔龟从《宣州昭亭山梓华君神祠记》，《全唐文》卷七二九，第 7514 页。

[5] 另参崔龟从《书敬亭碑阴》《敬亭庙祭文》等，均收入《全唐文》卷七二九。此外，晚唐五代记述昭亭神灵异事迹的文献颇多，如大中十年（856）监军使刘重约所撰《再修敬亭府君庙宇记》（《全唐文》卷九九八，第 10338 页），大中十二年郑薰的《祭梓华府君神文》（《全唐文》卷七九〇，第 8274 页），以及南唐升元四年（940）六月张延嗣的《齐王重修敬亭昭威侯庙记》（《全唐文》卷八七一，第 9114 页）等。

（839）[1]，他甫一到任，就有属吏告请他去祭祀昭亭神，因为“廉使至，辄备礼祠谒”已是当地的一种传统。我们相信，这种现象绝非宣州独有，而是非常普遍的习惯，即使新上任的地方官不知道，也会有当地的属吏提醒他们。

段成式《好道庙记》云：“大凡非境之望，及吏无著绩，冒配于社，皆曰淫祠。然肸蠁感通，无方不测。神有所胪，鬼有所归。苟不乏主，亦不为厉。……可以尸祝者，何必著诸祀典乎？缙云郡之东南十五里，抵古祠曰好道。询于旧云：置自后周，莫详年月。……予大中九年（855）到郡，越月方谒。”[2]不难看出，处州的好道庙并未列入“祀典”，但在当地的信仰世界占有重要地位，段成式作为刺史在到任后的第二个月前去拜谒已显得有些晚了。

大中十一年（857）四月，莱州刺史辛肱离任，而新刺史姚瑨尚未到任，由当道观察支使许筹暂摄刺史之位，“到郡之三日，军吏疏拜历祠群望。即日将军祠在郡署之东端，简肃入而见，庙寝卑狭，画像雕暗，既违有德，岂谓祭恭。乃命押衙兼修造使李公霸度木戒工，新此殿构，想像塑绘，居月而成”[3]。许筹拜谒当地的刘将军庙是应军吏之请，距其到任甚至不过三天，可见到任谒庙对于地方官的紧迫性。

不难看出，从玄宗时期开始，唐代地方官员到任谒庙的记载越来越多，且其拜谒的不是社稷，而多是当地一些有代表性的神祠。严耀中曾认为：“虽然在唐代也有一些地方官为求其任内太平，迫于习惯而祭祀过某些地方神祇，但清除江南淫祠的行动在唐代确显

---

[1] 参看郁贤皓《唐刺史考全编》卷一五六，第2233页。

[2] 段成式《好道庙记》，《全唐文》卷七八七，第8235—8236页。

[3] 许筹《晋东莱太守刘将军庙记》，《全唐文》卷七九〇，第8269页。

得很突出。”[1]然则他将所有的地方神祇都等同于淫祠，又将地方官员的祭祀都当作迫于习惯的无奈之举，这是我们所不能同意的，因为他忽视了唐代州县祭祀的分层。实际上，地方官员频繁的祷祀活动是比废止淫祠更为普遍的常态，到任谒庙更是地方官上任之初的紧要之事[2]。对于为数众多、来源各异的地方祠祀，国家并不将其简单作为“淫祠”加以禁毁，更多是通过将其纳入国家礼制的系统之中而赋予其官方地位，其正当性来源于地方政府的认定。

从功能来看，地方官到任谒庙也具有宗教性与政治性的多重意义。首先，州长官拜会当地神灵，职责分配，各管幽明，二者建立一种类似于契约性的合作关系，也即神人互惠模式的再确认，这也就是白居易《祭浙江文》所云：“居易祗奉玺书，兴利除害，守土守水，职与神同。”[3]可见在唐人眼里，地方官与当地的神灵具有共同的职责。其次，在某种程度上，到任谒庙象征着国家意识形态与地方文化之间的相互妥协。一方面，一些有责任感的地方官往往会通过重建社稷坛、修复孔庙、兴办学校等措施来推行儒家传统的意识形态；另一方面，到任谒庙则意味着他们对地方文化与信仰传统的尊重，这正是唐代“以礼化俗”与“缘情制礼”的统一。第三，从现实政治的角度而言，自隋代实行地方佐官中央任命的制度以来，地方官一命以上皆由中央任免，成为地道的流官，他们对于管内的政情、民风并不熟悉，因此迫切需要地方势力的支持。在这种背景下，到任谒庙就具有了特殊的意义，因为这种祭祀活动往往有

---

[1] 严耀中《唐代江南的淫祠与佛教》，第54页。

[2] 有时地方官甚至在离任时，还要撰文向所部神灵告别，如舒州刺史李翱的《别潜山神文》，《全唐文》卷六四〇，第6470页。到了宋代，到任谒庙愈加普遍，参看小岛毅《牧民官の祈り：真德秀の場合》，《史学雑誌》第100卷第11号，1991年，第43—76页。

[3] 白居易《祭浙江文》，《白居易集》卷四〇，第902页。

当地父老、乡望等人的参与，通过这种象征性的仪式，国家权力与地方精英在某种程度上接合起来，这对于稳定地域社会的统治秩序是至关重要的。

第二节　唐宋时期地方祠祀政策的变化

祀典与所谓的淫祀（或称淫祠）代表着中国古代社会祭祀领域的两极。虽然在一般观念中，前者是国家意识形态的象征符号，后者代表着民众对于神灵和未知世界的认识和祈望，但事实上，二者的交流与互动更是历史上的常态。特别是当我们追寻这两个概念在汉唐之间的发展历程，我们可能对中古时期国家与社会的关系，尤其是中央王朝控制地方文化资源的方式有更为深入的认识。

一　唐以前国家祭祀的儒家化与“淫祀”的判定

在儒家经典中，有许多关于祀典与淫祀的文字，如《礼记·祭法》曰：“夫圣王之制祭祀也，法施于民则祀之，以死勤事则祀之，以劳定国则祀之，能御大菑则祀之，能捍大患则祀之。……此皆有功烈于民者也。及夫日、月、星辰，民所瞻仰也；山林、川谷、丘陵，民所取财用也。非此族也，不在祀典。”[1]《曲礼》则曰：“天子祭天地，祭四方，祭山川，祭五祀，岁徧。诸侯方祀，祭山川，祭五祀，岁徧。大夫祭五祀，岁徧。士祭其先。凡祭，有其废之，莫敢举也；有其举之，莫敢废也。非其所祭而祭之，名曰淫祀。淫祀

[1] 孙希旦《礼记集解》卷四五《祭法第二十三》，第1204—1205页。

无福。”[1]《礼记》的这两段文字在后世屡被征引，成为界定国家正祀与淫祀的基本原则[2]。但是，我们必须认识到，这种原则成为国家制度有个历史发展的过程，其中至少有两条主要线索需要考虑：一是国家祭祀体系的儒家化与礼制化，另一个则是中央集权的强弱变动。

在中国正史的志书编纂上有一个引人瞩目的现象，即在《史记》八书中，《礼书》《乐书》和《封禅书》是并列的，封禅等祭祀活动并未被列入《礼书》之中。《汉书》中《礼乐志》与《郊祀志》并置。《续汉书志》中，依然是《礼仪志》和《祭祀志》并列。直到《宋书》《魏书》各志时，各种祭祀活动才都被载入《礼志》之中。这种现象意味深长，它实际上与国家祭祀本身的礼制化和儒家化的过程密切相关[3]。如所周知，秦与西汉初的国家祭祀实际上是一种神祠宗教，中央力图直接控制各地的民间祠祀。史载：“始名山

---

[1] 孙希旦《礼记集解》卷六《曲礼下第二之二》，第150—153页。按，中外学者对“淫祀”之理解不尽相同，而西方学者对其不同的译法更显示了各自不同的体认。例如，石泰安译作“excessive cults”，意为“过度的祭祀”；韦尔奇和索安则认为可译作“promiscuous cults”，意为“杂乱的祭祀”；而韩森译作“unauthorized cults”，意为“未经官方认可的祭祀”；麦大维则译作“improper offerings”或“improper shrines”，意为“不适当的祭祀”。各家译法都有一定道理，不过窃以为韩森的译法更为贴近唐宋时期“淫祀”一词的内在含义。见 Rolf A. Stein, “Religious Taoism and Popular Religion from the Second to Seventh Centuries,” in *Facets of Taoism: Essays in Chinese Religion*, ed. Holmes Welch & Anna Seidel, New Haven: Yale University Press, 1979, pp. 53–81; Holmes Welch & Anna Seidel, “Introduction,” ibid., p. 7; Valerie Hansen, review of Barend J. Ter Haar: *The White Lotus Teachings in Chinese Religions History, T'oung Pao* 79: 4–5 (1993), p. 374; David McMullen, “The Real Judge Dee: Ti Jen-chieh and the T'ang Restoration of 705,” p. 9。

[2] 蔡宗宪曾仔细分疏了“祀典”“淫祀”“淫祠”等概念的原意及其在汉唐之间的变化，见氏著《淫祀、淫祠与祀典——汉唐间几个祠祀概念的历史考察》（荣新江主编《唐研究》第十三卷，北京大学出版社，2007年，第203—232页），可以参看。

[3] 梁满仓《论魏晋南北朝时期的五礼制度化》（《中国史研究》2001年第4期）对此试以汉代礼制为士礼体系作解，虽有一定道理，但我更倾向于从汉代国家祭祀儒家化与礼制化的角度来理解。

大川在诸侯，诸侯祝各自奉祠，天子官不领。及齐、淮南国废，令太祝尽以岁时致礼如故。”[1] 显然，汉帝国平灭七国之乱后，将东方各国的祠庙如名山大川改由太祝亲自奉祠，而不通过地方政府的中介，这是中央权威提高的标志。元、成之后，经由贡禹、韦玄成、匡衡等儒家官僚的持续努力，国家祭祀逐步向儒家化的方向发展，神祠色彩逐步减弱。当然，这种演变需要一个过程，而王莽改制则是其中的重要一环，光武中兴后，国家祭祀的儒家化基本定型。不过，直到魏晋时期，儒家的五礼思想才正式成为一种国家制度[2]。

一个饶有意味的事实是，伴随着国家祭祀的儒家化进程，从西汉末王莽秉政时起，国家也开始了对所谓“淫祀”的打击。平帝元始元年（1）二月，“班教化，禁淫祀，放郑声”[3]。东汉初，一些地方官也开始着手废止淫祀的活动，如辰阳长宋均在任时，“其俗少学者而信巫鬼，均为立学校，禁绝淫祀，人皆安之”[4]。桓帝延熹八年（165）四月，“丁巳，坏郡国诸房祀”[5]。东汉末，曹操担任济南相时也曾“禁断淫祀”[6]。到了魏文帝黄初五年（224）十二月，诏曰：“先王制礼，所以昭孝事祖，大则郊社，其次宗庙，三辰五行，名山大川，非此族也，不在祀典。叔世衰乱，崇信巫史，至乃宫殿

---

[1] 《汉书》卷二五上《郊祀志上》，北京：中华书局，1962 年，第 1212 页。

[2] 参看梁满仓前揭文；甘怀真《西汉郊祀礼的成立》，收入氏著《皇权、礼仪与经典诠释：中国古代政治史研究》，台北：喜玛拉雅基金会，2003 年，第 33—77 页；渡边义浩《日本有关“儒教国教化”的研究回顾》，松金佑子译，《新史学》第 14 卷第 2 期，2003 年，第 179—214 页；以及金子修一《皇帝祭祀より見た漢代史》，《大東文化大学漢學會誌》第 43 号，2004 年，第 427—448 页。

[3] 《汉书》卷一二《平帝纪》，第 351 页。

[4] 《后汉书》卷四一《宋均传》，北京：中华书局，1965 年，第 1411 页。会稽太守第五伦当时也有类似之举，见同卷《第五伦传》，第 1397 页。

[5] 《后汉书》卷七《孝桓帝纪》，第 314 页。

[6] 《三国志》卷一《魏书·武帝纪》，北京：中华书局，1959 年，第 4 页。

之内，户牖之间，无不沃酹，甚矣其惑也。自今，其敢设非祀之祭，巫祝之言，皆以执左道论，著于令典。”[1] 稍后，明帝青龙元年（233）闰五月再度规定：“诸郡国山川不在祠典者勿祠。”[2] 这两道诏书非常重要，从中我们可以看出，无论是废止淫祀的目的还是具体的措施都已经相当明确，它们不仅涉及国家祭祀体系下层结构的变化，更体现了礼制（祀典）所代表的国家意识形态对于地方信仰进行控制的努力。

到了以儒家大族而建立政权的西晋帝国，在建国之初的泰始元年（265）十二月就下诏曰：“昔圣帝明王，修五岳、四渎，名山川泽，各有定制。所以报阴阳之功，而当幽明之道故也。然以道莅天下者，其鬼不神，其神不伤人也。故祝史荐而无媿词，是以其人敬慎幽冥，而淫祀不作。末代信道不笃，僭礼渎神，纵欲祈请，曾不敬而远之，徒偷以求幸，妖妄相扇，舍正为邪，故魏朝疾之。其按旧礼，具为之制，使功著于人者，必有其报，而妖淫之鬼，不乱其间。”二年正月，有司奏：“春分祠厉殃及禳祠。”诏曰：“不在祀典，除之。”[3] 从所谓“按旧礼”“不在祀典”等语观之，晋武帝显然是要以儒家经典的标准来规范民间信仰。

然而，魏晋南北朝也是一个过渡时期。以南朝而言，一方面国家祭祀的礼制化和儒家化的程度更为深入，另一方面，随着国家的分裂，世家大族力量的兴起，封山占水的情况十分普遍，国家对地方社会的支配力在下降，对于地方山川祭祀的控制也松弛下来，甚

---

[1] 《三国志》卷二《魏书·文帝纪》，第84页。

[2] 《三国志》卷三《魏书·明帝纪》，第99页。

[3] 《宋书》卷一七《礼志四》，点校本二十四史修订本，北京：中华书局，2019年，第530页。

至连五岳祭祀都成为一个问题[1]。在北朝，伴随着汉化的步伐，国家祭祀则经历着由神祠宗教向礼制化的发展过程，这一点颇为类似两汉的情形，不过，其起点则带有鲜卑民族浓厚的巫风，这使得国家以儒家原则来规范地方祠祀的努力受到很大限制。然而，北朝皇权较之南朝更为强大，因此地方祠祀则由中央负责祭祀。北魏明元帝泰常三年（418），“又立五岳四渎庙于桑乾水之阴，春秋遣有司祭，有牲及币。四渎唯以牲牢，准古望秩云。其余山川及海若诸神在州郡者，合三百二十四所，每岁十月，遣祀官诣诸州镇遍祀。有水旱灾厉，则牧守各随其界内祈谒，其祭皆用牲”[2]。这仍是相当典型的神祠宗教。

到了太武帝太平真君年间，接受了司徒崔浩所奏：“神祀多不经，案祀典所宜祀，凡五十七所，余复重及小神，请皆罢之。”[3]这里所谓的“祀典”当指儒家礼制下的祭祀原则，显然是希望以此来规范地方祠祀，但在文成帝和平二年（461）四月，又因祈雨之故，“群祀先废者皆复之”[4]。直到孝文帝太和十五年（491），这种情形才得以改变，八月戊午诏曰：“国家自先朝以来，飨祀诸神，凡有一千二百余处。今欲减省群祀，务从简约。昔汉高之初，所祀众神及寝庙不少今日。至于元、成之际，匡衡执论，乃得减省。后至光武之世，礼仪始备，飨祀有序。凡祭不欲数，数则黩，黩则不敬。神聪明正直，不待烦祀也。”[5]很明显，当时祠祀的数目已经远远超

---

[1] 参看多田狷介《魏晋政権と山川の祭祀》,《日本女子大学紀要（文学部）》第 22 号，1972 年，第 41—62 页。

[2]《魏书》卷一〇八之一《礼志一》，点校本二十四史修订本，北京：中华书局，2017 年，第 2989 页。

[3]《魏书》卷一〇八之一《礼志一》，第 2991 页。

[4]《魏书》卷一〇八之一《礼志一》，第 2991 页。

[5]《魏书》卷一〇八之一《礼志一》，第 3001 页。

过了明元帝时的三百二十四所，对此，孝文君臣正是希望以汉代元、成改革为榜样，使国家祭祀向礼制化的方向迈进一步，而这也是其汉化进程的重要一环[1]。

隋朝结束了数百年的分裂局面，在政治上重新实现了国家的统一，为了完成文化上的统一，制礼作乐成为隋王朝在意识形态领域建立新秩序的重要手段，比如，《开皇礼》就在《周礼》大、小祭的原则基础上，把国家祭祀具体分为大、中、小祀三种，建立了更为规范的等级秩序[2]。在地方祠祀方面的措施主要出现在隋炀帝统治时期，大业二年（606）五月乙卯，炀帝下诏曰："旌表先哲，式存飨祀，所以优礼贤能，显彰遗爱。朕永鉴前修，尚想名德，何尝不兴叹九原，属怀千载。其自古已来贤人君子，有能树声立德、佐世匡时、博利殊功、有益于人者，并宜营立祠宇，以时致祭。坟垄之处，不得侵践。有司量为条式，称朕意焉。"[3]这显然也是要在《礼记·祭法》的原则之下，由官方为各地的先贤立庙祭祀。由于材料的限制，这道诏书的具体推行情况我们已不得而知了。

二 唐代国家控制地方祠祀方式的变迁

（一）废止淫祠的尝试与礼典的灵活处理

唐初，国家又重新采取比较强硬的态度来对待地方祠祀。在

[1] 关于孝文帝的礼制改革，参看康乐《从西郊到南郊：国家祭典与北魏政治》，台北：稻乡出版社，1995年，第165—206页。另参铃木真《礼制改革にみる北魏孝文帝の统治理念》，《社会文化史学》第37号，1997年，第24—42页，可惜该文未能参考康乐的研究。

[2] 关于隋代礼制，参看高明士《隋代的制礼作乐——隋代立国政策研究之二》，黄约瑟、刘健明合编《隋唐史论集》，香港大学亚洲研究中心，1993年，第15—35页。

[3]《隋书》卷三《炀帝纪上》，点校本二十四史修订本，北京：中华书局，2019年，第74页。

太宗初登大宝的武德九年（626）九月，就“诏私家不得辄立妖神，妄设淫祀，非礼祠祷，一皆禁绝。其龟易五兆之外，诸杂占卜，亦皆停断”❶。事实上，唐初的一些地方官也在各自治下开展了具体的行动，如高宗初，建州刺史张文琮就修社稷以抵制淫祀之影响❷，而陈子昂在垂拱初亦上言：“巫鬼淫祀营惑于人者，禁之。”❸最为突出的事件当数垂拱年间狄仁杰在江南废止淫祀一事，学界对此事件虽已有不少研究❹，但似乎都忽视了狄仁杰的身份所具有的意义。史载：垂拱四年（688）六月，“江南道巡抚大使、冬官侍郎狄仁杰以吴、楚多淫祠，奏焚其一千七百余所，独留夏禹、吴太伯、季札、伍员四祠”❺。以尚书省高级官员充使巡抚江南，并采取严厉打击的政策，表明了中央直接控制地方意识形态的立场。戴孚《广异记》就记载了其中一个极富象征意义的故事：

> 高宗时，狄仁杰为监察御史，江岭神祠，焚烧略尽。至端州，有蛮神，仁杰欲烧之，使人入庙者立死。仁杰募能焚之者，赏钱百千。时有二人出应募，仁杰问往复何用，人云：“愿得敕牒。”仁杰以牒与之。其人持往，至庙，便云有敕。因

---

❶《旧唐书》卷二《太宗本纪上》，第31页。

❷《旧唐书》卷八五《张文瓘传附张文琮传》，第2816页。

❸《新唐书》卷一〇七《陈子昂传》，第4069页。

❹ 参看David McMullen、黄永年前揭文。

❺《资治通鉴》卷二〇四“则天后垂拱四年六月”条，第6448—6449页。《旧唐书·狄仁杰传》略同。按，关于狄仁杰的官职，史料所载有“安抚使”与“巡抚使”之异，及“冬官侍郎”“左丞”与“右丞”之别，如《唐会要》卷七七《诸使上》作“尚书左丞狄仁杰充江南安抚使”（上海古籍出版社，1991年，第1672页）；李冗《独异志》卷下则曰：“唐狄仁杰为安抚使，除去淫祠一千二百所。”见《独异志·宣室志》，北京：中华书局，1983年，第76页。不过，据严耕望《唐仆尚丞郎表》卷八（北京：中华书局，1986年，第456页）的考证，当以右丞充巡抚使为是。

开牒以入，宣之，神不复动，遂焚毁之。[1]

“敕牒”是皇权的象征，在这则故事中，其巨大功效也显示了中央王朝对于地方信仰的无上权威。不过，这次禁止淫祀的运动仅限于江南一道，并未向全国推行。由于材料所限，也还有许多不明之处，如其判定“淫祠”与否的具体标准，以及当地政府在这次运动中的态度，等等。按《隋唐嘉话》卷下的记载，这次运动中被废淫祠的代表是：“周赧王、楚王项羽、吴王夫差、越王勾践、吴夫槩王、春申君、赵佗、马援、吴桓王等。”[2] 以天下幅员之广，情况之复杂，这种对地方信仰传统直接打击的方式实际上只能收一时之功，而不可能得到巩固。

如上节所述，在唐朝前期，中央对于地方上的立碑、建庙活动控制较严，武则天圣历二年（699）八月制：“州县长吏，非奉有敕旨，毋得擅立碑。”[3] 包含了官员的德政碑与为地方祠祀所立之碑，而《唐六典》卷四更是明文规定：“凡德政碑及生祠，皆取政绩可称，州为申省，省司勘覆定，奏闻，乃立焉。”[4] 可见制度之严密。不过，地方官在执行时则有着较大的灵活性，对此，我们可以长安二年（702）七月所立的《汉纪信碑》为例加以考察。按纪信为汉初为高祖刘邦献身的烈士，此碑立于荥阳，县令孔祖舜主其事，碑文为卢藏用撰书，详细描述了纪信的功烈，值得重视的是碑阴（图9）所载立碑的经过：

长安元年，乡人白孔府君，请为纪公建立碑表。府君具状申请，而州寮以为异代风烈，令式无文，且惧乡人头会，抑而

---

[1]《太平广记》卷二九八《狄仁杰》，第2371页。其中对于狄仁杰的官职记载亦有误。

[2]《隋唐嘉话》卷下，《隋唐嘉话·朝野佥载》，北京：中华书局，1979年，第40页。

[3]《资治通鉴》卷二〇六“则天后圣历二年八月”条，第6540页。

[4]《唐六典》卷四“礼部郎中员外郎”条，第120页。

图 9 《汉纪信碑》碑阴

采自《北京图书馆藏中国历代石刻拓本汇编》第 19 册，第 45 页

不建。孔府君感激忠义拘牵下僚，乃叹曰：“吾以不才，忝兹邦政，至于激贪励俗，旌孝尚忠，臣子之行，教化之端也。乡人之请，允有礼矣，吾可以默欤？”至二年七月，乃自减私俸，将斫石采山，以旌忠烈。……乡人奔走而观者甚众，咸喜纪公有述，幽石自彰。[1]

[1] 《金石萃编》卷六五，《石刻史料新编》第 1 辑第 2 册，第 1100 页。拓本图版见北京图书馆金石组编《北京图书馆藏中国历代石刻拓本汇编》第 19 册，郑州：中州古籍出版社，1989 年，第 45 页。

在碑阴，还刻有县丞、主簿、县尉等6位官员的题名，可见此碑虽以县令孔祖舜的私俸成之，却不只是他的个人行为，而是以县府的名义所立。这个例子很有代表性，首先，立碑之议最早是由当地乡人提出；其次，县令认可之后，要具状向州府提出申请；第三，州府拒绝了县令的申请，理由是“异代功烈，令式无文”，即没有明确的法律依据，同时也“惧乡人头会”，即因此而聚众敛财，危害民生。第四，虽然没有得到州政府的批准，但县令还是以私财成之。必须注意，此事发生在圣历禁令的仅仅三年之后！况且不要说“敕旨”，甚至连州府的批准都没有得到，然而县令却并未因此受到惩罚。

可以看出，为了维系对地方的有效管理和控制，面对管内百姓的社会舆论和古老的信仰传统，地方官对于中央政策的执行有相当的灵活性，而这种灵活性稍后也得到国家礼典的支持。开元二十年（732）成书的《大唐开元礼》卷一规定：“州县社稷、释奠及诸神祠并同小祀。”这可能是国家礼典首次公开承认了地方祠祀的合法地位，并将其纳入国家祭祀的整体系统之中。同时，这也意味着国家放弃了直接打击地方祠祀的政策，而将其合法性的认定权力下放到地方政府。

（二）天宝七载诏书：中央直接控制地方祠祀的努力

不过，直接控制与规范地方祠祀始终是朝廷努力的方向。就在《大唐开元礼》的规定出台不久，玄宗就曾一度试图由中央从正面具体规定地方政府应加以祭祀的对象。例如，山川神是地方祭祀中的重要对象，在《大唐开元礼》中笼统称为“名山大川”，而在《唐六典》卷三则分十道具体罗列了这些山川的名称，现列表如下（表15）[1]：

---

[1]《唐六典》卷三“户部郎中员外郎”条，第64—72页。按，《史记·封禅书》将天下的名山大川划分为两大区域：“自殽以东，名山五，大川祠二。曰太室。太室，嵩高也。恒山，泰山，会稽，湘山。水曰济，曰淮。……自华以西，名山七，（转下页）

表 15 《唐六典》所见名山大川表

十道	名山	大川	备注
关内道	太白、九嵕、吴山、岐山、梁山，泰华之岳在焉	泾、渭、灞、浐	
河南道	三峭、少室、砥柱、蒙山、峄山，嵩、岱二岳在焉	伊、洛、汝、颍、沂、泗之水，淮、济之渎	
河东道	雷首、介山、霍山、嶂山	汾、晋及丹、沁之水	嶂山即五台山
河北道	林虑、白鹿、封龙、井陉、碣石之山，恒岳在焉	漳、淇、呼沱之水	
山南道	嶓冢、熊耳、巫峡、铜梁、荆山、岘山	巴、汉、沮、淯之水	
陇右道	秦岭、陇坻、西倾、朱圉、积石、合黎、崆峒、三危、鸟鼠同穴	洮水、弱水、羌水，河渎及休屠之泽在焉	《开元礼》中，河渎祭于同州
淮南道	八公、潜、大别、霍山、罗山、涂山	滁、肥之水，巢湖在焉	
江南道	茅山、蒋山、天目、会稽、四明、天台、括苍、缙云、金华、大庾、武夷、庐山，而衡岳在焉	浙江、湘、赣、沅、沣之水，洞庭、彭蠡、太湖之泽	
剑南道	峨眉、青城、鹤鸣、岷山	涪、雒及西汉之水，江渎在焉	
岭南道	黄岭、郁水之灵洲	桂水、郁水	

（接上页）名川四。曰华山，薄山。薄山者，衰山也。岳山，岐山，吴岳，鸿冢，渎山。渎山，蜀之汶山。水曰河，祠临晋；沔，祠汉中；湫渊，祠朝那；江水，祠蜀。”（点校本二十四史修订本，北京：中华书局，2013 年，第 1641—1642 页）这可能是最早的一份由国家祭祀的山川的详细名单，也是后世分区域开列名山大川之所本。

唐玄宗统治时期，特别是天宝年间，是道教深刻影响国家祭祀体系的时期，对此，学界目前已有不少研究[1]，但对于此期地方祠祀的有关举措关注不足。天宝六载（747）正月，玄宗敕于长安置立“三皇五帝庙”，“祭请用少牢，仍以春秋二时致享，共置令、丞，令太常寺检校”[2]。到了第二年五月十五日，他甚至直接开列出一张地方政府的祭祀名单，其中包括了所谓的圣帝明王、忠臣义士及孝妇烈女，涵盖面相当广泛。在这份诏书中，唐玄宗除了下令在长安为三皇以前帝王修庙一所外，还要求：“历代帝王肇迹之处，未有祠宇者，所由郡置一庙享祭，取当时将相德业可称者二人配享。……令郡县长官，春秋二时择日，粢盛蔬馔时果，配酒脯，洁诚致祭。其忠臣、义士、孝妇、烈女，史籍所载，德行弥高者，所在宜置祠宇，量事致祭。”[3]接着就具体规定了各地应祀的对象，先代帝王的情况我们已在第一章讨论（参看表4），在此我们将其他内容列表如下（表16）：

表16 天宝七载忠臣、义士、孝妇、烈女祠祭表

忠臣	祭地	义士	祭地	孝妇	祭地	烈女	祭地
殷相傅说	汲郡	周太王子吴太伯	吴郡	周太王妃太姜	新平郡	周宣王齐姜	长沙郡
殷太师箕子	汲郡	伯夷	河东郡	周王季妃太任	扶风郡	卫太子恭姜	汲郡
宋公微子	睢阳郡	叔齐	河东郡	周文王妃太姒	长安县，配享文王之庙	楚庄樊姬	富水郡

[1] 参看 Victor Xiong Cunrui, “Ritual Innovations and Taoism under Tang Xuanzong,” *T'oung Pao* 82（1996）: pp. 258-316；吴丽娱《论九宫祭祀与道教崇拜》，荣新江主编《唐研究》第九卷，北京大学出版社，2003年，第283—314页；以及本书第二章。

[2]《唐会要》卷二二《前代帝王》，第500—501页。

[3] 同上注。

续表

忠臣	祭地	义士	祭地	孝妇	祭地	烈女	祭地
殷少师比干	汲郡	吴延陵季札	丹阳郡	鲁大夫妻敬姜	鲁郡	楚昭王女	富水郡
齐相管夷吾	济南郡	魏将段干木	陕郡	邹孟轲母	鲁郡	宋公伯姬	睢阳郡
齐相晏平仲	济南郡	齐高士鲁仲连	济南郡	陈宣孝妇	睢阳郡	梁宣高行	陈留郡
晋卿羊舌叔向	绛郡	楚大夫申包胥	富水郡	曹世叔妻大家	扶风郡	齐杞梁妻	济南郡
鲁卿季孙行父	鲁郡	汉将军纪信	华阳郡	以上孝妇七人		赵将赵括母	赵郡
郑卿东里子产	荥阳郡	以上义士八人				汉成帝班婕妤	扶风郡
燕上将军乐毅	上谷郡					汉元帝冯昭仪	咸阳郡
赵卿蔺相如	赵郡					汉太傅王陵母	彭城郡
楚三闾大夫屈原	长沙郡					汉御史大夫张汤母	万年县
汉大将军霍光	平阳郡					汉河南尹严延年母	东海郡
汉太傅萧望之	万年县					汉淳于缇萦	济南郡
汉丞相邴吉	鲁郡					以上烈女十四人	
蜀丞相诸葛亮	南阳郡						
以上忠臣十六人							

高明士曾注意到天宝七载这份诏令所提及的为先代帝王、忠臣、义士、孝妇、烈女等立庙祭祀的问题，他将这些祠庙全部归入“治统庙制”系统，以区别于孔庙所代表的“道统庙制”[1]。笔者的视角则略有不同，我们更为关注这些祠庙背后的地域传统，以及立庙现象背后所反映的国家权力问题。对于“先代帝王”的祭祀，我们已于第一章详加探讨，此不赘述。至于如忠臣、义士、孝妇、烈女等其他地方祠祀，从上表可以看到，天宝七载这道诏书中涉及了25个郡的祠祀情况，其中济南郡数量最多，有忠臣2人、义士1人、烈女2人，共计5人。汲郡有忠臣3人、烈女1人；鲁郡有忠臣2人、孝妇2人，各有4位。睢阳、富水二郡各有3人；赵郡、长沙郡等各有2人，其余如绛郡、陕郡等各有1人。虽然这25郡只占全国的一小部分，其意义却不容忽视。一方面，由国家具体认定地方祠祀的对象，体现了国家意识形态深入地域社会的努力，另一方面，由国家根据“史籍”所载来具体认定忠臣、义士、孝妇、烈女的人选，则显示了将儒家祭祀的抽象原则具体化的倾向。

然而，到了天宝十二载（753）七月二十八日，“有敕停废”[2]，然则中央很快就放弃了这一政策。不过，所停废的只是制度性的常祀而已，绝不是因此而否定了这些祠庙本身的合法性。值得注意的是，在其作为中央性祭祀的意味被逐渐淡化之时，它们仍是地方性的崇拜中心，而地方政府在其间扮演着重要的角色。事实上，直接以废止“淫祠”的方式来打击地方祠祀的情况并不是唐代的主流，而更为普遍的情况则是地方官与当地信仰传统的密切合作。如上节所述，唐代的地方官都是流官，未必熟悉当地的情况，所以对于管

---

[1] 高明士《皇帝制度下的庙制系统——以秦汉至隋唐作为考察中心》，《台湾大学文史哲学报》第40卷，1993年，第29—30页。

[2] 《唐会要》卷二二《前代帝王》，第502页。

内的文化传统多持尊重和引导的态度，且发展出“到任谒庙”的惯例，朝廷对此恐怕也只好听之任之了。

（三）中晚唐地方经济文化的发展与《图经》的特殊功能

安史之乱削弱了唐中央政府的权威，而地方特别是各道的自主性有所增强，这使得地方经济与文化有了更为宽松的发展空间。在这样的情况下，朝廷一般不再进行直接控制地方祠祀的努力，地方官获得了更大的自主权，如大历年间，湖州刺史颜真卿就曾重为项羽庙立碑[1]。颜真卿是位精通礼制的儒家官僚，曾在中央担任过多年的礼仪使，而项羽庙却是当年狄仁杰所废江南淫祠之代表，这表明唐代朝廷并不存在一个贯彻始终的淫祠标准，在立庙问题上，地方官有着很大的自主性。作为地方官，必须在儒家经典的理想原则与现实治理的实践中寻求一种平衡，而这也是《大唐开元礼》的精神所在。

从中晚唐开始，国家也开始采用赐额、赐封号的方式来控制地方祠庙的发展。须江隆曾认为：唐代主要是对礼制中大祀、中祀、小祀的神祇赐以庙额和封号，到唐末五代，赐额的对象已经从自然神变为人格神，到宋代更为明显；在申请庙额与封号的推动者方面，他认为唐代主要是观察使及中央派驻地方者如掌管盐池等的官员，而宋代则多为地域社会的士人与富户[2]。这些观点有一定的启发性，但还需要进一步讨论。

事实上，唐代赐额、赐号的政策就总体而言更多适用于佛、道

[1] 颜真卿《项王碑阴述》，《全唐文》卷三三八，第3432页。参看《宝刻丛编》卷一四，第18309—18310页。

[2] 须江隆《唐宋期における祠廟の廟額・封号の下賜について》，第98、109页。关于唐代赐额与赐号，可参看金相范《唐代祠庙政策的变化——以赐号赐额的运用为中心》。

二教。如所周知，唐代国家对于佛、道教的管理非常严格，尚书省祠部管理着天下佛寺、道观的总数及僧、道的名籍，《唐六典》规定："凡道士、女道士、僧、尼之簿籍，亦三年一造。（原注：其籍一本送祠部，一本送鸿胪，一本留于州县。）"[1]同书还记载了开元时期国家承认的寺观数目："凡天下观，总一千六百八十七所（原注：一千一百三十七所道士，五百五十所女道士）。……凡天下寺，总五千三百五十八所（原注：三千二百四十五所僧，二千一百一十三所尼）。"[2]对于那些无额庙宇，政府的管理更为严格，我们甚至在地处边陲的西州发现了相关材料，例如大谷文书3472号《唐开元十九年（731）正月西州岸头府到来符帖目》中，就有"功曹符为当县无额佛堂，仰专知官与功曹同巡讫申事"的记载[3]，而大谷3478号《唐开元十九年正月至三月西州天山县到来符帖目》亦有"▭无额佛堂，差官巡[　　　]事"的残文[4]。二者所载当为同一事，即当时天山县和岸头府都依据西州功曹之符，对那些无额佛堂进行了清查。在这种严密的制度下，任何新建寺观都必须经过国家的认可，例如：肃宗时，郭雄《忠孝寺碑铭》记载："故太子宾客赠太子太保范阳卢公正已（己），顷节制此道，陈情奏置佛寺。乾元元年三月十三日，诏下而锡其名。"[5]代宗时，宦官孙常楷"特上封章，请割衣食之费，于泾阳县卜爽垲之地，建立伽蓝，上报皇慈覆焘之恩，次展天属怙恃之功。优诏嘉许，锡名曰

---

[1] 《唐六典》卷四"祠部郎中员外郎"条，第126页。

[2] 《唐六典》卷四"祠部郎中员外郎"条，第125页。

[3] 龙谷大学佛教文化研究所编《大谷文書集成》第二卷，小田义久责任编集，京都：法藏馆，1990年，第104—105页。

[4] 《大谷文书集成》第二卷，第109页。

[5] 郭雄《忠孝寺碑铭》，《全唐文》卷五一一，第5194页。

'宝应'"[1]。另一位宦官焦希望奏建精舍，皇帝"乃赐额曰'贞元达磨传法之院'"[2]。又如德宗时，崔行先《谢赐贞元寺额状》云："右，臣昨奏前件亭子及五龙院等，伏望天恩赐额为寺，于当府抽有道行僧二十七人，住持修理，为国崇福者。伏奉敕旨，允臣所奏，赐额为'贞元寺'者。"[3]这是昭义军节度使向朝廷奏请寺额获准的事例。敬宗宝历二年（826），李德裕在道教圣地茅山新建一所圣祖院，"于是恩锡院额，号曰'宝历崇元圣祖院'"[4]。

另一方面，须江先生对于唐代礼典中"小祀"之意义认识不够。唐王朝实际上是将对小祀的合法化认定之权力下放到州县官府，因而在中晚唐时，大多数修庙立碑的活动都是由地方官主持的，最后真正需要由中央赐额、赐封者寥寥无几，因此，赐额、赐号这种方式并非唐朝地方祠祀政策的主流。唐王朝控制地方祠祀的主要方式是废止淫祀的活动与中央直接开列正祀名单相结合，其间因中央与地方权力的消长而有所变化，但对于地方祠庙合法性的认定权力一般下放到了地方，而地方政府的依据则是当地的方志文献[5]。

当然，在中央与地方政府关于祠庙合法性认定所反映的权力格局之外，还有一个必须考虑的因素，那就是地方经济文化的发展在"祀典"形成中的作用。安史之乱后，国家对于地域文化的控制相对削弱，使后者的发展空间更为广阔。经济的发展必然促进文化的进步，其表现之一是读书人的增多，特别是江南地区如福

---

[1] 于邵《内侍省内常侍孙常楷神道碑》，《全唐文》卷四二九，第4373页。

[2] 吴通微《内侍省内侍焦希望神道碑》，《全唐文》卷四八一，第4920页。

[3] 崔行先《谢赐贞元寺额状》，《全唐文》卷六二〇，第6259页。

[4] 贾餗《大唐宝历崇元圣祖院碑铭（并序）》，《全唐文》卷七三一，第7544页。

[5] 早在开元时期，就曾出现过专门记载特定地方寺院、神祠的《相卫山川寺庙名录》（见《宝刻丛编》卷六，第18165页），不过这似属特例，综合性的《图经》类材料还是更为普遍。

建、江西、湖南等地及第人数增长幅度更大[1]。然而国家的入仕途径有限，能够通过科举做官的人毕竟是少数，即使有各地方镇的辟召制作为补充，还是无法满足其需求。这样，在地方上就积压着一大批已经获得贡举资格却未能得到出身的士人，他们自称为“前乡贡进士”或“前乡贡明经”，成为地方上的重要力量，对于这一批人，吴宗国先生称之为“举人层”[2]。这些士人更为关心地方事务，在中晚唐许多建庙立碑的活动中，都有他们的积极参与。在当地《图经》的编纂过程中，他们也发挥了一定的作用[3]。例如，法藏敦煌文献 P.2009《西州图经》丁谷窟条曰：“丁谷窟有寺一所，并有禅院一所。右在柳中县界，至北山廿五里丁谷中，西去州廿里。寺其（基）依山构，揆巘疏阶，雁塔飞空，虹梁饮汉，岩蛮（峦）纷糺，丛薄阡眠，既切烟云，亦亏星月。上则危峰迢遰，下［则］轻溜潺湲。实仙居之胜地，谅栖灵之秘域。见有名额，僧徒居焉。”[4]据罗振玉研究，此志成于乾元与贞元之间[5]。如此雅驯之文辞，显非普通俗吏可为，很可能出自当地文士的手笔。

更重要的是，这些《图经》逐步成为地方政府确定祀典的主要依据。唐代各州要定期重修图经，并上报尚书省兵部职方司，《新唐书・百官志一》记载：“职方郎中、员外郎，各一人，掌地图、城隍、镇戍、烽候、防人道路之远近及四夷归化之事。凡图经，非

---

[1] 参看吴宗国《唐代科举制度研究》，第 269—278 页。

[2]《唐代科举制度研究》，第 291—297 页。

[3] 关于隋唐时期图经的发展，参看仓修良、陈仰光《从敦煌图经残卷看隋唐五代图经发展》，《文史》2001 年第 2 辑，第 117—139 页。

[4] 唐耕耦、陆宏基编《敦煌社会经济文献真迹释录》第一辑，北京：书目文献出版社，1986 年，第 55 页，个别标点有所不同。

[5] 参看郑炳林《敦煌地理文书汇辑校注》，第 76 页。

州县增废，五年乃修，岁与版籍偕上。”[1]这里从军事角度出发，故强调了地图，而事实上，《图经》的功能远不止于此。由于它们本身就是由地方政府主持修撰的，具有很强的官方色彩，因此在判定当地祠祀之正当性时，它们发挥了重大作用。如开元二年（714）十二月贾正义《周公祠碑》云：“偃师县祠堂者，按《图经》云：后人怀圣恩所置也。”[2]此碑系当地政府祈雨有应而作，从中我们可以看出，《图经》所载是该祠堂合法性的重要来源。在前述大历年间颜真卿的《项王碑阴述》也说：“西楚霸王当秦之末，与叔梁避雠于吴，盖今之湖州也。虽灭秦而宰制天下，魂魄犹思乐兹邦，至今庙食不绝。其神灵事迹，具见竟陵子陆羽所载《图经》。”[3]又如元和九年（814），道州刺史薛伯高废止了当地一个典型的淫祠：鼻亭神（即舜之弟象的祠庙），其起因即是他到任后，“考民风，披地图，得是祠”[4]。而韩愈为舜之二妃于岳州立《黄陵庙碑》时，亦曾“考《图记》，言汉荆州牧刘表景升之立”[5]。

当中央权威在一定程度上得以恢复之时，在中央控制较为有效的江南地区，又出现了一次较大规模的废止淫祀的事件，即李德裕在浙西的活动。史载长庆三年（823）“十二月，浙西观察使李德裕奏去管内淫祠一千一十五所”[6]。这是事成奏上的时间，其开展当早

---

[1] 《新唐书》卷四六《百官志一》，第1198页。《唐六典》卷五记职方郎中员外郎的职能曰：“掌天下之地图及城隍、镇戍、烽候之数，辨其邦国、都鄙之远迩及四夷之归化者。凡地图，委州府三年一造，与板籍偕上省。”（162页。《旧志》略同）这里强调的是地图，而只字不提“图经”，正与兵部的职责相关。按《新志》所载五年一修《图经》的规定始于建中元年（780）十一月，见《唐会要》卷五九“职方员外郎”条，第1213页。

[2] 贾正义《周公祠碑》，《全唐文》卷三〇三，第3072页。

[3] 颜真卿《项王碑阴述》，《全唐文》卷三三八，第3432页。

[4] 柳宗元《道州毁鼻亭神记》，《柳河东集》卷二八，上海人民出版社，1974年，第460页。

[5] 韩愈《黄陵庙碑》，《韩昌黎文集校注》卷七，第496页。

[6] 《旧唐书》卷一六《穆宗本纪》，第503页。

于此。《旧唐书》的《本传》所载稍详：

> 德裕壮年得位，锐于布政，凡旧俗之害民者，悉革其弊。江、岭之间信巫祝，惑鬼怪，有父母兄弟厉疾者，举室弃之而去。德裕欲变其风，择乡人之有识者，谕之以言，绳之以法，数年之间，弊风顿革。属郡祠庙，按方志，前代名臣贤后则祠之，四郡之内，除淫祠一千一十所。又罢私邑山房一千四百六十，以清寇盗。人乐其政，优诏嘉之。[1]

表面看来，李德裕的目的只是要废除害民的旧俗，但其实质则仍是为统一思想。更值得重视的是其认定淫祠与否的根据，在天宝七载的改革中，中央确立地方应祀的忠臣、义士、孝妇、烈女的名单，是据“史籍所载”[2]，而在李德裕这里，则明确提出要“按方志”，显示了尊重地方文化传统的态度。此外，李德裕的观察使身份亦需注意，虽然中唐以后“道”在向地方最高一级行政单位转化，但其法律地位仍是中央的派出机构。在这种情况下，其管内各州仍具有相当大的自主性。例如，当时任杭州刺史的白居易就曾因虎暴祷请于仇王神，又因大旱而遍祈群神，如伍相神、城隍祠、皋亭神、北方黑龙等[3]。因此，我们不能据此以为全面废止淫祠为晚唐国家文化政策的常态——即使在这一事件中，如何判定祠祀的性质，权力

---

[1] 《旧唐书》卷一七四《李德裕传》，第 4511 页。

[2] 李白《溧阳濑水贞义女碑铭》亦云：“皇唐叶有六圣，再造八极，镜照万方，幽明咸熙，天秩有礼，自太古及今，君君臣臣，烈士贞女，采其史传名节尤彰、可激清颓俗者，皆扫地而祠之。”《李太白全集》卷二九，第 1348 页。所谓“采其史传”，与天宝七载诏书所谓“史籍所载”适可相互印证。

[3] 见《白居易集》卷四〇所载诸文如《祷仇王神文》《祈皋亭神文》《祭龙文》等，第 900—902 页。

实际仍掌握在地方政府手中[1]。面对各种自然灾害带来的严峻挑战，为安抚民众，稳定社会秩序，地方官可以随时调整对神祠性质的判定。

在中晚唐的文献中，虽然仍有人高谈儒家祭祀的原则，如赵璘《因话录》就认为："虽岳海镇渎，名山大川，帝王先贤，不当所立之处，不在典籍，则淫祀也。昔之为人，生无功德可称，死无节行可奖，则淫祀也。当斧之、火之，以示愚俗，又何谒而祀之哉？神饭在礼宜拜受，其它则以巫觋之饷，可挥而去也。为吏宜鉴之。"[2]不过，在地方政府具体的祭祀运作中，却绝不拘泥于此，而在国家的大赦文中，也往往要求地方政府祭祀当地神祠。例如，会昌二年（842）四月二十三日武宗受尊号，稍后，时任黄州刺史的杜牧作《黄州准赦祭百神文》云："（武宗）受册礼毕，御丹凤楼，因大赦天下，咸告天下刺史，宜祭境内神祇有益于人者，可抽常所上赋以备具。牧为刺史，实守黄州，夏六月甲子朔十八日辛巳，伏准赦书得祭诸神，因为文称赞皇帝功德，用飨神云。"又云："皇帝曰：'……寒暑风雨，宜神是酬，匪神之力，其谁能谋？凡尔守土，各报尔望。剥烹羹胾，无爱羊牛。'天下闻命，奔走承事。"[3]可见赦书要求各州祭诸神的规定被认真执行，其所需费用则来自常赋。

中唐以后，"祀典"一词本身的含义也在逐步扩大，甚至道教宫观与地方祠祀都可纳入其中。早在开元二十九年（741），郴州刺

---

[1] 需要提到的是，据《册府元龟》卷六五《帝王部·发号令四》记载，次年即长庆四年三月赦书要求："所在淫祀不合礼经者，并委长吏禁断。"（第723页）这道命令很可能是朝廷试图将李德裕在浙西的经验推广到全国，但其淫祀的标准仍是抽象的"不合礼经"，且由地方长吏负责禁断，其实仍不得不将权力下放到地方。

[2] 赵璘《因话录》卷五《徵部》，收入《唐国史补 因话录》，上海古籍出版社，1979年，第109页。

[3] 杜牧《樊川文集》卷一四，第200—201页。

史孙会所撰《苏仙碑铭》就说：“巨唐开元二十九年也，特有明诏，追论偓佺，俾发挥声华，严饰祠宅。…… 邑中耆艾禺然曰：‘仙公之旧宅，仙公之灵迹，华表犹在，空山相对。今荷皇恩远及，祀典克明，请考盛事，皆愿刊石。’时郴州太守乐安孙会，文房之士也，遂为之铭。”[1] 又如大历十三年（778）三月，柳识《茅山白鹤庙记》云：“我国家缵承真曹（胄），宗奉至教。天宝七载五月十三日，于山之西偏制置祠宇，度道士三人，以修时醮，列在祀典。”[2] 可见时人已有将道教宫观纳入“祀典”的倾向，其关键在于官方的祭祀本身。

至于地方祠祀，如《唐国史补》卷下云：“每岁有司行祀典者不可胜纪，一乡一里，必有祠庙焉，为人祸福，其弊甚矣。”[3] 这实际上是把地方政府所举行的祭祀活动都纳入其中。在晚唐皇甫枚的《三水小牍》中记载了一件事：汝州鲁山县西六十里小山间有祠曰“女灵观”，供奉着华岳神的女儿，“乡人遂建祠宫，书祀典，历数世矣”。咸通末，主簿皇甫枚与友人夏侯祯一起去祭祀，由于后者对神无礼，被神灵所中，目瞪口噤不能言。于是皇甫枚向神祷告说：“夫人岳镇爱女，疆场明祇，致禾黍丰登，戢虎狼暴殄，斯神之任也。今日之祭，乃郡县常祀，某职其事，敢不严恭？岂谓友生不胜饯斝之余，至有慢言黩于神听，岂降之罚耶？……神其听之。”[4] 才救下了夏侯祯。对于这样一个神祠，当地百姓将其“书祀典”，而地方官的致祭也被称为“郡县常祀”，可见当时“祀典”概

---

[1] 孙会《苏仙碑铭》，《全唐文》卷三六二，第 3681 页。

[2] 《文苑英华》卷八一五，第 4305 页。“曹”，当作“胄”，据《全唐文》卷三七七改，第 3828 页。

[3] 《唐国史补校注》卷下，李肇撰，聂清风校注，北京：中华书局，2021 年，第 304 页。

[4] 《三水小牍》卷下“夏侯祯黩女灵皇甫枚为祷乃免”条，《唐五代笔记小说大观》，第 1188—1189 页。

念的扩大倾向。因此，光启三年（887）七月的德音就要求：“其诸道应有祠庙，标于祀典，及先圣灵迹，各委长吏，差官精诚祭告。”[1] 而这种“祀典”与各地的《图经》等方志材料的关系是极为密切的。

三 北宋新神明体系的建立与“祀典”“淫祠”概念的落实

中晚唐以来，随着佛、道二教的世俗化及其与民间神祠在性质和功能上的日益接近，它们在国家祀典体系中的位置也开始逐步趋同，这一变化到北宋时期初步完成。如前所述，唐代国家对于佛、道教的管理非常严格，尚书省祠部管理着天下佛寺、道观的总数及僧、道的名籍。不过，这种严格的管理制度尚未扩大到各州县的诸多神祠，虽然国家一度企图从正面树立一些各州应祀的神祠，如天宝七载的努力，但并不成功，最终仍将地方祠祀的管理权下放到地方政府，在中央并没有一个完整的全国范围的神祠总帐。

在五代时，对于天下祠庙的赐额逐步增多，于是在后唐同光二年（924）四月，“史馆奏本朝旧例，中书并起居院、诸司及诸道州府合录事件报馆如右：时政记（中书门下录送）…… 封建天下祠庙，叙封进封邑号祠（司封录报）”[2]。在长兴二年（931）七月又敕：“天下州府，应有载祀典神祠破损者，仰给公使钱添修。”[3] 值得特别注意的是，庙额的有无成为五代末周世宗灭佛时决定寺院、祠庙去留的关键。在显德二年（955）诏废诸寺无额者三万余所时，河南缑氏县的启母庙、浚县的大伾山寺被保留下来，此后还专门树

---

[1] 《光启三年七月德音》，《唐大诏令集》卷八六，北京：商务印书馆，1959 年，第 494—495 页。

[2] 《五代会要》卷一八《诸司送史馆事例》，北京：中华书局，1998 年，第 227 页。

[3] 《五代会要》卷一六《祠部》，第 204 页。

碑纪念[1]。而就在显德三年十一月，又“诏废天下淫祠，仍禁擅兴祠宇，如有功绩灼然，合建置庙貌者，奏听敕裁”[2]。很显然，周世宗在灭佛时，同时也在废止淫祀，在这次运动中，国家判断的标准是有庙额与否，而不论这座庙宇是佛寺还是民间神祠，祠宇的合法性都来自皇帝的“敕裁”。这从一个侧面反映了二者在朝廷政策中的一致性。

到了北宋，国家对于州县的神祠已经有了比较严格的管理，试比较唐宋相关政府部门的职能，我们也可看出其中的显著变化。《宋史·职官志四》记太常寺的职能包括：“若礼乐有所损益，及祀典、神祇、爵号与封袭、继嗣之事当考定者，拟上于礼部。”[3]而同书《职官志三》记元丰改制后祠部郎中、员外郎的职掌是：“掌天下祀典、道释、祠庙、医药之政令。……若神祠封进爵号，则覆太常所定以上尚书省。凡宫观、寺院道释，籍其名额，应给度牒，若空名者毋越常数。”[4]与前引《唐六典》卷四所载唐代祠部郎中员外郎的职掌相比，很明显地突出了“祠庙”方面的内容。

北宋时期，随着赐额、赐号的普遍化和制度化，“祀典”概念也在继续扩大，对此，水越知称之为“祀典的开放”[5]，颇为恰当。实际上，“祀典”概念的扩大是从中唐以来就开始的，而且其概念本身也日渐具体化。到了宋初，朝廷开始有了一部正式的“祀典”。

---

❶《敕留启母庙记》，《金石续编》卷一二，《石刻史料新编》第1编第5册，第3260—3262页。《大岯山寺准敕不停废记》，《金石萃编》卷一二一，《石刻史料新编》第1编第3册，第2222页。

❷《五代会要》卷一六《祠部》，第204页。

❸《宋史》卷一六四《职官志四》，北京：中华书局，1977年，第3883页。

❹《宋史》卷一六三《职官志》三，第3853页。

❺ 水越知《宋代社會と祠廟信仰の展開——地域核としての祠廟の出現》，《東洋史研究》第60卷第4号，2002年，第4—7页。

景德四年（1007）三月二十三日诏曰："五代汉高祖，宜令河南府差官以时致祭，仍编入《正祠录》。"[1]这部《正祠录》似乎就是朝廷掌握的合法祠庙的总帐，其内容则仍在不断扩大之中。史载："诸祠庙。自开宝、皇佑以来，凡天下名在地志，功及生民，宫观陵庙，名山大川能兴云雨者，并加崇饰，增入祀典。"[2]这里依然强调了"地志"的作用，与前述李德裕"按方志"之举一脉相承。在文献中，我们可以看到许多具体例子，如真宗景德二年（1005）九月，"解州上言两地左右祠庙请易题榜，诏取《图经》所载者赐额"[3]。至于所谓"增入祀典"亦非虚语，皇祐二年（1050）十二月二十一日，"知制诰胡宿言：'事神保民，莫先祭祀。比年以来，水旱相仍，切意有所未至。望令天下具名山大川能兴云雨者，增入祀典，春秋祷祀。'从之"[4]。另据《宋会要辑稿》载："哲宗绍圣二年（1095）十二月二十三日，尚书礼部侍郎黄裳等言：乞诏天下州军，籍境内神祠，略叙所置本末，勒为一书，曰'某州祀典'。从之。"[5]显然要将祠祀的内容从地志中单列出来，赋予正式的礼典地位。

到宋徽宗时，开始由中央的礼部和太常寺来编制全国祠祀的名册："大观二年（1108）九月十日，礼部尚书郑允中言：天下宫观、寺院、神祠、庙宇，欲置都籍，拘载名额。从之。"[6]《宋会要辑稿·职官》一三记此事稍详：

大观二年八月二十一日，礼部尚书郑久（允）中等奏：

---

[1]《宋会要辑稿·礼》二〇之二一，北京：中华书局，1957年。
[2]《宋史》卷一〇五《礼志八》，第2561页。
[3]《宋会要辑稿·礼》二〇之六。
[4]《宋会要辑稿·礼》一八之一〇。
[5]《宋会要辑稿·礼》二〇之九。
[6]《宋会要辑稿·礼》二〇之九。

“勘会祠部所管天下宫观寺院，自来别无都籍拘载名额，遇有行遣，不免旋行根寻。今欲署都籍拘载，先开都下，次畿辅，次诸路。随路开逐州，随州开县镇，一一取见。从初创置，因依时代年月，中间废兴、更改名额，及灵显事迹，所在去处开具成书。小帖子称：天下神祠庙宇，数目不少，自来亦无都籍拘载，欲乞依此施行。”从之。[1]

所谓“都籍”，正是要将全国各州府的佛寺、道观及各种神祠加以整理，合为一书，每处寺观或神祠都要记录四项内容：创置年月、中间兴废、名额改易及灵应事迹等。无论它与北宋前期的《正祠录》有何渊源关系，其精神实质当大致相同，只是内容更为丰富。至于这份“都籍”的制定，则参考了各州的方志。因此到政和元年（1111）七月，秘书监何志同又针对各地方志虚言祀典之流弊，上言：“详定《九域图志》内祠庙一门，…… 望申敕礼官，纂修祀典，颁之天下，俾与图志实相表里。”[2] 从这些材料我们不难看出，北宋时期地方“祀典”的具体化及其与方志之密切关系，这也是地方文化发展的必然结果[3]。

---

[1] 《宋会要辑稿·职官》一三之二三。

[2] 《宋会要辑稿·礼》二〇之九至十。对何志同建议的详细解说，参看须江隆《唐宋期における社會構造の変質過程——祠廟制の推移を中心として》，《東北大学東洋史論集》第9辑，2003年，第253—255页。

[3] 明清时期的地方志开始明确区分“正祀”与“淫祠”，如嘉靖《仙游县志》在编目分类上就分列“祀典类”与“杂志类”二卷。参看小岛毅《正祠と淫祠——福建の地方志における記述と論理》，《東洋文化研究所紀要》第114册，1991年，第104页。在宋代以后地方志中的地图上，各种宗教性建筑常常被显著标示，如葛兆光所言：“这些祭祀供奉神灵的场所，在当时的官员和士绅，以及编写方志的士人眼中，和公廨衙府一样，也可以算是‘公共’的‘空间’。”氏著《思想史研究课堂讲录：视野、角度与方法》第七讲《作为思想史资料的古舆图》，北京：生活·读书·新知三联书店，2005年，第192页。

唐玄宗天宝七载的努力方向是由朝廷制定地方祠祀的具体名单，其实已使“祀典”概念有了从儒家经典的抽象原则具体化的倾向，而北宋时期，具有朝廷的赐额、赐号逐步成为地方祠祀合法性之先决条件，否则就是淫祠❶。到南宋时，胡颖（石壁）更明确提出：“应非敕额，并仰焚毁，不问所祀是何鬼神。”❷这显然使得地方政府的处理有了更强的可操作性。

至于这种发展的性质，我们认为，这不过是唐代对于佛、道二教管理方式的扩大而已，这种扩大正是唐代朝廷试图完成而未果的。应该说，与唐朝将地方神祠纳入礼典体系中的“小祀”、实则将其认定权下放州官的态度相比，北宋王朝的这一系列政策显示了中央集权的增强。在某种意义上，这种变化甚至可以说是隋初实行的地方佐官中央任免制度的继续，是将其精神实质进一步推行至意识形态领域。前者在政治上完成了中央对地方的直接控制，而后者则力图使得地方社会的信仰世界也处于国家权力的直接控制之下。也就是说，朝廷先是通过赐额、加封、修庙等手段对于州县祠祀进行认定，后又直接编制“祀典”，对其实现了直接控制。这正是唐王朝试图达到的目标，但直到宋朝才得以真正实现。在这个过程中，“祀典”概念由儒家礼制的抽象原则落实为具体的簿书，而“淫祠”的判定标准也由地方政府灵活掌握的权力发展为是否有朝

---

❶ 参看沈宗宪《宋代民间祠祀与政府政策》，《大陆杂志》第91卷第6期，1995年，第23—41页。水越知《宋代社會と祠廟信仰の展開——地域核としての祠廟の出現》，第10—14页。关于宋代民间信仰的一般情况，参看韩森（Valerie Hansen）《变迁之神：南宋时期的民间信仰》，包伟民译，杭州：浙江人民出版社，1999年；刘黎明《宋代民间巫术研究》，成都：巴蜀书社，2004年；王章伟《在国家与社会之间——宋代巫觋信仰研究》，香港：中华书局，2005年，以及皮庆生《宋代民众祠神信仰研究》，上海古籍出版社，2008年。

❷ 胡石壁《非敕额者并仰焚毁》，《明公书判清明集》卷一四，北京：中华书局，2002年，第541页。

廷的“赐额”或“赐号”，虽然地方势力对于赐额、赐号的获得仍有着巨大的作用。我们从中大致可见中央与地方在集权与分权之间的演变轨迹，以及地方文化发展的具体成果。

随着北宋赐额、赐号制度的完善和所谓“祀典”的开放，同时建立起来的是一个由皇权支配的新的神明体系。北宋初期，许多民间神祠与佛、道仪式都被列入了国家礼制的范围。如宋太祖建隆四年（963）十一月，“诏以郊祀前一日，遣官奏告东岳、城隍、浚沟庙、五龙庙及子张、子夏庙，他如仪”❶。郊祀礼是儒家礼制中最高规格的国家礼仪，却与城隍等民间神祠联系起来，这种现象深刻反映了国家礼制世俗化的趋势。而太平兴国五年（980）十一月车驾北征时，前一日遣官告祭天地、岳渎、太庙、社稷、风伯、雨师诸神，竟同时“祭北方天王于北郊迎气坛”❷，按北方天王即佛教的毗沙门天王，是战争与财富之神，自中唐以来其信仰日益盛行❸，至此，他也成为宋朝出师前告祭的对象，而地点则是在国家礼制中的“北郊迎气坛”。到了宋真宗景德二年（1005），郊祀礼中的神位与道教的星神系统亦发生了有趣的互动❹。

---

❶《宋史》卷一〇二《礼志五》，第2497页。

❷《宋史》卷一〇二《礼志五》，第2498页。

❸ 据权德舆《祭岳镇海渎等奏议》：“以前奉进止：令常参官商量合拜不拜，直书其事者。臣谨按《仪礼》《礼记》等议条例如前。……国朝旧章，诸儒损益，伏请以《开元礼》祭官再拜为定。其诸神龙、毗沙门神等，在礼无文，今则咸秩，遣使致祭，推类相从。诸神龙准五龙坛例，毗沙门神准四镇山例，并主祭官再拜，请依太常寺状为定。谨议。”《全唐文》卷四八八，第4988页。可见在唐德宗时，毗沙门天王已有进入国家礼典的趋势。

❹ 吴羽就认为：“景德年间国家大礼中郊祀神位的重新确定，是对盛唐以降国家大礼郊祀神位变化的规范。国家在重构盛唐以降郊祀神位的同时，也用新的郊祀神位整合了道教的星神位号。”见氏著《北宋玉清昭应宫与道教艺术》，中山大学艺术史研究中心编《艺术史研究》第七辑，广州：中山大学出版社，2005年，第168—171页。关于北宋国家祭祀与道教的关系的综合研究，参看Yamauchi Koichi（山内弘一），（转下页）

在神宗时期由龙图直学士宋敏求会同御史台、礼院等新定的国家礼典中，“《祭祀》总百九十一卷：曰《祀仪》，曰《南郊式》，曰《大礼式》，曰《郊庙奉祀礼文》，曰《明堂祫享令式》，曰《天兴殿仪》，曰《四孟朝献仪》，曰《景灵宫供奉敕令格式》，曰《仪礼敕令格式》。《祈禳》总四十卷：曰《祀赛式》，曰《斋醮式》，曰《金箓仪》”❶。按《斋醮式》和《金箓仪》都是道教仪式，在此也已正式进入国家礼典之中。此外，据《宋史·礼志八》云：“寇准死雷州，人怜其忠，而赵普祠中山、韩琦祠相州，则以乡里，皆载祀典焉。其他州县岳渎、城隍、仙佛、山神、龙神、水泉江河之神及诸小祠，皆由祷祈感应，而封赐之多，不能尽录云。”❷这无疑是一个国家掌握的新的神明系统，从国家的角度来看，不论是仙、是佛、是忠臣祠庙，还是山川神灵，尽可一视同仁，通过赐予这些神明不同等级的封号，将它们纳入同一个系统之中，显示了朝廷“祭祀驭神之意”❸。显然，这与前述大观二年郑允中奏置的“都籍”中包含了天下“宫观、寺院、神祠、庙宇”的情形是相当吻合的，这也意味着从唐代以来，国家对神人关系、神神关系调整的初步完成，一个新的由皇权支配的神界信仰体系基本定型。

（接上页）“State Sacrifices and Daoism during the Northern Song,” *Memoirs of the Research Department of the Toyo Bunko* 58（2000）: pp. 1–18。

❶《宋史》卷九八《礼志一》，第2422—2423页。

❷《宋史》卷一〇五《礼志八》，第2562页。

❸ 这是元丰三年（1080）六月十七日权监察御史里行丰稷在上书中所言，见《宋会要辑稿·礼》二〇之一三。类似的说法如：同年闰六月十七日，太常寺言：“博士王古乞自今诸神祠无爵号者赐庙额，已赐额者加封爵，初封侯，再封公，次封王，生有爵位者从其本。妇人之神，封夫人，再封妃。其封号者，初二字，再加四字，如此则锡命驭神，恩礼有序。凡古所言，皆当于理，欲更增神仙封号，初真人，次真君，如此则锡命驭神，恩礼有序。”《宋会要辑稿·礼》二〇之六至七。无论是“祭祀驭神”还是“锡命驭神”，都表明朝廷赐额、赐号的目的是要建立一个新的神界秩序。

第三节 中晚唐佛道教与地方祠祀的合流

与代表地域文化传统的地方祠祀相比，佛、道这两个有体系的全国性宗教无论在宗教理论还是修行实践上都要高级得多，从自己的教义出发，它们都反对地方祠祀通行的血祭❶。因此，在六朝隋唐时期的江南地区，佛教与地方祠祀产生了不断的冲突和斗争，其结果往往是佛教高僧收伏了民间神灵❷。至于道教，更与地方祠祀有着千丝万缕的关系，自 1979 年石泰安（R. A. Stein）对此作了初步讨论以来❸，越来越多的学者开始强调六朝时期道教与民间祠祀的区别❹。这些论著都使我们对两者关系的认识得到深化。虽然斗争的一个结果是许多民间神灵被收编在佛、道二教的神谱之中，但另一方面，在中晚唐时期，佛、道教与地方祠祀在许多方面都有着相互融合的迹象。本节即希望在前人研究的基础上，对这些问题作进一步的讨论。

---

❶ 参看祁泰履《由祭祀看中国宗教的分类》，第 547—555 页。

❷ 严耀中前引文《唐代江南的淫祠与佛教》。

❸ R. A. Stein, "Religious Taoism and Popular Religion from the Second to Seventh Centuries," in *Facets of Taoism: Essays in Chinese Religion*, pp. 53-81. 吕鹏志中译本《二至七世纪的道教和民间宗教》，《法国汉学》第七辑，北京：中华书局，2002 年，第 39—67 页。

❹ 例如 Lai Chi-tim（黎志添）, "The Opposition of Celestial Master Taoism to Popular Cults During the Six Dynasties," *Asia Major*, 3rd Series, 11（1998）: pp. 1-20。同氏《六朝天师道与民间宗教祭祀》，黎志添主编《道教与民间宗教研究论集》，香港：学峰文化事业公司，1999 年，第 11—39 页。王承文《东晋南朝之际道教对民间巫道的批判——以天师道和古灵宝经为中心》，《中山大学学报》2001 年第 4 期，第 8—15 页。对这一问题的综述，可参看刘屹《近年来道教研究对中古史研究的贡献》，《中国史研究动态》2004 年第 8 期，第 12—20 页。

一 佛教与地方祠祀的互动

与地方祠祀相比，佛、道二教在竞争中处于明显的优势，因此它们收伏民间俗神成为一个比较普遍的现象。先来看佛教，严耀中已经举出一些唐代高僧收伏江南民间神灵的例子，在这些故事中，一个通常的模式往往是高僧向俗神显示出高强的法力，使之受五戒或菩萨戒，皈依佛门，并放弃血食祭祀。其实类似的例子还有很多，而需要特别指出的是，这些故事发生的场景决不仅仅局限于江南一地。

在佛教收伏的地方祠祀中，山神占了很大比例。早在北齐文宣帝时，就有僧达禅师受载山神供奉，并遣弟子为山神颂读《金光明经》的记载[1]。到了唐代，最引人注目者当系两位高僧先后为中岳嵩山神授戒的故事。先是在武则天圣历二年（699）时，就出现了少林寺僧慧安为嵩岳神授菩萨戒的传说[2]。到了玄宗开元年间，又发生了嵩山僧人元珪为中岳神授五戒一事，许筹《嵩岳珪禅师影堂记》记此甚详，据称中岳神在受戒之后还显示神通，为元珪将北山的树林移至东岭[3]。中岳神是国家祭祀的正神，却主动要求受戒，这自然出自佛教方面的宣传。然而，如前文所述，正是在开元时期，司马承祯也试图以道教理论来改造国家的五岳祭祀，这与元珪之努力可谓不谋而合，可见，对于国家祭祀的岳渎，佛、道二教都试图加强自己的影响。

大历年间，又有晋州僧人代病为霍山神授戒之事，据《宋高僧

---

[1] 道宣《续高僧传》卷一六《齐林虑山洪谷寺释僧达传》，郭绍林点校，北京：中华书局，2014年，第571页。

[2]《宋高僧传》卷一八《唐嵩岳少林寺慧安传》，第453页。

[3] 许筹《嵩岳珪禅师影堂记》，《全唐文》卷七九〇，第8267—8269页。

传》卷二六记载："其中山神庙，晋、绛之间传其肸蠁。代病入庙，劝其受归戒，绝烹燀牲牢。其神石像屡屡随劝颔首，顾其神妇，略无俞答之状。遂剃神之发，毁撤神妇。乡人怪之，闻白州邑。太守怒之曰：'此唐高祖初起至此，久困阴雨，其神见形示路，以迎义师。厥后砻石为像，荐飨无亏。此之髡师无状敢尔！'俾系闭于嘉泉寺，扃键且严。"[1] 霍山神祠的建立与李唐王朝的开国传说密切相关，隋恭帝义宁元年（617）七月，李渊率军起兵自晋阳南下，但在霍邑遇到隋将宋老生的顽强狙击，由于暴雨连绵，大军无法前行，军中乏粮，士气大受影响。在这危急关头，霍山神派人登场："甲子，有白衣野老，自云霍太山遣来，诣帝请谒。"[2] 随后，李渊大军如霍山神预言的那样，不久便击杀了宋老生，平定霍邑。霍邑之战在李唐建国的过程中具有重要意义，而霍山神使与李渊的会见很可能正是李渊及其谋士精心设计的一场大戏，目的就是证明太原起兵的正当性，从而稳定军心。正因如此，霍山神长期以来在当地官府的祭祀体系和民间信仰中占有很高的地位，其性质当属《大唐开元礼》规定的"小祀"。我们不难理解，当代病和尚为其剃发授戒并撤毁其夫人的神像时，乡人会惊怪，而刺史也会如此震怒。

在《北梦琐言》中收录了这样一则故事："合州有壁山神，乡人祭必以太牢，不尔致祸。州里惧之，每岁烹宰不知纪极。蜀僧善晓，早为州县官，苦于调选，乃剃削为沙门，坚持戒律。云水参礼，行经此庙，乃曰：'天地郊社，荐享有仪，斯鬼何得僭于天

---

[1] 《宋高僧传》卷二六《唐晋州大梵寺代病师传》，第670页。按同书中类似记载还有不少，参看卷九《唐陕州回銮寺慧空传（元观附）》、卷一〇《唐洪州开元寺道一传》《唐京兆兴善寺惟宽传》《唐婺州五洩山灵默传》等。

[2] 事见《大唐创业起居注笺证》卷二，温大雅撰，仇鹿鸣笺证，北京：中华书局，2022年，第78页。

地！牛者稼穑之资，尔淫其祀，无乃过乎！’乃命斧击碎土偶数躯，残一偶，而僧亦力困。稍苏其气，方次击之，庙祝祈僧曰：‘此一神从来蔬食。’由是存之。军州惊愕，申闻本道，而僧端然无恙。斯以正理责之，神亦不敢加祸也。”[1]显然，善晓和尚对山神之强烈攻击与批判是政治性（非天地郊社等国家礼仪）和经济性（杀牛影响农业生产）的，并不是从宗教理论上加以否定。值得注意的是地方官府的态度：“军州惊愕，申闻本道”，可见此前这种祭祀是得到官府承认的。

《宋高僧传》卷九《唐南岳石头山希迁传》曰：“释希迁，姓陈氏，端州高要人也。……其乡洞獠，民畏鬼神，多淫祀，率以牛酒，祚作圣望。迁辄往毁丛祠，夺牛而归，岁盈数十，乡老不能禁其理焉。”[2]同书卷六《唐彭州丹景山知玄传》记载，知玄曾于晚唐时“为导江玉垒山神李冰庙、益昌北郭龙门神，借受戒法，罢其血食”[3]。从他颂《大悲咒》而得感通的记载来看，似与密宗有着某种关联[4]。另外，宣宗时，苏州的心镜大师亦有收伏湖神之举：“院侧有湖，湖有妖神。渔人祷之，必丰其获。罾罿交翳，腥膻四起。大师诣其祠而戒之，鳞介遂绝。”[5]唐末，越州有神庙供奉着东晋时的地方官周鹏举，在当地的民间信仰中，此人“升为水府之仙，超统阴司之职”，“时有明州天童寺僧昙德禅师，道高康惠，德重图澄。感太白之星精，下为童子；登招提之果位，即造诸天。禅师闻神血食生人，由是大垂慈力，俾归正觉。径造灵祠，禅定身心，结跏趺

---

[1] 《北梦琐言》逸文卷三《壁山神》，第420—421页。

[2] 《宋高僧传》卷九《唐南岳石头山希迁传》，第208页。

[3] 《宋高僧传》卷六《唐彭州丹景山知玄传》，第132页。

[4] 关于《大悲咒》与密教的关系，参看严耀中《〈孔雀王咒经〉和〈大悲咒〉》，氏著《汉传密教》，上海：学林出版社，1999年，第182—195页。

[5] 崔琪《心镜大师碑》，《全唐文》卷八〇四，第8451页。

坐，显灵通万状，变见无方。禅师寂若无人，湛然不动。神乃寻知悔过，忽显真身，与三人礼拜归依，受五戒三皈之法，祭奠不茹荤血，庙庭愿托祇园”❶。

上述这些例子都表明，在一定的范围内，佛教也曾试图影响国家祭祀及地方祠祀的血祭方式。对于佛教而言，这种高僧收伏地方俗神的现象还有另一重意义。贞观初，名僧彦悰所撰《福田论》就声称：“至如祭祀鬼神，望秩川岳，国容盛典，书契美谈，神辈为王所敬，僧犹莫致于礼；僧众为神所礼，王宁反受其敬？上下参差，翻违正法。衣裳颠倒，何足相方！”❷彦悰的逻辑是：国家祭祀鬼神，而鬼神尊礼僧众，因此皇帝不应该接受僧人的敬礼。显然，彦悰是将俗神皈依佛教之事当作沙门不敬王者的证据。

另一方面，在晚唐五代，佛教方面也开始积极推动某些地方祠祀的发展，例如：隋末大将陈杲仁（一作陈果仁）的祠庙是常州的一个信仰中心，据齐光义《陈公神庙碑》云：“每以公之讳日，爰伸仲夏之中，展祀建斋，所在充遍。虽扫地以祭，且贵悫诚；而庙宇未崇，宁昭节敬？邑老庆州都督府永清府左果毅都尉上柱国赐绯鱼袋张智景与福业寺长老义先等，聚族而谋发言，同人不召而萃。邑中之众，实慰我心。”❸然则在重修祠庙的过程中，“福业寺长老义先”是其中的一位积极推动者。另据顾云《武烈公庙碑记》云：“先是中开绀殿，别坐金人。化庙木于祇园，变祠宫为净土。僧普愿教传西国，裔绍南宗。心花堕叶于空门，忍草抽芽于觉路。”❹可知在陈杲仁神庙中还有一座佛殿，而且是由禅僧普愿来主持的。另

❶ 阙名《利济侯庙记》,《全唐文》卷九八七，第10215页。

❷ 彦悰《福田论》,《全唐文》卷九〇五，第9445页。

❸ 齐光义《陈公神庙碑》,《全唐文》卷八一三，第8561页。

❹ 顾云《武烈公庙碑记》,《全唐文》卷八一五，第8589页。

如后唐长兴四年（933）七月，“封泰山三郎为威雄大将军（原注：时上不豫，刘遂清引泰山僧进风药，用之小康，其僧请封泰山三郎，遂从之。时以为妖惑之甚。）”❶。可见当时泰山三郎信仰流行的背后，亦有佛僧的积极推动。

就地方政府而言，也曾试图以佛教来消解淫祀带来的危害。代宗大历五年（770）所立《润州上元县福兴寺碑》记当地的祠祀情况曰：“演慈悲之化，降淫慝之神。皆建庙立祠，血食不绝。近云百祀，远谓千龄，大则牺牛之荐，小则特豚之祷。以月以日，以时以节。弗敢矫诬，不使□□。”而道融禅师“悉与受（授）菩萨净戒而度脱之。斩阴斩阳，以为梵宇，取彼居室，寘之金仙，寂寥而无事矣。城邑聚落，数百里间，巫风遂消，佛道斯长”❷。此碑由“尚书金部郎中兼侍御史上柱国颍川许登”撰文，似乎表明了官方对此的支持态度，而碑阴题名更规模空前，除僧尼外，大量的百姓按村庄排列，可见所谓“巫风遂消，佛道斯长”之语并非虚言。又如元和十二年（817），柳州刺史柳宗元面对当地巫觋成风，杀生血祭盛行的局面，为整齐风俗，遂重建荒废已久的大云寺，“崇佛庙，为学者居。会其徒而委之食，使击磬鼓钟，以严其道而传其言。而人始复去鬼息杀，而务趣于仁爱”❸。在这里，柳宗元是将佛教作为反淫祠、兴教化的一种手段。

二　道教与地方祠祀

至于道教，对民间祠祀之血祭方式也持激烈批判的态度，我们

---

❶《五代会要》卷一一《封岳渎》，第147页。在《山左金石志》卷一四中还保存着一通《三郎君庙残碑》，《石刻史料新编》第1辑第19册，第14565页。

❷《八琼室金石补正》卷六二，第429页。

❸ 柳宗元《柳州复大云寺记》，《柳河东集》卷二八，第465—466页。

在本书第二章曾进行了分析。按道教认为接受血食之神是所谓的“六天故气”，道教的神仙则是居于六天之上的三清天、由纯粹的道气所形成的正神。正如王承文所云，东晋六朝之际是道教从汉魏民间道团向上层化的教会道教发展的关键时期，一批在江南产生的新天师道经典和古灵宝经即表现了对民间鬼神祭祀和巫术的激烈批判❶。当然，对于那些在地域社会具有巨大影响力的神祠，道教也力图将其收入自己的神谱，如英藏敦煌文书 S.482《元阳上卷超度济难经品第一》中，就有七山神王等向道教的上师保证说：“我等山神王领众无数，上有百千天人常飞行于恶世中，人间有能读颂书写受持是元阳却魔经者，我等山神与天人齐执与其眷属共到天上。是人所柱（住）之处，受此法典，常当守护，昼夜不离，在其四面，拥护是人。”❷按此经约出于南北朝，这件写本则抄于公元 7 世纪❸，可见道教也力图使山神成为自己的护法之神。

其实，道教对地方祠祀的批判与打击直到唐代还在继续，如高宗时期著名道士郭行真就曾多次对江南地方祠祀进行过焚毁行动，据卢恕《楚州新修吴太宰伍相神庙记》叙述此神庙的历史曰：“北齐清河王励刺此州，申教部民不宜荒渎非神之意，其风稍革。国朝龙朔（661—663）中，为狂人郭行真所焚，乾封初，准敕重建。”❹另据《南岳总胜集》记载，当时郭行真在衡阳亦有毁庙之举：

> [寻真观]去庙九十里，在衡阳城北。观镇大江，有石鼓。

---

❶ 王承文前引《东晋南朝之际道教对民间巫道的批判——以天师道和古灵宝经为中心》。

❷ 郝春文编著《英藏敦煌社会历史文献释录》第二卷，北京：社会科学文献出版社，2003 年，第 413—414 页。

❸ 参看郝春文编著《英藏敦煌社会历史文献释录》第二卷，第 416 页；王卡《敦煌道教文献研究：综述·目录·索引》，北京：中国社会科学出版社，2004 年，第 116 页。

❹ 卢恕《楚州新修吴太宰伍相神庙记》，《文苑英华》卷八一五，第 4304 页。

> 后洞是朱陵之西门，乃唐白真人、董炼师飞升羽化之地。……按《湘川记》，此石鼓有时自鸣，则兵革起。或云：卢龙推鼓入潭中。卢龙名字未详，今验以鼓，亦云是。卢龙庙不知立时年代，至龙朔元年八月，敕使道士郭行真醮岳，因毁庙不祀。从此之后，为郡人灾患，今时百姓重祠之。[1]

可见，郭行真是在奉敕祭祀南岳时，顺便废毁了衡阳的卢龙庙。如前所述，郭氏在当时长安道门乃至政坛都颇有影响，早在显庆末，他就率弟子在东岳为高宗和武则天举行过法事，龙朔二年又与黄元颐、刘道合一起主持了洛阳老子庙落成的庆赞醮仪。而《法苑珠林》卷五五记曰："龙朔三年（663），西华观道士郭行真，家业卑贱，素是寒门。亦薄解章醮，滥承供奉。敕令投龙，寻山采药。上托天威，惑乱百姓，广取财物，奸谋极甚。并共京城道士，杂糅佛经，偷安道法。圣上鉴照知伪，付法，法官拷挞，苦楚方承。敕恩恕死，流配远州，所有妻财并没入官。"[2]其罪名还包括"交结选曹，周旋法吏"等，可见其势力之大。他这次被配流到爱州的时间

---

[1] 陈田夫《南岳总胜集》卷中"寻真观"条，《大正新修大藏经》第 51 卷，第 1077 页。又见《道藏》第 11 册，第 118 页。按，此书完成于南宋孝宗隆兴二年（1164），对南岳的佛、道胜景兼收并载，因此被同时收录于佛、道二藏。不过，《道藏》中的《总胜集》只有一卷，仅包括原书卷中有关道教宫观的部分，而将佛寺的内容全部删除，即使在宫观的条目下，也删去了每座宫观篇末的碑目，所以只能算是原书的摘抄。关于此书的版本与价值，参看抽撰《山林与宫廷之间——中晚唐道教史上的刘玄靖》，《历史研究》2013 年第 6 期，第 164—174 页。

[2]《法苑珠林校注》卷五五《破邪篇》"感应缘 · 妖惑乱众第四"条，周叔迦、苏晋仁校注，北京：中华书局，2003 年，第 1665 页。按，这条材料中说郭行真"并共京城道士，杂糅佛经，偷安道法"，表明他在当时佛道斗争中的所为和作用，并因此受到佛教徒的敌视。有趣的是，道宣《集古今佛道论衡》中记录了他在龙朔年间舍道事佛的种种表现（如造佛像等），共计 16 条之多，恐未可全信。见刘林魁《集古今佛道论衡校注》卷丁《郭行真舍道归佛文》，北京：中华书局，2018 年，第 315—324 页。

甚短，很快又回到长安的政治舞台，并入宫为武则天施行厌胜之术，史载麟德元年（664）末，“有道士郭行真，出入禁中，尝为厌胜之术，宦者王伏胜发之。上大怒，密召西台侍郎同东西台三品上官仪议之”❶。毫无疑问，他属于武则天的私人势力。龙朔年间是他受宠之日，而其在楚州焚毁伍子胥庙、在衡州毁卢龙庙之举，正反映了道教对于地方祠祀的一贯态度。

杜光庭《仙传拾遗》记载了一则故事：“谭宜者，陵州民叔皮子也。开元末年生，生而有异，……二十余岁，忽失所在，远近异之，以为神人也。至是父母思念，乡里追立庙以祀之。大历元年（766）丙午，忽然到家，即霞冠羽衣，真仙流也。白父母曰：儿为仙官，不当久有人世，虽父母忆念，又不宜作此祠庙，恐物所凭，妄作威福，以害于人，请为毁之。”❷显然，老百姓根本分不清谭宜是道教神仙还是民间俗神，但他自己非常强调二者的区别。这个故事同样反映了道教面对民间祠祀时的优越态度。

从晚唐五代到北宋时期，一些原来的地方祠祀也逐步被道教所接管。例如，乾符三年（876）袁循撰《修黄魔神庙记》记其灵迹曰：此神“赤发碧眸”，显灵于三峡秭归，并自云“我，黄魔神，居紫极宫之隅，将祐助明公出于北境”。而受到祐助的兰陵公则表示：“将设庙列塑于宫之旁。”❸这位黄魔神显然是一位依附于道教紫极宫的民间神灵。又如，河南偃师县的升仙太子庙，虽与道教有一定的渊源，但在盛唐以前并不由道士掌管，到了晚唐时，它已改名为宾天观，乾符四年（877）宰相郑畋《谒升仙太子庙诗刻》后

---

❶《资治通鉴》卷二〇一“麟德元年十月”条，第6342页。

❷ 杜光庭《仙传拾遗》卷　“谭宜”条，收入罗争鸣《杜光庭记传十种辑校》，北京：中华书局，2018年，第777页。

❸ 袁循《修黄魔神庙记》，《文苑英华》卷八一五，第4306页。“北境”，疑作“此境”。

记云：“余大中八年为前渭南县尉，闲居伊洛，常好娱游，春夏之交，独登嵩少，路由缑岭，谒升仙太子庙，云霞之志，于斯浩然，遂搆诗一章，用申凝慕。今者谬尘枢务，已及四年，忽睹成庶大夫奏笺，请以玄元庙李尊师配住宾天观，则知缑岩灵宇，仪像重新，辄写旧诗，寄王公，请标题于庙内。”[1]至迟在北宋末，连嵩山的启母庙也由道士接管了，故其碑要由“太上都功法箓弟子知庙事曹仲恭摸”[2]。而从崇宁二年（1103）起，宁波的海神庙也要每岁“度道士一人奉香火”[3]。更为明显的是五代以来各地出现的东岳行宫也多由道士来主持，例如北宋神宗元丰二年（1079）《广州天庆观钟款》曰：“广州天庆观东岳行宫住持赐紫道士胡日新铸造，永充圣帝殿内供养，元丰二年己未岁二月初六日谨题。”[4]这也表明，道教已经将不少地方祠祀纳入自己的体系之中了。对于这种情况，宋代国家也曾试图加以限制，如《庆元条法事类》卷五一《道释门·约束》引《道释令》云：“诸宫观不得指射庙宇为下院。”[5]可见当时一些大的宫观接管吞并地方神祠的现象颇为严重，以致引起国家的禁止。

三 晚唐五代寺观功能之神祠化

汉唐之间的佛教发展，既是一个在理论上与中国思想文化传

---

[1] 见《金石萃编》卷一一七，第2143—2144页。

[2] 政和八年（1118）《王郢等启母殿题记》，《金石萃编》卷一四七，第2723页。按，赵明诚将启母庙和相关的少姨庙皆斥之为淫祠，见《唐少姨庙碑》跋、《唐启母庙碑》跋，《金石录校证》卷二四，上海书画出版社，1985年，第445—446页。

[3] 《宋会要辑稿·礼》二〇之一一一。

[4] 《金石续编》卷一六，《石刻史料新编》第1辑第5册，第3350页。

[5] 《庆元条法事类》卷五一《道释门·约束》，第721页。

统相适应的过程，也是一个在实践上争取广泛民众信仰的过程[1]。前者主要通过“格义”“判教”创宗立说，在隋与唐代前期形成了许多中国化的宗派；后者则主要通过造像、写经等功德福业，使佛教信仰深入民间，这在北朝社会表现尤为突出[2]。从中晚唐开始，佛教义学逐步衰落，而其世俗化的色彩却更加浓重，有学者称之为“民俗佛教”的蓬勃发展[3]。事实上，不仅佛教，道教也有类似的倾向。如前文所述，从唐到北宋，寺观与地方祠祀在国家祭典中的地位逐步趋同，而这种情形与晚唐五代佛寺、道观功能的神祠化密切相关。

对于民众而言，高深的佛法和道教义理并非他们所关注者，而观音、天王（特别是毗沙门天王）等一些“灵验”的神明则成为民间最为崇奉的信仰对象。值得重视的是，不少佛寺与神祠具有相当程度的依存关系，据道宣《续高僧传》记载，隋代杭州高僧真观善

---

❶ 参看汤用彤《汉魏两晋南北朝佛教史》，北京：中华书局，1983 年；许理和（Erik Zürcher）《佛教征服中国——佛教在中国中古早期的传播与适应》，李四龙等译，南京：江苏人民出版社，2003 年。

❷ 参看侯旭东《五、六世纪北方民众佛教信仰——以造像记为中心的考察》，北京：中国社会科学出版社，1998 年。王青《魏晋南北朝时期的佛教信仰与神话》，北京：中国社会科学出版社，2001 年。

❸ 李四龙《民俗佛教的形成与特征》，《北京大学学报》1996 年第 4 期，第 55—60 页。葛兆光《理论兴趣的衰退——八至十世纪中国佛教的转型之一》（《世界宗教研究》2001 年第 1 期，第 35—47 页）论证了 8 世纪中叶以后佛教义学的衰落，以及重视宗教实践性的禅、律在中唐的兴盛，这与本节讨论有着类似的背景。关于中晚唐以降佛教的世俗化，参看严耀中《中国佛教世俗化的一个标识——关于唐宋文献中“肉身菩萨”的若干分析》，《华林》第 2 卷，北京：中华书局，2002 年，第 115—124 页。张先堂《唐宋敦煌世俗佛教信仰的类型、特征》，胡素馨主编《佛教物质文化：寺院财富与世俗供养国际学术研讨会论文集》，上海书画出版社，2003 年，第 297—321 页；杨秀清《唐、宋敦煌地区的世俗佛教信仰——以知识与思想为中心》，项楚、郑阿财主编《新世纪敦煌学论集》，成都：巴蜀书社，2003 年，第 704—724 页。刘浦江《宋代宗教的世俗化与平民化》，《中国史研究》2003 年第 2 期，第 117—128 页。

于说法，远近闻名，遂感皋亭山神来听讲：“皋亭神姓陈名重，降祝请讲《法华》一遍，遗以钱物。又降祝，舍其庙堂五间为众善佛殿。据斯以言，感灵通供，诚希有也。”[1]可见，作为请真观和尚讲《法华经》的报答，皋亭神甚至让其庙祝将祠庙的一部分献给众善寺作为佛殿，二者从此有了密切的共生关系[2]。

唐代这种情况愈加普遍，前引越州周鹏举神祠、常州陈杲仁神祠都是与佛寺共生。又如在龙阳县有奉祀范蠡的蠡山祠，“其庙古与禅林台同为一院，乃有长松巨竹，豫章杂树，烟霞郁茂。……庙无碑记，相传神以光宅二年临北（此？）境，时见乘石牛巡山择地，至第三岗曰覆盆岗。上有豫章，盘根数丈，垂枝下埽其地，神于此置庙。或云：贞观以来，曾蒙国祭禅林台，有殿宇佛事，悉皆开元中建立。咸通十一年（870）二月，前使塞中丞施金帛建庙院”[3]。显然，蠡山祠与佛寺是“共为一院”的。到晚唐五代时，一些佛教神灵甚至也开始有了自己独立的祠庙，这在石刻材料中有所反映，例如：魏州城中有观音寺，寺中有元和二年（807）碑及会昌四年（844）《唐观音寺舍利塔碑》[4]，开成二年（837）十月所立的《毗沙门天王祠堂碑》[5]，会昌三年（843）七月立于襄州的《唐创修五道将军庙记》[6]，咸通七年（866）立于福州的《唐建天王堂记》等[7]。到五代时，这种祠庙更多，甚至连道教的神仙也有了自己的祠

[1]《续高僧传》卷三一《隋杭州灵隐山天竺寺释真观传》，第1248页。

[2] 夏炎分析此事背后可能有来自钱唐当地实力雄厚的陈氏家族的推动，见氏著《白居易皋亭庙祈雨与中古江南区域社会史的展开》，第92页。

[3] 陈庶《蠡山庙状》，《全唐文》卷八〇五，第8465—8466页。

[4]《宝刻丛编》卷六，第18165—18166页。

[5]《宝刻类编》卷五，《石刻史料新编》第1辑第24册，第18478页。

[6]《宝刻丛编》卷三，第18123页。

[7]《宝刻丛编》卷一九，第18361页。

庙，如升元六年（942）的太乙真人庙[1]。到了宋代，这类道教神仙的祠庙就更多了，如妙感真人祠、李阿真人祠、罗真人祠等，甚至那些历史上的高道也成为民间祠祀的对象，如陆修静、范长生、孙思邈等，更是不胜枚举[2]。这种情况表明，佛、道教已经在相当程度上世俗化了，与它们曾激烈反对的民间祠祀已经差异不大。正因如此，唐穆宗长庆三年（823）李德裕在浙西观察使任上废止淫祠时，"又罢私邑山房一千四百六十"[3]。所谓"私邑山房"即属于私家的小型佛寺，从其和"淫祠"一起被清除的事实来看，显然在李德裕眼中二者并无太大的区别，这与佛寺神祠化的背景密切相关。

在功能上，佛寺、道观也与民间神祠一样，成为祈祷与祭祀的场所，在面临人生困境或自然灾害时，人们也向它们祈求保佑。在与佛教神灵打交道时，适用的仍是中国传统的对待神灵的"报"的原则，即人神互惠的原则[4]。人有求于佛，佛有应则报之，所谓重修庙宇，再塑金身也。试举数例如下：

祈子。除了观世音之外，佛教还有其他送子之神，例如："唐宝应（762）中，越州观察使皇甫政妻陆氏，有姿容而无子息。州有寺名宝林，中有魔母神堂，越中士女求男女者，必报验焉。政暇日率妻孥入寺，至魔母堂，捻香祝曰：祈一男，请以俸钱百万贯缔构堂宇。……两月余，妻孕，果生男。"[5]而长安城中著名的祈子之

---

[1]《南唐太乙真人庙记》,《宝刻丛编》卷一五，跋曰："韩王知证记，孟拱辰行书并篆额，升元六年七月六日。"第 18342 页。

[2] 参看《宋会要辑稿·礼》二〇之五一至五六。

[3]《旧唐书》卷一七四《李德裕传》，第 4511 页。

[4] 参看 Yang Lien-sheng（杨联陞）, "The Concept of 'Pao' as a Basis for Social Relations in China," in *Chinese Thought and Institutions*, ed. John. K Fairbank, Chicago: The University of Chicago Press, 1957, pp. 291–309。

[5]《太平广记》卷四一《黑叟》，第 259 页。

神“竹林神”，也居于佛寺之中。据《李娃传》云：“他日，娃谓生曰：‘与郎相知一年，尚无孕嗣，常闻竹林神者，报应如响，将致荐酹求之。可乎？’生不知其计，大喜，乃质衣于肆，以备牢醴。与娃同谒祠宇而祷祝焉。信宿而返。”[1]妹尾达彦推测竹林神在宣阳坊内，但不敢确定[2]。实际上据刘禹锡《为京兆韦尹贺祈晴获应表》所云：“臣某言：今月十七日，中使某奉宣圣旨，以霖雨未晴，诸有灵迹并令祈祷者，臣当时于兴圣寺竹林神亲自祈祝，兼差官城外分路徧祠。”[3]然则竹林神实在通义坊中的兴圣寺中，此寺原为高祖旧宅，贞观元年立为尼寺[4]。尼寺成为祈子之所，实在是耐人寻味。

祈雨与祈谷。就拿兴圣尼寺中的竹林神而言，它也成为京兆府官员祈雨之对象。长庆三年，京兆尹韩愈也曾向其祈雨：“维年月日，京兆尹兼御史大夫韩愈，谨以酒脯之奠，再拜稽首告于竹林之神曰：……国家之礼天地百祀神祇，不失其常；惠天之人，不失其和；人又无罪，何为造兹旱虐以罚也？”[5]开元二十五年（737）十月立《橀山浮图赞》亦记载了地方政府因祈雨有应而立浮屠寺之事件[6]。而开元二十九年（741）立于太原府交城县的《石壁寺铁弥勒像颂》也说：“此寺幽深，远□林壑，猛兽不育，濡草罗生。列郡旱亢，祈之则霖雨；阖境岁俭，念之则丰饶。”文后有乡望王思贞、县吏郝仙寿等题名[7]。在敦煌那样的佛教胜地，祷佛祈雨更是十

---

[1]《太平广记》卷四八四，第3986—3987页。

[2] 妹尾达彦《唐代后期的长安与传奇小说》，宋金文中译本《日本中青年学者论中国史·六朝隋唐卷》，上海古籍出版社，1995年，第547—548页，注释25。

[3]《刘禹锡集》卷一三，第156页。

[4] 关于此寺的变迁，参看杨鸿年《隋唐两京坊里谱》，上海古籍出版社，1999年，第282页。

[5] 韩愈《祭竹林神文》，《韩昌黎文集校注》卷五，第328页。

[6]《山右石刻丛编》卷六，第15051页。案，“橀”通“檻”，檻山在山西沁水县。

[7]《金石萃编》卷八四，第1422页。

分普遍。例如抄写于908年之前的S.4474号文书《回向发愿范本等》第二条《贺雨》："为久愆阳，长川销烁。自春及夏，惟增趁弈之辉；祥云忽飞，但起嚣尘之色。鹿野无稼，苍生罢农。于是士庶恭心，缁侣虔敬，遂启天龙于峰顶，祷诸佛于伽蓝。及以数朝，时时不绝，是以佛兴广愿，龙起慈悲，命雷公、呼电伯。于是密云朝[凝]，阔布长空，风伯前驱，雨师后洒。须臾之际，滂野田畴。"[1]很明显，晚唐五代的敦煌地区，人们经常去佛寺祈雨。在这些领域，我们很难看出佛寺与一般民间神祠的区别。

至于道教，虽然唐代朝廷最为重视的是王远知、潘师正、司马承祯、李含光等代表的茅山一系，但对于民间社会而言，更有影响的却可能是叶静能、叶法善、张果、罗公远等侧重符咒与法术的神异道士。前者主要影响于上层社会，而后者却对社会各阶层特别是普通民众产生了极大影响，因之成为许多民间传奇小说的主角。民间的许多道士其实与巫者渊源极深，例如《剧谈录》卷上就记载了一则武宗会昌年间，晋阳县令狄惟谦焚巫祈雨的故事：

> 会昌中，北都晋阳县令狄惟谦，梁公之后。守官清恪，有蒲密之政，抚绥勤恤，不畏强御。属邑境亢阳，涉历春夏，数百里水泉农亩，无不耗斁枯竭。祷于晋祠者数旬，略无阴曀之兆。时有郭天师者，本并土女巫，少攻符术，多行厌胜之道。有监军使将至京师，因缘中贵，出入宫掖。其后军牒告归，遂赐天师号。既而亢旱滋甚，阖境莫知所为，佥言曰："若得天师一到晋祠，则灾旱不足忧矣。"惟谦请于主帅，……既而主帅亲往迓焉，巫者唯唯。乃具车舆，列幡盖，迎于私室，惟谦

[1] 录文见黄征、吴伟编校《敦煌愿文集》，长沙：岳麓书社，1995年，第179页。

躬为控马。既至祠所，盛设供帐，丰洁饮馔，自旦及昏，磬折于阶庭之下。如此者两日，语惟谦曰："我为尔飞符于上界请雨，已奉天帝之命，必在虔恳至诚，三日雨当足矣。"❶

这位郭天师后来祈雨不成，被惟谦所杀。值得注意的是，她原来不过是位女巫，而飞符请雨的方式却是正宗的道教法术。所谓"若得天师一到晋祠，则灾旱不足忧也"，表明民众对其法术灵验的期待。晋祠原本是太原地区古老的宗教圣地，而民众却希望道教的天师至此作法，可见道教在民间社会的角色与一般神祠相类。

另外，敦煌文书中的一些材料也深刻反映了晚唐五代时期，民间信仰中佛教神祇与国家祭祀、民间俗神等多种因素的混同。如S.3427佛教的发愿文残卷："又请下方坚牢地神主领一切山岳灵祇、江河圣族并诸眷属来降道场；又请护界（戒）善神、散脂大将、护伽蓝神、金刚蜜迹、十二药叉大将、四海八大龙王、管境土地神祇、泉源［行］非水族、镇世五岳之主、鹑冈三危山神、社公稷品官尊、地水火风神等并诸眷属来降道场。"❷又如北图藏新701号残卷《金光明最胜王经题记愿文》（抄于966—968年）："并奉太山府君、平等大王、五道大神、天曹地府、伺（司）录伺（司）命、土府水官、行病鬼王及疫使等，并府君诸郎君、胡使录公、使者、舅母关官、保人可韩及新三使、风伯雨师、诸善知识等，同沾此幅（福）。"❸在这些发愿文和写经题记中，佛教神祇如散脂大将、五道大神等，同国家祭祀体系中的五岳神、风伯雨师、社稷神等，乃至民间信仰中

❶《剧谈录》卷上"狄惟谦请雨"条，《唐五代笔记小说大观》，第1471—1472页。
❷《敦煌愿文集》，第573页。
❸《敦煌愿文集》，第935页。按，同类写本还有S.6884、天津博物馆178号、北图藏丽字72号、P.2203等，参看同书第939页校记一。

的山神、土地等都一并成为发愿祈福的对象。这种现象表明，在民间信仰这个层面上，国家礼仪与佛、道二教已经实现了初步的整合。

要言之，魏晋隋唐时期，佛、道教都曾力图与地方祠祀划清界限，特别是反对后者通行的血祭，因此与地方祠祀有着激烈的冲突，其结果是许多地方祠祀被收伏在佛、道教的神系之中。但另一方面，从中晚唐开始，佛、道教本身的世俗化色彩愈加浓厚，它们与地方祠祀在许多方面都有相互融合的迹象。首先，在国家祀典中，地方祠祀的地位逐步与寺观等同，这种变化从唐代开始，到北宋时期初步完成。其次，一些佛、道教神灵开始有自己独立的祠庙；再次，佛寺、道观的功能渐与民间神祠混同，成为祈祷祭祀之所，人们在与佛、道教神灵打交道时，适用的仍是中国传统的“报”的原则，即人神互惠的原则。

小　结

本章的主要目的是从礼制的角度出发，考察国家祭祀与各种地方祠祀的互动关系。我们首先将唐代的地方祠祀分为三个层面，并通过对生祠与城隍神的分析，讨论了地方祠祀的运作方式。事实上，随着国家祭祀的儒家化与礼制化，儒家经典如《礼记·祭法》中关于“祀典”与“淫祀”的文字逐步成为后世判定祠祀合法性的基本原则，而在此过程中，中央集权的强弱变动则是一个必须考虑的重要因素。在唐代，虽然曾发生过两次大规模清除淫祠的活动，但更为普遍的情形则是地方祠祀被纳入《大唐开元礼》所代表的礼制系统，地方政府因此被赋予判定祠祀性质的权力。不过，中央也力图直接控制地方祠祀，因此有天宝七载的努力。中晚唐时期，地方政治、经济的发展与独立性的增强使地域文化的发展空间更为广阔，而《图经》类文献在祠祀判定中的作用则日益增强。到了北宋，随着赐额、赐号的普遍化和制度化，一个新的由皇权支配的神明体系逐步形成，而“祀典”与“淫祠”的概念也由儒家经典的抽象概念得以具体落实。可以说，从隋初开始的地方佐官中央任命的制度开辟了中古政治体制的新篇章，而唐宋时期新的“祀典”制度的确立则使地域社会的信仰体系也逐步处于朝廷的直接控制之下，这无疑反映了中央集权的深化。

礼制与宗教史研究都是目前史学界的热点，也确已取得不少精彩的成果，不过在这些领域之间，却存在着相当严重的相互隔膜的情形。研究“礼学”“礼制”的学者大多将国家礼制看作与民众隔绝的仪式，认为它们只是以皇帝为代表的官僚集团的活动。而在民间宗教研究领域，虽然一些人类学家用了各种解释理论来分析其与官方文化及儒、释、道文化的关系，如所谓“大传统”与“小传统”的概念等[1]，但是在中古史研究的领域中，这些概念如何与具体史实相结合，还是有待探索的问题。在很大程度上，中国古代社会是一个“礼制”的社会，无论是在政治制度上，还是在意识形态领域都存在着“礼制”的规范。作为礼乐制度的重要内容，国家祭祀是国家在意识形态领域进行社会整合的重要手段之一。当我们以礼制的角度来审视所谓“大传统”与“小传统”的概念时，就会发现作为“大传统”的儒家礼制对于广大不同地域的“小传统”如地方祠祀具有一种制度性的选择和吸纳机制，而国家权力的分配与运作则成为其中重要的杠杆。

---

[1] 参看王铭铭《社会人类学与中国研究》，第149—185页。关于大传统、小传统理论在中国史研究领域的应用，或可参看余英时《汉代循吏与文化传播》。

第四章

从祈雨看隋唐的国家祭祀与社会

中国古代的国家祭祀分为常祀与祈祷，按《周礼·春官》云："大祝……掌六祈，以同鬼神示。"郑玄注："祈，嘄也，谓为有灾变，号呼告神以求福。"[1]《说文·示部》："祷，告事求福也。"[2]《周礼·春官·小宗伯》曰："大灾，及执事祷祠于上下神示。"郑玄注曰："求福曰祷，得求曰祠。"[3]在唐代的国家礼典中，"祈祷"则是一个专有名词，专指祈雨和祈晴活动[4]。对于古代中国这样一个典型的农业社会而言，气候因素实具有举足轻重的作用，而降雨更是关乎国计民生的大事。在一个科学并不昌明的时代，人们认为风雨为神灵所掌，于是祈雨就成为必不可少的活动，也成为国家祭祀的重要组成部分。自20世纪初中国民俗学运动发轫以来，它就是民俗学者们关注的重要课题，而且由于祈雨活动当时还是活生生的现实，

---

1. 《周礼注疏》卷二九《春官宗伯下·大祝》，郑玄注，贾公彦疏，彭林整理，上海古籍出版社，2010年，第953—954页。
2. 《说文解字》一上，[汉]许慎撰，[宋]徐铉校定，北京：中华书局，1963年，第8页。
3. 《周礼注疏》卷二〇《春官宗伯第三》，第709页。关于祷、祠、祈、禜等汉字的文化学解释，参看雷汉卿《〈说文〉"示部"字与神灵祭祀考》，成都：巴蜀书社，2000年。
4. 《大唐开元礼》卷三《序例》下"祈祷"条，东京：汲古书院，池田温解说，1972年，第32页。

因此产生了不少田野调查的成果[1]。近数十年来，一些学者更为关注祈雨风俗的起源，他们追溯到上古的甲骨文文献，并试图提供一些文化人类学的解释[2]。还有一些学者则从民间祭祀与信仰的角度来探索求雨仪礼中赎罪观念的形成与衍变[3]，从历史学角度讨论祈雨问题的文章也开始增多[4]。应该说，这些研究都具有一定的启发性。

至于唐代的祈雨，章群曾认为："至于祷祭，若亢阳求雨，淫雨祈晴，此农业社会古来皆然，并非唐代独有，不必特为之说。"[5]对此我们有不同的看法。在唐代，因旱情严重而祈祷无应，曾有宰相请求辞职，有皇后提出避位[6]，甚至个别皇帝也曾摆出退位让贤的

---

❶ 例如程云祥《潮州求雨的风俗》,《民俗周刊》第13/14期，1928年，第28—31页；章尚庵《阜宁的求雨》,《民间月刊》第7期，1933年，第65—66页；郭豫才《豫北大锥祈雨风俗》,《采风》第2期，1945年；樊恭炬《祀龙祈雨考》,《新中华》第11卷第4期，1948年，第36—38页。关于这些早期民俗学领域的研究成果，参看简涛主编《中国民族学与民俗学研究论著目录：1900—1994》，台北：汉学研究中心，1997年，第1028—1036页。

❷ 如裘锡圭《说卜辞的焚巫尪与作土龙》，胡厚宣主编《甲骨文与殷商史》，上海古籍出版社，1983年，第21—35页。国光红《关于古代的祈雨——兼释有关的几个古文字》,《四川大学学报》1994年第3期，第86—93页；王浩《殷墟卜辞所见焚巫祷雨习俗探讨》,《文物季刊》1999年第3期，第40—45页。

❸ 例如黄强《神人之间——中国民间祭祀礼仪与信仰研究》第十三章《从焚巫、曝巫到晒菩萨——民间求雨仪礼中赎罪观念的形成与衍变》，南宁：广西民族出版社，1996年，第331—349页。此书已被译为日文：《中國の祭祀礼儀と信仰》上、下卷，东京：第一书房，1998年。

❹ 例如：中村治兵卫《宋朝の祈雨について》，收入氏著《中國シャーマニズムの研究》，东京：刀水书房，1992年，第139—156页。陈业新《两汉祈雨礼俗初探》，张国刚主编《中国社会历史评论》第四辑，北京：商务印书馆，2002年，第319—328页；陈学霖《金朝的旱灾、祈雨与政治文化》，收入《漆侠先生纪念文集》，保定：河北大学出版社，2002年，第542—561页；皮庆生《祈雨与宋代社会初探》,《华学》第六辑，北京：紫禁城出版社，2003年，第322—343页。

❺ 章群《唐代之祠庙与神庙》，收入《严耕望先生纪念论文集》，台北：稻乡出版社，1998年，第119页。

❻《新唐书》卷三《高宗本纪》载：咸亨元年（670）闰九月癸卯，则天皇后"以旱请避位"（第69页）。

姿态[1]。可见祈雨对时人而言绝非小事。更重要的是，对于古代史的研究者来说，祈雨不仅是一种古老的风俗，它还提供了一个审视中国古代国家与社会关系的独特视角[2]。据《续高僧传》卷二〇《唐密州茂胜寺释明净传》记载：

> 贞观三年，从去冬至来夏，六月迥然无雨。天子下诏释、李两门，岳渎诸庙，爰及淫祀，普令雩祭。于时万里赫然，全无有应，朝野相顾，惨怆无赖。有潘侍郎者，曾任密州，知净能感，以状奏闻。敕召至京，令住祈雨。告以所须，一无损费，惟愿静念三宝，慈济四生，七日之后，必降甘泽，若欲酬德，可国内空寺并私度僧并施其名，得弘圣道。有敕许焉，虽无供给，而别赐香油，于庄严寺静房禅默，至七日向晓，问守卫者曰："天之西北应有白虹，可试观之。"寻声便见。净曰："雨必至矣。"须臾云合，骤雨忽零，比至日晡，海内通洽。百官表奏皇上之功，净之阴德，全无称述。新雨初晴，农作并务，苗虽出陇，更无雨嗣，萎仆将死，投计无所。左仆射房玄龄躬造净所，请重祈雨。净曰："雨之升降，出自帝臣。净有何德，敢当诚寄？前许无报，幽显同忧，若循素请，雨亦应致。"以事闻奏，帝又许焉，乃敕权停俗务，合朝受斋。净乃依前静坐，七日之末，又降前泽，四民欢泰，遂以有年。敕乃总度三千僧，用酬净德。[3]

---

[1] 《旧唐书》卷三六《天文志下》记载，开成四年（839）夏旱而祷祈无应，文宗对宰臣曰："朕为人主，无德庇人，比年灾旱，星文谪见。若三日内不雨，朕当退归南内，卿等自选贤明之君以安天下。"第1334页。

[2] 张健彬《唐代的祈雨习俗》仅仅将其作为一种民俗来讨论，未免有些简单化了，《民俗研究》2001年第4期，第92—96页。

[3] 道宣《续高僧传》卷二〇《唐密州茂胜寺释明净传》，郭绍林点校，北京：中华书局，2014年，第764页。

这则材料虽因其出自僧传的记载，难免夸大佛教之功德，但仍折射出唐代祈雨活动的一般情形。不难看出，在初唐举行的这次祈雨活动中，佛道二教、民间神祠与国家祀典中的岳渎诸庙都曾参与其中，而皇帝、百官和高僧则分别扮演着不同的角色。事实上，在中国古代的帝国体制下，祈雨通常是一种官方行为，由严格的礼法制度所规定，并深刻反映着国家的性质及其与社会的关联。与此同时，中古时期的各种宗教也积极参与其中，从而与国家祭祀体系发生别有意味的互动关系，也因此体现了国家祭祀的某些特质，值得细加审视。

第一节　礼法制度下的中央祈雨活动

礼和法都是国家对社会成员所作的行为规范，人们的一切活动都在其范围内进行。唐朝在中国古代礼制史和法制史上都是承前启后的转折时期，祈雨这样的重要事情，在礼典和法典中都有着明确的规范。古濑奈津子曾以祈雨仪式为中心，比较了唐代《祠令》与日本《神祇令》的渊源关系[1]，其重点是讨论日本令和唐令之继承关系，对于唐代祈雨活动本身着墨不多，故此我们将继续探讨这一问题。

祈雨在唐代的法典中，主要由《祠令》规定，仁井田陞《唐令拾遗》复原的46条《祠令》中，有5条与祈雨有关，它们是[2]：

---

[1] 古瀬奈津子《雨乞いの儀式について——唐の祠令と日本の神祇令》，收入日本唐代研究会报告第VIII集《東アジア史における国家と地域》，东京：刀水书房，1999年，第468—487页。

[2] 仁井田陞《唐令拾遗》祠令第八，栗劲等译，长春出版社，1989年，第60—122页。池田温主持编集的《唐令拾遺補》（东京大学出版会，1997年，第487—514页）对此有所补订，可以参看。

六　孟夏雩祀昊天上帝；

十六　立春后祀风师；

十七　立夏后祀雨师；

四十二　京师旱则祈雨；

四十三　州县旱则祈雨；

在礼典中的规定更多，如《大唐开元礼》中直接涉及祈雨的就有：

卷三　《序例》下《祈祷》

卷八　皇帝孟夏雩祀于圆丘

卷九　孟夏雩祀于圆丘有司摄事

卷二八　祀风师、祀雨师

卷五一　兴庆宫祭五龙坛

卷六五　时旱祈于太庙、时旱祈于太社

卷六六　时旱祈岳镇于北郊（报祠礼同）

卷六七　时旱就祈岳镇海渎

卷七十　诸州祈社稷、诸州祈诸神

卷七三　诸县祈社稷、诸县祈诸神

唐代礼法关系极为密切，许多礼典中的规定同时也是法典的规定，违礼即是违法。事实上，在显庆三年（658）修《显庆礼》时，就曾“增损旧礼，并与令式参会改定”[1]。当令文修改时，相关的礼典也要进行改定，如龙朔二年（662）八月在关于继母亡故之丧礼服制的讨论中，司礼太常伯陇西王博乂奏：“……此并令文疏舛，理难因袭。依房仁裕等议，总加修附，垂之不朽。其礼及律疏有相关

[1]《旧唐书》卷二一《礼仪志一》，第818页。

涉者，亦请准此改正。”[1] 从上引《大唐开元礼》各卷的篇目可以看出，礼典中的规定更为细致。唐代的祈雨礼仪包括了常祀与旱祷，在这些相关礼制中，风师、雨师之祭祀我们已在前文论述，下面试从三个方面探讨唐代中央的祈雨活动。

一 以大雩为中心的祈雨礼仪

大雩之礼由远古的求雨仪式演变而来，是中国最为古老的礼仪之一。因祭祀时有盛大的舞蹈，故又称舞雩。《礼记·月令》仲夏之月：“命有司为民祈祀山川百源，大雩帝，用盛乐。”郑玄注：“阳气盛而当旱，山川百源，能兴云雨者也。众水始所出为百源。雩，吁嗟求雨之祭也。雩帝，谓为坛南郊之旁，雩五精之帝，配以先帝也。”[2]《周礼·春官·女巫》：“旱暵，则舞雩。”郑玄注：“使女巫舞旱祭，崇阴也。”[3]《公羊传·桓五年》：“大雩者何？旱祭也。”何休注：“雩，旱请雨祭名。……使童男女各八人舞而呼雩，故谓之‘雩’。”[4] 要言之，大雩就是由女巫率领童男童女盛舞以娱神，它又分为正雩和旱雩（唐代又称时雩），前者即时间固定、经常性的雩礼，后者则是指因天旱而临时进行的仪式[5]。

秦汉以后，正式的雩礼时存时亡。《通典》卷四三曰：“汉承秦灭学，正雩礼废。旱，太常祝天地宗庙。”[6] 董仲舒《春秋繁露》专门列有《求雨》一章，其核心思想是以阴阳五行思想将先秦流传下

---

[1]《旧唐书》卷二七《礼仪志七》，第1023页。

[2] 孙希旦《礼记集解》卷一六《月令第六之二》，第450—451页。

[3]《周礼注疏》卷三〇《春官宗伯下·女巫》，第996页。

[4]《春秋公羊传注疏》卷四，［汉］何休注，［唐］徐彦疏，刁小龙整理，上海古籍出版社，2014年，第144页。

[5] 参看钱玄《三礼通论》，南京师范大学出版社，1996年，第494—498页。

[6]《通典》卷四三《礼典三·沿革·大雩》，北京：中华书局，1988年，第1201页。

来的求雨方法如祷社稷山川、作土龙、祷山陵、曝巫、舞龙等加以系统归纳[1]，《晋书·礼志上》载："汉仪，自立春至立夏，尽立秋，郡国尚旱，郡县各扫除社稷。其旱也，公卿官长以次行雩礼求雨，闭诸阳，衣皂，兴土龙，立土人，舞僮二佾，七日一变，如故事。武帝咸宁二年（276），春久旱。四月丁巳，诏曰：诸旱处广加祈请。五月庚午，始祈雨于社稷山川。六月戊子，获澍雨。此雩之旧典也。"[2]可见，祈雨于社稷山川也是大雩之礼的组成部分。东晋穆帝永和年间（345—356），"有司议，制雩坛于国南郊之旁，依郊坛近远，祈上帝百辟。旱则祈雨，大雩社稷、山林、川泽。舞僮八佾六十四人，皆玄服，持羽翳，而歌《云汉》之诗章"[3]。《诗·大雅·云汉》传为周宣王所作，时连年大旱，宣王作此诗求神祈雨，全诗共8首，抒写他因天旱而愁苦的心情及国人呼天唤地的悲惨情景。从诗中可以看出当时曾举行雩礼，并向昊天上帝、后稷（周人之祖）、群公先正、四方神、社神等祈雨，正所谓"靡神不举，靡爱斯牲"[4]。《云汉》后来成为举行大雩礼时的必备乐章，而祈雨于祖先和社稷的相关祭祀也为后世所继承。

南北朝时期，大雩之礼渐备。北魏宣武帝正始元年（504）六月，"以旱撤乐减膳。癸巳，诏曰：'朕以匪德，政刑多舛，阳旱历旬，京甸枯瘁，在予之责，夙宵疚怀。有司可循案旧典，祗行六事：囹圄冤滞，平处决之；庶尹废职，量加修举；鳏寡困穷，在所存恤；役赋殷烦，咸加蠲省；贤良谠直，以礼进之，贪残佞谀，时

---

[1] 苏舆《春秋繁露义证》卷一六《求雨第七十四》，钟哲点校，北京：中华书局，1992年，第426—437页。参看詹鄞鑫《神灵与祭祀——中国传统宗教综论》下编第三章第二节《雩与求雨》，南京：江苏古籍出版社，1992年，第356—369页。

[2] 《晋书》卷一九《礼志上》，北京：中华书局，1974年，第597页。

[3] 《通典》卷四三《礼典三·沿革·大雩》，第1203页。

[4] 高亨《诗经今注》，上海古籍出版社，1980年，第445—450页。

加屏黜；男女怨旷，务令媾会。称朕意焉。’甲午，帝以旱亲荐享于太庙。戊戌，诏立周旦、夷齐庙于首阳山。庚子，以旱见公卿已下，引咎责躬。又录京师见囚，殊死已下皆减一等，鞭杖之坐悉皆原之。”[1]所谓“循案旧典，祗行六事”，源自传说中商汤祷雨桑林时实行的“六事”[2]，汉代何休注《公羊传》“大雩帝”条曰：“君亲之南郊，以六事谢过，自责曰：‘政不一与？民失职与？宫室荣与？妇谒盛与？苞苴行与？谗夫倡与？’”[3]从宣武帝的诏书可以看出，当时北魏朝廷应付旱情的措施基本上是中华古老传统的延续，并有着经学的背景，这自然是自孝文帝汉化改革的重要成果。

大致同时，在南朝，热衷于制礼作乐的梁武帝使得雩礼真正制度化和系统化。据《隋书·礼仪志二》载：

> 《春秋》“龙见而雩”，梁制不为恒祀。四月后旱，则祈雨，行七事：一，理冤狱及失职者；二，振鳏寡孤独者；三，省繇轻赋；四，举进贤良；五，黜退贪邪；六，命会男女，恤怨旷；七，撤膳羞，弛乐悬而不作。天子又降法服。七日，乃祈社稷；七日，乃祈山林川泽常兴云雨者；七日，乃祈群庙之主于太庙；七日，乃祈古来百辟卿士有益于人者；七日，乃大雩，祈上帝，偏祈所有事者。大雩礼，立圆坛于南郊之左……祈五天帝及五人帝于其上，各依其方……又偏祈社稷山林川泽，就故地处大雩。国南除地为墠，舞童六十四人。祈百辟卿

---

[1]《魏书》卷八《世宗纪》，点校本二十四史修订本，北京：中华书局，2017年，第236—237页。

[2] 关于汤祷传说的最新研究，参看楼劲《中古政治与思想文化史论》第十三章《汤祷传说的文本系统》，上海人民出版社，2023年，第574—637页。

[3]《春秋公羊传注疏》卷四，第144页。

士于雩坛之左，除地为墠，舞童六十四人，皆袨服，为八列，各执羽翳。每列歌《云汉》诗一章而毕。”[1]

在歌舞娱神这一方面，梁武帝保持了先秦大雩之本意，而所行祈雨七事，则又多为后世所继承。到天监九年（510），梁武帝又将雩坛移于东郊，这一改革却并未被后世沿用。隋代的雩坛在“国南十三里启夏门外道左”[2]。其五个七日的循环祈祷与梁的顺序不尽相同。

唐代的大雩礼在时间上与古法略有差异，《大唐开元礼》载：“若雩祀之典，有殊古法。《传》曰‘龙见而雩’，自周以来，岁星差度，今之龙见乃在仲夏之初，以祈甘雨，遂为晚矣。今用四月上旬卜日。”[3]雩祀的对象和配享之先王则有一个变化的过程，武德初定令：“每岁孟夏，雩祀昊天上帝于圆丘，景皇帝配，牲用苍犊二。五方上帝、五人帝、五官并从祀，用方色犊十。”[4]从《贞观礼》《显庆礼》到《大唐开元礼》以至《大唐郊祀录》，对于大雩礼的规定都有所不同。《大唐开元礼》卷一记载：

孟夏雩祀昊天上帝于圆丘，以太宗文武圣皇帝配座，又祀五方帝于坛之第一等，又祀五帝（原注：太昊、炎帝、轩辕、少昊、颛顼）于坛之第二等，又祀五官（原注：句芒、祝融、后土、蓐收、玄冥）于内壝之外。（原注：右按《大唐前礼》：雩祀五方帝、五帝、五官于南郊；《大唐后礼》：雩祀昊天上帝

---

[1] 《隋书》卷七《礼仪志二》，点校本二十四史修订本，北京：中华书局，2019年，第139—140页。

[2] 《隋书》卷七《礼仪志二》，第142页。

[3] 《大唐开元礼》卷一《序例上》“择日”条，第12页。

[4] 《通典》卷四三《礼典三·沿革·大雩》，第1206页。

于圆丘。且雩祀上帝，盖为百谷祈甘雨，故《月令》云：命有司大雩帝，用盛乐，以祈谷实。郑康成云：雩于上帝也。夫上帝者，天之别号，元属昊天，祀于圆丘，尊天位也。且雩祀五帝，行之自久。《记》曰：有其举之，莫敢废也。请二礼并行，以成《月令》大雩帝之义也。）❶

也就是说，《贞观礼》从郑玄六天说，故于南郊祀五方帝，而《显庆礼》则依王肃说，于圆丘祀昊天上帝。高宗上元三年（676）三月，诏复用《贞观礼》，于是终高宗世，“每有大事，皆参会古今礼文，临时撰定。然《贞观》《显庆》二礼，皆行用不废”❷。而昊天上帝之祭则逐渐占据主导地位，到了开元二十年修《大唐开元礼》时，这种趋势更为明显。姜伯勤指出：“郊祀礼祭拜统一天神昊天上帝，是为了加强对王权统一性、正统性的象征。”❸但另一方面，《开元礼》也并未完全废除五方帝之祭，而是将其祀于圆丘之坛，所谓“二礼并行”，也即王泾在《大唐郊祀录》中所言：“参王、郑之说而兼行之也。”❹

从《大唐开元礼》中，我们注意到唐代大雩礼在仪式和精神上与前代的巨大差异，雩礼起源于上古的巫术仪式，盛大的歌舞是其中的核心环节，这在梁武帝时的雩礼还有许多遗存，如以舞童 128 人袨服执翳，歌《云汉》之诗。到了唐代这样一个中央集权的统一帝国，孟夏的雩礼已成为与正月上辛祈谷、冬至南郊等并列的祭天仪式之一，

---

❶《大唐开元礼》卷一《序例上》“神位”条，第 14 页。

❷《旧唐书》卷二一《礼仪志一》，第 818 页。

❸ 姜伯勤《唐贞元、元和间礼的变迁——兼论唐礼的变迁与敦煌元和书仪文书》，原刊《隋唐史论集》，香港大学亚洲研究中心，1993 年，此据氏著《敦煌艺术宗教与礼乐文明——敦煌心史散论》，第 447 页。

❹《大唐郊祀录》卷四“雩祀昊天上帝”条，《大唐开元礼》所附适园丛书本，第 762 页。

其核心已演变成为皇帝个人与昊天上帝及先王太宗皇帝的交流，仪式的高潮则是皇帝在昊天上帝及太宗的神座前跪读祝文，祝文曰："维某年岁次月朔日子嗣天子臣某敢昭告于昊天上帝：爰兹孟夏，龙见纪辰，方资长育，式尊常礼。敬以玉帛牺齐，粢盛庶品，恭致燔祀，表其寅肃。皇曾祖考太宗文武圣皇帝配神作主，尚飨！"[1]虽然在仪式的进行中，也有文舞、武舞的表演，但这仅是中间的点缀而已，只有皇帝才是整个仪式的焦点[2]，而原始之巫风已荡然无存了。

以上分析只是制度的规定，唐代雩礼的实施状况如何呢？在史料中，极少看见皇帝亲自参加雩礼的记载，当是实际情况的反映，因为这等重大礼仪活动一般会如隋文帝开皇三年（583）四月那次亲雩一样被记录下来[3]。史载德宗贞元十三年（797）四月壬戌（初七），"雩于兴庆宫"[4]，但这次正雩的地点却并不符合礼典之规定，依照六年前即贞元九年（793）撰成的《大唐郊祀录》，孟夏雩祀昊天上帝应在圆丘，所以这次雩礼实际上不能算作真正意义的大雩之礼，而之所以在兴庆宫举行，可能与五龙祠之祭祀有关（详下）。

虽然如此，与雩礼有关的祈雨制度则仍被执行，特别是临时性祈雨的各项规定，如从梁武帝以来实施的"七事"及七日循环的祈祷程序大多被继承下来，只是具体做法有所变通。先来看看天子祈

---

[1] 《大唐开元礼》卷八《皇帝孟夏大雩祀于圆丘》"进熟"条，第66页。

[2] 关于雩礼仪式的详细情况，见《大唐开元礼》卷八《皇帝孟夏雩祀于圆丘》，第62—67页。即使皇帝不亲自与祭，而是派遣有司摄事，宣读他的祝文仍然是仪式的中心环节，见同书卷九《孟夏雩祀圆丘有司摄事》，第68—72页。另可参看金子修一《唐代皇帝祭祀の親祭と有司攝事》。

[3] 《册府元龟》卷三三《帝王部·崇祭祀二》：开皇三年"四月癸巳，亲雩"（第355页）。按，金子修一关于唐代皇帝郊庙亲祭的研究也表明，唐代皇帝并未参与大雩之礼，参看氏著《唐代皇帝祭祀の特質》，收入《古代中国と皇帝祭祀》，第172—195页；中文本《唐代皇帝祭祀的特质——透过皇帝的郊庙亲祭来检讨》，第462—473页。

[4] 《新唐书》卷七《德宗本纪》，第201页。

雨所行之辅助措施（见表 17）。

表 17　祈雨相关措施变化表（梁—唐）

	梁	隋	唐
辅助性祈雨措施	行七事： 1. 理冤狱及失职者；2. 振鳏寡孤独者；3. 省繇轻赋；4. 举进贤良；5. 黜退贪邪；6. 命会男女，恤怨旷；7. 撤膳羞，弛乐悬而不作。天子又降法服	理冤狱失职；存鳏寡孤独；振困乏；掩骼埋胔；省徭役；进贤良；举直言，退佞谄，黜贪残；命有司会男女，恤怨旷	录囚、避正殿、减膳、求直言、撤乐、减免赋税、大赦、徙市、下罪己诏、罢役、赈恤、出宫女、减飞龙厩马料、闭坊门、葬曝骸等
材料出处	《隋书》7/139	《隋书》7/142	统计资料，见表 18

从上表可以看出，天子所行之事从梁到隋再到唐，有一定的继承性，但也有不少新内容。下面将两《唐书·本纪》所载每位皇帝对旱情的因应措施统计列表如下（见表 18。详细的编年记录见本书附录三）：

表 18　唐代皇帝因应旱情措施统计表

	大赦	录囚	避正殿	撤乐	减膳	求直言	罢役	减免租税	赈恤	徙市	闭坊门	葬曝骸	出宫女	下罪己诏	减龙厩料
高祖（618—626）															
太宗（626—649）	2	3	3		2	3	1		1						
高宗（649—683）	1	10	8	1	5	3		1							
武后（684—705）			2		2	1									
中宗（705—710）	1	1	3	1	3		1								
睿宗（710—712）															
玄宗（712—755）		7	2	1	3	1	1		2			1			
肃宗（756—762）		1			1		1	1		1					
代宗（763—779）	1	3	1	1	1										

续表

	大赦	录囚	避正殿	撤乐	减膳	求直言	罢役	减免租税	赈恤	徙市	闭坊门	葬曝骸	出宫女	下罪己诏	减龙厩料
德宗（780—804）		2	1		1		1	1						1	
顺宗（805）															
宪宗（806—820）		2						1							1
穆宗（821—824）															
敬宗（825—826）		1													
文宗（827—840）		5	2	1	1					3	1		1	1	
武宗（841—846）		2	1					1							
宣宗（847—859）		2	1	1	1								1		1
懿宗（860—873）														1	
僖宗（874—888）		2	1	1											
昭宗（889—904）															
哀帝（905—906）					1										

我们之所以用《本纪》的材料作为统计来源，一方面是因为它们比较系统，另一方面则是因为《本纪》所载通常都是比较严重的旱情，可以作为抽样分析比较理想的标本。从表中可以看到，唐代帝王所行之辅助性祈雨措施按次数多少依次是：录囚、避正殿、减膳、求直言、撤乐、减免赋税、大赦、徙市、下罪己诏、罢役、赈恤、出宫女、减飞龙厩马料、闭坊门、葬曝骸等。有些措施是经常实施的，如录囚、避正殿和减膳等[1]，有些措施则只有某位皇帝偶一为之，如葬曝骸和闭坊门等。与梁相比，有些措施是相同的，如减膳撤乐、清理冤狱、轻徭薄赋等。事实上，梁的“七事”源于商汤祷雨桑林时实行的

[1] 关于唐代因旱录囚的情况，参看陈俊强《皇恩浩荡——皇帝统治的另一面》，台北：五南图书出版股份有限公司，2005年，第239—245页。

“六事”，直到唐代仍将减膳撤乐等视为古老的“六事”，如崔融在请武则天恢复正常膳食的表文中即奉承武后“怀宋景之一言，采殷汤之六事”[1]。至于大赦、下罪己诏、出宫女等则为唐代的新制。在时段上，我们从表中也可以看到，除了减膳、撤乐、避正殿等象征性的措施外，求直言、减免赋税、罢役、赈恤等涉及政治、社会、经济等的实质性措施在穆宗之后已变得少之又少了，这或者与学者所谓穆宗以后阶级矛盾迅速激化，而国家对于其社会职能的执行已日渐消极，并逐步丧失改革社会的信心和兴趣的大背景有关[2]。

再来看看七日一变的祈祷程序之变迁，先列表如下（表 19）：

表 19　祈雨程序变迁表（梁—唐）

	头七日	七日	七日	七日	七日	其他	材料出处
梁	乃祈社稷	乃祈山林川泽常兴云雨者	乃祈群庙之主于太庙	乃祈古来百辟卿士有益于人者	乃大雩，祈上帝，徧祈所有事者		《隋书》7/139
隋	乃祈岳镇海渎及诸山川能兴云雨者	乃祈社稷及古来百辟卿士有益于人者	乃祈宗庙及古帝王有神祠者	乃修雩，祈神州	仍不雨，复从岳渎以下祈如初典。秋分已后不雩，但祷而已	初请后二旬不雨者，即徙市禁屠。皇帝御素服，避正殿，减膳撤乐，或露坐听政。百官断伞扇。令人家造土龙	《隋书》7/142

[1] 崔融《为百官贺雨请复膳表》，《文苑英华》卷五六一，北京：中华书局，1966 年，第 2872 页。

[2] 参看吴宗国《唐末阶级矛盾激化的几个问题》，《北京大学学报》1984 年第 3 期，第 54—65 页。张学锋《唐代水旱赈恤、蠲免的实效与实质》认为唐代面临水旱所进行的赈恤、蠲免的实质不是为了解救灾民生活，且无多少实效，见《中国农史》1993 年第 1 期，第 11—18 页。

续表

	头七日	七日	七日	七日	七日	其他	材料出处
唐	祈岳镇海渎及诸山川能兴云雨者于北郊，望而告之	又祈社稷	又祈宗庙	每七日皆一祈，不雨，还从岳渎如初。旱甚则修雩，秋分已后不雩		初祈后一旬不雨，即徙市，禁屠杀，断伞扇，造土龙	《大唐开元礼》3/32

可以看出，在制度上，唐代七日一变的祈雨程序大致与梁、隋相同，一般是由中祀到大祀逐步升级，但要简单许多[1]。在祈雨实践中，向宗庙、社稷、岳渎等祈雨的情况非常普遍，例如：德宗贞元十九年（803）正月至于六月不雨，“分公卿望祈于岳镇海渎，名山大川，精祷于太社、太稷、太庙、天皇、地祇及山川能出云为雨者”[2]。文宗《命宰臣祈雨诏》亦云：“……仍分命宰臣，祈雨于太庙、太社、白帝坛。”[3]

需要指出的是，唐代向岳渎祈雨并非如礼典所云仅在北郊望祀，而多派大臣、中使等直接前往就祭。例如，神龙二年（706）正月，中宗“以旱，亲录囚徒，多所原宥，其东都及天下诸州，委所在长官详虑。又遣使祭五岳四渎并诸州名山大川能兴云雨者”[4]。开元十四年（726）六月，玄宗又因大旱，诏曰：“宜令工部尚书卢从愿祭东岳，河南尹张敬忠祭中岳，御史中丞兼户部侍郎宇文融祭

---

[1] 关于隋唐祭祀的等级划分之变化，参看本书《导言》第二节。
[2]《册府元龟》卷一四四《帝王部·弭灾二》，第1754页。
[3]《全唐文》卷七三，第765页。
[4]《册府元龟》卷一四四《帝王部·弭灾二》，第1749页。

西岳及西海、河渎，太常少卿张九龄祭南岳及南海，黄门侍郎李暠祭北岳，右庶子何鸾祭东海，宗正少卿郑繇祭淮渎，少詹事张晤祭江渎，河南少尹李暈祭北海及济渎。”[1] 这种情形在《开元礼》中却未有反映。

二 宗教与祈雨

汉唐之间的中国社会，一个重要的历史现象是制度性宗教特别是佛教、道教的发展壮大，其影响遍及社会的各个角落，祈雨自不能例外。虽然在律令和礼典中，唐代国家规定了明确的祈雨对象及仪式过程，但是宗教因素已渐渐渗透进官方的祈雨活动中。这一方面反映了各种宗教都试图在官方典礼中占据一席之地，另一方面也反映了唐代国家对于各种宗教势力的利用，与此同时，这也体现了中国人的实用理性精神。

（一）道教

关于唐代道教与国家的关系，目前研究成果已有不少，而玄宗朝的崇道活动更是学者措意的焦点，不过，这些成果很少涉及祈雨与道教的关系。事实上，在唐代的道书中就有不少专事祈雨的经典，如保存在《道藏》中的《太上洞渊说请雨龙王经》，《道藏提要》认为：“此经即《太上洞渊神咒经》卷十三之《龙王品》的前半部分，盖出于唐代。”[2] 此外，还有《太上元始天尊说大雨龙王经》《太上护国祈雨消魔经》，《道藏提要》未考辨其年代，而劳格文（John Lagerwey）认为二者均出自唐代[3]。在这些经典中，元始天

---

[1] 《册府元龟》卷一四四《帝王部·弭灾二》，第 1752 页。

[2] 任继愈主编《道藏提要》，北京：中国社会科学出版社，1995 年，第 273 页。

[3] Kristofer Schipper & Fransiscus Verellen (eds.), *The Taoist Canon: a Historical Companion to the Daozang*, Volume 1 , Chicago: The University of Chicago Press, 2005, pp. 556–557.

尊通常教导人们在面临大旱时，应当迎请高德法师，筑坛场，立尊像等，用道教的仪式来祈雨。在实践的层面上，唐代中央的祈雨活动与道教之关系主要表现在以下四个方面：

首先，在五龙祠的祭祀仪式中，采取了道教的投龙之法，体现了其与儒家传统五方观念之融合，也标志着道教的祈雨仪式开始进入王朝的祭典。五龙祠所在的兴庆宫原是玄宗居藩时的府第，登基后以宅为宫（地图 3），宫内有兴庆池，弥漫数里，号称龙池。龙池由小而大，被时人视作玄宗龙兴的征兆。故开元二年（714）闰二月诏令祠龙池后，王公卿士献颂词达 130 篇，太常寺从中挑出词合音律者制成《龙池篇乐章》十首，其中有姚崇、沈佺期等的作品[1]。“至开元十六年置堂，又兼置坛，仲春月则令有司祭之。……其年二月，上亲行事，感紫云郁起，曲如盖。自后每年尝（常）祭”[2]。这是五龙祠祭祀之起源，正式的祭仪则是开元十八年（730）十二月因有龙见于兴庆池而敕太常卿韦縚制定的，其祭在二月，“有司筮日，池旁设坛，官致斋，设笾豆，如祭雨师之仪，以龙致雨也”[3]。五龙祠随后被纳入稍后编成的《大唐开元礼》中，成为常祀。关于龙堂的位置，史载：“（兴庆）宫之南曰通阳门，北入曰明光门，其内曰龙堂。”[4] 当有大旱之时，皇帝往往亲自在五龙祠祷雨。如代宗时，宰相常衮所作的《中书门下贺雨第一表》曰：“……日劳圣念，恐失人时，虔于龙堂，亲行斋祷。德音朝发，甘泽夕零。”[5] 此后，德宗、宪宗都曾亲至龙堂祈雨。《旧唐书》载德

---

❶《唐会要》卷二二《龙池坛》，第 503 页。

❷《大唐郊祀录》卷七《祭五龙坛》，第 779 页。

❸《唐会要》卷二二《龙池坛》，第 504 页。

❹《唐六典》卷七“工部郎中员外郎”条，第 219 页。

❺《文苑英华》卷五六一，第 2873 页。

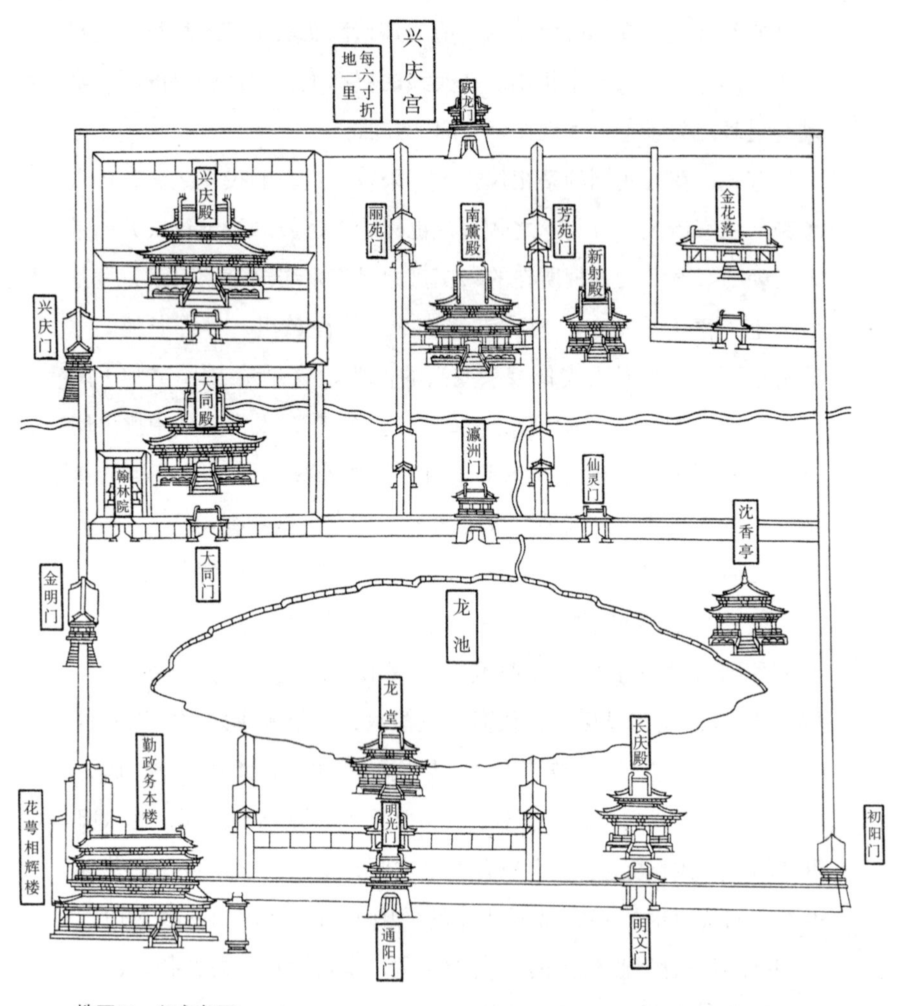

地图 3　兴庆宫图

采自平冈武夫《唐代的长安与洛阳（地图）》，上海古籍出版社，1991 年，第 37 图

宗贞元十三年（797）四月壬戌“上幸兴庆宫龙堂祈雨”[1]，而《新唐书·德宗本纪》则称“雩于兴庆宫”。宪宗元和十二年（817）四月，“上以自春以来，时雨未降，正阳之月可雩祀，遂幸兴庆宫〔龙〕堂祈雨”[2]。按龙堂祈雨的对象是五方龙，而非大雩的对象昊天上帝，所以严格说来它并非雩礼。从“雩于兴庆宫”之语可以看出，一方面“雩”成为求雨仪式的代称，反映了雩礼的通俗化；另一方面，或许这正显示了学者所谓贞元、元和之际“某些礼仪制度简约化的趋势”[3]，毕竟龙堂在宫内，举行祈雨仪式要简便得多，而不像《开元礼》所载雩祀昊天上帝的仪式那么复杂和隆重。

值得重视的是，至少在玄宗时，龙堂祈雨仪式具有浓重的道教色彩。开元十九年（731）五月，宰相裴光庭在一份《贺雨表》中说：“昨二十五日，伏见高力士奉宣敕旨，亲于兴庆池投龙祈雨。……降天步，祷神池。”[4]对此玄宗则答曰：“……投龙致祭，亲祷灵池，暂移咎于薄躬，庶垂祐于黎献。”[5]如前所述，投龙致祭乃是道教科仪，唐朝皇帝派道士前往名山大川投龙致祭以祈求保安宗社，早已成为一种惯例。不难看出，虽然从《大唐开元礼》到《大唐郊祀录》，国家礼典所载祭祀五龙祠的仪式具有非常纯粹的儒家特色，但在玄宗于龙堂祈雨的实践中，却采用了道教的投龙之法。

其次，太清宫也成为长安城中一个重要的祈雨之处。我们已于

---

[1]《旧唐书》卷一三《德宗本纪》，第385页。

[2]《唐会要》卷二二《龙池坛》，第504页。

[3] 姜伯勤《唐贞元、元和间礼的变迁——兼论唐礼的变迁与敦煌元和书仪文书》，氏著《敦煌艺术宗教与礼乐文明——敦煌心史散论》，第448页。

[4] 裴光庭《贺雨表》第二篇，《全唐文》卷二九九，第3030页。此事系年据《册府元龟》卷二六《帝王部·感应》，第280页。

[5] 唐玄宗《答裴光庭贺雨手诏》，《全唐文》卷三〇，第335页。

前文讨论了太清宫制度所反映的国家宗庙祭祀与道教的结合问题，在此我们要强调的是，太清宫也在唐中央王朝的祈雨活动中扮演着重要角色。玄宗之后，唐朝历代皇帝对太清宫的祭祀都很重视。在德宗时修的《大唐郊祀录》中，有《荐献太清宫》之礼仪存在[1]，并被列入大祀，位在宗庙之前。太清宫的主要职能就是为皇家修斋祈福，而祈雨正是其重要内容之一。《文苑英华》里保存着封敖所写的一篇太清宫《祈雨青词》，文曰：

> “维年月日嗣皇帝臣稽首大圣祖高上大道金阙玄元天皇大帝：臣猥奉顾托，获临宇宙，四海之宁晏，万物之生成，必系厥躬，敢忘其道。是用虔恭大业，寅畏上玄，励无怠无荒之忧勤，期一风一雨之调顺，苟或愆候，常多愧心。今三伏之时，五稼方茂，稍渴膏润，未为愆阳，而忧劳所牵，念虑已及。恭持丹恳，上渎玄功，冀弘清静之源，溥施沾濡之泽，粢盛必遂，烦燠可消。将展敬于精诚，俟降灵于霶霈，谨遣吏部侍郎韦湛启告以闻，谨词。”[2]

本文无系年，按史称封敖于“会昌初，以员外郎知制诰，召入翰林为学士，拜中书舍人，敖构思敏速，语近而理胜，不务奇涩，武宗深重之。……德裕罢相，敖亦罢内职”[3]，然则此文当作于武宗之时。所谓“青词”，按《大唐郊祀录》的定义：“其申告荐之文曰青词。案开元二十九年初置太清宫，有司草仪用祝策以行事。天宝四载四月甲辰诏，以非事生之礼，遂停用祝版，而改青词于青纸上，因名

---

[1] 《大唐郊祀录》卷九《荐献太清宫》，第 788—790 页。

[2] 《文苑英华》卷四七二，第 2413 页。

[3] 《旧唐书》卷一六八《封敖传》，第 4392—4393 页。

之。自此以来为恒式矣。”[1] 由封敖这篇《祈雨青词》和《大唐郊祀录》的礼仪规定可以清楚看出，太清宫兼有道教宫观与皇家宗庙的双重性质。在礼典中，它的祭祀与太庙一样，称为“荐献”，而祈雨的青词也由翰林学士来主笔，其内容更是以皇帝的口吻展开叙述，无怪乎《文苑英华》将其列入“翰林制诰”之中。当然，祈雨的整个仪式则主要还是道教的斋醮科仪。

复次，玄宗朝另一个与道教有关的礼仪变革，是把“九宫贵神”之祭祀列入国家礼典并成为大祀。天宝三载（744），有术士苏嘉庆上言，请立九宫贵神坛于京东朝日坛东，四孟月祭，礼次昊天上帝，而在太清宫和太庙之上，玄宗从之。于十月六日敕曰：“九宫贵神，实司水旱，功佐上帝，德庇下人。冀嘉谷岁登，灾害不作，每至四时初节，令中书门下往摄祭。”并于十二月加以亲祀。肃宗乾元三年（760）正月也曾亲祀[2]。关于九宫贵神的道教背景，学界已有详尽考证[3]，我们在此想要强调的是，唐朝君臣在谈及九宫贵神或议其礼仪的时候，主要着眼点仍是其主司水旱的功能。

最后，道教在朝廷中另一个重要的祈雨场所是大明宫中的内道场——玉晨观。王永平论述了唐代道教内道场之设立、组成，及初步的发展脉络，对于玉晨观，他认为：“玉宸观，又作玉晨观，位于长安大明宫紫宸殿后，建置年代不详，但至迟在宪宗元和年间

---

[1] 《大唐郊祀录》卷九《荐献太清宫》，第 789 页。关于道教青词的格式及在唐以后的发展，参看张泽洪《道教斋醮科仪研究》第二章第三节《斋醮科仪的青词表文》，成都：巴蜀书社，1999 年，第 140—150 页。

[2] 《旧唐书》卷二四《礼仪志四》，第 929—930 页，此敕文为会昌元年（841）中书门下奏文所引。

[3] 参看 Victor Xiong, “Ritual Innovations and Taoism under Tang Xuanzong,” *T'oung Pao* 82 (1996): pp. 258–316。吴丽娱《论九宫祭祀与道教崇拜》，荣新江主编《唐研究》第九卷，北京大学出版社，2003 年，第 283—314 页。

已成为宫内一处重要的道教内道场。……玉宸观道场至少历经宪、穆、敬、文四朝，一直很兴盛。”[1]这大致不差，玉晨观内道场在宫廷中的宗教活动非常活跃，许多有名的女道士被召入宫，参与玉晨观的法事。如历经宪、穆、敬、文四朝的田元素[2]，文宗大和四年（830）夏为回元观造钟楼时，“于大明宫之玉晨观设坛进箓”的侯琼珍等[3]。另如大和五年（831）故去的“内玉晨观上清大洞三景法师赐紫大德”韩自明，“德既升闻，帝思乞言大口，敕召入宫玉晨观。师每进见，上未尝不居正端拱，整容寂听，备命服之锡，崇筑室之赐，至五年三月，以疾得请，复居京城亲仁里咸宜观旧院”[4]。可见，与玉晨观的其他大德一样，韩自明也是从宫外其他道观中召入的名师。开成二年（837）正月，文宗又“召麻姑山女道士庞德祖自录（银）台门留止玉晨观”[5]。毋庸置疑，玉晨观绝对是中晚唐宫中最重要的道教内道场，观中的许多女道士都是来自天下各地的道门精英。

在《文苑英华》中，保存了8篇玉晨观叹道文，包括白居易所撰1篇《上元日叹道文》，封敖所撰3篇：《庆阳节（武宗生日）玉晨观叹道文》《宪宗忌日玉晨观叹道文》《立春日玉晨观叹道文》，以及独孤霖所撰4篇：两篇《玉晨观祈雨叹道文》，《七月十一日玉

---

[1] 王永平《论唐代道教内道场的设置》，《首都师范大学学报》1999年第2期，第14页。参看樊波《唐大明宫玉晨观考》，严耀中主编《唐代国家与地域社会研究——中国唐史学会第十届年会论文集》，上海古籍出版社，2008年，第417—424页。

[2] 宋若宪《唐大明宫玉晨观故上清大洞三景弟子东岳青帝真人田法师（元素）玄室铭》，吴钢主编《全唐文补遗》第二辑，西安：三秦出版社，1995年，第48—49页。

[3] 令狐楚《大唐回元观钟楼铭》，吴钢主编《全唐文补遗》第一辑，西安：三秦出版社，1994，第8页。

[4]《唐故内玉晨观上清大洞三景法师赐紫大德（韩自明）仙宫铭》，吴钢主编《全唐文补遗》第六辑，西安：三秦出版社，1999年，第29页。

[5]《册府元龟》卷五四《帝王部·尚黄老二》，第607页。

晨观别修功德叹道文》及《九月一日玉晨观别修功德叹道文》[1]。从中我们可以略窥玉晨观在宫廷内繁忙的宗教活动，而祈雨正是其中一项重要内容。独孤霖《玉晨观祈雨叹道文》第一篇曰："茂多稼者唯雨，司甘泽者在天。永惟法道之言，宜叶忧人之旨。今属旱苗方瘁，膏润不沾，女道士某等奉为皇帝依教发诚，循仪启愿，冀由衷悬，仰达上玄，遂使触石未周，遽闻泛洒，随风而远，俄睹滂沱，大田既咏于丰年，庶品咸康于乐业。"第二篇曰："……今属夏景将临，春阳已亢，女道士某等奉为皇帝虔修法事，恭启至诚，庶将悯雨之心，冀解忧人之念。伏愿油云散布，膏泽远流。"《七月十一日玉晨观别修功德叹道文》其实也是祈雨文，内称："今属金行御气，张宿司辰，告朔是先，迎秋方始，女道士某等奉为皇帝铺陈法要，启迪真筌，伏愿雨润大田，云垂多稼。"这三篇祈雨叹道文表明，除了在皇帝诞节、国忌日及三元节等重要日子为国设斋祈福之外，在天旱时以道教科仪祈雨同样是玉晨观女道士的职责，而所用之叹道文则与太清宫祈雨青词一样，都由翰林学士写就，带有明显的制诰性质。另外，之所以由女道士祈雨，可能亦取其为阴性也，此事或源于以女巫祈雨之古老传统，惟仪式有所不同而已。

可以看出，太清宫、九宫贵神、五龙祠及玉晨观的设立将道教科仪带入宫廷的祈雨实践中，对于儒家传统的祈雨礼仪而言，这既是不小的冲击，更是重要的补充。当儒家传统五礼在《大唐开元礼》中达到形式上的完美境地之时，也正是它因烦琐已极而失去活力之日。这使得宗教势力得以进入宫廷，以另一种仪式满足国家的礼仪需要。

---

[1] 《文苑英华》卷四七二，第2414—2415页。按封敖所撰三篇文字漏标作者之名，容易使读者误以为同《上元日叹道文》一样系白居易之作，今据《全唐文》卷七二八（第7507页）正之。

（二）佛教

佛教的祈雨活动由来甚早，魏晋南北朝时来华传教的天竺和西域僧人多有祈雨之举，其方法往往是古婆罗门咒术。最有名者当数“善诵神咒，能役使鬼物”的佛图澄，其咒龙祈雨的故事早已为人所知[1]，另如东晋时“有竺昙盖、竺僧法，并苦行通感。盖能神咒请雨，为杨（扬）州刺史司马元显所敬。法亦善神咒，晋丞相会稽王司马道子为起治（一作冶）城寺焉”[2]。前秦苻坚建元十二年（376）来长安的西域名僧涉公“能以秘咒，咒下神龙，每旱，坚常请之咒龙，俄而龙下钵中，天辄大雨。坚及群臣亲就钵中观之，咸叹其异。坚奉为国神，士庶皆投身接足，自是无复炎旱之忧”。他卒后的第二年，一连六个月不雨：“坚减膳撤悬，以迎和气，至七月降雨。坚谓中书朱肜曰：涉公若在，朕岂燋心于云汉若是哉！”[3]国君减膳撤乐乃中国传统的祈雨之法，前文述之甚明。在苻坚的眼里，它们远不若佛教的咒龙求雨之法有效。这些例子都表明，诵咒祈雨是当时入华高僧弘传教法并借以取得国家承认和支持的一种经常手段。流风所及，甚至连义学高僧慧远也有诵经祈雨之举，“浔阳亢旱，远诣池侧读《海龙王经》，忽有巨蛇从池上空，须臾大雨”[4]。又如宋孝武帝大明六年（462），“天下亢旱，祷祈山川，累月无验”，帝请令梵僧求那跋陀罗祈雨，“即往北湖钓台烧香祈请，不复饮食，默而诵经，密加秘咒。明日晡时，西北云起如盖，日在桑榆，风震云

---

[1]《高僧传》卷九《晋邺中竺佛图澄传》，北京：中华书局，1992年，第345—357页。

[2]《高僧传》卷一二《晋越城寺释法相传》，第459页。

[3]《高僧传》卷一〇《晋长安涉公传》，第373—374页。周一良认为涉公的祈雨活动“是佛僧在中国祈雨的最早例子”，氏著《唐代密宗》，钱文忠译，上海远东出版社，1996年，第5页。

[4]《高僧传》卷六《晋庐山释慧远传》，第212页。

合，连日降雨”[1]。禁咒之术本是婆罗门诸外道的特长，而求那跋陀罗“本婆罗门种，幼学五明诸论，天文书算，医方咒术，靡不该博。……其家世外道，禁绝沙门，乃舍家潜遁”[2]。他虽后来成为佛教高僧，但家传的咒术无疑成为其传教的重要辅助手段。另外，与求那跋陀罗类似，北齐高僧慧光也曾应百姓之请，“就嵩岳池边烧香请雨”[3]，可见，在南北朝佛教的祈雨仪式上，除了诵咒、读经，“烧香”也是一个重要的环节。

到了隋唐时期，国家官方祈雨之礼典大备，但仍不时举行佛教的祈雨仪式[4]。据《续高僧传》卷八记载：

> 至（开皇）六年，亢旱，朝野荒然，敕请二百僧于正殿祈雨，累日无应。帝曰："天不降雨，有何所由？"延白："事由一二。"帝退，与僚宰议之，不达意故，敕京兆太守苏威问延一二所由，答曰："陛下万机之主，群臣毘赞之官。并通治术，俱愆玄化。故雨而不雨，事由一二耳。"帝遂躬事祈雨，请延于大兴殿登御座，南面授法，帝及朝宰五品已上，咸席地北面而受八戒。戒授才讫，日正中时，天有片云，须臾遍布，便降甘雨，远近咸足。帝悦之，赐绢三百段。[5]

[1] 《高僧传》卷三《宋京师中兴寺求那跋陀罗传》，第133—134页。

[2] 《高僧传》卷三《宋京师中兴寺求那跋陀罗传》，第130页。

[3] 《续高僧传》卷二二《齐邺下大觉寺释慧光传》，第822页。

[4] 古瀬奈津子前揭《雨乞いの儀式について——唐の祠令と日本の神祇令》曾以佛教祈雨是日唐最为不同之处：在中国，佛教祈雨在正史中没有，而日本则较常见。但是，诚如黄正建所言："用'正史'作判断的标准之一，其作用似乎也是很有限的。"参看他为《東アジア史における国家と地域》一书所作书评，荣新江主编《唐研究》第六卷，北京大学出版社，2000年，第465页。

[5] 《续高僧传》卷八《隋京师延兴寺释昙延传》，第277页。

显然，面临亢旱时，作为佛教徒的隋文帝首先是“请二百僧于正殿祈雨”，而高僧昙延则更希望通过皇帝、大臣参与祈雨仪式，来强化其佛教信仰。在不少情况下，颂读佛经也是重要的环节。开皇十四年（594），杭州亢旱，刺史刘景安请灵隐山天竺寺僧真观祈雨，“讲《海龙王经》，序王既讫，骤雨滂注。自斯厥后，有请便降，吴越宗仰其若神焉”❶。真观法师讲《海龙王经》祈雨，似乎是沿用了庐山慧远的故技。事实上，在开皇十七年（597）费长房所上的《历代三宝纪》卷一三《大乘录入藏目》中，还有《十八龙王神咒经》一卷、《请雨止雨神咒经》一卷❷，应该都是与祈雨有关的经典。

再来看唐代。据学者研究，自太宗迄于武宗，唐代诸帝在长安大内或东都大内（武则天、中宗时期），相继设置了各种功能的佛教内道场，而武则天时期更出现了内道场僧团❸，这为佛教祈雨仪式进入宫廷奠定了基础。唐初，“时天旱，有西域僧于昆明池结坛祈雨，诏有司备香灯供具”，当时还产生了昆明池龙神被逼无奈向高僧道宣求救，道宣又让他转求于孙思邈的传说❹。在开元六年（718）

❶《续高僧传》卷三〇《隋杭州灵隐山天竺寺释真观传》，第1248页。

❷《历代三宝纪》卷一三，《大正藏》第49卷，第114页。

❸ 张弓《唐代的内道场与内道场僧团》，《世界宗教研究》1993年第3期，第81—89页。关于内道场，另参周一良《唐代密宗》附录三，第84—87页。

❹《宋高僧传》卷一四《唐京兆西明寺道宣传》，第328页。与之相关的一个传说是《独异志》卷上所载：“唐天后朝，处士孙思邈居于嵩山修道。时大旱，有敕选洛阳德行僧数千百人于天宫寺讲《仁王经》，以祈雨泽。有二老人在众中，须眉皓白。讲僧昙林遣人谓二老人曰：‘罢后可一过院。’既至，问其所来，二老人曰：‘某伊、洛二水龙也，闻至言当得改化。’林曰：‘讲经祈雨，二圣知之乎？’答曰：‘安得不知？然雨者须天符乃能致之，居常何敢自施也。’林曰：‘为之奈何？’二老曰：‘有修道人以章疏闻天，因而滂沱，某可力为之。’林乃入启。则天发使嵩阳召思邈，内殿飞章，其夕天雨大降，思邈亦不自明。”（《独异志·宣室志》，北京：中华书局，1983年，第11—12页）这则故事的时间、地点、僧人都有所变化，惟孙思邈上章祈雨的主要情节依旧。虽然最后以道士的祈雨方式而奏效，但武则天先令僧人讲经祈雨的环节不容忽视。

成书的孟献忠《金刚波若经集验记》中，保留了来自梓州慧义寺的清虚和尚在长安祈雨的记录：

> 大足二年五月内，属亢阳，奉敕遣州县祈雨，令京城师僧二十口祈请，一滴不得。其僧清虚遂向酆国寺见复礼师，平章祈雨。礼遂问其僧："阿师将何法祈雨？"报云："将十一面观世音咒及《金刚般若经》精心诵念，以此祈雨。"云："几日可得雨足？"答言："三日三夜雨必得足。"复礼愠而言："饶你七日祈请。如其七日不雨，送你与薛季昶枷项，遣你作饿死鬼。"僧闻此言，心增激励，报复礼曰："明日食时，雨下未足，非满三日，雨必普霑。"其僧即入道场，至心念诵。比至明日食时，雨即便降，可得四五寸，还即却晴。复礼弟子元济语清虚言："明日即是三日满，今见十里无云，不知阿师将何为验？"答言："不须愁，雨三日内必足。"及至明日向暮，天上犹无片云。清虚精心恳发，恐无徵效，重启十方诸大菩萨、罗汉、圣僧、一切贤圣："弟子今日一心为法界苍生祈雨，如今夜雨若不足，弟子于此处舍命以为苍生。"遂竭诚至心诵《金刚般若》。二更将尽，雨遂滂沱，比及天明，一尺以上。周回五百里内，甘泽并足，威神之力，巍巍如是。从此祈雨，便向酆国寺坐夏。[1]

按酆国寺即长安大兴善寺，从孟献忠记录的这条故事来看，由于清虚和尚在此祈雨有应，从武周大足二年（701）开始，这里就成为长安祈雨的重要地点。另据《宋高僧传》记载，中宗神龙二年

[1] 收入邵颖涛校注《唐小说集辑校三种》，北京：人民出版社，2017年，第169—170页。

（706），清虚和尚又“准诏入内祈雨，绝二七日雪降，中宗以为未济时望，令就寺更祈请。即于佛殿内精祷，并炼一指。才及一宵，雨周千里，指复如旧”[1]。这两处记载的重点颇有差异，在孟献忠的记录里，清虚和尚是通过念诵十一面观世音咒及《金刚般若经》来祈雨的，后者尤为神异之源，而《宋高僧传》则强调的是炼指之效，事实上，炼指、炼顶等自残行为本是密教的一种供养方式，常常伴随着咒语神通[2]，考虑到清虚之前曾念诵十一面观音咒祈雨，然则他可能受到密教的某些影响。

不过，在开元以前，官方采用佛教仪式祈雨并不普遍，方法也不固定，这从上文鄮国寺复礼法师的态度可见一斑，他不仅询问清虚“将何法祈雨”，更对其祈雨能力表示怀疑，甚至威胁说如果无效，就将清虚移送雍州长史薛季昶处罚。可见，当时一般僧徒对佛法祈雨并不自信。到了“开元三大士”——善无畏、金刚智和不空相继来华传教之后，佛法祈雨才频繁起来。周一良曾对《宋高僧传》中三人的传记作了精详的注解[3]，可以看出他们都有结坛祈雨的记录。善无畏的祈雨方法仍是陀罗尼咒法，金刚智的手段略有不同，他虽也起坛，但主要是绘制曼荼罗。至于不空，其结坛祈雨的记载就更多了，他甚至还专门译出一部专门用于求雨的经典——《大云轮请雨经》，此经卷上系世尊与诸大龙王的对话，其中有云：“尔时三千大千世界主无边庄严海云威德轮盖龙王复白佛言：‘世尊！我今启请如来说陀罗尼句，令于未来末世之时，于赡部洲亢旱不降雨处，颂此陀罗尼即当降雨。’”卷下即世尊为龙王所说之陀罗

---

[1] 《宋高僧传》卷二五《唐梓州慧义寺清虚传》，第630页。

[2] 参看严耀中《汉传密教》第十章《自残与供养》，上海：学林出版社，1999年，第147—159页。

[3] 周一良《唐代密宗》，第13—79页。

尼咒语[1]。不空也译出了与之配套的《大云经祈雨坛法》：

若天亢旱时欲祈请雨者，于露地作坛，除去瓦砾及诸秽物，张设青幕，悬青幡，香泥涂拭，作一方坛。于坛中画七宝水池，池中画海龙王宫，于龙宫中有释迦牟尼如来住说法相。佛右画观自在菩萨，佛左画金刚手菩萨等侍卫，于佛前右画三千大千世界主轮盖龙王，佛前左画难陀、跋难陀二龙王。于坛四方，用瞿摩夷汁各画一龙王。于东方画一龙王，一身三头，量长三肘，并眷属围绕。又于南方画一龙王，一身五头，量长五肘，并诸眷属。又于西方画一龙王，一身七头，量长七肘，并眷属围绕。于北方又画一龙王，一身九头，量长九肘，并眷属围绕。皆在叆叇青黑云中，半身已下如蛇形，尾在池中，半身已上如菩萨形，皆合掌从池涌出。于坛四角置四清水瓶，随其力分饮食、菓子等，皆染作青色，以慇净心布列供养，烧香，散青色华，道场中所用皆作青色。祈雨之人若是出家苾刍，应具律仪。若俗士，应受八戒。作法之时，喫三白食，每日香汤沐浴，著新净青衣，于坛西面，以青物为座。即以香涂手，先应三密加持自身及护坛场，案上置此《大云经》，于一切有情起大慈悲心，至诚请一切佛菩萨加持，昼夜虔诚读此《大云经》。或二人、三人乃至七人更替读诵，经声不应间断。亢旱之时，如是依法读此《大云经》，或经一日、二日乃

[1] 不空译《大云轮请雨经》两卷，收入吕建福编《不空全集》，北京：中华书局，2021年，第1264—1277页。参看周一良《唐代密宗》附录十五，第109—110页。据费长房《历代三宝纪》卷一一《译经》载：北周武帝天和五年（570），摩伽陀国三藏禅师阇那耶舍就曾译出《大云轮经请雨品第一百》一卷，由沙门圆明笔受。《大正藏》第49卷，第100页。

至七日，定降注甘雨。若灾重不雨，更作，必降甘雨。假使大海或有过限越潮，依此经作法转读，无不应效。应发愿：读经所生功德回向诸龙，愿皆离诸苦难，发无上菩提心，为一切有情，降注甘雨。[1]

显然，不空所译《大云轮请雨经》及其配套的坛法，正是其祈雨实践的依据，经文的核心是陀罗尼咒语，在坛场中，须由几位僧人不间断诵读此经，并发愿将“读经所生功德回向诸龙”，从而确保在数日之内能祈雨成功。大历七年（772）初夏，天下大旱，代宗减膳彻乐，甚至为此大赦天下[2]，但最终还是由不空结坛祈雨成功。在《不空三藏表制集》中，就收录了不空在这次祈雨之后给代宗的贺表：“沙门不空言：中使姜庭瓌至，奉宣圣旨，属以亢阳令祈雨，限七日得者。……既奉天诏，旋严道场，莫不勠其力，一其心，使陛下天成。依诸佛遗教，微诚恳极，至诚感神，无劳燕舞之征，已降普天之泽。下顺人望，上赴圣心，足蹈手舞，无任抃跃，谨奉表陈贺以闻。沙门不空诚欢诚喜，谨言。大历七年六月一日。特进试鸿胪卿大兴善寺三藏沙门大广智不空上表。”[3]可以想见，不空的祈雨方式可能就是按照《大云轮请雨经》及其坛法来进行的。

不空之后，结坛祈雨似已成为密宗高僧不可缺少的活动，人们总是对此满怀期待。日僧空海所撰《大唐神都青龙寺故三朝国师灌顶阿阇黎惠果和尚之碑》称：“若乃旱（旱）魃焦叶，召那伽以滂

---

[1] 不空译《大云经祈雨坛法》，收入吕建福编《不空全集》，第1471页。

[2]《旧唐书》卷一一《代宗本纪》，第300页。

[3] 圆照编《代宗朝赠司空大辨正广智三藏和上表制集》卷三《恩命祈雨贺雨表一首》，收入吕建福编《不空全集》，第1893页。

沱；商羊决堤，驱伽罗以杲杲。其感不移晷，其验同在掌。皇帝皇后，崇其增益。琼枝玉叶，伏其降魔。斯乃大师慈力之所致也。”[1]惠果乃不空和尚的入室弟子，和其师一样，祈雨成功正是他取得皇家崇信的重要手段。而精通天文历算、与密教高僧过从甚密的一行禅师也有在宫廷内立坛场祈雨的记载[2]。

到晚唐时，以佛、道教仪式祈雨已经成为定制，据日僧圆仁《入唐求法巡礼行记》武宗会昌四年（844）七月条记载：“今年已来，每雨少时，功德使奉敕帖诸寺观，令转经祈雨。感得雨时，道士偏蒙恩赏，僧尼寂寥无事。城中人笑曰：‘祈雨即恼乱师僧，赏物即偏与道士。’”[3]显然，需要祈雨时，通常是由功德使奉敕转帖诸寺观，令其转经祈雨，而武宗时只是更加强调了道教的因素而已。五代仍然继承了唐代的传统，后唐末帝《祈晴诏》云：“苦雨连绵，已逾旬浃。差官祈禜，尚未晴明，宜令宰臣李愚、刘昫、卢文纪、姚顗，各于诸寺观虔告。”[4]可见其祈晴亦是于寺、观并行的。

至于摩尼教与祈雨的关系，目前我们所见到一条材料是贞元十五年（799）四月，“以久旱，令阴阳术士陈混常、吕广顺及摩尼师祈雨”[5]。这似乎只是朝廷偶一为之的事件，但也反映了外来宗教参与中国传统社会的一种努力，以及官方对它们利用的一种尝试。

---

[1] 吴钢主编《全唐文补遗》第五辑，西安：三秦出版社，1998年，第4页。

[2]《宋高僧传》卷五《唐中岳嵩阳寺一行传》，第93页。

[3]《入唐求法巡礼行记校注》卷四，圆仁著，白化文等修订校注，石家庄：花山文艺出版社，1992年，第446页。

[4]《全唐文》卷一一三，第1154页。

[5]《册府元龟》卷一四四《帝王部·弭灾二》，第1754页。此事又见《唐会要》卷四九《摩尼寺》，第1012页。

三 长安城的祈雨空间

长安城是大唐帝国礼仪空间的中心，在祈雨问题上，也能反映出国家礼仪、宗教及诸神祠的共同作用。在此我们来简略分析一下长安城中的祈雨空间[1]。

按照《大唐开元礼》的规定，在长安城中的祈雨之地有：A. 北郊：望祭岳镇海渎及诸山川能兴云雨者；B. 圆丘：雩祀昊天上帝之处；C. 社稷；D. 宗庙；E. 风伯、雨师坛。这是礼典明文规定的祈雨之处，但在祈雨实践上，长安城中的祈雨空间远不止此。如前所述，佛教、道教在国家的祈雨活动中扮演了非常重要的角色。佛教方面，在唐前期主要是在宫廷中的内道场举行，而中晚唐则由宰相或功德使指派长安特定的寺院转经祈雨，不过，这些寺院具体所指则有待详考。至于道教，与之相关者至少应包括：A. 兴庆宫五龙祠；B. 大宁坊的太清宫；C. 九宫贵神坛，依《长安志》的记载，“在［万年］县东南一十里，古城春明门外”[2]；D. 玉晨观，即大明宫中的内道场。从圆仁的记载来看，晚唐时期参与祈雨的宫观显然不止这几处。

此外，长安城中的祈雨之地还有不少，例如：

龙首池。在东内苑中，龙首渠水自城南注入此池。“玄宗先天二年（713）三月甲戌，帝以旱，亲往龙首池祈祷，有赤蛇自池而

---

[1] 当朝廷下诏祈雨时，常把“畿内”的关中地区视为一个单元，如开元时孙逖所撰《令关内诸侯州长官祭名山大川敕》就要求：“其关内名山大川及有灵祠，宜令所由长官择日致赛，务令丰厚，各尽诚洁，以副朕怀。”《全唐文》卷三一〇，第3153—3154页。而终南山更与长安城有着千丝万缕的关系，且是京兆府祈雨的重点之一，参看王静《终南山与唐代长安社会》，荣新江主编《唐研究》第九卷，北京大学出版社，2003年，第148—149页。不过，本节所谓“长安城”主要是一个狭义的地理概念，仅指长安外郭城的范围之内及其周边一带。

[2]《长安志》卷一一，第131页。

出，云雾四布，应时澍雨。”[1]“文宗开成元年（836）二月庚申，帝幸龙首池，观内人赛雨。”[2]然则龙首池也是宫苑中的一个重要祈雨之处。

玄冥、五星坛。天宝十四载（755）三月，诏曰：“近日以来，时雨未降，……宜令太子太师陈希烈祭玄冥，光禄卿李憕祭风伯，国子祭酒李麟祭雨师，仍取今年（月）二十三日各申诚请，务令蠲洁，如朕意焉。”又诏曰：“关辅郡邑，霈泽屡施，京城在近，时雨未降，是用轸虑，匪宁于怀。其诸郊坛虽已勤请，攸资遍祭，庶达诚心。宜令吏部侍郎蒋烈今月二十五日祭天皇、地祇，给事中王维等分祭于五星坛，务申虔洁，以副朕怀。”[3]此处之天皇、地祇或指郊祀礼中之昊天上帝及后土神，这似乎反映了国家礼制的世俗化。

曲江池。史载“乾元元年（758）二月旱，于曲江池投龙祈雨。又令道士何智通于尚书省都堂醮土神，用特牲，设五十余座，右仆射裴冕及尚书、侍郎、［郎］官并就位如朝仪”[4]。同年五月“己亥，亢旱，阴阳人李奉先自大明宫出金龙及纸钱，太常音乐迎之，送于曲江池投龙祈雨。宰相及礼官并于池所行祭礼毕，奉先投龙于池”[5]。另据《酉阳杂俎前集》卷九记载：“相传黎幹为京兆尹时，曲江涂（投）龙祈雨，观者数千。”[6]而文宗大和年间，“孔戢为京兆尹，时累月亢旱，戢遽请祈祷于曲池，是夕大雨”[7]。可见，曲江

---

[1]《册府元龟》卷二六《帝王部·感应》，第279页。

[2]《册府元龟》卷二六《帝王部·感应》，第282页。此事又见《旧唐书》卷一七下《文宗纪下》，第564页。

[3]《册府元龟》卷一四四《帝王部·弭灾二》，第1752页。

[4]《册府元龟》卷五四《帝王部·尚黄老二》，第605页。

[5]《册府元龟》卷一四四《帝王部·弭灾二》，第1752页。

[6]《酉阳杂俎前集》卷九“盗侠”条，88页。

[7]《册府元龟》卷六八一《牧守部·感瑞》，第8139页。据《唐刺史考全编》卷二考证，孔戢任京兆尹在大和二年正月到三年正月之间，第50页。

池也是长安城中一个重要的祈雨之地，而道教的投龙仪式则常常在其中扮演着重要角色。

白帝坛。文宗开成二年（837）七月乙酉诏："……乃分命宰臣祈雨于太庙、太社、白帝坛。"[1]

如所周知，长安城有很大的特殊性，它兼有中央与地方的双重性质，京兆尹也同时具有内外官的特征[2]。在祈雨活动中，也体现出这一点。京兆府常奉旨向长安城及其周边的各处神祠祷雨，如天宝十四载（755）三月丙戌敕："顷缘少雨，遍于致祭，旋降甘泽，实荷灵祇。其先令中使祭者，别有昭报。京兆府比来应有祈请处，并畿内名山灵迹，并令府县长官各申赛祭。"[3]"永泰元年七月庚子，以旱故，祷诸神祠"[4]。在中晚唐的许多文集中，也保存着不少京兆尹祷神祈雨的祝文。除了我们前文提及的京兆尹韩愈长庆三年（823）曾向兴圣尼寺中的竹林神祈雨外，他又曾在曲江池向东方青龙祈雨："维年月日，京兆尹兼御史大夫韩愈，谨以香果之奠，敢昭告于东方青龙之神：天作旱灾，嘉谷将槁，乃于甲乙之日，依准古法，作神之象，斋戒祀祷，神其享祐之，时降甘雨，以惠兹人。急急如律令。"[5]

可以看出，在祈雨这个问题上，既有礼典规定的坛庙，也有佛寺与道观，更有民间神祠，它们共同组成了长安城的祈雨空间（地图 4）。

---

[1] 《册府元龟》卷一四五《帝王部・弭灾三》，第 1758 页。
[2] 参看张荣芳《唐代京兆尹研究》，台北：台湾学生书局，1987 年。
[3] 《册府元龟》卷二六《帝王部・感应》，第 281 页。
[4] 《册府元龟》卷二六《帝王部・感应》，第 282 页。
[5] 韩愈《曲江祭龙文》，《韩昌黎文集校注》卷五，第 328—329 页。

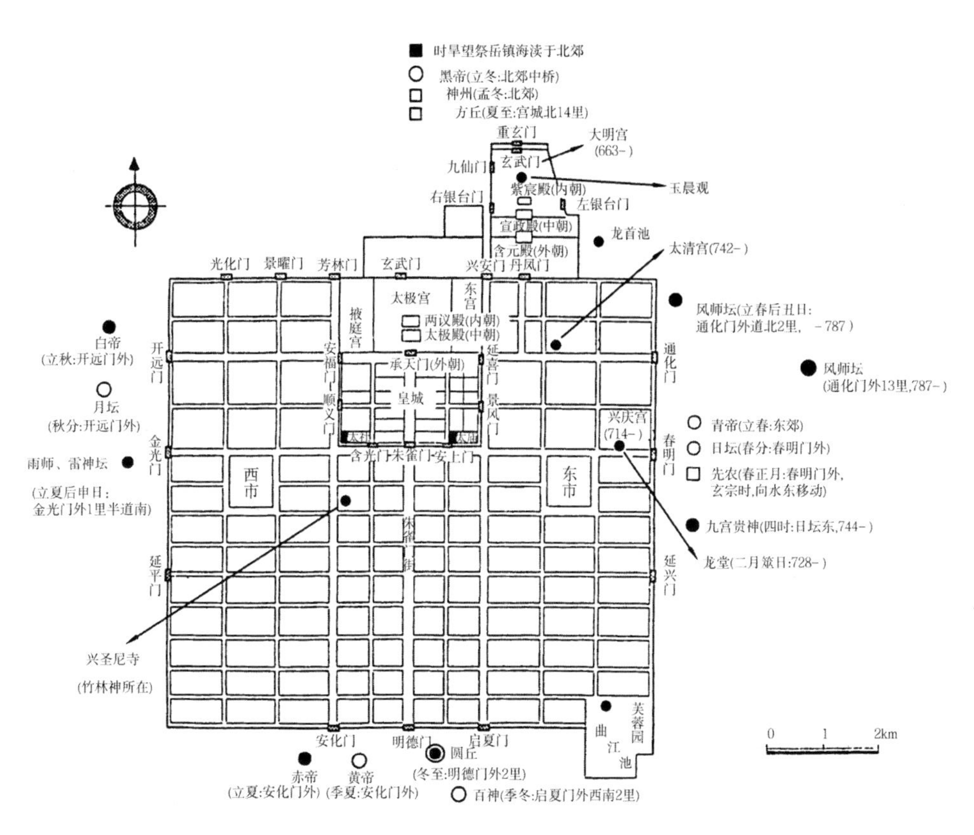

地图 4　唐长安城的祈雨空间

说明：本图是在妹尾达彦《帝国の宇宙論——中華帝国の祭天儀礼》图 4《唐代長安城の儀礼空間》的基础上改定而成。主要改动有：添加与祈雨活动有关的风师、雨师、雷神坛，以及兴庆宫的龙堂、大明宫的玉晨观、东苑的龙首池、通义坊兴圣尼寺（竹林神所在）等；太清宫并未占据大宁坊之全部，而只是西南角，故加以改绘。涂黑的标记为祈雨之所在。

第二节　州县祈雨的理论与实践

对于唐代地方政府而言，祈雨的对象有着明确的礼制上的规定，但在具体实践中，无论是佛教、道教，还是各种地方祠祀，都扮演了非常重要的角色。

一　礼制规定与地方神祠

《大唐开元礼》卷三所云："凡州县旱则祈雨，先社稷，又祈界内山川能兴云雨者，余准京都例。若岳镇海渎，州则刺史、上佐行事，其余山川，判司行事。县则县令、县丞行事。祈用酒脯醢，报以少牢。"[1] 同书卷七〇《诸州祈社稷、诸州祈诸神、诸州禜城门》及卷七三《诸县祈社稷、诸县祈诸神、诸县禜城门》则详细规定了州县遇到水旱灾害时进行祈禜的仪式。即大旱时，应向社稷和诸神祈雨，而霖雨过多时，则应禜城门以祈晴。这些规定同时有着法律上的依据，即《祠令》。按《金石萃编》卷六五所收《百门陂碑》系县里乡望等因县令曹怀节祷雨有应而立，碑阴记录了多条祈雨的事例，其中长安二年（702）"夏五月，州符下县祈雨。六月一日，公□《祠令》，□先祈社稷，遍祈山川，躬临庙坛，亲自暴露"[2]。不难看出，祈雨之命要由州下符到县，显系政府行为。而祈雨的对象则由《祠令》规定，即首先是要祈社稷，然后才得祈祷山川，这种规定在实践中得到切实执行。另据刘禹锡《观市》记载："元和

[1] 《大唐开元礼》卷三《序例下》"祈祷"条，第32页。

[2] 《金石萃编》卷六五，《石刻史料新编》第1辑第2册，第1112页。

二年（807），沅南不雨，自季春至于六月，毛泽将尽。郡守有志于民，诚信而雩，遂徧山川、方社。”[1]可见，直到中晚唐时期，州县官府祈雨仍以社稷、山川为先。

与礼典明文规定之社稷相比，唐代地方政府更多是向“诸神”（包括了山川神），即当地的神祠祈雨。如前所述，这也是有国家礼制的规定作为背景的，此即前文一再强调的《开元礼》将地方诸神祠纳入小祀的意义所在。事实上，对于地方神祠而言，祈雨在很大程度上也成为它们存在的合法性依据，更不用说许多神祠正是因地方官祈雨有应而亲自主持建立的[2]。在州一级的祈雨仪式中，无论刺史亲祷还是遣上佐出席，宣读刺史的祝文是其中重要的一环。《大唐开元礼》规定了统一的祝文格式：“惟某年岁次月朔日子刺史姓名谨遣具位姓名，敢昭告于某神：爰以农功久阙时雨，黎元恇惧，惟神哀此苍生，敷降灵液，谨以制币清酌脯醢，明荐于某神，尚飨！”[3]在实际的祈雨仪式中，这种格式会因所祈之神不同而略有变化。

这些祈雨的对象大致可分为如下几类：

1. 山川神：在《全唐文》和《文苑英华》中，留下了唐人所写的大量祈雨文，其中向岳镇海渎祷祀者自不必说[4]，向当地的山川祈雨者更不在少数。例如独孤及的《祭皖山神祈雨文》系他在舒州刺史任上奉敕祈雨的祝文，其行文格式与前述《开元礼》的规定略

---

[1]《刘禹锡集》卷二〇，第247页。

[2] 这种情况并非唐代所独有，按《晋书》卷一〇五《石勒载记下》，石勒曾下令：“禁州郡诸祠堂非正典者皆除之。其能兴云致雨，有益于百姓者，郡县更为立祠堂，殖嘉树，准岳渎已下为差等。”第2748页。

[3]《大唐开元礼》卷七〇《诸州祈诸神》条，第360页。

[4] 如乾元元年（758）二月华州刺史张惟一的《金天王庙祈雨记》，《全唐文》卷四〇八，第4150页。李翱《祭中天王文代河南郑尹作》，《全唐文》卷六四〇，第6470页。

同[1]。会昌六年（846），杜牧也有《祭木瓜神文》，系向木瓜山神祈雨之祝文[2]。最为引人注目的是李商隐留下了大量祈赛桂州地区山川神的祈雨文，计有：《赛北源（湘水之源）神文》《赛曾山苏山神文》《赛龙蟠山神文》《赛阳朔县名山文》《赛海阳神文》《赛尧山庙文》《赛兰麻神文》《赛侯山神文》《赛建山神文》《赛莫山神文》，等等[3]。在祈雨有应后，地方官民往往重修祠宇作为报答，这在石刻资料中多所反映，如开成四年（839）睦州马目山曾因祈雨有应而筑新庙，事见吕述的《马目山新庙记》[4]；又如会昌六年（846）宋诚的《苍山庙记》等[5]。显然，山川神是唐代地方官祈雨最普遍的对象。

2. 龙神：自远古以来，龙就是中国人观念中一种能兴云雨的神兽，如前引裘锡圭的文章所云，商代就出现了作土龙以祈雨的巫术。到汉代，董仲舒又将其纳入阴阳五行学说的框架之内[6]。随着佛教的传入，中国传统观念中的龙与佛教中的龙神相结合，而道教也力图将龙纳入自己的体系中，这都使得龙神主雨的观念更加深入人心，向龙祈雨的现象也更为普遍了[7]。在唐代，兴庆宫五龙坛的祭祀

---

[1]《文苑英华》卷九九六，第 5233 页。

[2]《文苑英华》卷九九六，第 5236 页。

[3] 已上并见《樊南文集详注》卷五《祝文》及《樊南文集补编》卷一一《祝文》，《樊南文集》，第 288—298、887—889 页。江田祥对此有具体讨论，见氏著《唐代桂州地方神祠与祈雨空间研究——以李商隐诗文集为中心》，《社会科学战线》2018 年第 12 期，第 119—129 页。

[4] 吕述《马目山新庙记》，《唐文拾遗》卷二九，第 10695 页。

[5] 宋诚《苍山庙记》，《唐文拾遗》卷三〇，第 10710 页。

[6] 关于汉代的祀龙祈雨，可参看鲁唯一的研究：Michael Loewe, *Divination, Mathology and Monarchy in Han China*, Cambridge: Cambridge University Press, 1994, chapter 7: "The Cult of the Dragon and the Invacation for Rain," pp. 142–159。

[7] 参看刘志雄、杨静荣《龙与中国文化》，北京：人民出版社，1992 年，第 245—269 页。阎云翔《试论龙的研究》，（香港）《九州学刊》第 2 卷第 2 期，1988 年，第 99—110 页。

已经正式列入国家礼典，宫廷里也曾画龙祈雨[1]。值得重视的是，由于佛教的影响，在晚唐的民间观念中，国家礼典中的四渎神也与龙神发生了关系，如敦煌文书 S.2144《结坛散食回向发愿文》有云："又请江、河、淮、济诸大龙王、海首雷公、蟾光掣雷（电）诸龙众等并诸眷属来降道场，受我太傅结坛五日五夜、香火灯［烛］、种种饮食、钱财、五谷、六时音乐、万般供养。"[2]按"江、河、淮、济"正是岳镇海渎中的"四渎"，本系国家祭祀的代表，在此却是作为天下水族龙王之首，这无疑体现了国家礼制对于民间信仰的深刻影响，以及其自身的世俗化倾向。

在地方政府的祈雨活动中，龙神更是重要的对象之一。官方祈祷的龙仍以传统的五方龙为主，例如，韩愈任京兆尹时曾向东方青龙之神祈雨；白居易任杭州刺史时则在遍祈群神而无应之后，又转求于北方黑龙[3]。在民间，龙本身的形象则更具有人格化的色彩，江河湖海、潭渊溏井，凡有水之处，必有龙的传说。贞元中，时任剑南节度副使的唐次写有一篇《祭龙潭祈雨文》，文中对龙似乎并不怎么尊重，而是加以威胁利诱，甚至说如果不雨，"我当涸龙之潭，露龙之处，跨龙之脊，鞭龙之股，俾之扬云而大其雨"[4]。又如大和六年（832）七月，陕州芮城县令郑泽因天旱，曾至县城北七里的龙泉祈雨。此泉"顷年已土遇旱歉，前令尹因而祷之，遂得神应，乃降甘雨，始命为龙泉。已制小屋，图其形，写龙之貌，为乡

---

[1] 玄宗时，冯绍正《贺雨表》称："自夏以来，时稍微旱，昨令臣画龙刻鱼，圣躬亲用祈祷。"《全唐文》卷二九八，第 3028 页。

[2]《敦煌愿文集》，第 563—564 页。

[3] 白居易《祭龙文》，《白居易集》卷四〇，第 901—902 页。具体分析，参看夏炎《白居易祭龙祈雨与唐后期江南地方治理》，《山西大学学报》2023 年第 4 期，第 24—32 页。

[4] 文载《文苑英华》卷九九六，第 5232 页。唐次本传见《旧唐书》卷一九〇下《文苑传下》，第 5060—5062 页。

人祷祀之所”。至此，郑泽因再次祈雨获报，遂“划除旧屋，创立新祠”[1]。类似的事件在中晚唐颇为常见，到了宋代则更为普遍。

3. 其他神祠，除了前文论及的城隍庙及官员生祠外，还包括与地域社会密切相关的先代帝王与历史人物，例如：舜（桂州）[2]、禹（越州）[3]、周公（偃师）[4]、季札（常州）[5]、白帝祠（夔州）[6]、伍子胥（杭州、楚州）[7]、项羽（衢州）[8]、黄石公（济州）[9]、汉武帝（京兆）[10]、诸葛亮（汉中）[11]，等等。

显然，州县祈雨的对象极多，地方特色鲜明，它们是“淫祀”还是礼典所谓的“诸神祠”，其判定的权力是由地方官灵活掌握的。即使是曾在浙西管内大规模废毁淫祀的李德裕，对于祈雨与地方神祠的密切关系也有极为清醒的认识，他后来曾经总结道：

> 《语》曰：“丘之祷久矣。”又曰：“祭则受福。”岂非圣人

---

[1] 郑泽《龙泉后记》，《山右石刻丛编》卷九，第15110页。

[2] 李商隐《赛舜庙文》，《樊南文集》卷五，第287页。

[3] 欧阳棐《集古录目》卷九“禹庙诗”条称：“浙东观察使越州刺史薛苹诗，不著书人名氏，苹初至镇，易禹庙金紫服以冠冕，后因祈雨，作此诗。”《石刻史料新编》第1辑第24册，第17995页。

[4]《金石萃编》七〇《周公祠碑》，第1196—1199页。按此碑于开元二年（714）十二月五日立，在河南偃师系因祷雨有应而作，河南尹李杰、少尹刘祯、偃师县令刘体微等地方官员都在其中发挥了重要作用。

[5] 赵晋用《赛雨纪石文》，《全唐文》卷三六四，第3693页。

[6] 唐次《白帝祠祈雨文》，《文苑英华》卷九九六，第5233页。

[7] 卢恕《楚州新修吴太宰伍相神庙记》，《文苑英华》卷八一五，第4303—4304页。

[8] 贺兰进明《西楚伯王庙颂》，《全唐文》卷三四六，第3511页。此碑立于天宝十三载（754）十月，见《宝刻丛编》卷一三，第18295页。

[9] 李栖筠《济州谷城黄石公祠记》，《全唐文》卷三七〇，第3761页。碑立于大历八年（773），在济州东阿县谷城山。参看《平津读碑记》卷七，《石刻史料新编》第1辑第26册，第19426页。

[10] 沈亚之《祠汉武帝祈雨文》，《文苑英华》卷九九六，第5233—5234页

[11] 尚驰《诸葛武侯庙碑铭》，《全唐文》卷九五八，第9945页。

与天地合德，与日月合明，与鬼神合契，无所请祷，而祷必感通？唯牧伯之任，不可废也。失时不雨，稼穑将枯，闭阁责躬，百姓不见。若非遍走群望，则皆谓太守无忧人之意，虽在畎亩，不绝叹音。余前在江南，毁淫祠一千一十五所，可谓不谄神黩祭矣。然岁或大旱，必先令掾属祈祷，积旬无效，乃自躬行。未尝不零雨随车，或当宵而应。其术无他，唯至诚而已。将与祭，必闲居三日，清心斋戒，虽礼未申于泂酌，而意已接于神明。所以治郡八年，岁皆大稔，江左黎庶，讴歌至今。古人乃有剪爪致词，积薪自誓，精意上达，雨必滂沱，此亦至诚也。苟诚能达天，性能及物，焉用以肌肤自苦，燋烂为期？动天地，感鬼神，莫尚于至诚。故备物不足报功，禴祭所以受福。余以为人患不诚，天之去人，不相远矣。[1]

李德裕得意自矜之情，溢于言表。我们可以看到，他本人也不止一次地“躬行”祈雨。而且他认为天旱之时，地方长官祷神祈雨乃是职责所在，应该非常虔诚，并举行公开的仪式，使百姓都能目睹，从而体会到长官的爱民之心。这不禁使人想起长庆二年（822）同州刺史元稹在向九龙神祈雨的仪式上“斋戒沐浴，叩首挥泪，愿以小子稹为千万请命于龙”的精彩表演[2]。段成式对此说的更为明白：“予学儒外，游心释老，每远神订鬼，初无所信”，但仍须祈雨，“不得不为百姓降志枉尺，非矫举以媚神也”[3]。毫无疑问，这样的仪式可以使地方政府在自然灾害的严峻挑战面前起到凝聚人心的作用。

此外，虽然唐代不再出现先秦时期那种焚巫、曝巫的现象，但

---

[1] 李德裕《祷祝论》，《李德裕文集校笺》外集卷四，第694页。

[2] 元稹《祈雨九龙神文》，《元稹集》卷五九，第623页。

[3] 段成式《好道庙记》，《全唐文》卷七八七，第8235页。

作为沟通人神的中介，巫者在祈雨仪式中仍然发挥着巨大的作用。目前看来，隋唐民间仍是一个巫风颇盛的社会。如前文所云，隋代的岳镇海渎庙是要“取侧近巫一人主知洒扫”，而“高祖既受命，遣兼太保宇文善、兼太尉李询，奉策诣同州，告皇考恒王庙，兼用女巫，同家人之礼”[1]。可见，在隋唐国家祭礼中，仍有巫者的一席之地。姜伯勤曾利用敦煌文书，从礼的角度分析了“大傩”由军礼演变为民间风俗的过程，使我们对于巫术气息浓厚的“大傩”有了新的认识[2]。朱瑛石则通过对咒禁博士渊源的考察，探讨了宗教和巫术因素对隋唐行政法的影响[3]。在对祈雨问题的研究中，我们发现巫者也积极地参与了地方政府举行的祈雨活动，因为神祠往往由巫者来主持。据《朝野佥载》卷三：“浮休子张鷟为德州平昌令，大旱，郡符下令以师婆、师僧祈之，二十余日无效。浮休子乃推土龙倒，其夜雨足。”[4]此事发生在唐代前期，所谓“师婆、师僧”，当即女巫和男觋，“僧”字则似乎暗示了他们与佛教的某些瓜葛。在这次祈雨事件中，“郡符”下令属县以巫者祈雨，颇值得注意。又如，代宗大历八年（773）大旱，京兆尹黎幹“造土龙，自与巫觋对舞，弥月不应”[5]。长庆三年（823）正月栎阳尉沈亚之奉京兆尹之命向汉武帝祈雨时，曾“因巫人以达其祝语”，而在祈雨仪式上，“官庶并诚虔虔于祠，集于宫室，鼓舞弹吹”[6]。又如前引大和六年（832）

---

[1]《隋书》卷七《礼仪志二》，第150页。

[2] 姜伯勤《沙州傩礼考》，氏著《敦煌艺术宗教与礼乐文明敦煌心史散论》，第459—476页。

[3] 朱瑛石《“咒禁博士”源流考——兼论宗教对隋唐行政法的影响》，荣新江主编《唐研究》第五卷，北京大学出版社，1999年，第147—160页。

[4]《朝野佥载》卷三，北京：中华书局，1979年，第63页。

[5]《新唐书》卷一四五《黎幹传》，第4721页。

[6] 沈亚之《祈雨文祠汉武帝》，《沈下贤集校注》卷一二，肖占鹏、李勃洋校注，天津：南开大学出版社，2003年，第269—270页。

芮城县令郑泽在向龙祈雨时，也要“使巫者启导”。直到五代后唐时，还曾因大旱“令河南府于府门造五方龙，集巫祷祭，徙市”[1]。显然，在官府与民众联合举行的祈雨仪式上，巫者仍扮演着沟通人神的重要角色。

二　宗教因素

正如在京城的情形一样，佛、道二教也积极参与了地方政府的祈雨活动。我们先来看道教。

武则天垂拱四年（688）正月，由于祈雨有验，怀州刺史邓府君、河内县令耿仁惠等地方官员建成一通《大唐怀州河内县木涧魏夫人祠碑铭》[2]。按南岳魏夫人是道教上清派崇奉的重要女仙，其信仰在中古时期相当流行，因怀州是其得道之处，于是她在此成为当地政府祈雨的对象[3]。

天宝十四载（755）十月，潭州刺史苏师道撰《司空山记》云：“中有大观一所，昔唐天宝七年，主上因搜郡国图籍，以司空全家轻举之异，五月十三日敕下，建造祠宇，标额为朱阳观，盖取南岳朱阳洞当此山之南故也。乃度道士焚修，禁止樵采。每遇岁旱，居人祈祷，无不昭应，自是十方归从，纷若云臻。”[4]可见天宝年间，朱阳观是潭州的祈雨之处。

《北梦琐言》卷一一《崔玄亮降云鹤》条记载：“唐崔玄亮，曾典眉州，每公退，具简履以朝太上，焚修精至，不舍昼夜。尝于州

---

[1] 后唐庄宗《祈雨敕》，《全唐文》卷一〇四，第1065页。

[2]《金石萃编》卷六〇，第1027—1030页；图版见《北京图书馆藏中国历代石刻拓本汇编》第17册，第81页。此碑由弘文馆学士路敬淳撰文，书人则是“圣果院僧从谦”。

[3] 参看爱宕元《南嶽魏夫人信仰の變遷》，吉川忠夫编《六朝道教の研究》，东京：春秋社，1998年，第377—395页。

[4]《全唐文》卷三七一，第3768页。

衙开黄箓道场，为民祈水旱疾疫，而已散斋之晨，必降祥云鸾鹤，州民咸睹。至今眉州每岁设黄箓斋，凡执事军校及茶酒厮役衹承，皆知斋法次第。”[1]据郁贤皓《唐刺史考全编》卷二二六考证，崔元亮刺眉州的时间在元和中。他采用道教设黄箓道场的方式来祈雨，可能与其个人信仰有关[2]。

李商隐《为舍人绛郡公郑州祷雨文》曰：“年月日，郑州刺史李某，谨请茅山道士冯角，祷请于水府真官。伏以旱魃为虐，应龙不兴，因杲日于诗人，苦密云于易象。生物斯瘁，民食攸艰。某叨此分忧，俯惭无政，爰求真侣，虔祷阴灵。”[3]据《唐刺史考全编》卷五三，这位郑州刺史为李褒，在任时间在会昌四年到六年（844—846）。在大旱时，他是请茅山道士设立道场来祈雨的[4]。另据《因话录》卷四载：“元和初，南岳道士田良逸、蒋含弘，皆道业绝高，远近钦敬，时号田蒋。田以虚无为心，和煦待物，不事浮饰，而天格清峻，人见者褊吝尽去。吕侍郎渭、杨侍郎凭，相继廉问湖南，皆北面师事。潭州大旱，祈祷不获，或请邀致先生。杨公曰：‘田先生岂为人祈雨者耶？’不得已迎之。先生蓬发弊衣，欣然就辇到郡，亦终无言，即日降雨。”[5]田良逸是中晚唐道教南岳天台派的一代宗师，后率领弟子从衡山迁至天台山修道。在湖南时，州人

---

[1] 孙光宪《北梦琐言》卷一一，贾二强点校，北京：中华书局，2002年，第242页。

[2] 关于崔玄亮，参看深泽一幸《崔玄亮の道教生活》，收入麦谷邦夫编《三教交涉論叢續編》，京都大学人文科学研究所，2011年，第267—290页。

[3]《樊南文集》卷五，第280—281页。又载《文苑英华》卷九九六，第5235页。

[4] 关于李褒与道教的关系，参看深泽一幸《李商隱を茅山に導きし者——従叔李褒》，收入麦谷邦夫编《三教交涉論叢》，京都大学人文科学研究所，2005年，第587—621页。王兰、蒋寅中译本《引导李商隐到茅山的人物——从叔李褒》，收入氏著《诗海捞月——唐代宗教文学论集》，北京：中华书局，2014年，第200—229页。

[5] 赵璘《因话录》卷四《角部》，收入《唐国史补 因话录》，上海古籍出版社，1979年，第92页。

遇旱而请之，反映了民间对于道教与祈雨关系的一般看法。

道教的斋醮科仪在晚唐五代著名的道教大师杜光庭（850—933）手中得以完备，他著述宏富，对道教的理论建设贡献颇丰[1]。《道门科范大全集》八十七卷中有五十一卷著录为杜氏所删定，其中与祈雨有关的科仪就有：灵宝太一祈雨醮仪、祈求雨雪道场仪、灵宝祈求雨雪道场三朝坐忏仪等[2]。杜光庭本人还留下了不少祈雨的醮词，如其《蜀王青城山祈雨醮词》以王建的语气曰："……自青春届序，甘雨愆期，农亩亏功，骄阳害物。虽历申祭祀，遍告神明，密云但布于西郊，膏雨未沾于南亩。皇皇众庶，叩向无门。窃惟大道垂文，天师演教，有章奏之品，有祈醮之科。将展焚修，须依灵胜。是用披心云洞，拜手仙峰。伫真侣之感通，冀明诚之御达。赐臣以时和岁稔，拯臣以雨顺风调。"[3]很明显，相对于儒家的祭祀与地方祠祀，道教系统化的理论和神秘的斋醮仪式更有吸引力，在祈雨活动中也越来越活跃。到了宋代，道教又发展出新的祈雨理论，即"以我之气，合天之气"，虽仍要用符咒斋醮之法，但核心已是气相感应说了[4]。

隋唐时期，地方政府也常以佛法祈雨。开皇中，天台宗的开创者智者大师就曾在荆州为当地百姓转经祈雨，使得荆州总管王积赞叹不已[5]。另据道世《法苑珠林》卷三八记曰："隋益州郭下福感寺

[1] 参看周西波《杜光庭道教仪范之研究》，台北：新文丰出版公司，2003年。

[2] 参看张泽洪《道教斋醮科仪研究》，第51页。

[3] 杜光庭《广成集》卷一四，董恩林点校，北京：中华书局，2011年，第197页。另有《蜀王葛仙化祈雨醮词》等，同书第197—198页。

[4] 参看李零主编《中国方术概观·杂术卷》七《祈雨部》所收宋以后道教文献，北京：人民中国出版社，1993年，第134—280页。关于宋代的道教与祈雨，参看谢一峰《感格通天：两宋时期道教祈雨的变迁》，姜锡东主编《宋史研究论丛》第21辑，北京：科学出版社，2017年，第176—190页。

[5] 《续高僧传》卷一七《隋国师智者天台山国清寺释智顗传》，第631页。

塔者……隋初有诜律师，见此古迹，于上起九级木浮图，今见在焉。益州旱涝，官人祈雨，必于此塔，祈即有应，特奇感征，故名福感寺。”[1]可见早在隋末唐初，益州的地方官在遇到大旱时，都要去福感寺塔祈雨。又如《续高僧传》卷一五《唐蒲州仁寿寺释志宽传》记载：“贞观之初，还返蒲壤，缁素庆幸，欢咏如云，屡建法筵，重扬利涉。时州部遇旱，诸祈不遂，官民素承嘉绩，乃同请焉。宽为置坛场，以身自誓：‘不降雨者，不处堂房！’曝形两日，密云垂布，三日已后，合境滂流，民赖来苏，有年斯在。昔在蜀土，亦以此致誉，故使遍洽，时谚号为‘一代佛日’。”[2]显然，能祈雨有应，是高僧在地域社会获得声誉的重要手段之一。

在孟献忠《金刚波若经集验记》中，还记录了好几则唐代前期诵经祈雨的例子。例如，来自梓州的清虚和尚除了在长安酆国寺祈雨之外，还曾于武则天圣历年间（698—699）在豫州、唐州桐柏县等地留下了诵读《金刚经》祈雨的记录[3]。又如同书“吕文展”条记载：“阆州阆中县丞吕文展，常诵《金刚般若》三万余遍，灵验若神。……去开元三年（715），盛夏亢旱，草木燋黄。刺史刘瑗令其精心诵《金刚般若经》，一遍未终，流泽滂霈，远近皆足，年谷以登。”[4]吕文展虽身为俗人，但诵《金刚经》祈雨获应，则与清虚和尚并无区别，这也证明了《金刚经》在唐代民众信仰世界的重要地位和巨大影响[5]。

---

[1]《法苑珠林校注》卷三八，第1215—1216页。

[2]《续高僧传》卷一五《唐蒲州仁寿寺释志宽传》，第530页。

[3] 事见孟献忠《金刚波若经集验记》，收入邵颖涛校注《唐小说集辑校三种》，第168—169页。

[4] 收入邵颖涛校注《唐小说集辑校三种》，第177页。

[5] 参看拙撰《走入传奇——新刊唐代墓志与〈冥报记〉“豆卢氏”条的解读》，荣新江主编《唐研究》第十八卷，北京大学出版社，2012年，第281—303页。

代宗大历年间，恒阳节度使张君因炎旱，亲自入太行山躬请高僧自觉祈雨，并说："某无政术，致累百姓三年亢阳，借苦引咎自责，良无补矣。或云龙王多依师听法，忘其施雨。愿望师垂救旱之誓，有如白水，如念苍生，请辍禅定，略入军府。"于是"觉乃虔恪启告龙神，未移晷刻，天辄大雨，二辰告足"。从自觉曾经发愿"身长随大悲菩萨，次愿造铸大悲像寺"，并于灭度时感得毗沙门天王亲自接引的故事来看[1]，颇疑他也是密宗僧人。

另据日僧圆仁《入唐求法巡礼行记》文宗开成三年（838）十一月条记载："自去十月来，霖雨数度，相公帖七个寺，各令七僧念经乞晴，七日为期。及竟，天晴。"[2] 这虽是祈晴，但推测祈雨之制亦复如是。文中的"相公"即李德裕，他当时正在淮南节度使任上。从圆仁的记载来看，扬州需要祈雨或祈晴时，是由节度使直接下帖给城中诸寺的，其方式是在七天之内，由七个寺院各派七僧念经祈请。

在敦煌那样干旱少雨的佛教胜地，祷佛祈雨更是十分普遍，除了前面提到的英藏 S.4474《回向发愿范本》第二条《贺雨》之外，另如中国国家图书馆所藏北 0686 号残卷唐乾宁四年（897）二月《金光明最胜王经》卷三题记云："弟子信悟持此经。乾宁四载丁巳岁二月八日，因行城于万寿寺，请得转读乞甘雨，其年甚熟。后五（年？）亦少雨，更一遍，亦熟，不可思议。"[3] 与开元初吕文展

---

[1]《宋高僧传》卷二六《唐镇州大悲寺自觉传》，第 657 页。关于大悲菩萨与密宗的关系，参看严耀中《汉传密教》第十二章《〈孔雀王咒经〉和〈大悲咒〉》，第 182—195 页；关于毗沙门天王与密宗的关系，参看同书第十三章《护教与护国——毗沙门天王崇拜述论》，第 196—209 页。

[2]《入唐求法巡礼行记校注》卷一，圆仁著，白化文等修订校注，石家庄：花山文艺出版社，1992 年，第 72 页。

[3] 录文载池田温编《中國古代寫本識語集録》第 2051 号，东京大学东洋文化研究所，1990 年，第 438 页。

在阆中的行为一样，这里也是转经祈雨，不过所用经文有所不同。敦煌文书中还有专门用于祈雨的斋琬文，如P.2940号文书将《叹佛文》分为十大类，其中第九类《赛祈赞》中前两项即是祈雨和赛雨❶。虽然其具体内容已不可考，但可以推测，它们与其他发愿文一样，也是先将佛的法力、慈悲大加赞扬一番后，再恳请佛能惠赐甘雨。赛雨则是求雨成功之后的报谢之祭。

晚唐五代时，三教合流的趋势更为明显，甚至杜光庭也曾写过一篇祷佛祈雨的《迎定光菩萨祈雨文》，内称："亢旱自天，岂容私祷？急难告佛，实出微诚，恭惟定光菩萨智海难量，便门广辟，不辜众生之愿，肯辞千里之遥。叆叇慈云，既无心而出岫；滂沱法雨，端有意于为霖。"❷以前蜀左右街弘教大师的身份向定光菩萨祈雨，这是非常引人注目的❸，它从一个侧面反映了当时佛道融合的趋势。

唐朝是中国历史上一个宗教宽容、极具开放精神的伟大时代，

---

❶《敦煌愿文集》，第67页。关于斋琬文，参看法国学者梅弘理（Paul Magnin）《根据P.2547号写本对〈斋琬文〉的复原和断代》，耿升译，《敦煌研究》1990年第2期，第50—55、39页；王三庆《敦煌本〈斋琬文〉一卷研究》，中国唐代学会编辑委员会编《第三届中国唐代文化学术研讨会论文集》，台北，1997年，第17—67页；以及张广达《"叹佛"与"叹斋"——关于敦煌文书中的〈斋琬文〉的几个问题》，田余庆主编《庆祝邓广铭教授九十华诞论文集》，石家庄：河北教育出版社，1997年，第60—73页。

❷《全唐文》卷九三四，第9726页。

❸ 罗争鸣认为道教自有祈雨科仪，故怀疑杜光庭此文系误收，见氏著《杜光庭著述考辨》，《宗教学研究》2004年第4期，第61页。不过，罗氏此论只是主观推测，并无确证。事实上，中晚唐巴蜀地区存在许多佛道混合造像窟，如仁寿县牛角寨的101个龛窟中，95龛系佛教造像，6龛系道教造像，其中第47、69两窟更是佛道合一窟。见胡文和《中国道教石刻艺术史》下册，北京：高等教育出版社，2004年，第170、209页。又如据《八琼室金石补正》卷七三《北岩造象七种》记载，咸通十四年（873）二月八日，资州录事参军邓暗在北岩同时造立佛教的观音和道教的天尊像供养（第506页）。可见，在中晚唐巴蜀的宗教情境下，杜光庭写下《迎定光菩萨祈雨文》，未必没有可能。

除了佛教和道教以外，这一时期所谓的三夷教即祆教、景教和摩尼教在中国都有了不同程度的传播，它们与中国本土文化的适应与融合有着不同的方式与结果，从敦煌的材料来看，祆教因素已进入中国地方政府的祈雨活动之中。坐落在丝绸之路要道上的敦煌，历来是东西文化交会的中心，而奔波于丝路往返贸易的粟特人更将其信仰的祆教传入中国。近些年来，关于粟特人在中国的活动成为学界关注的热点之一，到目前为止，我们对敦煌地区粟特人的生存状态和信仰情况都有了比较清晰的认识，这首先得力于池田温的《八世纪中叶敦煌的粟特人聚落》[1]。他根据敦煌文书《天宝十载（751）敦煌县差科簿》所记从化乡居民姓氏多为粟特式胡名，判断它就是在粟特聚落的基础上建立的，这里又被称为安城，城中有祆祠，是粟特民族精神信仰的中心。他还特别论述了著名的P.2748号文书《敦煌廿咏》中的《安城祆咏》："板筑安城日，神祠与此兴。一州祈景祚，万类仰休征。蘋藻来无乏，精灵若有凭。更看雩祭处，朝夕酒如绳。"池田先生考证诗中吟咏的是8世纪后半期所见到的情景，并指出：

> 如同《廿咏》当中所歌咏的那样，在8世纪时，祆神已经成为祈雨的对象，而且在祈雨时还要倾倒酒液。向神祇供奉酒品也是中国式的礼仪。这大概是一种模拟性的巫术，即模拟降雨的情形倾洒酒液。……这样看来，敦煌的祆神尽管还保留着祆神的名称，但是其实际机能已经完全同中国的礼仪以及民间信仰相融合，与汉人的信仰合为一体。……祆祠之所以能够成

[1] 原载《ユーラシア文化研究》1，1965年，第49—92页。辛德勇中译本收入《日本学者研究中国史论著选译》第九卷，北京：中华书局，1993年，第140—219页。此据池田温《唐研究论文选集》，北京：中国社会科学出版社，1999年，第3—67页。

为祈雨的场所，推察其起因，也是基于祆教祭火坛的存在。燃火飞烟是祈雨时普遍举行的仪式。而祆祠圣火坛上经常焰起烟生，自然会被人们视为灵验显著的祈雨场所。[1]

这一分析极为精辟，中国民间信仰有着实用理性的精神，只要一个神能够显示出其灵验来，就会得到百姓的信仰[2]，对待祆神的态度亦复如此。同时也应注意，在唐代祈雨一般而言是官方行为，如上文所述，《大唐开元礼》中对于州县乞神求雨有较为严格的规定，而《安城祆咏》正反映了沙州祆祠已经参与了官府的祭祀活动[3]。不过目前尚未发现唐代两京地区的祆祠参与中央王朝祈雨活动的记载，到了北宋王朝的都城开封，这种情况就很常见了[4]。

第三节　祈雨反映的祭祀原则及其社会功能

通过以上分析我们不难看出，在唐代，祈雨是一种政府行为，有比较严格的礼法规定。在中央王朝的祭礼中，祈雨仍以儒家传统的大雩之礼为中心，却很少举行皇帝亲祀。不过，与大雩相联系的辅助性祈雨措施如祈祷岳镇海渎、宗庙、社稷等则经常举行。同时，佛、道二教的宗教仪式逐步进入朝廷和地方政府的祈雨活动

---

[1] 池田温《八世纪中叶敦煌的粟特人聚落》，氏著《唐研究论文选集》，第4—6页。

[2] 关于这一点，可参看韩森《变迁之神——南宋时期的民间信仰》英文版前言，包伟民译，杭州：浙江人民出版社，1999年，第11—12页。

[3] 参看姜伯勤《高昌胡天祭祀与敦煌祆祀——兼论其与王朝祭礼的关系》，氏著《敦煌艺术宗教与礼乐文明》，第494—495页。

[4] 见《宋会要辑稿·礼》一八之二。又参姜伯勤《高昌胡天祭祀与敦煌祆祀——兼论其与王朝祭礼的关系》。

中。另外，在地方政府的祈雨活动中，各种神祠则扮演了非常重要的角色，这既与国家礼典将神祠认定的权力下放到地方的实际状态有关，又反映了地方政府面对自然灾害的威胁凝聚民心的实际需求。那么，在这些形式各异的祈雨活动的背后，反映了怎样的祭祀原则呢？

一　祈报原则与实用精神

祈雨可谓是透视中国古代祭祀特质的一面镜子，它所体现的神人关系实际上是一种互惠合作的关系，而不是人的片面祈求。也就是说，祈雨的基本原则就是祈报原则，这也是中国古代祭祀的本质[1]。神要取得合法地位，必须显示出自己的“灵”来，只有通过灵应来向官府证明自己的利用价值，它们才不至于被作为淫祠取缔。

在这种互惠合作的人神关系之观念下，祈雨活动中国家礼制、宗教因素与民间神祠的同时并举就完全可以理解了。在礼乐制度相当完备的唐代，虽然官方对于祈雨仪式有着种种严格的规定，但各种宗教因素已经不可避免地进入了祈雨活动中。这一方面有历史的因素存在，另一方面也与唐代的宗教开放政策有关。从中晚唐起，唐代官方的祈雨采用宗教性的仪式开始经常化和制度化，这种趋势在北宋初基本定型。虽然宋代也有雩祀昊天上帝之礼，而翰林学士王著也曾于太祖建隆二年（961）因夏旱，“请令近臣按旧礼告天地、宗庙、社稷，及望告岳镇海渎于北郊，以祈甘泽”[2]，但

---

[1] 杨联陞曾对中国古代“报”之观念进行了历史考察，可以参看。Yang Lien-sheng, “The Concept of ‘Pao’ as a Basis for Social Relations in China”.

[2] 对于王著此请，太祖下诏：“用其礼，惟不祀配座及名山大川。雨足，报赛如礼。”马端临《文献通考》卷七七《郊社考十・雩》，上海师范大学古籍研究所、华东师范大学古籍研究所点校，北京：中华书局，2011年，第2392页。

建隆四年，“以旱，命近臣遍祷天地、社稷、宗庙、宫观、神祠、寺，遣中使驰驿祷于岳渎。自是凡水旱皆遣官祈祷，唯有变常礼则别录”[1]。显然，这才是宋代祈雨的常态。另据《文献通考》卷七七记载：

> 太祖、太宗时，凡京师水旱稍久，上亲祷者，则有建隆观、大相国、太平兴国寺、上清、太一宫。甚，则再幸。或撤乐减膳，进蔬馔。遣官祷者，则天齐、五龙、城隍、祆神四庙，大相国、开宝、报慈、乾明、崇夏五寺及建隆观。令开封府祭九龙、浚沟、黄沟、子张、子夏、信陵君、段干木、扁鹊、张仪、吴起、单雄信庙。雍熙（984—987）后，多遣宰相、近臣。至道（995—997）后，又于寺观建道场，复遣常参官或内侍诣岳渎致祠。咸平（998—1003）后，祈祷又增玉清昭应、景灵宫，会灵、祥源观、泰一宫，或亲幸致祷。[2]

不难看出，在宋初中央王朝的祈雨活动中，宗教因素（包括佛寺、道观、祆庙等）占据了极为突出的位置，且已成为定制，同时一些地方祠祀也正式进入王朝的祈雨行列，这些现象与我们在第三章所云宋代国家祀典的扩大，即佛寺、道观和某些民间神祠被纳入国家礼典的背景有着极为密切的关系[3]。

---

[1]《宋会要辑稿・礼》一八之三。

[2]《文献通考》卷七七《郊社考十・雩》，第2392—2393页。又参《宋史》卷一〇二《礼志五》，第2500—2503页。

[3] 关于道教宫观，见《宋会要辑稿・礼》五；民间神祠，见《宋会要辑稿・礼》十九至二一，这二者都被编入吉礼中。参看王云海《宋会要辑稿考校》，上海古籍出版社，1986年，第198—210页。

二 祈雨的社会功能

在中国古代的礼法制度下，祈雨不仅是一个单纯的仪式问题，而且有着强烈的政治文化意义与多方面的社会功能。在唐代，其主要表现是：

首先，在“时灾系政，人患由君”的政治理念下，皇帝通过祈雨活动强化了君权神授的思想，尤其是通过大雩之礼强化了国家的统治秩序，突显自己在礼制中的核心地位。在唐朝的天子看来，久旱的根源在他们自身。其实从商汤“六事”到梁武帝实行的“七事”再到唐代的避正殿、撤乐减膳、清理冤狱等措施都包含着同样的理论背景，即所谓的“时灾系政，人患由君”[1]。唐玄宗还曾“躬自暴露炎景，瞻仰云汉，推心引谴，为人受咎”[2]，这自然是商汤祷雨于桑林之遗意。在高宗回答张行成因旱请致仕的手诏中说得更为明显：“密云不雨，遂淹旬月，此朕之寡德，非宰臣咎。实甘万方之责，用陈六事之过。策免之科，义乖罪己，今敕断表，勿复为辞。”[3]类似语言在大旱时的求直言诏里比比皆是，德宗、文宗、懿宗都曾因旱而下过罪己之诏（参见表18），文宗甚至说出准备退位的话来。可见在皇帝的政治理念中，认为造成旱灾的原因是自己失德，因此祈雨也理所当然的是自己的义务。

其次，祈雨已成为一种象征，它突显了皇帝君临天下、子育万物的身份。史料表明，每次关中地区大旱，皇帝都要祈雨，并实施相关的对策如录囚、撤乐减膳等，特别值得注意的是，王畿之外的其他地方如果天旱不雨，皇帝也要举行祈雨活动。例如，代宗大历

---

[1] 语出张说《贺祈雨感应表》，《文苑英华》卷五六一，第2873页。

[2] 同上注。

[3] 唐高宗《答张行成因旱请致仕手制》，《全唐文》卷一一，第136页。

七年（772）五月诏："如闻天下诸州，或愆时雨，首种不入，宿麦未登。哀我矜人，何时不恐？皆由朕过，益用惧焉。惕然忧嗟，深自咎责。所以减膳撤乐，别居斋宫，祷于神明，冀获嘉应。……可大赦天下，见禁囚徒，罪无轻重，一切释放。"[1]同时，关中地区大旱时，皇帝往往下令祈祷岳镇海渎等名山大川，而它们则分布于全国各地，通过祈雨仪式，各地奉事中央和天下一统的观念得以强化。

复次，祈雨是国家与社会发生关联的重要渠道。由于祈雨的客观要求，地方上的大量神祠有了存在的理由，这实际上也为国家提供了一个对地域社会的宗教、文化、社会等结构进行整合的机会，在国家建立一个新的社会秩序与信仰格局的努力中，祈雨活动具有非常重要的意义。

最后，祈雨活动也提供了一个沟通上下、反思时政的机会。我们特别注意到皇帝所下的《祈雨求直言诏》，或者要求文武百官各上封事，极言其过，或者要求他们提出对时政的看法和建议[2]。至于臣下，也颇有一些人借此机会提出许多革除弊政的实质性建议。开元中张廷珪就在上疏中提出全面的谏言，希望玄宗"约心削志，澄思励精，考羲农之书，敦朴素之道"。同时放黜佞人，杜绝田猎，休兵养民，轻徭薄赋，等等[3]。中唐名臣权德舆更明确提出，面对天旱的考验，祈神求雨并非最紧要的措施，人间疾苦才是应该注意的问题。他说："臣谓救之者，不在于祷求，乃在于事实。"[4]在一道题为《辨水旱之灾、明存救之术》的策文中，白居易则总结道：

---

[1]《旧唐书》卷一一《代宗本纪》，第300页。

[2] 如太宗的《祈雨求直言诏》，《全唐文》卷五，第59页。

[3] 张廷珪《因旱上直言疏》，《全唐文》卷二六九，第2738页。

[4] 权德舆《论旱灾表》，《全唐文》卷四八八，第4981页。

> 水旱之灾，有小有大。大者由运，小者由人。由人者，由君上之失道，其灾可得而移也。由运者，由阴阳之定数，其灾不可得而迁也。……至若禳祷之术，凶荒之政，历代之法，臣粗闻之：则有雩天地以牲牢，禜山川以圭璧，祈土龙于玄寺，舞群巫于灵坛，徙市修城，贬食撤乐，缓刑省礼，务啬劝分，杀哀多婚，弛力舍禁，此皆从人之望，随时之宜，勤恤下之心，表恭天之罚。但可以济小灾小弊，未足以救大危大荒。必欲保邦邑于危，安人心于困，则在乎储蓄充其腹，恩信结其心而已。[1]

在这里，白居易指出，包括大雩在内的祈禳之术，都只能救小灾小难，要避免大旱引起的社会动荡，必须首先解决百姓的生计问题。

这一点已成为中唐时期有识之士的共识。如贞元十九年（803）许孟容在《夏旱上疏》中指出，之所以久旱而德宗遍祈群神却毫无作用，是因百姓切急的要求未能得到解决："臣历观自古天人交感事，未有不由百姓利病之急者、切者，邦家教令之大者、远者。"于是他建议放免京兆百姓当年税钱和地租，并以户部钱一百余万贯代其一年差科，"且使旱涸之际，免更流亡"。又提出有流移征防，当还而未还者，请令有司条列量移[2]。最后一条实际上还有其现实背景，即"贞元末，坐裴延龄、李齐运等谗谤流贬者，动十数年不量移，故因旱歉，孟容奏此以讽"[3]。有时，甚至非常敏感的政治问题也借大旱之机提了出来。文宗太和八年（834）六月，上以久旱，诏求致雨之方。司门员外郎李中敏上表："仍岁大旱，非圣

[1]《白居易集》卷六二，第1307—1309页。

[2]《旧唐书》卷一五四《许孟容传》，第4101页。

[3]《旧唐书》卷一五四《许孟容传》，第4102页。

德不至，直以宋申锡之冤滥，郑注之奸邪。今致雨之方，莫若斩注而雪申锡。”[1]宋申锡案乃是中晚唐政治史上的一件大事，太和五年（831），文宗与宰相宋申锡谋诛宦官，却受郑注之奸谋所惑，将申锡贬死，时人多冤之，所以李中敏借此机会提出给他昭雪的问题：“宋申锡位宰相，生平馈致一不受，其道劲正，奸人忌之，陷不测之辜，狱不参验，衔恨而没，天下士皆指目郑注。臣知数冤必列诉上帝，天之降灾，殆有由然。……况申锡之枉，天下知之，何惜斩一注以快忠臣之魂，则天且雨矣。”[2]当时郑注正受文宗赏识，这种情况下提出这样的建议，需要有极大的勇气。显然，大旱求直言并非只是一纸虚文，许多社会与政治改革都曾试图利用这种机会提出。

小　结

通过以上讨论，我们不难看出，祈雨将国家礼仪、宗教与民众紧密结合起来，这些形式各异的祈雨活动，也折射出唐代国家祭祀的一些本质特征。在唐代，祈雨是一种政府行为，有比较严格的礼法规定。在国家礼典中，祈雨仍以儒家传统的大雩之礼为中心，但更经常的情形则是祈祷岳镇海渎、宗庙、社稷等。同时，佛、道等宗教仪式也逐步进入宫廷和地方政府的祈雨活动中。在地方政府的祈雨活动中，各种具有地域信仰传统的祠祀占有非常重要的地位，这既与唐代将部分地方祠祀纳入国家礼制系统有关，又反映了地方

---

[1] 《资治通鉴》卷二四五，“文宗太和八年”条，第7895页。

[2] 李中敏《太和六年大旱上言》，《全唐文》卷七一六，第7363页。称“六年”者，与新、旧本传相同，但《考异》已辨其误，可参看。

政府面对自然灾害的威胁凝聚民心的实际需求。事实上，如何确定神祠的性质，正是地方政府灵活掌握的一种权力。

值得重视的是中唐时，以权德舆、许孟容、李德裕、白居易等为代表的一些官僚士大夫对于祈祷祭祀观念所作的总结。在他们的认识中，有两个倾向颇堪瞩目：首先，在天人关系中，更加注重人事。白居易就认为，大雩、祷祀山川、作土龙，乃至减膳撤乐等传统的祈雨之法都不足以救大危大荒，只有解决了老百姓的实际生活困难，才是解决危机的根本。其次，与之相关的是，这些祷祀仪式本身的功能只是“从人之望，随时之宜，勤恤下之心，表恭天之罚”。也就是李德裕《祷祝论》所强调的表演性，即通过这些仪式向百姓证明皇帝、朝廷及各级地方官员的忧民之心，而这些仪式本身也在不断塑造和强化着一种观念：皇帝和官府比天、比神灵更为重要。这与我们前文所讨论的皇帝圣像、地方祠祀进入国家祭祀体系等问题有着共同的背景，即唐朝国家建立一个以皇权支配的人神关系新格局之不懈努力。

结 论

自从汉代国家祭祀完成儒家化和礼制化进程以来，中国历代王朝的国家祭祀体系都建立在儒家理论的基础上，而郊祀与宗庙尤为皇帝祭祀的核心。然而，郊庙礼制绝非国家祭祀体系的全部，本书即从不同角度探讨了隋唐国家祭祀与宗教的各个层面，并试图由此分析礼制在国家与民众信仰之间运作的方式和功能。因此，我们既重视礼典的规定，更关心祭祀实践；既正视郊庙礼制的重要地位，更关注国家礼制体系的下层结构——州县祭祀；既强调国家祭祀的宗教内涵，更注重考察其社会整合功能。可以说，在隋唐时期，国家祭祀并不等同于皇帝祭祀，国家祭祀也并不为儒家理论所局限，国家祭祀也不仅仅是与民众信仰无关的官方仪式。

一 作为整合意识形态平台的国家祭祀

儒家的宗教性体现在国家礼制的运作之中。汉代国家祭祀的一个主要趋势是逐步清除充满巫风的神祠，使之走向礼制化和儒家化，而隋唐时的一系列新现象则促使我们重新思考国家祭祀的儒家化程度及其与民众信仰的关系。

通过本书的讨论，我们可以看出，国家祭祀的礼制化是一个长期发展的历史过程，隋唐时期的国家祭祀则依然有着相当浓厚的神祠色彩，而正是这种特征将国家礼制与民众联系起来：在国家礼典规定的祭祀对象上，吸取了一些原来的民间祠庙，如先代帝王名臣的祭祀，以及从汉代郊祀制度成立以来就不再重视的汾阴后土祠；在祭祀方式上，儒家一般强调祭祀对象的非人格化，但隋唐时却有人格化与偶像化的特征，这在山川神、风伯雨师，乃至本该最能体现儒家原则的孔庙祭祀中都有突出表现。就祭祀目的而言，国家祭典所强调的天、地、人的和谐统一与民众个人祈福消灾的愿望并无根本冲突，我们可以从民间的岳渎崇拜与国家岳渎祭祀相互影响的事实中非常清楚地看到这一点。更重要的是，代表特定地域文化和信仰传统的众多民间神祠，在唐代也频频出现在地方政府的祭祀实践中，甚至开始被部分纳入国家礼典，国家试图以此来引导和规范民众的宗教信仰。对于百姓而言，国家祭祀的神祠色彩则可使他们从自身的立场加以理解。在这个意义上，国家祭祀不再只是一种遥不可及、高高在上的官方仪式，它们也成为可以寄托个人感情和愿望的信仰，而这正是国家祭祀试图达到的目标之一，它们因此获得更为广泛的民间基础。

从本质上说，国家祭祀的背后是一个信仰问题，国家总希望将不同地域、不同阶层民众的信仰纳入一个有序的格局中，从而实现意识形态的统一。由此，我们就不难理解隋唐时期国家礼制对于佛、道二教，乃至众多地方祠祀的消化与整合。无论是从隋文帝以来，皇帝图像通过寺观而与民众发生关系的事实，还是道教与国家岳渎祭祀日益密切的联系，都从不同的角度表明，国家乃至皇权本身的正当性是通过其神圣性的强化和宣扬而得以实现的。对于为数众多、来源各异的地方祠祀，国家并不将其简单作为“淫祠”而加以禁毁，更多是通过将其纳入国家礼制的系统之中而赋予其官方地位，其正当性来源于地方政府的认定。

在唐代，我们多次看到关于皇帝祭神时祝版上的自称及对是否再拜问题的讨论，如前所述，从武则天证圣元年开始，对五岳四渎神“署而不拜”；而德宗贞元元年十月，又诏“自今已后，祀五方配帝祝文，并不须称臣”❶。到了文宗时，根据舒元舆的建议，祭祀九宫贵神也不再“称臣与名”❷。这些现象都显示皇权向神界扩张的趋势。人神关系调整的最终结果，是使国家郊庙礼制与地方祠祀成为一个秩序井然、等级分明的整体，而皇权则雄踞各路仙、佛、神明之上。到了北宋，随着赐额、赐号的普遍化和制度化，一个新的由皇权支配的神明体系逐步形成。与此同时，“祀典”与“淫祠”的概念也由儒家经典的抽象概念得以具体落实。可以说，从隋初开始的地方佐官中央任命的制度开辟了中古政治体制的新篇章，而唐宋时期新的“祀典”制度的确立则使地域社会的信仰体系也逐步处于朝廷的直接控制之下，这无疑反映了中央集权的深化。

从民间社会与国家权力互动的角度来探讨仪式与社会变迁，是目前社会学与人类学研究的重要方向之一。郭于华曾指出：“人类学研究要超越传统乡土社会文化小传统的界限，十分重要的一点就是权力关系和政治视角的引入，即关注民间文化与政治生活及国家权力的互动关系。”❸其实，这一视角对于中古礼制与宗教史研究同样是极为重要的。中古以降，“三教合一”成为中国宗教史上的重要课题。但是，我们也必须注意到，在中国宗教信仰的市场上，最终的买方都是国家，也就是说，无论是作为国家祭祀基础的儒家理论，还是自成体系的道教与佛教，他们都试图取得国家的支持，希望在国家的宗教生活中占有一席之地。在这一点上，众多地方祠祀

---

❶《旧唐书》卷二一《礼仪志一》，北京：中华书局，1975年，第844页。

❷《旧唐书》卷一六九《舒元舆传》，第4409页。

❸ 郭于华《导论：仪式——社会生活及其变迁的文化人类学视角》，同氏主编《仪式与社会变迁》，北京：社会科学文献出版社，2000年，第4页。

取得国家承认的努力与之并无二致。与此同时，国家则仍以礼制化的方式来处理这些问题，通过“祀典”的扩大，重新调整人神关系，其最终目的是要建立一个由皇权支配的信仰系统。从某种意义上说，以儒家理论为基础的国家祭祀在唐宋时期逐步发展成为一个开放性的整合意识形态的平台，一个建立思想秩序的工具。

二 国家礼仪与民众的在场

中唐吕温《祭说》有云：“近世祭多及旁亲，虽近爱而无义。礼惟殇与无后，始祭于宗子家，自余祭皆为祭非其鬼，盖致隆祖者不得不然。士大夫止当祭五祀耳，山川百神，皆国家所行，不可得而祀。近世流俗，妄行祭祷，黩慢莫甚，岂有受福之理哉！水旱之灾，止可相率祈祷里社，至诚斋洁，奠以酒脯可也。若妄行望祀，合聚群小，喧呼鼓乐，非士君子所宜为。”[1]很明显，吕温对于水旱灾害发生时民众的祈雨祈晴活动非常不满，与李德裕、段成式等人的观点相比，他的看法显得相当保守，不仅与实际的社会生活脱节，实际上也并不符合唐代国家礼典的规定。不过，他所揭示的“合聚群小，喧呼鼓乐”的现象却值得我们特别关注，因为这正体现了国家祭祀与民众的关系。

高丙中曾探讨了现代中国民间仪式上国家象征符号存在的意义，即“国家的在场”[2]。事实上，在中古时期却存在着另一种现象，即在国家祭祀仪式上“民众的在场”，也就是说，在各个层面上的祭祀仪式上，通常有当地民众的参与，这种参与具有非常重要的意义。对于国家盛典，民众往往以亲身参与为荣，这在骆宾王

[1] 吕温《祭说》，《全唐文》卷六三〇，第6354页。

[2] 高丙中《民间的仪式与国家的在场》，收入郭于华主编《仪式与社会变迁》，第310—337页。

《为齐州父老请陪封禅表》中有清晰的表述[1]。武则天时，民众更有了与明堂亲密接触的机会，史载："自明堂成后，纵东都妇人及诸州父老入观，兼赐酒食，久之乃止。"[2]从中晚唐到宋代，国家祭祀中的宇宙论色彩有所降低，而其世俗性则大大增强[3]，这也与民众的参与有密切关系。当然，唐代民众对于国家祭祀活动的积极参与，更多体现在地方祠祀的层面上。虽然他们的参与具有非常强烈的祈福免灾的目的，并常常因此受到一些士人的批评[4]，然而，这种参与本身却是国家祭祀正当性的重要来源。

从现实政治的角度而言，这种祭祀活动通过当地父老、乡望等的参与，实现了国家权力与社会力量相结合，即国家官员与地方精英的合作。在许多祷祀仪式中，参与民众的数量是相当巨大的，如前文所举京兆尹黎幹在曲江池投龙祈雨时，观者就有"数千"之众。在地域社会中，由地方政府主导的祭祀活动的背后，通常会有乡望、父老等豪族活动的身影。我们在前文曾分析了武周革命时马元贞在五岳四渎举行的一系列道教投龙仪式，其中在淮渎庙的仪式中，就有唐州、桐柏县两级政府的官吏、管理淮河漕运的官员（淮漕令）、三位里正、淮渎庙的三位祝史，还有四位老人。樊姓之人在里正、祝史、老人中占有相当大的比例，显然是当地的乡望，他们的参与不仅象征着基层土豪势力对于武周政权的支持，也强化了

---

[1] 骆宾王《为齐州父老请陪封禅表》，《全唐文》卷一九七，第1995页。

[2]《旧唐书》卷二二《礼仪志二》，第864页。

[3] 参看妹尾达彦《唐長安城の儀礼空間——皇帝儀礼の舞台を中心に》；简涛《略论唐宋时期迎春礼俗的演变》。

[4] 例如，晚唐李溪《敬鬼神议》云："古人言：敬鬼神之礼，有祷祠祭祀，皆所以立不刊之典，而教人孝悌，非谓能为祸福而求益。……今江东委巷之礼祠夏禹，蜀人则祠先主与武侯。祈祝邀福，昧亦甚矣。"《文苑英华》卷七六四，第4019页。沈颜《祭祀不祈说》亦曰："夫祭典之兴，所以奉祖宗而表有功也，非所以祈明神而邀福佑也。"《全唐文》卷八六八，第9090页。

祭祀活动本身的正当性。事实上，从杨炯所撰《遂州长江县先圣孔子庙堂碑》《大唐益州大都督府新都县学先圣庙堂碑文（并序）》[1]等碑文对于“乡望”功德的赞颂也不难看出，这些孔庙之设虽是政府行为，却得到了地域社会民众的广泛支持。而开元九年三月韦虚心撰《唐北岳府君碑》中，在叙述了刺史、县令、岳令等官员的功德之后，亦专门写下一段赞扬当地乡望的词句[2]。

蒲慕州曾认为，汉代“官方宗教之为皇室服务的性格十分清楚”[3]。然而到了唐代，祭祀活动不再只是皇室宗教，而成为国家的事务，即使是地方政府举行的各种祭祀活动，包括祈雨，也都是一种公共行为。随着地方祠祀被纳入礼典系统，以及地方官入境拜庙惯例的形成，国家为众多地方祠祀赋予了“公”的色彩，民众的参与更是顺理成章。

从思想史的角度来看，隋唐时期的国家礼制与各种宗教都处于一个世俗化和人文化的潮流中。国家以礼制作为建立和巩固社会秩序的手段，因此更强调其教化性与社会整合的功能，而中晚唐以来佛、道二教与地方祠祀的合流，则为此提供了必要的前提。在李德裕、白居易等官僚士大夫对祈雨所反映的祈祷祭祀观念进行总结时，一个引人瞩目的倾向是在天人关系中，对于人事的强调。各种祈雨仪式本身具有非常明显的表演性，它们都不断塑造和强化着皇帝和官府比天、比神灵更为重要的观念。在世俗化的层面上，国家祭祀与民间社会发生着别有意味的互动关系。

---

[1]《全唐文》卷一九二，第1938—1943页。

[2] 见《金石萃编》卷七三，第1243页。

[3] 蒲慕州《秦汉帝国之官方宗教》，氏著《追寻一己之福》，第133页。

附录一

《唐华岳真君碑》考释

据《旧唐书·司马承祯传》载：承祯曾上言："今五岳神祠，皆是山林之神，非正真之神也。五岳皆有洞府，各有上清真人降任其职，山川风雨，阴阳气序，是所理焉。冠冕章服，佐从神仙，皆有名数。请别立斋祠之所。"玄宗从其言，"因敕五岳各置真君祠一所，其形象制度，皆令承祯推按道经，创意为之。"❶ 此事涉及唐代道教与国家礼仪的关系，因此非常重要，不过由于材料限制，自宋代以来，人们对此已不甚了然。

1995年，张江涛在其主编的《华山碑石》中刊布了一方唐碑，拟名为《真君祠碑》，并进行了录文❷。据该书介绍，此碑今存华山玉泉院（彩版6、7），"高100厘米，宽65厘米，正书20行，行39字，字径2厘米。字多漫涣，石尚完整，未见著录。碑阴为宋'华岳醮告碑'"❸。因此碑镌刻年月不清，而张先生又不清楚其已往的著录情况及立碑的整个背景，于是仅判断它为唐碑，并拟前名。

2003年，笔者曾在一篇文章里根据该书对此碑做了初步解读，并将它与大致同时的《唐北岳真君碑》《唐南岳真君碑》《青城山丈

❶《旧唐书》卷一九二《隐逸·司马承祯传》，北京：中华书局，1975年，第5128页。

❷ 张江涛编著《华山碑石》，西安：三秦出版社，1995年，录文见第258—259页，图版29。

❸《华山碑石》，第30页。

人祠庙碑》《九天使者庙碑》以及《岱岳观碑》上有关东岳真君祠的题记等石刻材料联系起来，分析了唐玄宗在五岳二山同时建立道教宫观这一整体事件，并讨论了其背后的道教理论及唐代国家祭祀与道教的复杂关系[1]。因其他几块真君祠碑或仅存碑目，或惟有题记与跋文，而此碑全文尚存，其价值自是不言而喻。在那篇文章中，我们将此碑的时间定于开元十九年（731）末到二十年初，并依据宋人著录，拟名为《唐华岳真君碑》。由于《华山碑石》所附拓片模糊不清，很难据以核对录文，同时因体例所限，也无法对碑文本身进行详细考释，现承陕西省社科院古籍所吴敏霞女史厚意，为笔者带来一份宝贵的拓片（彩版8），使这件工作成为可能，在此首先向吴女史致谢。

一　已往著录

最早著录本碑者，当属北宋欧阳棐的《集古录目》，该书卷六跋《华岳真君碑》云："华阴丞陶翰撰，韦腾书。玄宗开元十九年加五岳神号真君，初建祠宇，立此碑。"[2]之后，在南宋陈思《宝刻丛编》卷一〇再次著录，题作《唐华岳真君碑》，所引即《集古录目》卷六之文[3]。《宝刻类编》卷三"韦腾"条下，也著录了此碑[4]。另外，南宋朱长文《墨池编》也有著录："唐西岳真君观碑，韦圣书。"[5]这里的

---

[1] 拙撰《五岳真君祠与唐代国家祭祀》，荣新江主编《唐代宗教信仰与社会》，上海辞书出版社，2003年，第35—83页。

[2] 欧阳棐《集古录目》卷六，《石刻史料新编》第1辑第24册，台北：新文丰出版公司，1982年，第17976页，此为缪荃孙辑本。

[3] 陈思《宝刻丛编》卷一〇，《石刻史料新编》第1辑第24册，第18267页。

[4] 《宝刻类编》卷三，《石刻史料新编》第1辑第24册，第18441页。

[5] 《墨池编汇校》卷一八《碑刻二·道家》，朱长文纂次，陈志平汇校，上海古籍出版社，2023年，第892页。

“韦圣”显系“韦腾”之误。

奇怪的是，此后这块碑似乎从历代金石学家的视线中消失了，即便是朱枫、李锡龄辑《雍州金石记》、毕沅《关中金石记》、毛凤枝《关中石刻文字新编》《关中金石文字存逸考》、武善树《陕西金石志》等专门访求陕西金石的著作对此碑也无一字提及。直到《华山碑石》出，才又使我们得见这方珍贵的碑石，张先生的再次发现之功，无疑值得表彰。

二　录文与校注

从拓片来看，此碑基本完整，惟有左下角和右上角略有残损，从格式可推知，左下角即全碑第一行残损 4 字，右上角即全碑最后一行残损 1 字。其余文字虽不无漫漶之处，但经过仔细辨认，仍多可释读。需要指出的是，《华山碑石》称其每行为 39 字，但实际上满行当为 38 字。虽然该书提供了此碑的录文，不过其中颇有误录、漏录之字。一些从拓本上可以辨识的字也未能录出，而以补字符代之，在标点断句上也有可商之处。因此，本文试在其基础上，根据原拓本进行重新录文，基本原则是：第一，以标准繁体字逐行录文，并加以现代标点；第二，录文与《华山碑石》不同者，出校以示；标点不同者径改，不出校；第三，笔者据残划或文意推补之字，不敢必是之，故置于补字符内；第四，对于一些重要词句，试作简注[1]。

---

[1] 在释词时，参考了东汉延熹八年（165）的《西岳华山庙碑》(《金石萃编》卷一一)、北周天和二年（567）的《华岳颂碑》(《金石萃编》卷三七)、唐玄宗开元八年（720）的《华岳精享昭应碑》(《金石萃编》卷七二)，以及开元十二年（724）玄宗御撰的《西岳太华山碑》(《全唐文》卷四一）等，《唐华岳真君碑》的遣词用句与这些碑文有某些相近之处，因袭之迹颇堪瞩目。

录文：

1. 闢空同以現九氣【1】，徵神寶【2】以制百靈。紀極於赤明【3】，位陞於玉曆【4】。荒【5】群嶽，撫衆仙者，其有真君乎【6】？□□
2. 冥寂【7】，其數惚慌【8】，歷萬世而一遇大聖【9】，今其時矣。
3. 皇帝秉至精【10】，登大寶，三微幽贊而天下睹【11】，萬物無爲而海内服。储精出【12】乎象數，建福本乎神機。澂《大
4. 洞》之逸文【13】，驗《上清》之舊志。惟十九年八月立真君之祠於群嶽。真者，道之貴；君者，物之宗。生於混芒【14】
5. 之間，見於昭明之代，其意遠矣。泰華山者，西方之峻極。金地四削【15】，穹崇【16】造天。中頂【17】孤高以特上，萬峰
6. 朝拱而攢立。岊嵬秀竦，勢若飛動；精氣激射，施爲利澤。九霄上廓，白帝之下都【18】；一氣西凝，少陰【19】之正
7. 位。於是崇廟宇，啓【20】壇場，法物備於靈圖【21】，真容降於　　宸極【22】。蒼龍黝虬以當闕，玉女嫣然而降飛。
8. 至若南嵌陰辟【23】，鴻洞嵓翠【24】。石林竦於軒墀，雲氣興【25】於梁棟。卻倚丹檻【26】，悠悠川陸。依微崤函，莽蒼河渭。
9. 是知天地生其勝，鬼神合其謀，不易詳也。及夫四氣禋享，三元【27】靈會，神物下集，仙儀大張。啓三光之
10. 門，布六甲之度【28】。步赞飛降【29】，丹符玉璧。天地感動，人神咫尺。山岑崟而月清泠【30】，祈恍惚而降窅冥【31】。戴【32】雲
11. 霞而騎日月，來有感而去無物。倏乎洞乎【33】，戌屑虚蛇【34】。
12. 天子常穆然處於琁臺之上【35】，凝　睿想，感靈明。若發道

愿【36】，夢□神極。有若天下泰、萬物康、華夷清、

13. 大道睹。神之叶：陰陽以之頤【37】，山川以之寧；神之佐：天無妖祥，物無疵癘【38】；神之休：窮其變通，酬若影響。

14. 則知人者神之主，神者義之精。故能感師律【39】武功，則崇尚父之祀【40】；睹儒術禮樂【41】，則進文宣之號【42】。以詰

15. 乎神理，以推乎沖寞，則建真君之祠。是以德之休明，神必降格。夏理而祝融出【43】，商興而檮杌見【44】。不然

16. 者，則明何由降、神無以慶【45】哉！時華陰令京兆韋公名衎【46】，清達博雅，克揚嘉聲。三年而知方【47】，一變而至

17. 道。與其佐【48】陶翰、崔浩、吴俊、沈愿、宋子斅【49】、宋銛等祇勒【50】庶物，肅恭明祠，謀其永貞，載於不朽。其詞曰：

18. 泰華巖巖，削成天半；岌嵬坱圠，直指雲漢。高臺崛距【51】，群峰勢爭；黄河東走，金氣西清。山川之會，陰陽

19. 之聚；群仙萬靈，集我真府【52】。牢落【53】曠代，希微終古；孰能宗【54】予，以俟　明主。皇紼【55】是降，仙祠【56】有憑；鬼

20. 神之衆【57】，天地□能。休咎必著【58】，風雲坐興【59】；□祠一所【60】，穆穆兢兢【61】。　華陰縣【62】丞陶翰文，京兆韋騰書。

校注：

【1】“空同”：虚无浑茫。《关尹子·九药》：“昔之论道者，或曰凝寂，或曰邃深，或曰澄澈，或曰空同。”“九气”：原误录作“元气”。“九气”即先天九气。指由大罗天生出玄、元、始三气，此三气各生三气，合为九气。《灵宝洞玄自然九天生神章经》云：“分为

玄、元、始三气而治三宝，皆三气之尊神，号生三气，三号合生九气。九气出乎太空之先，隐乎空洞之中，无光无像，无形无名，无色无绪，无音无声。”见《云笈七签》卷一六。

【2】“神宝”，神圣的宝物，引申为天子之位。《后汉书·皇后纪序》：“而赴蹈不息，燋烂为期，终于陵夷大运，沦亡神宝。”李贤注：“神宝，帝位也。”

【3】“赤明”：道教年号。《隋书》卷三五《经籍志四》：“（道经）以为天尊之体，常存不灭。每至天地初开，或在玉京之上，或在穷桑之野，授以秘道，谓之开劫度人。然其开劫，非一度矣，故有延康、赤明、龙汉、开皇，是其年号。”

【4】“位”“陛”二字，原未录出，现据残划推补。“玉历”，“玉”字原未录出，现补录。玉历原指历书，引申为正朔、历数、国运。《搜神记》卷八：“虞舜耕于历山，得玉历于河际之岩。舜知天命在己，体道不倦。”汉·焦赣《易林·屯之蒙》：“山崩谷绝，大福尽竭。泾渭失纪，玉历尽已。”“玉历”又见《老子中经》，施舟人有专门的研究：Kristofer Schipper, “Le Calendrier de Jade: Note Sur le *Laozi zhongjing*,” *Natur-und Völkerkunde Ostasiens* 125（1979）, pp. 75–80。

【5】“荒”：包括，据有。《诗·鲁颂·閟宫》：“奄有龟蒙，遂荒大东。”毛传：“荒，有也。”东汉延熹八年《西岳华山庙碑》曰：“岩岩西岳，峻极穹苍。奄有河朔，遂荒华阳。”唐开元八年的《华岳精享昭应碑》亦曰：“于铄太华，降神西峙。惟王荒之，配天有祀。”

【6】“君”“乎”二字系笔者据文意推补。

【7】“冥寂”：静默。《文选》卷二一，郭璞《游仙诗》之三：“绿萝结高林，蒙笼盖一山。中有冥寂士，静啸抚清弦。”李善注：“冥，玄默也。”李白《春陪商州裴使君游石娥溪》：“萧条出世表，冥寂

闭玄关。”

【8】“惚慌”：“慌”通“恍”。混沌不分，隐约不清。按《老子》云：“道之为物，惟恍惟惚。惚兮恍兮，其中有象；恍兮惚兮，其中有物。”

【9】“大圣”可指帝王。《吕氏春秋·君守》：“大圣无事而千官尽能”。《史记·秦始皇本纪》载之罘刻石云：“大圣作治，建定法度，显箸纲纪。”

【10】“至精”：指一种极其精妙而不见其形迹的存在。《易·系辞上》：“《易》有圣人之道四焉。……其受命也如响，无有远近幽深，遂知来物，非天下之至精，其孰能与于此？”

【11】“幽”字，原未录出，现补录。“幽赞”，暗中受神明佐助，语出《易·说卦》：“昔者圣人之作《易》也，幽赞于神明而生蓍。”而唐玄宗御撰《西岳太华山碑》亦用此语，曰：“玉帛未陈，幽赞必先意而启；椒醑虽薄，景福杲（果）应期而集。”

【12】“出”字原未录出，现补录。

【13】“大洞”指《上清大洞真经》，早期上清派重要经典。相传东晋兴宁三年（365），南岳魏夫人等仙真降世，以此经传授道士杨羲。此后上清派一直奉此经为根本经典，列于上清诸经之首。据《上清大洞真经目》著录，此经原为一卷，然自南北朝以后出现许多不同传本，今《道藏》本为一卷，收入洞真部本文类。

【14】“混芒”：混沌芒昧，诸未分明也。《庄子·缮性》：“古之人在混芒之中，与一世而得澹漠焉。”成玄英疏：“其时淳风未散，故处在混沌芒昧之中，而与时世为一。”《抱朴子·任命》：“盖闻灵机冥缅，混芒眇昧。”

【15】“金”，原未录出，现据残划推补。“四削”，《山海经》云：华山“一名太华，太华之山，削成而四方”。《初学记》卷五引东晋郭

璞《太华赞》曰："华岳灵峻，削成四方。"北周《华岳颂》铭文起首云："攸攸天极，岩岩削成。"而本碑之铭文开首亦曰："泰华岩岩，削成天半。"其间因袭之迹昭然若揭。

【16】"穹崇"：高貌。《文选》卷一六，司马相如《长门赋》："正殿块以造天兮，郁并起而穹崇。"李善注："穹崇，高貌。"沈佺期《西岳诗》云："西镇何穹崇，壮哉信灵造。"而本碑所谓"穹崇造天"，显然本乎《长门赋》。

【17】"顶"，原误录作"陌"。"中顶"，中峰之最高处。《唐会要》卷八张说《封禅坛颂》："检玉牒于中顶，扬柴燎于高天。"《太平御览》卷三九地部嵩山条引《嵩高山记》："中顶南下二百步，亦有岳庙。"同书卷六六九道部服饵上引《真诰》："（华）山中顶上有石龟，其广数亩，高且三仞。"

【18】"下都"：神话传说中，称天帝在地上所居之都邑。《山海经·西山经》："西南四百里，曰昆仑之丘，是实为帝之下都。"唐玄宗御撰《西岳太华山碑》称华山"谅少昊之下都，即蓐收之别馆也"。

【19】"少阴"：指西方。张华《博物志》卷一："西方少阴，日月所入。"唐玄宗御撰《西岳太华山碑》曰："西岳太华山者，当少阴用事，万物升华，故曰华山。"

【20】"启"，原误录作"起"。

【21】"法物"，此二字原未录出，现补录。"灵图"，道教的十二部经之一，《云笈七签》卷六："第四灵图。……灵图者，如含景五帝之像，图局三一之形，其例是也。灵，妙也；图，度也，谓度写妙形，传流下世。"

【22】"真容降于宸极"，意指真君的图像自宫中发出。在同时的《青城山丈人祠庙碑》中说："神姿丽美，远降于九天；丽像昭辉，

长存于三蜀。”而庐山《九天使者庙碑》则谓：“置庙使内供奉将使者真图，建立祠庙。”都是同样的意思。按，这些图像都是由司马承祯“推按道经，创意为之”的，参看笔者前引文《五岳真君祠与唐代国家祭祀》。

【23】“阴”，原误录作“阳”；“辟”原录作“障”，现据残划推补。“阴辟”，北魏孝文帝《祭济渎文》曰：“乾光资曜，坤载播液，惟渎畅灵，协辉阴辟。”见《古今事文类聚》前集卷一六。

【24】“洞”，原未录出，笔者据残划推补。“嵓”，原误录作“山”。

【25】“兴”，原未录出，现据残划及文意推补。

【26】“丹槛”，“丹”字原未录出，笔者据残划推补。

【27】“三元”：指道教所称天官、地官、水官三神。

【28】“度”，原未录出，笔者推补。“六甲”，指六十甲子之甲神，即甲子、甲寅、甲辰、甲午、甲申、甲戌。又《道门经法相承次序》卷下：“一甲寅：木神，主骸骨；二甲辰：风神，主气息；三甲午：火神，主温暖；四甲申：金神，主牙齿；五甲戌：土神，主肌肉；六甲子：水神，主血液。”也是一种道教符箓。《云笈七签》卷一四：“若辟除恶神鬼者，书六甲、六乙符持行，并呼甲寅，神鬼皆散走。”唐玄宗《赐道士邓紫阳》诗云：“太乙三门诀，元君六甲符。”

【29】“赞”，原录作“替”，“飛”原录作“升”，现据残划改录。

【30】“岑崟”，原误录作“岭□”。“岑崟”，山峻险貌。“月”，原未录出，现据残划推补。“泠”原误录作“冷”。“清泠”，清凉貌，多用于形容林泉山水、风露云月。

【31】“窅冥”，“窅”原录作“窈”，系异体字。窈冥，深远渺茫貌。郭璞《山海经图赞·神二女》：“游化五江，惚恍窈冥。”陶翰此句显然由此化出。

【32】“戴”，原误录作“载”。

【33】“儵”，原未录出，现补出。“洞”，原误录作“同”。

【34】“戌屑”即“戌削”，清瘦貌。李白《上云乐》：“巉岩容仪，戌削风骨。”“蛇”，原未录出，笔者据残划推补。“虚蛇”，“虚而委蛇”之省称，虚己忘怀，随顺之貌也。《庄子・应帝王》：“吾与之虚而委蛇，不知其谁何。”

【35】“穆然”，“穆”字原未录出，现补录。意即默然。《文选》卷五一，东方曼倩《非有先生论》：“于是吴王穆然，俛而深惟，仰而泣下交颐。”李善注：“穆，犹默，静思貌也。”“琁臺”，又作“璿台”“璇台”，即饰以美玉的高台，后引申为仙人居所。《太平御览》卷四一地部“会稽山”条引孔灵符《会稽记》曰：“赤城山内，则有天台灵岳，玉室璇台。”《旧唐书・辛替否传》：“臣闻出家修道者……何必璇台玉树，宝像珍龛，使人穷困，然后为道哉！”

【36】“若”字原未录出，现补录；“發”“愿”二字原未录出，系笔者据残划推补。

【37】“颐”，原误录作“顾”。

【38】“疵疠”，灾害疾病。《庄子・逍遥游》：“其神凝，使物不疵疠而年谷熟。”成玄英疏：“疵疠，疾病也。”

【39】“师律”，《易・师》：“象曰：师出以律，失律，凶也。”后以指军队的纪律。《南史・徐勉传》：“军旅不以礼，则致乱于师律。”

【40】“尚父”，原未录出，现补录。尚父即周代的吕望。《诗・大雅・大明》：“维师尚父，时维鹰扬。”郑玄笺：“尚父，吕望也，尊称焉。”所谓“崇尚父之祀”，据《唐会要》卷二三《武成王庙》载：“开元十九年四月十八日，两京及天下诸州各置太公庙一所，以张良配享，春秋取仲月上戊日祭。……仍简取自古名将，功成业著，宏济生民，准十哲例配享。”而据《全唐文》卷二三《立齐太

公庙制》云："宜令两京及天下诸州，各置太公尚父庙一所，以张良配享。"高明士据此指出，庙的全称当是"太公尚父庙"，而"如《开元礼》、《通典》所示，可简称为齐太公庙或太公庙"[1]。可见这一祭祀的成立，恰在真君祠置立的数月之前。

【41】"礼"，原误录作"之"。

【42】"进文宣之号"，据《唐会要》卷三三《太常乐章》："释奠，乐章八，文宣公庙奏宣和之舞。显庆三年（658），国子博士范頵等撰。"可见，至迟在显庆三年，孔子已被追谥为文宣公。另外，《旧唐书》卷九《玄宗本纪》下记载：开元二十七年八月，"甲申，制追赠孔宣父为文宣王，颜回为兖国公，余十哲为侯，夹坐。后嗣褒圣侯改封为文宣公"。这只是进爵为王而已。

【43】"祝融"，帝喾时的火官，后被尊为火神，命曰祝融。《国语·郑语》："夫黎为高辛氏火正，以淳耀敦大，天明地德，光照四海，故命之曰祝融。其功大矣。"《吕氏春秋·孟夏》："其神祝融。"高诱注："祝融，颛顼氏后，老童之子，吴回也。为高辛氏火正，死为火官之神。"

【44】"檮杌"，远古恶人"四凶"之一，或谓即鲧。《国语·周语上》："商之兴也，檮杌次于丕山。"韦昭注："檮杌，鲧也。"陶翰此语显出于此。

【45】"庆"，原未录出，现补录。

【46】"韦衎"，原误录作"韦行"。

【47】"知方"：知礼法。《论语·先进》："可使有勇，且知方也。"刘宝楠正义引郑玄曰："方，礼法也。"

---

[1] 高明士《唐代的武举与武庙》，《第一届国际唐代学术会议论文集》，台北：台湾学生书局，1989年，第1047页。

【48】“与其”，原误录作“以及”。“佐”，原未录出，现补录。

【49】“崔浩、吴俊、沈愿、宋子敭”，此四人之名，原多未录出。

【50】“祗勒”二字，原未录出，现补录。“祗”，恭敬，《尔雅·释诂下》：“祗，敬也。”“勒”，整饬，部署。

【51】“臺”，原录作“掌”，现据残划推补。“崛”，原未录出，现据残划补录。

【52】“真府”，原误录作“真符”。

【53】“牢落”，原误录作“坐落”。牢落，意为孤寂，无所寄托。《文选》卷一七，晋·陆士衡（机）《文赋》：“心牢落而无偶，意徘徊而不能揥。”

【54】“宗”，原未录出，现补录。

【55】“皇拂”，来自皇帝的恩德。

【56】“仙祠”，原误录作“先祠”。

【57】“神”，原愆，笔者据文意推补。“之众”，原未录出，现补录。

【58】“必”，原未录出，现补录。“休咎”，吉凶、善恶。《汉书·刘向传》：“向见《尚书·洪范》，箕子为武王陈五行阴阳休咎之应。”

【59】“兴”，原未录出，现补录。

【60】“所”，原未录出，现补录。

【61】“穆穆兢兢”，原有三字未录出，作“□□□兢”，现补录。“穆穆”，端庄恭敬。《尚书·舜典》：“宾于四门，四门穆穆。”“兢兢”，小心谨慎貌。《诗·小雅·小旻》：“战战兢兢，如临深渊，如履薄冰。”

【62】原录文此处多一“县”字，今删去。

三　平阙与避讳

本碑立于盛唐时期，因此在格式上严格遵守了唐代国家的平阙式和避讳的规定。“平”指行文遇到特定的字要移行平出，“阙”指行文遇到特定的字要阙字空格。《唐六典》卷四对此有明确规定：

> 凡上表、疏、笺、启及判、策文章，如平阙之式。（原注：谓昊天、后土、天神、地祇、上帝、天帝、庙号、祧皇祖妣、皇考、皇妣、先帝、先后、皇帝、天子、陛下、至尊、太皇太后、皇太后、皇后、皇太子，皆平出。宗庙、社稷、太社、太稷、神主、山陵、陵号、乘舆、车驾、制书、敕旨、明制、圣化、天恩、慈旨、中宫、御前、阙廷、朝廷之类，并阙字。宗庙中、陵中、行陵、陵中树木、待制、乘舆、车中马、举陵庙名为官，如此之类，皆不阙字。若泛说古典，延及天地，不指说平阙之名者，亦不平出。若写经史群书及撰录旧事，其文有犯国讳者，皆为字不成。）[1]

我们先来看《唐华岳真君碑》中出现的平阙现象。在本碑第3行“皇帝”、第12行“天子”两处，皆另起一行，这正是严守了平出的规定。至于阙字现象，碑中凡三见：第7行的“宸极”前阙三字、第12行的“睿想”前阙二字、第19行的“明主”之前则阙三字。这三个词语都与皇帝尊严有关，不过在《唐六典》的规定中并未作明确要求，可见在实际行文中，对于平阙式的遵守有时候甚至比国家要求的还要严格。

在避讳方面，本碑第2行的“世”字最后两笔不写，显然是避唐太宗李世民的讳，因此“为字不成”（参见图10）。不过，依照唐制，不避嫌名，二名不偏讳，所以在法藏敦煌文书P.2504《天宝

---

[1] 《唐六典》卷四“礼部郎中员外郎”条，北京：中华书局，1992年，第113页。

图 10　唐华岳真君碑拓片（局部）

职官表》残卷中涉及李世民时，只是缺字作“世”而已，“世”字本身并不缺笔。由此我们发现碑文对于避讳的遵守也比国家的规定更为严格。

另外，如前所述，平阙式原本是唐代国家规定的公文书格式，主要适用于上表、疏、笺、启及判策文章中。本碑执行这样的平阙格式和避讳要求，则与其自身的官方色彩密切相关。我们在此前的论文中已经指出，开元十九年在五岳建立真君祠实际上是一种政府行为，其基本过程是：首先由司马承祯根据上清派的经典制作出祠庙的图纸与神像的粉本，然后由中使担任置庙使，两京高道担任设斋使分赴各山指导立庙事宜，具体的选址、施工等工作则由地方政府负责[1]。在这样的背景下，完工之后建立碑文无疑也是一种官方活

[1] 参看前引拙文《五岳真君祠与唐代国家祭祀》。

动，因此在碑文的平阙与避讳格式上严守规定，自是不难理解。

在法藏敦煌文书 P.2504《天宝职官表》残卷中记载了四种平阙令式，即《平阙式》《不阙式》《旧平阙式》以及《新平阙令》。刘俊文指出："《平阙式》即阙字条，《不阙式》即不阙条，《旧平阙式》及《新平阙令》即平出条。"他还认为，《大唐六典》所载系开元七年（719）之制，残卷中所谓的《旧平阙式》为开元二十五年（737）的制度，而残卷中《新平阙令》则是天宝元年（742）以来的新制。"残卷以新、旧并录，盖旧制其时仍然遵行，新令与旧制二者关系不是修改取代，而是补充并行之故"[1]。

在此，我们有必要将残卷所记天宝元年的《新平阙令》列出：

> 中书门下　牒礼部：大道、至道、玄道、道本、道源、道宗、昊天、旻天、苍天、上天、皇天、穹苍、上帝、五方帝、九天、天神、乾道、乾象、乾符、地祇、后土、皇地、坤道、坤德、坤珍、坤灵、坤仪。牒 奉敕：以前语涉重，宜令平阙。其余泛说议类者，并皆阙文。诸字虽同，非涉尊敬者，不须悬阙。如或不可，永无隐焉。牒至准敕。故牒。天宝元载六月十二日牒。[2]

按，开元末以来，玄宗对道教的尊崇日渐升温，对于和道教有关的一些词句实行平阙之制正是这种趋势的充分表现。《唐华岳真君碑》虽是一方与玄宗崇道密切相关的碑文，但由于时间早于此制，因此

[1] 刘俊文《敦煌吐鲁番唐代法制文书考释》，北京：中华书局，1989 年，第 394—395 页。

[2] 刘俊文《敦煌吐鲁番唐代法制文书考释》，第 357—358 页。该卷图版与录文又见唐耕耦、陆宏基编《敦煌社会经济文献真迹释录》第二辑，北京：全国图书馆文献缩微复制中心，1990 年，第 586—587 页。

对于这类词语并不平阙，如第16行末17行初的“至道”。至于碑文中的“大道”一词，虽处于第13行起首，却不过是自然顺序所致，而非有意平出。

四　撰人、书人与主持立碑者

笔者曾于前引拙文中对此碑撰人陶翰与书人韦腾做过简单考证，在此略作补充。此碑撰人华阴县丞陶翰，润州人，开元十八年进士及第，次年又与郑昉一起中博学宏词科[1]。陈尚君据洛阳出土《唐故朝请大夫上柱国检校尚书屯田郎中（下缺）》的署名证知陶翰于开元二十年二月曾任“□州□县主簿”，而陶敏则据其诗文证明同年冬他在华州任上[2]。由此可见，陶翰在中博学宏词科后并非直接授从八品下的华阴县丞，而是先任某县主簿，我们此前曾推定《唐华岳真君碑》作于开元十九年末到二十年初，现在看来最早也当在二十年二月之后。他在任还曾作《望太华赠卢司仓》一诗，内有“作吏到西华，乃观三峰壮。削成元气中，杰出天河上”之语[3]。

陶翰在开元、天宝时期的文坛上声名颇盛，时人殷璠在其《河岳英灵集》中就称赞他说：“历代词人，诗笔双美者鲜矣。今陶生实谓兼之，既多兴象，复备风骨，三百年以前，方可论其体裁也。”[4]清人王士祯则认为其五言诗可与王维相颉颃[5]。如前所述，此碑某些用词颇类此前玄宗御撰的《西岳太华山碑》，然其气势雄浑，用

[1]《唐会要》卷七六《制科举》，上海古籍出版社，1991年，第1643页。参看傅璇琮主编《唐才子传校笺》卷二“陶翰”条，北京：中华书局，1987年，第279—284页。

[2]《唐才子传校笺》第五册，北京：中华书局，1995年，第54—56页。

[3] 殷璠《河岳英灵集》卷上，此据李珍华、傅璇琮《河岳英灵集研究》，北京：中华书局，1992年，第168页。

[4]《河岳英灵集研究》，第166页。

[5] 王士祯《居易录》卷二一，《景印文渊阁四库全书》第869册，第564页。

语精工，文采远迈前人。不难想象，当时刚刚连中高第、文名籍甚的陶翰在华阴确为撰作此碑的不二人选。陶翰的文集早在宋代就已散佚，故《新唐书·艺文志四》就说："《陶翰集》，卷亡。润州人，开元礼部员外郎。"[1]而《宋史·艺文志》记载有《陶翰诗》一卷。《文献通考·经籍考》则云："《陶翰集》一卷。陈氏（振孙）曰：唐礼部员外郎丹阳陶翰撰。开元十八年进士，次年宏词。"[2]从陶翰文集的流传情况来看，《唐华岳真君碑》之久逸于世自然不难理解了。

至于书人"京兆韦腾"，在《元和姓纂》卷二韦氏大雍州房有："曾孙（韦）腾，同州刺史。"[3]他与天宝四载（745）九月在李齐古《进御注孝经表》中列名的"朝议郎行丞、上柱国赐绯鱼袋臣韦腾"[4]应是同一人。郁贤皓怀疑《新唐书·党项传》所载肃宗广德元年（763）在仆固怀恩之叛中败走的同州刺史"韦勝"即此"韦腾"之讹[5]，很有道理。如果这位韦腾就是本碑的书人，那么他在当时看来还没有什么值得炫耀的官职。就本碑的书法而言，楷法精严而略有隶意，气韵生动，神采焕然，实为盛唐书法之佳构。唐代以书判取士，故能书者众，然许多书道高手却未必以此名世，本碑书人韦腾无疑就是其中之一。

从碑文中我们得知，负责建立华岳真君祠活动的是华阴县令韦衎。由于《华山碑石》将其误录作"韦行"，因此我们此前无法考

---

[1]《新唐书》卷六〇《艺文志四》，北京：中华书局，1975年，第1603页。

[2]《文献通考》卷二四二《经籍考六九》，上海师范大学古籍研究所、华东师范大学古籍研究所点校，北京：中华书局，2011年，第6543页。

[3]《元和姓纂（附四校记）》，北京：中华书局，1994年，第157页。

[4] 见朱彝尊《经义考》卷二二四，《景印文渊阁四库全书》第680册，第3页。《全唐文》卷三七七收入此文，可惜却删去文后之列名，第3831—3832页。

[5] 郁贤皓《唐刺史考全编》卷四，合肥：安徽大学出版社，2000年，第124—125页。

证出此人的任何信息。实际上，韦衎其人则在《新唐书·宰相世系表》中就有记载，不过对其世系排列有误。会昌元年（841）的《唐故朝议郎使持节明州诸军事守明州刺史上柱国赐绯鱼袋韦（埙）府君墓志铭》云："曾祖衎，皇太中大夫、太子右赞善大夫。"[1]据《八琼室金石补正》的考证，韦衎不仅是韦埙的曾祖，其实也是文宗时宰相韦处厚的曾祖，这一观点也为赵超所接受[2]。从时间上看，这位韦衎应该与本碑中的韦衎是同一人，他在开元二十年任从六品上的华阴县令，最后的官职则可能是正五品上的太子右赞善大夫。

本文以《唐华岳真君碑》的原拓为基础，对其进行了重新录文和标点，对于一些重要词句也做了简略的注释。与此同时，本文还梳理了此碑已往的著录情况，分析了碑文中的平阙与避讳现象，并对于撰人、书人及立碑主持者进行了一些讨论。事实上，关于这块碑还可从其他角度来考察，比如精研道教美术史的李凇先生在细审原碑碑首、碑侧的造像风格之后，认为《唐华岳真君碑》的原石可能是由北周的造像碑改刻而来[3]，这是一个很有意思的发现。至于此碑的立碑背景及其所反映的盛唐道教与国家祭祀的关系等问题，敬请参阅本书第二章第三节。

---

[1] 周绍良主编《唐代墓志汇编》会昌 008 号，上海古籍出版社，1992 年，第 2216 页。

[2] 赵超《新唐书宰相世系表集校》卷四，北京：中华书局，1998 年，第 633—636 页。

[3] 参看李凇《一件石碑在五百年里的三个故事——论华山〈唐代真君祠碑〉应是建造于北周的〈四面造像碑〉》，提交四川大学历史文化学院主办的"道教考古与铭刻国际会议"，2019 年 6 月 27—30 日。

附录二

唐代潜山的信仰世界

山岳信仰在中国古人的信仰世界中占据着非常重要的地位。自古以来，人们认为山岳为神明所居，可以兴云致雨，遂有膜拜之举，这自然是因为它们与人类生活息息相关[1]。在山岳神中，尤以五岳为代表，它们不仅是地理概念，自秦汉之后且又成为封建王朝体国经野的象征符号，受到国家的高度重视[2]。中古以降，除了五岳继续在国家礼制系统中扮演重要角色，且拥有大批民间信众之外[3]，其他宗教传统也大都发展出各自的山岳信仰和解释体系，如道教有洞天福地的理论，而中国佛教所谓“四大名山”的说法亦日渐流行。各种宗教传统在名山圣境中不断冲突、会聚与融和，使得不少名山呈现出多方面、多层次的宗教内涵[4]，其影响至今不绝。然而，

---

[1] 关于中国早期的山水崇拜，参看钱志熙《论上古至秦汉时代的山水崇拜山川祭祀及其文化内涵》,《文史》2000 年第 3 辑，第 237—258 页。

[2] 参看顾颉刚《四岳与五岳》，收入氏著《史林杂识初编》，北京：中华书局，1963 年，第 34—45 页。唐晓峰《五岳地理说》,《九州》第一辑，北京：中国环境科学出版社，1997 年，第 60—70 页；同氏《体国经野——试述中国古代的王朝地理学》，香港《二十一世纪》2000 年 8 月号（总第 60 期），第 82—91 页。

[3] Glen Dudbridge, *Religious Experience and Lay Society in T'ang China: A Reading of Tai Fu's Kuang-i Chi*, Cambridge: Cambridge University Press, 1995, chapter 4: “The Worshippers of Mount Hua,” pp. 86-116. 贾二强《唐代的华山信仰》,《中国史研究》2000 年第 2 期，第 90—99 页。参看本书第一章第一节。

[4] 参看 James Robson, *Power of Place: The Religious Landscape of the Southern Sacred Peak (Nanyue 南嶽) in Medieval China*, Cambridge: Harvard University Asia Center, 2009。

在这众多的名山之中，有一座却似乎被今天的人们遗忘了，那就是潜山。

潜山，一名霍山，一名皖山，又称天柱山，位于今安徽省潜山县[1]。在中国古代宗教文化的历史舞台上，它曾经辉煌耀眼，但最终却悄然淡去。潜山的内涵是多方面的，在国家祭祀体系中，它曾是五岳中的南岳；在道教理论中，它又与青城山、庐山合称为佐命山三上司山。到了唐宋时期，潜山达到了其信仰的顶点。然而，关于这座名山，我们至今所知甚少，尽管有乌以风“居潜二十余载，登山不下百次”，对于历史文献和现存史迹广采博收，所著《天柱山志》贡献莫大，然而，该书对于潜山的宗教内涵却着墨不多。横手裕《佐命山三上司山考》一文虽涉及潜山在道教山岳系统中的地位，但关于唐代的部分却极为简略[2]。在考察唐玄宗开元十九年（731）置立五岳真君祠的事件时，笔者也曾对潜山的材料略加提示，但未及展开[3]。本文将主要通过对两方石刻材料的解读，对唐代潜山的信仰世界作一初步勾勒。

一　道教视野中的潜山

《唐六典》卷三“户部郎中员外郎”条所列诸道的“名山大川”中，淮南道“其名山有八公、潜、大别、霍山、罗山、涂山（原注：八公山在寿州寿阳县；大别山寿州霍山县；霍山一名天柱，在

[1] 关于霍山、潜山、皖山、天柱山是四山还是一山，自来众说纷纭，特别是潜、霍二山更是纠缠不清。近人乌以风编著《天柱山志》，力辨四者为一山，他认为：天柱为主峰，“在唐以前，潜霍未分，所谓霍山即潜之天柱，一山而有数名。潜霍分治以后，遂将霍山与天柱分开。所谓霍山，专指天柱以北诸山，而天柱在霍山县以南，属潜山地区，因此形成二山分离之差误”。合肥：安徽教育出版社，1984 年，第 126—128 页。

[2] 横手裕《佐命山三上司山考》，《東方宗教》第 94 号，1999 年，第 20—39 页。

[3] 参看本书第二章第三节。

舒州怀宁县，自汉已来为南岳，隋文帝开皇九年，以南衡山为南岳，废霍山为名山；罗山在申州；涂山在濠州钟离县。)”[1]。在这里，虽然将潜、霍并列，但从注释来看，除潜山外，其他五山均说明其所在州县，而所载霍山地望在舒州怀宁县，这正是潜山的地望所在。可见，唐代官方对于潜、霍是二山还是一山已经不太清楚。无论如何，自从隋文帝开皇九年（589）平陈之后，废除霍山南岳之号，霍山就只是作为地方名山被祭祀。

在道教理论中，潜、霍则有另一种组合，这主要体现在《五岳真形图》系统的文献中。其一是洞玄部灵图类所收的《洞玄灵宝五岳古本真形图（并序）》，其时代可能比较晚[2]。其二是正乙部笙字号所收的《五岳真形序论》，施舟人认为其时代当在六朝末[3]。《五岳真形序论》由四种文本构成：第一部分是关于西王母授《五岳真形图》于汉武帝的故事，第二部分是两篇《授图祭文》，第三部分是《鲍氏佩施用》，第四部分则是托名东方朔的《五岳图序》。我们来看《五岳图序》对佐命之山的描写：

> 青城丈人，黄帝所命也，主地仙人，是五岳之上司，以总群官也。丈人领仙官万人，道士入山者，丈人服朱光之袍，戴盖天之冠，佩三庭之印，乘科车，从众灵而来迎子。
>
> 庐山使者，黄帝所命，秩比御史，主总仙官之位，盖五岳之监司。道士入其山者，使者服朱绯之袍，戴平华之冠，佩三

[1] 《唐六典》卷三“户部郎中员外郎”条，北京：中华书局，1992年，第69页。

[2] 《道藏》第6册，第735—743页。施舟人先生推测其文本可能晚至明代，见 Kristofer Schipper & Fransiscus Verellen (ed.), *The Taoist Canon: A Historical Companion to the Daozang*, Chicago: The University of Chicago Press, 2005, pp. 1236−1237。

[3] 《道藏》第32册，第628—636页。参看 Kristofer Schipper & Fransiscus Verellen (ed.), *The Taoist Canon: A Historical Companion to the Daozang*, pp. 265−266。

天真形之印而来迎子，亦乘科车，从以众灵。

霍山南岳储君，黄帝所命，衡岳之副主也，领群灵三万人。上调和气，下拯黎民，关校众仙，制命水神，是峻验之府，而为诸灵之所顺也。……储君服青锦之袍，戴启明之冠，佩道君之玉策而来迎子。或乘科车，或驾龙虎。

潜山储君，黄帝所命，为衡岳储贰，时参政事，令职似辅佐者也。入其山，潜君服紫光绣衣，戴参灵之冠，佩朱官之印，乘赤虬之车而来迎子。❶

可见，除了五岳之外，五岳真形图还包括了四座山，即青城山、庐山、霍山、潜山。其与五岳发生联系的原因，《图序》认为始于黄帝。值得一提的是，在敦煌道书保存着南朝上清派宗师陶弘景所撰《陶公传授仪》，专门规范包括五岳真形图在内的五种道经符箓的传授仪式，应该是经过陶弘景改造过的带有上清派色彩的授图仪式❷。

值得重视的是，在这些隋唐以前的道教文献中，衡山早就以南岳的身份出现，而霍山、潜山则仅为作为南岳的“储副”而已。可以说，隋文帝平陈后以衡山为南岳，只是以国家权力对此进行的官方确认。在盛唐司马承祯《天地宫府图》中，潜山列于三十六小洞天之第十四：“第十四潜山洞：周回八十里，名曰天柱司玄天，在舒州怀宁县，仙人稷丘子治之。”❸到了晚唐杜光庭《洞天福地岳渎名山记》中则又有所不同。首先，他在“中国五岳”条中，仍在南

---

❶《五岳真形序论》，《道藏》第32册，第636页。

❷ 大渊忍尔《敦煌道经·目录编》首次简出英藏S.3750和法藏P.2559两件文书并作了正确定名。在此基础上，王卡又从未刊的中国国家图书馆藏敦煌抄本中发现了BD.11252残片，可与二者缀合，见氏著《敦煌残抄本陶公传授仪校读记》，《敦煌学辑刊》2002年第1期，第89—97页。

❸《云笈七签》卷二七，第614页。

岳下叙述了潜、霍的储副地位[1]，在三十六小洞天之第十四亦记载："潜山天柱司玄洞天，一千三百里，在舒州桐城县，九天司命。"[2]与此同时，他在"十大洞天"条的最后则云：

> 青城山，五岳丈人希夷真君，在蜀州；天柱山，九天司命真君，在舒州；庐山，九天使者真君，在江州。
>
> 右佐命山三上司山，皆五岳之佐理，以镇五方，上真高仙所居也。[3]

这样，在杜光庭的笔下，潜山的宗教内涵就有了三个不同层面：作为名山，它是衡山储副；作为洞天，它为第十四小洞天；最后，它又是九天司命真君之理所——与青城山、庐山并列的"佐命山三上司山"之一。这三个层面紧密相关，共同塑造了一个宗教圣山的丰富形象。

二 《唐天柱山司命真君庙碑》

开元十九年，由于司马承祯的建议，玄宗下诏在五岳和青城山、庐山分别为五岳真君、青城丈人、庐山九天使者置庙，其根据正是道教《五岳真形图》系统的文献，对此我们已有详细考证[4]。按杜光庭《录异记》卷一"庐山九天使者"条载此事曰："又青城丈人为五岳之长，潜山九天司命主九天生籍，庐山九天使者执三天之

---

[1] 杜光庭《洞天福地岳渎名山记》，收入罗争鸣《杜光庭记传十种辑校》，北京：中华书局，2013年，第387页。

[2] 杜光庭《洞天福地岳渎名山记》，第390页。

[3] 杜光庭《洞天福地岳渎名山记》，第388页。

[4] 参看本书第二章第三节，以及附录一。

录，弹纠万神，皆为五岳上司，盖各置庙，以斋食为飨。是岁，五岳三山各置庙焉。”[1] 杜光庭的依据当是开元二十年正月立于庐山的《九天使者庙碑》和三月所立的《唐使者征祥记》，基本应属可信。不过，所谓“五岳三山，各置庙焉”，却未能完全得到证实。因为无论石刻史料还是传世文献，都没有开元中置立潜山九天司命之庙的记载。特别是《九天使者庙碑》中在叙述青城与庐山二祠的建立与真君祠的关系时说：“圣绪无为，斯其有作，乃眷群岳。真君道府，光启祠室，幽赞神宗。青城、庐岳二山者，佐命群峰之望也。丈人仙录，秘谛真君；使者灵司，孔昭冥察。……”[2] 显然，这里仅将青城与庐山对举，只字不提潜山司命真君之事。

幸运的是，一通大历八年（773）的石刻文献为我们提供了重要的研究信息，这就是阳璹的《唐天柱山司命真君庙碑》。乌以风《天柱山志》卷十初录此碑[3]，陈尚君所辑《全唐文补编》又据之以录文[4]。不过，《天柱山志》并未注明碑文出处，经过我们的考察，可知此文在清顺治十一年（1654）郑遹玄修、陈衷赤等纂《安庆府潜山县志》卷九《艺文志》上、康熙十四年（1675）周克友所修《安庆府潜山县志》卷一一《艺文志》，以及乾隆四十六年（1781）李载阳所修《潜山县志》卷二三《寺观》“司命真君祠”条下均有收录[5]。

---

[1] 杜光庭《录异记》卷一“九天使者”条，罗争鸣《杜光庭记传十种辑校》，第17—18页。

[2]《庐山太平兴国宫采访真君事实》卷六，《道藏》第32册，第682—684页。陈垣编纂，陈智超、曾庆瑛校补《道家金石略》，北京：文物出版社，1988年，第114—116页。

[3] 乌以风《天柱山志》卷十，第326—327页。

[4] 陈尚君辑校《全唐文又再补》卷四，《全唐文补编》，北京：中华书局，2005年，第2285页。

[5] 顺治《安庆府潜山县志》卷九《艺文志》上，辽宁省图书馆善本部藏刻本，十三至十四叶。康熙《安庆府潜山县志》卷一一《艺文志》，《中国方志丛书·华中地方》第707号，台北：成文出版社有限公司，1985年，第971—973页。乾隆（转下页）

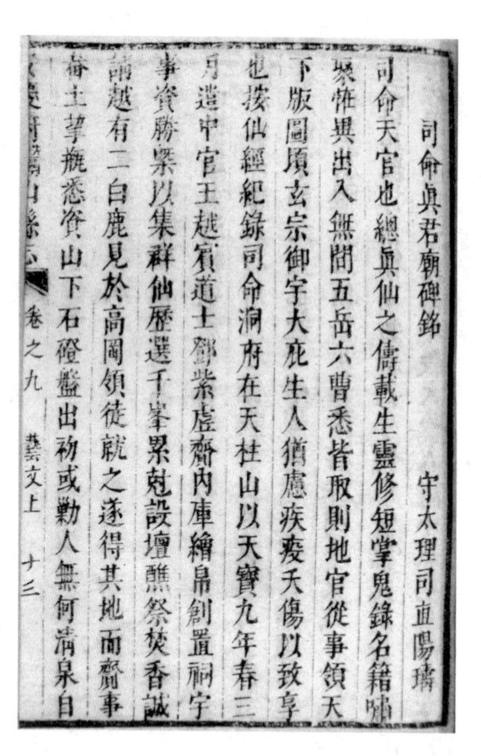
司命眞君廟碑銘　守太理司直陽璹

司命天官也總眞仙之傳載生靈修短掌鬼錄名籍賦

聚惟異出入無間五岳六曹悉皆取則地官從事領天

下版圖頃玄宗御宇大庇生人猶慮疾疫夭傷以致亭

也按仙經紀錄司命洞府在天柱山以天寶九年春三

月遣中官王越賓道士鄧紫虛齋內庫繒帛創置祠宇

事資勝槩以集羣仙歷選千峯累尅設壇醮祭焚香誠

請越有二白鹿見於高岡領徒就之遂得其地而齋事

畚土挈甁悉資山下石磴盤出祠或勸人無何清泉自

安慶府潛山縣志　卷之九　藝文上　十三

图 11　顺治《安庆府潜山县志》所收《唐天柱山司命真君庙碑》
韩锡铎先生提供

比勘之后，不难发现《天柱山志》所录颇有疏漏之处。在此，我们以目前所知成书年代最早的顺治《安庆府潜山县志》（图 11）为底本，参以后出诸本，对文字略加校勘。录文采用标准繁体字，并加以现代标点，断句不同处径改，不再特别说明。

（接上页）《潜山县志》卷二三《寺观》，《中国方志丛书·华中地方》第 708 号，第 1520—1521 页。需要说明的是，一些早期的《安庆府志》并未收录此文，如明正德十六年（1521）胡缵宗纂修的《安庆府志》、嘉靖三十年（1551）刻本的《安庆府志》（李逊所修）等。顺治《安庆府潜山县志》为十卷本，是现存最早的《潜山县志》，据《中国地方志联合目录》（北京：中华书局，1985 年，第 451 页）记载，海内外唯辽宁省图书馆收藏有此书，在该馆韩锡铎、刘冰、周越等先生的帮助下，笔者有缘获睹其中相关部分的图版，仅此致以衷心感谢。另外，在调查方志的过程中，美国哈佛燕京图书馆中文部的沈津、马小鹤两位先生也提供了诸多方便，在此一并申谢。

（一）录文

司命真君廟碑銘　　　　　　　　　　守大理司直陽璹

司命天官也，總真仙之儔，載生靈修短，掌鬼録名籍。嘯聚怪異，出入無間，五岳六曹，悉皆取則，〔猶〕地官從事領天下版圖【一】。

頃玄宗御宇【二】，大庇生人，猶慮疾疫夭傷，以致享也。按仙經紀録，司命洞府在天柱山。以天寶九年春三月，遣中官王越賓、道士鄧紫虛，齎内庫繒帛【三】，創置祠宇。事資勝槩，以集群仙。歷選千峰，累尅設壇醮祭【四】，焚香誠請。越有二白鹿見於高岡，領徒就之，遂得其地。而齎【五】事畚土挈瓶，悉資山下，石磴盤出，初或勦人。無何清泉自折（拆）【六】，甘土呈脉，工不告勞，事亦集矣。真君設像，使者儼侍。暮山秋夜，層窣有聲。息（恩）旨【七】抽精修道士二人，廟戸三人，焚香灑掃。

明年夏五〔月〕【八】，敕洞玄先生諫議大夫李抱朴與中使、道士送御額齋慶焉。綵雲紛都（郁）【九】，天花歴亂。一城僚吏、四部緇黄【十】之所見也。每歲春正月、秋七月，二時致祭，以祈求福。是月也，籠燈焜煌如燎原，爐火煙熅若起霧。邦伯展禮，黄冠侑祭。步虛清磬，聲聞于天。或甘露洒空，霞光繞棟，白鶴下舞，絳節來儀，未嘗無此應。

後二載，先君左遷，出守此郡，年穀大稔，人謂小康【十一】，特降中使王越賓非時致祭。紫盖如雲【十二】，上覆仙壇【十三】；天樂有聲，下聞人境。洎禄山初陷京洛，道眾李閉（閑？）居等虔誠禮謁【十四】，鐘磬自鳴。凡此靈應，難乎備載也。

我明牧司封郎中獨孤及，鴻筆麗藻，迴出詞林，緝凋瘵餘，為天下最。加賜章授，兼拜郎官，方之黄霸、召信臣矣。以禪門三祖，證道西峰，抗表以聞。天賜徽號，抽毫紀事【十五】，以載豐碑。而洞府真君，掌冥東嶺【十六】，立祠歲久，應見為多。不有叙記【十七】，事將湮沒。輒書其實【十八】，傳之無窮。銘曰：

洞府僻兮仙壇清，真君列兮使者并。青牛白鹿有時見，步虚霄磬常時鳴。松森森兮雲平，殿沈沈兮化成。大君致享不為已，真君降福綏蒼生。

大曆八年十一（二）月日【十九】。

【一】“犹地官从事领天下版图”，“犹”字原无，使文意不通，按北宋宣和二年（1120）徐闳中《重建真源万寿宫记》所引阳璹之文作“犹地官之职天下之版图”（见《天柱山志》，第332页），文字颇异，此惟据后者补一“犹”字。

【二】“玄宗”，康熙《潜山县志》讳作“悬宗”，乾隆《潜山县志》《天柱山志》作“元宗”，《全唐文补编》已径改为“玄宗”。下文“洞玄先生”之“玄”字亦同，不再说明。

【三】“齎”，康熙《潜山县志》作“賫”，《天柱山志》《全唐文补编》均误录作“賚”。“内库”，康熙《潜山县志》同，而《天柱山志》《全唐文补编》均误录为“内府”。

【四】“克”，康熙《潜山县志》同，《天柱山志》《全唐文补编》均误录作“次”。“醮”，此二书均误作“蘸”。

【五】“齎”，康熙《潜山县志》作“賫”，《天柱山志》《全唐文补编》均误录作“賚”。

【六】“折”，康熙《潜山县志》同。据文意疑作“拆”，《天柱山志》《全唐文补编》已改，可从。

【七】“息旨”，据文意，疑作“恩旨”。

【八】“月”字原脱，康熙、乾隆《潜山县志》亦然，《天柱山志》《全唐文补编》已补，可从。

【九】“都”，康熙《潜山县志》同。乾隆《潜山县志》《天柱山志》作“郁”，可从。《全唐文补编》作“郁”。

【十】“缁黄”，康熙《潜山县志》同。乾隆《潜山县志》《天柱山志》《全唐文补编》均误作“淄黄”。

【十一】“人谓小康”，康熙、乾隆《潜山县志》《天柱山志》《全唐文补编》均脱。

【十二】“紫盖如云”，康熙、乾隆《潜山县志》《天柱山志》《全唐文补编》均作“紫云如盖”。

【十三】“仙坛”，康熙、乾隆《潜山县志》同，《天柱山志》误作“仙坛”，《全唐文补编》已改。

【十四】“道众”，康熙、乾隆《潜山县志》《天柱山志》同，而《全唐文补编》误作“道人”。“李闭居”，后出诸书均作“李闲居”，文意略胜。

【十五】“天赐徽号，抽毫纪事”，康熙、乾隆《潜山县志》同，而《天柱山志》《全唐文补编》均误作“天赐挥毫纪事”。

【十六】“冥”，康熙、乾隆《潜山县志》同，《天柱山志》《全唐文补编》均误作“具”。此句“洞府真君，掌冥东岭”正与前文“禅门三祖，证道西峰”相对。

【十七】“叙记”，康熙、乾隆《潜山县志》同，《天柱山志》《全唐文补编》均误作“序记”。

【十八】“实”，康熙《潜山县志》同，乾隆《潜山县志》《天柱山志》《全唐文补编》均作“事”。

【十九】“大历八年十一月日”，康熙《潜山县志》同，乾隆《潜山县志》《天柱山志》《全唐文补编》均脱。另，据《金石录》卷八，“十一月”或为“十二月”之误。

（二）以往著录与作者考辨

关于此碑，宋以来的金石学著作中著录颇多。年代最早者当数赵明诚《金石录》，该书卷八著录此碑曰："唐司命真君碑。杨琡撰并行书，徐浩八分书题额。大历八年十二月。"[1]之后，南宋的《宝刻类编》卷三、《舆地碑目》卷二、《通志金石略》卷中对此都有所记载[2]，但所提供的信息都大同小异。值得提及的是，清代赵绍祖《安徽金石略》卷一先著录了吴筠的《唐天柱山天柱宫记》，又并列杨淑、徐浩所撰《唐天柱山司命真君碑》两方，并跋曰："按吴均（筠）、杨淑皆撰文并书，自各为一碑，惟徐浩八分书者，或即大历八年所立之碑。"[3]实际上这本不成问题，首先，吴筠所撰《天柱宫记》立于杭州的天柱山，而非潜山[4]。其次，所谓徐浩八分书的《唐天柱山司命真君碑》只是"八分书题额"而已，《金石录》言之甚明。

那么，此碑的作者究竟是何人？《金石录》《宝刻类编》都作"杨琡"，《通志金石略》则作"杨淑"，然而，如前文所述，清代康熙、乾隆两次修《潜山县志》所收此碑均题作"阳璹"，三者音同而字别，有待考辨。虽说《金石录》《宝刻类编》《通志金石略》年代远早于清代的方志，然而由于此碑早佚，全文赖县志而存，因此我们必须重视清代方志的记载。顺治《安庆府潜山县志》所录此碑的作者为"守大理司直阳璹"，从碑文所云"后二载，先君左迁，

---

[1]《金石录校证》卷八，上海书画出版社，1985 年，第 152 页。

[2]《宝刻类编》卷三，《石刻史料新编》第 1 辑第 24 册，台北：新文丰出版公司，1977 年，第 18437 页；《舆地碑目》卷二，同书第 18542 页；《通志金石略》卷中，同书第 18048 页。

[3]《安徽金石志》，《石刻史料新编》第 1 辑第 16 册，第 11645 页。

[4] 杭州天柱山又称为"大涤洞天"，吴筠此碑见《文苑英华》卷八二二，北京：中华书局，1966 年，第 4338 页；《道家金石略》亦据《大涤洞天记》收录，第 162 页。

出守此郡”的记载来看，其父曾于天宝十二载（753）由京宫左迁同安郡（舒州）太守，可惜郁贤皓《唐刺史考全编》卷一二八舒州条下在天宝元年至乾元之间全是空白[1]，并未发现“阳”“杨”二姓的舒州刺史。能够以左迁的身份出守一郡，其在朝廷时的地位应当不低，可惜我们已很难考出了[2]。另一个线索是，北宋宣和二年（1120）徐闳中《重建真源万寿宫记》所引唐碑亦称“唐阳璹曰”云云[3]，因此，我们初步认为此碑的作者当为阳璹，而非《金石录》等书记载的“杨琡”或“杨淑”。

（三）置庙、立碑相关史事考证

《唐天柱山司命真君庙碑》为我们提供了许多重要的历史信息，特别是涉及潜山在失去南岳称号百余年之后，重新得到国家重视的事实。如前所述，道教《五岳真形图》理论在其中扮演了非常重要的角色。据此碑记载，潜山始置司命真君庙是在天宝九载（750）三月，不过这距五岳真君祠、青城山丈人祠及庐山九天使者庙等的置立相去已近二十年了。

这次置庙，朝廷派出的使者是中官王越宾和道士邓紫虚。王越宾其人又见于开元二十六年（738）六月廿七日唐玄宗《南岳投龙铜简》的背面铭文（图3右）：

---

[1] 郁贤皓《唐刺史考全编》卷一二八，合肥：安徽大学出版社，2000年，第1745—1746页。

[2] 以“阳”姓而言，在武周至玄宗时期活跃的人物只有阳峤一人，在睿宗即位之初即拜尚书右丞，后历任魏州、兖州等都督、刺史等，开元时又曾任国子祭酒，但他不久就过世了，似乎与“阳璹”之父难以比勘。见《旧唐书》卷一八五下《良吏下·阳峤传》，北京：中华书局，1975年，第4813—4814页。

[3] 乾隆《潜山县志》卷二三《宫》“真源宫”条，第1514页；又见《天柱山志》，第332页。

内使朝散大夫行内侍省掖庭局令上柱国张奉国，本命甲午八月十八日生。道士涂处道。判官王越宾，壬寅八月七日。傔人秦延恩。[1]

显然，在开元二十六年时，王越宾只是随从张奉国前往南岳投龙时的判官，到了天宝九载，他已经可以作为置庙使者，独立出使潜山了。事实上，此前他所跟随的张奉国，正是在开元二十年前往庐山置立九天使者庙的中使[2]。可见，由于经常参与开元天宝时期的道教活动，王越宾对于道教的理论和仪式自然颇为熟悉，对《五岳真形图》系统中潜山与五岳、青城、庐山的关系应当也不会陌生。在这次出使潜山的过程中，王越宾还曾经写下《使至潜山》诗一首：

碧坞烟霞昼未开，游人到处尽裴回。
凭谁借问岩前叟，曾托吾皇一梦来。[3]

可见其得意之情。到了天宝十二载（753），由于舒州"年谷大稔"，王越宾又奉诏赴潜山致祭，并有所谓紫云覆坛之灵应。

至于与王越宾一起出使潜山的道士邓紫虚，据《册府元龟》卷二六记载："天宝四载（745）七月，蜀郡上言道士邓紫虚投龙设醮于江潭，有大蛇长一丈，自潭游出，文彩五色，有异常蛇，其上有

---

[1]《八琼室金石补正》卷五六，北京：文物出版社，1985年，第386页。《道家金石略》，第122页。关于此投龙简的图版，见 Liu Yang, "Images for the Temple: Imperial Patronage in the Development of Tang Daoist Art," *Artibus Asiae*, 61: 2（2001）, p. 216, Fig. 13–14。

[2] 参看本书第二章第三节。

[3]《全唐诗》卷七三二，北京：中华书局，1960年，第8372页。

庆云纷郁，望编诸史册。从之。”[1]可见，此人在天宝年间的崇道活动中同样颇为活跃。

据《唐天柱山司命真君庙碑》记载：玄宗在这次置庙之后，下诏“抽精修道士二人，庙户三人，焚香洒扫”。不过，与五岳真君祠和青城山、庐山相比，潜山司命真君庙似乎等级略低，因为《青城山丈人祠庙碑》云：“又奉〔开元十九年〕八月二十五日敕，青城丈人庙准五岳真君庙例，抽德行道士五人，焚香供养。”《庐山九天使者庙碑》亦云：“开元十九年八月二十一日降明旨曰：青城山丈人庙、庐山使者庙，宜准五岳真君庙例，抽德行道士五人，焚修供养。仍委所管拣择灼然有道行者安置，具年名申所由。”二者在道士的人数上都多于潜山。当然，其宗教功能则是相同的：青城山丈人祠直接成为政府春秋二时祭祀名山的场所，而本碑所谓司命真君庙“每岁春正月、秋七月，二时致祭，以祈求福”，则与青城山丈人祠别无二致。从置庙经过到其主要职能，无不显示了它们强烈的官方色彩。

据碑文记载，天宝十载（751）“夏五月，敕洞玄先生谏议大夫李抱朴与中使、道士送御额斋庆焉”。这位洞玄先生李抱朴的事迹无考，与之同行的中使是否仍是王越宾亦不可知，不过唐玄宗对于这次活动显然非常重视，他不仅御书了潜山司命真君庙的匾额，还写下了一首《送玄同真人李抱朴谒潜山仙祠》：

> 城阙天中近，蓬瀛海上遥。归期千载鹤，春至一来朝。
> 采药逢三秀，餐霞卧九霄。参同如有旨，金鼎待君烧。[2]

---

[1] 《册府元龟》卷二六《帝王部·感应》，北京：中华书局，1960年，第281页。

[2] 《全唐诗》卷三，第33页。按诗题曰“玄同真人”，而本碑则曰“洞玄先生”，二者不同，待考。

这次奉安御额的仪式显然非常成功，即如碑文所谓："彩云纷郁，天花历乱。一城僚吏、四部缁黄之所见也。……是月也，笼灯焜煌如燎原，炉火烟熅若起雾。邦伯展礼，黄冠侑祭。步虚清磬，声闻于天。或甘露洒空，霞光绕栋，白鹤下舞，绛节来仪。未尝无此应。"毫无疑问，这次仪式使得潜山达到了其信仰的顶点，也因此成为地方文献中不断回味的历史记忆。可惜的是，无论是在天宝九载创立祠庙之时，还是在次年奉安御额之后，似乎都没有按照惯例立碑记念，这与五岳真君祠、青城山丈人祠、庐山使者庙形成了鲜明对比。直到安史之乱后的大历年间，才有阳𬭚此碑之立，而这又是受到禅宗三祖僧璨大师立碑之事的刺激使然。

"天下名山僧占多"，与五岳一样，作为道教圣地的潜山也是唐代佛教徒向往的宝地[1]，而能与潜山九天司命真君传说相抗衡的，莫过于潜山为禅宗三祖僧璨大师寂灭起塔之处的事实。在中唐之后禅宗一支独秀的时代，潜山无疑也成为一处佛教圣地。碑文所谓"我明牧司封郎中独孤及，鸿笔丽藻，迥出词林，缉凋瘵余，为天下最。加赐章授，兼拜郎官，方之黄霸、召信臣矣。以禅门三祖，证道西峰，抗表以闻。天赐徽号，抽毫纪事，以载丰碑"，即指大历七年（772）经淮南节度使张延赏奏请，代宗赐三祖谥号、塔额，而由舒州刺史独孤及撰写碑铭一事[2]。此事似乎引起了道教方面的不安，他们遂于次年请阳𬭚撰写了此碑，将朝廷对于司命真君的崇奉物化在石刻之上，展示于众人之前，颇有与佛教竞争之意味。有趣

[1] 在天柱山，早就流传着梁武帝时宝志禅师与白鹤道人斗法，并在潜山各建寺、观的传说，参看《天柱山志》，第62、65页。

[2] 独孤及《舒州山谷寺觉寂塔隋故镜智禅师碑铭》，《全唐文》卷三九〇，第3972—3974页。

的是，真君祠与山谷寺都位于潜山的谷口区，二者距离非常近[1]，潜在的竞争似不可免。

三 《潜山真君庙左真人仙堂记》

在大历八年（773）阳璹《唐天柱山司命真君庙碑》建立近70年之后，另一通重要碑刻在司命真君庙中树立起来，这就是开成五年（840）五月的《潜山真君庙左真人仙堂记》。《金石录》卷一〇著录为《唐左真人仙堂记》，曰："张虚白撰，袭真子书。开成五年。"[2]《宝刻类编》卷八则记载："潜山真君庙左真人仙堂记，张虚白撰，开成五年五月。舒（州）。"[3]此碑亦久佚，其全文亦未见载于宋以来的各种金石学著作，即便是乌以风《天柱山志》也未有收录。值得庆幸的是，陈尚君从《古今图书集成·职方典》中发现了此碑全文[4]，可谓功莫大焉，然在转录时个别文字有误，断句亦间有可商之处。事实上，前引顺治《安庆府潜山县志》亦收录此碑，题为《左真人仙堂记》（图12）[5]，且年代早于《古今图书集成》七十余年。因此，我们仍以此书为底本录出，校之以《古今图书集成》。录文采用标准繁体字，并加以现代标点，个别文字与陈先生所录不同者出注说明，断句不同者径改。

---

[1] 关于司命真君祠（宋徽宗后称真源宫）与山谷寺（后称三祖寺）的相对位置，参看《天柱山志》，第62—66页。

[2] 《金石录校证》卷一〇，第196页。

[3] 《宝刻类编》卷八，第18515页。

[4] 陈尚君辑校《全唐文补编》卷七一，第875—876页。按原文见《古今图书集成》第13册《方与汇编·职方典》卷七八四《安庆府部》，台北：鼎文书局，1977年，第7069页。

[5] 顺治《安庆府潜山县志》卷九《艺文志》上，辽宁省图书馆善本部藏刻本，十五至十六叶。

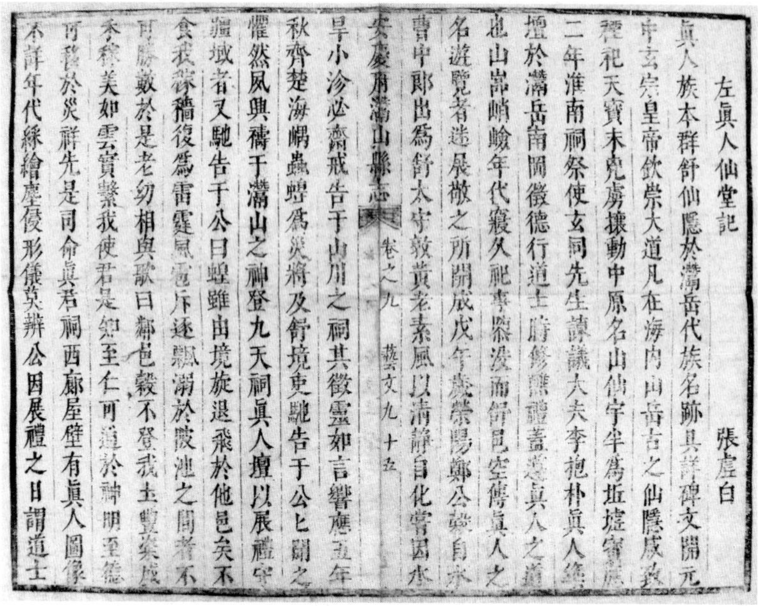

左眞人仙堂記　張虛白

眞人族本群舒仙隱於潛岳代族名跡具詳碑文開元
中玄宗皇帝欽崇大道凡在海內山岳古之仙隱咸致
禋祀天寶末兇虜擾動中原名山仙宇半為圻墟寶應
二年淮南祠祭使玄同先生諫議大夫李抱朴眞人築
壇於潛岳南岡徵德行道士時修醮禮蓋遵眞人之道
也山巖峭嶮年代寢久祀事堙沒而舒邑空傳眞人之
名遊覽者迷展敬之所開成戊午歲榮陽鄭公轂自水
曹中郎出為舒太守敦黃老素風以清靜自化嘗因水

安慶府潛山縣志　卷之九　藝文九　十五

旱小沴必齋戒告于山川之祠其徵靈如言響應五年
秋齊楚海嵎蟲蝗為災將及舒境吏馳告于公公聞之
懼然夙興禱于潛山之神登九天祠眞人壇以展禮守
疆域者又馳告于公曰蝗雖由境旋退飛於他邑矣不
食我稼穡復為雷霆風雹斥逐飄溺於陂池之間者不
可勝數於是老幼相與歌曰鄭邑穀不登我土豐粢盛
黍稷美如雲寶繁我使君是知至仁可通於神明至德
可移於災祥先是司命眞君祠西廊屋壁有眞人圖像
不詳年代缘繪塵侵形儀莫辨公因展禮之日謂道士

图 12　顺治《安庆府潜山县志》所收《左真人仙堂记》
韩锡铎先生提供

（一）录文

真人族本群舒，仙隱於潛岳，代族名跡，具詳碑文。開元中，玄宗皇帝欽崇大道，凡在海內山岳、古之仙隱，咸致禋祀。天寶末，兇虜【一】擾動中原，名山仙宇半為坵墟。寶應二年，淮南祠祭使玄同先生【二】諫議大夫李抱朴真人築壇於潛岳南岡，徵德行道士，時修醮禮，蓋遵真人之道也。山巖峭嶮，年代寖久，祀事墮沒。而舒邑空傳真人之名，遊覽者迷展敬之所。

開成戊午歲，滎陽鄭公穀自水曹中郎（郎中）【三】出為舒太守，敦黃老素風，以清靜自化。嘗因水旱小沴，必齋戒告于山川之祠，其徵靈如言嚮應。五（四）年秋【四】，齊楚海嵎，蟲蝗為災，將及舒境。吏馳告于公，公聞之懼然，夙興，禱于灊山之神，登九天祠真人壇以展禮。守疆域者又馳告于公曰："蝗雖由境，旋退飛於他邑矣，不食我稼穡。復為雷霆風雹斥逐，漂溺【五】於陂池之間者，不可勝數。"於是老幼相與歌曰："鄰邑穀不登，我土豐粢盛。禾稼美如雲，實【六】繫我使君。"是知至仁可通於神明，至德可移於災祥。

先是司命真君祠西廊屋壁有真人圖像，不詳年代，綵繪塵侵，形儀莫辨。公因展禮之日，謂道士尹綸曰："余欲命畫工，施丹青，飾真人之儀形。"尹於是虔奉命，因搜閱圖牒，知真人壇宇蕪沒於此山廊廡之前，將圖永久【七】，沉吟思度，俄搆新意，乃陳辭於公曰："有精室在廟之西，欲以一室，召工塑立真人於斯，為我皇牧祈福之所。又建中初，太守博陵崔公為真人立碑，在廟西隅。塵埃日侵，籀篆訛闕，業仙之子，覽者墮淚，欲移置仙堂。"公悉其請，且給俸錢助其營建。

虛白竊為尹氏曰："夫至道無形，且為之強名【八】；真人晦跡，豈異乎今昔？歎真人闡厄魏主，遭遇我聖唐。壇於李，碑於崔，而堂乎鄭。且比夫麟鳳龜龍為祥，必俟乎碑矣，碑有俟乎堂矣！有其時賢以相望，微【九】三賢，其孰能發揚我真人之光？"是歲冬十月，功備，尹氏乃曰："我太守仁德，化動【十】天下，有偏述，俾余過焉乎？"白既詳其實，故直書不文。旹（时）【十一】唐開成五年五月三日記。

【一】"凶虜"，《古今图书集成》作"凶逆"。

【二】"玄同先生"，《古今图书集成》作"洞玄先生"。按阳璹《唐天柱山司命真君庙碑》已出现此人，亦作"洞玄先生"，然前引《全唐诗》所收唐玄宗《送玄同真人李抱朴谒潜山仙祠》诗则作

“玄同真人”，与此碑略同，待考。

【三】“中郎”，当作“郎中”，据《古今图书集成》改。

【四】“五年秋”，疑作“四年秋”。按此堂修建至“是岁冬十月功备”，而文末云“时唐开成五年五月三日记”，与前引《宝刻类编》卷八记载的时间相合，可见此处的“五年秋”当为“四年秋”之误。

【五】“漂溺”，《古今图书集成》作“漂没”。

【六】“实”，《古今图书集成》作“寔”。

【七】“永久”，《古今图书集成》作“永年”。

【八】“强名”，《古今图书集成》作“强然”。

【九】“微”，《古今图书集成》同，《全唐文补编》误录作“徵”。

【十】“動”，《古今图书集成》同，《全唐文补编》误录作“勳”。

【十一】“旹”，《古今图书集成》作“时”，可从。

（二）碑文所见相关史事

本碑纪事基本上与大历八年阳璹所撰《唐天柱山司命真君庙碑》前后相接，这为我们了解中晚唐潜山的信仰状况提供了宝贵的信息。

安史之乱使中原地区宗教格局发生了重大变化，对于两京那些道教宫观的打击亦相当严重，本碑所谓“天宝末，凶逆攘动，中原名山仙宇半为坵墟”当为实录。相比之下，远处江淮之间的潜山就幸运多了，如《真君庙碑》所云，“洎禄山初陷京洛，道众李闲居等虔诚礼谒，钟磬自鸣”，可见潜山道士还在为国祈祷。另据本碑记载，到了肃宗宝应二年（763），曾在天宝十载主持奉安御额典礼的洞玄先生李抱朴又以“淮南祠祭使”的身份再次来到潜山，建立坛场，为国举行醮仪。值得注意的是，这次他于潜岳南冈所筑之坛，正是所谓“左真人坛”，而本碑的重点也正是记述其后左真人仙堂的建立之事。

左真人，即汉末三国时期著名的方士左慈，《后汉书》本传记录了他的一些神异故事，如为曹操钓鱼、市姜、赍酒等[1]。据本传载，左慈为庐江人，潜地在汉属庐江郡，即本碑所谓“真人族本群舒，仙隐于潜岳”是也。左慈的故事很快被神话，在晋代干宝的《搜神记》等书中就有相当详细生动的描写[2]。在道教系统中，他又是葛洪从祖仙公葛玄之师，据《神仙传》卷五云：

> 左慈，字元放，庐江人也。少明五经，兼通星纬，见汉祚将尽，天下乱起，乃叹曰：“值此衰运，官高者危，财多者死，当世荣华，不足贪也。”乃学道术，尤明六甲，能役使鬼神，坐致行厨，精思于天柱山中，得石室内《九丹金液经》，能变化万端，不可胜纪。曹公闻而召之。……慈告葛仙公言，当入霍山中合九转丹，丹成，遂仙去矣。[3]

很明显，天柱山（霍山）正是左慈得道的福地。左慈的巨大影响，使他成为后世地志中一个不可或缺的人物。例如，《太平寰宇记》记载：“潜山，在县西北二十里。其山有三峰，一天柱山，一潜山，

---

[1] 《后汉书》卷八二下《方术·左慈列传》，北京：中华书局，1965年，第2747—2748页。

[2] 干宝《搜神记》卷一，北京：中华书局，1979年，第9—10页。

[3] 《神仙传校释》卷八《左慈》，葛洪撰，胡守为校释，北京：中华书局，2010年，第275—277页。按葛洪《抱朴子内篇》卷四《金丹》亦云：“昔左元放于天柱山中精思，而神人授之金丹仙经，会汉末乱，不遑合作，而避地来渡江东，志欲投名山以修斯道。余从祖仙公又从元放受之，凡受《太清丹经》三卷及《九鼎丹经》一卷、《金液丹经》一卷。”见王明《抱朴子内篇校释（增订本）》，北京：中华书局，1985年，第71页。

一皖山，三山峰峦相去隔越。天柱即司玄洞府九天司命真君所主。魏时，左慈居潜山，有炼丹房，今丹灶基址存。唐天宝年中，玄宗梦九天司命真君现于天柱山，置祠宇；有二白鹿现，号曰白鹿洞。洞东有香土，色如金，号香泥洞，今殿基在洞之上也。皇朝就修真君祠为灵仙观。山有孔真人、左真人坛。”[1] 在乌以风《天柱山志》中，我们可以看到更多与左慈相关的古迹，如相传他为曹操钓鲈脍的钓崖，以及炼丹台、炼丹房、焙药岩、乃至得到天书的天书峰等[2]。然而，左真人真正在潜山得到官方的崇祀，是从唐代中期开始的，也即本碑所谓“坛于李，碑于崔，而堂乎郑”，这恰好代表了唐代左真人信仰的三个重要事件。

“坛于李”，即指宝应二年李抱朴于潜岳南冈筑左真人坛一事。而“碑于崔”，则指“建中（780—783）初，太守博陵崔公为真人立碑，在庙西隅”。此碑今亦不存，按《唐刺史考全编》卷一二八，建中初出任舒州刺史者亦无考，在卷末“待考录”中首列博陵崔氏第二房的“崔厦”，并引《全唐文》卷四三六崔厦《驳追谥陇右节度使郭知运议》，认为此人约肃宗时人[3]。我认为，建中初为左真人立碑的太守崔公，很可能就是这位崔厦。据《通典》卷一〇四记载，此人在永泰（765—766）中驳郭知运谥议时，任右司员外郎一职，而他的论辨对手，正是时任太常博士的独孤及[4]。巧合的是，此后他们二人先后出任了舒州刺史，并都与潜山结下不解之缘。

“堂乎郑”，是本碑重点记述的事件，即开成五年（840）在刺

---

[1]《太平寰宇记》卷一二五“舒州怀宁县”条，乐史撰，王文楚点校，北京：中华书局，2007年，第2474页。

[2] 参看《天柱山志》第64、72、75、76、80页。

[3]《唐刺史考全编》卷一二八，第1754页。

[4]《通典》卷一〇四《礼·沿革六四·凶礼二六》，北京：中华书局，1988年，第2721页。

史郑谷的主持下，于潜山真君庙中为左慈立仙堂之事。郑谷从开成三年至五年任舒州刺史，在面临水旱灾害时，他曾向左真人祈祷有应，特别是开成四年秋又因真人佑护，使舒州避免了一场蝗灾。为酬神恩，郑谷下令在司命真君祠西壁上重绘左真人像，而主事道士尹纶则乘机提出在庙西专辟一堂，作为州府祈祷的场所，供奉左慈塑像，并将建中初刺史崔厦所立之碑移置其中。郑谷同意了尹纶的建议，并以俸钱助其营建。当年十月功成，次年五月立碑记念，可惜碑文作者张虚白、书人袭真子的事迹均不可考，我们推测前者系舒州当地文士，而后者或为本山道士。

四　国家、道教与地方崇拜

行文至此，我们可以将天宝以来近百年间潜山发生的重要宗教事件列表如下（表 20）：

表 20　唐代潜山大事年表

	年代	事件
1	玄宗天宝九载（750）春三月	遣中官王越宾、道士邓紫虚创置司命真君祠。抽精修道士二人，庙户三人，焚香洒扫
2	天宝十载（751）夏五月	敕洞玄先生谏议大夫李抱朴与中使、道士送御额于潜山真君祠
3	天宝十二载（753）	特降中使王越宾非时致祭
4	安禄山初陷京洛（755）	道众李闲居等虔诚礼谒，为国祈福
5	肃宗宝应二年（763）	李抱朴以“淮南祠祭使”的身份再临潜山，建左真人坛，为国举行醮仪
6	代宗大历七年（772）	淮南节度使张延赏奏赐禅宗三祖僧璨大师谥号、塔额，舒州刺史独孤及撰《舒州山谷寺觉寂塔隋故镜智禅师碑铭》

续表

	年代	事件
7	大历八年（773）十二月	阳璹《唐天柱山司命真君庙碑》立
8	德宗建中（780—783）初	舒州刺史崔夏为左真人立碑，在真君祠西隅
9	文宗开成四年（839）秋	舒州刺史郑谷祷于潜山，蝗不为灾，遂建左真人堂，十月功成
10	开成五年（840）五月	张虚白《潜山真君庙左真人仙堂记》立

显然，潜山九天司命真君庙的置立是在天宝年间玄宗崇道运动的高潮中实现的，这无疑是开元十九年司马承祯建议设立五岳真君祠、青城山丈人祠、庐山九天使者庙的余响。正如我们曾经指出的那样，其根本的理论基础是道教《五岳真形图》系统的文献，这些山岳不仅构成一个完整的道教山川网络，也是一组相应的神系。然而，当我们仔细审视上表，就会发现在潜山的信仰世界中，被道教视作“血食之神”的潜山神，乃至左慈这样一位曾经活跃在当地的前代方士的地位在逐步凸显，在很大程度上，他们对地域社会的影响甚至超过了九天司命真君。

在以前的研究中，施舟人曾多次提示我们重视考察地方性的仙人崇拜与正统道教的关系[1]。事实上，通过唐代潜山信仰的研究，我

[1] 例如，他讨论过唐代洪州地区的许逊崇拜与灵宝道教的关系，见 Kristofer Schipper, “Taoist Ritual and Local Cults of the T'ang Dynasty,” in Michel Strickmann (ed.), *Tantric and Taoist Studies in Honour of R. A. Stein*, Vol.3, Institut Belge des Hautes Etudes Chinoises, Bruxelles, 1985, pp. 812–834。又曾通过对东汉《仙人唐公房碑》的解读，分析了流行于陕南汉中地区的唐公房信仰与天师道之间的可能关系，见施舟人《历经百世香火不衰的仙人唐公房》，收入傅飞岚、林富士主编《遗迹崇拜与圣者崇拜》，台北：允晨文化实业股份有限公司，2000 年，第 85—99 页。

们也不难看出，在中晚唐的地域社会中，道教信仰开始与地方性崇拜紧密结合，而国家权力则在其中扮演着非常重要的角色。

尽管潜山九天司命真君有着纯正的道教来源，而且其祠庙是依据朝廷诏令建立的，有着政治性的权威与荣耀，然而，它与舒州的地域社会未必有多么紧密的联系。因此，当遇到水旱灾害时，地方官所祈祷的对象往往还是所谓“血食之神”的山神本身。例如，独孤及就曾写下了《祭皖山神祈雨文》：

> 年月日，朝散大夫检校司封郎中兼舒州刺史充当州团练守捉使赐紫独孤及，奉敕以清酌之奠，敢昭告于皖山神之灵：顷缘亢阳不雨，粢盛将败，以人愿乞灵于神。…… 今元元怨咨，皇帝旰食，下罪己之诏，崇群神之祀，将以敬恭之恳，邀福于明神。神其沛然回虑，骤降以雨，使枯苗复生，饥者得食，上以应圣主乾乾之心，下以副万人颙颙之望。是人性命，与神存云。敢不以太牢、少牢、刚鬣、翰音之荐，以为明祀，以报纯嘏？若犹固阴蓄蕴，冲冲如初，神则不明，下人将何赖？亦当撤馨香之奠，寝严禋之仪。祭礼兴废，在此一雨，敢固陈告，庶无神羞。尚飨！[1]

这篇祭文虽措辞比较严厉，但格式则与《大唐开元礼》卷七〇规定的祝文略同。无疑，皖山（即潜山）正是国家祭祀体系中列为小祀的州县诸神祠[2]。也正因如此，当长庆三年（823）十月刺史李翱离任赴京时，还专门写下了《别潜山神文》表达对其任内山神佑护的

[1] 《文苑英华》卷九九六，第 5233 页。

[2] 参看本书第三章第一节。

谢意[1]。

与此同时，左慈这样一位著名的前代方士对于舒州百姓的影响也不容忽视。当开成四年刺史郑谷面临蝗灾威胁，“祷于潜山之神”时，正是“登九天祠真人坛以展礼”的。在此，潜山神、九天司命真君、左真人三者的功能是重合的。也正因如此，司命真君祠的主事道士尹纶才会主动请求在真君祠中专辟一堂，树立左慈的塑像，供地方政府祈祷之用。毫无疑问，这正是道教的九天司命真君“本土化”过程的重要一环。此前我们曾指出在晚唐五代时期，佛、道教与民间神祠在功能上，乃至在国家政策之中都有合流的趋势[2]，而潜山真君祠中左真人堂的建立恰为我们提供了一个生动的个案。

---

[1] 《全唐文》卷六四〇，第6470页。

[2] 参看本书第三章第三节。

两《唐书》本纪所见之大旱与祈雨编年表

时间	旱况及因应措施	材料出处	备注
贞观二年（628）三月	庚午，以旱蝗责躬，大赦	新 2/29	
贞观三年（629）正月	丙午，以旱避正殿	新 2/30	
贞观三年（629）六月	戊寅，以旱，亲录囚徒。遣长孙无忌、房玄龄等祈雨于名山大川，中书舍人杜正伦等往关内诸州慰抚，又令文武官各上封事，极言得失	旧 2/37	册 144/1746
贞观十三年（639）五月	自去冬不雨至于五月。甲寅，避正殿，令五品以上上封事，减膳罢役，分使赈恤，审理冤屈，乃雨	旧 3/50 新 2/39	
贞观十七年（643）三月	甲子，以旱遣使覆囚决狱	新 2/42	册 144/1747
贞观十七年（643）六月	甲午，以旱避正殿，减膳，诏京官五品以上言事	新 2/42	
贞观二十三年（649）三月	自去冬不雨，至于此月己未乃雨。辛酉，大赦	旧 3/62	
永徽元年（650）秋七月	丙寅，以旱，亲录京城囚徒	旧 4/68	

续表

时间	旱况及因应措施	材料出处	备注
永徽三年（652）春正月	癸亥，以去秋至于是月不雨，上避正殿，降天下死罪及流罪递减一等，徒以下咸宥之 丙寅，太尉、赵国公无忌以旱请逊位，不许	旧 4/70	
永徽四年（653）夏四月	壬寅，以旱，避正殿，减膳，亲录系囚，遣使分省天下冤狱，诏文武官极言得失	旧 4/72	
显庆四年（659）七月	己丑，以旱避正殿。壬辰，虑囚	新 3/59	
乾封二年（667）春正月	丁丑，以去冬至于是月无雨雪，避正殿，减膳，亲录囚徒	旧 5/91	
乾封二年（667）七月	己卯，以旱避正殿，减膳，遣使虑囚	新 3/66	
总章三年（670）二月	戊申，以旱，亲录囚徒，祈祷名山大川	旧 5/94	册 144/1748 作总章二年二月
咸亨元年（670）七月	甲戌，以雍、华、蒲、同四州旱，遣使虑囚，减中御诸厩马	新 3/68	
咸亨元年（670）八月	丙寅，以旱避正殿，减膳	新 3/68	
咸亨元年（670）九月	丁丑，给复雍、华、同、岐、邠、陇六州一年	新 3/69	
咸亨元年（670）闰九月	癸卯，皇后以旱请避位。……十月，诏文武官言事	新 3/69	
咸亨二年（671）六月	丁亥，以旱，亲录囚徒	旧 5/96	
上元二年（675）四月	丙戌，以旱避正殿，减膳，撤乐，诏百官言事	新 3/71	册 144/1749

续表

时间	旱况及因应措施	材料出处	备注
仪凤三年（678）四月	丁亥朔，以旱，避正殿，亲录囚徒，悉原之。戊申，大赦	旧 5/103	册 144/1749
永淳元年（682）	是春，关内旱。……六月，关中初雨	旧 5/109-110	
垂拱元年（685）	是夏大旱	旧 6/117	
垂拱三年（687）二月	己亥，以旱避正殿，减膳	新 4/86	
载初元年（689）三月	乙酉，以旱减膳	新 4/90	
万岁登封元年（696）夏四月	以天下大旱，命文武官九品以上极言时政得失	旧 6/125	
圣历三年（700）	是夏大旱	旧 6/129	
长安三年（703）四月	乙巳，以旱避正殿	新 4/103	
神龙二年（706）十二月	丙戌，以突厥犯边，京师亢旱，令减膳撤乐（新书谓：以突厥犯边、京师旱、河北水，减膳，罢土木工）	旧 7/143 新 4/109	
神龙三年（707）春正月	丙辰，以旱，亲录囚徒 己巳，遣武攸暨、武三思往乾陵祈雨于则天皇后，既而雨降，上大感悦	旧 7/143	
景龙元年（707）五月	以旱避正殿，减膳	新 4/109	
景龙三年（709）六月	壬寅，以旱，避正殿，减膳，亲录囚徒	旧 7/147	
先天元年（712）七月	丙戌，以旱减膳	新 5/119	

续表

时间	旱况及因应措施	材料出处	备注
开元二年（714）	春正月，关中自去秋至于是月不雨，人多饥乏，遣使赈给。制求直谏昌言弘益政理者。名山大川，并令祈祭。二月己酉，以旱，亲录囚徒 新书：二年正月壬午，以关内旱，求直谏，停不急之务，宽系囚，祠名山大川，葬暴骸。二月壬辰，避正殿，减膳，撤乐。……己酉，虑囚	旧 8/172 新 5/123	
开元三年（715）五月	以旱录京师囚，戊申，避正殿，减膳	新 5/124	册 144/1750
开元四年（716）二月	丁卯，至自温汤。以关中旱，遣使祈雨于骊山，应时澍雨。令以少牢致祭，仍禁断樵采	旧 8/176	
开元六年（718）八月	庚辰，以旱虑囚	新 5/126	册 144/1751
开元七年（719）秋七月	丙辰，制以亢阳日久，上亲录囚徒，多所原免。诸州委州牧、县宰量事处置	旧 8/180	册 144/1751
开元二十一年（733）夏四月	丁巳，以久旱，命太子少保陆象先、户部尚书杜暹等七人往诸道宣慰赈给，及令黜陟官吏，疏决囚徒	旧 8/199	
天宝六载（747）	自五月不雨至秋七月。乙酉，以旱，命宰相、台寺、府县录系囚，死罪决杖配流，徒以下特免。庚寅始雨	旧 9/221	
天宝九载（750）三月	辛亥，华岳庙灾，关内旱，乃停封（华岳） 五月庚寅，虑囚	新 5/147	

续表

时间	旱况及因应措施	材料出处	备注
乾元二年（759）三月	丁亥，以旱降死罪，流以下原之，流民还者给复三年 四月壬寅，诏减常膳服御，武德中尚作坊非赐番客、戎祀所须者皆罢之	新 6/161—162	册 144/1753
乾元二年（759）四月	癸亥，以久旱徙市，雩祈雨	旧 10/256	
宝应元年（762）八月	自七月不雨，至此月癸丑方雨	旧 11/270	
广德二年（764）九月	自七月大雨未至，京城米斗值一千文	旧 11/276	
永泰元年（765）秋七月	辛卯朔，……以久旱，遣近臣分录京城诸狱系囚。……庚子，雨。时久旱，京师米斗一千四百，他谷食称是	旧 11/279	
大历六年（771）八月	夏旱，此月己未始雨。……是岁春旱，米斛至万钱	旧 11/298—299	
大历七年（772）五月	诏："……如闻天下诸州，或愆时雨……所以减膳撤乐，别居斋宫，祷于神明，……可大赦天下，见禁囚徒，罪无轻重，一切释放"	旧 11/300	
大历九年（774）秋七月	久旱，京兆尹黎干历祷诸祠，未雨，又请祷文宣庙，上曰："丘之祷久矣"	旧 11/305	
大历十二年（777）春正月	京师旱，分命祈祷	旧 11/310	
大历十二年（777）六月	癸巳，时小旱，上斋居祈祷，圣体不康，是日不视朝	旧 11/312	
大历十二年（777）六月	丁未，以旱降京师死罪，流以下原之	新 6/179	
贞元元年（785）五月	癸卯，分命朝臣祷群神以祈雨	旧 12/349	册 144/1753

续表

时间	旱况及因应措施	材料出处	备注
贞元元年（785）秋七月	关中蝗虫食草木都尽，旱甚，灞水将竭，井多无水（甲子，德宗下罪己诏：遍祈百神，曾不获应，方悟祷祠非救灾之术，言词非谢谴之诚。……朕自今视朝不御正殿，有司供膳并宜减省，不急之务，一切停罢）	旧 2/349—350	
贞元六年（790）三月	甲子，以旱，日色如血，无光。……闰四月，戊午，始雨。……冬十月己亥，文武百僚京城道俗抗表请徽号，上曰："朕以春夏亢旱，粟麦不登，朕精诚祈祷，获降甘雨，既致丰穰，告谢郊庙。朕倘因禋祀而受徽号，是有为为之。勿烦固请也"	旧 13/369—370	册 144/1753
贞元十一年（795）五月	夏四月，旱。……五月丁卯朔，庚午，命有司虑囚，旱故也	旧 13/381	
贞元十二年（796）冬十月	壬戌，诏以京畿旱，放租税	旧 13/384	
贞元十三年（797）夏四月	壬戌，上幸兴庆宫龙堂祈雨。乙丑，大雪 新书谓："四月辛酉，以旱虑囚。壬戌，雩于兴庆宫"	旧 13/385 新 7/201	
贞元十五年（799）	四月，丁丑，以久旱，令阴阳人法术祈雨	旧 13/390	册 144/1753—1754
贞元十九年（803）五月	自正月至是未雨，分命祈祷山川。秋七月……甲戌，始雨	旧 13/398	册 144/1754
元和四年（809）闰三月	己酉，以旱降京师死罪非杀人者，禁刺史境内榷率，诸道旨条外进献，岭南、黔中、福建掠良民为奴婢者，省飞龙厩马。己未，雨	新 7/210	

续表

时间	旱况及因应措施	材料出处	备注
元和七年（812）三月	庚午，以旱，敕诸司疏决系囚	旧15/442	
元和八年（813）二月	辛未，上以久旱，亲于禁中求雨，是夜，澍雨霑足	旧15/445	
元和九年（814）五月	癸酉，以旱免京畿夏税	新7/213	
宝历二年（826）六月	癸亥，以旱，命京城诸司疏理系囚	旧17上/520	
大和元年（827）六月	甲寅，以旱放系囚	旧17上/527	
大和三年（829）八月	辛酉，京畿、奉先等九县旱，损田	旧17上/532	
大和四年（830）五月	丁丑，以旱命京城诸司疏理系囚	旧17下/537	
大和七年（833）正月	壬子，诏曰："如闻关辅、河东，去年亢旱，秋稼不登……京兆府赈粟十万石……并以常平义仓物充"	旧17下/548	册144/1756
大和七年（833）秋七月	己酉，以旱，命京城诸司疏决系囚。……甲寅，以旱徙市。……	旧17下/550—551	
大和七年（833）闰七月	乙卯朔，（下罪己）诏曰："从今避正殿，减供膳，停教坊乐，……阴阳郁堙，有伤和气，宜出宫女千人。"时久无雨，上心忧劳。诏下数日，雨泽霑洽，人心大悦	旧17下/550—551	
大和八年（834）六月	辛巳，徙市。……甲午，以旱，诏诸司疏决系囚 八月，罢诸色选举，岁旱故也	旧17下/554	
大和九年（835）	冬十月，京兆、河南两畿旱	旧17下/561	

续表

时间	旱况及因应措施	材料出处	备注
开成元年（836）三月	庚申，幸龙首池，观内人赛雨，因赋《暮春喜雨诗》	旧 17 下 / 564	
开成二年（837）四月	乙卯，以旱避正殿	新 8/237	册 145/1758
开成二年（837）秋七月	乙亥，以久旱徙市，闭坊门 乙酉，以蝗旱，诏诸司疏决系囚。己丑，京畿雨，群臣表贺	旧 17 下 / 570	册 145/1758
开成四年（839）六月	戊辰，以久旱，分命祠祷，每忧动于色。宰相奏曰："水旱时数使然，乞不过劳圣虑。"上改容曰："朕为人主，无德及天下，至兹灾旱，又谪见于天。若三日不雨，当退归南内，更选贤明以主天下。"宰臣呜咽流涕，各请策免，是夜，大雨霑霈	旧 17 下 / 578	
开成五年（840）六月	丙寅，以旱避正殿，理囚（时武宗已即位）	新 8/240	
会昌六年（846）二月	癸酉，以时雨愆候，诏曰："京城天下系囚，除官典犯赃、持杖劫杀、忤逆十恶外，余罪递减一等。犯轻罪者并释放。征党项行营兵士不得滥有杀伤"（新书谓免今岁夏税） 壬辰，以旱，停上巳曲江赐宴	旧 18 上 / 609 新 8/245	
大中元年（847）二月	癸未，以旱避正殿，减膳，理京师囚，罢太常教坊习乐，损百官食，出宫女五百人，放五坊鹰犬，停飞龙马粟	新 8/246	
大中八年（854）三月	敕以旱诏使疏决系囚	旧 18 下 /632	

续表

时间	旱况及因应措施	材料出处	备注
咸通十年（869）六月	丁亥朔，制曰："……今盛夏骄阳，时雨久旷，忧勤兆庶，旦夕焦劳。内修香火以虔祈，外罄牲玉以精祷，仰俟玄贶，必致甘滋，而油云未兴，秋稼阙望，因兹愆亢，轸于诚怀。……其京城未降雨间，宜令坊市权断屠宰。……每思禹、汤之罪己，其庶成、康之措刑。……既引过在躬，亦渐几于理" 戊戌，以蝗旱理囚	旧19上/667–668 新9/261	
乾符元年（874）四月	辛卯，以旱理囚	新9/264	
乾符三年（876）二月	丙子，以旱降死罪以下	新9/265	
广明元年（880）三月	辛未，以旱避正殿，减膳	新9/270	
天祐二年（905）四月	乙未，以旱避正殿，减膳	新10/303	册145/1760

参考文献

一　史料

《史记》，点校本二十四史修订本，北京：中华书局，2013年。

《汉书》，北京：中华书局，1962年。

《后汉书》，北京：中华书局，1965年。

《三国志》，北京：中华书局，1959年。

《宋书》，点校本二十四史修订本，北京：中华书局，2019年。

《魏书》，点校本二十四史修订本，北京：中华书局，2017年。

《晋书》，北京：中华书局，1974年。

《南史》，点校本二十四史修订本，北京：中华书局，2023年。

《隋书》，点校本二十四史修订本，北京：中华书局，2019年。

《旧唐书》，北京：中华书局，1975年。

《新唐书》，北京：中华书局，1975年。

《宋史》，北京：中华书局，1977年。

《资治通鉴》，北京：中华书局，1956年。

《唐律疏议》，北京：中华书局，1983年。

《大唐开元礼（附大唐郊祀录）》，池田温解说，东京：汲古书院，1972年。

《唐六典》，北京：中华书局，1992年。

《通典》，北京：中华书局，1988年。

《唐会要》，上海古籍出版社，1991年。

《唐大诏令集》，北京：商务印书馆，1959年。

《册府元龟》，北京：中华书局，1960年。

《宋本册府元龟》，北京：中华书局，1989年。

《初学记》，北京：中华书局，1962年。

《唐令拾遗》，仁井田陞著，东京：东方文化学院东方研究所，1933年。栗劲等译，长春出版社，1989年。

《唐令拾遗补》，池田温编集代表，东京大学出版会，1997年。

《天一阁藏明抄本天圣令校证：附唐令复原研究》，天一阁博物馆、中国社会科学院历史研究所天圣令整理课题组校证，北京：中华书局，2006年。

《五代会要》，北京：中华书局，1998年。

《宋会要辑稿》，北京：中华书局，1957年。

《太常因革礼》，欧阳修等编，丛书集成初编本，上海：商务印书馆，1936年。

《文献通考》，马端临著，上海师范大学古籍研究所、华东师范大学古籍研究所点校，北京：中华书局，2011年。

《通志二十略》，郑樵著，王树民点校，北京：中华书局，1995年。

《明公书判清明集》，中国社会科学院历史研究所宋辽金元史研究室点校，北京：中华书局，2002年。

《庆元条法事类》，戴建国点校，见杨一凡、田涛主编《中国珍稀法律典籍续编》第一册，哈尔滨：黑龙江人民出版社，2002年。

《文苑英华》，北京：中华书局，1966年。

《全唐文》，北京：中华书局，1983年。

《全唐文补遗》1—9辑，吴钢主编，西安：三秦出版社，1994—2007年。

《全唐文补遗·千唐志斋新藏专辑》，吴钢主编，西安：三秦出版社，2007年。

《全唐文补编》全三册，陈尚君辑校，北京：中华书局，2005年。

《全隋文补遗》，韩理洲辑校编年，西安：三秦出版社，2004年。

《全唐诗》，北京：中华书局，1960年。

《卢照邻集·杨炯集》，卢照邻、杨炯著，徐明霞点校，北京：中华书局，1980年。

《卢照邻集笺注》，卢照邻著，祝尚书笺注，上海古籍出版社，1994年。

《卢照邻集编年笺注》，卢照邻著，任国绪笺注，哈尔滨：黑龙江人民出版社，1989年。

《高适诗集编年笺注》，刘开扬著，北京：中华书局，1981年。

《王右丞集笺注》，王维撰，赵殿成笺注，上海古籍出版社，1984年新1版。

《李太白全集》，李白著，王琦注，北京：中华书局，1977年。

《杜诗详注》，杜甫著，仇兆鳌注，北京：中华书局，1979年。

《河岳英灵集研究》，李珍华、傅璇琮著，北京：中华书局，1992年。

《韩昌黎文集校注》，韩愈撰，马其昶校注，马茂元整理，上海古籍出版社，1986年。

《元稹集》，元稹撰，冀勤点校，北京：中华书局，1982年。

《白居易集》，白居易撰，顾学颉点校，北京：中华书局，1979年。

《刘禹锡集》，《刘禹锡集》整理组点校，卞孝萱校订，北京：中华书局，1990年。

《柳河东集》，柳宗元著，上海人民出版社，1974年。

《李德裕文集校笺》，傅璇琮、周建国校笺，石家庄：河北教育出版社，2000年。

《樊南文集》，李商隐撰，冯浩详注，钱振伦、钱振常笺注，上海古籍出版社，1988年。

《樊川文集》，杜牧著，陈允吉校点，上海古籍出版社，2009年。

《沈下贤集校注》，沈亚之著，肖占鹏、李勃洋校注，天津：南开大学出版社，2003年。

《皮子文薮》，皮日休撰，萧涤非、郑庆笃整理，上海古籍出版社，1981年。

《司空表圣诗文集笺校》，司空图著，祖保泉、陶礼天笺校，合肥：安徽大学出版社，2002年。

《广成集》，杜光庭撰，董恩林点校，北京：中华书局，2011年。

《徐铉集校注》，徐铉撰，李振中校注，北京：中华书局，2016年。

《乐府诗集》，郭茂倩编，北京：中华书局，1979年。

《全辽文》，陈述辑校，北京：中华书局，1982年。

《华阳国志校注》，常璩撰，刘琳校注，成都：巴蜀书社，1984年。

《元和郡县图志》，李吉甫撰，贺次君点校，北京：中华书局，1983年。

《入唐求法巡礼行记校注》，圆仁著，白化文等修订校注，石家庄：花山文艺出版社，1992年。

《太平寰宇记》，乐史撰，王文楚点校，北京：中华书局，2007 年。
《舆地纪胜》，王象之撰，北京：中华书局，1992 年。
《长安志》，宋敏求撰，辛德勇、郎洁点校《长安志·长安志图》，西安：三秦出版社，2013 年。
《唐两京城坊考》，徐松撰，张穆校补，方严点校，北京：中华书局，1985 年。
《增订唐两京城坊考》，徐松撰，李健超增订，西安：三秦出版社，1996 年。
《隋唐两京坊里谱》，杨鸿年著，上海古籍出版社，1999 年。
《建康实录》，许嵩撰，张忱石点校，北京：中华书局，1986 年。
《吴郡图经续记》，朱长文撰，南京：江苏古籍出版社，1999 年。
《庐山记》，陈舜俞撰，《景印文渊阁四库全书》第 585 册。
顺治《安庆府潜山县志》，辽宁省图书馆善本部藏刻本。
康熙《安庆府潜山县志》（中国方志丛书·华中地方·第 707 号），台北：成文出版社有限公司，1985 年。
乾隆《潜山县志》（中国方志丛书·华中地方·第 708 号），台北：成文出版社有限公司，1985 年。

《太平广记》，北京：中华书局，1961 年。
《唐五代笔记小说大观》，上海古籍出版社，2000 年。
《大唐创业起居注笺证》，温大雅撰，仇鹿鸣笺证，北京：中华书局，2022 年。
《隋唐嘉话·朝野佥载》，程毅中、赵守俨点校，北京：中华书局，1979 年。
《冥报记·广异记》，方诗铭辑校，北京：中华书局，1992 年。
《唐小说集辑校三种》，邵颖涛校注，北京：人民出版社，2017 年。
《独异志·宣室志》，张永钦、侯志明点校，北京：中华书局，1983 年。
《封氏闻见记校注》，封演撰，赵贞信校注，北京：中华书局，2005 年。
《酉阳杂俎》，段成式撰，方南生点校，北京：中华书局，1981 年。
《大唐新语》，刘肃撰，许德楠、李鼎霞点校，北京：中华书局，1984 年。
《开元天宝遗事十种》，上海古籍出版社，1985 年。
《唐国史补校注》，李肇撰，聂清风校注，北京：中华书局，2021 年。

《因话录》，赵璘撰，收入《唐国史补 因话录》，上海古籍出版社，1979年。
《纂异记辑证》，李玫撰，李剑国辑证，北京：中华书局，2021年。
《云溪友议校笺》，范摅撰，唐雯校笺，北京：中华书局，2017年。
《南楚新闻》，尉迟枢撰，陈尚君整理本，收入金锋主编《中华野史·唐朝卷》，济南：泰山出版社，2000年。
《北梦琐言》，孙光宪撰，贾二强点校，北京：中华书局，2002年。
《唐语林校证》，王谠撰，周勋初校证，北京：中华书局，1987年。
《唐才子传校笺》，傅璇琮主编，北京：中华书局，1987—1995年。
《唐诗纪事》，计有功辑撰，上海古籍出版社，1987年。
《春明退朝录》，宋敏求撰，诚刚点校，收入《东斋记事 春明退朝录》，北京：中华书局，1980年。
《高士传》，皇甫谧撰，刘晓东校点，收入《列女传 高士传》，沈阳：辽宁教育出版社，1998年。
《搜神记》，干宝撰，汪绍楹校注，北京：中华书局，1979年。
《程氏考古编》，程大昌撰，沈阳：辽宁教育出版社，2000年。
《容斋随笔》，洪迈撰，孔凡礼点校，北京：中华书局，2005年。
《宋朝事实类苑》，江少虞撰，上海古籍出版社，1981年。

《周礼注疏》，郑玄注，贾公彦疏，彭林整理，上海古籍出版社，2010年。
《春秋公羊传注疏》，何休注，徐彦疏，刁小龙整理，上海古籍出版社，2014年。
《春秋左传注（修订本）》，杨伯峻编著，北京：中华书局，1990年。
《说文解字》，许慎撰，徐铉校定，北京：中华书局，1963年。
《礼记集解》，孙希旦撰，沈啸寰、王星贤点校，北京：中华书局，1989年。
《春秋繁露义证》，苏舆撰，钟哲点校，北京：中华书局，1992年。
《论衡校释》，黄晖撰，北京：中华书局，1990年。
《潜夫论笺校正》，王符著，汪继培笺，彭铎校正，北京：中华书局，1985年。
《风俗通义校注》，王利器撰，北京：中华书局，1981年。
《吴越备史》，李最欣点校，收入傅璇琮、徐海荣、徐吉军主编《五代史书汇编》第十册，杭州出版社，2004年。
《大金国志校证》，崔文印校证，北京：中华书局，1986年。
《日知录集释》，顾炎武著，黄汝成集释，长沙：岳麓书社，1994年。
《五礼通考》，秦蕙田撰，味经窝初刻试印本，台北：圣环图书有限公司，1994年。
《陔余丛考》，赵翼撰，北京：中华书局，1963年。
《廿二史札记校证》，赵翼著，王树民校证，北京：中华书局，1984年。
《求古录礼说》，金鹗撰，收入《续修四库全书·经部》第110册，上海古籍出版社，1995年。

《历代名画记》，张彦远撰，俞剑华注释，上海人民美术出版社，1964年。
《唐朝名画录》，朱景玄撰，收入于安澜编《画品丛书》，上海人民美术出版社，1982年。
《贞观公私画史》，裴孝源撰，收入于安澜编《画品丛书》，上海人民美术出版社，1982年。
《益州名画录》，黄休复撰，收入于安澜编《画史丛书》第四册，上海人民美术出版社，1982年。
《宣和画谱》，收入于安澜编《画史丛书》第二册，上海人民美术出版社，1963年。
《墨池编汇校》，朱长文纂次，陈志平汇校，上海古籍出版社，2023年。

《大正新修大藏经》，高楠顺次郎、渡边海旭监修，东京：大正一切经刊行会，1927年。
费长房《历代三宝纪》，《大正新修大藏经》第49卷。
道宣《广弘明集》，《大正新修大藏经》第52卷。
彦琮《唐护法沙门法琳别传》，《大正新修大藏经》第50卷。
延一《广清凉传》，《大正新修大藏经》第51卷。
陈田夫《南岳总胜集》，《大正新修大藏经》第51卷。
《高僧传》，慧皎撰，汤用彤校注，北京：中华书局，1992年。
《续高僧传》，道宣撰，郭绍林点校，北京：中华书局，2014年。
《集古今佛道论衡校注》，道宣撰，刘林魁校注，北京：中华书局，2018年。
《法苑珠林校注》，道世著，周叔迦、苏晋仁校注，北京：中华书局，2003年。

《宋高僧传》，赞宁撰，范祥雍点校，北京：中华书局，1987年。
《不空全集》，不空撰，吕建福编，北京：中华书局，2021年。
《道藏》，文物出版社、上海书店、天津古籍出版社，1988年。
《洞玄灵宝五岳古本真形图（并序）》，《道藏》第6册。
李冲昭《南岳小录》，《道藏》第6册。
司马承祯《上清侍帝晨桐柏真人真图赞》，《道藏》第11册。
杜光庭集《太上宣慈助化章》，《道藏》第11册。
贾善翔编《犹龙传》，《道藏》第18册。
《龙角山记》，《道藏》第19册。
《陆先生道门科略》，《道藏》第24册。
《道典论》，《道藏》第24册。
《洞玄灵宝三洞奉道科戒营始》，《道藏》第24册。
《三天内解经》，《道藏》第28册。
《五岳真形序论》，《道藏》第32册。
张万福《传授三洞经戒法箓略说》，《道藏》第32册。
《庐山太平兴国宫采访真君事实》，《道藏》第32册。
《道藏阙经目录》，《道藏》第34册。
《中华道藏》第4册，张继禹主编，北京：华夏出版社，2004年。
《列仙传校笺》，王叔岷撰，北京：中华书局，2007年。
《神仙传校释》，葛洪撰，胡守为校释，北京：中华书局，2010年。
《抱朴子内篇校释（增订本）》，王明著，北京：中华书局，1985年。
《真诰》，陶弘景撰，赵益点校，北京：中华书局，2011年。
《真灵位业图校理》，陶弘景纂，闾丘方远校订，王家葵校理，北京：中华书局，2013年。
《无上秘要》，周作明点校，北京：中华书局，2016年。
《云笈七签》，张君房编，李永晟点校，北京：中华书局，2003年。
《杜光庭记传十种辑校》，杜光庭撰，罗争鸣辑校，北京：中华书局，2013年。包括《录异记》《道教灵验记》《历代崇道记》《洞天福地岳渎名山记》《仙传拾遗》等。

《石刻史料新编》第1—4辑，台北：新文丰出版公司，1977—2006年。

王昶《金石萃编》,《石刻史料新编》第1辑第1—4册。

陆耀遹《金石续编》,《石刻史料新编》第1辑第4—5册。

黄叔璥《中州金石考》,《石刻史料新编》第1辑第18册。

毕沅、阮元《山左金石志》,《石刻史料新编》第1辑第19册。

胡聘之《山右石刻丛编》,《石刻史料新编》第1辑第20—21册。

欧阳棐《集古录目》,《石刻史料新编》第1辑第24册。

陈思《宝刻丛编》,《石刻史料新编》第1辑第24册。

佚名《宝刻类编》,《石刻史料新编》第1辑第24册。

王象之《舆地碑记目》,《石刻史料新编》第1辑第24册。

缪荃孙《艺风堂金石文字目》,《石刻史料新编》第1辑第26册。

洪颐煊《平津读碑记》,《石刻史料新编》第1辑第26册。

萧儒林《泰安金石志》,《石刻史料新编》第3辑第25册。

孙星衍《泰山石刻记》,《石刻史料新编》第3辑第26册。

黄易《岱岩访古日记》,《石刻史料新编》第3辑第28册。

《金石录校证》，赵明诚著，金文明校证，上海书画出版社，1985年。

《八琼室金石补正》，陆增祥著，北京：文物出版社，1985年。

《语石·语石异同评》，叶昌炽著，柯昌泗评，北京：中华书局，1994年。

《石刻题跋索引》，杨殿珣著，北京：商务印书馆，1990年。

《北京图书馆藏中国历代石刻拓本汇编》全100册，北京图书馆金石组编，郑州：中州古籍出版社，1989年。

《汉碑全集》第四册，徐玉立主编，郑州：河南美术出版社，2006年。

《隋唐五代墓志汇编》30册，同总编辑委员会编，天津古籍出版社，1991—1992年。

《唐代墓志汇编》，周绍良主编、赵超副主编，上海古籍出版社，1992年。

《唐代墓志汇编续集》，周绍良、赵超主编，上海古籍出版社，2001年。

《洛阳新出土墓志释录》，杨作龙、赵水森等编著，北京图书馆出版社，2004年。

《大唐西市博物馆藏墓志》，胡戟、荣新江主编，北京大学出版社，2012年。

《洛阳流散唐代墓志汇编三集》，毛阳光主编，北京：国家图书馆出版社，2023年。

《华山碑石》，张江涛主编，西安：三秦出版社，1995年。
《道家金石略》，陈垣编纂，陈智超、曾庆瑛校补，北京：文物出版社，1988年。
《巴蜀道教碑文集成》，龙显昭、黄海德主编，成都：四川大学出版社，1997年。

《大谷文書集成》第1—4卷，龙谷大学佛教文化研究所编，小田义久责任编集，京都：法藏馆，1984—2010年。
《中國古代寫本識語集録》，池田温编，东京大学东洋文化研究所，1990年。
《敦煌社会经济文献真迹释录》，唐耕耦、陆宏基主编，第1辑，北京：书目文献出版社，1986年；第2—5辑，北京：全国图书馆文献缩微复制中心，1990年。
《英藏敦煌社会历史文献释录》，郝春文编著，第一卷，北京：科学出版社，2001年；第二、三卷，北京：社会科学文献出版社，2003年。
《敦煌写本书仪研究》，赵和平著，台北：新文丰出版公司，1993年。
《敦煌变文校注》，黄征、张涌泉校注，北京：中华书局，1997年。
《敦煌愿文集》，黄征、吴伟编校，长沙：岳麓书社，1995年。
《敦煌地理文书汇辑校注》，郑炳林著，兰州：甘肃教育出版社，1989年。
《古本敦煌乡土志八种笺证》，李正宇著，台北：新文丰出版股份有限公司，1998年。
《法藏敦煌西域文献》第10册，上海古籍出版社，1999年。
《法藏敦煌西域文献》第15册，上海古籍出版社，2001年。

二　近人论著

(一) 中日文部分

A

爱宕元，《南嶽魏夫人信仰の變遷》，吉川忠夫编《六朝道教の研究》，东京：春秋社，1998年，第377—395页。

B

滨岛敦俊，《明初城隍考》，《榎博士頌寿記念東洋史論叢》，东京：汲古书院，1988年，第347—368页。
——，《明清江南城隍考》，唐代史研究会报告第VI集《中国都市の歴史的研究》，东京：刀水书房，1988 年，第 218—231 页。

——，《明清江南城隍考 · 補考》，唐代史研究会编《中国の都市と農村》，东京：汲古书院，1992 年，第 499—527 页。

C

蔡宗宪，《淫祀、淫祠与祀典——汉唐间几个祠祀概念的历史考察》，荣新江主编《唐研究》第十三卷，北京大学出版社，2007 年，第 203—232 页。

仓修良、陈仰光，《从敦煌图经残卷看隋唐五代图经发展》，《文史》2001 年第 2 辑，第 117—139 页。

曹婉如、郑锡煌，《试论道教的五岳真形图》，《自然科学史研究》第 6 卷第 1 期，1987 年，第 52—57 页。

长部和雄，《支那生祠小考》，《東洋史研究》第 9 卷第 4 号，1944 年，第 35—49 页。

陈登原，《国史旧闻》，北京：三联书店，1958 年。

陈国符，《道藏源流考》，北京：中华书局，1963 年。

陈俊强，《皇恩浩荡——皇帝统治的另一面》，台北：五南图书出版股份有限公司，2005 年。

陈戍国，《中国礼制史 · 隋唐五代卷》，长沙：湖南教育出版社，1998 年。

陈铁凡，《敦煌本郑氏孝经序作者稽疑》，《敦煌学》第 4 辑，1979 年，第 1—9 页。

陈熙远，《"宗教"——一个中国近代文化史上的关键词》，《新史学》第 13 卷第 4 期，2002 年，第 37—66 页。

陈学霖，《金朝的旱灾、祈雨与政治文化》，收入《漆侠先生纪念文集》，保定：河北大学出版社，2002 年，第 542—561 页。

陈业新，《两汉祈雨礼俗初探》，张国刚主编《中国社会历史评论》第四辑，北京：商务印书馆，2002 年，第 319—328 页。

陈寅恪，《武曌与佛教》，原刊《中研院史语所集刊》第 5 本第 2 分，1935 年，第 137—147 页。收入氏著《金明馆丛稿二编》，北京：三联书店，2001 年，第 153—174 页。

陈祚龙，《看了有关杨隋河东首山的栖岩寺舍利塔、殿碑、记之后》，收入氏著《中华佛教文化史散策五集》，台北：新文丰出版公司，1987 年，第 297—359 页。

程民生,《论宋代神祠宗教》,《世界宗教研究》1992 年第 2 期，第 59—71 页。

池内功,《元朝の郡県祭祀について》,《中国史における教と国家——筑波大学創立二十周年記念東洋史論集》，东京：雄山阁，1994 年，第 155—179 页。

池田温,《沙州圖經略考》,《榎博士還曆紀念東洋史論叢》，东京：山川出版社，1975 年，第 31—101 页。

——,《八世纪中叶敦煌的粟特人聚落》，辛德勇译，收入刘俊文主编《日本学者研究中国史论著选译》第九卷，北京：中华书局，1993 年，第 140—219 页。以及氏著《唐研究论文选集》，北京：中国社会科学出版社，1999 年，第 3—67 页。

串谷美智子,《封禅にみられる二つの性格——宗教性と政治性》,《史窓》第 14 号，1959 年，第 59—68 页。

D

大村西崖,《支那美術史雕塑篇》，东京：佛书刊行会，1915 年。

丁光勋,《简论秦汉时期的封禅》,《上海师范大学学报》1992 年第 3 期，第 84—89 页。

丁煌,《唐代道教太清宫制度考（上、下）》，分载《成功大学历史系历史学报》第六号，1979 年，第 275—314 页；第七号，1980 年，第 177—220 页。

——,《汉唐道教论集》，北京：中华书局，2009 年。

丁山,《句芒、高禖、防风、飞廉考——风神篇》,《中华文史论丛》第 60 辑，上海古籍出版社，1999 年，第 1—29 页。

渡边信一郎,《中国古代の王権と天下秩序——日中比較史の視点から》，东京：校仓书房，2003 年。《中国古代的王权与天下秩序：从日中比较史的视角出发》，徐冲译，北京：中华书局，2008 年。

渡边义浩,《日本有关“儒教国教化”的研究回顾》，松金佑子译,《新史学》第 14 卷第 2 期，2003 年，第 179—214 页。

杜德桥（Glen Dudbridge）,《神秘体验与唐代世俗社会：戴孚〈广异记〉解读》，杨为刚、查屏球译，南京：江苏人民出版社，2023 年。

杜维明,《论儒学的宗教性》，武汉大学出版社，1999 年。

多田狷介,《魏晋政権と山川の祭祀》,《日本女子大学紀要（文学部）》第 22 号，1972 年，第 41—62 页。

F

樊波,《唐大明宫玉晨观考》,收入严耀中主编《唐代国家与地域社会研究——中国唐史学会第十届年会论文集》,上海古籍出版社,2008年,417—424页。

樊光春,《陕西新发现的道教金石》,《世界宗教研究》1993年第2期,第96—97页。

肥田路美,《唐代皇帝肖像雕刻的意义与制作意图的一个侧面——特别着眼于比拟佛像的皇帝像》,韩国中国史学会主编《中国史研究》第35号(中国美术史特辑),2005年,第175—195页。

冯培红,《敦煌本〈国忌行香文〉及相关问题》,中国文物研究所编《出土文献研究》第七辑,上海古籍出版社,2005年,第287—308页。

冯茜,《唐宋之际礼学思想的转型》,北京:生活·读书·新知三联书店,2020年。

福安敦(Antonino Forte),《武曌的明堂与天文钟》,收入赵文润、李玉明主编《武则天研究论文集》,太原:山西古籍出版社,1998年,第140—147页。

福永光司,《道教思想史研究》,东京:岩波书店,1987年。

——,《昊天上帝、天皇大帝和元始天尊:儒教的最高神和道教的最高神》,李庆译,收入陈鼓应主编《道家文化研究》第五辑,上海古籍出版社,1994年,第353—382页。

傅飞岚(Franciscus Verellen),《超越的内在性:道教仪式与宇宙论中的洞天》,程薇译,见《法国汉学》第二辑,北京:清华大学出版社,1997年,第50—75页。

傅璇琮主编,《唐五代文学编年史·初盛唐卷》,沈阳:辽海出版社,1998年。

G

甘怀真,《唐代家庙礼制研究》,台北:台湾商务印书馆,1991年。

——,《中国中古士族与国家的关系》,《新史学》第2卷第3期,1991年,第99—116页。

——,《礼制》,胡戟等主编《二十世纪唐研究》,北京:中国社会科学出版社,2002年,第178—192页。

——,《皇权、礼仪与经典诠释:中国古代政治史研究》,台北:喜玛拉雅基金会,2003年。

——,《秦汉的"天下"政体——以郊祀礼改革为中心》,《新史学》第16卷第4期,

2005年，第13—56页。
高丙中，《民间的仪式与国家的在场》，收入郭于华主编《仪式与社会变迁》，北京：社会科学文献出版社，2000年，第310—337页。
高亨，《诗经今注》，上海古籍出版社，1980年。
高明士，《唐代的释奠礼制及其在教育上的意义》，《大陆杂志》第61卷第5期，1980年，第20—38页。
——，《唐代东亚教育圈的形成——东亚世界形成史的一侧面》，台北："国立"编译馆中华丛书编审委员会，1984年。
——，《唐代的武举与武庙》，收入中国唐代学会编《第一届国际唐代学术会议论文集》，台北：台湾学生书局，1989年，第1016—1069页。
——，《隋唐庙学制度的成立与道统的关系》，《台湾大学历史学系学报》第9卷，1982年，收入中国唐代学会编《唐代研究论集》第一辑，台北：新文丰出版股份有限公司，1992年，第325—380页。
——，《隋代的制礼作乐——隋代立国政策研究之二》，收入黄约瑟、刘健明编《隋唐史论集》，香港大学亚洲研究中心，1993年，第15—35页。
——，《论武德到贞观礼的成立——唐朝立国政策的研究之一》，收入中国唐代学会编辑委员会编《第二届国际唐代学术会议论文集》，台北：文津出版社，1993年，第1159—1214页。
——，《皇帝制度下的庙制系统——以秦汉至隋唐作为考察中心》，《台湾大学文史哲学报》第40卷，1993年，第55—96页。收入氏著《中国传统政治与教育》下篇（第二章），台北：文津出版社，2003年，第215—254页。
——，《治統廟制と道統廟制との消長——秦漢より隋唐までの考察を中心として》，收入《東アジア史の展開と日本：西嶋定生博士追悼論文集》，该书编集委员会编，东京：山川出版社，2000年，第349—368页。
——，《唐代敦煌官方的祭祀礼仪——以P.2130号为中心》，收入敦煌研究院编《1994年敦煌学国际研讨会文集·宗教文史卷》上，兰州：甘肃民族出版社，2000年，第35—74页。
——，《中国传统政治与教育》，台北：文津出版社，2003年。

——，《礼法意义下的宗庙——以中国中古为中心》，收入其主编《东亚传统家礼、教育与国法（一）：家族、家礼与教育》，台北：台湾大学出版中心，2005年，第23—86页。
葛剑雄，《十一世纪初的天书封禅运动》，《读书》1995年第11期，第68—78页。
葛兆光，《理论兴趣的衰退——八至十世纪中国佛教的转型之一》，《世界宗教研究》2001年第1期，第35—47页。
——，《重新清理唐代宗教的历史》，收入氏著《域外中国学十论》，上海：复旦大学出版社，2002年，第97—107页。
——，《屈服史及其他：六朝隋唐道教的思想史研究》，北京：生活·读书·新知三联书店，2003年。
——，《思想史研究课堂讲录：视野、角度与方法》，北京：生活·读书·新知三联书店，2005年。
宫川尚志，《天地水三官と洞天》，《东方宗教》第78号，1991年，第1—22页。
古瀬奈津子，《雨乞いの儀式について——唐の祠令と日本の神祇令》，收入日本唐代研究会报告第Ⅷ集《東アジア史における国家と地域》，东京：刀水书房，1999年，第468—487页。
——，《遣唐使の見た中国》，东京：吉川弘文馆，2003年。高泉益中译本《遣唐使眼中的中国》，台北：台湾商务印书馆，2005年。
谷口高志，《唐代文人と辺地の神：白居易の祝文を中心に》，《佐賀大国語教育》第五号，2021年，第29—46页。
顾颉刚，《四岳与五岳》，氏著《史林杂识初编》，北京：中华书局，1963年，第34—45页。
郭齐勇、龚建平，《儒家、儒教，宗教性、超越性——以李申〈中国儒教史〉为中心的评论》，刘东主编《中国学术》2002年第1期，北京：商务印书馆，2002年，第201—218页。
郭于华主编，《仪式与社会变迁》，北京：社会科学文献出版社，2000年。
国光红，《关于古代的祈雨——兼释有关的几个古文字》，《四川大学学报》1994年第3期，第86—93页。

——，《九歌考释》，济南：齐鲁书社，1999 年。

H

韩森（Valerie Hansen），《变迁之神：南宋时期的民间信仰》，包伟民译，杭州：浙江人民出版社，1999 年。

好并隆司，《中国古代における山川神祭祀の变貌》，《岡山大学法文部學術紀要》第 38 号（史学篇），1977 年，第 21—40 页。

何平立，《崇山理念与中国文化》，济南：齐鲁书社，2001 年。

何亦凡，《德政类碑刻研究的新视角》，包伟民、刘后滨主编《唐宋历史评论》第 11 辑，北京：社会科学文献出版社，2023 年，239—266 页。

横手裕，《佐命山三上司山考》，《東方宗教》第 94 号，1999 年，第 20—39 页。

侯旭东，《五、六世纪北方民众佛教信仰——以造像记为中心的考察》，北京：中国社会科学出版社，1998 年。

——，《北朝村民的生活世界——朝廷、州县与村里》，北京：商务印书馆，2005 年。

黄进兴，《优入圣域：权力、信仰与正当性》，台北：允晨文化实业股份有限公司，1994 年。

——，《圣贤与圣徒：历史与宗教论文集》，台北：允晨文化实业股份有限公司，2001 年。

黄俊杰，《试论儒学的宗教性内涵》，《台大历史学报》第 23 期，1999 年，第 395—409 页。

黄强，《神人之间——中国民间祭祀礼仪与信仰研究》，南宁：广西民族出版社，1996 年。

黄清连，《享鬼与祀神——纸钱和唐人的信仰》，收入蒲慕州主编《鬼魅神魔——中国通俗文化侧写》，台北：麦田出版，2005 年，第 175—220 页。

黄永年，《说狄仁杰的奏毁淫祠》，《唐史论丛》第六辑，西安：陕西人民出版社，1995 年，第 58—67 页。

黄正建，《书评：〈东アジア史における国家と地域〉》，荣新江主编《唐研究》第六卷，北京大学出版社，2000 年，第 458—466 页。

J

吉川忠夫,《五岳と祭祀》,《ゼロ・ビットの世界》(現代哲学の冒険 15),东京:岩波书店,1991 年,第 213—282 页。

——(编),《唐代の宗教》,京都:朋友书店,2000 年。

贾二强,《论唐代的华山信仰》,《中国史研究》2000 年第 2 期,第 90—99 页。

——,《神界鬼域——唐代民间信仰透视》,西安:陕西人民教育出版社,2000 年。

——,《唐宋民间信仰》,福州:福建人民出版社,2002 年。

贾鸿源,《道儒之间——北宋景灵宫布局理念新解》,姜锡东主编《宋史研究论丛》第 29 辑,北京:科学出版社,2021 年,第 199—218 页。

简涛,《略论唐宋时期迎春礼俗的演变》,荣新江主编《唐研究》第三卷,北京大学出版社,1997 年,第 185—213 页。

——(主编),《中国民族学与民俗学研究论著目录:1900—1994》,台北:汉学研究中心,1997 年。

江川式部,《唐代の藩鎮と祠廟》,《國學院雜誌》第 122 卷第 2 号,2021 年,第 1—18 页。

江田祥,《唐代桂州地方神祠与祈雨空间研究——以李商隐诗文集为中心》,《社会科学战线》2018 年第 12 期,第 119—129 页。

姜伯勤,《敦煌艺术宗教与礼乐文明——敦煌心史散论》,北京:中国社会科学出版社,1996 年。

——,《唐敦煌城市的礼仪空间》,《文史》2001 年第 2 辑(总第 55 辑),北京:中华书局,第 229—244 页。

姜望来,《唐前五岳先生考论》,《宗教学研究》2023 年第 5 期,第 39—45 页。

蒋义斌,《朱熹对宗教礼俗的探讨——以塑像、画像为例》,第二届宋史学术研讨会秘书处编《第二届宋史学术研讨会论文集》,台北:中国文化大学史学研究所、史学系,1996 年,第 147—163 页。

蒋竹山,《宋至清代的国家与祠神信仰研究的回顾与讨论》,《新史学》第 8 卷第 2 期,1997 年,第 187—220 页。

今枝二郎,《司馬承禎について》,收入秋月观暎编《道教と宗教文化》,东京:平河

出版社，1987年，第170—189页。

金井德幸,《宋代小祠廟の賜額について》,《汲古》第15号，1989年，第31—36页。

——,《南宋の祠廟と賜額について——釈文珦と劉克莊の視点》，收入宋代史研究会编《宋代の知識人——思想・制度・地域社会》，东京：汲古书院，1993年，第257—286页。

金荣华,《读〈叶净能诗〉札记》,《敦煌学》第8辑，1984年，第27—46页。

金相范,《唐代礼制对于民间信仰观形成的制约与作用——以祠庙信仰为考察的中心》，台湾师范大学历史研究所博士论文，2001年。

——,《唐代祠庙政策的变化——以赐号赐额的运用为中心》，姜锡东、李华瑞主编《宋史研究论丛》第7辑，保定：河北大学出版社，2006年，第1—20页。

金子修一,《略论则天武后在政治上对祭祀礼仪的利用》，收入赵文润、李玉明主编《武则天研究论文集》，太原：山西古籍出版社，1998年，第31—41页。

——,《唐代皇帝祭祀的特质——透过皇帝的郊庙亲祭来检讨》，张国刚主编《中国社会历史评论》第三卷，北京：中华书局，2001年，第462—473页。

——,《古代中国と皇帝祭祀》，东京：汲古书院，2001年。《古代中国与皇帝祭祀》，肖圣中、吴思思、王曹杰译，上海：复旦大学出版社，2017年。

——,《皇帝祭祀より見た漢代史》,《大東文化大學漢學會誌》第43号，2004年，第427—448页。

——,《中国古代皇帝祭祀の研究》，东京：岩波书店，2006年。《中国古代皇帝祭祀研究》，徐璐、张子如译，西安：西北大学出版社，2018年。

鷲尾祐子,《前漢郊祀制度研究序説——成帝時郊祀改革以前について》，立命馆东洋史学会中国古代史论丛编集委员会编《中国古代史論叢》，京都：立命馆东洋史学会，2004年，第1—32页。

K

康乐,《从西郊到南郊——国家祭典与北魏政治》，台北：稻乡出版社，1995年。

L

赖亮郡,《唐五代的城隍信仰》,（台中）《兴大历史学报》第17期，2006年，第293—348页。

乐维（Jean Levi），《官吏与神灵——六朝及唐代小说中官吏与神灵之争》，张立方译，《法国汉学》第三辑，北京：清华大学出版社，1998年，第32—59页。
雷汉卿，《〈说文〉“示部”字与神灵祭祀考》，成都：巴蜀书社，2000年。
雷闻，评章群著《唐代祠祭论稿》，荣新江主编《唐研究》第六卷，北京大学出版社，2000年，第447—450页。
——，评陈戍国著《中国礼制史·隋唐五代卷》、任爽著《唐代礼制研究》，荣新江主编《唐研究》第七卷，北京大学出版社，2001年，第532—541页。
——，评贾二强著《唐宋民间信仰》，荣新江主编《唐研究》第九卷，北京大学出版社，2003年，第523—529页。
——，评甘怀真著《皇权、礼仪与经典诠释：中国古代政治史研究》，荣新江主编《唐研究》第十卷，北京大学出版社，2004年，第609—618页。
——，《盛唐长安肃明观考论》，黄正建主编《隋唐辽宋金元史论丛》第2辑，上海古籍出版社，2012年，第164—178页。
——，《走入传奇——新刊唐代墓志与〈冥报记〉“豆卢氏”条的解读》，荣新江主编《唐研究》第十八卷，北京大学出版社，2012年，第281—303页。
——，《唐洛阳大弘道观考》，收入中国人民大学国学院主编《国学的传承与创新——冯其庸先生从事教学与科研六十周年庆贺学术文集》，上海古籍出版社，2013年，第1234—1248页。
——，《山林与宫廷之间——中晚唐道教史上的刘玄靖》，《历史研究》2013年第6期，第164—174页。
——，《龙角仙都：一个唐代宗教圣地的塑造与转型》，《复旦学报》2014年第6期，第88—98页。全文本收入陈金华、孙英刚主编《神圣空间：中古宗教中的空间因素》，上海：复旦大学出版社，2014年，第333—366页。
——，《唐两京龙兴观略考》，刘晓、雷闻主编《隋唐辽宋金元史论丛》第6辑，上海古籍出版社，2016年，第138—159页。
——，《传法紫宸——敬宗之师昇玄先生刘从政考》，《中华文史论丛》2017年第1期，第59—88页。
——，《从“妖人”到仙翁——正史与地方史志中的盛唐道士申泰芝》，《中国史研究》2018年第2期，第135—156页。
——,《贵妃之师：新出〈景龙观威仪田偾墓志〉所见盛唐道教》,《中华文史论丛》2019年第1期，第325—348页。
——,《新见〈中都大弘道观主上清大洞刘尊师玄台铭〉跋》，雷闻、康鹏、张国旺主编《隋唐辽宋金元史论丛》第10辑，上海古籍出版社，2020年，第53—61页。
——,《长安道教的底色——隋大兴城道观及其唐代命运（上）》,《世界宗教研究》2022年第12期，第53—64页。
——,《新中国成立70年来的隋唐五代史研究》，收入雷闻《永念群生：隋唐礼俗与信仰论集》，成都：四川人民出版社，2024年。
黎志添,《六朝天师道与民间宗教祭祀》，收入同氏主编《道教与民间宗教研究论集》，香港：学峰文化事业公司，1999年，第11—39页。
李斌城,《武则天与道教》，收入武则天研究会、文水武则天纪念馆编《武则天与文水》，太原：山西人民出版社，1989年，第198—212页。
李丰楙,《六朝隋唐仙道类小说研究》，台北：学生书局，1997年。
李刚,《唐代江西道教考略》,《世界宗教研究》1992年第1期，第52—59页。
李衡眉,《唐朝庙制及其昭穆次序述评》,《人文杂志》1993年1期，第88—93页。
李建国,《唐五代志怪传奇叙录》，天津：南开大学出版社，1993年。
李零主编,《中国方术概观·杂术卷》，北京：人民中国出版社，1993年。
李零,《秦骃祷病玉版的研究》,《国学研究》第六卷，北京大学出版社，1999年，第525—548页。
——,《入山与出塞》,《文物》2000年第2期，第87—95页。
——,《中国方术续考》，北京：东方出版社，2000年。
李申,《中国儒教史》上、下册，上海人民出版社，1999—2000年。
李四龙,《民俗佛教的形成与特征》,《北京大学学报》1996年第4期，第55—60页。
李正宇,《敦煌地区古代祠庙寺观简志》，氏著《敦煌史地新论》，台北：新文丰出版公司，1996年，第53—100页。
李之勤,《后蜀〈利州都督府皇泽寺唐则天皇后武氏新庙记〉碑和广元县皇泽寺的武则天像辨析》,《考古与文物》1988年第3期，第80—83页。

梁满仓,《论魏晋南北朝时期的五礼制度化》,《中国史研究》2001 年第 4 期，第 27—52 页。
梁咏涛,《试述“武后真容石刻像”对皇泽寺佛教的供养作用》，胡素馨主编《佛教物质文化：寺院财富与世俗供养国际学术研讨会论文集》，上海书画出版社，2003 年，第 213—219 页。
廖咸惠,《唐宋时期南方后土信仰的演变：以扬州后土崇拜为例》,《汉学研究》第 14 卷第 2 期，1996 年，第 103—134 页。
廖小东,《政治仪式与权力秩序——古代中国“国家祭祀”的政治分析》，北京：中国社会科学出版社，2014 年。
廖宜方,《王权的祭典——传统中国的帝王崇拜》，台北：台湾大学出版中心，2020 年。
林富士,《汉代的巫者（修订版）》，台北：稻乡出版社，1999 年。
——,《中国六朝时期的蒋子文信仰》，收入林富士、傅飞岚主编《遗迹崇拜与圣者崇拜》，台北：允晨文化实业股份有限公司，2000 年，第 163—204 页。
——,《试论六朝时期的道巫之别》，收入周质平、Willard J. Peterson 主编《国史浮海开新录：余英时教授荣退论文集》，台北：联经出版事业股份有限公司，2002 年，第 19—38 页。
林梅村,《高昌火祆教遗迹考》,《文物》2006 年第 7 期，第 58—67 页。
林世田,《武则天称帝与图谶祥瑞——以 S.6502〈大云经疏〉为中心》,《敦煌学辑刊》2002 年第 2 期，第 64—72 页。
——,《〈大云经疏〉初步研究》,《文献》2002 年第 4 期，第 47—59 页。
——,《敦煌所出〈普贤菩萨说证明经〉及〈大云经疏〉考略——附〈普贤菩萨说证明经〉校录》，国家图书馆善本特藏部编《文津学志》第一辑，2003 年，第 165—190 页。
——,《〈大云经疏〉结构分析》，收入郑炳林、花平宁主编《麦积山石窟艺术文化论文集（下）》，兰州大学出版社，2004 年，第 179—201 页。
铃木真,《礼制改革にみる北魏孝文帝の統治理念》,《社会文化史学》第 37 号，1997 年，第 24—42 页。
刘安志,《关于〈大唐开元礼〉的性质及行用问题》,《中国史研究》2005 年第 3 期，第 95—117 页。

刘长东,《宋代神御殿考》，氏著《宋代佛教政策论稿》附录一，成都：巴蜀书社，2005 年，第 381—390 页。

刘蓝蔚,《宋代的生祠研究——以四川为中心》,《都市文化研究》第 23 卷，大阪市立大学大学院文学研究科：都市文化研究中心，2021 年，第 15—28 页。

刘黎明,《宋代民间巫术研究》，成都：巴蜀书社，2004 年。

刘浦江,《宋代宗教的世俗化与平民化》,《中国史研究》2003 年第 2 期，第 117—128 页。

刘馨珺,《从生祠立碑谈唐代地方官的考课》，高明士主编《东亚传统教育与法制研究（二）：唐律诸问题》，台北：台湾大学出版中心，2005 年，第 241—284 页。

刘屹,《近年来道教研究对中古史研究的贡献》,《中国史研究动态》2004 年 8 期，第 12—20 页。

刘昭瑞,《从考古材料看道教投龙仪——兼论投龙仪的起源》，收入陈鼓应、冯达文主编《道家与道教：第二届国际学术研讨会论文集（道教卷）》，广州：广东人民出版社，2001 年，第 475—501 页。

刘志雄、杨静荣,《龙与中国文化》，北京：人民出版社，1992 年第二版。

柳存仁,《唐代以前拜火教摩尼教在中国之遗痕》，收入氏著《和风堂文集》，上海古籍出版社，1991 年，第 495—554 页。

楼劲,《汤祷传说的文本系统》，收入氏著《中古政治与思想文化史论》，上海人民出版社，2023 年，第 574—637 页。

卢国龙,《中国重玄学》，北京：人民中国出版社，1993 年。

卢国龙、陈明,《司马承祯的自然人性论》,《东南文化》1994 年第 2 期，第 251—257 页。

鲁西奇,《汉唐时期王朝国家的海神祭祀》,《厦门大学学报》2017 年第 6 期，第 65—75 页。

罗争鸣,《杜光庭著述考辨》,《宗教学研究》2004 年第 4 期，第 51—68 页。

——,《李阳冰〈城隍庙碑〉的文本过録、重刻过程与拓片流传考》，丁小明主编《中国古典文献研究》第二辑，桂林：广西师范大学出版社，2023 年，第 52—60 页。

吕博,《唐代德运之争与正统问题——以“二王三恪”为线索》,《中国史研究》2012 年第 4 期，第 115—141 页。

——,《明堂建设与武周的皇帝像——从“圣母神皇”到“转轮王”》,《世界宗教研究》2015 年第 1 期，第 42—58 页。

吕树芝,《武则天金简》,《历史教学》1983 年第 3 期，第 63—64 页。

M

马炳坚,《从历代帝王庙维修保护的实践看我国文物古建筑保护修缮的特殊规律》,《故宫博物院院刊》2005 年第 5 期，第 311—331 页。

马克斯・韦伯（Max Weber),《儒教与道教》，洪天富译，南京：江苏人民出版社，1997 年。

麦大维（David McMullen),《唐代中国的国家与学者》，张达志、蔡明琼译，北京：中国社会科学出版社，2019 年。

梅弘理（Paul Magnin),《根据 P.2547 号写本对〈斋琬文〉的复原和断代》，耿昇译，《敦煌研究》1990 年第 2 期，第 50—55、39 页。

妹尾达彦,《唐長安城の儀礼空間——皇帝儀礼の舞台を中心に》,《東洋文化》第 72 号，1992 年，第 1—35 页。

——,《塩池の国家祭祀——唐代河東塩池・池神廟の誕生とその変遷》,《中国史学》第 2 卷，1992 年，第 175—209 页。

——,《河东盐池的池神庙与盐专卖制度》，收入中国唐代学会主编《第二届国际唐代学术会议论文集》，台北：文津出版社，1993 年，第 1273—1324 页。

——,《唐代后期的长安与传奇小说》，宋金文译，收入《日本中青年学者论中国史・六朝隋唐卷》，上海古籍出版社，1995 年，第 509—553 页。

——,《帝国の宇宙論——中華帝国の祭天儀礼》，收入水林彪、金子修一、渡边节夫主编《王権のコスモロジー》，东京：弘文堂，1998 年，第 233—255 页。

米运昌,《泰山唐代双束碑与武则天》,《故宫博物院院刊》1986 年第 3 期，第 93—96 页。

N

那波利贞,《唐代社会文化史研究》，东京：创文社，1974 年。

聂顺新，《河北正定广惠寺唐代玉石佛座铭文考释——兼议唐代国忌行香和佛教官寺制度》，《陕西师范大学学报》2015 年第 2 期，72—78 页。

——，《元和元年长安国忌行香制度研究——以新发现的〈续通典〉佚文为中心》，《魏晋南北朝隋唐史资料》第 32 辑，上海古籍出版社，2015 年，第 131—149 页。

——，《张氏归义军时期敦煌与内地诸州府国忌行香制度的差异及其原因初探》，《敦煌研究》2015 年第 6 期，88—95 页。

牛敬飞，《从近出高道田僓墓志看唐玄宗的崇道活动》，《文献》2019 年第 2 期，第 54—62 页。

P

皮庆生，《宋代神祠信仰研究的回顾与展望》，曹中建主编《中国宗教研究年鉴（1999—2000）》，北京：宗教文化出版社，2001 年，第 304—309 页。

——，《祈雨与宋代社会初探》，《华学》第六辑，北京：紫禁城出版社，2003 年，第 322—343 页。

——，《宋代的正祀、淫祀观》，《东岳论丛》2005 年第 4 期，第 25—35 页。

——，《宋代民众祠神信仰研究》，上海古籍出版社，2008 年。

平冈武夫编，《唐代の暦》，京都大学人文科学研究所，1954 年。

蒲慕州，《追寻一己之福——中国古代的信仰世界》，修订版，台北：麦田出版，2004 年。

Q

祁泰履（Terry F. Kleeman），《由祭祀看中国宗教的分类》，收入李丰楙、朱荣贵主编《仪式、庙会与社区：道教、民间信仰与民间文化》，台北："中研院"中国文哲研究所筹备处，1996 年，第 547—555 页。

气贺泽保规，《隋仁寿元年（601）の学校削减と舍利供養》，《駿台史學》第 111 号，2001 年，第 17—35 页。

钱玄《三礼通论》，南京师范大学出版社，1996 年。

钱玄、钱兴奇编著，《三礼辞典》，南京：江苏古籍出版社，1998 年。

钱志熙，《论上古至秦汉时代的山水崇拜山川祭祀及其文化内涵》，《文史》2000 年第 3 辑（总 52 辑），北京：中华书局，第 237—258 页。

仇鹿鸣，《长安与河北之间：中晚唐的政治与文化》，北京师范大学出版社，2018 年。
裘锡圭，《说卜辞的焚巫尪与作土龙》，收入胡厚宣主编《甲骨文与殷商史》，上海古籍出版社，1983 年，第 21—35 页。

R

饶宗颐，《老子想尔注校证》，上海古籍出版社，1991 年。
——，《从石刻论武后之宗教信仰》，原刊《"中研院"史语所集刊》第 45 本第 3 分，1974 年，第 397—412 页。收入氏著《饶宗颐史学论著选》，上海古籍出版社，1993 年，第 504—531 页。
任继愈主编，《道藏提要》，北京：中国社会科学出版社，1995 年。
任继愈主编，《儒教问题争论集》，北京：宗教文化出版社，2000 年。
任爽，《唐代礼制研究》，长春：东北师范大学出版社，1999 年。
荣新江、史睿，《俄藏敦煌写本〈唐令〉残卷（Дχ.3558）考释》，《敦煌学辑刊》1999 年第 1 期，第 3—13 页。
荣新江，《导言：唐代宗教信仰与社会——新问题与新探索》，同氏主编《唐代宗教信仰与社会》，上海辞书出版社，2003 年，第 1—12 页。
芮传明，《武则天的宗教信仰探讨》，《中华文史论丛》2001 年第 4 辑，上海古籍出版社，2002 年，第 32—61 页。

S

三浦国雄，《洞天福地小論》，《東方宗教》第 61 号，1983 年，第 1—23 页。
山内弘一，《北宋の国家と玉皇——新禮恭謝天地を中心に》，《東方學》第 62 辑，1981 年，第 83—97 页。
——，《北宋時代の郊祀》，《史学雜誌》第 92 卷第 1 号，1983 年，第 40—66 页。
——，《北宋時代の神御殿と景霊宮》，《東方學》第 70 辑，1985 年，第 46—60 页。
——，《北宋時代の太廟》，《上智史学》第 35 辑，1990 年，第 91—119 页。
山崎宏，《支那中世仏教の展開》，东京：清水书店，1942 年。
山田利明，《二つの神符——"五岳真形図"と"霊寶五符"》，《東洋学論叢》第 12 号，1987 年，第 147—165 页。
尚刚，《蒙、元御容》，《故宫博物院院刊》2004 年第 3 期，第 31—59 页。

上田信,《宋—明代の民俗宗教》, 社会经济史学会编《社会経済史学の課題と展望》, 东京: 有斐阁, 1992 年, 第 141—151 页。

邵茗生,《记明前拓北魏中岳嵩高灵庙碑》,《文物》1962 年第 11 期, 第 17—28 页。

——,《明前拓北魏中岳嵩高灵庙碑补记》,《文物》1965 年第 6 期, 第 46—47 页。

——,《則天武后期の道教》, 收入吉川忠夫编《唐代の宗教》, 京都: 朋友书店, 2000 年, 第 247—268 页。

深泽一幸,《李商隱を茅山に導きし者——従叔李褒》, 收入麦谷邦夫编《三教交涉論叢》, 京都大学人文科学研究所, 2005 年, 第 587—621 页。王兰、蒋寅中译本《引导李商隐到茅山的人物——从叔李褒》, 收入氏著《诗海捞月——唐代宗教文学论集》, 北京: 中华书局, 2014 年, 第 200—229 页。

——,《崔玄亮の道教生活》, 收入麦谷邦夫编《三教交涉論叢續編》, 京都大学人文科学研究所, 2011 年, 267—290 页。

神塚淑子,《道教儀礼と龍——六朝・唐代の投龍簡をめぐって》,《日中文化研究》第 3 号, 东京: 勉诚出版, 1992 年, 第 126—134 页。

——,《則天武后期の道教》, 收入吉川忠夫编《唐代の宗教》, 京都: 朋友书店, 2000 年, 第 247—268 页。

沈宗宪,《宋代民间祠祀与政府政策》,《大陆杂志》第 91 卷第 6 期, 1995 年, 第 23—41 页。

施珊珊 (Sarah Schneewind),《小天命: 生祠与明代政治》, 邵长财译, 广州: 广东人民出版社, 2022 年。

施舟人 (Schipper, K. M.),《五岳真形図の信仰》,《道教研究》第 2 卷, 东京, 1967 年, 第 114—162 页。

——,《敦煌文書に見える道士の法位階梯について》, 福井文雅訳,《講座敦煌》4《敦煌と中国道教》, 东京: 大东出版社, 1983 年, 第 325—345 页。

——,《历经百世香火不衰的仙人唐公房》, 收入傅飞岚、林富士主编《遗迹崇拜与圣者崇拜》, 台北: 允晨文化实业股份有限公司, 2000 年, 第 85—99 页。

石泰安 (R. A. Stein),《二至七世纪的道教和民间宗教》, 吕鹏志译,《法国汉学》第七辑, 北京: 中华书局, 2002 年, 第 39—67 页。

水越知，《宋代社會と祠廟信仰の展開——地域核としての祠廟の出現》，《東洋史研究》第60卷第4号，2002年，第1—38页。
——，《宋元時代の東嶽廟——地域社会の中核的信仰として》，《史林》第86卷第5号，2003年，第73—104页。
司徒安（Angela Zito），《身体与笔：18世纪中国作为文本/表演的大祀》，李晋译，北京大学出版社，2014年。
松本浩一，《宋代の賜額・賜号について——主として〈宋会要辑稿〉にみえる資料から》，野口铁郎编《中国史における中央政治と地方社会》（昭和60年度科學研究費補助金總和研究A：研究成果報告書），东京，1986年，第282—294页。
——，《中国村落における祠廟とその変遷——中国の祠廟に関する研究動向と問題点1》，《社会文化史学》第31号，1993年，第27—43页。
松浦千春，《玄宗朝の国家祭祀と"王権"のシンボリズム》，《古代文化》第49卷第1号，1997年，第47—58页。
孙齐，《〈五岳真形图〉的成立——以南岳为中心的考察》，《燕园史学》总第20期，北京大学历史学系，2011年，第80—90页。
孙英刚、朱小巧，《"离猫为你守四方"——〈大云经神皇授记义疏〉中的武则天》，《社会科学战线》2022年第2期，第76—84页。
孙正军，《二王三恪所见周唐革命》，《中国史研究》2012年第4期，第97—113页。
索安（Anna Seidel），《西方道教研究编年史》，吕鹏志、陈平等译，北京：中华书局，2002年。

T

台静农，《唐明皇青城山敕与南岳告文》，收入氏著《静农论文集》，台北：联经出版事业公司，1991年，第317—324页。
太史文（Stephen Teiser），《幽灵的节日——中国中世纪的信仰与生活》，侯旭东译，杭州：浙江人民出版社，1999年。
汤崇平，《历代帝王庙大殿构造》，《古建园林技术》1992年第1期，第36—41页。
汤其领，《涤耻封禅与北宋道教的兴盛》，《河南大学学报》第35卷第3期，1995年，第9—13页。

汤勤福，《唐代玄元皇帝庙、太清宫的礼仪属性问题》，《史林》2019年第6期，第49—57页。

——，《仪式背后的政治诉求：以中镇霍山镇岳化为例》，《南开学报》2023年第2期，第121—134页。

汤用彤，《从〈一切道经〉说到武则天》，原刊《光明日报》1962年11月21日《史学》版，收入《汤用彤全集》第七卷，石家庄：河北人民出版社，2000年，第42—47页。

唐晓峰，《五岳地理说》，《九州》第一辑，北京：中国环境科学出版社，1997年，60—70页。

——，《体国经野——试述中国古代的王朝地理学》，（香港）《二十一世纪》2000年8月号（总第60期），第82—91页。

唐长孺，《跋唐天宝七载封北岳恒山安天王铭》，氏著《山居存稿》，北京：中华书局，1989年，第273—292页。

田成浩，《先代帝王祭祀研究》，武汉大学出版社，2023年。

田天，《秦汉国家祭祀史稿》，北京：生活·读书·新知三联书店，2015年；修订本，2023年。

——，《在县道与郡国——论秦及西汉宗庙制度的演进》，《史学月刊》2022年第10期，第27—44页。

土屋昌明，《道教の新羅東傳と長安の道觀——〈皇甫奉謜墓誌〉を中心に》，《東方宗教》第122号，2013年，第1—23页。

W

窪德忠，《道教史》，萧坤华译，上海译文出版社，1987年。

汪圣铎，《宋朝礼与道教》，北京大学古文献研究所、四川大学古籍整理研究所编《国际宋代文化研讨会论文集》，成都：四川大学出版社，1991年，第219—231页。

——，《宋代西南二京的帝后神御殿》，收入张其凡、陆勇强主编《宋代历史文化研究》，北京：人民出版社，2000年，第322—333页。

王柏中，《神灵世界：秩序的构建与仪式的象征——两汉国家祭祀制度研究》，北京：民族出版社，2005年。

王承文,《东晋南朝之际道教对民间巫道的批判——以天师道和古灵宝经为中心》,《中山大学学报》2001年第4期,第8—15页。
王翰章,《景云钟的铸造技术及其铭文考释》,《文博》1986年第4期,第40—42、39页。
王浩,《殷墟卜辞所见焚巫祷雨习俗探讨》,《文物季刊》1999年第3期,第40—45页。
王健,《近年来民间信仰问题研究的回顾与思考:社会史角度的考察》,《史学月刊》2005年1期,第123—128页。
王静,《终南山与唐代长安社会》,荣新江主编《唐研究》第九卷,北京大学出版社,2003年,第129—168页。
王卡、尹岚宁,《唐以前嵩山道教的发展及其遗迹——中岳嵩高灵庙之碑》,《中国道教》1989年第1期,第19—23页。
王卡,《敦煌残抄本陶公传授仪校读记》,《敦煌学辑刊》2002年第1期,第89—97页。
——,《敦煌道教文献研究:综述·目录·索引》,北京:中国社会科学出版社,2004年。
王铭铭,《社会人类学与中国研究》,北京:生活·读书·新知三联书店,1997年。
王青,《从区域社团崇拜到统一帝国崇拜——论秦汉时期的宗教统一运动》,《世界宗教研究》1993年第3期,第72—80页。
——,《西汉国家宗教功能的演变》,《世界宗教研究》1996年第3期,第48—56页。
——,《魏晋南北朝时期的佛教信仰与神话》,北京:中国社会科学出版社,2001年。
王三庆,《敦煌本〈斋琬文〉一卷研究》,收入中国唐代学会编辑委员会编《第三届中国唐代文化学术研讨会论文集》,台北,1997年,第17—67页。
王斯福(Stephan Feuchtwang),《学宫与城隍》,徐自立译,见施坚雅主编《中华帝国晚期的城市》,北京:中华书局,2000年,第699—730页。
王素,《〈隋书〉“五镇”祭祀记载再检讨——兼谈其中占卜文字的误释问题》,《晋学研究》总第3辑,北京:商务印书馆,2023年,第93—99页。
王祥龄,《儒家的祭祀礼仪理论》,(香港)《九州学刊》第五卷第二期,1992年,第19—48页。
王逊,《永乐宫三清殿壁画题材试探》,《文物》1963年第8期,第19—39页。

王永平，《论武周朝政治与道教的继续发展》，收入赵文润、李玉明编《武则天研究论文集》，太原：山西古籍出版社，1998 年，第 246—259 页。

——，《论唐代道教内道场的设置》，《首都师范大学学报》1999 年第 2 期，第 13—19 页。

——，《论唐代的民间淫祠与移风易俗》，《史学月刊》2000 年第 5 期，第 124—129 页。

王育成，《司马承祯与唐代道教镜说证》，《中国历史博物馆馆刊》2000 年第 1 期，第 30—40 页。

——，《唐代道教镜实物研究》，荣新江主编《唐研究》第六卷，北京大学出版社，2000 年，第 27—56 页。

——，《考古所见道教简牍考述》，《考古学报》2003 年第 4 期，第 483—510 页。

王元林，《国家祭祀与海上丝路遗迹——广州南海神庙研究》，北京：中华书局，2006 年。

王云海，《宋会要辑稿考校》，上海古籍出版社，1986 年。

王章伟，《在国家与社会之间——宋代巫觋信仰研究》，香港：中华书局，2005 年。

王壮弘，《北魏中岳嵩高灵庙碑及明初拓本》，《书法》1988 年第 2 期，第 38—57 页。

王宗昱，《道教的“六天”说》，陈鼓应主编《道家文化研究》第 16 辑，北京：三联书店，1999 年，第 22—49 页。

尾形勇，《中国古代的“家”与国家》，张鹤泉译，长春：吉林文史出版社，1993 年。

魏斌，《“山中”的六朝史》，北京：生活・读书・新知三联书店，2019 年。

乌以风编著，《天柱山志》，合肥：安徽教育出版社，1984 年。

吾妻重二，《木主について——朱子学まで》，收入《アジア文化の思想と儀礼：福井文雅博士古稀記念論集》，东京：春秋社，2005 年，第 143—162 页。

——，《宋代の景霊宫について——道教祭祀と儒教祭祀の交差》，收入小林正美主編《道教の斎法儀礼の思想史的研究》，东京：知泉书馆，2006 年，第 283—333 页。

吴丽娱，《论九宫祭祀与道教崇拜》，荣新江主编《唐研究》第九卷，北京大学出版社，2003 年，第 283—314 页。

——，《营造盛世：〈大唐开元礼〉的撰作缘起》，《中国史研究》2005 年第 3 期，第 73—94 页。

——,《新制入礼：〈大唐开元礼〉的最后修订》,《燕京学报》新十九期，北京大学出版社，2005 年，第 45—66 页。
——,《唐宋之际的礼仪新秩序——以唐代的公卿巡陵和陵庙荐食为中心》，荣新江主编《唐研究》第十一卷，北京大学出版社，2005 年，第 233—268 页。
——,《再论 S.1725v 卷祭文与敦煌官方祭祀》，黄正建主编《隋唐辽宋金元史论丛》第 3 辑，上海古籍出版社，2013 年，第 7—19 页。
吴其昱,《薛廷珪朔方节度使韩逊生祠堂碑敦煌残卷考》,《庆祝潘石禅先生九秩华诞敦煌学特刊》，台北：文津出版社，1996 年，第 63—73 页。
吴杨,《唐代长安太清宫的儒道仪式》，叶炜主编《唐研究》第二十七卷，北京大学出版社，2022 年，第 207—243 页。
吴羽,《北宋玉清昭应宫与道教艺术》，中山大学艺术史研究中心编《艺术史研究》第七辑，广州：中山大学出版社，2005 年，第 139—178 页。
——,《唐宋道教与世俗礼仪互动研究》，北京：中国社会科学出版社，2013 年。
吴真,《孤本说唱词话〈云门传〉研究》，北京：中华书局，2020 年。
吴宗国,《唐末阶级矛盾激化的几个问题》,《北京大学学报》1984 年第 3 期，第 54—65 页。
——,《唐代科举制度研究》，沈阳：辽宁大学出版社，1992 年。

X

夏婧,《柳怀素墓志所见武周改立“二王三恪”史事考》,《中国史研究》2017 年第 1 期，第 73—89 页。
夏炎,《唐代石刻水旱祈祷祝文的反传统表达及其在地方治理中的功用》,《史学月刊》2021 年第 5 期，第 60—72 页。
——,《唐代地方官府水旱祈祷与水利资源控制——以泉神祠庙石刻为中心》,《史学集刊》2021 年第 6 期，第 21—33 页。
——,《白居易祭龙祈雨与唐后期江南地方治理》,《山西大学学报》2023 年第 4 期，第 24—32 页。
——,《白居易皋亭庙祈雨与中古江南区域社会史的展开》,《社会科学战线》2023 年第 12 期，第 88—96 页。

小岛毅,《城隍廟制度の確立》,《思想》第792号，1990年，第197—212页。
——,《正祠と淫祠——福建の地方志における記述と論理》,《東洋文化研究所紀要》第114册，1991年，第87—213页。
——,《牧民官の祈り：真德秀の場合》,《史学雜誌》第100卷第11号，1991年，第43—76页。
——,《儒教の偶像観——祭礼をめぐる言説》，东大中国学会编《中国—社会と文化》第7号，1992年，第69—82页。
——,《儒教是不是宗教？——中国儒教史研究的新视野》，收入周博裕主编《传统儒学的现代诠释》，台北：文津出版社，1994年，第29—43页。
谢一峰,《感格通天：两宋时期道教祈雨的变迁》，姜锡东主编《宋史研究论丛》第21辑，北京：科学出版社，2017年，第176—190页。
——,《常态、变态与回归——两宋常规祭祀体系中道教因素的变迁》,《中国社会历史评论》第24卷，天津古籍出版社，2020年，第28—60页。
谢元鲁,《隋唐五代的特殊贵族——二王三恪》,《中国史研究》1994年第2期，第41—49页。
邢东田,《1978—2000年中国的儒教研究：学术回顾与思考》,《学术界》2003年第2期，第248—266页。
兴膳宏,《初唐的诗人与宗教——从卢照邻来考察》，曹虹等译,《中国典籍与文化论丛》第二辑，北京：中华书局，1994年，第329—368页。
须江隆,《唐宋期における祠廟の廟額・封号の下賜について》,《中国—社会と文化》第9号，1994年，第96—119页。
——,《宋代における祠廟の記録——"方臘の乱"に関する言説を中心に》,《歷史》第95辑，2000年，第1—30页。
——,《熙寧七年の詔——北宋神宗朝期の賜額・賜号》,《東北大学東洋史論集》第8辑，2001年，第54—93页。
——,《祠廟の記録が語る"地域"観》，宋代史研究会编《宋代人の認識——相互性と日常空間》，东京：汲古书院，2001年，第29—55页。
——,《唐宋期における社会構造の変質過程——祠廟制の推移を中心として》,

《東北大学東洋史論集》第9辑，2003年，第247—294页。
许理和（Erik Zürcher），《佛教征服中国——佛教在中国中古早期的传播与适应》，李四龙等译，南京：江苏人民出版社，2003年。

Y

严耕望，《唐仆尚丞郎表》，北京：中华书局，1986年。
严耀中，《唐代江南的淫祠与佛教》，荣新江主编《唐研究》第二卷，北京大学出版社，1996年，第51—62页。
——，《汉传密教》，上海：学林出版社，1999年。
——，《江南佛教史》，上海人民出版社，2000年。
——，《中国佛教世俗化的一个标识——关于唐宋文献中“肉身菩萨”的若干分析》，《华林》第2卷，北京：中华书局，2002年，第115—124页。
——，《从行香看礼制演变——兼析唐开成年间废行香风波》，同氏主编《论史传经》，上海古籍出版社，2004年，第149—163页。
阎云翔，《试论龙的研究》，（香港）《九州学刊》第二卷二期，1988年，第99—110页。
杨俊峰，《唐宋之间的国家与祠祀——以国家和南方祀神之风互动为焦点》，上海古籍出版社，2019年。
杨秀清，《唐、宋敦煌地区的世俗佛教信仰——以知识与思想为中心》，项楚、郑阿财主编《新世纪敦煌学论集》，成都：巴蜀书社，2003年，第704—724页。
野口铁郎、石田宪司编，《道教年表》，福井康顺等监修《道教》第三卷，东京：平河出版社，1983年，第327—386页。
游琪、刘锡诚主编，《山岳与象征》，北京：商务印书馆，2004年。
游修龄，《蚕神：嫘祖或马头娘？》，北京大学中国考古学研究中心、北京大学古代文明研究中心编《古代文明》第1卷，北京：文物出版社，2002年，第298—309页。
游自勇，《礼展奉先之敬——唐代长安的私家庙祀》，荣新江主编《唐研究》第十五卷，北京大学出版社，2009年，第435—481页。
余欣，《唐宋敦煌民生宗教与政治行为关系研究》，《中国史研究》2005年第3期，第57—71页。
——，《神道人心——唐宋之际敦煌民生宗教社会史研究》，北京：中华书局，2006年。

余英时，《汉代循吏与文化传播》，氏著《中国思想传统的现代诠释》，台北：联经出版事业公司，1987 年，第 167—258 页。

郁贤皓，《唐刺史考全编》，合肥：安徽大学出版社，2000 年。

Z

曾一民，《隋唐广州南海神庙之探索》，收入中国唐代学会编《唐代文化研讨会论文集》，台北：文史哲出版社，1991 年，第 311—358 页。

詹德隆，《汉魏至唐宋时期的玉礼器初探》，《文博》1997 年第 4 期，第 33—42、50 页；《汉魏至唐宋时期的玉礼器初探（续）》，《文博》1997 年第 5 期，第 38—49 页。

詹鄞鑫，《巡守与封禅——论封禅的性质及其起源》，《华东师大学报》1990 年第 3 期，第 29—33 页。

——，《神灵与祭祀——中国传统宗教综论》，南京：江苏古籍出版社，1992 年。

张弓，《唐代的内道场与内道场僧团》，《世界宗教研究》1993 年第 3 期，第 81—89 页。

张广保，《唐以前洞天福地思想研究——从生态学视角》，收入郭武主编《道教教义与现代社会国际学术研讨会论文集》，上海古籍出版社，2003 年，第 285—321 页。

张广达，《“叹佛”与“叹斋”——关于敦煌文书中的〈斋琬文〉的几个问题》，收入田余庆主编《庆祝邓广铭教授九十华诞论文集》，石家庄：河北教育出版社，1997 年，第 60—73 页。

——，《吐鲁番出土汉语文书中所见伊朗语地区宗教的踪迹》，《敦煌吐鲁番研究》第四卷，北京大学出版社，1999 年，第 1—16 页。

——，《关于唐史研究趋向的几点浅见——〈二十世纪唐研究〉序》，原刊于 2002 年，此据氏著《史家、史学与现代学术》，桂林：广西师范大学出版社，2008 年，229—249 页。

张健彬，《唐代的祈雨习俗》，《民俗研究》2001 年第 4 期，第 92—96 页。

张琏，《历代帝王祭祀中的帝王意象与帝统意识——从明代帝王庙祀的祭祀思维谈起》，《东华人文学报》第 10 期，2007 年，第 319—366 页。

张萍，《唐长安官、私庙制及庙堂的地理分布》，《中国历史地理论丛》2001 年第 4 辑，第 28—37 页。

张荣芳，《唐代京兆尹研究》，台北：学生书局，1987年。
张荣明，《权力的谎言——中国传统的政治宗教》，杭州：浙江人民出版社，2000年。
——，《中国的国教——从上古到东汉》，北京：中国社会科学出版社，2001年。
张维玲，《从天书时代到古文运动：北宋前期的政治过程》，上海古籍出版社，2023年。
张文昌，《唐宋礼书及其研究的回顾与展望》，收入黄俊杰主编《东亚儒学研究的回顾与展望》，台北：台湾大学出版中心，2005年，第125—175页。
——，《制礼以教天下——唐宋礼书与国家社会》，台北：台湾大学出版中心，2012年。
张先堂，《唐宋敦煌世俗佛教信仰的类型、特征》，胡素馨主编《佛教物质文化：寺院财富与世俗供养国际学术研讨会论文集》，上海书画出版社，2003年，第297—321页。
张学锋，《唐代水旱赈恤、蠲免的实效与实质》，《中国农史》1993年第1期，第11—18页。
张勋燎，《道教五岳真形图和有关两种古代铜镜材料的研究——道教考古专题研究之二》，《南方民族考古》第三辑，成都：四川科学出版社，1991年，第91—112页。
张勋燎、白彬，《中国道教考古》，北京：线装书局，2006年。
张亚平，《“前蜀后妃墓”应为前蜀周皇后墓》，《四川文物》2003年第1期，第36—37页。
张泽洪，《道教斋醮科仪研究》，成都：巴蜀书社，1999年。
章群，《唐代祠祭论稿》，台北：学海出版社，1996年。
——，《唐史札记》，台北：学海出版社，1998年。
——，《唐代之祠庙与神庙》，原刊《严耕望先生纪念论文集》，台北：稻乡出版社，1998年，第119—150页。收入《唐史札记》第九节，题为《祠庙与神庙》，第111—148页。
赵克生，《明朝嘉靖时期国家祭礼改制》，北京：社会科学文献出版社，2006年。
赵世瑜，《狂欢与日常——明清以来的庙会与民间社会》，北京：三联书店，2002年。
郑以馨，《道教洞天福地的形成》，成功大学历史系道教研究室编《道教学探索》第10号，1997年，第68—83页。

——,《洞天的分布及其意义》,《道教学探索》第 10 号,第 84—112 页。
中村治兵卫,《宋朝の祈雨について》,原刊《アジアの教育と社會——多賀秋五郎博士古稀記念論文集》,不昧堂,1983 年。收入氏著《中國シャーマニズムの研究》,东京:刀水书房,1992 年,第 139—156 页。
中国社会科学院考古研究所四川工作队、成都市文管会、都江堰市文物局,《四川都江堰市青城山宋代建福宫遗址试掘》,《考古》1993 年第 10 期,第 916—924、935 页。
钟国发,《汉帝国宗教的儒化改革》,《福建论坛》2001 年第 2 期,第 76—82 页。
周西波,《敦煌写卷 P.2354 与唐代道教投龙活动》,《敦煌学》第 22 辑,1999 年,第 91—109 页。
——,《杜光庭道教仪范之研究》,台北:新文丰出版公司,2003 年。
周一良,《敦煌写本书仪中所见的唐代婚丧礼俗》,收入周一良、赵和平《唐五代书仪研究》,北京:中国社会科学出版社,1995 年,第 285—301 页。
——,《唐代密宗》,钱文忠译,上海远东出版社,1996 年。
周郢,《泰山无字碑新见题刻考——兼述其与敦煌遗书〈大云经疏〉之联系》,《世界宗教研究》2023 年第 12 期,第 65—70 页。
周振鹤主著,《中国历史文化区域研究》,上海:复旦大学出版社,1997 年。
朱关田,《唐代书法家年谱》,南京:江苏教育出版社,2001 年。
朱谦之,《中国景教》,北京:东方出版社,1993 年。
朱溢,《论唐代的山川封爵现象——兼论唐代的官方山川崇拜》,《新史学》第 18 卷第 4 期,2007 年,第 71—124 页。
——,《事邦国之神祇——唐至北宋吉礼变迁研究》,上海古籍出版社,2014 年。
朱瑛石,《"咒禁博士"源流考——兼论宗教对隋唐行政法的影响》,荣新江主编《唐研究》第五卷,北京大学出版社,1999 年,第 147—160 页。
竺沙雅章,《中國佛教社會史研究》,京都:同朋舍,1982 年。
佐藤智水,《北朝造像铭考》,中译本收入《日本中青年学者论中国史・六朝隋唐卷》,上海古籍出版社,1995 年,第 56—115 页。

（二）西文部分

Barrett, T. H. *Taoism under the T'ang: Religion & Empire during the Golden Age of Chinese History*. London: Wellsweep Press, 1996.

Bell, Catherine. *Ritual Theory, Ritual Practice*. New York: Oxford University Press, 1992.

——. *Ritual: Perspectives and Dimensions*. New York: Oxford University Press, 1997.

Benn, Charles. "Religious Aspects of Emperor Hsuan-tsung's Taoist Ideology." In *Buddhist and Taoist Practice in Medieval Chinese Society: Buddhist and Taoist Studies II*, ed. David W. Chappell, 127–145. Honolulu: University of Hawaii Press, 1987.

——. *The Cavern–Mystery Transmission: a Taoist Ordination Rite of A.D.711*. Honolulu: University of Hawaii Press, 1991.

Bujard, Marianne. "Le temple des Anciens Souverains 历代帝王庙 . Notes de recherché." *Sanjiao Wenxian* 1 (1997): 67–77.

Chavannes, Édouard. "Le jet des dragons." *Memoires concernant l'Asie Orientale* 3 (1919): 53–220.

Chen, Jinhua. *Monks and Monarchs, Kinship and Kingship: Tanqian in Sui Buddhism and Politics*. Kyoto: Italian School of East Asian Studies, 2002.

Duyvendak, J. J. L. "The Dreams of the Emperor Hsuan–tsung." In *India Antiqua,* Instituut Kern, 102–108. Leyden: E. J. Brill, 1947.

Dudbridge, Glen. *Religious Experience and Lay Society in T'ang China: A Reading of Tai Fu's* Kuang–i chi. Cambridge: Cambridge University Press, 1995.

Ebrey, Patricia. "Portrait Sculptures in Imperial Ancestral Rites in Song China." *T'oung Pao* 83 (1997): 42–92.

Ebrey, Patricia and Peter N. Gregory, eds. *Religion and Society in T'ang and Sung China*. Honolulu: University of Hawaii Press, 1993.

Feuchtwang, Stephan. "School Temple and City God." In *The City in Late Imperial China*, ed. G. W. Skinner, 581–608. Stanford: Stanford University Press, 1977.

Forte, Antonino. *Political Propaganda and Ideology in China at the End of the Seventh Century. Inquiry into the Nature, Authors and Function of the Tunhuang Document S.6502, Followed by an Annotated Translation*. Istituto Universitario Orientale, Napoli, 1976. [Second Edition, Kyoto: Scuola Italiana di Studi sull'Asia Orientale, 2005.]

——. *Mingtang and Buddhist Utopias in the History of the Astronomical Clock: the Tower, Statue and Armillary Sphere Constructed by Empress Wu*. Roma: Instituto Italiano per il Medio ed Estremo Oriente, 1988.

——. "The Maitreyist Huaiyi (D.695) and Taoism." 荣新江主编《唐研究》第四卷，北京大学出版社，1998 年，第 15—29 页。

——. "The Maitreyist Huaiyi (D.695) and Taoism: Additions and Corrections." 荣新江主编《唐研究》第五卷，北京大学出版社，1999 年，第 35—40 页。

Gesterkamp, Lennert. "The Synthesis of Daoist Sacred Geography: A Textual Study of Du Guangting's *Dongtian fudi yuedu mingshan ji* (901)." *Daoism: Religion, History and Society* 9 (2017): 1–40.

Hansen, Valerie. *Changing Gods in Medieval China, 1127—1276*. Princeton: Princeton University Press, 1990.

Henricks, Robert G. "Fire and Rain: A Look at Shen Nung 神农 (the Divine Farmer) and His Ties with Yen Ti 炎帝 (the 'Flaming Emperor' or 'Flaming God')." *Bulletin of the School of Oriental and African Studies* 61:1 (1998): 102–124.

Johnson, David. "The City–God Cults of T'ang and Sung China." *Harvard Journal of Asiatic Studies* 45:2 (1985): 363–457.

Kertzer, David. *Ritual, Politics, and Power*. New Haven: Yale University Press, 1988.

Kohn, Livia. *Seven Steps to the Tao: Sima Chengzhen's* Zuowanglun. Nettetal: Steyler Verlag–Wort und Werk, 1987.

——. "The Date and Compilation of the *Fengdao kejie*, The First Handbook of Monastic Daoism." *East Asian History* 13–14 (1997): 91–118.

——. "A Home for the Immortals: The Layout and Development of Medieval Daoist Monasteries." *Acta Orientalia Academiae Scientiarum Hungaricae* 53: 1–2 (2000): 79–106.

——. *The Daoist Monastic Manual: A Translation of the* Fengdao Kejie. New York: Oxford University Press, 2004.

Kroll, Paul W. "Szu–ma Ch'eng–chen in T'ang Verse." *Bulletin of the Society for the Study of Chinese Religions* 6 (1978): 16–30.

Lagerwey, John. "Taoist Ritual Space and Dynastic Legitimacy." *Cahiers d'Extrême–Asie* 8 (1995): 87–94.

Lewis, Mark Edward. "The *feng* and *shan* sacrifices of Emperor Wu of the Han." In *State and court ritual in China*, ed. Joseph P. McDermott, 50–80. Cambridge: Cambridge University Press, 1999.

Lai, Chi–tim (黎志添). "The Opposition of Celestial–Master Taoism to Popular Cults during the Six Dynasties," *Asia Major*, 3rd Series, 11 (1998): 1–20.

Lam, Joseph S. C. *State Sacrifices and Music in Ming China: Orthodoxy, Creativity, and Expressiveness*. Albany, NY: State University of New York Press, 1998.

Laidlaw, James. "On Theatre and Theory: Reflections on Ritual in Imperial Chinese Politics." In *State and Court ritual in China*, ed. Joseph P. McDermott, 399–416. Cambridge: Cambridge University Press, 1999.

Liu, Xin. "Three Styles in the Study of (Chinese) Ritual." *Journal of Ritual Studies* 14:2 (2000): 58–64.

Liu, Yang. "Images for the Temple: Imperial Patronage in the Development of Tang Daoist Art." *Artibus Asiae* 61: 2 (2001): 189–261.

Loewe, Michael. *Divination, Mathology and Monarchy in Han China*. Cambridge: Cambridge University Press, 1994.

McDermott, Joseph, ed. *State and Court ritual in China*, Cambridge: Cambridge University Press, 1999.

McMullen, David. "Bureaucrats and Cosmology: the Ritual Code of T'ang China." In *Rituals of Royalty: Power and Ceremonial in Traditional Societies*, ed. David Cannadine and Simon Price, 181–236. Cambridge: Cambridge University Press, 1987.

——. *State and Scholars in T'ang China*. Cambridge: Cambridge University Press, 1988.

——. "The Cult of Ch'i T'ai–kung and T'ang Attitudes to the Military." *T'ang Studies* 7 (1989): 59–103.

——. "The Real Judge Dee: Ti Jen-chieh and the T'ang Restoration of 705." *Asia Major,* 3rd serial, 6:1 (1993): 1–81.

Puett, Michael. "Determining the Position of Heaven and Earth: Debates Over State Sacrifices in the Western Han Dynasty." In *Confucian Spirituality* Vol. 1, ed. Tu Weiming and Mary Evelyn Tucker, 318–334. New York: The Crossroad Publish Company, 2003.

Raz, Gil. "Imperial Efficacy: Debates on Imperial Ritual in Early Medieval China and the Emergence of Daoist Ritual Schemata." In *Purposes, Means and Convictions in Daoism: A Berlin Symposium,* ed. Florian C. Reiter, 83–109. Wiebaden: Harrassowitz Verlag, 2007.

Reiter, Florian. "The 'Investigation Commissioner of the Nine Heavens' and the Beginning of His Cult in Northern Chiang-hsi in 731A. D." *Oriens* 31 (1988): 266–289.

——. *The Aspiration and Standards of Taoist Priests in the Early T'ang Period.* Wiesbaden: Harrassowitz, 1998.

Robson, James. *Power of Place: The Religious Landscape of the Southern Sacred Peak (Nanyue 南嶽) in Medieval China.* Cambridge: Harvard University Asia Center, 2009.

Schafer, Edward. "The T'ang Imperial Icon." *Sinologica* 7:3 (1963): 156–160.

Schipper, Kristofer. "Taoist Ritual and Local Cults of the T'ang Dynasty." In *Tantric and Taoist Studies in Honour of R. A. Stein,* Vol.3, ed. Michel Strickmann, 812–834. Bruxelles: Institut Belge Des Hautes Etudes Chinoises, 1985.

Schipper, Kristofer & Fransiscus Verellen, eds. *The Taoist Canon: A Historical Companion to the Daozang.* 3 volumes, Chicago: The University of Chicago Press, 2005.

Seidel, Anna. "Chronicle of Taoist Studies in the West 1950–1990." *Cahiers d'Extrême-Asie* 5 (1989–1990): 223–347.

Stein, Rolf A. "Religious Taoism and Popular Religion from the Second to Seventh Centuries." In *Facets of Taoism: Essays in Chinese Religion,* ed. Holmes Welch and Anna Seidel, 53–81. New Haven: Yale University Press, 1979.

Sue Takashi (须江隆), "The Shock of the Year Hsüan-ho 2: The Abrupt Change in the Granting of Plaques and Titles during Hui-tsung's Reign." *Acta Asiatica* 84 (2003): 80–125.

Taylor, Rodney L. *The Religious Dimensions of Confucianism*. Albany: State University of New York Press, 1990.

Taylor, Romeyn. "Official Altars, Temples and Shrines Mandated for All Counties in Ming and Qing." *T'oung Pao* 83 (1997): 93–125.

Teiser, Stephen F. *The Ghost Festival in Medieval China*. Princeton: Princeton University Press, 1988.

Verellen, Franciscus. "The Beyond Within: Grotto–Heavens (dongtian 洞天) in Taoist Ritual and Cosmology." *Cahiers d'Extrême–Asie* 8 (1995): 265–290.

Watson, James L. and Evelyn S. Rawski, eds. *Death ritual in Late Imperial and Modern China,* Berkeley: University of California Press, 1988.

Wechsler, Howard J. *Offerings of Jade and Silk: Ritual and Symbol in the Legitimation of the T'ang Dynasty*. New Haven: Yale University Press, 1985.

Weiss, Lucas. "Rectifying the Deep Structures of the Earth: Sima Chengzhen and the Standardization of Daoist Sacred Geography in the Tang." *Journal of Daoist Studies* 5 (2012): 31–60.

Wright, Arthur. "The Formation of Sui Ideology 581–604." In *Chinese Thought and Institutions*, ed. J. K. Fairbank, 71–104. Chicago: The University of Chicago Press, 1957.

Wolf, Arthur, ed. *Religion and Ritual in Chinese Society*. Stanford: Stanford University Press, 1974.

Xiong, Victor. "Ritual Innovations and Taoism under Tang Xuanzong." *T'oung Pao* 82 (1996): 258–316.

Yang, Lien–sheng. "The Concept of 'Pao' as a Basis for Social Relations in China." In *Chinese Thought and Institutions*, ed. John. K. Fairbank, 291–309. Chicago: The University of Chicago Press, 1957.

Yamauchi Koichi (山内弘一), "State Sacrifices and Daoism during the Northern Song." *Memoirs of the Research Department of the Toyo Bunko* 58 (2000): 1–18.

Zito, Angela. *Of Body and Brush: Grand Sacrifice as Text/Performance in Eighteenth–Century China*. Chicago: The University of Chicago Press, 1997.

本书诸章初刊一览（按时间顺序）

1.《祈雨与唐代社会研究》,《国学研究》第八卷，北京大学出版社，2001 年，第 245—289 页。

2.《唐代道教与国家礼仪——以高宗封禅活动为中心》,《中华文史论丛》2001 年第 4 辑，第 62—79 页。

3.《五岳真君祠与唐代国家祭祀》，荣新江主编《唐代宗教信仰与社会》，上海辞书出版社，2003 年，第 35—83 页。

4.《论中晚唐佛道教与民间祠祀的合流》,《宗教学研究》2003 年第 3 期，第 70—77 页。

5.《论隋唐国家祭祀的神祠色彩》,（台北）《汉学研究》第 21 卷第 2 期，2003 年，第 111—138 页。

6.《论唐代皇帝的图像与祭祀》，荣新江主编《唐研究》第九卷，北京大学出版社，2003 年，第 261—282 页。

7.《道教徒马元贞与武周革命》,《中国史研究》2004 年第 1 期，第 73—80 页。

8.《唐代地方祠祀的分层与运作——以生祠与城隍神为中心》,《历史研究》2004 年第 2 期，第 27—41 页。

9.《〈唐华岳真君碑〉考释》,《故宫博物院院刊》2005 年第 2 期，第 76—88 页。

10.《唐宋时期地方祠祀政策的变化——兼论“祀典”与“淫祠”概念的落实》，荣新江主编《唐研究》第十一卷，北京大学出版社，2005 年，第 269—294 页。

11.《试论隋唐对于先代帝王的祭祀》,《文史》2007 年第 1 期，第 123—136 页。

12.《唐代潜山的信仰世界——以石刻材料为中心》,《敦煌学》第 27 辑，台北：乐学书局，2008 年，第 223—238 页。

索　引

D

F

G

H

J

K

L

M

N

O

P

Q

R

S

T

W

X

Y

Z

初版后记

如同许多青年学者的首部专著一样，这本小书也是在我博士论文的基础上修改完成的。与当年的博士论文相比，篇幅几乎翻了一倍，虽然其中的大部分章节都曾以单篇论文的形式先后刊出，但将其重新整合为一部有机的专著，仍颇费思量。与如今许多博士论文的出版周期相比，本书的面世着实要慢很多。从 2002 年博士毕业至今，六年的时光已匆匆流走，而若从初步选定研究方向算起，则不觉已近十年。然而，如今我却无多少“十年磨一剑”的自信，更多的似乎是解脱，甚至还有那么一丝伤感。或许，反复的修改过程消磨了我太多的热情与锐气，也褪去了曾经的少年轻狂？

可能是从小看多了《封神演义》和《西游记》这样的神魔小说，我对于超自然的现象，对于神鬼世界有一种持久的兴趣，直到踏入历史研究的大门，这种倾向仍然影响着我的学术趣味。不用说，对于表情严肃的历史学而言，这种趣味未必是好事。幸运的是，我遇到了吴宗国、荣新江两位恩师，是他们的严格训练和长期教诲，使我能止步于玄想，而走上正途。本书呈现出目前这个样子，在很大程度上应归功于他们的塑造之力。书稿完成之后，二师均以嘉序见赐，殷殷之情，永铭我心。

吴先生是我的硕士和博士阶段的导师。记得在硕士入学之前，吴先生就指示我过一遍《资治通鉴》(后来才知道研读《通鉴》是北大隋唐史学生用来打底的基础训练），但要像读小说一样自然和轻松。今天想想，对于当时专业知识还是一张白纸的我来说，那种放松的感觉是多么宝贵，因为，它不至于让我还没入门，就被那些浩如烟海的典籍吓死。在硕士阶段，我的主要方向是制度史，而吴先生围绕着《唐六典》进行的制度史训练让我至今受益无穷，即使我后来转向国家祭祀与宗教史的研究，但细心的读者仍不难发现其背后那层制度史研究的底色。回想当初博士论文的写作，正可谓一波三折，特别是第三学年伊始，吴先生对我的最初构想提出严重质疑，一度使我数日不食，现在想来，若非先生之当头棒喝，后果实不堪设想。如今，每当我在进行具体研究时，总习惯以吴先生素来强调的宏观视野和问题意识，来提醒自己不可流于琐碎。十五年过去了，先生的澹泊与从容依旧，而两鬓之发，如今早已斑白。

荣老师的关爱是我永远无法报答的。虽然在名分上，我并不是他的正式学生，但他对我的关怀却丝毫不减，每念及此，心头总是一片温暖。我几乎上过他开过的所有课程，而我发表的每一篇文章，几乎都经过他的反复修改。直到今天，我仍清楚记得硕士一年级时，当荣老师看过我的习作《从 S.11287 看唐代论事敕书的成立过程》的初稿后，专门到我宿舍劝勉有加的场景。可以想见，对于一个此前从未接触过敦煌文书的二十出头的毛头小子来说，那究竟意味着什么。胡适先生似乎说过：三十岁以后做学问是本分，三十岁之前做学问则应该鼓励——显然，荣老师就是那个始终给我最多鼓励的人。此后，我参加过荣老师主持的许多课题和读书班，至今仍担任着他主编的《唐研究》的助理编辑，这使我即便离开学校多年，也仍有大量随侍身边、亲聆教诲的机会。当然，我最期待的还是当他薄酒微酣之际，听他那些海阔天空的饭桌闲话，因为那时的收获往往远过于平日课堂听讲所得。

王小甫、邓小南、李孝聪、齐东方、薄小莹等老师先后参加了我博士论文的开题报告或预答辩，阎守诚、黄正建、王小甫等老师参加了正式答辩，他们为论文的构想和修改都提出了许多宝贵意见。在此，我要特别感谢邓小南老师，她在预答辩时所提出的一些意见，为我后来进一步修改书稿指明了方向，而她驾驭理论与史料时那种从容不迫的气度，更是我心向往之的境界。

博士毕业之后，我回到此前供职的文化部外联局工作，一年之后，我正式调入中国社科院历史研究所。今天看来，这无疑是我人生道路上的一次重要抉择。感谢黄正建先生，是他在我彷徨苦闷之际，重新将我带回物质清贫却内心充实的学术人生。在历史所，浓厚的学术氛围和宽松的学术环境正是我期待的，而所领导和诸位同事对我的关心更令人感动，尤其是在科研处齐克琛处长的支持下，我得以游学欧美，开阔视野。

根据中国社科院与英国学术院（The British Academy）的交流协议，我于2004年秋天赴英国进行了为期一个月的访学活动，走访了剑桥、牛津和伦敦大学亚非学院，拜会了麦大维（David McMullen）、杜德桥（Glen Dudbridge）等汉学名家。麦大维教授精研唐代礼制，而杜德桥教授则对唐代的民众信仰有独到研究，与他们的交流使我受益匪浅。特别幸运的是，在到达剑桥的第二天，《剑桥中国史》主编杜希德（Denis Twitchett）教授就约我去他家聊天，我至今还能回忆起他那鹤发童颜的儒雅神态，君子之德，温润如玉，这是我当时最强烈的感受。遗憾的是，杜希德教授于两年前故去，我已无法给他呈上这部迟到的小书，每念及此，令人扼腕。在英期间，我还得到东亚系的胡司德（Roel Sterckx）教授、李约瑟研究所的图书馆馆长莫弗特（John P. C. Moffett）及来自韩国的赵晟佑等先生的多方照拂。

作为2007—2008年度的哈佛燕京访问学者，我刚刚在美国度过了难忘的一年。哈佛的确是个做学问的天堂，丰富的藏书和完善的学术制度自不必说，更重要的是，与喧嚣浮华的北京相比，那里更像是个宁静的世外桃源，让人一洗俗念，专心读书。在燕京学社，来自不同国家、不同学科的学者们给我的思路带来许多新鲜的刺激，本书的最后修订正是在这样的氛围中完成的。事实上，本书中的一幅地图也是同在燕京访问的本院考古所的李新伟、乔玉贤伉俪帮我绘制的，他们的友谊，是我对波士顿那个寒冷冬天的最温暖的记忆。

多年以来，我一直得到许多台湾师友的多方帮助。毛汉光、高明士两位硕学前辈对我向来厚爱有加，他们或者惠赐大著，或者提点思路，惠我良多。耿慧玲、郑阿财、朱凤玉、廖幼华等老师则视我若子侄，关怀备至。尤其值得感念的是，耿老师在我的学术之路陷于中顿的关键时刻，寄来了《石刻史料新编》第一编30巨册，意在以一套大书带来的压力，提醒我在行政工作之余别忘了读书，这也成为我之后决意从文化部调入历史所的契机之一。此外，我最近的两次台湾之行，对本书的修改也颇有助益。一次是在2005年10月底，因高明士等先生的厚意，我赴台北参加了“第七届唐代文化学术研讨会”。另一次则是在2007年夏，应宋德熹教授之邀，我在中兴大学历史系进行了一个月的访问讲学。感谢这两次难得的机缘，我得以向许多心仪已久的中国中古史学界的师长请益，而与张文昌、翁育瑄、杨峻峰、林韵柔、吴怡洁等年轻一代学友的畅叙，更使人有切磋琢磨的快意。

要感谢的人还有很多：《唐华岳真君碑》的拓片是陕西省社科院文献研究所的吴敏霞女史提供的，原碑的照片则是我的同事楼劲先生所赐；西安碑林博物馆的赵力光、王其祎、李举纲、王庆卫及陕西师大的拜根兴、黄寿成、介永强等先生为我在西安的考察提供了许多便利；大学老友何蓉时常以其社会学特有的冷静帮我梳理思路；日本的江川式部、韩国的禹成旼两位女史及余欣兄为我复印了大量的日文论著；陈怀宇则在百忙之际帮我审定了英文目录。隆情高谊，自当铭记。另外，我常常引以为豪的是，在我的身边有一批年龄相仿、志趣相近的学友（这当然是一个无法全部列出的名单），他们在各自领域都已是新锐的研究力量，与他们的把酒论学，时常带来学术人生中的简单快乐。

非常感谢荣新江、吴丽娱两位老师的推荐，本书得以列入“三联·哈佛燕京学术丛书”，这是一份难得的殊荣。更为幸运的是，三联约请的匿名审稿人对书稿进行了极为细致的审查，提出不少中肯的意见。这不仅使我避免了某些明显的错误，更促使我重新思考书稿的整体定位，最终的书名也是在此时经过再三斟酌后才确定下来。在此，我要对三联严格的评审制度表示最大敬意，对这位负责的审稿专家表示真诚的感谢。当然，我还要感谢责编孙晓林老师，她为本书的出版付出了许多辛勤劳动。

最后，我要把这本书献给我的父母，即使他们对我从事的研究并不了解，但他们的爱和宽容使我多年来得以心无旁骛，优游古典。我想，当他们翻开儿子的第一部专著的时候，或许正是他们最感到幸福的时刻。至于我自己，只希望多年之后，当我回头审视此书之时，能够不悔少作。

雷　闻

2008 年 11 月 6 日夜

于北京丝竹园寓所

出版后记

当前，在海内外华人学者当中，一个呼声正在兴起——它在诉说中华文明的光辉历程，它在争辩中国学术文化的独立地位，它在呼喊中国优秀知识传统的复兴与鼎盛，它在日益清晰而明确地向人类表明：我们不但要自立于世界民族之林，把中国建设成为经济大国和科技大国，我们还要群策群力，力争使中国在二十一世纪变成真正的文明大国、思想大国和学术大国。

在这种令人鼓舞的气氛中，三联书店荣幸地得到海内外关心中国学术文化的朋友们的帮助，编辑出版这套《三联·哈佛燕京学术丛书》，以为华人学者们上述强劲呼求的一种记录，一个回应。

北京大学和中国社会科学院的一些著名专家、教授应本店之邀，组成学术委员会。学术委员会完全独立地运作，负责审定书稿，并指导本店编辑部进行必要的工作。每一本专著书尾，均刊印学术委员会推荐此书的专家评语。此种学术质量责任制度，将尽可能保证本丛书的学术品格。对于以季羡林教授为首的本丛书学术委员会的辛勤工作和高度责任心，我们深为钦佩并表谢意。

推动中国学术进步，促进国内学术自由，鼓励学界进取探索，是为三联书店之一贯宗旨。希望在中国日益开放、进步、繁盛的氛围中，在海内外学术机构、热心人士、学界先进的支持帮助下，更多地出版学术和文化精品！

生活·读书·新知三联书店

一九九三年十月

三联·哈佛燕京学术丛书

［一至十九辑书目］

第一辑

中国小说源流论 / 石昌渝著

工业组织与经济增长的
理论研究 / 杨宏儒著

罗素与中国 / 冯崇义著
——西方思想在中国的一次经历

《因明正理门论》研究 / 巫寿康著

论可能生活 / 赵汀阳著

法律的文化解释 / 梁治平编

台湾的忧郁 / 黎湘萍著

再登巴比伦塔 / 董小英著
——巴赫金与对话理论

第二辑

现象学及其效应 / 倪梁康著
——胡塞尔与当代德国哲学

海德格尔哲学概论 / 陈嘉映著

清末新知识界的社团与活动 / 桑兵著

天朝的崩溃 / 茅海建著
——鸦片战争再研究

境生象外 / 韩林德著
——华夏审美与艺术特征考察

代价论 / 郑也夫著
——一个社会学的新视角

走出男权传统的樊篱 / 刘慧英著
——文学中男权意识的批判

金元全真道内丹心性学 / 张广保著

第三辑

古代宗教与伦理 / 陈　来著
——儒家思想的根源

世袭社会及其解体 / 何怀宏著
——中国历史上的春秋时代

语言与哲学 / 徐友渔 周国平 陈嘉映 尚　杰 著
——当代英美与德法传统比较研究

爱默生和中国 / 钱满素著
——对个人主义的反思

门阀士族与永明文学 / 刘跃进著

明清徽商与淮扬社会变迁 / 王振忠著

海德格尔思想与中国天道 / 张祥龙著
——终极视域的开启与交融

第四辑

人文困惑与反思 / 盛　宁著
——西方后现代主义思潮批判

社会人类学与中国研究 / 王铭铭著

儒学地域化的近代形态 / 杨念群著
——三大知识群体互动的比较研究

中国史前考古学史研究 / 陈星灿著
(1895—1949)

心学之思 / 杨国荣著
——王阳明哲学的阐释

绵延之维 / 丁　宁著
——走向艺术史哲学

历史哲学的重建 / 张西平著
——卢卡奇与当代西方社会思潮

第五辑

京剧·跷和中国的性别关系 / 黄育馥著
(1902—1937)

奎因哲学研究 / 陈　波著
——从逻辑和语言的观点看

选举社会及其终结 / 何怀宏著
——秦汉至晚清历史的一种社会学阐释

稷下学研究 / 白　奚著
——中国古代的思想自由与百家争鸣

传统与变迁 / 周晓虹著
——江浙农民的社会心理及其近代以来的嬗变

神秘主义诗学 / 毛　峰著

第六辑

人类的四分之一：马尔萨斯的神话与中国的现实 / 李中清　王　丰著
(1700—2000)

古道西风 / 林梅村著
——考古新发现所见中西文化交流

汉帝国的建立与刘邦集团 / 李开元著
——军功受益阶层研究

走进分析哲学 / 王　路著

选择·接受与疏离 / 王攸欣著
——王国维接受叔本华
朱光潜接受克罗齐 美学比较研究

为了忘却的集体记忆 / 许子东著
——解读50篇“文革”小说

中国文论与西方诗学 / 余　虹著

第七辑

正义的两面 / 慈继伟著

无调式的辩证想象 / 张一兵著
——阿多诺《否定的辩证法》的文本学解读

20世纪上半期中国文学的现代意识 / 张新颖著

中古中国与外来文明 / 荣新江著

中国清真女寺史 / 水镜君
玛利亚·雅绍克 著

法国戏剧百年 / 宫宝荣著
(1880—1980)

大河移民上访的故事 / 应　星著

第八辑

多视角看江南经济史 / 李伯重著
(1250—1850)

推敲“自我”：小说在18世纪的英国 / 黄梅著

小说香港 / 赵稀方著

政治儒学 / 蒋　庆著
——当代儒学的转向、特质与发展

在上帝与恺撒之间 / 丛日云著
——基督教二元政治观与近代自由主义

从自由主义到后自由主义 / 应奇著

第九辑

君子儒与诗教 / 俞志慧著
——先秦儒家文学思想考论

良知学的展开 / 彭国翔著
——王龙溪与中晚明的阳明学

国家与学术的地方互动 / 王东杰著
——四川大学国立化进程（1925—1939）

都市里的村庄 / 蓝宇蕴著
——一个"新村社共同体"的实地研究

"诺斯"与拯救 / 张新樟著
——古代诺斯替主义的神话、哲学与精神修炼

第十辑

祖宗之法 / 邓小南著
——北宋前期政治述略

草原与田园 / 韩茂莉著
——辽金时期西辽河流域农牧业与环境

社会变革与婚姻家庭变动 / 王跃生著
——20世纪30—90年代的冀南农村

禅史钩沉 / 龚隽著
——以问题为中心的思想史论述

"国民作家"的立场 / 董炳月著
——中日现代文学关系研究

中产阶级的孩子们 / 程巍著
——60年代与文化领导权

心智、知识与道德 / 马永翔著
——哈耶克的道德哲学及其基础研究

第十一辑

批判与实践 / 童世骏著
——论哈贝马斯的批判理论

语言·身体·他者 / 杨大春著
——当代法国哲学的三大主题

日本后现代与知识左翼 / 赵京华著

中庸的思想 / 陈赟著

绝域与绝学 / 郭丽萍著
——清代中叶西北史地学研究

第十二辑

现代政治的正当性基础 / 周濂著

罗念庵的生命历程与思想世界 / 张卫红著

郊庙之外 / 雷闻著
——隋唐国家祭祀与宗教

德礼之间 / 郑开著
——前诸子时期的思想史

从"人文主义"到"保守主义" / 张源著
——《学衡》中的白璧德

传统社会末期华北的生态与社会 / 王建革著

第十三辑

自由人的平等政治 / 周保松著

救赎与自救 / 杨天宏著
——中华基督教会边疆服务研究

中国晚明与欧洲文学 / 李奭学著
——明末耶稣会古典型证道故事考诠

茶叶与鸦片：19世纪经济全球化中的中国 / 仲伟民著

现代国家与民族建构 / 昝涛著
——20世纪前期土耳其民族主义研究

第十四辑

自由与教育 / 渠敬东　王　楠著
——洛克与卢梭的教育哲学

列维纳斯与“书”的问题 / 刘文瑾著
——他人的面容与“歌中之歌”

治政与事君 / 解　扬著
——吕坤《实政录》及其经世思想研究

清代世家与文学传承 / 徐雁平著

隐秘的颠覆 / 唐文明著
——牟宗三、康德与原始儒家

第十五辑

中国“诗史”传统 / 张　晖著

民国北京城：历史与怀旧 / 董　玥著

柏拉图的本原学说 / 先　刚著
——基于未成文学说和对话录的研究

心理学与社会学之间的
诠释学进路 / 徐　冰著

公私辨：历史衍化与
现代诠释 / 陈乔见著

秦汉国家祭祀史稿 / 田　天著

第十六辑

辩护的政治 / 陈肖生著
——罗尔斯的公共辩护思想研究

慎独与诚意 / 高海波著

——刘蕺山哲学思想研究

汉藏之间的康定土司 / 郑少雄著

——清末民初末代明正土司人生史

中国近代外交官群体的
形成（1861—1911） / 李文杰著

中国国家治理的制度逻辑 / 周雪光著
——一个组织学研究

第十七辑

新儒学义理要诠 / 方旭东著

南望：辽前期政治史 / 林　鹄著

追寻新共和 / 高　波著
——张东荪早期思想与活动研究
（1886—1932）

迈克尔·赫茨菲尔德：学术
传记 / 刘　珩著

第十八辑

“山中”的六朝史 / 魏　斌著

长安未远：唐代京畿的
乡村社会 / 徐　畅著

从灵魂到心理：关于经典精神分析的
社会学研究 / 孙飞宇著

此疆尔界：“门罗主义”与
近代空间政治 / 章永乐著

第十九辑

何处是“中州”？ / 江　湄著
——十到十三世纪的历史与观念变局

波斯与东方：阿契美尼德帝国时期的
中亚 / 吴　欣著

观物：邵雍哲学研究 / 李　震著

魔化与除魔：皮柯的魔法思想与现代
世界的诞生 / 吴功青著

通向现代财政国家的路径：英国、日本
与中国 / 和文凯著

汉字革命：中国语文现代性的起源
（1916—1958） / 钟雨柔著